Introduction
ECONOMIC
SECURITY

经济安全导论

西南政法大学应用经济学学科编写组　◎编著

中国财经出版传媒集团

经济科学出版社
Economic Science Press

·北京·

图书在版编目（CIP）数据

经济安全导论/西南政法大学应用经济学学科编写组编著. —北京：经济科学出版社，2024.7

ISBN 978 - 7 - 5218 - 4947 - 9

Ⅰ.①经…　Ⅱ.①西…　Ⅲ.①国家安全 - 经济安全 - 高等学校 - 教材　Ⅳ.①F114.32

中国国家版本馆 CIP 数据核字（2023）第 131428 号

责任编辑：杨　洋　赵　岩
责任校对：刘　昕
责任印制：范　艳

经济安全导论

西南政法大学应用经济学学科编写组　编著
经济科学出版社出版、发行　新华书店经销
社址：北京市海淀区阜成路甲 28 号　邮编：100142
总编部电话：010 - 88191217　发行部电话：010 - 88191522
网址：www. esp. com. cn
电子邮箱：esp@ esp. com. cn
天猫网店：经济科学出版社旗舰店
网址：http：//jjkxcbs. tmall. com
北京季蜂印刷有限公司印装
787 × 1092　16 开　24.75 印张　480000 字
2024 年 7 月第 1 版　2024 年 7 月第 1 次印刷
ISBN 978 - 7 - 5218 - 4947 - 9　定价：85.00 元
（图书出现印装问题，本社负责调换。电话：010 - 88191545）
（版权所有　侵权必究　打击盗版　举报热线：010 - 88191661
QQ：2242791300　营销中心电话：010 - 88191537
电子邮箱：dbts@ esp. com. cn）

《经济安全导论》编委会

主　　编： 陈　刚

副主编： 陈屹立

编著人员：（以姓氏拼音排序）

邓　睿　范传棋　高　昊　郭苏文　李云森

刘　万　路　瑶　肖忠意　杨　勇　杨浩然

于文超　张小波　郑　畅　竹　俊

前　言
PREFACE

党的十八大以来，习近平总书记立足中华民族伟大复兴战略全局和世界百年未有之大变局，把保证国家安全当作"头等大事"，围绕国家安全作出一系列重要论述，为新形势下维护国家安全确立了重要遵循。

作为全国首批国家安全学一级学科博士学位授权单位，西南政法大学积极推动国家安全学学科建设与发展，在国家安全学一级学科博士学位授权点下布局了"经济安全"博士研究生招生方向。作为一门新兴交叉学科，目前学界对经济安全的内涵、经济安全的主要内容、经济安全的研究范式等重要理论问题的理解和认识还并未形成共识，这严重限制了经济安全人才的高质量培养。鉴于此，西南政法大学应用经济学学科立足学科基础和学科优势，组织学科骨干教师编著了《经济安全导论》，以推动国家安全学学科建设，服务国家安全学人才培养。

本书由西南政法大学应用经济学学科陈刚教授和陈屹立教授组织学科骨干教师联合编著。本书以我们认知的经济安全内容为结构主线展开，其中，总论由高昊教授编著，第 1 章金融安全由张小波副教授和肖忠意教授联合编著，第 2 章财政安全由路瑶副教授编著，第 3 章贸易安全由杨勇教授、竹俊副教授和郭苏文副教授联合编著，第 4 章产业安全由于文超教授和邓睿副教授联合编写，第 5 章粮食安全由范传棋博士编著，第 6 章能源安全由郑畅副教授编著，第 7 章环境安全由杨浩然副教授编著，第 8 章民生安全由李云森副教授编著，第 9 章人口安全由刘万副教授编著。

作为经济安全学学科建设的探索者，我们对经济安全学学科的认知难免有偏误，自身学识难免有局限，故而本书的缺点和疏漏之处可能也在所难免。希望读者批评指正。

西南政法大学应用经济学学科编写组
2023 年 9 月

目 录

第0章　总论 ◎ 1

0.1　经济安全的提出 ·· 1

0.2　经济安全的涵义 ·· 6

0.3　经济安全的特征 ·· 12

0.4　经济安全的主要内容 ·· 14

第1章　金融安全 ◎ 26

1.1　金融安全的定义 ·· 26

1.2　金融安全与金融风险 ·· 34

1.3　金融安全与金融危机 ·· 45

1.4　金融安全与金融监管 ·· 63

第2章　财政安全 ◎ 71

2.1　国家财政安全概述 ··· 71

2.2　财政风险与财政危机 ·· 73

2.3　国家财政安全的条件与能力 ···································· 78

2.4　新时代中国财政安全实现路径 ·································· 79

第3章　贸易安全 ◎ 85

3.1　贸易安全概述 ··· 85

3.2　贸易安全评价及预警 ·· 98

3.3　贸易安全制度与贸易监管 ······································ 108

3.4 数字贸易安全 ⋯⋯⋯⋯⋯⋯⋯⋯⋯⋯⋯⋯⋯⋯⋯⋯⋯ 119

3.5 中国贸易安全现状 ⋯⋯⋯⋯⋯⋯⋯⋯⋯⋯⋯⋯⋯⋯⋯ 133

3.6 贸易安全的国际经验 ⋯⋯⋯⋯⋯⋯⋯⋯⋯⋯⋯⋯⋯⋯ 140

第 4 章　产业安全 ◎ 157

4.1 产业安全概述 ⋯⋯⋯⋯⋯⋯⋯⋯⋯⋯⋯⋯⋯⋯⋯⋯⋯ 157

4.2 产业安全基本理论回溯 ⋯⋯⋯⋯⋯⋯⋯⋯⋯⋯⋯⋯⋯ 164

4.3 产业安全具体领域分析 ⋯⋯⋯⋯⋯⋯⋯⋯⋯⋯⋯⋯⋯ 175

4.4 产业安全水平评价概述 ⋯⋯⋯⋯⋯⋯⋯⋯⋯⋯⋯⋯⋯ 185

4.5 新时代中国产业安全实现路径 ⋯⋯⋯⋯⋯⋯⋯⋯⋯⋯ 194

第 5 章　粮食安全 ◎ 199

5.1 粮食及粮食安全的概念 ⋯⋯⋯⋯⋯⋯⋯⋯⋯⋯⋯⋯⋯ 199

5.2 粮食安全的主要内容 ⋯⋯⋯⋯⋯⋯⋯⋯⋯⋯⋯⋯⋯⋯ 208

5.3 粮食安全的评估指标及方法 ⋯⋯⋯⋯⋯⋯⋯⋯⋯⋯⋯ 211

5.4 我国粮食安全的现状及问题 ⋯⋯⋯⋯⋯⋯⋯⋯⋯⋯⋯ 215

5.5 保障我国粮食安全的策略 ⋯⋯⋯⋯⋯⋯⋯⋯⋯⋯⋯⋯ 225

第 6 章　能源安全 ◎ 229

6.1 能源安全概论 ⋯⋯⋯⋯⋯⋯⋯⋯⋯⋯⋯⋯⋯⋯⋯⋯⋯ 229

6.2 能源供应安全 ⋯⋯⋯⋯⋯⋯⋯⋯⋯⋯⋯⋯⋯⋯⋯⋯⋯ 234

6.3 能源效率安全 ⋯⋯⋯⋯⋯⋯⋯⋯⋯⋯⋯⋯⋯⋯⋯⋯⋯ 243

6.4 提升我国能源安全的应对措施 ⋯⋯⋯⋯⋯⋯⋯⋯⋯⋯ 254

第 7 章　环境安全 ◎ 259

7.1 引言 ⋯⋯⋯⋯⋯⋯⋯⋯⋯⋯⋯⋯⋯⋯⋯⋯⋯⋯⋯⋯⋯ 259

7.2 环境安全的定义和理论回顾 ⋯⋯⋯⋯⋯⋯⋯⋯⋯⋯⋯ 261

7.3 气候变化与国家安全 ⋯⋯⋯⋯⋯⋯⋯⋯⋯⋯⋯⋯⋯⋯ 267

7.4 环境安全的案例分析 ⋯⋯⋯⋯⋯⋯⋯⋯⋯⋯⋯⋯⋯⋯ 269

7.5 结语 ⋯⋯⋯⋯⋯⋯⋯⋯⋯⋯⋯⋯⋯⋯⋯⋯⋯⋯⋯⋯⋯ 272

第 8 章　民生安全 ◎ 273

8.1　民生安全概述 ……………………………………… 273
8.2　儿童的人力资本形成问题 ……………………… 274
8.3　中青年人劳动力市场表现 ……………………… 279
8.4　老年人的养老支持与就业问题 ………………… 285
8.5　特殊群体的民生安全问题 ……………………… 286
8.6　其他民生安全问题 ………………………………… 286

第 9 章　人口安全 ◎ 289

9.1　人口安全的内涵 …………………………………… 289
9.2　人口安全的主要特征与预警指标 …………… 293
9.3　人口安全的主要类型 …………………………… 296
9.4　人类不同发展阶段的主要人口安全问题 …… 310
9.5　世界人口发展的基本态势与人口经济安全 … 315
9.6　中国所面临的主要人口安全问题 …………… 330
9.7　新时代实现人口安全的主要途径 …………… 365

参考文献 ……………………………………………………… 373

总　　论

■ 0.1　经济安全的提出

0.1.1　国家经济安全思想的渊源

关于国家经济安全的思想可谓源远流长，自从国家诞生之日起，只要涉及维护国家经济利益的思想或行为，都被认为是国家经济安全思想的萌芽。国家经济安全作为国家安全的一部分，在不同的国家、不同的时代背景和发展趋势下，其在国家安全中所处的地位和内涵是不同的，所以，国家经济安全是国家性和历史性造成的，同时各国的经济安全既有共性又有个性，共性是指各国都存在的，个性是指对每个国家的影响是不同的；只要国家存在，国家利益高于一切，国家经济安全的个性就大于共性，所以讨论和研究国家经济安全就不能脱离国家的现实经济制度和历史阶段。

安全在《现代汉语词典》里的解释有三层含义：没有危险，不受威胁，不出事故。在英语中，安全（security）有两层含义：一指安全状态，即免于危险，没有恐惧；二指维护安全，即安全措施与安全机构。① 现实主义理论家阿诺德·沃尔弗斯（2006）在《冲突与合作》中指出"安全，在宏观的意义上，表明对所获价值不存在威胁，在主观意义上，表明不存在这样的价值会受到攻击的恐惧"。也就是说，安全就是宏观上不存在威胁，主观上不存在恐惧。所以安全具有相对性、主观性、客观性。所谓安全的相对性，一是指安全与危险相对而存在，没有危险，谈不上安全，相反也是一样；二是指判断安全的标准是相对的，从哲学上讲，危险是绝对的，是无时无刻无不存在，而安全则是相对的，危险小就是安全，危险大则不安全，只有在一定的条件下才能获得安全。所谓安全的主观性，是人主观上对危险的估计和预期，人对危险的预期越低，就觉得越安全，疑虑和恐惧就越少。

---

① 李少军：《国际安全警示录》，金城出版社 1997 年版，第 27 页。

所谓安全的客观性，则是指客观条件和态势所决定的安全或不安全①。国家不安全可分为两类，一是国家外部的不安全，如一个国家对另一个国家的颠覆和分裂活动，出兵侵占其领土，通过经济制裁、经济封锁、经济入侵、走私等手段，危害该国基本社会制度，掠夺该国的国民财富，陈兵边界在军事上构成威胁等；二是来自一国内部的不安全，如国内某种势力的分裂活动，国家长期遭受严重自然灾害，大量居民为文盲或贫穷或长期生病或沉溺于毒品，治安混乱让人民长期生活在抢劫和攻击的恐惧之中，经济系统无法运转，国民利益被大量侵吞和流失等。②

国家经济安全同国家利益密切相关，涉及国家经济利益。虽然国家利益是近代国际政治经济关系中的一种较新概念，但是关于国家利益的某些思想早在古代就有。在古希腊、古罗马时期，已经有了维护和保卫一国利益免受外来侵害的思想。我国战国时期的法家很注意从国家利益的角度考虑问题，提倡耕战政策，以农致富，以战求强等都涉及国家经济利益。在当代，国家利益是在国家成为国际经济活动基本单位时必须首先考虑的问题，既包括统治阶级的利益，也包括全民族的利益，是阶级利益与民族利益的统一，阶级利益包含于民族利益之中。作为当代国家利益基本内容的国家经济利益，在国际关系形成之后就涵盖于国家活动中，是国家一切活动的出发点和归宿。

国家经济安全问题展开以不平等的世界体系为背景。按照沃勒斯坦的定义，所谓世界体系是指一个实体，这个实体具有单一的劳动分工和多元文化。③ "世界性" 的历史从地理大发现开始，即从 16 世纪开始，所谓的资本主义世界体系才真正兼具地理意义和经济意义上的 "全球性"。地理大发现导致了一个资本主义的 "扩张–反馈" 机制：一方面出现了西欧资本主义的海外扩张，另一方面这种扩张在经济上不断对西欧资本主义进行反馈，这种反馈进一步提升西欧资本主义的海外扩张能力，从而使它能够逐步把整个世界纳入自己的体系范围。资本主义体系的扩张以世界的殖民地化为形式，以少数宗主国和广大殖民地之间的垂直分工为纽带，实现了体系内的单一分工的基础结构。这是理解国家经济安全问题的起点。资本主义扩张导致的单一分工，其结果便是 "全球分裂"。④ 世界不同的国家和地区由此而被重新排列，分工的一端是宗主国，另一端是殖民地和半殖民地，两者之间进行着不平等的经济交换。第二次世界大战结束以后，殖民地纷纷独立，但是政治上的独立对于很多国家而言仅仅是象征性的胜利，经济上的脐带并未断裂，其依赖性是根深蒂固的。同时资本主义体系发展的周期性强化了这种结构性特征；在体系发展的繁盛期，发展中国家在经济上依赖既有的体系结构而无法改变它，在体系发展的紧张时期，发展中国家在经济和军事上也无力摆脱它。而且，资本主义发达国家长期扮演经济和技术 "领跑者" 的角色，它的发展的周期性往往意味着衰退之后新技术和新的经济结构的出现，

① 郑通汉：《经济全球化中的国家经济安全问题》，国防大学出版社 1999 年版，第 57～58 页。
② 郑通汉：《经济全球化中的国家经济安全问题》，国防大学出版社 1999 年版，第 59 页。
③ 王正毅：《世界体系论与中国》，商务印书馆 2000 年版，第 72 页。
④ ［美］斯塔夫里阿诺斯：《全球分裂：第三世界的历史进程》，商务印书馆 1993 年版，第 9 页。

这样，发展中国家即便在时间截面上看会出现经济和技术的绝对改善，但从时间序列上看仍然处于相对恶化。

国家经济安全是当代国家安全中的一个新概念。虽然在 20 世纪 60 年代美国就有学者提出了这一概念，然而在 20 世纪 70 年代之前，在国际社会中，经济因素普遍只被看成是国家安全中的一种附庸。在这段漫长的时期里，国家面临的主要威胁是军事战争问题，政治军事利益是国家首要利益，因而国家安全表现出单纯强调军事安全的特点。经济因素只是作为军事安全和国家权利的保障，只有当它有可能危及军事政治安全时才受到关注。这个时期，国家安全中只有经济因素，没有上升到国家安全高度的经济安全问题。

20 世纪 70 ~ 90 年代，经济因素上升到国家经济安全高度。随着 50 年代民族民主运动的发展，第三世界兴起，"二战"后复苏的日本、欧洲在 70 年代与美国形成竞争对手，80 年代中后期以来两极对峙日趋缓和，国际局势比较稳定，世界战争的威胁一定程度上减弱了。与此同时，中东石油战争的爆发对世界经济造成了很大的冲击。各国特别是大国开始认识到了非军事安全的重要性。经济因素自身的安全开始被视为一种值得追求的目标。国家安全也从单纯的军事安全发展为兼顾军事政治安全与经济安全的综合安全，经济安全被纳入国家安全内容。1980 年日本政府发布的《国家综合安全报告》是首先使用"经济安全"概念的官方报告。在该报告中，经济安全与军事安全等并列为国家安全的组成部分。这一时期，对国家经济安全的关注只集中在少数国家，国际社会对此并没有形成广泛共识。

20 世纪 90 年代之后，国家经济安全受到各国广泛重视，并且成为国家安全的主要内容。这一时期，随着苏东剧变，冷战完全结束，世界大战的威胁几乎不存在。同时，经济利益上升为国家利益的首要内容，军事、政治斗争也日益表现为经济领域的冲突，各国经济面临较大的来自世界经济领域风险的冲击。各国开始关注开放对国家主权的侵蚀，关注经济全球化的负面影响。经济安全在国家安全中的地位突显出来。美国率先明确把经济安全列为对外政策的三大支柱之首和国家安全之首。此后，俄罗斯、印度、日本、欧盟等国家和国际组织也纷纷调整国家安全战略，加强对国家经济安全的维护，国家经济安全于是成为一个国际热点问题。目前，国家经济安全的研究在世界范围内普遍展开，美国、俄罗斯、韩国、法国、印度等国家都有相关研究出现，如美国斯坦福研究院、俄罗斯经济研究所、韩国产业研究院、法国及印度有关机构等都在有组织地研究国家经济安全问题。

0.1.2 国家经济安全的提出背景

在传统国家安全观中，经济安全从属于军事政治安全并被看作是更为重要更为紧迫的军事政治安全的附属品。这种观点倾向于把经济安全看成是一种手段，强调经济力量对军事和国家权力的支持以及经济因素对国家安全的威胁和削弱国家权力的危险。20 世纪 70 年代的研究文献中，经济安全是指那些直接影响国家自我保卫能力的贸易与投资；如获得武器和相关技术的自由、军事装备的供给与依赖，对手获得军事技术优势的威胁以及重要战略经济资源和战略物资的供应等。在冷战期间，这种把经济看成是维护国家军事安全手段的看法是可以理解的，因为在两极争霸的斗争中军事力量是最重要的因素，经济是军事力量和国家权力的支撑；有学者关注政府政策对国家安全的影响，认为政府对矫正长期的贸易逆差和财政赤字能力的不足是对国家安全的潜在威胁。

在经济全球化趋势下，国家利益的变化导致了国家安全观念的更新，致使经济安全观增强，地位也日益突出。但是突破了传统的以军事安全为主的安全观和国家经济安全战略的兴起，这不能说明传统的主权安全和军事安全已经不存在了，只不过是国家之间的利益之争日益趋向于采用更加复杂的方式来解决，即以政治、军事、经济等多方面的手段来解决。这种综合运用政治、军事和经济手段来维护国家利益的安全观就是新的国家综合安全观，它包括政治安全战略、军事安全战略、经济安全战略和文化安全战略等。20世纪初，经济力量对军事力量的支撑作用已得到广泛的认同，国家经济安全是国家安全的延伸和发展，也是当代日益突出的新主题。军事理论家们对战争目标的认识由摧毁敌人以军队为主的战斗力扩展到摧毁敌人的作战潜力（包括破坏敌人的经济体系，没收和冻结敌人财产等）。

首先使用"经济安全"概念的官方报告是1980年日本政府发布的《国家综合安全报告》，在该报告中经济安全与军事安全等并列为国家安全的组成部分。美国首先明确把经济安全列为美国外交政策的三大支柱之一。继美国之后，俄罗斯、日本和欧盟也纷纷调整了国家安全战略，加强对经济安全的维护。国外有关经济安全的科学研究是第二次世界大战结束以来才有的事情。特别是冷战结束后，和平与发展成为时代的主题，国际竞争主战场由军事、政治领域转向经济和科技领域，经济安全才得以上升为国家的根本性安全内容，成了非传统安全的重要组成部分。大体说来，国外有关经济安全的研究经历了三个发展阶段①：（1）经济安全属于国家安全的范畴，是国家安全的基础和手段。在这一阶段，经济安全是服从于国家安全的。经济问题从属于军事政治安全并被看作是更为重要更为紧迫的军事政治安全的附属品。这种观点强调经济安全的手段性，强调经济力量对国家安全尤其是军事安全和国家权力的支持，以及经济因素对国家安全的威胁和削弱国家主权的危险。把经济安全看作是国家安全的基础和手段，在20世纪70年代以后仍然有一定的生命力。例如，在美国所流行的新现实主义和新民族主义仍然认为，强大的经济实力是国家权力和军事力量的保障。但这种观点在本质上是一种冷战思维的观点，随着70年代石油危机的到来特别是冷战的结束而逐渐式微。（2）经济安全是国家安全的核心部分，是国家安全的根本。20世纪70年代的石油危机是个分水岭。它触发了第二次世界大战后最严重的全球经济危机，而且危机主要集中在发达国家。在西方霸权中心的美国，原本以为通过强大的军事实力和国际霸权的营造，就能够保证国家利益包括经济利益不受损害，没想到国外"经济武器"的出现威胁了美国的经济根基，甚至对战略安全构成重大威胁。因此，美国出现了众多关于国家安全、经济概念和经济指标的讨论，使得某些特殊的经济目标成了美国国家安全战略的组成部分。冷战的结束进一步加强了这种转变。由于军事威胁暂时得

---

① 曹荣湘：《经济安全——发展中国家的开放与风险》，社会科学文献出版社2006年版，第44~50页。

到了缓和，对国家安全的威胁更多地来自其他方面。西方人开始认识到这种变化并进行了卓有成效的研究，经济在国家安全中的相对地位进一步上升，甚至有人认为它已经超过军事安全。这一阶段经济安全概念表现出了三个特征。首先是经济安全在国家安全中的地位得到了提升，成了国家安全的核心部分。其次是经济安全代替军事安全和政治安全，成了国家安全的根本目标。最后是经济安全的保障首先要通过经济手段来解决，并辅之以军事手段和外交手段。从当前情况看，特别是在政治家和国际关系学者那里，这种观点尚处于主导地位。（3）经济安全独立于国家安全，是国民经济体系本身的安全。经济全球化不断发展的趋势，特别是 1997 年开始爆发的全球金融危机，为经济安全的研究开创了一个新的阶段。在这一阶段，越来越多的学者不再局限于国家安全的范围，而是就经济体系本身的发展和稳定，来谈论经济安全问题。伴随全球化进程，越来越多的发展中国家日益融入世界经济体系，国家间的相互依赖进一步深化，国与国之间的经济利益日益相互渗透，国际经济体系日益面临新的风险，这意味着国民经济体系更易于受到来自外来的、非军事和政治因素的冲击和威胁。于是，经济体系本身的安全成了一个独立的问题，并日益摆脱"经济国家主义"的色彩，具有了全新的特征。经济安全的目标不再局限于维护国家利益，还包括了国家宏观经济的稳定和居民生活的基本保障；经济安全的手段主要依靠经济手段来解决，发展是安全的本质，内部经济结构的优化，合理运用货币、财政手段，加强市场管制，加强国际经济合作，积极参与全球经济协作，建立专门的保障制度。经济安全的威胁主要不是来自其他国家的政府，而是来自多方面。它们包括外部的政府和私人主体、内部的经济状况，以及作为内部和外部相互融合、依赖的世界经济体系本身。维护经济安全的主体不再是安全和军事机构，而是政府宏观经济管理部门，以及作为政府延伸的全球经济治理机构。随着经济安全问题日益重要，依靠国家安全部门来处理这些问题的传统做法显然已不符合现实要求。经济安全需要更综合、更专业的部门来维护。在这一阶段，人们对于经济安全的理解，逐渐脱离了传统的、把它和国家安全问题放在一起考虑的倾向，而是就经济体系本身的稳定以及日常经济活动的正常进行来谈论经济安全问题，突出经济体系本身抗威胁和抗冲击的能力才是经济安全的本质的认识。

国内学者自 20 世纪 90 年代以来对国家经济安全进行了一些卓有成效的研究，并引起党和国家的高度重视。党的十五大报告中提出："正确处理对外开放同独立自主、自力更生的关系，维护国家经济安全。"[①] 党的十六大报告中提出："在扩大对外开放中，要十分注意维护国家经济安全。"2007 年 9 月 28 日十六届中央政治局最后一次集体学习的主题是"扩大对外开放和维护国家经济安全"[②]。党的十七大报告中论及"拓展对外开放广度和深度，提高开放型经济水平"时，特别强调要注重防范国际经济风险。2013 年 11 月十八届

---

① 江泽民：《高举邓小平理论伟大旗帜，把建设有中国特色社会主义事业全面推向二十一世纪——在中国共产党第十五次全国代表大会上的报告》，人民网，2007 年 8 月 29 日。

② 江泽民：《全面建设小康社会，开创中国特色社会主义事业新局面——在中国共产党第十六次全国代表大会上的报告》，科技部网，2006 年 12 月 22 日。

三中全会决定设立国家安全委员会，完善国家安全体制和国家安全战略，确保国家安全①。习近平在2014年4月15日国家安全委员会第一次会议上提出坚持总体国家安全观，走出一条中国特色国家安全道路，经济安全是国家安全的基础和前提。② "十三五"规划建议指出："运用大数据技术，提高经济运行信息及时性和准确性"，"健全国家安全体系，加强国家安全法治保障，提高防范和抵御安全风险能力。"③ 2017年12月8日十九届中共中央政治局第二次集体学习时，习近平指出要不断提高对大数据发展规律的把握能力，维护社会稳定和国家安全。2017年12月18～20日召开的中央经济工作会议明确指出："今后三年要重点抓好决胜全面建成小康社会的防范化解重大风险，打好防范化解重大风险的攻坚战。"④ 党的十九届五中全会明确提出"加强经济安全风险预警、防控机制和能力建设，实现重要产业、基础设施、战略资源、重大科技等关键领域安全可控"。⑤ "十四五"时期确保国家经济安全，是在全面建成小康社会基础上开启全面建设社会主义现代化国家新征程的战略要求，是维护国家经济利益和人民长远利益的重大任务，是推动高质量发展、建设现代化经济体系的必要保障，是构建"以国内大循环为主体、国内国际双循环相互促进"新发展格局的重要举措；必须进一步强化国家经济安全保障，把安全发展贯穿国家发展各领域和全过程，筑牢国家安全屏障。随着中国改革开放进程的深入，中国的经济发展与国际市场日趋紧密地联系在一起，对外贸易的增长，已成为刺激中国经济增长的主要动力源之一。跨国公司的进入使中国卷入国际分工的程度日益加深，所以中国的经济安全问题也日渐突出。

世界各国因各自的利益、战略目标、基本国情以及不同的经济发展阶段，对国家经济安全问题的理解存在着差异。美国、日本等发达国家对经济安全的理解主要是从国家经济利益、国家安全需要出发，从战略层面、政策层面予以阐述的，且存在着基本一致的看法。但是由于各国国情不同，经济实力不一，面临的威胁各异，不同国家对经济安全所持的观点不尽相同。

0.2　经济安全的涵义

0.2.1　国外学者关于国家经济安全内涵的研究

基于各国情况、所处的历史时期以及研究者立场的差异，国外关于国家经济安全内涵的界定也未形成共识，其主要有三类。

---

① 胡锦涛：《高举中国特色社会主义伟大旗帜 为夺取全面建设小康社会新胜利而奋斗——在中国共产党第十七次全国代表大会上的报告》，2007年10月15日。

② 习近平：《中央国家安全委员会第一次会议上讲话》，2014年4月15日。

③ 中华人民共和国中央人民政府：《中华人民共和国国民经济和社会发展第十三个五年规划纲要》，2016年3月17日。

④ 习近平：《2017年中央经济工作会议上讲话》，2017年12月18～20日。

⑤ 习近平：《中国共产党第十九届中央委员会第五次全体会议公报》，2020年10月29日。

1. 经济安全是军事、政治安全的附属品，是军事力量和权力的支撑

军事、政治安全几乎是传统国家安全的代名词，在传统国家安全观中，经济问题从属于军事政治安全，并被看作是更为重要更为紧迫的军事政治安全的附属品，经济安全只是作为一种手段，经济力量削弱会间接影响到国家军事安全和国家权利从而威胁国家安全。直到 20 世纪 80 年代末乃至冷战结束后，仍有许多学者仍持有这种观点。布赞（Barry Buzan）[1] 认为在不同的国家、不同的场合、不同的时代，面对不同的问题，人们往往不得不对国家安全作出不同的解释。他把安全定格在个人、国家、国际三个层次上，并认为国家掌握着影响其他两个层次的安全条件，因而国家安全特别地占有中心的地位。军事安全主要指国家的武力进攻与防御的能力以及对他国的军事意图的认知状态；政治安全主要是指国家组织、政府系统和给出国家与政府合法性的意识形态系统的稳定性。安全与经济部门是如此紧密相连以至于如果一方缺失，二者都不复存在或不会被理解，经济安全这一概念只有在限定的条件下，在经济与军事力量、权力和社会认同之间具有明显的联系时才有意义。在冷战意识残留最多的美国，流行的新现实主义和新民族主义认为，强大的经济实力是国家权力和军事力量的保障，一国经济上的相对优势是政治和军事安全的保障，而虚弱的经济力量使军事力量和国家权力受到损害。曾任美国卡特政府国家安全委员会安全计划顾问、《外交政策》杂志发起人与主编之一的美国政治学会会长亨廷顿（Sameul Huntington）指出，"经济学家没有看到经济活动不仅是人民福祉的源泉，而且是国家权力的源泉，它可能是国家权力最重要的源泉。在一个主要国家间不大可能发生战争的世界里，经济力量将是决定一国是处于主导或相对优势地位还是从属地位的日益重要的因素"。[2]

2. 经济安全是经济本身的安全

强调经济本身的安全实际上是将经济安全视为一种值得追求的目标，认为它是国家安全的重要内容。美国前国防部长麦克纳马拉（McNamara）[3] 早在 20 世纪 60 年代末期就提出发展是国家安全的本质。认为美国的安全不仅仅在于或首先在于军事力量，同样重要的是国内和世界经济、政治发展的稳定。贫穷导致不安、国内动乱、暴力和极端主义的升级，所以安全是发展，没有发展就没有安全可言。克罗斯（Krauce）和奈伊（Nye）把经济安全定义为"经济福利不受被严重剥夺的威胁"，并指出"当一国有意识地选择经济低效率以避免对外来经济冲击的脆弱性时，或当一国为稳定国内经济而放弃可以从经济一体化中所获得的部分收益时，作为目标的经济安全就显现出来了"。[4] 为避免经济福利受到严重剥夺的威胁，必须保证重要经济资源的有效供应，如 20 世纪 70 年代盛行的"供给安

① Barry Buzan：People，States and Fear：An Agenda for International Security Studies in the Post - Cold War Era. Boulder，Co. 1999：19 - 20，124.

② Sameul Huntington：Why International Primacy Matters Security. International Security. 1993，17（4）：72 - 76.

③ McNamara：The Essence of Security. New York Harper and Row，1968：149 - 151.

④ K. Lawrence，J. Nye：Reflections on the Economic and Politics of International Economic Organization. World Politics International Economics. Brookings Institution，1975.

全"就是此意,若民族国家不能获得这样的保证,它们的"经济主权"就有可能遭受威胁。霍尔森(Holsen)和维尔波耶克(Waelboeck)认为,"经济主权"意味着"控制所有政策工具的力量……国家可能把其影响国内经济水平的能力的削弱视为对经济安全的威胁,即使这种削弱并没有产生可见的经济损失"。[1]

3. 经济安全是经济全球化带来的非军事性质的国家安全问题

克罗斯(Krauce)和奈伊(Nye)早在 1975 年就意识到经济一体化对国家安全的影响。莫兰(Theodore H. Moran)[2] 和卡普斯坦(Ethan Barnaby Kapstein)[3] 认为经济安全应强调开放与对国家自主权的侵蚀之间的联系,贸易、金融一体化和货币相互依存是国家安全政策中的薄弱环节。凯布尔(Vincent Cable)[4] 认为经济政策是出于经济与安全的综合考虑,在一定程度上被称为经济安全,包括:(1)直接影响国防安全的贸易或投资事件;(2)以经济政策作为侵略工具;(3)军事能力受到经济力强弱的影响程度;(4)全球经济不安所造成的恐慌。梅(Ernest May)[5] 和曼威尔宁(Max Manwaring)认为国家经济安全是情报部门积极主张把因国际经济一体化而产生的威胁国家安全的"灰色区域"威胁列入国家安全战略,一个重要的原因是情报部门自身的利益驱动,也就是维护情报部门的重要性。

0.2.2 国内学者关于国家经济安全内涵的研究

究竟什么是国家经济安全?迄今为止,国内学术界对国家经济安全的含义尚未形成一致的认识,但基本上相对集中于两类。

第一类是状态说。吕有志[6]和王恒进、王秀梅[7]认为"经济安全是指国民经济的发展和国家经济实力处于不受根本威胁的状态"。何文龙[8]认为"对经济安全可以从微观和宏观两种角度来理解。微观经济安全有经营者权益安全、消费者权益安全和劳动者权益安全;宏观经济安全即国民经济整体安全,它包容了微观经济安全。国民经济整体安全含积极和消极两方面。在积极意义上,表现为保障国民经济稳定、健康、可持续发展的协调状态;在消极意义上,表现为抑制经济系统中不协调因素与力量,控制经济风险和社会风险,防止经济疲软、过热和动荡以及通货膨胀、经济危机等消极经济状态。"郑通汉[9]认为"经济安全就是指国家经济利益的合理获得和扩展得到有效保持,国民经济可持续发展的基础和环境不受

---

① J. Holsen, J. Waelboeck: The Less Developed Countries and International Monetary Mechanism. Proceedings of the American Economic Association. 1972, 66(5):21 – 30.

② Theodore H. Moran: American Economic Policy and National Security. New York. 1993:41 – 70.

③ Ethan Barnaby Kapstein: The Political Economy of National Security: A Global Perspective. New York. 1992:188.

④ Vincent Cable: What is International Economic Security? International Affairs. 1995, 71(2):305 – 324.

⑤ Ernest May: Intellegence: Backing into the Future. Foreign Affairs. 1972(3):72.

⑥ 吕有志:《经济安全问题的由来及其战略地位》,载《当代世界与社会主义》1997 年第 4 期。

⑦ 王恒进、王秀梅:《经济全球化与国家经济安全》,载《南通工学院学报》2000 年第 3 期。

⑧ 何文龙:《经济法的安全论》,载《法商研究—中南政法学院学报》1998 年第 6 期。

⑨ 郑通汉:《经济全球化与国家经济安全》,载《东亚经贸新闻》1998 年 12 月 28 日。

破坏和威胁的一种状态"。江勇、章奇等认为"经济安全是在经济全球化的条件下，一国保持经济系统运行与发展不受到外来势力根本威胁的状态。"① 张幼文认为"国家经济安全指的是一个国家经济整体处于不受各种因素尤其是外部因素冲击，或即便受到冲击也能保持经济利益不受重大损害的状态；维护这种状态的能力以及这种状态和能力所获取的政治、军事安全。且将经济安全分三个层次加以理解。第一，国家经济安全首先是国家经济体系本身的安全和维护这种安全的能力，这是经济安全的核心层次；第二，是经济因素对军事政治安全的影响，主要是经济力量和经济能力对国家权力和军事力量的支撑；第三，是经济全球化所带来的经济安全问题，主要是非军事政治因素的威胁"。② 丁志刚认为"就其本质内涵而言，经济安全是指一个国家在经济发展过程中能够有效消除和化解潜在风险，抗拒外来冲击，以确保国民经济持续、快速、健康发展，确保国家经济主权不受分割的一种经济状态"。③ 尹正萍认为"国家经济安全是指主权国家的经济发展和经济利益不受外部和内部的威胁而保持稳定、均衡和持续发展的一种经济状态。它具体表现为国家经济主权独立，国家支柱产业的国际竞争力不断增强，经济发展所依赖的市场和资源供给得到有效保障，经济发展的进程能够经受国内外经济动荡的冲击"。④ 王瑛认为"国家经济安全是指一个国家的经济在受到某些来自国内、国外因素的干扰甚至打击时，具有足够的抵抗和抵御能力，国民经济的各个部门也能够保持良好的发展态势，经济总体上处于不受威胁的状态。"⑤ 聂富强认为国家经济安全指的是"一个国家经济整体处于不受各种因素尤其是外部因素冲击，即使受到冲击也能保持经济利益不受重大损害的状态；维护这种状态的能力，以及这种状态和能力所获取的政治、军事和文化安全。它既是一种目标，又是一种手段，作为国家安全的重要部分，它是国家安全目标体系的有机组成部分，是值得国家维护的一种重要利益，同时它可以促进"。⑥ 陈叔红认为"国家经济安全实质上是主权国家经济的经济发展和经济利益不受内部和外部因素破坏与威胁的一种状态"。⑦ 曹荣湘认为"国家经济安全是指经济全球化时代一国保持其经济存在和发展所需要的有效供给、经济体系独立稳定运行、整体经济福利不受恶意侵害和不可抗力损害的状态"。⑧

第二类是能力说。赵英、胥和平等认为"从现实生活总结，国家经济安全面临的威胁主要来自两个方面：其一，一个国家的经济是否具有足够的国际竞争力，能否在世界舞台上立足；其二，一个国家经济面临的各类重大的外部威胁（受到政治、军事、自然灾害等方面的侵袭、干扰）。所以国家经济安全是一个国家的经济竞争力；一个国家经

---

① 江勇、章奇、郭守润：《经济安全及其评估》，载《统计研究》1999 年第 9 期。
② 张幼文：《国家经济安全问题的性质与研究要点》，载《世界经济研究》1999 年第 3 期。
③ 丁志刚：《地缘经济安全：一种新型的国家安全观》，载《西北师大学报（社会科学版）》2001 年第 3 期。
④ 尹正萍：《经济全球化背景下的中国经济安全问题》，载《当代财经》2002 年第 4 期。
⑤ 王瑛：《经济安全——中国面临的挑战》，山西经济出版社 2004 年版，第 4 页。
⑥ 聂富强：《中国国家经济安全预警系统研究》，中国统计出版社 2005 年版，第 4～5 页。
⑦ 陈叔红：《经济全球化趋势下的国家经济安全研究》，湖南人民出版社 2005 年版，第 83 页。
⑧ 曹荣湘：《经济安全——发展中国家的开放与风险》，社会科学文献出版社 2006 年版，第 59 页。

济抵御国内外各种干扰、威胁、侵袭的能力；一个国家得以存在并发展的国内、国际环境"。[①] 陈必达、许月梅认为"国家经济安全是指一个国家的经济生存和发展面临的国内国际环境和参加国际竞争的能力及其带来的相应的国际政治地位和能力。对一个国家来说，经济利益是国家民族赖以生存、发展、昌盛的最根本利益，在诸种国家利益中居于最主要地位，其他方面的利益则附属于经济利益，并在其基础之上产生，国家安全利益是经济利益的具体体现，服务于、服从于经济利益，一旦抽去经济利益，国家利益也就成为空洞。经济安全体现了一个国家的经济利益，其他安全因素则是手段，服务于、服从于经济安全，经济安全是其他一切安全的基础"。[②] 雷家骕认为"国家经济安全是指一国经济整体上的安全性，即不致因为某些经济问题的演化而使国家损失过多的利益，或使本国经济受到来自国内外过大的打击。对中国来说，主要指经济发展的基础稳固，能够抵御大的天灾人祸对经济的打击；中央政府在体制转轨中能够有效地调控经济生活，经济能够健康地运行；能够利用后发优势，形成并保持一定的国际竞争力，不会受到发达国家的控制；在培育新的经济秩序过程中能够抵御和补偿大的非正常的人为干扰"。[③] 文军认为"我们可以从狭义和广义两种不同的角度来理解，从狭义上来看，国家经济安全是指对国家经济发展、国计民生和整体经济利益有重大影响，而又受不安全因素严重威胁的部分。从广义上来理解，国家经济安全就是国家经济的整体发展不受威胁。但在实际经济运作过程中，由于世界资源和市场的有限性，没有哪一个国家的经济发展是完全游离于全球经济发展之外的，它或多或少都要受到别国经济发展的制约与威胁，故我们在界定国家经济安全的时候，就不能不考虑到其具体的国际环境和全球发展的状况。因此，我们可以把国家经济安全看作是为保障国家经济发展战略诸要素的安全，一个国家的经济生存和发展所面临的国内国际环境、参加国际经济竞争的能力及其带来的相应的国际政治地位和能力。其目的就是要在参与国际竞争和经济合作中不断增强国家经济实力、维护国际利益和争取优势地位，特别是维护本国市场和开拓国际市场"。[④] 徐会琦认为"国家经济安全是国家保卫其经济利益不受外部威胁的能力。一国提高国家经济安全的主要目的，是为了不断增强自己的经济实力并保持在一个相对领先的地位，从而提高其在经济全球化中的生存技能，同时以经济实力为手段获取政治、军事的安全"。[⑤] 王恕立、赵富强认为"国家经济安全是指国家是否具备抗衡跨国公司垄断国内市场、损害我国权益和抗御跨国公司转移外部风险的能力"。[⑥] 周肇光认为"开放型国家经济安全是指一国在开放经济条件下，经济向全球化、

① 赵英、胥和平、邢国仁：《中国经济面临的危险——国家经济安全论》，云南人民出版社 1994 年版，第 2、3 页。
② 陈必达、许月梅：《国际政治关系的经济学论纲》，载《世界经济与政治》1996 年第 6 期。
③ 雷家骕：《关于国家经济安全问题的思考》，载《红旗文稿》1997 年第 17 期。
④ 文军：《论国家经济安全及其对中国的启示》，载《中国软科学》1999 年第 7 期。
⑤ 徐会琦：《论国家经济安全的表现形式及其特征》，载《石家庄经济学院学报》2000 年第 4 期。
⑥ 王恕立、赵富强：《跨国公司对华直接投资与国内经济安全》，载《对外经济贸易大学学报》2001 年第 1 期。

国际化发展进程中，综合本国经济因素抵御国内外风险的能力。"①

在能力说和状态说之外，还有学者对经济安全的含义给出了独到之见。如王逸舟认为经济安全应当是在一个变化、开放、进步的过程中实现的，而不是封闭状态下的自我保护（所谓"蜗牛式的安全"），对于一个国家来说，它意味着使本国经济在开放的过程中具有更好的免疫力，更灵活的反应能力，能够有效对付诸如金融投机、贸易摩擦、投资者撤出、跨国公司"入侵"等全球化时代的新问题。② 持这种观点的人特别强调就像以往我们讲发展是最大的国内政治一样，现在也应当把发展当成是最重要的经济安全内容；如果没有经济的发展和开放，即使暂时避免了国际经济的各种冲击，将来仍然会遇到类似的问题，因此经济的开放是十分重要的，当然在此过程中要注意开放的部门选择、时机选择与步伐大小。黄俊军认为经济安全可区分为广义和狭义，从最狭义上说，国家经济安全是指开放条件下一国如何防止金融乃至整个经济受到来自外部的冲击所引发的剧烈动荡和国民财富的大量损失。从最广义上说，是国家对来自外部的冲击和由此带来的国民经济重大利益损失的防范，是一国维护本国经济免受各种非军事、政治因素损害的战略部署。③ 江涌认为国家经济安全是指一个主权国家从任何实际或想象的内部或外部的威胁到经济利益的自由。国家经济安全概念的差别，源于各国的安全环境、认知和国防实力的差异。在相当长的一段时间，中国以全面深刻的方式形成自己的定义，但不同的利益集团之间或思想流派间依然存在争议。④ 他认为艰巨地内部和外部的挑战是威胁一国的核心，从垄断驱动兼并到外国资本收购越来越多的产业应保持风险的认识。

国内学术界在谈论国家经济安全时，几乎较为一致地都是在民族国家的层面上而言的，并没有很宽泛地将其与普通层面上的一般经济生活中的具体安全，如生产操作安全等安全经济概念相混淆。所以国家经济安全是国家性和历史性造成的，这点理论界已形成一致。学者们对国家经济安全定义虽然不完全相同，但有两点是共同的。一是经济安全关注外来挑战、对抗和不确定性。经济安全就是当国家经济利益受到某些事件威胁和影响的时候，国家加强或保卫自身经济利益的能力，经济安全的其中一个目标，就是保障一国经济发展的稳定和可持续性，保障国家未来的经济达到人们可以接受的期望值。二是经济安全的内容包括一国依照自己的意愿来发展本国经济以及影响外部经济环境的能力，以及一国战胜非经济挑战的能力。

0.2.3　国家经济安全内涵的界定

根据国内外学者对国家经济安全内涵的研究可知，学术界对国家经济安全的内涵界定还没有形成一个确定的结论，但大致可分为"能力说"和"状态说"。"能力说"侧重于

---

① 周肇光：《谁来捍卫国家经济安全》，安徽大学出版社 2005 年版，第 230 页。
② 王逸舟：《关于经济安全的若干观点综述》，载《红旗文稿》1998 年第 23 期。
③ 黄俊军：《国家经济安全评估方法探析》，载《浙江统计》2000 年第 8 期。
④ Jiang Yong：China's Economic Security at Stake. Contemporary International Relations，2007（3）：27 - 42.

动态评价，其优点在于它不仅可以评价现在的能力，还可以评价未来的能力。但是，能力本身并不是一个国家的经济安全，而只是确保一个国家经济安全的一种手段，强有力的能力只是确保一个国家实现经济安全的可能性，并不等同于经济安全。此外，往往难以利用客观和全面的数据去评价经济安全能力。"状态说"侧重于静态评价，其优点在于大多数指标都可以量化，更容易去建立一个评价指标体系。所以，对于经济安全的"能力说"和"状态说"来讲，状态是主权国家客观上的反映，能力是经济竞争能力主观的反映，两者应相互结合，在不能结合情况下则应侧重于状态，因为能力是状态的体现，状态是直接关系到国家战略利益的经济状态。

国家经济安全应该与国家经济发展和国家经济稳定相区别开，不能把经济安全看作是各个产业安全和区域经济安全的简单累积。国家经济安全是经济发展的前提和基础，经济发展是经济安全的物质保证，没有经济发展也就没有经济安全可言，如果经济处于不安全状态，经济发展也不可能实现。经济稳定是相对于经济波动而言的，实现经济稳定有助于经济安全，不稳定是小起小落，经济危机是超过临界值的大起大落，应对经济不稳定主要是国家宏观经济调控的经济手段，应对经济不安全主要是国家宏观调控的计划手段和行政手段。[①]

综上所述，本书认为国家经济安全是指在全球经济一体化和开放经济的环境中，国家具有独立的经济主权，而且根本的经济利益处于不容易受内部和外部影响因素破坏和威胁的状态。国家经济安全内涵包括两个主要方面：一是国家的经济主权不受侵犯；二是没有导致经济危机的经济风险。经济主权包括五个要求：（1）一国能保证本国人民自主选择经济制度，不受外国干涉；（2）一国能独立自主地决定本国的经济发展决策、方针、政策，不受外国干涉；（3）一国能够有效地控制本国的战略资源，不受外国干涉；（4）一国能够平等地参与国际活动，不受外国干涉；（5）一国能够自由地利用国际市场和国际通道，不受外国干涉。导致经济危机的风险主要分两类：（1）内源性风险；（2）外源性风险。在未开放条件下，一国的内源性风险大于外源性风险；在开放条件下，一国的外源性风险大于内源性风险。

0.3 经济安全的特征

0.3.1 国家经济安全的集中体现

根据界定的国家经济安全内涵，国家经济安全集中体现在以下五大方面：

（1）国家经济主权保持独立。经济主权不仅表现在领土的管辖与治理，而且在全球化下更主要地体现了主权国家对国内经济事务的自主决策。独立自主决策是国家经济安全的

---

① 叶卫平：《国家经济安全的三个重要特性及其对我国的启示》，载《马克思主义研究》2008 年第 11 期。

关键。

（2）自然环境能够得到合理保护，正常的资源需求得到稳定供给，经济发展所依赖的市场得到有效保障。

（3）国家内部社会矛盾缓和，政治安定，经济基础稳定与持续增长。

（4）政府的宏观调控与社会治理能力有力有度有效，社会总供求大致平衡，经济结构协调合理，支柱产业的国际竞争力不断增强。

（5）政治秩序相对有利，不存在对国家政治、经济构成直接威胁，经济发展的进程能够经受国际经济动荡的冲击。

0.3.2　国家经济安全的八大特征

国家经济安全作为国家安全与国家经济的结合体，既具有国家安全的一般特征，也具有自身的特性。

1. 国家性

国家性是指国家经济安全作为国家安全的重要组成部分所体现出来的特征。国家经济安全要求国家的根本利益不受伤害，代表国家利益的中央政府是维护国家经济安全的主体机构，地方政府、非政府组织和机构、企业等都不能作为国家经济安全的代表，政府可以动用各种经济的、政治的、军事的手段直接或间接地维护其安全。国家经济安全的国家性特征意味着其不是针对一般性经济风险，而是涉及国家全局的重大问题。

2. 基础性

经济安全是国家安全体系的重要组成部分，是国家安全的基础。维护国家经济安全，守住国家经济安全底线，不仅意义重大，而且影响深远。

3. 综合性

国家经济安全强调的是一个国家的整体经济利益，也就是经济整体上的安全性。在国家经济安全范畴中，诸多领域的安全问题都是国家经济整体安全在该利益领域内的具体反映。国家经济安全同各子领域安全之间是总体和局部的关系，任何子领域的安全只是局部的安全，子领域的局部安全不能代替国家经济整体安全。因此，从现实策略的角度看，由不同子领域所衍生出来的政策措施应该是相互联系的，应该作为一个综合体来予以实施。

4. 战略性

国家经济安全不能仅仅关注当前经济发展的稳定和均衡，国家经济安全的目标在于保障未来经济的稳定性和可靠性，维护国家经济安全是一个长远的具有战略意义的大课题。未来利益是国家利益的重要组成部分，必须站在未来长远利益的战略高度上，以前瞻性的眼光，从本国的资源、经济发展水平、技术力量等实际国情出发，结合世界经济发展大趋势，制定国家经济安全大战略。

5. 国别性

国家经济安全对于不同国家来说，具有不同的含义和特征。对于同一国家，国家经济安全的内涵、意义和地位也会随着时代的不同而变化。原因在于国家经济安全与该国所处的经济发展阶段、所实行的经济制度、所置身的国际经济环境等都存在高度的相关性，而不同国家之间恰恰在这些方面存在着较大的差别。

6. 复杂性

经济全球化下，国家经济安全所处的国际政治经济环境更为复杂多变。首先，当前的国际行为主体包括主权国家、跨国公司和各类国际组织，这些主体能够对各主权国家产生强大的制约力，可能会侵犯主权国家的利益。其次，在当前的国际政治环境下，国家经济安全有时仍带有传统军事安全的烙印，某些国家可能会出于强权政治、霸权主义的需要对他国进行经济制裁或经济封锁，损害别国经济利益。最后，在经济全球化下，经济行为的国界越来越模糊，国家经济安全问题没有明显的国界线，国与国之间常常既是竞争对手又是合作伙伴，捍卫国家经济安全的斗争阵线不明晰，使得维护国家经济安全的难度加大。

7. 优先性

在军事安全、政治安全、经济安全三大国家安全的关键要素中，经济安全起着根本性作用，处于优先地位。信息化、网络化、知识化使世界各国紧密地联系在一起，国家之间经济利益的关联性使国家之间的军事斗争减少，进而转向经济合作，从而达到维护国家主权安全和军事安全的目的。因此，经济全球化的大背景下，经济安全的地位不断得到提升，成为国家安全最重要的问题。

8. 危机性

在全球化时代，任何国家都存在本国经济陷入某种不安全状态的风险。因此，为防范和应对可能发生的经济不安全，危机管理成为国家经济安全领域十分重要的课题。与国家经济安全相关的危机管理，包括三个层面：一是为防范可能发生的经济危机，需要建立相关的危机预警机制；二是当经济危机发生时采取有效的行动，需要提前制定相关危机应对预案，将可能造成的经济损失减少到最低程度；三是在危机过后，需要进行后危机管理，以消除已经发生的经济危机的后续影响，并为应对今后可能发生的新危机做好准备。

0.4 经济安全的主要内容

0.4.1 国家经济安全的影响因素

根据风险的来源，影响国家经济安全的因素可分为内源性风险和外源性风险。一般来说，在一个未开放的国家，内源性风险会高于外源性风险；在一个开放的国家，外源性风险会高于内源性风险。影响国家经济安全的内外部因素是相互作用且相互传递的。国内出现严重的经济不安全问题会影响对外开放的进程，削弱抵御外部风险的能力；反过来，对引起扰动的外部侵害性因素抵抗力弱的话，将会影响国内经济的稳定，增强国内经济的风险。当前，我国对外开放已经形成较为系统的模式，市场化进程不断加快，经济全球化和人类命运共同体建设不断发展，外源性风险不断凸显。与此同时，也不能忽视我国经济安全面临的内源性风险。

1. 内源性风险

（1）制度风险。经济制度是影响经济安全的内在基因，所以它对国家经济安全起着至关重要的作用。再者，制度因素对国家经济安全的影响不是一朝一夕就能实现的，它不会像其他因素那样在很短的时间就显现出来，而是在长时间作用下才能显现出来。对于一个主权国家而言，需要根据国家的实际国情制定合适的经济制度并因时因势进行调整，因为经济制度是否与经济发展以及生产力的发展相适应决定着国家的经济安全水平。如果经济制度适应国民经济和生产力的发展，就会增强国家维护经济安全的能力；如果经济制度与国民经济和生产力的发展不适应的话，就会阻碍国民经济和生产力的发展，进而使国家经济陷入不安全的状态。从另一个角度来看，经济制度决定着经济秩序与公平性，若是经济制度不恰当，会影响国家整体经济的发展和稳定，进而减弱国家维护经济安全的能力，使国家经济陷入不安全的状态。

（2）财政风险。财政是政府调整收入结构和维持社会公平的主要工具之一，还是国家建设的主要资金源。所以，一个国家的经济可以良好地运行是离不开财政安全的，财政不安全的话会给国家经济安全带来很大的冲击。财政收入对经济安全的影响路径是通过税收变动导致企业和个人的收入变动再导致产出和消费的改变最后使经济总量发生改变进而影响国家经济安全的，而财政支出对经济安全的影响路径是通过财政支出变动导致社会总需求发生改变再导致总供给发生改变（国内生产总值的变动）进而影响到国家经济安全的。此外，财政收支长期不平衡而导致的债务过高、国家失去信用和通货膨胀等因素都会打乱财政机制，使其不能确保国家经济健康发展，整个国家经济秩序混乱不已，进而使国家经济安全面临巨大风险。

（3）金融风险。金融风险具有内生性，即其来源于国家内部。一个国家的金融体系与该国的国民经济是相互依赖的，例如银行的不良贷款会因为企业效益减少而增加进而拖累银行业的发展、银行贷款的投放会受国民经济发展趋势的影响以及通货膨胀、金融市场化改革等情况都会导致金融市场出现经济冲击，进而广泛地波及国民经济的各个方面，使国家经济安全陷入不安全的状态。

金融风险也具有外生性，即其来自世界经济的不稳定、国外金融市场的冲击、融资不当等。例如，当一国的金融体系存在重大缺陷时，外部因素的影响可能会对金融体系产生更具破坏性的影响；经济强国可以从战略上限制或取消对一个国家的金融援助以影响其经济状况，从而限制该国的经济发展；在现代化进程中，资金也是稀缺性资源，所以吸收外国资本可以为经济发展和加速国家发展创造基本条件，但引进资金的同时，也会带来经济风险和政治风险。

（4）产业结构风险。产业与国家经济安全是密不可分的，其结构的演变是一个可能引发或增加经济风险的过程。首先，产业结构的调整会受到各方面的限制，其不仅必须要与整个国民经济的发展相适应，还必须要与社会需求结构和资源的供应相适应。因此，产业结构的变化自然会引起与整个国民经济其他构成之间的不适甚至冲突，从而增加国家经济安全的风险。其次，产业结构的变化可能会导致国家间产业竞争力的变化。而产业竞争力又与国家经济安全密切相关，因为其从两个方面对国家经济安全产生长期的影响。一方面，一个国家的经济实力和在国际经济中的地位都取决于产业竞争力。另一方面，一个国家产业竞争力的力量决定了一个国家能以哪种方式和手段应对潜在的经济安全挑战和随之而来的危机。

（5）战略性资源风险。随着生产力的提高、科学技术的进步、市场需求结构的变化和社会制度的变化，一个国家战略性资源的需求结构可能会在不同的历史阶段发生变化，但战略性资源对国家经济安全的意义并不会发生改变。对一个国家来说，战略性资源是关系经济安全的关键因素。一方面，战略性资源产业不仅涉及战略性资源的全球供求结构、国家综合实力的变化和价格变化等经济和技术问题，而且还涉及极其复杂的国际政治、外交和军事问题。另一方面，战略性资源与社会发展密切相关，几乎涵盖所有领域，其对每个人的生存都至关重要，如果没有战略性资源，就无法实现和谐的经济发展和社会稳定。因此，战略性资源在一个国家的经济安全中发挥着重要作用，一个国家的战略性资源水平和这些战略性资源的对外依赖程度是影响该国经济安全的重要因素。

当今时代，人才资源是第一资源。因为在知识经济时代，一个国家如果不能保持人才或缺乏人才，经济就不会快速、持续发展，就没有保障经济安全的基础。此外，随着经济全球化竞争的加剧，人才已经成为国家综合力量增长的关键因素，这必然也会影响到国家经济安全。因此，国家经济安全与人才资源储备密切相关。另外，一个国家的生存发展需要广泛的自然资源，其中最重要的是与人类生存关系最密切相关的自然资源，即粮食、能源和矿物资源等。这些资源或是不可再生的、分布不均的、稀缺的，或是需求量巨大、须臾不可或缺的，并且它们不仅是国民经济和社会发展的重要原料，也是许多行业的重要物质基础。因此，战略性自然资源对国家经济安全十分重要。

（6）科技发展水平风险。从历史发展进程的角度来看，科学和技术发展缓慢的国家其经济落后是不可避免的，其经济必然不具有国际竞争力，这自然就使他们的经济安全水平较低。所以，科学和技术进步可以通过改变一个国家的经济发展方向与目标、产业结构和资源需求结构等方式影响一个国家的经济安全。科学和技术进步使社会的生产和生活系统更加复杂、精密和专业，从而形成了一个更长、更敏感且更容易感受到特定风险因素的风险链，这就创造了防范外部力量影响国家经济安全的条件。同时，一个国家的科技水平越高，对外国资源和产品的依赖就越少，国家的经济安全水平就越高。

因此，科学和技术不仅通过对整个国家的经济发展和经济竞争力起决定性作用的方式影响国家经济安全，还表现在通过对武器装备领域的发展和军队建设产生深刻影响的方式影响国家经济安全。

2. 外源性风险

一国经济安全潜在的外源性风险有两类，即直接风险和间接风险。直接风险是指一国经济因受到市场经济开放、创新、竞争、扩张的影响而面临冲击且可能会陷入不安全的状态。直接风险又可以分为两类，即人为的直接风险和自然的直接风险，前一种是指一个国家故意采取一些针对性的措施使另一个国家的经济受到攻击进而面临不安全的状态，后一种是指由于地震、水灾、旱灾、生态环境恶化等自然因素变化导致的经济损失进而使国家经济陷入不安全的状态。间接风险是指世界各个国家的经济形势、政治环境、军事力量等因素发生变化会间接地让一个国家的经济面临不安全或危险的状态。间接风险源于当代全球经济的开放性、流动性、专业性和复杂性，其往往会对非直接相关国家的经济体系产生波及和连带影响。总体而言，一个国家的经济安全面临的主要外源性风险有以下几类。

（1）不同利益主体之间的经济竞争与对抗。在全球经济一体化的背景下，各个国家之间既有共同的利益，也有利益冲突。所以，各个国家之间在技术、市场、原材料、战略性资源、资金、人才等各个方面都存在着激烈的竞争，只是由于国家的规模、经济实力、产业结构等方面有不同之处，所以有不同的竞争程度和方式。于是，在这种情况下，一个国家为了维护自己的经济利益，可能会采取对其他国家经济不利的政策和策略，如将经济问题政治化以及在对外贸易中实施经济制裁。当然，这也有可能进一步升级为政治对抗或军事对抗。无论是经济竞争，还是政治对抗和军事对抗，它们都可能促进或者抑制一个国家的经济发展，进而对国家的经济安全产生直接或间接的影响。要是战争爆发的话，将直接影响到世界各个国家的经济安全，其可能导致某些国家的经济利益受到巨大损失，进而无暇顾及也无力顾及市场竞争，从而为其他国家的经济发展提供机会。

（2）对外开放程度。对外开放既有利于国家经济安全，又会给国家经济安全带来风险。一方面，对外开放可以通过竞争和示范的方式吸引资金、技术、信息等生产要素流入本国，进而促进技术进步和提高生产效率，加快国家的发展，实现充分就业，提供更稳定的基本消费保障，减轻传统的外部经济安全风险，使国与国间的依赖增强、对抗减弱，使经济强国实行经济制裁更加困难。另一方面，随着市场经济体制的逐步建立和对外开放程度的日渐提高，国家经济与世界经济之间的联系日益密切，世界经济对国家经济发展的影响就会变得越来越大，使国民经济面临的风险因素越来越多，进而使国家的经济主权、贸易、金融、产业结构、人才、资源等方面都面临巨大风险，经济安全面临的威胁也就更大。

（3）国际形势。国际形势变化也可能直接或间接地影响国家经济安全。从地域上看，国家经济安全受国际形势变化的影响主要是由某个国家内部局势发生变化和全球形势发生变化两个方面造成的。

某个国家内部局势的变化对其他国家经济安全的影响包括了政治、军事、经济、外交、民族等方面。而且由于各个国家综合国力的不同，一个国家对全球政治、经济、科技、军事等方面的影响也会不同，因而其国家内部形势的变化对其他国家经济安全的影响也有所不同。全球形势的变化往往表现为全球经济体系运作方式发生重大改变、全球经济关系和经济力量严重脱节以及世界经济形势的变化，这些变化往往会导致世界战略格局的变化并通过各种风险链进行转移，进而直接或间接地影响一个国家的经济发展与经济安全。当然，这种影响可能对一个国家的经济安全产生负面影响，也可能为一个国家的经济创造机会。

0.4.2 国内外学者关于国家经济安全内容的研究

1. 国外学者关于国家经济安全内容的研究

贾科莫·卢西亚尼（Giacomo Luciani）认为经济安全的内容是安全在何种程度上被经济变量所影响，是扩大化了安全的内涵，包括了一些纯粹经济利益。对比以疆域为主的狭义的安全和包括经济利益的广义的安全，狭义的安全上的经济作用只是武装军事力量的必需品，广义的安全重视安全价值和人们经济活动的联系。[1]

埃里克·马歇尔·格林（Eric Marshall Green）认为经济安全是植根于军事力量之上的传统安全的一个组成部分，是指经济福利免除被严重剥夺的威胁，主要包括三方面的内容：经济强制，既利用经济力量去影响依赖该国经济资源的其他国家的行为；战时经济充足，既有能力保障战争需要的重要物质的供应；重要的现实性，如一流的军事设施依赖于强大的经济来维持与更新。[2]

加勒特（G. Garret）认为经济全球化增加了物质的不平衡和经济的不安全。[3]

罗宾·科恩、保罗·肯尼迪认为，在经济方面，随着大量像国际银行、跨国公司和金融市场那样的自治机构在更加整合了的世界经济中的繁荣兴旺，政府已经失去了往昔控制经济的部分权力。因此，国家仅仅守住一般意义的国门是不够的，还要在更高层次上保护国内经济免受外界任何不利因素的打击，进而有效地维护总体经济安全。[4]

迈克尔·克莱尔（Michael Klare）认为经济增长率的差异和不断扩大的贫富差异在许多社会中产生了危险的裂缝。在许多情况下，国防预算限制了决策者对防御和战略问题的选择。[5] 一方面，国家需要把财富分配到社会中去满足人们的生活需要和进行社会再生产。另一方面，国家也应该把部分财富用来提供国防力量以保障国家安全。这两方面之间的矛盾也构成国家安全问题的悖论。国防开支和经济成就之间的关系仍然是个复杂和有争议的

---

① Giacomo Luciani：The Economic Content of Security. Journal of Public Policy，Vol. 8，No. 2（Apr. – Jun.，1988）：151 – 173.

② Eric Marshall Green：Economic Security and High Technology Competition in an Age of Transition：The Case of the Semiconductor Industry，Westport，conn；London：Preager，1996：22 – 25.

③ G. Garret：Globalization and Government Spending around the World. Studies in Comparative International Development. 2001，35（4）：3 – 29.

④ 罗宾·科恩、保罗·肯尼迪：《全球社会学》，社会科学文献出版社 2001 年版，第 49~50 页。

⑤ Michael Klare：Redefining Security：The New Global Schisms，in Contending Perspectives in International Political Economy，Edited by Nilolaos Zahariadis，Peking University Press，2004：150 – 152.

问题，但是国防会影响国内经济，而反过来经济的发展又会影响国家安全的持续性。如果国内经济分配出现混乱，那么就会危及国家安全。在此情况下，政府就有可能诉诸于军事凯恩斯主义而增加军事开支，扩展军备，从而转移国内的视线，也加重了国家所面对的安全困境。然而国防开支也有可能确保国家安全，创造有助于外来投资的环境进而为经济发展提供基础。

海伦·勒莎德莱（Helen E. S. Nesadurai）认为冷战后安全的研究范围扩大至像贫穷、环境恶化、艾滋病、经济衰退和个体安全那样的非军事安全领域。[①] 理解全球化和经济安全的关系需要知道在全球化的市场整合下我们的危险是什么，通过什么工具能确保谁是安全的，探究这些问题重要的是避免泛化经济安全的概念，包括每个经济风险和经济紊乱的例子，在相互依赖的世界经济和对非竞争性的企业的理性保护下对其的泛化将会使政策制定的复杂化。人类安全主要强调个体安全，个体安全保障的基本威胁有两个方面：免于恐惧的自由和免于匮乏的自由，人类安全的基本组成有七个：经济安全、食物安全、健康安全、环境安全、个人安全、集体安全和政治安全。人类安全较准确地强调保护免受突如其来的伤害和打乱日常的生活模式和像饥荒、疾病和压抑等那样的慢性威胁的安全。他认为经济安全的概念是动态变化的，基本必需品的收入消费和流通、市场整合和分配的公平这些都是经济安全可备选的含义，这就使得经济安全既有微观的成分又有宏观的成分，微观方面主要集中于个体涉及的安全，涵盖人类安全概念，这是经济安全的目标，确保个体收入流有机会达到提供给基本需要的必需品一样。宏观方面是确保社会在完整、健全的市场上产生增长和福利。

阮旋潭（Nguyen Xuan Thang）认为经济发展差距和经济安全是非传统安全框架中新问题中的一个，就东盟而言，非传统安全新概念的研究和经济发展差距影响经济安全一样对确保人类安全、国家安全和地区安全，建立有效的创新和政策有着重要的作用。[②] 冷战后，关于安全的概念已经从传统的安全扩展到非传统的安全从而发生了深刻变化，同时，非传统的安全也根据确保安全的主题、威胁从形式扩展了内涵。非传统的安全包括的问题已经超出了传统意义上国与国之间的政治、军事关系，非传统安全的分析单位不但有单一民族国家，而且还有每一个体和集体。一国不仅可能被政治和军事因素威胁，而且也被社会经济因素、道德和宗教因素威胁，非传统的安全也包括确保经济体系的稳定和保护国家的基本价值。经济发展因素直接影响个体、集体、国家、地区和世界的安全。在区域化和全球化的水平上，贫穷、环境恶化、资源的稀缺和国家政府职能缺失等都影响着国际关系系统的稳定和秩序。在个体的水平上，伴随着上述因素，个别国家和地区的冲突和不稳定导致发展资源和能力不一致的结果也影响着安全和人们的生活。经济实力起着重要作用使得安

[①] Helen E. S. Nesadurai：Globalisation and Economic Security in East Asia. Fist Published Routledge，2006：3 – 12.

[②] Nguyen Xuan Thang：Development Gap and Economic Security in ASEAN. Secial Sciences Publishing House，2006：23 – 25.

全和实力因素紧密联系在一起，在全球化的背景下，安全和经济也紧密联系着，也使得每个国家、每个地区或每个集体的一体化过程包含着安全和经济。全球化和国际关系一体化一方面创造了许多促进增长、提高收入、减少贫穷和缩减冲突可能性等的机会，但另一方面也成了传播危机和经济冲击、输入非传统的威胁的渠道，这将会导致国家、民族和人民的不安全。经济安全已经变成非传统安全中非常流行的内容；从微观上看，经济安全是人类安全的重要组成部分，这里个体或集体是分析单位，人类安全和个人自由是内在的内容；从宏观上看，经济安全是确保商业、金融、贸易、投资和资源有效使用的安全，所以经济安全在一个国家和地区的安全中有着重要作用。在宏观水平上估计经济安全，创造一个测量的框架是必要的，如在金融安全、食物安全和能源安全等领域，就能使用计量经济学模型。

马克·尼奥克里尔斯（Mark Neocleous）认为在大部分的冷战时期，国际政治经济和安全的研究往往是天壤之别，且后者往往被设想为是独立于任何政治利益经济。[①] 安全研究文献同经济学思想一样作为一个相当的事，往往只在"高"和"低"政治学做相当简单的区别。在国际政治经济与安全的研究中，经济和安全的结合或者经济安全已经成为日益重要的一个方面。理解安全及其日益全球证券化的过程应该注意经济安全的历史。经济安全的概念已从调节个人、集体和企业的资本主义秩序转变为美国试图在全世界形成反共产主义方式的一个关键因素，且标签为国家安全，作为一个重要工具编造经济新秩序，使得经济安全具有头等重要的意义。

2. 国内学者关于国家经济安全内容的研究

国内学者对国家经济安全内容的表述多种多样，有的从内涵方面着眼，有的从外延方面入手，致使形成一定的差异。

赵英等认为，经济安全问题的研究内容包括如下：（1）影响一个国家经济竞争力增长和经济体系正常运转的内部因素，这里的内部因素是经济学意义上的经济"内生变量"，如外贸、金融、工业、农业、科技等。（2）一个国家经济抵御国内外各种干扰、威胁、侵袭的能力。（3）一个国家经济体系发展、运转所依托的国际、国内环境。（4）经济安全问题在历史上的发展过程及具体事例。（5）历史上关于军事家、经济学家、政治家及其他人物对这一问题的认识、论述。（6）由经济安全问题连带产生的其他国家安全问题。（7）从经济安全这一特定角度对国家大战略、国际形势、军事战略进行深入、广泛的研究。（8）经济安全问题研究的理论与方法。（9）从经济安全角度对国家经济发展战略及宏观经济运行研究。（10）国家经济竞争力的评估；国家经济安全状态的评估；经济对抗乃至战争中经济损失的评估；经济安全的评估标准等一系列解决具体国家安全问题的评价标准和评估方法，制定有关政策时使用的技术方法。另外还有地缘经济问题，也即地理因

---

① Mark Neocleous：From Social to National Security：On the Fabrication of Economic Order. Security Dialogue，Vol. 37，No. 3，September 2006.

素对国家经济安全的影响，对制定有关战略的影响。[①]

　　吕有志认为，经济安全具体有如下内容：一国经济体制的独立自主；一国经济发展所依赖的资源供给获得有效保障；一国经济的进程，有免于受供给中断或价格暴涨突然打击的能力；一国散布于世界各地的市场和投资等商业利益不受威胁；一国经济有免于全球金融市场紊乱和大规模移民冲击的能力；在不断发展的全球化时代，一国的经济福利不受全球经济的负面效应的冲击。[②]

　　李少军指出，要对经济安全作出理论的说明，必须尽可能全面地考察影响国家经济生活的因素。所以，经济安全的内容包括：在自然环境方面（包括资源）不存在对经济的危险和威胁；国家内部社会安定，政治制度和经济决策都有利于经济的发展，人心稳定；国际经济政治秩序比较有利，不存在对国家的政治经济威胁和世界性经济危机。[③]

　　江涌等认为，经济安全最根本的内容是一国对关键资源的支配和控制，即一国对于关键资源支配和控制的方式、手段、途径等构成了国家经济安全的内容。具体说来，包括三个方面的内容：（1）控制的主体是谁？（2）什么是"关键的"资源？（3）控制的范围、程度。[④]

　　雷家骕认为，国家经济安全是国家综合安全不可分割的一部分，国家经济安全在国家利益的意义上可以分成众多的子领域，这些子领域在国家经济安全的层面形成经济意义上的综合安全，目前组成国家利益的比较重要的经济安全领域有：战略资源领域安全、本土制造业领域安全、金融财政领域安全，以及涉及影响经济安全的科技发展、信息安全、生态安全、人口与就业、国际经济关系等问题。[⑤]

　　方小玉认为，国家经济安全是国家安全的基础。传统的国家经济安全观主要是指资源的供给安全，涉及农产品、矿产品、能源和高科技产品等领域。[⑥] 这主要是由于可能出现的对外贸易和投资的抵制或者对能源的供应的限制，导致资源供给不足而发生的风险，从而对高度依赖资源进口的国家造成巨大损失；也可能由于战争、革命、制裁或突发性天灾人祸而使得进口中断，使国内经济遭受打击。传统的国家经济安全观强调以强大的经济实力为基础和国家、政治、军事力量的保障。在全球化时代，维护经济安全的斗争已成为国际斗争的重要内容，随着经济全球化的发展，一国经济的生存、发展受国际政治经济的影响越来越大，主权国家对本国经济的运行和发展实施有效控制、保护的能力实际上减弱了，而经济相互依存和相互获利的前景，并没有改变主权国家的作用和国家利益的排他性，也不可能从根本上消除国家间的不平等竞争与不信任，因此，在和平与发展的年代，经济安全的重要性越来越显著，地位越来越突出。维护国家经济安全成为各国优先考虑的

[①]　赵英等：《中国经济面临的危险——国家经济安全论》，云南人民出版社1994年版，第17～18页。
[②]　吕有志：《经济安全问题的由来及其战略地位》，载《当代世界与社会主义》1997年第4期。
[③]　李少军：《论经济安全》，载《世界经济与政治》1998年第11期。
[④]　江涌、章奇、郭守润：《经济安全及其评估》，载《统计研究》1999年第9期。
[⑤]　雷家骕：《国家经济安全理论与方法》，经济科学出版社2000年版，第25页。
[⑥]　方小玉：《国家经济安全创新比较研究》，中国言实出版社2000年版，第169～174页。

问题。从这一角度出发，经济全球化时代的国家经济安全可以概括为一国经济免于因国际国内宏观经济不稳定、微观经济不健全、金融市场秩序紊乱、商品市场不安全、能源和生态危机等冲击处于稳定、均衡和持续发展的状态，它既包括一国内部经济发展所依赖的国外资源的供给得到有效的保障，免于供给中断或价格暴涨而产生的突然打击，同时还包括该国分布于世界各地的市场和投资等商业利益不受威胁，以及受内外因素影响引发的全局性、系统性金融风险和经济问题能得到及时有效控制等。为了实现这种安全状态，国家既要保护、调节和控制国内市场，又要维护本国在世界范围内的经济利益，参与国际经济合作。所以，一般来讲，当前国家经济安全由金融市场安全、国内产业和市场安全、战略物资和能源安全、经济信息网络安全等方面的内容组成。

万君康等认为，国家经济安全一般包括三方面的内容，即国家金融安全、国家经济信息安全和国家产业安全。其中，金融安全是国家经济安全的核心，经济信息安全是国家经济安全的基础环节，而产业安全是国家经济安全的基本内容。[1]

张小玲认为，国家经济安全的内容从不同的角度划分为三种：①从生产要素角度划分为资源安全、技术安全、人口安全、市场安全。②从区域角度划分为国内经济安全和国际经济安全。③从产业角度划分为农业安全、工业安全、金融服务业安全等。[2]

徐开金、严岭认为经济安全所涉及的重大经济内容包括四个方面：（1）经济发展问题。理论界认为，经济安全事关国家经济发展问题，经济安全是一国经济发展不受威胁，能得到持续、快速、健康的保证。（2）经济实力问题。理论界认为，经济安全既是国家经济实力或综合竞争力不受威胁而遭削弱的保障，也是检验国家经济实力或综合国力的重要内容之一。一国提高国家经济安全的主要目的是为了不断增强自己的经济实力，使之保持在一个相对领先的地位。（3）经济效益问题。理论界认为，经济安全是防范国民经济重大利益损失的战略部署。（4）经济资源问题。理论界认为传统的国家经济安全主要是指资源供给安全，涉及农产品、矿产品、能源和高技术新产品等领域。[3]

王瑛认为可以从两个层次来理解国家经济安全：一个层面是国民经济整体运行的安全，即国民经济能保持适宜的增长率和通货膨胀率，国民素质较高且失业率维持在较低的水平上，不存在外部政治风险导致的经济动荡等。另一个层面是国民经济各个部门能够保持良好的运行态势，具体归结为以下几方面内容：（1）国家金融安全。（2）国家产业安全。（3）国家贸易安全。（4）国家经济决策安全。（5）国家信息技术安全。[4]

0.4.3 国家经济安全体系

国家经济安全是一个复杂的系统，这一系统是以整个经济体系为研究对象，整个经济

---

① 万君康、肖文韬、冯艳飞：《国家经济安全理论述评》，载《学术研究》2001年第9期。
② 张小玲：《关于国家经济安全的探究》，载《统计与决策》2002年第5期。
③ 徐开金、严岭：《国内经济安全理论研究综述》，载《经济学动态》2002年第11期。
④ 王瑛：《经济安全——中国面临的挑战》，山西经济出版社2004年版，第4~6页。

体系则是由若干个子系统构成的复杂系统，每一个子系统又可以划分为不同的层面，由下一级的子系统组成。经济系统的复杂性决定了国家经济安全体系的层次性特征，处于第一层面的是生产力与生产关系的抽象层面，处于第二层面的是经济体制与经济发展模式的制度层面，处于第三层面的是国家经济安全的现象层面。

1. 国家经济安全的抽象层面

生产力与生产关系之间的决定与反作用关系是决定国家经济安全与否的抽象层面。生产力决定生产关系，生产力的状况决定生产关系的状况性质和形式，生产力发展的要求决定生产关系的变革。生产关系对生产力具有反作用，当生产关系同生产力的发展要求相适合时，它有力地推动生产力的发展；当生产关系不适合生产力发展要求时，它就严重地阻碍生产力的发展。生产关系能否适应生产力发展的要求是决定国家经济是否安全的核心。生产关系表现为一国的经济制度、经济体制与经济发展模式，当生产关系不适应生产力发展的要求时，就会出现各种威胁国家经济安全的风险与危机，从而表现在国家经济安全的各个现象层面中。可见，生产力与生产关系是决定国家经济安全的最高层次，也是最为抽象的层面。

2. 国家经济安全的制度层面

经济制度是适应某种生产力性质和发展水平建立起来的，是生产资料占有关系、劳动者与生产资料结合方式、社会产品的分配关系等方面的本质规定，是一种高层次的经济关系。经济体制是反映不同经济制度下各种经济形式的运行规律及其特点的经济关系，是一种处于中间层次的经济关系。

经济制度与经济体制安全包括三个层面的含义：第一，国家的经济制度与经济体制的相互适应程度。一定的社会经济制度决定着经济体制的根本属性和主要特点，经济制度随着新经济现象的出现而不断地发展和完善，而经济体制为了适应新的经济制度也必须进行改革。第二，国家的经济制度与经济管理体制的选择、确立、变迁、运行能够保持其独立性，避免来自国内外各方面因素的干扰、破坏，保持稳健有序运行的状态。第三，国家的经济制度和经济体制在全球化进程中能够保持较强的适应力、耦合力和竞争力。

3. 国家经济安全的现象层面

经济安全所涉及的现象层面主要是指那些对国家经济发展、对国计民生和国家整体经济利益有重大影响，同时又面临不安全因素危害的一些领域。国家经济安全的现象层面主要包括以下几个方面。

（1）产业安全。国家产业安全是指一国在开放的市场经济条件下，在国际经济合作与竞争的发展进程中，始终保持着本国资本对本国产业主体的控制，民族产业免受国内外因素的威胁，具有保持民族产业持续生存和发展力。

首先，产业安全的主体虽不仅仅局限于国家的民族产业，但在当前的国际经济关系中，国家产业安全通常是指民族产业安全；其次，民族产业安全意味着本国资本对民族产业的控制权；再次，产业安全包括产业生存安全与产业发展安全，即产业的生存与发展不受威胁的状态；最后，产业的威胁与产业安全是相互对立的，产业受威胁的程度越深，产业越不安全则产业的安全度越低。

（2）贸易安全。国家贸易安全是指一国的对外贸易在受到来自国内外不利因素的冲击时，依然能够保持较强的竞争力或具有足够的抗衡和抵抗能力。从定性的角度看，考察一国贸易安全的指标主要有三个：一是一国是否为本国对外贸易发展创造良好的国内外环境，使得该国的贸易利益不受外来威胁；二是一国能否在国家贸易中发挥自身比较优势，在国际竞争中拥有优势地位；三是一国是否建立起保障本国对外贸易发展的制度体系，在遇到突发事件袭击时能够保证对外贸易顺利进行。从定量的角度看，衡量一国贸易安全的主要指标包括对外贸易依存度、出口商品的结构及其国际竞争力、出口商品的市场占有率。

（3）财政安全。财政安全与国家整体经济安全有着紧密的互动关系。从根本上看，财政收入是由国民收入决定的，而财政支出又会对经济增长产生重要影响，影响投资、消费和进出口，影响 GDP 的增长和结构，影响收入分配和各阶层之间的收入差距，影响经济的稳定和可持续发展。因此，财政运行机制也会直接影响财政安全，进而作用于整个国民经济。

国家财政安全是指一国财政基本上处于稳健增长的收支平衡状态，不存在引发财政危机的财政机制，不存在引发财政危机的可能性，不存在引发财政危机的整体经济问题，对于整个经济社会发展具有一定的支持力。财政安全是一国经济安全最高层次的安全问题之一，国家经济安全中的其他方面均可以最终表现或归结为财政安全问题。财政运行机制会直接影响财政安全，进而影响整个国民经济。财政能力越强，一国财政安全保障力越强；财政能力越弱，保障力越弱。

（4）金融安全。国家金融安全是指国家享有金融主权，能够保持金融系统运行与金融发展不受国内外各种因素的威胁与侵害的状态，能凭借各种手段把金融风险控制在可能导致金融危机的临界状态以下，确保正常的金融功能和金融秩序。金融是现代市场经济中的命脉，健康的金融体系是确保经济稳定和发展的前提，金融系统产生的问题可能迅速成为整体经济的问题，金融安全是经济安全的核心，金融安全成为经济安全的首要条件。

健康的金融体系是确保经济稳定和发展的前提。对于现代市场化国家而言，金融安全成为经济安全的首要条件。历史上，几乎每次经济危机都首先表现为金融危机，如许多西方学者将 1929～1933 年的世界大萧条归咎于美联储没有及时稳定货币市场信心，发生在 1997 年的东南亚金融危机以及 2007 年美国次贷危机引发的全球金融危机直接导致相关国家实体经济的迅速恶化。另外，虽然金融系统本身的完善程度，以及外来冲击对一国金融安全的作用日益明显，但金融安全根本上取决于整体经济安全。要确保金融安全，一国的金融体系除了具备良好的安全防护体系和有效的消除侵害机制之外，还必须有较强的国际竞争力，并以强大的实体经济做后盾。

（5）战略资源安全。所谓战略资源是指当前国民经济生活中具有举足轻重作用的，对未来经济发展和发展目标的实现具有重要影响的资源，它具有四个特性：供给的稀缺性、开发（获得）的高成本性、广泛的渗透性、影响的普遍性和深远性。

战略资源安全是指一国拥有的主权的，或实际占有的，或可得到的各种战略资源，其数量和质量能够保障该国经济当前的需要、参与国家竞争的需要以及持续发展的需要。当前有关战略资源安全的问题主要集中在能源矿产资源（煤炭、石油、天然气等）、非能源矿产资源（金属矿产、非金属矿产）、水资源、土地资源、生态环境资源等几个方面。

能源安全是国家经济安全的重要领域，它直接影响到国家安全、可持续发展及社会稳定。能源安全包含两个方面，一方面是能够稳定的、持续的、可靠的并且在可接受的市场价格内获得经济发展所需的充足能源供给，另一方面是能源使用的安全性，能源的开采与使用不应该对人类生存的自然环境构成威胁。石油在能源结构中位居第一位，属于不可再生资源，石油安全名副其实地决定着整个能源安全。石油安全主要是指一国拥有主权，或实际可控制，或实际可获得的石油资源，在一定的价格水平（供需双方决定的均衡价格）下，在石油供给的数量上和质量上能够保障近期和长期的经济发展需要。

（6）粮食安全。粮食安全是国家安全的重要组成部分，世界各国特别是经济大国都高度重视国家粮食安全保障。国家粮食安全是指国家能够确保所有人在任何时候都能够买到并能够买得起他们为了生存和健康发展所需要的基本食物。粮食安全需要达到三项基本目标：第一，粮源充足，确保生产足够的粮食；第二，稳定、及时、有效地把粮食运送到消费者手中，最大限度地稳定粮食的供给；第三，消费者有购买能力，确保所有需要粮食的人都能获得粮食。

（7）人才安全。经济全球化、一体化的发展，消除了地域之间、国家之间的保护性屏障，人力资源的跨国流动迅速加剧。发达国家进一步放宽了对高科技人才引进的移民限制，不断增发"绿卡"，优质人才资源在全球的流动，范围更大、频率也更高，人才资源在全球的流动已成为大趋势。有英国学者把人才的流失称为英国国际收支中最大的一项逆差，这也是人才安全问题日益凸显的表现。

国家人才安全是指在有效的制度激励和政策激励下，一国所拥有的若干学科领域的高级专门人才的数量和质量，能够达到配置安全与供给安全的结合，以保障该国在相关领域处于技术优势地位。人才安全体现在三个角度：一是人才的数量方面，即一国的高级人才在总量上是否进大于出；二是人才的使用效率方面，即一国能否使人才发挥最大的效用；三是人才的宏观配置方面，即人才的配置能否保证相关领域的技术优势地位。

（8）信息安全。国家信息安全是指通过必要手段防范任何在信息制造、存储和使用过程中的非法行为，以保障本国公民使用信息的合法权利，保护经济、文化、社会和国防等领域的信息不被破坏，使信息在国民经济生活中发挥更大作用。

信息化时代国家经济安全与信息安全之间的关系，表现为信息网络环境下的国家经济安全和国家经济领域中的信息安全两个方面。针对前者而言，信息时代整个国家的经济将建立在网络信息的基础之上，信息安全是国家经济安全的基石；就后者而言，信息技术产业、信息技术服务业将是信息时代国家经济发展的重要支柱和主要动力，信息网络安全是国家经济活动安全保障的关键。

金 融 安 全

■ 1.1 金融安全的定义

金融安全作为经济安全的重要组成部分，直接影响和决定着一国的经济安全，乃至国家安全。在我国，金融安全问题已引起了高度重视。党和国家领导人多次强调金融与经济发展的关系，强调金融稳定与安全，指出：金融安全关系到国家经济的安全[①]。金融很重要，是现代经济的核心。金融搞好了，一着棋活，全盘皆活[②]。金融活，经济活；金融稳，经济稳。经济兴，金融兴；经济强，金融强[③]。准确判断风险隐患是保障金融安全的前提[④]。经济是肌体，金融是血脉，两者共生共荣[⑤]。党和国家领导人对金融与经济的关系、金融稳定与国家经济安全的科学论断，把维护我国金融安全，防范和化解我国经济运行中的金融风险明确为全党和各级政府长期以来一项十分重要的工作。

1.1.1 金融安全的提出背景

20 世纪 80 年代的金融自由化浪潮，带来了国际资本自由流动，机构投资者金融资产规模剧烈膨胀，金融投机风潮不断发生，快速推进金融自由化的经济体接连发生严重的金融危机。据国际货币基金组织（International Monetary Fund，IMF）统计，在推进金融自由化的过程中，1980~1995 年 IMF 的 181 个成员经济体中有 131 个经济体出现过严重的金融风险，有的进而爆发金融危机。很多经济体为解决金融风险和危机，在政治上、经济上付出了十分沉重的代价。在这样的背景下，很多国家或地区开始密切关注金融安全问题。

---

① 摘自 1998 年 5 月 11 日江泽民主持中央第七次法制讲座《金融安全与法制建设》的讲话材料。
② 摘自 1991 年初邓小平在上海视察讲话材料。
③⑤ 摘自 2019 年 2 月 22 日习近平主持中共中央政治局第十三次集体学习材料。
④ 摘自 2017 年 4 月 25 日习近平主持中共中央政治局第四十次集体学习材料。

尤其是在 1997 年亚洲金融风暴后，几乎所有经济体都开始将维护金融稳定与安全作为国家经济安全的核心内容，列为国家安全战略的重要组成部分。

拓展阅读材料1.1：

什么是金融自由化

金融自由化（financial liberalization）也称"金融深化"（financial deepening），是 20 世纪 70 年代罗纳德·麦金农（Ronald. I. McKinnon，1973）与肖（E. S. Shaw，1973）在各自的著作《经济发展中的货币与资本》与《经济发展中的金融深化》中倡导的一种理论。他们提出"金融抑制"（financial repression）论，把发展中国家的经济欠发达归咎于金融抑制，主张金融深化，极力倡导和推行金融自由化。所谓的金融抑制是指政府通过对金融活动和金融体系的过多干预抑制了金融体系的发展，而金融体系的发展滞后又阻碍了经济的发展，从而造成了金融抑制和经济落后的恶性循环。这些手段包括政府所采取的使金融价格发生扭曲的利率、汇率等在内的金融政策和金融工具。金融自由化理论主张发展中国家应改革金融制度，改革政府对金融的过度干预，放松对金融机构和金融市场的限制，增强国内的筹资功能以改变对外资的过度依赖，放松对利率和汇率的管制使之市场化，从而使利率能反映资金供求，汇率能反映外汇供求，促进国内储蓄率的提高，最终达到抑制通货膨胀，刺激经济增长的目的。他们把"金融抑制"的原因直接归结为"金融管制"，因此也把"金融深化"与"金融自由化"等同起来。所谓的金融深化是指随着一个国家或地区的经济发展对金融服务不断提出的新的要求，其金融中介、金融市场不断进行创新，市场可运用的资金潜力不断被挖掘，市场规模不断增加，同时不断走向专业和复杂化的过程。它既包括金融机构和产品的创新，也包括金融制度和技术的创新。既包含数量的增加，也包含质量的提升。

金融自由化的主要方面：利率自由化、合业经营、业务范围自由化、金融机构准入自由、资本自由流动——都有引发金融脆弱性的可能。

国际货币基金组织（international monetary fund，IMF）是根据 1944 年 7 月在布雷顿森林会议签订的《国际货币基金组织协定》于 1945 年 12 月 27 日在华盛顿成立的。与世界银行同时成立，并列为世界两大金融机构，其职责是监察货币汇率和各国贸易情况，提供技术和资金协助，确保全球金融制度运作正常。其总部设在华盛顿特区。我们常听到的"特别提款权"就是该组织于 1969 年创设的。

组织宗旨：通过一个常设机构来促进国际货币合作，为国际货币问题的磋商和协作提供方法；通过国际贸易的扩大和平衡发展，把促进和保持成员国的就业、生产资源的发展、实际收入的高低水平，作为经济政策的首要目标；稳定国际汇率，在成员国之间保持有秩序的汇价安排，避免竞争性的汇价贬值。协助成员国建立经常性交易的多边支付制度，消除妨碍世界贸易的外汇管制；在有适当保证的条件下，基金组织向成员国临时提供普通资金，使其有信心利用此机会纠正国际收支的失调，而不采取危害本国或国际繁荣的措施；按照以上目的，缩短成员国国际收支不平衡的时间，减轻不平衡的程度等。

主要职能：制定成员国间的汇率政策和经常项目的支付以及货币兑换性方面的规则，并进行监督；对发生国际收支困难的成员国在必要时提供紧急资金融通，避免其他国家受其影响；为成员国提供有关国际货币合作与协商等会议场所；促进国际间的金融与货币领域的合作；促进国际经济一体化的步伐；维护国际间的汇率秩序；协助成员国之间建立经常性多边支付体系等。

援助使命：为陷入严重经济困境的国家提供协助。对于严重财政赤字的国家，基金可能提出资金援助，甚至协助管理国家财政。受援助国需要进行改革，参阅华盛顿共识。

会员资格：加入国际货币基金的申请，首先会由基金的董事局审议。之后，董事局会向管治委员会提交"会员资格决议"的报告，报告中会建议该申请国可以在基金中分到多少配额，以及条款。管治委员会接纳申请后，该国需要修改法律，确认签署的入会文件，并承诺遵守基金的规则。而且会员国的货币不能与黄金挂钩（不能兑换该国储备黄金）。成员国的"配额"决定了一国的应付会费、投票力量、接受资金援助的份额，以及特别提款权（SDR）的数量。中国是该组织创始国之一。

1980年4月17日，国际货币基金组织正式恢复中国的代表权。中国当时在IMF中的份额为80.901亿特别提款权，占总份额的4%。2010年11月6日国际货币基金组织执行董事会通过改革方案，中国份额占比计划从4%升至6.39%。中国自1980年恢复在货币基金组织的席位后单独组成一个选区并指派一名执行董事。1991年，IMF在北京设立常驻代表处。

特别提款权（special drawing right，SDR）：是国际货币基金组织创设的一种储备资产和记账单位，亦称"纸黄金（paper gold）"。它是基金组织分配给会员国的一种使用资金的权利。会员国在发生国际收支逆差时，可用它向基金组织指定的其他会员国换取外汇，以偿付国际收支逆差或偿还基金组织的贷款，还可与黄金、自由兑换货币一样充当国际储备。但由于其只是一种记账单位，不是真正货币，使用时必须先换成其他货币，不能直接用于贸易或非贸易的支付。因为它是国际货币基金组织原有的普通提款权以外的一种补充，所以称为特别提款权（SDR）。特别提款权不是一种有形的货币，它看不见摸不着，而只是一种账面资产。2015年11月30日，IMF将篮子货币的权重为：美元占41.73%，欧元占30.93%，人民币占10.92%，日元占8.33%，英镑占8.09%。

（资料来源：国际货币组织网站。）

1.1.2 金融安全的定义

金融安全（financial security）指一国货币资金融通的安全和整个金融体系的稳定。具体来讲，是一国为维持本国金融系统正常运行、金融效率正常发挥、金融发展与实体经济发展相互协调以及金融主权不受侵害而运用各种手段（包括制度、政策等），对各种金融风险和外部威胁与冲击进行控制，防范系统性金融风险，从而确保金融体系健康发展、确保金融主权不受侵害的一种状态[①]。其中，制度包括汇率制度、监管制度、金融制度等；政策包括财政政策、货币政策、汇率政策等。从金融运行的实践来看，金融安全是一个宏观的、系统的、动态的概念，须从以下几个方面理解和把握金融安全的定义。

第一，金融安全是相对的。相对于金融风险而言，金融安全不等于没有金融风险，而是金融风险的发生带来的损失在主体的承受范围之内的一种状态。

第二，金融安全须根植于金融服务实体经济的本位职能之中。金融的本位职能是金融体系发挥其融资创造功能实现资源优化配置服务于实体经济。金融安全的本质要求是保证金融的本位职能有效发挥，实现金融发展与实体经济发展的内在需求相适应，二者协调发展，金融体系呈现稳定与安全状态。即在实体经济发展中实现金融安全，金融安全状态下促进实体经济发展。若金融呈现"脱实向虚"，金融过度膨胀，偏离其服务实体经济的本位职能，实体经济与金融失衡，会引致金融的不安全与不稳定。

第三，在经济金融全球化中金融安全是金融能有效抵御外部不利冲击的状态。在经济金融不断深化开放中，国家采取有效政策与措施应对冲击，防范和化解外部不利冲击，保证国家金融安全与稳定状态。

第四，从宏观层面看，金融安全就是要守住不发生系统性金融风险的底线。金融安全是一个宏观的概念，维护金融安全就是要守住不发生系统性金融风险的底线。金融机构按照市场竞争原则出现的经营困难或问题，若不会引致系统性金融风险积累或引致系统性金融风险的发生，不能看作金融不安全的表现。

拓展阅读材料 1.2：

实体经济、虚拟经济与金融"脱实向虚"

现在有关于实体经济（real economy）[②] 内涵主要有两种观点。第一种是基于马克思主义哲学的界定。基于马克思主义哲学的自然界三范式理论，实体经济是指一个经济体生产

[①]　详细参见梁勇（1999）、李怀珍（2000）、王元龙（2005）、王叙果（2006）、曾康霖（2008）、刘锡良（2004）、罗斯丹（2009）、张安军（2015）、刘家义（2015）、李婷（2021）的研究文献。

[②]　实体经济是指物质的、精神的产品和服务的生产、流通等经济活动（成思危，2000；2015）。

商品价值总量，包括物质的、精神的产品与服务的生产、流通等经济活动。从产业层次和结构看，涵盖三次产业所有的经济活动。第二种是基于美国次贷危机背景下美国联邦储备委员会提及的实体经济。在2007年美国次贷危机中，美联储多次提及"金融市场动荡没有损害实体经济"，从其宣称的内容资料中可以看到其所提及的实体经济指除房地产市场与金融市场的部分，包括关乎国计民生的制造业、经常账户涵盖的产品与服务、零售销售等。从上述两个观点看，美联储提及的实体经济同马克思主义哲学的界定殊途同归具有相同之处，实体经济为一国和地区生产的关乎国计民生的商品与劳务的总价值。鉴于此，本书基于马克思主义哲学界定，将实体经济界定为关乎国计民生的部门或行业。据该定义，实体经济具有有形性、载体性等特征，其具备功能包括提供基本生产生活资料、提高人民综合素质等。

现有关于虚拟经济（fictitious economy）①的定义是基于马克思虚拟资本的概念提出的，概括起来，虚拟经济是金融深化的产物，是与虚拟资本以金融体系为依托的循环运动有关的经济活动，即以钱生钱的活动。虚拟经济是市场经济高度发展的产物，以服务实体经济为最终目的。与实体经济相比，虚拟经济具有高流动性、不稳定性和高投机性的特点，发展过程中会有更高的风险性。虚拟经济必须依托实体经济，其服务对象是实体经济，实体经济发展是虚拟经济发展的基础。

金融"脱实向虚"②是指金融未发挥其服务实体经济的本位职能实现货币资金与实体投资对接，引致大量资金滞留于金融层面进行大肆金融投机炒作套利，使货币资金在金融体系内空转或拉长资金进入实体经济的链条或导致资金在实体经济中严重错配，进而使得货币资金丧失使用价值而未实现增殖，导致金融背离实体经济内在需求的一种现象，其具体表现为资金"脱实向虚"。对于该内涵的理解须注意以下方面。

（1）从金融对象上看，金融"脱实向虚"体现为货币资金"脱实向虚"。从金融市场交易主体上看，金融"脱实向虚"则表现为FIRE企业"脱实向虚"、非FIRE企业"脱实向虚"。其中，按国际惯例金融业与房地产业并称FIRE产业。非FIRE企业"脱实向虚"表现为非FIRE企业利润越来越多地通过金融股权投资等金融渠道而不是传统的商品生产与贸易渠道获得。

（2）金融"脱实向虚"中的"虚"不是指所有虚拟经济，仅指金融投机、资产价格炒作来获利的投机活动。实体经济是虚拟经济发展的基础，虚拟经济在提升实体经济融资规模、丰富实体经济融资渠道、优化资源配置促进实体经济转型升级等方面有着十分重要的作用，这样的虚拟经济与实体经济发展的内在需求一致，不能算是金融"脱实向虚"中

---

① 虚拟经济：虚拟资本以金融系统及金融属性重的商品市场（如房地产市场）为主要依托进行的交易活动，即以钱生钱的经济活动（成思危，2000、2015；刘骏民，2002；柳欣，2002；刘晓欣，2002）。其中，虚拟资本包括各种有价证券、金融衍生工具、金融属性重的商品等。

② 张小波：《我国金融"脱实向虚"的综合判断与分析》，载《经济理论与经济管理》2021年第7期（第41卷，第367期），第64~80页。

的"虚"。

（3）金融"脱实向虚"模糊了"实"与"虚"的边界。金融"脱实向虚"会使同一行业有"实"有"虚"。例如房产业，开发商建房是实业，若消费者购房不用于住而是进行投机炒作，则为虚拟经济；同时，金融"脱实向虚"会强化同一业务的金融属性，使得同一业务有"实"有"虚"，如大宗商品、重要资源品等批发业务是实业，但故意囤积炒作抬价就是虚拟经济，"蒜你狠""豆你玩""姜你军""烧红钢"等就是典型的"虚"。

（4）金融"脱实向虚"不能带来真实的社会财富。金融本身不能直接创造价值，只有引导货币资金流入实体，由货币资本转化为商品资本才能创造价值（增殖）。金融"脱实向虚"使资金从实体经济中游离出来执行生息资本的职能，丧失了货币资本的使用价值，未实现增殖，所创造的金融资产并不是真实的社会财富，反映的是全社会的债权债务关系。其不创造财富，而在分配财富，在推升金融成本的同时加剧社会财富集中化和拉大贫富差距。

（5）金融"脱实向虚"不是虚拟经济的发展，更不是产业结构调整升级和金融深化的表现。金融"脱实向虚"使得货币资金进入虚拟经济空转，通过炒作、投机等方式实现资本的增殖，同与实体经济发展相适应的虚拟经济发展有着本质区别。金融"脱实向虚"带来的金融业、房地产业等的膨胀，并不是第三产业结构调整升级和金融深化的实现方式，是经济金融化结构失衡的表现，反而不利于产业结构调整升级，导致实体经济"空心化"。

系统性风险最早出现于传染病学领域，指的是由于传染病的大面积传染而夺去大量人口的现象。后来运用到金融领域，指的是系统中个别单位（或个体）或几个单位（或几个个体）受到其他不利冲击，其损失给系统中的其他单位（或个体）带来的负外部性，当这种负外部性累积到一定程度时，整个系统的基本功能就会受到影响甚至完全丧失，以致给不相关的第三方也产生损失的风险。

——施瓦茨（Schwarcz）

系统风险（systematic risk）又称市场风险、不可分散风险，源于投资领域，是指影响所有资产的、不能通过资产组合而消除的风险，这部分风险由影响整个市场的风险因素所引起。这些因素有宏观经济形势的变动、国家经济政策的变动、财税改革等。

——威廉·夏普（Willian Sharp）

1.1.3 金融安全的分类

从金融运行实践中，金融安全可按照不同划分标准进行分类。从空间范围上划分，金融安全可分为国际金融安全、国家金融安全、区域金融安全、金融体系（金融机构）安全。从业务性质上划分，金融安全包括银行业安全、证券业安全、保险业安全、货币安全、债务安全等；从安全等级上划分，金融安全可分为金融安全、金融基本安全、金融不安全、金融崩溃、金融危机等。若按照对内对外的标准划分，金融安全包括对外金融安全、对内金融安全。对外金融安全主要涉及货币安全、债务安全；对内金融安全包括上述的银行业安全、证券业安全、保险业安全。

在金融安全系统的空间中，国际金融安全、国家金融安全、区域金融安全、金融体系安全与国家安全、经济安全关系最为密切。国际金融安全是国家金融安全的外部环境保障，国家金融安全是金融安全系统的核心，区域金融安全和金融体系（金融机构）的安全是国家金融安全的基础，四者在系统空间中相互依存、相互影响。

站在国家金融安全的角度，一国的金融安全具体涉及货币安全、债务安全、金融业安全（银行业安全、证券业安全、保险业安全）或金融市场安全。维护国际金融安全的实践表明，货币安全、债务安全、银行业安全、证券业安全、保险业安全之间相互作用，协同实现国家金融安全。货币安全是指一国或地区的政府能够很好地控制汇率波动幅度和外汇储备水平，使得本国或本地区的货币对内外价值保持相对稳定的状态。货币安全表现为利率、汇率的变动幅度较小，货币流通稳定正常的一种状态。债务安全是一国对外负债小于对外资产，政府能够凭借各种手段抵御和消除来自内部和外部的各种威胁和侵害，把外债控制在发生债务危机的临界状态以下，确保本国金融功能和金融秩序正常的状态。由于一国对外债务集中体现在国际收支活动中，故对外债务安全又被视为国际收支安全。

银行业安全指一国银行及银行业体系在遭受不利冲击时能保持稳定运行的一种状态。从审慎监管视角看，银行业安全既包括单体银行机构的安全也包括银行体系安全，一个单体银行机构或几个单体银行机构的不安全不传染和蔓延到整个银行体系的状态。证券业安全是指证券资产的价格在短时间内不发生大幅度、剧烈波动的状态。即证券市场价格波动基本与经济发展变化相适应，且波动幅度控制在引起证券市场危机或崩溃的临界状态之下。保险业安全是指保险市场运行稳定健康有序，保险机构无重大实际财产损失，保险机构的生存和发展处于稳定且不受外界威胁的状态。

1.1.4　金融安全的状况评价指标

1997 年亚洲金融风暴后，有关金融安全的监控指标体系不断完善，这些检测指标为分析现有金融体系的安全状况奠定了坚实的基础。但由于影响金融安全因素繁多，且这些因素间的相互作用在不同经济体存在较大差异。因此，目前还未有普适性的金融安全评价指标体系。国际上具有代表性的金融安全指标体系是由 IMF 建立的金融稳健指标体系 FSI（financial soundness indicators，FSI）（见图 1.1）。FSI 由 3 部分构成：第 1 部分微观审慎指标体系、第 2 部分宏观审慎指标体系、第 3 部分为介于微观审慎指标和宏观审慎指标间的市场指标体系（见图 1.1）。

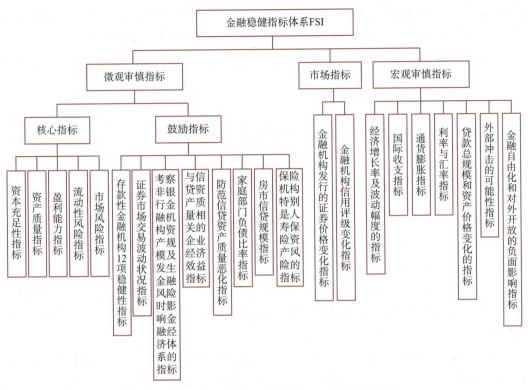

图1.1 金融安全的状况评价指标——FSI指标体系

微观审慎指标体系包括两个子指标体系：核心指标子体系（core indicators）与鼓励指标子体系（encouraged indicators）（见图1.1）。核心指标子体系（core indicators）从资本充足性、资产质量、盈利能力、流动性风险、市场风险5个维度考察存款性金融机构（商业银行体系）的稳健性（见图1.1）。其中，资本充足性维度的具体指标用于评估存款性金融机构（商业银行体系）在发生系统性金融风险时的抵抗能力；资产质量维度的具体指标用于考察银行面临的信用风险水平；盈利能力维度的具体指标用于考察存款性金融机构的经营状况和抵御风险的能力；流动性风险维度的具体指标用于考察银行在发生支付危机时的抵抗能力；市场风险维度的具体指标反映银行对利率风险、汇率风险的敏感程度。

鼓励指标子体系（encouraged indicators）用于考察包括存款性金融机构、非存款性金融机构以及有关经济部门的稳健性，全面衡量整个金融体系的风险。鼓励指标子体系含12项考察存款性金融机构稳健性的具体指标、考察证券市场波动状况的指标、考察非银行金融机构资产规模及发生金融风险时影响金融经济体系的指标、与信贷资产质量相关的企业经济效益指标、防范信贷资产质量恶化的指标、家庭部门负债比率指标、房市信贷规模指标、保险机构特别是人寿保险资产风险的指标（见图1.1）。

宏观审慎指标体系（见图1.1）包括：（1）经济增长率及波动幅度的指标；（2）国际

收支指标；（3）通货膨胀指标；（4）利率与汇率指标；（5）贷款总规模和资产价格变化的指标；（6）外部冲击的可能性指标；（7）金融自由化和对外开放的负面影响指标。

市场指标体系包括：金融机构发行的证券价格变化指标、金融机构的信用评级变化指标。

1.2 金融安全与金融风险

1.2.1 金融风险的内涵

"风险"（risk）一词本身是中性的，即风险本身并无好坏之分。风险是人类活动的内在特征，它来源于对未来结果的不可知性。故风险的核心要义是事件未来结果的不确定性。据该核心要义，风险有广义与狭义之分。广义风险为事件未来的收益或代价的不确定性。狭义风险为事件未来的成本或代价的不确定性。因此，广义风险产生的结果可能带来收益、也有可能带来损失，或无收益、或无损失。狭义风险产生的结果只能表现为损失，没有从风险中获利的可能性。

金融风险（financial risk）是风险的一类。从金融运行实践看，金融风险属于狭义风险。故金融风险是指在一定条件下和一定时期内，由于影响金融市场的各种因素变量（金融风险因素）的不确定性造成结果发生变动（金融风险事件），使得金融活动参与主体遭受损失的大小和该损失发生可能性的大小（金融风险结果）。

1.2.1.1 金融风险内涵的理解

1. 金融风险的构成

据金融风险的内涵，金融风险的构成包括：金融风险因素、金融风险事件、金融风险结果（见图1.2）。金融风险因素是金融风险的必要条件，是金融风险产生和存在的前提。在经济金融运行实践中，金融风险因素包括金融活动参与主体面临的外部经济环境因素、内部因素及其预期等（见图1.2）。金融风险事件是经济金融变量发生不确定性的变化从而导致金融风险结果产生的事件。在实践中，这些事件主要包括金融资产价格波动、金融市场供求波动、金融市场流动性波动以及由于自然灾害等引起的不可抗拒的事件等（见图1.2）。金融风险事件是金融风险存在的充分条件，在金融风险中处于核心地位，其是连接金融风险因素与金融风险结果的纽带或桥梁，是金融风险从可能性转为实现的中介（见图1.2）。金融风险事件不仅在量上决定金融风险的程度，还从质上决定金融风险结果的性质。金融风险结果是金融风险事件给金融活动参与者带来的直接影响，这种影响表现为实际收益与预期收益或实际成本与预期成本的背离，从而给金融活动参与者造成非预期损失（见图1.2）。

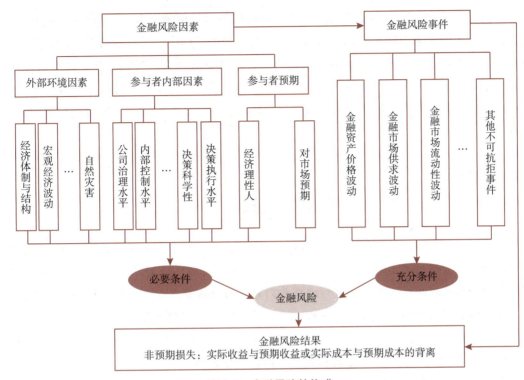

图 1.2　金融风险的构成

思考题 1.1：

　　请结合经济学原理思考还有哪些常见的金融风险因素。请试着思考各种因素引起金融风险的机理。结合经济学预期的理论思考为什么金融活动参与主体的预期会产生金融风险？

　　请试着分析利率波动对股市投资者的影响。

2. 金融风险是金融活动的内在属性

　　金融风险源于金融活动，有金融活动就有金融风险，金融风险产生须依附金融活动的进行，即金融风险是金融活动的内在属性。例如，商业银行在开展信贷业务（金融活动）中可能会发生信用风险、操作风险，商业银行在开展涉及利率、汇率、黄金等有关的表外项目时可能会面临市场风险。机构投资者在进行有价证券投资活动中会面临利率风险等。同时，金融风险须通过具体金融风险事件发生来体现，金融风险可通过金融风险事件的 4 个指标来计量：金融风险事件发生的概率（probability of default，PD）、金融风险事件产生的损失率（loss give default，LGD）、金融风险事件涉及的资产风险敞口（exposure at default，EAD）以及金融风险事件涉及的金融资产活动期限（maturity，M）。

3. 金融风险发生的不确定性

在金融风险现象发生和发展的过程中，金融风险事故可能会发生，也可能不会发生，从而使金融风险结果可能出现，也有可能不出现。金融活动中的不确定性是金融风险产生的根源。一般而言，金融活动的不确定越大，金融风险就越大；反之，金融风险就越小。正是由于金融风险发生的不确定性，在实践中，金融活动参与主体往往对金融风险进行识别、度量、评估，并在此基础上权衡取舍金融风险管理的成本和收益，有效地控制或降低金融风险。

拓展阅读材料1.3：

金融风险管理

在实践中，金融活动参与主体对金融风险进行识别、度量、评估，并在此基础上权衡取舍金融风险管理的成本和收益，有效地控制或降低金融风险的活动过程为金融风险管理。金融风险管理的核心和基础最终要落脚到具体的金融资产或金融资产组合的风险的识别、计量和管理。该内容将在后续课程《金融风险管理》课程中学习。

4. 金融活动的每一个参与主体都是金融风险的承担者

参与金融业市场的经济主体包括个人、企业、政府、金融机构等，这些经济主体在参加金融活动中面临的风险都属于金融风险。

1.2.1.2 金融风险的特征

金融风险是金融活动的内在属性，其是与损失相联系的，其具有以下性质特征。

1. 具有客观性

金融风险的产生是一种不以金融活动参与主体的主观意志为转移而客观存在的现象。金融活动参与者仅能在一定范围内改变金融风险形成和发展的条件，降低风险事故发生的概率，减少损失程度，而不能彻底消除风险。

2. 具有普遍性

金融风险是金融活动的内在属性，存在于一切金融活动之中，无处不有，无时不有。

3. 具有强传染性与高破坏性

金融风险在时间、空间上具有极强的传播与扩散能力。金融风险传染性表现为当不利冲击引发的单个或多个金融活动参与主体的风险会通过金融活动参与主体间的关联关系（渠道），导致其他金融参与主体出现风险。目前金融创新层出不穷，金融衍生工具推陈出新，金融创新一定程度上加剧了金融风险和强化了其传染性，增大金融体系的不稳定和不安全。同时，伴随数字化核心技术"ABCD"与金融深度融合，在金融科技赋能数字金融的属性不断增强的同时，也进一步加剧了金融风险的传染性，使得金融风险能瞬间在时空上通过数字化网络传遍整个关联渠道。因此，金融风险一旦发生，其会迅速在整个金融体系中蔓延与传染，破坏金融体系的稳定，金融安全受到剧烈冲击，严重情况下会演变成金融危机，不仅会导致金融市场秩序混乱，还会引起实际收益率、产出率、消费和投资的下降和影响宏观经济政策的制定与实施以及国际收支平衡，给金融经济带来空前打击。

拓展阅读材料1.4：

数字化核心技术"ABCD"：A 指的是人工智能（artificial intelligence：AI），B 指的是区块链（blockchain）、C 指的是云计算（cloud）、D 指的是大数据（big-data）。

金融科技（fintech）：fintech 是由金融"finance"与科技"technology"两个词合成而来，主要是指那些

可用于撕裂传统金融服务方式的高新技术。

近年来，随着数字化核心技术"ABCD"与金融深度融合，金融科技赋能数字金融的属性不断增强，为数字普惠金融带来了新模式、新方法、新路径以及大量大规模场景实际需求解决方案，引领数字金融迅速从"传统互联网金融模式""互联网直接融资模式"跨入了"金融科技"发展新模式。

4. 具有多样性与可变性

由于金融风险因素种类繁多致使金融活动参与主体面临的金融风险呈现多样性，且大量金融风险因素间的内在关系相互交叉与错综复杂使得风险呈现多层次性。同时，在金融运行实践中，各金融风险因素的性质与数量在不断变化，这导致了金融风险呈现出可变性，即使是同一种金融风险，其内容和程度也会随着金融风险因素的变化而变化。

1.2.2 金融风险的种类

要维护和保障金融安全，须把握在金融活动中可能会出现哪些风险，才能有针对性地防范和化解金融风险。在金融运行和金融监管的实践中，主要从金融风险的形态、金融风险的层次、金融风险的性质、金融风险的产生根源、金融风险的承担主体、金融风险能否防范等维度划分金融风险，形成了不同类型的金融风险。从金融风险的形态上看，金融风险主要种类包括：信用风险、流动性风险、利率风险、汇率风险、操作风险、金融科技风险、法律风险、通胀风险、环境风险、政策风险、国家风险等（见图 1.3）。

图 1.3　按照金融风险的形态划分的金融风险类型

1.2.2.1　信用风险

信用风险有狭义和广义之分。狭义的信用风险指由于债务人或市场交易对手违约而导致的损失的可能性（违约风险）。广义的信用风险指债务人或交易对手未能履行合约规定的义务（违约风险）或者信用质量发生变化导致金融工具的价值发生变化，给债权人或金融工具持有人带来损失的风险（价差风险）。

拓展阅读材料 1.5：

信用风险的理解

信用风险定义的理解：不仅包括传统的违约风险，还包括价差风险。信用风险不仅存在于传统的借贷领域，且广泛存在于所有的业务领域，诸如交易结算、货物交割、招投标等活动中同样存在信用风险。例如：对于大多数商业银行来说，贷款是最大、最明显的信用风险来源；而其表外业务同样面临信用风险，如衍生品交易中存在对手信用风险。

根据信用风险的定义，按信用风险的来源，信用风险可分为：信贷风险（credit risk）、交易对手风险（counterparty credit risk）。信贷风险（credit risk）主要发生于传统的借贷领域，涉及的业务包括贷款、担保、承诺等。交易对手风险（counterparty credit risk）指因交易对手未能履行约定契约中的义务而造成经济损失的风险。几乎发生在所有的交易性领域，任何投资或金融交易都有一个交易对手，所有未结算的证券、商品和外汇交易，从交易日开始都会面临交易对手的信用风险。如何控制交易对手信用风险，是当前金融研究的前沿问题之一。

1.2.2.2　市场风险

市场风险指在一段时期内由于金融市场价格（利率、汇率）的变化造成金融活动参与主体遭受损失的可能性。在金融业务活动中，市场风险主要包括利率风险、汇率风险、证券价格风险、金融衍生工具价格风险等。

利率风险：由于利率（金融变量）的变动而导致金融活动参与主体遭受损失的可能性。利率是资金的价格，影响利率变动的因素众多，例如，一国或地区的政策调控、经济发展状况、金融生态环境状况、政治状况、投资者预期以及其他国家或地区的利率水平等。因此利率风险的表现形式为这些因素的变化引起利率的上升或下降。

汇率风险：由于汇率（金融变量）的变动而导致金融活动参与主体遭受损失的可能性。汇率是两种货币之间兑换的比率，是一个国家的货币对另一种货币的价值。汇率波动会导致金融实体的现金流量的价值发生不确定性变化，外币计价的资产账面价值不确定性变动。

证券价格风险：由于证券价格的变动而导致金融活动参与主体遭受损失的可能性。证券价格会伴随宏观经济政策、市场因素、非经济因素的变化而波动，直接影响到证券持有主体的损益。

金融衍生品价格风险：由于金融衍生品价格的波动而导致金融活动参与主体遭受损失的可能性。金融衍生品是基于基础金融产品（标的资产）衍生出来的、作为买卖对象的金融产品。与其他金融产品不同的是，金融衍生品自身并不具有价值，其价格是从可以运用衍生品进行买卖的货币、汇率、证券等的价值中衍生出来的。在金融市场上最为普遍的衍生品有金融期货、期权、远期、互换（又称掉期）等。在金融风险管理的实践中，金融衍生品是金融风险管理的重要工具。

实践中，金融衍生品交易采用保证金交易方式，即只要支付一定保证金就可以进行全额交易（实际上为一种杠杆交易）。正是这种杠杆性决定了金融衍生品的高风险性。且由于金融衍生品交易在金融机构资产负债表上没有相应会计科目，即金融衍生品交易业务为"表外业务"。这使得在金融监管实践中，金融衍生品交易难以监管，故相较于其他金融工具，金融衍生品市场不确定性更大。

拓展阅读材料1.6：

金融衍生品是金融风险管理的重要工具

金融远期应用于金融风险管理中的基本思想：金融远期合约是指双方约定在未来的某一确定时间，按确定的价格买卖一定数量某种金融资产的合约。对于防范价格上升的投资者，可以购买金融远期；对于防范价格下降的投资者，可以出售金融远期。由于远期合约流动性较差，而且多数要最终交割。故应用金融远期合约防范价格风险，主要是锁定购买或出售商品的未来价格，而不是进行投机。

金融期货在金融风险管理中的应用——套期保值：利用期货价格与现货价格同方向变动的特点，在期货市场上建立与现货市场相反的部位，并在期货合约到期前对冲，以期货的盈利（亏损）弥补现货亏损（盈利）的方法。它有多头套期保值、空头套期保值。

金融互换合约应用于金融风险管理的基本思想：金融互换允许交易双方在未来的某一确定时间内，交换一系列现金流，其中现金流的计算根据互换类型的不同而不同。货币互换允许交易双方在未来某一确定时间内交换的利息流系列，其中一方以某一货币的固定利率计算现金流，另一方以另一货币的固定利率计算现金流。这样预计汇率变化给他造成损失的投资者可以利用货币互换将其外汇支出锁定。利率互换允许交易双方在未来的某一确定时间内，交换一系列利息流，其中一方以固定利率计算现金流，另一方以浮动利率计算现金流。这样，预计利率下跌给他造成损失的一方可以利用互换合约将固定利率转换成浮动利率；反之，若预计利率上升给他造成损失的一方可以利用互换合约将浮动利率转换成固定利率。

拓展阅读材料1.7：

金融衍生品风险引致金融危机的典型案例——次贷危机
（2007年的国际金融危机）

次贷危机（subprime mortgage crisis）是指由美国次级房屋信贷行业违约剧增、信用紧缩问题而于2007年夏季开始引发的国际金融市场上的震荡、恐慌和危机。截至2009年6月的两年时间里，美国联邦储备委员会连续17次提息，将联邦基金利率从1%提升到5.25%。利率大幅攀升加重了购房者的还贷负担。而且，自从2005年第二季度以来，美国住房市场开始大幅降温。随着住房价格下跌，购房者难以将房屋出售或者通过抵押获得融资。受此影响，很多次级抵押贷款市场的借款人无法按期偿还借款，次级抵押贷款市场危机开始显现并呈愈演愈烈之势。

请查阅相关材料了解：

（1）次贷危机形成的微观机理？

（2）次贷危机的特征？

（3）次贷危机的影响？

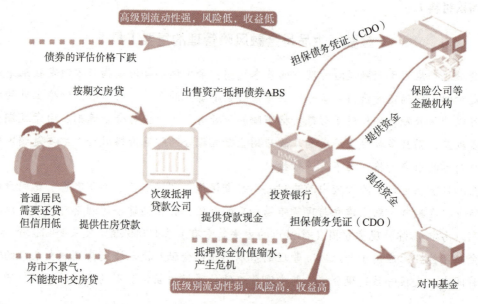

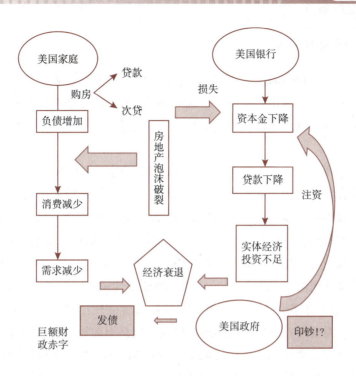

1.2.2.3　操作风险

操作风险①（operational risk）是指由不完善或有问题的内部程序、人员及系统或外部事件所造成损失的可能性。该定义包含了法律风险（legal risk），但不含策略性风险（strategic risk）和声誉风险（reputation risk）。分为内部风险和外部风险。内部风险是公司可以控制的那部分风险。外部风险包括如自然灾害、政治及监管风险。

《巴塞尔协议Ⅲ》将操作风险分为 8 类：内部诈骗、外部欺诈、雇员行为及工作场所安全性、客户与产品以及业务活动、对实有资产的破坏、业务中止以及系统故障、交易的执行、交付和过程管理。

《巴塞尔协议Ⅲ》将操作风险的成因归为 4 大因素：

人员因素：引起内部欺诈、就业制度和工作场所安全两种类型操作风险。

内部流程：引起交易执行、交割和流程管理，客户、产品和业务活动两种类型操作风险。

系统因素：引起营业中断和信息技术系统瘫痪这类操作风险。

外部事件：引发外部欺诈、实物资产的损坏两种类型操作风险。

---

① 摘自《巴塞尔协议Ⅲ》、我国《商业银行操作风险管理指引》与《商业银行资本管理办法（试行）》《人身保险公司全面风险管理实施指引》。

1.2.2.4 流动性风险

流动性风险（liquidity risk）是指由于流动性不足而导致金融参与主体的资产价值在未来产生损失的可能性。对于商业银行来说流动性风险[①]指商业银行虽然有清偿能力，但无法及时获得充足资金或无法以合理成本及时获得充足资金以应对资产增长或支付到期债务的风险。

当金融机构出现流动性需求（流动性需求缺口）时，往往采用以下策略（基于金融机构的资产负债表）来解决其流动性（见图1.4）：一是负债端采用融资策略买入负债来解决流动性需求缺口；二是资产端变现持有的高流动性资产获得流动性来解决流动性需求缺口。对应于两种策略，流动性可分为两类：一是市场流动性。即通过资产端变现资产获得流动性。二是融资流动性。即通过负债端借入的流动性。同时，对应于两种策略，金融机构面临两种流动性风险（见图1.4）：一是市场流动性风险（market liquidity risk）。又称为"交易流动性风险"，指的是资产不能迅速变现或者变现招致大量损失的可能性。针对市场流动性风险，需要对市场微观结构进行研究，也是当前算法交易、程序化交易关注的重点内容。二是融资流动性风险（funding liquidity risk）。融资流动性风险指的是不能按照希望能得到合理的价格迅速借入或融入流动性而招致大量损失的可能性。

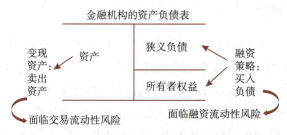

图1.4　金融机构解决流动性需求缺口的策略

1.2.2.5 金融科技风险

数字信息化技术在金融场景中融合应用形成的金融科技，在提升金融服务数字化和重塑金融业发展的过程中，既有正面影响，也有负面因素。这种负面因素给金融参与主体带来的不确定性即为金融科技风险。

在实践中，金融科技风险主要表现在两个方面：一是金融科技增加了客户信息安全管控风险。一方面，金融科技带来金融服务全流程的数字化，客观上增加了信息泄露的概率；另一方面，金融服务供给者依托金融科技提供金融服务过程中，往往更注重服务的便

---

① 摘自2009年银监会印发的《商业银行流动性风险管理指引》。

捷性而片面追求用户的体验感，而轻视客户信息的安全性，即金融科技在金融场景融合应用中对信息保护力度不够，这为电信网络诈骗等违法犯罪行为提供了可乘之机。伴随金融科技与金融服务深度融合，与客户信息安全相关的违法犯罪行为越来越多，金融科技风险越来越高。二是金融科技给金融监管带来了新挑战，增加了监管当局面临的不确定性，难以防范金融科技带来的潜在风险。金融科技在金融场景的高度融合应用，在时空上不断打破分业经营的边界，导致现有的分业监管模式难以适应现有业务经营模式的变化，分业监管风险类型的机制难以防范跨界经营带来的潜在风险。这增加了系统性风险不断积累的可能性，给监管当局防范系统性金融风险带来了极大的挑战和压力。

拓展阅读材料 1.8：

金融科技平台呈混业经营态势与监管滞后

阿里巴巴集团旗下的支付宝以网络支付业务为主，蚂蚁花呗和借呗支撑着网络借贷业务。截至 2020 年 6 月，蚂蚁金服的理财用户超过 5 亿人，平台促成的资产管理规模超过 4 万亿元。究其本源，支付宝作为第三方支付平台，把钱存入支付宝或余额宝内，大多是为了储备一定的购物金，而蚂蚁集中闲散的资金做基金理财，这种投资方式类似于货币市场共同基金（MMMF），但没有受到同等性质的监管，存在违法违规，包括洗钱等隐患。浙江和瑞控股集团旗下除了银货通金融科技平台外，还控股了其他小贷公司、投资公司等，2019 年开始介入跨境电商领域。银货通业务呈多元化态势，与多家百亿级电商平台合作，业务涉及仓储智能检测、跨境电商、网络资金撮合、网络信用风控、保理业务等。互联网支付业务和网络借贷业务虽然纳入人民银行和银保监会的监管，但由于互联网金融不断创新以及表外化的特点，监管总是滞后，表现为 P2P 的不断爆雷和 2018 年后互联网金融隐藏的系统性金融风险的逐渐显露。

（资料来源：方淳、郑珂、张津菲、郑茹翔、黄若愚，国内金融科技平台运作模式特点、风险及监管探讨——基于案例法［J］．中国商论，2021（22）：95－100.）

金融科技平台存在过度收集用户敏感性信息与数据垄断

近年来，许多金融科技平台接连被中央有关部门点名整改信息安全保护纰漏。事实上，大量用户信息甚至是敏感信息被少数龙头互联网科技企业所掌控，促成这些企业的垄断优势。随着近期频繁的信息泄露问题引发大量关注，互联网的用户信息安全势必受到国家正式统一的规范和管理。

2020 年银保监主席郭树清发表讲话称："一些科技公司利用市场优势，过度采集、使用企业和个人数据，甚至盗卖数据。这些行为没有得到用户充分授权，严重侵犯了企业利益和个人隐私。"2020 年正式生效的《中华人民共和国民法典》，也明确了公民个人信息安全的重要性，国家正在制定规范金融、电商领域用户数据隐私安全相关条例。

传统金融或征信机构的数据信息库都集中存储于央行等国有金融机构,而蚂蚁金服的消费和支付数据主要来自阿里系电商平台的积累,这些数据恰恰与个人的生活信息密切相关。另外,蚂蚁金服凭借巨大的借贷体量,也可从与其他借贷平台、银行等合作的金融机构中获取相关的个人用户信息数据,实现信息共享。据相关数据统计,蚂蚁金服所储数据库已达到4.5亿元,而央行所集才8亿多元。除了蚂蚁金服,其他电商支付巨头也在违规过度收集用户数据,凭借先进的云计算、AI智能等金融科技对后台收集的数据进行透彻分析,并对用户群体作出"用户画像",从而方便巨头对消费者进行评级分层,更精确高效地投入资源,让用户在不知不觉中被平台"看光"且"看透"。

许多平台看似在合法有限制地获取"用户授权"的信息,例如用户在登录某些网站时可以通过微信、支付宝等第三方平台登入,虽然登录显示仅授权用户昵称、性别等基础信息,实际上,这些网站可通过一定的技术手段与第三方平台合作,在用户同意授权平台的同时,直接获取用户的通讯录等更为隐私的信息。许多大型头部互联网科技公司利用自身数据垄断等优势,掀起了行业领域内的不公平竞争。例如,2020年4月美团就因不公平竞争败诉,美团利用积累的数据、外卖业务优势对线下实体生鲜进行降维打击,利用资本暴力抢占社区团购生鲜市场,造成不公平竞争。阿里巴巴利用蚂蚁金服支付宝在国内支付领域头把交椅的优势,垄断电商和支付市场。大数据时代,如果巨量的敏感性信息储存于金融科技平台,一旦信息泄密,就会严重危害到每家企业和每个家庭。而大型金融科技平台利用信息优势形成垄断竞争,获取垄断利益,将改变整个国家的产业结构,形成不公平竞争。

（资料来源：方淳、郑珂、张津菲、郑茹翔、黄若愚，国内金融科技平台运作模式特点、风险及监管探讨——基于案例法［J］. 中国商论，2021（22）：95 – 100.）

1.2.2.6 其他形态风险

通货膨胀风险（购买力风险）（inflation risk）：由于一般物价水平的变动而导致金融活动参与主体遭受损失的可能性。通货膨胀是对利率（收益率）的一种抵消,实际利率（收益率）等于名义利率（收益率）减去通货膨胀率。若用 π 表示预期的通胀率，R 表示名义利率（收益率），R′表示实际利率（收益率），则有：

$$R' = R - \pi \tag{1.1}$$

根据式（1.1）可知,在其他条件不变的情况下,通货膨胀水平越高,金融参与主体实际收益率下降越快。故通货膨胀风险是金融参与主体面临损失的不确定性。

法律风险（law risk）：指法律环境发生变化或由于包括金融活动参与主体自身在内的各种主体未按照法律规定或合同约定行使权利、履行业务,而对金融参与主体造成负面法律后果的可能性。

环境风险（environmental risk）：指由于自然、政治和社会环境的变化导致金融活动主体遭受损失的可能性。

政策风险（policy risk）：指由国家宏观政策（如货币政策、财政政策、产业政策、地区发展政策）发生变化导致金融参与主体遭受损失的可能性。

国家风险（country risk）：由于一国或地区政治、经济、社会等方面的重大变化导致金融活动主体遭受损失的可能性。

1.2.3　金融安全与金融风险

金融风险与金融安全密切相关。金融风险的产生与存在对金融安全会带来严重的威胁和冲击，金融风险的蔓延、传染和不断积累，形成系统性金融风险，系统性金融风险的爆发会严重损害金融的稳定与安全。对金融风险的监管，防范系统性风险的积累，就是对金融安全的维护。但这并不意味着金融风险的存在就一定会导致金融的不安全。金融安全与一国或地区防控金融风险的能力有关，这种能力集中体现在该国或地区审慎监管机制与制度的完备性上，审慎监管制度越健全，金融风险防控能力越强，可有效控制个别金融风险蔓延、传染与积累形成系统性金融风险，金融安全程度就越高。

1.3　金融安全与金融危机

1.3.1　金融危机的定义

金融安全的对立面就是金融危机，金融危机是金融风险的传染、蔓延和不断积累形成系统性金融风险后爆发的结果。目前，对金融危机的定义主要从两个维度展开：

第一，从金融危机表现的视角进行定义。比较有权威性的是《新帕尔格雷夫经济学大辞典》的定义、国际货币基金组织（IMF）的定义。《新帕尔格雷夫经济学大辞典》（第二版，2016）中将金融危机定义为：金融危机是全部或大部分金融指标——短期利率、资本（证券、房地产、土地）价格、商业破产数和金融机构倒闭数的急剧、短暂和超周期恶化。IMF 将金融危机定义为：金融危机是指社会金融系统中爆发的危机，它集中表现为金融系统运行过程中金融资产价格等金融指标在短期内发生急剧变化的现象，这些金融指标包括短期利率、汇率、证券价格、房地产价格、金融机构倒闭数目等。

第二，基于金融危机的成因视角进行定义。具有代表性的有费尔曼和施瓦茨（Friedaman & Schwartz，2000）认为金融危机是由于货币政策失误导致的金融恐慌使得银行陷入流动性风险而引致的，银行危机就是金融危机。其将金融危机定义为：金融危机是由货币政策失误导致严重的金融恐慌导致银行因失去流动性和修复能力而破产，进而使货币存量进一步减少，产出、收入和就业水平随之下降所形成的严重损害事件。也有很多学者（Shwartz，1985；Fisher，1993；Mishkin，1997）认为信息不对称引发的道德风险是金融危机产生的根源。他们将金融风险定义为：由于信息不对称引发严重的逆向选择和道德风险导致金融市场突然中断，以致不能为拥有最具生产性投资机会的投资者提供融资的情况。

拓展阅读材料1.9：

历史上10次波及范围巨大、影响深远的金融危机

自17世纪以来，全球范围内一共发生了10次波及范围巨大影响深远的金融危机。这些危机发生时都给当时社会经济运行造成了巨大混乱，并对后世产生了深远影响。

1. 1637年荷兰郁金香泡沫

1593年，一位荷兰商人格纳从土耳其进口首株郁金香，由于这种花是进口货，因此拥有郁金香花便成为有钱人的符号。开始只有郁金香的行家才懂得欣赏郁金香之美，但在形成风潮后，投机客便趁机炒作，只要今天买了，明天就可赚一笔。1634年，买郁金香的热潮蔓延到中产阶级，更蔓延为全民运动，于是全民都变成郁金香的炒家。1000美元一朵郁金香花根，不到一个月之后，它就变成两万美元了。1636年，一株稀有品种的郁金香竟然达到了与一辆马车、几匹马等值的地步。面对如此暴利，所有的人都冲昏了头脑。他们变卖家产，只是为了购买一株郁金香。就在这一年，为了方便郁金香交易，人们干脆在阿姆斯特丹的证券交易所内开设了固定的交易市场。1637年2月，一株名为"永远的奥古斯都"的郁金香售价高达6700荷兰盾，这笔钱足以买下阿姆斯特丹运河边的一幢豪宅，而当时荷兰人的平均年收入只有150荷兰盾。就当人们沉浸在郁金香狂热中时，一场大崩溃已经近在眼前。由于卖方突然大量抛售，公众开始陷入恐慌，导致郁金香市场在1637年2月4日突然崩溃。一夜之间，郁金香球茎的价格一泻千里。之后，荷兰政府开始采取刹车的行动，宣布这一事件为赌博事件，结束这一场疯狂的郁金香泡沫事件。

2. 1720年英国南海泡沫事件

南海泡沫事件是英国在1720年春天到秋天之间发生的一次经济泡沫，事件起因源于南海公司。南海公司是一所协助政府融资的私人机构，分担政府因战争而欠下的债务。南海公司在夸大业务前景及进行舞弊的情况下被外界看好，到1720年，南海公司更通过贿赂政府，向国会推出以南海股票换取国债的计划，促使南海公司股票大受追捧，股票大涨，全民疯狂炒股。然而，市场上随即出现不少"泡沫公司"浑水摸鱼，试图趁南海股价上升的同时分一杯羹。为规管这些不法公司的出现，国会在6月通过《泡沫法案》，炒股热潮随之减退，并连带触发南海公司股价急挫暴跌，不少人血本无归，连著名物理学家牛顿爵士也蚀本离场。南海泡沫事件使大众对政府诚信破产，多名托利党官员因事件下台或问罪。

3. 1837年美国金融恐慌

第二合众国银行由国会在1816年授权建立，它创立了统一的国家货币，一度成为美国最大最好的钞票的发行者，创立了单一的汇率等。考虑到许多州银行立法很仓促，经营不善，普遍资本金不足，监管不严，对未来过度乐观，第二合众国银行通过拒绝接受它认为经营不善的银行的票据来维护它自身的稳定。这削弱了公众对第二合众国银行的信心。1829年，杰克逊当选为美国总统，他认为第二合众国银行的信贷问题影响了美国经济的发

展。杰克逊决定关闭第二合众国银行。作为毁掉合众国银行的策略的一部分,杰克逊从该银行撤出了政府存款,转而存放在州立银行,没想到,危机竟然就此产生。因为增加了存款基础,不重视授信政策的州立银行可以发行更多的银行券,并以房地产作担保发放了更多贷款,而房地产是所有投资中最缺乏流动性的一种。这样一来,最痛恨投机和纸币的杰克逊总统所实施的政策,意想不到地引发了美国首次由于纸币而引起的巨大投机泡沫。这场恐慌带来的经济萧条一直持续到1843年。

4. 1907年美国银行业危机

1907年,美国银行业投机盛行,纽约一半左右的银行贷款都被高利息回报的信托投资公司作为抵押,投在高风险的股市和债券上,整个金融市场陷入极度投机状态。当年10月,美国第三大信托公司尼克伯克信托公司大肆举债,在股市上收购联合铜业公司股票,但此举失利,引发了华尔街的大恐慌和关于尼克伯克即将破产的传言。导致该银行客户疯狂挤兑,并引发华尔街金融危机。银行要求收回贷款,股价一落千丈。时任摩根财团总裁的约翰-皮尔庞特-摩根联合其他银行共同出手,筹集流动资金,才使市场重归平静。

5. 1929年美国股市大崩盘

1929年10月,美国纽约市场出现了抛售股票浪潮,股票价格大幅度下跌。到10月24日,举国上下谣言四起造成金融不稳,被吓坏了的投资者命令经纪人抛售股票,导致美国股市崩溃。10月29日,纽约证券交易所里所有的人都陷入了抛售股票的漩涡之中。股指从之前的363最高点骤然下跌了平均40%。在这场股灾中,数以千计的人跳楼自杀。欧文·费雪这位大经济学家几天之内损失了几百万美元,顷刻间倾家荡产,从此负债累累,直到1947年在穷困潦倒中去世。这是美国证券史上最黑暗的一天,是美国历史上影响最大、危害最深的经济事件,影响波及整个世界。此后,美国和全球进入了长达10年的经济大萧条时期。在危机发生后的4年内,美国国内生产总值下降了30%,投资减少了80%,1500万人失业。

6. 20世纪80年代的拉美债务危机

“二战”后,拉丁美洲国家采取紧扣替代工业化战略,鼓励本国制造业发展,并且大量出口国内资源丰富的初级产品,因此这些国家在经济上发展迅猛。尤其在20世纪50年代中期至60年代,拉丁美洲国家工业年均增长8%以上,GDP年均增长6.5%,人均GDP从400美元提升到1000多美元,被称为世界经济的“拉美奇迹”。20世纪70年代两次石油涨价使得靠石油输出的拉丁美洲国家积累了大量美元,这些美元存在发达国家的商业银行里。这样使得美元的供给充裕,而对美元的需求稳定,因此利率很低。在美国政府的鼓励下,大型美国货币中心银行等商业银行为了取得高回报的投资机会,这些商业银行非常愿意将钱借贷给发展前景好的拉丁美洲国家。在低利率的诱惑下,拉丁美洲国家的政府为了更快实现工业化,赶超发达国家,采用扩张性的经济政策,对外大规模举债,以增加政府对工业事业的支出。1970年拉丁美洲国家外债总额为212亿美元,到1982年增至3153亿美元,其中50%以上为向发达资本主义国家商业银行进行贷款。

但 1978 年底的伊朗伊斯兰革命引发第二次石油危机，为抑制通胀水平的上升，欧美国家采用持续货币紧缩政策，短时间内借贷成本猛然提高了 42%。导致拉丁美洲国家的主要借款国墨西哥、巴西、阿根廷、智利等平均每年要用其出口创汇的 50% 以上来还本付息。1982 年 8 月 12 日，因外汇储备急剧下降，墨西哥政府宣布无力偿还到期的公共外债本息，不得不宣布无限期关闭全部汇兑市场，暂停偿付外债，成为了拉丁美洲债务危机的导火索。其他拉丁美洲国家相继停止偿付外债，债务危机爆发。1984 年 6 月玻利维亚、厄瓜多尔等国相继停止偿付外债。1986 年随着油价暴跌，墨西哥等国债务再次告急。1987 年 2 月巴西因外汇短缺，宣布停止偿付外债本息。1989 年 1 月，委内瑞拉宣布暂停偿还拖欠国际私人银行的公共债务。

7. 1987 年席卷全球股市的黑色星期一

1987 年 10 月 19 日星期一，美国股市出现惊人下跌，并引发世界其他国家股票市场跟风下跌。道琼斯工业股票平均指数骤跌 508 点，下跌幅度 22%，一天内跌去的股票价值总额令人目瞪口呆——是 1929 年华尔街大崩溃时跌去价值总额的两倍。纽约股市的震荡也在东京和伦敦造成了混乱。伦敦的 FT 指数滑落 250 点，威胁到政府对英国石油股份公司私有化进程。日经指数下跌 202.32 点，跌幅为 2.18%。很多人在股灾后感到奇怪，因当日根本没有任何不利股市的消息或新闻，因此下跌看似并无实在的原因，令当时很多人怀疑是"羊群"心理。到底是什么原因引致股灾，至今仍在争论。

8. 1995 年墨西哥金融危机

1994 年 12 月 19 日深夜，墨西哥政府突然对外宣布，本国货币比索贬值 15%。这一决定在市场上引起极大恐慌。外国投资者疯狂抛售比索，抢购美元，比索汇率急剧下跌。12 月 20 日，汇率狂跌 13%。21 日再跌 15.3%。伴随比索贬值，外国投资者大量撤走资金，墨西哥外汇储备在 20 日至 21 日两天锐减近 40 亿美元。墨西哥整个金融市场一片混乱。从 20 日至 22 日，短短的三天时间，墨西哥比索兑换美元的汇价就暴跌了 42.17%，这在现代金融史上是极其罕见的。墨西哥吸收的外资，有 70% 左右是投机性的短期证券投资。资本外流对于墨西哥股市如同釜底抽薪，墨西哥股市应声下跌。1994 年 12 月 30 日，墨西哥 IPC 指数跌 6.26%；1995 年 1 月 10 日，更是狂跌 11%。到 1995 年 3 月 3 日，墨西哥股市 IPC 指数已跌至 1500 点，比 1994 年金融危机前最高点 2881.17 点已累计跌去了 47.94%，股市下跌幅度超过了比索贬值的幅度。

9. 1997 年亚洲金融危机

1997 年 7 月 2 日，泰国宣布放弃固定汇率制，实行浮动汇率制，引发一场遍及东南亚的金融风暴。当天，泰铢兑换美元的汇率下降了 17%，外汇及其他金融市场一片混乱。在泰铢波动的影响下，菲律宾比索、印度尼西亚盾、马来西亚林吉特相继成为国际炒家的攻击对象。10 月下旬，国际炒家移师国际金融中心香港，矛头直指香港联系汇率制。台湾当局突然弃守新台币汇率，一天贬值 3.46%，加大了对港币和香港股市的压力。接着，1997 年 11 月中旬，韩国也爆发金融风暴，韩元危机也冲击了在韩国有大量投资的日本金融业。

1997 年下半年日本的一系列银行和证券公司相继破产。东南亚金融风暴演变为亚洲金融危机。东南亚金融危机使得与之关系密切的日本经济陷入困境。随着日元的大幅贬值，国际金融形势更加不明朗，亚洲金融危机继续深化。这场危机一直持续到 1999 年才结束。

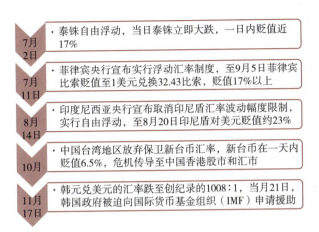

7月2日	· 泰铢自由浮动，当日泰铢立即大跌，一日内贬值近17%
7月11日	· 菲律宾央行宣布实行浮动汇率制度，至9月5日菲律宾比索贬值至1美元兑换32.43比索，贬值17%以上
8月14日	· 印度尼西亚央行宣布取消印尼盾汇率波动幅度限制，实行自由浮动，至8月20日印尼盾对美元贬值约23%
10月	· 中国台湾地区放弃保卫新台币汇率，新台币在一天内贬值6.5%，危机传导至中国香港股市和汇市
11月17日	· 韩元兑美元的汇率跌至创纪录的1008∶1，当月21日，韩国政府被迫向国际货币基金组织（IMF）申请援助

10. 2007 ~ 2010 年：美国次贷危机

美国次贷危机即次级房贷危机，也译为次债危机。它是指一场发生在美国，因次级抵押贷款机构破产、投资基金被迫关闭、股市剧烈震荡引起的金融风暴。在 2006 年之前的 5 年里，由于美国住房市场持续繁荣，加上前几年美国利率水平较低，美国的次级抵押贷款市场迅速发展。随着美国住房市场的降温尤其是短期利率的提高，次贷还款利率也大幅上升，购房者的还贷负担大为加重。同时，住房市场的持续降温也使购房者出售住房或者通过抵押住房再融资变得困难。这种局面直接导致大批次贷的借款人不能按期偿还贷款，银行收回房屋，却卖不到高价，大面积亏损，引发了次贷危机。2007 年 8 月次贷危机席卷美国、欧盟和日本等世界主要金融市场。这场危机导致过度投资次贷金融衍生品的公司和机构纷纷倒闭，并在全球范围引发了严重的信贷紧缩。

（资料来源：作者根据资料整理而得。）

1.3.2 金融安全与金融风险、金融危机

从金融危机的定义可知，在金融经济活动中，各种经济变量尤其是金融变量发生不确定性变化产生的金融风险在金融经济体系中不断蔓延、扩散和积累形成系统性金融风险，金融危机则是系统性金融风险爆发的后果。这一过程也是金融安全向金融不安全转化的过程。将这一过程置于金融经济运行的状况与态势中，能更加清晰地反映金融安全、金融风险、金融危机三者的关系（见图 1.5）。据图 1.5，金融风险是金融安全向金融不安全转化的过程和基础条件，金融危机则是金融风险不断蔓延、扩散、传染和积累所形成的系统性金融风险的最终爆发，是金融不安全的极端表现。

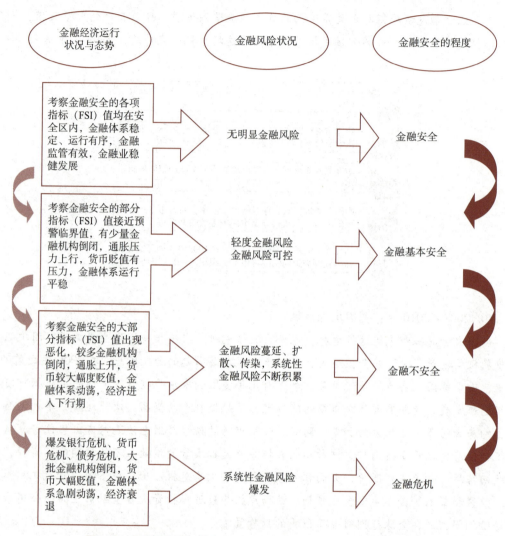

图 1.5　金融经济运行的态势及金融安全向金融不安全转化的过程

1.3.3　金融危机的特征

（1）具有明显周期性。金融危机与资本主义市场经济如影随形，最早的金融危机可追溯到 1637 年荷兰爆发的郁金香泡沫，最近一次全球性金融危机为 2007 年美国次贷危机引发的国际金融危机（典型系统性金融危机）。从金融危机爆发的时间和频率上看，金融危机既呈现短周期特性，也呈现长周期特性。短周期特性是很多经济体尤其发达经济体每几年都会出现不同程度的金融危机。长周期性是资本主义国家每经过几十年都会出现程度严重的系统性金融危机，例如，美国 1929 年的大萧条之后，2007 年又爆发了次贷危机。

（2）具有破坏性。金融危机会对经济社会造成不同程度的影响。影响最严重的就是大萧条，金融危机引发严重的经济危机或经济萧条。例如，拉丁美洲债务危机致使拉丁美洲国家每年 40% 的财政收入都用于还债，国家 GDP 增速放缓，人均 GDP 下滑，人们生活水平下降，国家的经济发展处于停滞阶段，也就有了拉丁美洲"失去的 10 年"。

（3）具有系统性和传染性、国际性。自布雷顿森林体系解体后，随着以浮动汇率制度为主的国际货币体系的建立和金融全球化的不断发展，一国或地区的金融危机往往会很快传导到其他国家或地区，在多国或多区域的开放经济体中频繁爆发，越发呈现国际性，且爆发的具体时间不确定，危机的深重程度不一样，且持续的时间各不相同。

1.3.4　金融危机的分类及其成因机制

据国际货币基金组织（IMF）在《世界经济展望 1998》中的分类，金融危机大致可以分为债务危机、银行危机、货币危机、系统性金融危机 4 大类型。20 世纪 70 年代以来，经济金融全球化的加速发展推动国际金融市场进入急速扩张期，金融危机频发，使得金融危机成因机制的探讨成为了 40 多年来金融经济理论研究的热点之一。

1.3.4.1　货币危机及其成因机制

货币危机（currency crises）有狭义和广义之分。狭义的货币危机与特定汇率制度相对应，是指实行固定汇率制度的国家或地区，在其货币汇率受到投机性攻击或非常不利冲击的情况下对本国或本地区的汇率制度进行调整，转而实行浮动汇率制，而由市场决定的汇率水平远高于原有刻意维持的水平（即官方汇率），这种汇率变动产生的冲击和不利影响远超出了一个国家或地区可承受的范围的现象。广义的货币危机泛指汇率变动幅度远超出了一个国家或地区可承受的范围的现象。

20 世纪 70 年代以来，随着以浮动汇率制度为主的国际货币体系的建立和经济金融全球深化发展，货币危机成为了金融危机中爆发频率最高、影响范围最广、影响程度最深的危机类型。究其成因机制的探讨已形成了三代货币危机理论模型。

第 1 代货币危机成因机制理论模型（Krugman，1979；Flood & Garber，1984；Krugman & Rotemberg，1990）。该模型认为货币危机发生的根本原因是在资本自由流动条件下，政府的宏观经济政策与固定汇率制度之间的不协调，最终导致本币影子汇率与名义汇率之间的差距，进而被投机者利用，加速固定汇率制度崩溃，货币危机爆发（见图 1.6）。该理论指出理性投资者会根据本外币所带来的收益决定持有本外币的比例。政府用货币手段解决财政赤字时，超发货币，货币超发会导致物价水平持续上涨。此时，投资者为应对可能的通胀（预期会出现通胀），会增持外汇，外汇市场上本币贬值的压力上升。本国货币当局（政府）为维持本币币值稳定（维持固定汇率），只有动用外汇储备在外汇市场上买入本币。当外汇储备减少至临界点或耗尽时，固定汇率制度崩溃。若投资者在固定汇率制度崩溃时还持有本币，必然会承受巨大损失。为此，理性投资者预期固定汇率制度崩溃前，就会提前抛出本币，实际上对本币发起了一次投机攻击，本币贬值更快，会加速政府外汇储备耗尽，固定汇率制度会加速崩溃，货币危机会提前爆发（见图1.6）。

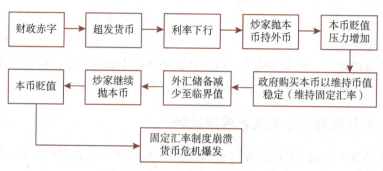

图1.6　第1代货币危机成因机制

第1代货币危机成因机制理论模型能很好解释20世纪80年的拉丁美洲货币危机、1988年的俄罗斯、巴西由财政政策引发的货币危机。但第1代货币危机成因机制模型强调的是经济基本面的因素，没考虑外汇交易市场和公众预期心理的因素，所以无法解释1992年外汇储备充足的英镑危机。

第2代货币危机成因机制理论模型（Obstfeld，1994；Drazen & Masson，1994；Sachs，1996）。该理论模型又称为"自我实现"危机模型，其强调经济主体的预期对危机发生的关键作用，认为公众预期贬值是货币危机的直接因素。该理论指出当宏观经济的基本面未发生消极变化，若公众预期国内货币不会贬值（即预期固定汇率稳定），则理性投资者不会抛本币持外币，外汇储备不会流失。若公众预期国内货币贬值（即预期固定汇率无法维持），则理性投资者会抛本币持外币，大量外汇储备流失，而政府或货币当局为稳定本币币值（维持固定汇率），须提高利率来抵消市场贬值预期，以此来吸引外资获得外汇储备来维持汇率平价（维持固定汇率）。而政府或货币当局提升利率会给国内的就业、政府预算以及银行部门带来巨大金融压力，这意味着政府（货币当局）维持固定汇率的成本会上升。这会进一步强化公众本币贬值的预期（即预期固定汇率无法维持），政府维持固定汇率的金融压力进一步增大，即维持固定汇率的成本进一步攀升。当这一压力或成本达到一定水平，迫使政府（货币当局）不得不放弃固定汇率，固定汇率解体，货币危机发生（见图1.7）。因此，货币预期贬值具有自我实现的特征，即预期贬值最终会变成现实。这一过程中，抛本币持外币的浪潮会随公众对预期贬值的认同和"羊群行为"情绪不断被扩大，不断加剧大量外汇外流，导致固定汇率解体，最终引致货币危机。

第2代危机成因机制模型能较好解释1992年英镑危机和1994年墨西哥危机。但不能对1997年亚洲金融危机进行解释。这催生了第3代货币危机成因机制模型。

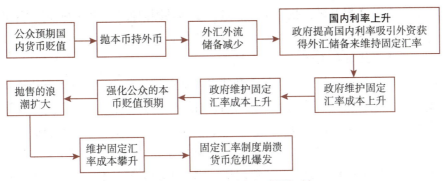

图1.7　第 2 代货币危机成因机制

第 3 代货币危机成因机制理论模型（Krugman，1998；Mckinnon & Pill，1998；Radelet & Sachs，1998；Morris & Shin，2000；张小波，2016），又称为"孪生危机成因模型"。该模型认为金融开放（金融自由化）仅是诱发危机的重要原因，金融危机的根源在于政府给企业非 TFP（全要素生产率）补贴方式来实现工业化推动国内经济高速增长的产业发展模式和战略，这种模式和战略实质上给国内企业提供了融资隐形性担保。这种隐形担保会引致企业过度投资、过度借贷并形成资产泡沫，金融脆弱性增加，在任何外部不利冲击出现时或国际利率上升时都极有可能导致国内资产泡沫破灭，银行不良贷款激增，银行危机发生。银行危机发生，国际投机者坚信政府会为国内银行持有的巨额不良贷款进行融资，这坚定了投资者抛售本币的决心，导致大量外汇外流，引致货币危机（见图1.8）。因此，第 3 代货币危机成因机制理论模型又称为"孪生危机模型"。

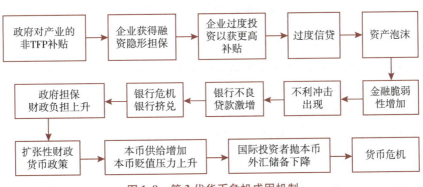

图1.8　第 3 代货币危机成因机制

第一，政府通过对产业的非 TFP（全要素生产率）补贴在推动国内经济高速增长的同时，引致了过度投资并形成了资产泡沫。在这种模式下，厂商为了获得更多补贴，总是以预期利润最大化进行生产，不会充分考虑外部的不利冲击，不再有防范损失的动力，即使损失不能暂时被政府的补贴所抵消，厂商也会进一步寻求国外借款弥补其贷款损失和资金不足，以期能在下一期获得更多的政府补贴，随着借款的不断积累，最终将形成过度借贷。

第二，金融开放在提升国内投资水平，进一步推动国内经济增长的同时，降低了国内利率水平，抬升了国内资产价格，刺激企业进一步借贷，形成了更厚的资产泡沫，加剧国内金融脆弱性，大大增加危机爆发的可能性。

第三，这种高速增长的模式在外部不利冲击（例如销售行业疲软或本国货币贬值）和国际利率上升的情况下，显得十分敏感与脆弱。任何外部不利冲击的发生或国际利率上升，都极有可能打破厂商获得贷款的条件，一旦厂商不能获得贷款来弥补损失，国内资产泡沫破灭，银行不良贷款激增，银行危机发生。银行危机发生，政府采用扩张性财政货币政策为国内银行持有的巨额不良贷款进行融资，本币供给增加，本币贬值压力上升，这坚定了投资者抛售本币的决心，导致大量外汇外流，引致货币危机（见图1.9）。

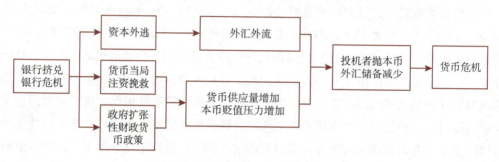

图1.9 银行危机与货币危机相互强化

拓展阅读材料1.10：

1998年港币保卫战

背景：1997年7月，亚洲金融风暴爆发。美国著名金融家索罗斯旗下的对冲基金运用索罗斯独创的反射理论，在亚洲各国和地区发起了持久的连番狙击，并获得了极大的成功，使这些国家和地区几十年来积存的外汇一瞬间化为乌有。在这些国家的金融大战结束后，索罗斯把矛头对准了港元，开始有计划地向香港股市及期市发动冲击。

案例内容：港币实行联系汇率制，联系汇率制有自动调节机制，不易攻破。但港币利率容易急升，利率急升将影响股市大幅下跌，这样的话，只要事先在股市及期市沽空，然后再大量向银行借贷港币，使港币利率急升，促使恒生指数暴跌，便可像在其他国家一样获得投机暴利。自1997年10月，国际炒家四次在香港股、汇、期三市上下手，前三次均获暴利。1998年7月底至8月初，国际炒家再次通过对冲基金，接连不断地狙击港币，以推高拆息和利率。很明显，他们对港币进行的只是表面的进攻，股市和期市才是真正的主攻目标，声东击西是索罗斯投机活动的一贯手段，并多次成功。

炒家们在证券市场上大手笔沽空股票和期指，大幅打压恒生指数和期指指数，使恒生指数从1万点大幅度跌至8000点，并直指6000点。在山雨欲来的时候，证券市场利空消息满天飞，炒家们趁机大肆造谣，扬言"人民币顶不住了，马上就要贬值，且要贬10%以上"。"港币即将与美元脱钩，贬值40%"，"恒指将跌至4000点"云云。其目的无非是扰乱人心，制造"羊群心态"，然后趁机浑水摸鱼。8月13日，恒生指数一度下跌300点，跌穿6600点关口，收市时跌幅收窄，但仍跌去199点，报收6660点。其颓势与沪深股市2001年下半年的情况非常相似，天天响地雷，周周都下跌，"推倒"趋势震撼人心。

在压低恒生指数的同时，国际炒家在恒指期货市场积累大量淡仓。恒生指数每跌1点，每张淡仓合约即可赚50港币，而在8月14日的前19个交易日，恒生指数就急跌2000多点，每张合约可赚10多万港币，可见收益之高！

为了维持香港金融市场的稳定，香港政府几经考虑，终于决定调巨资加入战场，与这些疯狂的国际炒家展开激战，这是一场以金钱、意志和智慧为武器的你死我活的金融大战，前后共有3个回合激烈的战役。

第1回合：8月13日恒指被打压到了6660低点后，港府调动港资、华资及英资入市，与对手展开针对8月股指期货合约的争夺战。投机资本是空军要打压指数，港府是红军则要守住指数，迫使投机家事先高位沽空的合约无法于8月底之前在低位套现。港府入市后大量买入投机资本抛空的8月股指期货合约，将价格由入市前的6610点推高到24日的7820点，涨幅超过8%，高于投资资本7500点的平均建仓价位，取得初步胜利，收市后，港府宣布，已动用外汇基金干预股市与期市。

但金融狙击手们仍不甘心，按原计划，于8月16日迫使俄罗斯宣布放弃保卫卢布的行动，造成8月17日美欧股市全面大跌。然而，使他们大失所望的是，8月18日恒生指数有惊无险，在收市时只微跌13点。

第2回合：双方在8月25日至28日展开转仓战，迫使投机资本付出高额代价。27日和28日，投机资本在股票现货市场倾巢出动，企图将指数打下去。港府在股市死守的同时，经过8天惊心动魄的大战，在期货市场上将8月合约价格推高到7990点，结算价为7851点，比入市前高1200点。8月27日、28日，港府将所有卖单照单全收，结果27日交易金额达200亿港币，28日交易金额达790亿港币，创下香港最高交易记录。

但投机资本并不甘心，他们认为港府投入了约1000亿港币，不可能长期支撑下去，因而决定将卖空的股指期货合约由8月转仓至9月，与港府打持久战。从8月25日开始，投机资本在8月合约平仓的同时，大量卖空9月合约。与此同时，港府在8月合约平仓获利的基础上乘胜追击，使9月合约的价格比8月合约的结算价高出650点。这样，投机资本每转仓一张合约要付出3万多港币的代价。投机资本在8月合约的争夺中完全失败。

第3回合：港府在9月份继续推高股指期货价格，迫使投机资本亏损离场。9月7日，港府金融管理部门颁布了外汇、证券交易和结算的新规定，使炒家的投机受限制，当日恒升指数飙升588点，以8076点报收。同时，日元升值、东南亚金融市场的稳定，使投机资本的资金和换汇成本上升，投机资本不得不败退离场。9月8日，9月合约价格升到8220点，8月底转仓的投机资本要平仓退场，每张合约又要亏损4万港币。9月1日，在对 8 月 28 日股票现货市场成交结果进行交割时，港府发现由于结算制度的漏洞，有 146 亿港元已成交股票未能交割，炒家得以逃脱。

结合上述材料和查阅有关资料了解：

1. 港币联系汇率机制是什么？为什么容易受攻击？

2. 国际游资炒家的基本策略（索罗斯的基本策略）或投机攻击的机制原理是什么？

3. 香港金融管理部门的保卫港币策略是什么？

分析参考：

1. 港币联系汇率机制是什么？为什么容易受攻击？

香港联系汇率制度：发钞银行根据业务需要发行钞票时，必须按照 7.8 港元对 1 美元的比率，将与所发行钞票等值的美元上缴香港金融管理局，并记入"外汇基金账户"，以购买"负债证明书"作为发行纸币的支持。即港币必须得到外汇储备的 100% 支持。当香港金融管理局购回"负债证明书"时，则发钞银行收回等值美元，香港金融管理局将等值的港币回笼，如图 a 所示。

香港联系汇率制度稳定机制如图 b 所示。

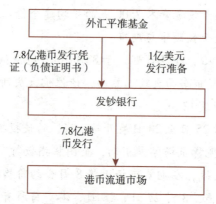

图 a 香港联系汇率制度

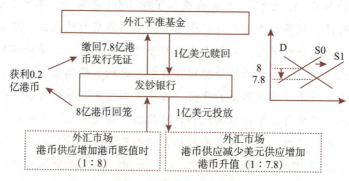

图 b 港币币值稳定机制

2. 国际游资炒家的基本策略（索罗斯的基本策略）或投机攻击的机制原理是什么？

策略 1（见图 c）：三市联动——股市抛空、股指期货市场抛空、汇市抛售美元。策略 1 的结果：抛售美元冲击港元汇率，导致港币对美元汇率贬值，汇率下跌（见投机攻击获利方式 1 图示），通过联系汇率制下的美元均衡流动机制和套利机制使港府推动港币利率上升（见央行干预投机攻击 1 以及央行干预投机攻击 1 的后果图示），而利率上升则导致股票市场下跌，从而恒生指数下挫，最终导致股指期货市场下跌（见投机攻击获利方式 2 图示），从而炒家同时在股市现货市场和期货市场获利。

策略 2：散布谣言、心理攻防。利用周边经济体制崩溃的事实和全球金融市场不稳定气氛，在各市场上散布谣言，进一步夸大市场不稳定因素，促使各种谣言"自我实现"（self-fulfillment）。

投机攻击获利方式 1

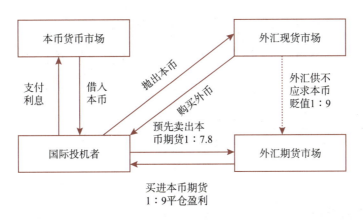

央行干预投机攻击 1

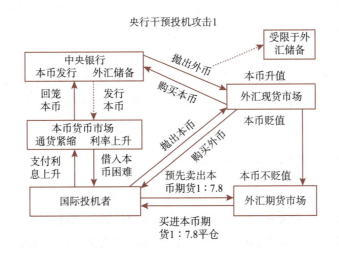

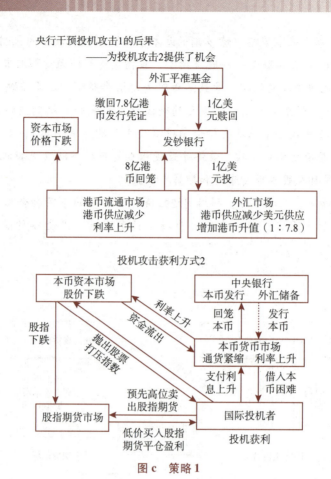

图 c 　策略 1

3. 香港金融管理部门的保卫港币策略是什么?

港府在摸清楚了炒家的套路后,掌握了其三市联动策略,于是使用外汇基金承接,给用政府储备吸纳港币(由于储备兑换为港币滞后仍然会留到银行体系,使港币资金未被抽紧,避免了利率急剧上的危机)。从 14 日到 28 日,短短 10 个营业日,港府累计投入 1181 亿港币入世吸纳恒生 33 只成分股,称为这些股的大股东,稳住了股市,最终使恒生指数由原来的 6660 点升至 7829 点,共升 1169 点,也稳住了股指期货市场,成功击退了投资者。

1.3.4.2　银行危机及其成因机制

银行业危机(banking crises)与银行失败(bank failures)有关,银行失败是银行业危机的必要条件。银行失败是指一家单体银行或几家单体银行因过度涉足高风险业务或经营管理不善或因重大突发事件的影响,导致资产负债严重失衡,处于无流动性清偿能力或无资本清偿能力而遭受挤兑致破产倒闭的现象。银行业危机是指单体银行机构的失败产生严重的负外部效应,银行失败通过关联渠道传染到其他银行,致使大部分或全部银行出现大量不良资产、不能如期偿付债务和停止支付，出现大面积的银行挤兑和银行倒闭或迫使政府大规模进行干预与援助的现象。显然，银行业危机达到了系统性的程度，与银行业危机相比，银行失败的负面影响要小得多。一家单体银行或几家单体银行的失败是银行业危机的必要条件，只有银行失败而没有出现系统性的银行停止支付和银行倒闭或大面积的政府干预与救助就不算银行业危机。

国际货币基金组织（IMF）对 1980~1994 年世界范围内银行部门进行研究提出了判断银行业危机的 4 个标准或依据，满足 4 个标准之一，可界定为发生了银行业危机。这 4 个标准或依据是：（1）银行系统的不良贷款占总资产的比超过 10%；（2）政府干预与援助失败银行的成本占国内生产总值 GDP 的比大于 2%；（3）大面积的银行被挤兑或倒闭破产，或政府采取诸如存款冻结、存款担保等紧急措施应对危机；（4）银行系统出现问题导致大量银行国有化（Kunt & Detragiache，1998）。

关于银行危机成因机制理论主要有两种观点：

（1）"货币政策失误"理论（Friedman，1975）。该理论认为形成银行危机的主要原因是紧缩性的货币政策，银行恐慌是银行危机的诱因。当银行面临不利的外部冲击或局部性的金融问题，客户对银行丧失信心而进行挤兑，就会形成银行恐慌。银行为应对挤兑，会增加准备金，银行准备金增加，会导致银行信用创造能力下降，派生存款的能力下降，进而使得货币供应量减少（请结合货币层次来理解为什么商业银行派生存款能力下降会导致货币供应量下降，即出现货币紧缩），市场上流动性下降，故当出现严重的银行恐慌时会使得大批银行因而失去流动性和偿付能力而倒闭破产，银行危机爆发。若货币紧缩过程中，货币当局能提供足够的基础货币，就可避免银行恐慌的产生，能避免和控制银行危机。

（2）"信息不对称"理论（Stiglitz & Weiss，1981）。该理论认为形成银行危机的原因在于信息不对称。该理论指出银行在经营过程中的信息不对称表现为事前的逆向选择（adverse selection）和事后的道德风险（moral hazard）。事前的逆向选择发生在信贷业务过程中，由于银行与借款人存在信息不对称，高风险的借款人愿意支付较高的利率，使得银行贷款面临的信用风险平均水平上升，这类借款人能够还款的可能性很低，呆账坏账的增加导致银行利率进一步提高，造成恶性循环。这是借款人事前的逆向选择。贷款客户不按原来的投资计划使用贷款，而是用于追求高风险高回报的项目，若投资成功，银行和客户均是赢家，若投资失败，贷款客户比银行的损失小得多，这就是事后的道德风险。银行应对信贷业务中的道德风险和逆向选择的理性决策就是在外部经济金融环境发生变化时，实行信贷配给，信贷配给行为会导致信贷市场的信贷供给减少，信贷萎缩，会引发经济下行，而经济下行借款人还贷能力与意愿下降或破产可能性增加，从而使得银行不良资产增加，资产质量恶化，银行危机发生的可能性增大。

1.3.4.3 债务危机及其成因机制

债务危机（debt crises）指投机冲击导致一国货币大幅度贬值或迫使该国金融当局为

保卫本币而动用大量国际储备或急剧提高利率的情形或现象。衡量一个国家外债清偿能力有多个指标，其中最主要的是外债清偿率指标，即一个国家在一年中外债的还本付息额占当年或上一年出口收汇额的比率。一般情况下，这一指标应保持在 20% 以下，超过 20% 就说明外债负担过高①。

债务危机成因机制理论主要是国际债务危机理论（Christian Suter，1986）。该理论认为形成债务危机的主要原因是过高的市场预期。在经济全球一体化进程中，发达经济体具有较大的创新能力，因此新产品最先出现在发达经济体。当发达经济体市场饱和后，新产品生产会由发达经济体向欠发达经济体转移，欠发达经济体实施进口替代工业化发展模型，这一过程中发达经济体也会增加对欠发达经济体的投资和贷款，欠发达经济体经济形势向好，这使得欠发达经济体对经济预期过分乐观，促进其增加外债扩大投资。当发达经济体创新潜能处于低谷时，欠发达经济体也进入停滞状态，发达经济体的经济不景气会导致全球需求下降，欠发达经济体的外资利用效应也随之下降，偿债能力因此而下降，最终导致债务危机的爆发。因此，该理论认为欠发达经济体对市场过高的预期导致其负债水平超过其生产能力，最终促使债务危机爆发。这一理论很好解释了 20 世纪 80 年代拉丁美洲的债务危机，以及 1997 年亚洲金融危机中呈现出的债务危机。

拓展阅读材料 1.11：

材料 1：拉丁美洲债务危机的根本原因，该如何防范债务危机

在 20 世纪 70 年代，美国给拉丁美洲国家宣扬"新自由主义经济学"。拉丁美洲国家在"新自由主义经济学"的影响下，实行开放市场，资源大量出口赚取外汇，取消借外债的限制、引进国外资本，开放国内市场、允许外国工业品进入国内市场，降低进口关税，以前收归国有的外资企业私营化等经济政策。拉丁美洲国家慢慢地走上了借债发展本国经济的道路。

拉丁美洲国家实行新经济政策之后，便卖了大量的国有企业，开始大量举债，大开国内市场。在 1979 年美联储实行美元加息政策之后，美元升值，造成大量国际资本从拉丁美洲国家外流。同时，拉丁美洲国家的货币贬值，通过资源出口赚取的外汇开始慢慢减少，慢慢地偿还不起美元外债。1982 年，拉丁美洲国家墨西哥开始偿还不起美元外债，慢慢蔓延到拉丁美洲各国，造成了拉丁美洲债务危机。

美国为了解决债务问题，通过国际货币基金组织和拉丁美洲国家谈判，提出了"稳定计划"。主要内容为，由国际货币基金组织提供国际贷款给拉丁美洲国家。但是，拉丁美洲国家必须大量裁掉国有企业员工，削减政府开支，进一步放开外汇市场和金融银行体系。这样就造成了拉丁美洲国家每年不但要偿还巨额的外债，而且国内的大量资源和财富被欧美国家搜刮。致使拉丁美洲国家每年 40% 的财政收入都用于还债，国家 GDP 增速放

---

① 于光远：《经济大辞典》，上海辞书出版社 1992 年版，第 533 页。

缓，人均 GDP 下滑，人们生活水平下降，国家的经济发展处于停滞阶段，也就有了拉丁美洲失去的 10 年。

（资料来源：拉丁美洲债务危机的根本原因，我们应该怎么防范危机发生？[EB/OL]. 搜狐网，2008 - 11 - 13.）

材料 2：拉丁美洲债务危机成因解析

一方面，外债杠杆率过高，且短债规模快速上升；另一方面，进口替代战略失败导致拉丁美洲国家出口收入规模确定性上升。美联储货币政策紧缩，国际资本流向逆转和大宗商品价格下跌、拉丁美洲国家国际收支入不敷出，拉丁美洲债务违约便不可避免。

以 1982 年墨西哥宣布无力偿还外债为标志，拉丁美洲国家相继爆发严重的债务危机，这是拉丁美洲国家当时经济发展路径矛盾的总爆发。拉丁美洲国家普遍储蓄率偏低，为了维持较高的投资水平，只能举借外债保证资金供给。例如，一方面，20 世纪 70 年代墨西哥的经济年均增长率达到了 6.5%，1978～1981 年各年的经济增长率分别为 8.2%、9.2%、8.3% 和 8.1%。另一方面，墨西哥在这一期间债务总额增长近 20 倍，从 70 年代初期的 50 亿美元激增至 1982 年末危机爆发前的 876 亿美元。债务规模的膨胀远远快于 GDP 增速，1982 年墨西哥 GDP 不过 1373 亿美元，债务余额占 GDP 的 63.8%。

拉丁美洲国家能够在 20 世纪 70 年代不断提高本国的杠杆水平，主要受益于当时美联储宽松货币政策。在美国里根政府和英国撒切尔政府上台前，虽然经济学界已经对凯恩斯主义展开反思，但货币主义还尚未完全主导西方国家宏观经济政策。因此，除了石油危机期间，联邦基金利率基本都维持在较低的水平。1971 年全年联邦目标基金利率维持在 3.5% 左右的水平，1972 年升至 5.5%，第一次石油危机过后的 1976 年和 1977 年两年回落至 4.75% 左右的水平。总的来看，布雷顿森林体系解体后，全球金融一体化进程开启，70 年代欧美商业银行加大了对拉丁美洲地区的放贷规模。

第一次石油危机重创美国经济，1974 年联邦基金目标利率一度超过 10%。为了刺激经济，第一次石油危机结束后，联邦基金利率迅速回落至危机前的水平。这一时期美联储货币政策的变动尚未对拉丁美洲地区流动性造成重大影响。

1978 年底伊朗伊斯兰革命爆发引发第二次石油危机，1979 年保罗·沃克尔上任美联储主席。第二次石油危机加剧了西方国家的滞涨问题，而沃克尔以强硬手段抑制通货膨胀水平的上升。1981 年 6 月，沃尔克将联邦基金利率从 1979 年的 11.2% 的平均水平提升至 19% 的历史新高，贷款利率也提升至 21.5%。1982 年，联邦基金利率水平也维持在历史最高水平附近。

换言之，美联储的紧缩货币政策从 1979 年一直持续到 1982 年，紧缩力度、持续时间远远超过第一次石油危机，大量资金流出拉丁美洲地区。而拉丁美洲国家这一时期债务结构也发生较大变化，短期债务比例上升，加重其短期偿债压力。再者，美国收紧货币政策、美元走强意味着大宗商品价格的下跌。CRB 期货价格指数自 1980 年 12 月起一路下滑至 1982 年 9 月末危机前夕，指数由 334.7 跌至 227.9。大宗商品价格下跌意味着拉丁美洲国家出口收入的减少和国际收支的恶化。为了维持国际收支的平衡，拉丁美洲国家不得不以资本项目盈余来弥补经常项目的赤字。以墨西哥为例，1975 年资本项目流入规模仅为 16.5 亿美元，尽管 1979～1981 年美联储连续加息，但资金流入墨西哥的规模不断上升。1979 年流入规模为 84.5 亿美元，1980 年资金流入规模已达到 113.8 亿美元，1981 年更是上升至 266 亿美元。

但是在美国不断收紧货币政策背景下的资本流入是不可持续的。墨西哥宣布债务违约后，1982 年资金流入规模迅速下降至 99 亿美元，1983 年资金流入规模仅为 13 亿美元，1985 年更是出现了资金净流出。

总之，拉丁美洲债务危机的爆发有其深刻的国内因素：一方面，外债杠杆率过高，而且短期债务规模在危机前快速上升；另一方面，进口替代战略的失败导致拉丁美洲国家出口收入规模确定性上升。一旦美联储货币政策由宽松转为紧缩，国际资本流动方向逆转和大宗商品价格下跌导致拉丁美洲国家国际收支入不敷出，债务违约便不可避免。因此，美联储紧缩货币政策成为压垮骆驼的最后一根稻草，是引爆债务危机的导火索。

（资料来源：解析 20 世纪 80 年代拉美债务危机 ［EB/OL］. 搜狐网，2013 - 7 - 20.）

1.3.4.4 系统性金融危机及其成因机制

系统性金融危机（systematic financial crises）可以称为"全面金融危机"，是指主要的金融领域都出现严重混乱，如货币危机、银行业危机、外债危机的同时或相继发生。它往往发生在金融经济、金融系统、金融资产比较繁荣的市场化国家和地区以及赤字和外债较为严重的国家，对世界经济的发展具有巨大的破坏作用。系统性金融危机是那些波及整个金融体系乃至整个经济体系的危机。例如，20 世纪 30 年代美国金融危机、1997 年的亚洲金融危机、2007 年美国次贷危机引发的国际金融危机等。这些危机都是从金融体系一个子系统（子市场）波及另一个子系统（子市场），比如从股市到债市、外汇市场、房地产市场甚至到整个经济体系。

系统性金融危机成因机制是金融与实体经济失衡。金融与实体经济失衡最直观地体现为经济金融化水平。经济金融化水平越高，金融在整个经济体系中的影响越大，金融与经济失衡程度越高，金融"脱实向虚"程度越严重。金融严重背离其服务实体经济的本位职能，经济金融化在经济运行中主要表现为"一膨胀一失调三背离"：金融业急剧膨胀、货币市场与资本市场规模结构失调，货币增速与实体经济增长背离、资产价格与一般商品价格背离、金融资产规模与投资效率背离。在宏观层面则体现为大量货币资金滞于金融层面，投资和中间市场活跃，M2 的迅猛增长。

1.4 金融安全与金融监管

1.4.1 金融安全与金融监管

（1）金融监管有利于克服金融市场的失灵、维护金融安全与稳定。金融发展实践显示，金融市场具有垄断性、外部性、信息不对称性以及金融体系内在的脆弱性，是金融风险产生的主要原因。金融是现代经济的核心，金融市场的失灵较其他市场失灵给金融经济带来的影响都要严重。一是金融市场单个个体的金融风险会通过关联渠道在整个金融体系中传染蔓延，形成系统性金融风险，诱发金融危机的发生。二是金融活动中各类行为会随着经济周期波动而转化，投机性金融行为使得金融体系的脆弱性越演越烈。因此，金融监管的功能就在于纠错金融市场失灵，对金融体系实施监督与规制，维护金融安全，进而维护经济安全。

（2）金融安全是一种满足公共利益的"公共品"，金融监管有利于保护存款人利益、中小投资者利益及社会公共利益，能实现这种公共产品的供给。金融机构的资金来源于公众，金融服务又面向公众，因此金融业是一种公共性、社会性的产业。故金融业发展的安全与稳健，对维护公众对信用体系的信心（信心比黄金更重要，信心贵于黄金）、执行国家金融政策发挥着重要作用。加强金融监管，切实保护存款人、中小投资者和社会公众利益，是金融生存和发展的基础，是实现金融安全这种公共品的重要手段。

（3）金融安全是金融体系发挥优化配置资源作用的基础，没有金融安全金融优化配置资源服务实体经济就是"空中楼阁"。金融监管则是构筑这一基础的重要手段，实施金融监管实现金融稳定与安全，在此基础上有效促进金融体系发挥优化配置资源的功能服务实体经济。

（4）金融监管有利于应对金融深化与金融开放给金融安全带来的挑战与问题，对维护金融稳健与安全具有重要意义。金融深化和金融全球化是一种客观发展趋势。实践表明，金融深化与金融开放绝非是放弃金融监管，而是对金融监管提出了更高的新要求，在金融深化与金融开放过程中须有完备的金融监管制度以保证金融开放与金融深化的健康发展，金融监管水平须与金融深化水平与金融开放水平相适应，才能应对金融深化与金融开放给金融安全带了的挑战和问题。

1.4.2 金融监管的定义

监管（regulation）即"游戏规则"，是通过一定法定程序和规制去约束、规制参与者的权力、给参与者分配义务，实现激励相容。狭义金融监管（financial regulation）仅指政府通过特定的机构，如中央银行、证券交易委员会、金融管理局等对金融机构做出的某种限制或规定从而对其进行监督与管理，监管对象仅涉及金融机构。故狭义金融监管分为金融监督与金融管理。金融监督指金融监管当局或部门对金融机构实施的全面性、经常性的检查和督促，并以此促进金融依法稳健地经营和发展。金融管理指金融监管当局或部门依法对金融机构及其经营实施的领导、组织、协调和控制等一系列的活动。广义金融监管还包括监管机构的自我监控部门、行业自律组织以及社会中介组织的监管，监管对象不仅包括金融机构，还包括参与金融活动的非金融机构和个人。

1.4.3 金融监管体系

金融监管的任务就是防范和治理因金融市场运行中造成的影响金融安全的问题，保障金融经济的安全运行，简而言之就是"防"和"治"。"防"就是防范金融风险、金融危机，并力争使风险和危机消除、化解于萌芽状态。"治"是指一旦发生未能防住出现较大危险或危机，则要及时采取有力并有效的治理措施，尽快渡过危机，恢复金融经济的正常运行。防范功能通常通过金融监管规制来实现，具体来说，通过加强对金融机构的市场准入、金融市场运行的合规性和风险性监督管理，控制金融风险的形成、积聚和外化，以达到事前预防风险、维护金融稳定的目的。而治理功能则通过市场退出制度、危机救助机制、法律责任制度等来实现。因此，从狭义金融监管的角度看，金融监管体系仅包括宏微观审慎监管体系；从广义金融监管角度看，金融监管体系就是金融安全网（见图1.10）。

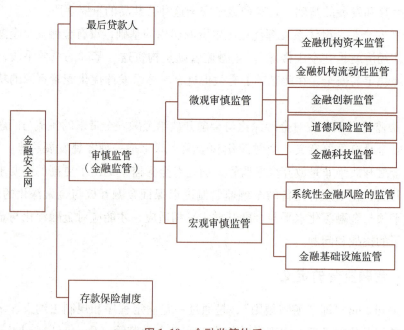

图1.10 金融监管体系

其中，以宏观审慎监管系统性金融风险为首要目标，分析风险的相关性，加大对系统重要性金融机构的监管，来防范和化解系统风险。此外，宏观审慎监管还涵盖对金融基础设施的监管。金融基础设施主要包括支付体系、法律环境、公司治理、会计准则、信用环境、反洗钱等。微观审慎监管主要包括金融机构资本监管、金融机构流动性监管、道德风险管理、金融创新监管、金融科技监管等内容。

拓展阅读材料1.12：

宏观审慎监管与微观审慎监管

宏观审慎监管：相对于微观审慎监管而言，是从宏观的、逆周期的视角采取措施，防范由金融体系顺周期波动和跨部门传染导致的系统性风险，维护货币和金融体系的稳定。是2008年危机后国际金融管理改革的核心内容。

微观审慎监管：控制个体金融机构或行业的风险，保护投资者利益。

二者的区别：①理念区别：微观审慎监管理念认为单体金融机构稳定的综合带来金融体系的稳定；宏观审慎监管认为单个金融机构的理性行为未必能带来宏观资源的最优配置和经济体系的稳定，单个金融机构的稳健不是金融体系稳定的充分必要条件。②目标不同：微观审慎监管的目标是关注单个金融机构经营的安全与稳健，保护金融消费者利益；宏观审慎监管的目标在于防范和化解系统性金融风险、保持金融稳定，防止实体经济下滑。

拓展阅读材料1.13：

什么是存款保险制度

存款保险制度是一种金融保障制度，是指由符合条件的各类存款性金融机构集中起来建立一个保险机构，各存款机构作为投保人按一定存款比例向其缴纳保险费，建立存款保险准备金，当成员机构发生经营危机或面临破产倒闭时，存款保险机构向其提供财务救助或直接向存款人支付部分或全部存款，从而保护存款人利益、维护银行信用、稳定金融秩序的一种制度。存款保险制度可提高金融体系的稳定性，保护存款人的利益，促进银行业适度竞争；但其本身也有成本，可能诱发道德风险，使银行承受更多风险，还产生了逆向选择的问题。截至2011年底，全球已有111个国家建立存款保险制度。

2015年3月12日，中国人民银行行长周小川表示，存款保险制度作为金融改革重要的一步棋，已经经过了一段时间紧锣密鼓的准备，2014年末时已经把存款保险条例公开征求了意见。2015年5月1日出台。

拓展阅读材料 1.14：

"大而不倒"与系统重要性金融机构/银行

"大而不倒"现象：指的是一些银行、投行等上规模的金融机构，因其业务体量、在金融混业经营体系中的关联性作用，而成为不允许倒闭的角色。

难题：当一个系统性重要金融机构濒临破产时，政府也面临着一个两难的抉择：救或不救。"救"则坚定了金融机构"大而不倒"的信念，并且引发更严重的道德风险；"不救"其结果可能是整个经济陷入衰退。

系统重要性金融机构（银行）是指那些由于自身规模、复杂性、系统性关联等原因，一旦无序倒闭将会对更大范围的金融体系和实体经济运行造成显著破坏的金融机构。中国的系统重要性银行包括四大国有银行以及交通银行、招商银行、中信银行。金融稳定理事会（FSB）公布的全球系统性重要银行共 29 家，中国银行入选。

1.4.4　金融监管体系的内容框架

（1）金融安全网的内容、执行机构（见表 1.1）。金融安全网的内容不仅包括宏微观审慎监管体系，还包括最后贷款人机制、存款保险制度（见图 1.10）。就金融安全网的具体执行机构而言，宏微观审慎监管执行机构主要是金融监管当局，最后贷款人机制的执行机构为中央银行，存款保险制度由存款保险机构来落实。

表 1.1　　　　　　　　　　　　金融安全网的构成

内容	执行机构	手段和方式	目的	性质
最后贷款人	中央银行	存款准备金率、再贴现、再贷款、公开市场操作及创新性货币政策工具	解决商业银行流动性问题来维护银行体系安全	事前防范 事后救助
宏微观审慎监管（审慎监管）	金融监管当局	公告监管（信息披露）、规范监管（准则监管）、实体监管	加强单体金融机构金融风险管理来维持金融体系稳健运行和安全、保证金融市场公平、公正、公开	事前防范
存款保险制度	存款保险机构	存款保险基金，存款保险赔偿与救助	保护存款人利益维护银行体系安全	事前防范 事后救助

（2）金融安全网的实现手段（见表 1.1）。最后贷款人机制通过存款准备金率、再贴现、再贷款、公开市场操作及创新性货币政策工具等来实现。存款保险制度通过存款保险基金、存款保险赔偿与救助等方式来实现。

宏微观审慎监管的内容包括对金融机构设立的监管和对金融机构资产负债业务的监管，以及对金融市场的监管（如市场准入、市场融资、市场利率、市场规则等），对会计结算的监管，对外汇外债的监管，对证券业的监管，对保险业的监管，对信托业的监管，对投资黄金、典当、融资租赁等活动的监管。对商业银行的监管主要内容包括市场准入与机构合并、银行业务范围、风险控制、流动性管理、资本充足率、存款保护以及危机处理等方面。其实现方式与手段主要包括公告监管（信息披露）、规范监管（准则监管）、实体监管（见表1.1）。

第一，公告监管（信息披露）。公告监管（信息披露）是指政府对金融业的经营不作直接监督，只规定各金融企业须依照政府规定的格式及内容定期将营业结果呈报政府的主管机关并予以公告，至于金融业的组织形式、金融企业的规范、金融资金的运用，都由金融企业自我管理，政府不对其多加干预。公告监管的内容包括：公告财务报表、最低资本金与保证金规定、偿付能力标准规定。在公告监管下金融企业经营的好坏由其自身及一般大众自行判断，这种将政府和大众结合起来的监管方式，有利于金融机构在较为宽松的市场环境中自由发展。但由于信息不对称，作为金融监管机构和公众很难评判金融企业经营的优劣，对金融企业的不正当经营也无能为力。因此，在金融监管实践中公告监管（信息披露）是金融监管中最宽松的监管方式。

第二，规范监管（准则监管）。规范监管（准则监管）是指国家对金融机构的经营制定一定的准则，要求其遵守的一种监管方式。在规范监管下，监管当局对金融机构经营的若干重大事项，如商业银行最低资本充足要求、流动性拨备覆盖率要求、最低杠杆率要求、资产负债表的审核、资本金的运用、违反法律的处罚等，都有明确的规范，但对金融机构的业务经营、财务管理、人事等方面不加干预。这种监管方式强调金融机构经营形式上的合法性，比公告监管方式具有较大的可操作性，但由于未触及金融机构经营的实体，故尚未起到严格有效的监管作用。

第三，实体监管。实体监管是指国家定立完善的金融监督管理法规，金融监管机构根据法规赋予的权力，对金融市场，尤其是金融机构进行全方位、全过程有效的监督和管理。实体监管过程分为以下三个阶段。

第1阶段是金融机构设立时的监管，即金融许可证监管；

第2阶段是金融机构经营期间的监管，这是实体监管的核心；

第3阶段是金融机构破产和清算的监管。

实体监管是国家在立法的基础上通过行政手段对金融机构进行强有力的管理，比公告监管和规范监管更为严格、具体和有效。

（3）金融安全网的各内容对应的目的与性质（见表1.1）。金融安全网的宏微观审慎监管属于事前防范，其目的主要为加强单体金融机构金融风险管理来维持金融体系稳健运行和安全，保证金融市场公平、公正、公开。存款保险制度属于事前防范、事后救助，目的在于保护存款人利益维护银行体系安全。最后贷款人机制属于事前防范、事后救助，目的在于解决商业银行流动性问题来维护银行体系安全。

1.4.5　金融监管的原则

要实现金融监管的目的，维护金融安全，防范和化解系统性风险积累，须遵守金融监管的原则。所谓的金融监管的原则是在金融监督管理机构、金融机构内部监督管理部门的监督管理活动中，须始终遵循的最低行为准则和价值追求。这些原则包括：金融监管激励相容原则、依法监管原则、监管的公开与公正原则、监管效率原则、协调性原则。

（1）金融监管激励相容原则。金融激励相容原则是指通过合理的金融监管机制和制度安排使得所涉各利益主体的风险控制目标和努力方向达成一致，即中小投资者（公众）、国家、金融监管机构、金融机构的目标及其努力方向都是将金融风险降到最低，以此防范系统性金融风险和保证金融体系稳定和安全，实现社会福利最大化。在金融体系中，存在多层次的委托—代理问题（道德风险问题）。这些问题不仅影响金融体系优化配置资源的效率，还会影响到金融安全，在极端情况下引致金融危机的发生。最低层次的委托—代理问题出现在交易员与机构之间，交易员不以实现机构收益最大化而是追求自身利益最大化来行事。因此若交易获利，交易员因此而获得较高回报；若亏损，机构最后承担亏损。例如"无赖交易员"拖垮巴林银行的事件。中间层次的委托—代理问题出现在金融机构的所有者（股东）和金融机构管理层之间。金融机构的所有者（股东）以其入股的全部股本行使所有者权益、承担所有者义务。实质上是股东委托金融机构管理者对金融机构进行经营管理。股东追求金融机构市场价值最大化（所有者权益最大化）。金融机构的所有者（股东）和金融机构管理层之间的委托—代理问题为管理层不是以股东权益最大化而是追求自身利益（高额佣金）最大化来行事。这会加剧金融机构的经营风险。最高层次的委托—代理问题出现在金融机构和社会之间。这种问题直观表现为金融机构冒风险行事，获得更高收益，当出现问题，政府会出面救助，救助是花费纳税人的钱。这会激励金融机构冒风险行事。因此，须要建立金融监管激励相容机制来解决金融体系所涉的委托—代理问题。

（2）依法监管的原则。依法监管的原则又称合法性的原则，是指金融监管必须依据法律、法规进行。监管的主体、监管的职责权限、监管措施等均由金融监管法律、法规规定，监管活动均须依法进行。

（3）监管的公开与公正原则。监管活动应最大限度地提高透明度。同时，监管当局应公正执法、平等对待所有金融市场参与者，做到实体公正和程序公正。

（4）效率原则。效率原则是指金融监管应当提高金融体系的整体效率，不得压制金融创新与金融竞争。同时，金融监管当局合理配置和利用监管资源以降低监管成本，减少社会支出，从而节约社会公共资源。

（5）协调性原则。监管主体之间职责分明、分工合理、相互配合。这样可以节约监管成本，提高监管的效率。

1.4.6　我国金融监管体系框架

（1）三部银行法。2003 年 3 月 10 日第十届全国人大一次会议第三次会议通过了国务院机构改革方案，中国银行业监督管理委员会获准成立，同年 12 月 27 日，第十届全国人大常务委员会第六次会议通过了《中华人民共和国银行业监督管理法》（以下简称《银行业监督管理法》）《关于修改〈中华人民共和国中国人民银行法〉的决定》和《关于修改〈中华人民共和国商业银行法〉的决定》，并于 2004 年 2 月 1 日起正式施行。

（2）现代金融监管制度体系。三部银行法和《中华人民共和国证券法》《中华人民共和国保险法》《中华人民共和国信托法》《中华人民共和国证券投资基金法》《中华人民共和国票据法》及有关的金融行政法规、部门规章、地方法规、行业自律性规范和相关国际惯例中有关金融监管的内容共同组成了中国现行的金融监管制度体系。

三部银行法的颁布和实施，标志着中国现代金融监管框架的基本确立。根据修订后的《中华人民共和国中国人民银行法》，中国人民银行的主要职责是："在国务院领导下，制定和执行货币政策，防范和化解金融风险，维护金融稳定"。

（3）金融监管职能体系：修订后的《中华人民共和国中国人民银行法》强化了中国人民银行在执行货币政策和宏观经济调控上的职能，将对银行业金融机构的监管职能转移给新成立的中国银行业监督管理委员会，保留了与执行中央银行职能有关的部分金融监督管理职能，继续实行对人民币流通、外汇的管理、银行间同业拆借市场和银行间债券市场、银行间外汇市场、黄金市场等金融市场活动的监管。2018 年 3 月 13 日，国务院机构改革方案提请十三届全国人大一次会议审议。根据该方案，改革后，国务院正部级机构减少 8 个，副部级机构减少 7 个，除国务院办公厅外，国务院设置组成部门 26 个。其中，方案提出，拟将中国银行业监督管理委员会（以下简称"银监会"）和中国保险监督管理委员会（以下简称"保监会"）的职责整合，组建中国银行保险监督管理委员会，作为国务院直属事业单位。至此，中国金融监管将分别由中国人民银行、中国银行保险监督管理委员会、中国证券市场监督管理委员会三个机构分别执行。

（4）金融监管协调机制：为确保四部门间在监管方面的协调一致，《中华人民共和国中国人民银行法》第九条授权国务院建立金融监督管理协调机制；《中华人民共和国银行业监督管理法》第六条、《中华人民共和国中国人民银行法》第三十五条分别规定了国务院银行业监督管理机构、中国人民银行应当和国务院其他金融监督管理机构建立监督管理信息共享机制。

（5）中国人民银行的宏观审慎评估体系：为进一步完善宏观审慎政策框架，更加有效地防范系统性风险，发挥逆周期调节作用。2015 年 12 月 29 日，人民银行宣布从 2016 年起将现有的差别准备金动态调整和合意贷款管理机制"升级"为"宏观审慎评估体系"（macro prudential assessment，MPA），宏观审慎资本充足率是评估体系的核心。这表明中央将加强对宏观金融风险的评估管理，也预示着要建立以央行为中心的综合监管体制。

第一，为什么要建立宏观审慎评估体系（MPA）？

目的1：消除"合成谬误"、控制系统性风险。"巴塞尔协议＋宏观审慎管理"是国际金融监管的标准化框架，将微观层面的资本监管与宏观层面的综合管理结合在一起，可较好限制单个金融机构风险向宏观体系的溢出，在一定程度上消除了较小的个体风险加总后酿成宏观大危机的"合成谬误"问题。

目的2："一行三会"的分业监管格局监管不足。现有的分业监管模式并不能保证系统性风险的完全可控，过去发生的"钱荒"和"股灾"，就证明了这种基于微观机构进行分类的监管框架的不足，因此应注重从全局进行综合化的风险监测和管控，通过顶层设计建立宏观审慎管理框架。

第二，MPA 的主要构成：资本和杠杆、资产负债（balance sheet）、流动性、定价行为（pricing behavior）、资产质量（asset quality）、跨境融资风险（cross-border funding risk）、信贷政策执行七大方面，其中资本充足率（capital adequacy ratio）是评估体系的核心（见表1.2）。MPA 关注广义信贷，将债券投资、股权及其他投资、买入返售等纳入其中，以引导金融机构减少各类腾挪资产、规避信贷调控的做法。同时利率定价行为是重要考察方面，以约束非理性定价行为。

表1.2   MPA 的指标体系

7 个方面	14 个指标
资本和杠杆	（1）宏观审慎资本充足率；（2）杠杆率
资产负债	（3）广义信贷；（4）委托贷款；（5）同业负债
流动性	（6）流动性覆盖率；（7）净稳定融资比例；（8）遵守准备金制度
定价行为	（9）利率定价
资产质量	（10）不良贷款率；（11）拨备覆盖率
跨境融资风险	（12）跨境融资风险加权资产余额
信贷政策执行	（13）信贷政策执行情况；（14）央行资金运用情况

财 政 安 全

2.1 国家财政安全概述

财政是整个国家经济运行的综合反映。财政安全是国家经济安全的基本目标之一，构成经济安全的重要组成部分。国家财政安全，就是一国财政基本处于稳固平衡和稳健增长的状态，能以强大的财政实力确保政府应付各种危机。因此，财政安全的本质就是防范各种可能引发财政危机的现实或潜在的风险，保证政府履行其职能的财力需要，特别是保证政府始终拥有应付各种突发事件和危机的能力。只有财政安全，金融安全、对外经济平衡、社会稳定等才有强大的财力保证。在经济安全下的能源安全、粮食安全、食品安全、药品安全、金融安全、财政安全等之中，财政安全最为重要。这不仅因为财政安全是所有安全的基础和支柱，而且因为财政安全是所有安全的最后一道防线。如果财政安全出现问题，其他方面的安全便无从谈起。

财政作为中央与地方、国家与企业的一种收支分配关系，它本身是经济的一个构成部分，同时又是经济基础与国家上层建筑之间相互作用的一个重要工具。经济是财政的基础，国家经济状况决定着国家财政状况；国家通过财政体制和财政政策影响经济的发展。财政与经济的这种基本关系决定了财政安全与经济安全的关系。

良好的国家财政植根于良好的经济之中。如果经济结构失衡，运转失灵，甚至发生持续严重的衰退和经济滑坡，必然影响到财政的平稳运行，引起国家财政收入下降，从而加剧国家财政困难，甚至引发财政危机。这时，如果经济危机与财政危机交织一起，就有可能导致社会经济秩序混乱，甚至引发政权危机。

例如，2000 年爆发的阿根廷债务危机。2000 年，阿根廷外债总额达 1462 亿美元，相当于当年外汇收入的 4.7 倍，当年还本付息占出口收入的 38%。因受东南亚金融危机和巴西金融危机影响，2001 年 11 月，阿根廷政府宣布无力偿还外债，决定实施债务重组。自 2001 年 12 月 20 日阿根廷总统德拉鲁阿宣布辞职至 2002 年 1 月 1 日正义党参议员杜阿尔德就任新总统，短短 12 天内五易总统，表明政治危机也相当严重。大规模的骚乱和激烈的政局动荡迫使政府放弃了比索盯住美元的货币局汇率制度，国内外投资者对阿根廷的信心急剧下降。阿根廷不仅遇到了债务危机，而且还陷入了政治危机和社会危机。在此之前，阿根廷经济已陷入萧条，政府财政赤字和债务情况显著恶化。政府不得不通过国内银行还资助赤字，政府债务占银行资产的比率迅猛攀升，这显著增加了银行系统的信用风险。2001 年 12 月 23 日，阿根廷政府宣布暂时停止偿付所有公债的利息和本金，12 月 24日宣布将于 2002 年 1 月发行本国第三种货币阿根廷元。阿根廷比索大幅贬值，最高时达75%，阿根廷通货膨胀迅速上扬，比索贬值后累积通胀率最高达 80%，大批企业倒闭，失业率大幅上涨至 25%，2002 年经济下滑 10.9%。2004 年底，经过艰苦谈判，阿根廷最终与国际金融机构达成协议，公布了以仅相当于欠债 25% ~ 35% 的面值发行新债来偿还旧债的债务重组方案①。2005 年 3 月 3 日，债务重组取得成功，长达三年多的倒债危机宣告结束。然而，受到新冠疫情和美联储持续加息的影响，2020 年阿根廷爆发了其 1816 年独立以来主权债务的第九次违约。2022 年 1 月，阿根廷宣布与国际货币基金组织就约 445 亿美元的债务再融资计划达成协议。这一协议意味着，阿根廷可以暂时避免出现债务违约。本次进行债务重组的 570 亿美元，来自 2018 年国际货币基金组织（IMF）与阿根廷政府签署的总额约 570 亿美元的救助协议。四年过去，阿根廷依然处于拆东墙补西墙，借新债还旧债的窘境之中。2022 年 6 月 16 日，阿根廷央行宣布将其 28 天流动性票据（称为 Leliq）的利率提高了 300 个基点至 52%。此外，阿根廷央行还将储蓄者的定期存款最低利率提高到 53%；私营部门的其他定期存款的利率下限被设定为 50%。根据阿根廷国家统计局发布的数据显示，2022 年前四个月阿根廷累计通胀率超过 23%。2021 年的年化通胀率增至58%，创自 1992 年初 30 年以来的最高纪录。除了通胀高企、货币贬值外，阿根廷还面临着债务危机。阿根廷比索兑美元年内已累计下跌了 16.2%，在非美货币中的跌幅仅次于土耳其里拉。截至 2022 年 9 月，阿根廷的外债规模持续处于历史高位，外债占外汇储备的比重超过了 750%②。

可见，财政安全作为国家经济安全的组成部分，对确保经济安全发挥着重要作用，从一定程度上说，财政安全是国家经济安全的最高形式。古今中外经济发展史也表明，从未有过经济不稳而国家财政稳定、经济危机而国家财政安全的情况。一次次经济危机带来的必然是国家财政不振，在收入凋零的情况下财政支出激增，其结果自然是入不敷出，政府债台高筑，甚至发生政府信用危机和支付危机。从各国处理经济危机方法看，有效的财政措施又是政府制订和实施反危机战略方案的重要方面。可见，拥有安全可靠、实力强大的国家财政是各国政府从宏观政策上有效实行反周期调节、克服经济波动和成功实现反危机

---

① 高庆波：《阿根廷债务危机：起源、趋势与展望》，载《国际经济评论》2015 年第 11 期。

② 参考阿根廷《号角报》《金融界报》：2022 年 1 ~ 8 月阿根廷通胀率累计上涨 56.4% ［EB/OL］. 驻阿根廷共和国大使馆经济商务处，2022 - 9 - 15.

战略的基础。

2.2　财政风险与财政危机

2.2.1　财政风险

国际货币基金组织财政事务部（Fiscal Affairs Department）提出，财政风险是指财政变量偏离预算或其他预测预期的可能性。经济发展合作组织（OECD）指出，政府负有确保整个经济体系顺利运行的最终责任，政府必须进行政策工具的部署并承担各种职责，同时这也意味着财政风险有无数来源。同时，政府的预测和计划可能会偏离预期或被证明是错误的。世界银行提出，财政风险是指财政结果偏离预算制定时的预期，而且这种偏差可能会对财政产生重大影响，并削弱政府利用财政政策稳定经济和支持长期增长的能力。经验表明，各国政府往往没有能力很好地了解它们所面临的总体或个别财政风险，它们减轻风险的手段可能很有限。

东南亚金融危机之后，世界银行专家汉娜（Hana Polackova）从政府负债的角度提出了著名的"财政风险矩阵"（fiscal risk matrix）。根据债务是否必然发生，将必然发生或已经发生的债务称为直接债务，而把可能发生也可能不发生的债务称为或有负债。通过这两个角度的组合，汉娜得到了财政风险矩阵中反映出来的四种政府负债类型，即直接显性负债、直接隐性负债、或有显性负债和或有隐性负债（见表 2.1）。尽管这一方法从理论上对政府债务作出了相对容易理解的区分，但在实践中，要准确衡量某一时点各级政府四种形态的债务规模却十分困难。研究政府债务，厘清政府债务范围，上述分类仍然难以满足编制权责发生制政府综合财务报告的需求。基于上述理论，三种类型的负债都具有一定程度的隐蔽性，可按债务的显性形态，将政府债务划分为显性债务和隐性债务加以研究。为便于权责发生制政府综合财务报告中政府债务数据的获取，不妨考虑将汉娜理论中的第一种形态（直接显性负债）归类于显性债务，而将后三种形态（直接隐性负债、或有显性负债、或有隐性负债）统一归类于隐性债务范畴。

表 2.1　　　　　　　　　　　　　　　　财政风险矩阵表

财政负债	直接负债	或有负债
显性负债	（1）政府债务偿还支出； （2）《中华人民共和国预算法》规定的支出； （3）法律所规定的预算支出（如公务人员工资及养老保险支出）	（1）政府担保的下级政府、国有或私人部门的非主权债务； （2）政府的各种贷款担保（如各种抵押贷款、助学贷款、农业贷款、小企业发展贷款等）； （3）政府的其他担保（如贸易、汇率、对外国政府主权债权、私人投资等）； （4）政府保险计划（如存款保险、养老基金返还、粮食、自然灾害和战争等）

续表

财政负债	直接负债	或有负债
隐性负债	（1）公共投资项目的未来支出需求； （2）法律未做规定的未来公共养老金支出； （3）法律未做规定的未来医疗保险支出； （4）法律未做规定的其他社会保险支出	（1）对非担保的下级政府债务或其他义务违约的清偿； （2）对非担保的国有或私人企事业的债务或其他义务违约； （3）银行危机的救助； （4）非担保的养老保险基金、失业保险基金或社会保障基金的危机救助； （5）中央银行无力履行； （6）私人资本流动逆转时的救助； （7）环境污染、灾害救助等

1. 预算收支平衡的压力

近年来，我国经济由高速增长转向高质量发展。一般公共预算收入增长持续放缓，预算收支处于紧平衡状态。2018～2020 年，全国一般公共预算收入增速连续三年下降，均低于同期 GDP 增速。受新冠疫情冲击，2020 年全国一般公共预算收入同比下降 3.93%，由正增长转为负增长；与此同时，全国一般公共预算支出增速则一直高于同期 GDP 增长速度①。2021 年，虽然实现了财政收入的超收，但这主要与低基数下经济增幅大幅反弹和价格指数反弹等因素有关。随着基数效应的减弱，未来在减税降费和疫情不确定的影响下，财政收入将面临较大的增长压力，而各领域资金需求加大，重点支出需要加强保障。因此，预计未来短期内财政收支紧平衡状态尚不能得到改变。

2021 年，中央一般公共预算收入 91470.41 亿元，为预算的 102.3%，比 2020 年增长 10.5%，主要是经济保持恢复发展、工业生产者出厂价格指数（PPI）涨幅较高等因素拉动。加上从中央预算稳定调节基金以及中央政府性基金预算、中央国有资本经营预算调入 1935 亿元，收入总量为 93405.41 亿元。中央一般公共预算支出 117202.3 亿元，完成预算的 98.6%，下降 0.9%。加上补充中央预算稳定调节基金 3613.11 亿元、向中央政府性基金预算调出 90 亿元，支出总量为 120905.41 亿元。收支总量相抵，中央财政赤字 27500 亿元，与预算持平②。

2. 地方政府债务的风险

（1）地方政府债务的形成。

根据我国 1995 年 1 月 1 日起施行的原《中华人民共和国预算法》规定地方政府不得借债编制赤字预算，但地方政府早已存在大量的债务是不争的现实。当时的地方政府债务主要是指地方政府融资平台公司向银行的借款。融资平台公司是指由地方政府及其部门和机构等通过财政拨款或注入土地与股权等资产设立，承担政府投资项目融资功能并拥有独立法人资格的经济实体。公司债务大体分为三类：一是融资平台公司因承担公益性项目建

---

① 2020 年全国财政收入同比下降 3.9%［EB/OL］. 新华社，2021 - 1 - 28.
② 资料来源于《国务院关于 2021 年中央决算的报告》。

设举借的主要依靠财政性资金偿还的债务；二是融资平台公司因承担公益性项目建设举借，而项目本身有稳定经营性收入并主要依靠自身收益偿还的债务；三是融资平台公司因承担非公益性项目建设举借的债务。由于公司是地方政府通过财政拨款和注入国有资产注册的，是为地方政府投资项目融资的，因此公司债务属于地方政府或有债务，或是变相的地方政府或有债务。

目前，我国地方政府债务主要包括省、市、县、乡镇共四级政府的负债。从当前政府统计口径看，地方政府总债务中包括直接债务、担保债务和政策性挂账三个部分。我国地方政府债务的存量形成有其深层次的体制性和政策性原因，而且，其中的体制性原因还将在较长时期内影响债务增量的发生。决定地方政府预期新增债务额度和债务化解能力的主要因素是地方财政的运行状况。从发展态势看，如果综合考虑长期与短期、体制与政策因素的交互作用，较长一段时期里地方政府的融资需求仍将扩大，并影响到地方政府利用自有财力逐步化解存量债务的能力。同时，也存在出现和加大地方财政风险的可能。

改革开放以来，随着工业化、城镇化进程的加快，地方建设性融资需求快速增长，从20 世纪 90 年代起，一些地方政府开始尝试通过设立融资平台公司来对外融资，并很快向全国普及，逐渐形成了相当规模的融资平台公司债务。融资平台公司债务具有以下特点，一是普遍性。全国各个地方政府都存在这种债务，只是多少的差别。二是融资数额巨大且增长快速。三是管理不统一，运作不规范，不仅未纳入预算，甚至有的地方财政部门根本无权过问公司债务。因此，融资平台公司通过举债为地方经济和社会发展筹集资金，对加强基础设施建设以及应对国际金融危机的冲击无疑发挥了积极作用。但与此同时，也存在和积累了社会各界高度关注的巨大债务风险问题。

"土地生财"一直以来是我国地方政府拓展财力的重要支柱，在经济发达地区出让土地可以获得经济发展带来的土地增值，在欠发达地区出让土地也可以获得政府投资的机动财力。近年来，国家不断强化对房地产市场的管理，严格保护耕地，将土地出让金全额纳入政府基金预算管理，这一系列管理举措相对规范了地方政府土地出让行为。过高的房价导致房地产市场交易低迷，作为城市建设地方政府投入的主要来源的土地出让净收益也面临缩水的危险，这进一步加大了地方政府负债的压力。

（2）政府融资平台的风险。

地方政府投融资平台是地方政府为了融资用于城市基础设施的建设而组建的城建开发公司等不同类型的公司。利用政府拨付的土地等资产，然后将融资的资金投入到市政建设等项目中。目前，投融资是推动我国经济发展的重要方式之一，政府在其中扮演着非常重要的角色，政府创建投融资平台，可以将手中的大量资源合理地投入到市场中，以推动城市基础设施项目的顺利实施，助推地方经济社会发展。地方政府投融资所包括的公共基础设施，主要以道路、交通、学校为主，政府的投入会对当地经济发展产生重大的影响。地方政府投融资平台出现后，在一定程度打开了市政项目的融资渠道，有效缓解了城市基础建设中资金紧张的现象，促进了当地经济社会的发展，取得了阶段性的成果。

当前，政府作为投融资平台的直接负责方，融资平台的债务成了地方财政的隐性负债内容，地方政府投融资平台的资金主要依靠政府财力或者银行贷款，企业自身的流动资金较少，未形成真正的融资主体，使得融资的成本增高，除此之外，受宏观调控的影响，资本市场难以做大，导致资金过于集中，风险过高。同时，为了促进经济的发展，政府加大融资力度，将重点项目作为收益领域，吸引大量的企业进行投资，政府债务规模不断地扩大，从而导致投融资平台存在负债过高、资产盈利低、经营不善等问题。而投融资平台的主要负责人是政府，这就会加剧政府的偿债责任，导致政府的债务增多，而对于地方政府而言，地方财力有限，缺乏足够财力支持。另外，由于地方政府投融资平台债务资金大多数都是银行贷款，因此一旦平台出现债务问题，政府的财力完全不足以偿还，可能会对银行造成损失，并且如果平台违约规模较大，可能会对市场的正常运行造成风险，从而引发金融风险。此外，由于投融资平台的举债会让一些地方政府为了取得政绩而实施不必要的城市建设举措，导致城市建设存在过度建设和重复建设的问题。

（3）地方政府与社会合作的风险。

政府与社会资本合作模式（Public – Private Partnership），又称 PPP 模式，是公共基础设施建设中的一种项目运作模式。在该模式下，鼓励私营企业、民营资本与政府进行合作，参与公共基础设施的建设。私营部门参与提供公共产品有相当长的历史，20 世纪 70 年代以来，政府与社会资本合作模式在新公共管理运动推动下，在许多国家得到较快发展，全球 PPP 项目的总规模不断提升，应用范围已经遍布公共管理的诸多领域。

在世界各国，政府与社会资本合作运营模式决定了政府与社会资本合作涉及多个合作主体，并在资源的投入和风险的承担上存在着竞争性关系。与纯公共供给模式相比，政府与社会资本合作模式带来的财政风险必然较高，多方合作导致的信息不对称、资本逐利的天然属性与政府保障公共服务公平性之间的矛盾，公私双方在风险分担方面的对立等，都可能给政府带来潜在的财政风险。同时，政府与社会资本合作项目通常运营周期长，技术复杂，在项目的全生命周期中，可能面临政府换届、相关政策法律变化、技术革新与替代、消费需求变化等一系列问题，这些问题都有可能对整个项目的运营产生根本性的影响，进而产生财政风险。

3. 突发事件引发的财政风险

财政是国家治理的基础和重要支柱，承担着为各种公共风险兜底的责任。一些或有事项可能导致高额的突发性财政成本，如银行危机、对国有企业和地方政府的救助、法律要求的赔付、自然灾害及流行性疾病等。

2020 年 1 月 31 日，世界卫生组织（WHO）宣布将新冠疫情列入国际公共卫生紧急事件（Public Health Emergency of International Concern，PHEIC）。一直以来，我国财政在应对突发事件时均发挥了支柱性作用。为应对新冠疫情对社会经济运行的冲击，保证国民经济尽快恢复到原有的运行轨道上，我国实施了规模更大、力度更强的积极有为的财政政策。在整个疫情期间，无论是防疫物资和药物的研发，还是关于疫情的医疗卫生检测和救助，大规模资金需求都是由政府直接或间接承担的。对应财政支出端的不断扩大，为保证经济的平稳运行，财政收入端的资金规模却在不断缩小，政府不仅使用财税优惠政策来缓解我国中小企业的生产运营困境，更是通过增发政府债务等具有财政风险的融资方式来弥补财政支出缺口，财政收支差距之大前所未有，我国的财政可持续性也将因此面临重大压力。

我国政府应对新冠疫情的做法是使用"财政风险"来对冲"公共风险"。然而我们必须认识到，国家财政是有"底线"的，积极的财政政策不能解决所有的社会经济问题。为应对新冠疫情，我国政府新增发 2 万亿元国债和财政刺激额度，意味着财政风险将进一步上升。财政自身承受能力受到财政收支和债务水平影响，若财政收入进一步缩减，支出却迅猛增长，国家主要依靠发债来应对收支缺口扩大的事实，长此以往财政风险定会上升，进一步可能影响到国家的主权信用问题。因此，财政自身风险不容忽视。在抗击疫情的关键时期，财政自然应发挥中流砥柱作用，保证经济的正常生产运营。但在抗疫结束之后，我们更应该反思财政的缺陷，着眼于财政结构的调整，要创新财政收支体系，减轻财政风险，以更好地使用财政政策工具对冲公共风险。

2.2.2 财政危机

1. 公共债务

根据财政职能的划分，国家财政具有资源配置、促进经济稳定与发展、保障社会和谐稳定、实现国家的长治久安的职能。在政府实现财政职能的过程中，可能会带来公共债务。对于公共债务必须保持清醒认识，特别是从财政安全的视角观察，要警惕公共债务引发财政危机风险。亚当·斯密在《国富论》中指出，公共债务往往是当权者的奢靡造成的，是非生产性的，且政府可以利用通胀来化解债务，而在非和平时期，举债也是战争经费的主要来源。大卫·李嘉图在《政治经济学及赋税原理》中提出，政府债务会抽离民众的生产性资本，从而有碍于经济的发展，而且债务的偿还需要依靠税收，这并不能带来财富的增长。凯恩斯主义学派则认为，发行国债是政府筹集资金、实施财政政策的重要工具。在经济萧条时期，发行国债可以扩大财政支出、增加社会总需求，从而推动经济复苏；而经济过热时，政府还可以通过国债回购来减少流通中的货币量。理性预期学派的"巴罗－李嘉图等价定理"指出，未来的税收收入现值等价于当前的债务规模，因而国债规模不可无限膨胀。公共选择学派代表经济学家布坎南认为，公共债务会增大预算决策收益与成本的不一致性，进而扭曲公共选择行为，并导致债务规模的增长。

2. 主权债务危机

主权债务是指主权国家以自己的主权作担保，通过发行债券等方式向国际社会所借的款项。由于主权债务大多是以外币计值，向国际机构、外国政府或国际金融机构借款，因此，一旦债务国家的信誉评级被调低，就会引发主权债务危机。

债务危机是指在国际借贷领域中大量负债，超过了借款者自身的清偿能力，造成无力还债或必须延期还债的现象。主权债务危机的本质是高赤字之下的主权信用危机。在发生经济危机时，很多国家随着救市规模不断扩大，债务的比重也在大幅度增加，国家可能面临无法偿还的风险。

主权债务危机后果是可能会出现主权违约，即当一国不能偿付其国家债务时发生的违约。传统的主权债务违约的解决方式主要是两种：一是违约国家向世界银行或者是国际货币基金组织等借款，二是与债权国就债务利率、还债时间和本金进行商讨。

历史上曾发生过多次主权债务危机，以下名单包含主权债务严重危机的情况和主权破产或主权重建的案例。

（1）拉丁美洲主权债务危机（20世纪80年代）。

（2）墨西哥经济危机（1994年）。

（3）俄罗斯金融危机（1998年）。

（4）阿根廷债务重建（2002年）。

（5）欧元区主权债务危机（2010年）。

2.3　国家财政安全的条件与能力

地方政府专项债券是落实积极财政政策的重要抓手。2022年中央经济工作会议将"保证财政支出强度，加快支出进度""适度超前开展基础设施投资"作为当年的重要任务。2022年的《政府工作报告》提出，2022年拟安排地方政府专项债券3.65万亿元。2021年12月，财政部提前下达地方2022年新增专项债券额度1.46万亿元；2022年3月30日，又向各地下达了剩余的新增专项债券限额。同时，提前下达的专项债券额度大部分已发行完毕。截至2022年3月末，累计发行约1.25万亿元，占提前下达额度的86%；各级财政部门累计向项目单位拨付债券资金8528亿元，占已发行新增专项债券的68%。2022年专项债券继续重点用于交通基础设施、能源、农林水利、生态环保、社会事业、城乡冷链等物流基础设施、市政和产业园区基础设施、国家重大战略项目、保障性安居工程九大领域。各地聚焦重点投向领域，带动扩大有效投资。数据显示，在已经发行的专项债券中，支持市政和产业园区基础设施4157亿元、交通基础设施2316亿元、社会事业2251亿元、保障性安居工程2016亿元、农林水利1004亿元、生态环保468亿元，能源、城乡冷链等物流基础设施251亿元[1]。这些项目对稳定宏观经济起到十分重要的作用。

1. 合理分配专项债

在中央财政下达省和省往市县分配时，主要遵循以下几个原则：一是充分考虑各地区财力和债务风险水平，向财政实力强、债务风险低的省份倾斜。二是坚持"资金跟着项目

---

① 《政府工作报告》（2022年），中国政府网，2023年3月5日。

走"，对成熟和重点项目多的地区予以倾斜，重点支持有一定收益的基础设施和公共服务等重大项目以及国家重大战略项目。三是体现"奖罚分明"，对违反财经纪律和资金使用进度慢的地区扣减额度，对管理好、使用快的地区予以适当奖励。四是严格落实专项债券负面清单管理，明确专项债券资金不得支持楼堂馆所、形象工程和政绩工程、非公益性资本项目支出。

按照 2022 年《政府工作报告》提出的专项债券"合理扩大使用范围"的要求，财政部也采取了一系列举措：一是加大惠民生、解民忧等领域投资。财政部会同国家发展改革委组织各地补报了一批 2022 年专项债券项目，指导地方将城市管网建设、水利等重点领域项目作为补报重点。二是支持增后劲、上水平项目建设。主要是围绕新基建等加大支持力度，研究将具有公益性且有一定收益的信息基础设施、融合基础设施、创新基础设施作为支持重点。三是推动"补短板、强弱项"项目建设。要求各地围绕全面推进乡村振兴、加快农业农村现代化，做好农业农村领域项目储备，将粮食仓储物流设施作为专项债券支持重点，支持重要农产品特别是粮食供给，保障国家粮食安全。

为了加强资金管理，避免资金的闲置和挪用，财政部采取了多项政策措施，包括严格项目审核把关，全面推广穿透式监测，实施支出进度通报预警制度，常态化组织各地监管局开展专项债券资金使用情况核查，推动实现专项债券项目资金使用情况绩效评价全覆盖等，促进专项债券资金安全、规范、高效使用。

2. 加大专项债与市场化融资结合

专项债与市场化融资的结合还存在较大阻力和难度。用改革的举措、市场的办法，发挥专项债"四两拨千斤"作用，吸引社会资本投入，支持民营企业投资。现实中，我国专项债用作重大项目资本金的比例不到 10% ，远低于 25% 的政策上限①。同时，专项债与市场化融资的结合还存在较大阻力和难度。需要进一步放宽基础设施、公共服务领域的民营资本市场准入门槛，在保障专项债偿付和权益基础上，探索专项债和市场化融资的协同投入新模式，形成多元资金投入和撬动的合力。此外，加强项目谋划，重点用好用足专项债作为重大项目资本金政策，更好发挥杠杆作用。

3. 提高专项债项目收益率

要更好发挥专项债券资金的带动作用，需要做好项目储备工作，防止重数量不重质量，提高专项债项目收益率。项目收益率不仅是专项债发行的重要考量，也是影响市场积极性的关键变量。

2.4　新时代中国财政安全实现路径

财政是国家治理的基础和重要支柱，在保障经济社会繁荣发展中承担着繁巨的基础性

---

① 《发挥专项债稳增长作用》，载《经济日报》，2022 年 2 月 17 日。

工作。新时代中国式现代化全面推进中华民族伟大复兴，要求国家财政功能进一步提升和完善，为共同富裕提供物质和体制的坚实保障，为国家发展战略和目标任务提供财力支持。在全球经济一体化和国际经贸环境诡谲多变的大背景下，财政安全对于一个国家或地区的经济稳定和持续发展具有至关重要的作用。财政安全涉及到政府财政状况的稳健、公共金融体系的稳定以及整个国家或地区的经济安全，它是国家经济健康、社会安定和政治稳定的基石。在总体国家安全观背景下，财政安全将放置于更加突出的位置。具体来看，确保财政安全的关键是防风险，尤其是实施积极财政政策可能带来的风险。

2.4.1　树立财政风险意识，确保国家财政安全

实现财政安全首先需要树立财政风险意识，尤其是在发生政府债务时，要确保财政安全。

中国地方政府的举债动机是多方面的，财政体制约束是一方面，比如一些中央出政策、地方付账的项目，或者上级对下级的财政专项转移支付中要求地方负担大量配套资金的项目，都使地方不得不以负债方式运营；另一方面的主要原因在于地方政府投资冲动。改革开放以来，伴随着经济转轨速度加快，出于追逐利益的动机，再加上不完善的政府管理体制和领导干部政绩考评机制，各地纷纷不顾自身财力和条件，盲目投资建设项目，产业结构趋同、重复建设严重等问题始终难以得到有效解决。鉴于此，很多国内财政风险的研究文献建议直接以政府举债规模衡量风险程度是不无道理的，但这种研究视角尚存在比较大的局限性。本书认为，政府举债行为本身并不一定带来财政风险，但是要"适度"，要根据经济社会需要来实施，不搞大水漫灌，积极的财政仍是高质量发展框架下的积极，避免大幅提高财政风险，让财政更可持续。

2.4.2　提高财政政策效率，有效控制财政赤字

本着坚持"底线思维"的原则分析当前我国的财政形势，充分、全面地认识国家财政的困难、风险和挑战。我国启用"积极的财政政策"一词，始于1998年应对亚洲金融危机的实践。积极不等同于扩张，要充分理解积极财政政策的内涵。我国经济已经进入高质量发展阶段，要重视积极的财政政策中"质"的提升。

财政政策注意"提质增效"，财政支出要优化支出结构，提前储备和挖掘好的项目，提高项目的经济效益和社会效益。要用好财政政策空间，提高资金效益和政策效果。优化财政支出结构，强化国家重大战略任务财力保障。合理扩大地方政府专项债券用作资本金范围。落实好结构性减税降费政策，重点支持科技创新和制造业发展。严格转移支付资金监管，严肃财经纪律。增强财政可持续性，兜牢基层"三保"底线。严控一般性支出。同时，要保持必要的财政支出强度，优化组合赤字、专项债、贴息等工具，是积极的财政政策加力提效的重要内容。要加强财政资源统筹，用好政策空间，找准发力方向。一方面，继续加强对经济社会发展薄弱环节和关键领域投入，加快资金下达，保障基本民生、乡村

振兴、区域重大战略、教育、科技攻关等项目建设需求，尽快形成实物工作量和投资拉动力。另一方面，严肃财经纪律，建立常态化监管机制，严查挤占挪用等违法违规行为，确保财政资金安全。

2.4.3 正确处理央地关系，提高财力分配透明度

中国财政风险传导路径可分为两个独立的循环传导体系，其一是地方财政内部的循环传导，其二是地方财政与中央财政间的循环传导，政府逾期债务恰恰成为连接两个循环传导体系的核心。分析两条传导路径的区别，财政风险在地方财政内部的循环传导是显性化的，从地方政府举债到产生大量违约、欠款、挂账、缺口等政府逾期债务再到为弥补债务赤字而继续举债，这样一条传导路径普遍存在于各级地方财政，特别是县乡，而财政风险在地方财政与中央财政间的循环传导路径则更趋于隐性化，在举借债务和清偿债务两个方面，政府间偿债职责和财权事权划分问题分别成为地方政府逾期债务的制度性诱因①。

1994 年 1 月 1 日，中央及财政部门启动以分税制为基础的分级财税改革。从制度层面分析，中国财政风险从地方到中央的传导，是由于财权与事权不对称以及风险自担理念缺失导致的利益与风险不对称、风险责任不明晰。只有使社会每个成员、每个机构、每级政府都具有明确的风险责任，形成一种具有法律效力的风险分担机制，才能有效抑制政府举债过程中的"败德行为"。这就要求上级财政部门将其对下级部门的救助责任显性化，明确财政风险的救助领域和救助程度，形成一种所谓"有限承诺"（limited commitment）的制度导向，将风险遏制在基层政权。

本书建议实行举债项目归口管理，由财政部门统筹负责举债审查控制、偿债计划编制、偿债资金筹集、偿债资金调度等工作。地方政府根据掌握的债务时序数据定期估测风险状况，对偿债资金运用提出合理化建议；中央强化对地方债务资金使用情况和偿债计划落实情况的审计监察，将债务管理绩效纳入考评地方官员业绩的核心指标。各种风险管理配套机制与主体制度的协调搭配，有望日臻规范地方政府举债、偿债程序，阻断风险传导转嫁链条，逐步实现对中国财政风险进行预警、控制直至有效化解的渐进目标。

2.4.4 完善地方公债制度，规范地方政府融资

中国地方政府的举债动机是多方面的，财政体制约束是一方面，比如一些中央出政策、地方付账的项目，或者上级对下级的财政专项转移支付中要求地方负担大量配套资金的项目，都使地方不得不以负债方式运营；另一方面的主要原因在于地方政府投资冲动。改革开放以来，伴随着经济转轨速度加快，出于追逐利益的动机，再加上不完善的政府管理体制和领导干部政绩考评机制，各地纷纷不顾自身财力和条件，盲目投资建设项目，产

---

① 郭树清：《逾期债务、风险状况与中国财政安全——兼论中国财政风险预警与控制理论框架的构建》，载《经济研究》2011 年第 8 期。

业结构趋同、重复建设严重等问题始终难以得到有效解决。有鉴于此，很多国内财政风险的研究文献建议直接以政府举债规模衡量风险程度是不无道理的，但这种研究视角尚存在比较大的局限性。政府举债行为本身并不一定带来财政风险。

从举借债务方面来看，如果将中央政府看作委托方，将地方政府看作代理方，从而形成一种委托代理关系，那么中央政府很难对作为代理方的地方政府行为施以有效的契约约束；下级财政也清楚当其因资不抵债而发生危机时，上级财政将不得不承担救助责任，于是这样的制度框架会在"道德风险"驱使下助长地方投资冲动和预算软约束，使政府逾期债务沿着由低到高的行政链条，层层传导、逐级转化，最终全部成为中央财政债务负担，冲击中央财政安全。从清偿债务方面来看，1994年分税制改革后，中央财政和省级财政将财力逐步上收，事权却并未相应上移，很多应由中央与地方财政共同承担的支出项目仍滞留在地方，财权与事权不对称成为地方财政，特别是县乡财政困难的制度本源。财力薄弱进一步导致偿债能力不足，工程款拖欠、社保基金缺口、融资平台呆坏账损失等各种显性、隐性逾期债务也就成为基层财政的普遍现状，使体制内的财政风险在中央和地方之间反复传导和循环。综上所述，可得出如下判断：政府逾期债务是中国财政风险的外在表现形式，各级财政偿债职责不清、财权事权不对称以及从中央财政到地方财政的隐性担保则成为财政风险的内在制度诱因。为实现中国财政风险的量化预警与有效控制，应逐步切断风险在上下级财政间的传导链条，贯彻财政风险自担理念，以偿债准备金制度将其控制或化解于基层风险源。在这一过程中，准确核算各级政府逾期债务总量数据、明晰偿债压力和责任，成为构建中国财政风险预警与控制理论框架的关键环节。

自1998年起，中央政府为加快基础设施建设、扩大投资需求，决定增发特殊公债，并将其中一部分转借地方政府，目的在于既保证债务规模的控制，又满足地方政府基础设施建设需要；既达到扩大财政调控经济、刺激内需力度的目的，又不突破"地方不许发债"的规定。鉴于地方政府融资平台公司债务存在的问题，2010年6月13日国务院曾下达《国务院关于加强地方政府融资平台公司管理有关问题的通知》，采取措施清理和规范地方政府融资平台公司及其积累的债务。当时主要是清理核实并妥善处理融资平台公司债务，清理规范融资平台公司，坚决制止地方政府违规担保承诺行为，规范经清理整合后保留的融资平台公司及其融资行为，并要求地方各级政府采取有效措施落实有关债务人的偿债责任。但是，清理整顿只能是一种治标而不治本的措施，治理地方政府债务的根本出路应是通过法制化途径，加强预算约束，逐步建立有法可依、管理规范、运行高效、风险可控的地方政府债务管理制度和运行机制。2014年修订《中华人民共和国预算法》，将规范地方政府债务作为一项重要内容，2014年修订的《中华人民共和国预算法》专列第三十五条对地方政府债务做出明确的法律性规定，凸显政府对地方债务风险的高度重视。随后，国务院发布了《关于加强地方政府性债务管理的意见》。该意见的总体要求是，按疏堵结合、分清责任、规范管理、防范风险、稳步推进的原则，修明渠，堵暗道，赋予地方政府依法适度举债融资权限，建立"借、用、还"相统一的规范的地方性债务管理机制，坚决制止地方政府违法违规举债。主要措施是：（1）加快建立规范的地方政府举债融资机制，赋予地方政府依法适度举债权限，地方政府举债采取政府债券方式，剥离融资平台公司政府融资职能，并推广使用政府与社会资本合作模式。（2）对地方政府债务实行规模控制和限额管理，严格限定地方政府举债程序和资金用途，把地方政府债务分门别类纳入全口径预算管理。（3）控制和化解地方政府性债务风险，建立地方政府性债务风险预警机制，建立债务风险应急处理机制，严肃财经纪律。（4）妥善处理存量债务和在建项目后续融资，抓紧将存量债务纳入预算管理，积极降低存量债务利息负担。

据财政部门介绍，目前我国地方政府债务依法主要包括地方政府债券以及清理甄别认定的 1 券存量政府债务。2014 年修订的《中华人民共和国预算法》实施以后，地方国有企业（包括融资平台公司）举借的债务不属于政府债务，依法由国有企业负责偿还，地方政府不再承担偿还责任；地方政府作为出资人，只在出资范围内承担有限责任。截至 2015 年末，我国地方政府债务为 16 万亿元，按当年地方政府可支配的综合财力计算，债务率 89.2%，债务率虽然不是很高，但防范债务风险却不可掉以轻心①。近年来，财政部门为构建规范的地方政府举债融资机制，健全地方政府债务风险防控制度体系，切实防范财政金融风险，积极采取了一系列举措。诸如，在国务院印发《关于加强地方政府性债务管理的意见》的基础上，建立限额管理机制；发行地方政府债券置换存量债务，截至 2016 年 9 月底，全国地方累计完成发行置换债券 7.2 万亿元，初步匡算 2015～2016 年累计为地方节约利息支出 6000 亿元，有效缓解了地方政府的偿债压力②；目前政府债务已全部纳入预算管理，财政部印发一般债券和专项债券预算管理办法，分别在 2016 年全国预算草案、地方预算草案和预算调整方案中完整反映地方政府债务情况，改变了以往政府债务游离于预算之外的局面，主动接受人大监督。此外，财政部还研究制定并发布了地方政府债务应急处置预案，妥善做好风险事件应急政策储备，制止违法违规担保融资行为。2016 年 11 月发布了《国务院办公厅关于印发〈地方政府性债务风险应急处置预案〉的通知》，同时，发布了《财政部关于印发〈地方政府性债务风险分类处置指南〉的通知》。《国务院办公厅关于印发〈地方政府性债务风险应急处置预案〉的通知》按风险事件的性质、影响范围和危害程度，将政府性债务风险事件划分为 IV 级（一般）、III 级（较大）、II 级（重大）、I 级（特大）四个等级，建立分级响应机制。对 IV 级、III 级债务风险，主要由市县政府立足自身化解；对 II 级、I 级债务风险，除上述措施外，省级政府可依据市县政府的申请予以适当救助，当地方政府出现极大的风险时，中央政府可适当指导。要求各级政府坚持法治意识、树立风险意识、增强责任意识、强化大局意识，着力推进国家治理能力提升，依法做好应急政策储备，持续增强风险防控能力。

---

① 参照《全国人大常委会批准 2015 年地方政府债务限额为 163 亿元》，中央政府门户网，2015 年 8 月 29 日。

② 参照《全国地方已发行置换债券 7.2 万亿节约利息 6000 亿》，中国新闻网，2016 年 11 月 4 日。

2.4.5 强化财政后备，建立财政风险基金，增强政府抗风险、反危机的能力

财政后备是国家财政为建立国家储备和地方储备，应付意外事故，保障财政收支平衡，在国家预算中设置的专门基金。包括当年后备和长期后备，当年后备主要是国家预算中设立的总预备费，长期后备包括中央财政以专款拨付用以建立国家物资储备的资金等。

为了建立稳固的财政基础，防范日益严重的财政风险，除强化财政后备外，还应考虑专门建立一笔稳定可靠的、可逐年延续不断增加的财政风险基金。财政风险基金的来源构成可考虑以下几个方面：（1）可参照总预备费的提取办法在中央与地方财政中按一定比例列支；（2）年度内尚未动用的总预备费；（3）制定相关指标由经济发达地区专项上解中央形成中央财政风险基金，或直接在各地方预算中形成风险基金，中央保留调拨权，需动用时由中央财政直接调拨；（4）清理回收的一部分财政周转金；（5）国际组织或外国政府的非专项性援助等。风险基金主要应付重大增支减收因素，应付突发性社会经济风险，为政府采取反危机措施提供有力的财政保障。该风险基金形成后可交由专门机构投资于低风险项目，其投资收益并入风险基金。这种风险基金和财政后备可共同构成财政安全的一道有力屏障。

建立财政偿债准备金制度。以总预备费的形式建立一笔稳定可靠、逐年滚存的财政风险准备金，专门用于政府逾期债务清偿，是将赤字和债务增长速度控制在一定范围、防止财政风险扩散转嫁的最有效的制度安排。地方财政偿债机制的构建有助于避免因债务密集偿还期到来可能造成的对正常预算支出的挤压，保证财政偿债资金有稳定的来源渠道偿还违约债务，降低偿债风险。其来源主要是年度预算拨款、财政结余调剂及债务投资项目效益一定比例的划转等，其投向有二：一是偿还政府新增违约债务和逾期债务；二是投资于低风险债券组合，实现资金不断保值增值。

贸 易 安 全

■ 3.1 贸易安全概述

随着我国改革开放的深入和经济的迅速发展，我国在世界上的国际贸易地位快速上升，目前货物贸易总量已稳居世界第一。这一成就的取得，主要源于三方面的有利条件：一是改革开放政策的全面贯彻与实施，为国际贸易构建了经济制度基础；二是加入了WTO 为国际贸易打开了通道和窗口；三是丰裕的资源要素禀赋为国际贸易迅速切入全球分工体系提供了条件。毫无疑问，中国已经成为这一轮全球经济一体化的赢家，充分享受到了国际贸易带来的巨大利益。然而，2008 年全球金融危机以后，中国面临的国际贸易环境发生了重大变化。全球经济增速的减缓，国际贸易总量的萎缩，以及以美国为代表的发达国家为自救，也为重构世界经济贸易版图而提出了一整套新的贸易投资规则，都在考验着刚刚融入全球经济一体化的中国。为适应这种变化，中国的经济与贸易政策正在经历着一系列重大变革：经济减速以促进经济结构的调整；建立中国（上海）自由贸易试验区以适应国际贸易投资新规则的要求；加大改革力度以寻找未来的制度红利；提出"一带一路"倡议以面对新一轮的全球化大分工；成立"金砖国家新开发银行"和"亚洲基础设施投资银行"以寻求国际组织的新平衡。所有这些举措，都意味着世界第二大经济体正面临着进一步融入世界、引领世界的重任。在进一步强化以开放促改革的进程中，贸易安全问题开始提上议事日程。近年来，我国在贸易安全方面出现了一系列的问题，迫切需要我们进行全面梳理和分析。

3.1.1 贸易安全概念的起源

贸易安全概念的最早提出可以追溯到第一次世界大战以后欧洲国家联合成立了煤钢体联盟，目的在于以贸易联盟形式限制煤钢等战略物资的自由贸易、减少其用于战争用途的可能性。第二次世界大战以后，美国依仗其强大的经济实力毫无争议地成为世界第一贸易大国。为实现自身的贸易利益，美国开始寻求建立全球开放性经济体系促进自由贸易发展。1944年，由世界银行、世界货币基金组织和关税与贸易总协定为基础组成的布雷顿森林体系正式成立，推动了国际贸易的大发展。1979年为控制军民"两用物项"的出口行为，美国制定了《出口管理法》（EAA）。尽管现在《出口管理法》本身已失效，但其中与军民"两用"产品和技术出口管制相关的规定事实上仍然有效。为执行该法，美国商务部颁布了《出口管理条例》（EAR）具体规定原产于美国的产品、软件和技术的出口和再出口管制制度。《1974年贸易法》是一部规范贸易行为、保障贸易安全的重要法律，详细规定了美国在遭遇贸易壁垒时的应对措施。其中，著名的"301"条款规定，对于损害美国贸易利益的行为，可以通过制裁维护贸易安全。随着冷战结束后国际安全环境的变化，1993年克林顿政府将贸易安全提升到国家安全战略的高度，将经济贸易利益确立为国家核心利益。"9·11"事件以后美国将贸易的重心从推动贸易开放转向确保贸易安全。布什政府积极推动全球贸易安全体系建设，在世界海关组织（WCO）和亚太经济合作组织（APEC）等国际组织层面以各种方法为维护国际贸易安全制定规则。为应对发展中国家在国际贸易中的崛起，奥巴马政府不惜抛开多边贸易体系协商途径，以跨太平洋伙伴关系协议（TPP）、跨大西洋贸易与投资伙伴关系协议（TTIP）、国际服务贸易协定（TISA）等区域性贸易投资协定谈判为切入口，提出了重构全球贸易投资规则战略，以确保美国在全球贸易中的核心地位。可以看出，贸易安全思想及其重要性在贸易发展历程中不断得到完善和提升。

关于贸易安全的概念，目前在理论界尚未达成共识，但大致可以归纳为两种观点：一种观点从能力角度出发，认为贸易安全体现在对外贸易发展面临风险或受到冲击时，一国的对外贸易具有足够的抵御能力和抗风险能力，最终实现自身经济的良性发展；另一种观点从状态角度出发，认为贸易安全表现为在贸易自由化条件下一国对外贸易的生存和发展不受到国内外负面因素的破坏和威胁的状态。虽然这两种观点出发的角度有所区别，但是其核心思想在本质上是相通的，重点强调风险抗击能力，目的是维护国家经济利益。

因此，尽管对于贸易安全国内学者有着不同的理解，但总体来看贸易安全包括两个层面：一是生存安全层面，即一国对外贸易不受内部和外部不利因素的威胁和侵害，并获得良好的国内、国际环境，这是国家贸易安全的"对外"特性；二是发展安全层面，这是国家贸易安全的"对内"特性，即一国在国际分工中应不断提升自己的竞争能力，在国际交换中能获得和提高国家贸易利益，实现对外贸易的可持续发展，发展是最高境界的安全。因此，"生存"是国家贸易安全追求的基本目标，"发展"才是国家贸易安全追求的最终目标。归纳起来，在经济全球化的条件下，国家贸易安全是指一国抵御国内外风险、参与国际市场竞争并获得贸易利益，保持经济的可持续发展，从而维护和巩固其国际政治和经济地位的能力。

3.1.2　贸易安全的内容

1. 贸易活动内部因素的安全和贸易环境的安全

贸易活动内部因素的安全，包括贸易方式、贸易对象和贸易流程等方面的安全，如信息传递安全、货物运输安全、货款结算安全、通关和操作规范等。

在贸易方式方面关注的焦点。商务部 2014 年数据显示，我国跨境电子商务平台企业已经超过 5000 家，境内通过各类平台开展跨境电子商务的企业已经超过 20 万家。艾瑞咨询的数据显示，2014 年我国跨境电子商务贸易额达 4 万亿元，同比增长 30.6%，占进出口总额的 14.8%，增长速度远超同期国际贸易增长速度。伴随着跨境电子商务的蓬勃发展，其在通关方式、物流方式、支付方式、检验检疫、结汇与退税等方面都对我国传统的贸易监管模式形成了巨大挑战。为此，国家发展改革委和海关总署牵头启动国家跨境电子商务服务试点工作，已有上海等 14 座城市获取试点服务资格。2015 年 3 月杭州正式获准设立中国（杭州）电子商务综合试验区，将在业务流程、监管模式等方面先行先试，旨在打造一套引领全球的跨境电子商务贸易的制度和规范。这些举措将为促进我国跨境电子商务发展、保障贸易安全提供重要经验。

在贸易对象方面，由于能源、粮食和信息三大战略资源在经济安全中的关键性地位，成为国际贸易的重点关注对象。随着经济迅速增长，我国能源消耗总量大幅攀升，能源对经济的制约作用更加明显。在 2015 年 7 月公布的《中华人民共和国国家安全法》第二十一条指出：国家合理利用和保护资源能源，有效管控战略资源能源的开发，加强战略资源能源储备，完善资源能源运输战略通道建设和安全保护措施，加强国际资源能源合作，全面提升应急保障能力，保障经济社会发展所需的资源能源持续、可靠和有效供给。从而在法律层面更加明确了战略资源能源贸易安全的重要性。2014 年的《BP 世界能源统计年鉴》显示，中国一次能源消费位居世界第一，达到 28.52 亿吨油当量。虽然能源贸易量逐年稳步提升，但是也出现了对外依存度较高、航运线路存在隐患、储备不足等问题。鉴于能源贸易的政治敏感性及其战略地位，实施制度创新重构能源监管体系，维护能源贸易安全，对保障经济安全来说尤为重要。

粮食与国民生活息息相关，粮食贸易直接关系到社会稳定和国家安全。此次新公布的《中华人民共和国国家安全法》第二十二条就涉及粮食安全问题，"国家健全粮食安全保障体系，保护和提高粮食综合生产能力，完善粮食储备制度、流通体系和市场调控机制，健全粮食安全预警制度，保障粮食供给和质量安全"。据估计，到 2030 年，我国人口将接近 15 亿人，伴随着新型城镇化建设和工业化生产水平提高，国内对于生活用粮和工业用粮的需求都将持续上升，粮食供给压力较大。粮食贸易的特殊性在于除了经济因素以外，还需要考虑政治因素和国际市场供求变化等情况。为解决粮食供求矛盾，开展粮食贸易，抵御粮价波动、粮食禁运等风险，保障粮食安全就成为贸易安全的重要领域之一。

信息产业是国民经济的先导性产业，也是国家信息化建设的技术支撑，成为保障国家安全的基石。《中华人民共和国国家安全法》第二十五条规定，"国家建设网络与信息安全保障体系，提升网络与信息安全保护能力，加强网络和信息技术的创新研究和开发应用，实现网络和信息核心技术、关键基础设施和重要领域信息系统及数据的安全可控"。在信息无处不在的时代中，尤其是在信息业面临不断开放的条件下，无论是信息制造业还是信息服务业，信息安全问题日益重要。随着信息技术在社会各个领域的广泛应用，信息制造业科技含量不断提高，信息服务业贸易形式呈现多元化趋势，导致信息产业贸易的安全性要求越来越高。建立我国信息产业及信息贸易安全保障与监管体系，已成为贸易安全的核心任务之一。

在贸易运输方式方面，航运占据绝对的主导地位，是实现国际贸易的主要途径。从国际贸易的角度而言，航运是基于国际贸易的需求而存在的。航运将世界各个国家联系在一起，实现技术、经济、贸易的互动，它将全球范围内的生产者、经营者与消费者连接起来组成一个大市场，带动世界经济循环体系的运转。航运安全作为贸易安全的组成部分，一旦受到冲击，将直接影响货物进出境的效率，导致整个国际贸易供应链的断裂。未来，从航运工具（主要是船舶）、航运企业、贸易货物等角度实施监管，有效应对和防范影响航运安全的各类风险性因素，将对维护我国贸易安全起到重要作用。

在贸易环境的安全方面，可以从国内和国际两方面来考察。从国内贸易环境看，有以下几方面的制约因素：第一，国内生产要素成本迅速提高，资源环境承载力逼近极限，以加工贸易为主的产业发展模式日益遭遇瓶颈，转型升级迫在眉睫，需要尽快在全球价值链中向高附加值领域迈进；同时，面对产能过剩较为严重的情况，需要加大对外投资力度拓展国际市场。第二，国际贸易结构中诸如外贸依存度偏高、贸易摩擦加剧、技术性贸易壁垒增多、货物贸易与服务贸易结构不合理、服务贸易中知识密集型领域竞争力偏弱等缺陷逐渐扩散和加深。第三，在服务业开始全面主导国际贸易发展的趋势下，扩大服务业开放已经成为大势所趋，这对国内经济体制改革提出了新要求，带来了贸易安全与监管的新内容。从国际贸易环境看，存在着以下几方面的制约：第一，金融危机以后，美国重点推行"再工业化"战略，吸引实体资金回归，并积极发展新能源、新材料等新兴产业，力图通过制造业能级提升来增强本国产品的国际市场竞争力，扩大贸易出口额，将原先布局于发展中国家的产品制造环节经过升级换代重新实现本土化生产。第二，美国正联合其盟友发起新一轮高标准贸易投资协定谈判，力图掌握国际贸易规则制定主导权，重构贸易利益分配格局，为自身谋求更多利益，对金砖国家等新兴经济体产生的制约作用较为明显。第三，在国际分工体系的低端环节，诸如越南等越来越多的发展中国家开始激烈竞争，希望在全球价值链中占据一席之地，争取更多国际市场份额。

在贸易安全指标体系方面，重点在于构筑贸易安全预警机制。《中华人民共和国国家安全法》第五十六条指出："国家建立国家安全风险评估机制，定期开展各领域国家安全风险调查评估。有关部门应当定期向中央国家安全领导机构提交国家安全风险评估报告"，第五十七条指出："国家健全国家安全风险监测预警制度，根据国家安全风险程度，及时发布相应风险预警"。这两个条款内容从国家安全层面提出了风险评估机制和风险监测预警制度的要求，对贸易安全预警机制的建设具有重要指导意义，也成为当前保障贸易安全的重要任务。当前，我国在开放经济条件下要实现贸易安全所面临的挑战十分艰巨，但如果就此关闭国门，贸易安全问题则会更加严重。只有不断地通过扩大开放以倒逼国内经济体制改革，转变政府职能激发市场经济更大活力，才能更好地应对贸易安全问题。可以认为，一个融入全球一体化且占据价值链重要环节的开放型经济体系，无疑将最大限度地实现贸易安全与经济安全。

在贸易安全与经济安全的关系上，有一个现象值得关注：一个国家会随着开放度的扩大，将关注重点从经济安全向贸易安全逐渐转移。这种现象在中、美两国表现得尤为明显。美国是世界上经济开放度比较高的国家，因此特别注重贸易安全问题，将贸易安全列为国家安全的三大要素之一；我国作为发展中国家，经济开放度相对较低，因此比较重视经济安全问题。自改革开放以来，特别是加入 WTO 以后，我国开始逐渐重视贸易安全，而随着服务业对外开放力度的不断扩大，贸易安全问题越来越显示出其重要性。其背后的缘由，可以归纳为以下几个方面：第一，从发展机遇来看，开放度越大，一国经济融入全球化的程度越深。一方面可以更有效地在全球范围内进行资源配置，在国际竞争与合作中找到发展机遇；另一方面也会面临来自国际方面的贸易安全问题，开放度越大，贸易安全问题就越显得重要。而开放度较低的国家，经济发展与全球经济接触面小，以扶持国内幼稚产业和培育经济发展动力为主，其安全问题也主要来自国内，因此会将经济安全视为关键。第二，从经济波动传导性来看，开放度扩大后，一国贸易水平必然提高，而随着贸易程度的提高，各国经济相关度加深，一国经济受国际因素的影响更加显著。尤其是如今产品内贸易代替产品间贸易成为世界主流贸易模式，更是加剧了经济波动性的传导。这种情况下，贸易安全成为经济安全的前端要素，使得一国关注的重点从经济安全转向贸易安全成为理性选择。第三，从制度完善角度看，一国随着开放度扩大，构建的开放型经济管理体系更加完善，在应对风险冲击方面抵御能力更强，从而将重点转移至贸易安全，谋求更多贸易利益。因而，开放度高的国家都主张自由贸易，并争取贸易规则制定权，将贸易安全视为核心利益。相反，对于一个开放度较低的国家来说，经济具有封闭性，制度建设与开放型经济体系的要求存在一定差距，抵御风险的能力较差。这种情况下，国内的经济安全问题较为突出，贸易安全不会成为重要因素。

关于产业安全的概念，目前形成了几种具有代表性的观点。其中一种观点具有指导性作用。我国当前应对贸易风险发生时的预警机制尚不健全，在发生贸易摩擦时，无法及时采取补救措施，导致贸易利益的严重流失。在这种情况下，需要通过建立贸易安全预警系统，掌握贸易安全实情，在安全指标偏离正常状态时马上提醒决策者采取应对措施。

2. 宏观、中观和微观层面的贸易安全

实际上，贸易安全的内容非常庞杂，总体上可以归纳为宏观、中观和微观三个不同层次的内容。

（1）宏观层面的内容，可通过外部和内部两个角度进行考察。从内部而言，其核心是国家的整体贸易效益和竞争力，主要通过贸易条件指数和贸易竞争力指数来反映。一般而言，一国贸易条件持续改善，竞争力持续增强，一国的贸易就越安全。从外部而言，主要包括贸易环境安全以及贸易政策安全。贸易环境安全主要通过一国对外贸易依存度以及遭受贸易摩擦情况来反映。一般而言，如果一国对外贸易依存度过高，国内经济发展过多地依赖对外贸易，这样一国经济就容易受到国际经济的影响和冲击，特别是当世界经济下行时，有较大的潜在安全风险，从而影响一国的贸易安全。贸易政策安全是指一国政府能够维持对本国对外贸易发展决策的独立性、及时性和正确性。也就是说，一国能够根据国际经济形势变化和本国外贸发展的实际情况，独立、及时和正确地进行决策，从而保证本国对外贸易健康、稳定、持续地发展。贸易政策的制定必须符合科学发展的需要、为实现外贸全面、协调、可持续发展提供导向。宏观层次贸易安全的本质是在经济全球化过程中，一国对外贸易适应外部环境的变化、保持稳定持续发展的能力从而保障国家经济利益。

（2）中观层面的内容，包括贸易商品结构安全以及贸易地理结构安全。贸易商品结构安全反映各类商品在进出口中的比重，描述该国在国际分工中的大致地位。如果在出口商品中工业制成品的比重较大，高技术含量高附加值的产品较多，则说明该国的产品有较强的竞争能力，受到潜在的贸易波动较小，比较安全；反之亦然。贸易商品结构安全直接关系到一国对外贸易在国际市场上长期竞争的实力和潜力。贸易地理结构安全主要通过对外贸易市场集中度来反映，按市场多元化战略理论，贸易主要集中在为数不多的几个主要国家，相对风险要大一些。反之，如果一国贸易市场多元化，有助于降低世界市场风险，并且有利于抵御外部经济侵袭的空间分布。中观层次贸易安全的本质是在全球贸易竞争中，一国贸易结构适应内外部环境变化，保持稳定持续发展与提升的能力，进而保障一国产业的健康发展及其市场经济利益。

（3）微观层面的内容，主要是指企业供应链方面的安全。在"9·11"恐怖袭击事件后，对于所有的企业，特别是全球化的企业来说，供应链安全不仅成为各国政府，也是成为他们一个重要的关注课题。为此，WCO在制定的《全球贸易安全与便利标准框架》中引入了经认证的经营者（AEO）概念，建立了国际化的企业信用认证体系——AEO制度，要求企业应在AEO经营模式和风险评估的基础上，把海关认定的安全标准、制度和做法纳入企业日常经营行为中，其目的就是通过在企业里建立符合要求且满足贸易安全的业务流程，使海关监管与企业作业能充分融合，有效防范贸易风险，同时细分供应链上成员各自的安全责任。供应链安全的关键要素包括：实体安全、员工安全、程序安全、文件处理安全、贸易伙伴安全、运输安全等。微观层次贸易安全的本质是一国企业主体从事对外贸易的能力，这直接影响到一国企业在全球供应链上的地位和获得的收益。

3.1.3 贸易安全的特点

1. 突发性

在全球经济一体化不断深入发展的开放时代,国家贸易安全问题具有显著的突发性。显著突发性的形成在于全球经济一体化使得世界各国紧密联系在一起,这虽然推动了各国的经济开放,但也使各国更容易受到世界经济波动、跨国贸易冲击带来的影响。近年来美国金融危机、欧洲债务危机的爆发以及因各种突发性事件而引起的全球贸易的不断波动,给世界各国的贸易安全敲响了警钟。

2. 紧迫性

贸易安全问题具有强烈的紧迫性,这主要在于国际社会至今对贸易安全问题未形成可靠的危机防范机制,这一局面构成了对一个国家来说强烈的紧迫性。目前,还没有一个国际组织有如此强大的能力来治理全球贸易安全问题,因此各国现在只能首先立足于依靠自己的力量和谨慎来捍卫国家贸易安全,无疑处于一种十分紧迫而严峻的地位。

3. 广泛性

一个国家的贸易安全不是孤立的,具有广泛性。一国的国家贸易安全是和产业安全、金融安全、信息安全、能源安全紧密相连的,共同构成了国家经济安全的重要内容。贸易安全的重要意味着国家之间的相互依存与国家之间的分工合作已成为无法回避的事实,贸易安全关系到国计民生、关系到国家发展,是经济安全最重要的组成部分。国家贸易安全必须服从于国家经济安全的整体利益,同时,国家贸易安全又是国家经济安全的基础,国家贸易安全受到冲击,国家经济安全必然要受到威胁。

4. 复杂性

贸易安全涉及贸易生存和贸易发展的诸多问题,既有一国的内部因素,也包括一国的外部因素。同时,影响贸易安全的因素也是复杂多样的,包括各种经济因素、政治因素,甚至社会因素等,这些因素相互影响,相互作用,多层次、多角度,不断变化。

5. 战略性

作为一国经济安全的重要组成部分,贸易安全关系到一国经济发展和国家发展,它是维护一国经济利益和政治地位的重要保证。因此,我们要以战略的、长远的眼光去看待和重视贸易安全,把贸易安全纳入国家战略中去,以确保在对外开放的过程中,一国的贸易能够实现可持续发展。

3.1.4 贸易安全的影响因素

贸易安全作为一个战略性的复杂动态系统,能够对其产生影响的因素当然也是极其复杂和多样的,包括各种经济因素、政治因素,甚至社会因素等,这些因素相互影响,相互作用,多层次、多角度,不断变化。

1. 贸易保护主义

贸易保护主义是指一国通过奖励出口、限制进口的政策和措施，以维护本国经济的发展和社会的安定。贸易保护主义产生的缘由有经济发展阶段的差异，维护社会和政治制度安全的需要，发展生产力和提高竞争力的要求，解救经济危机和维护社会稳定的政治诉求。从历史发展来看，自由贸易与贸易保护是一对孪生兄弟，是经济发展波动中交替出现的现象。根据全球贸易预警组织（GTA）的分类，这些措施可分为国家援助、竞争性贬值、消费补贴、出口补贴、出口税或限制、进口禁令、进口补贴、知识产权保护、投资措施、当地含量要求、移民措施、公共采购、卫生与检疫措施、技术性贸易壁垒、国有贸易企业、国有控制公司、地方政府措施、关税措施、贸易防御措施（反倾销、反补贴和特别保护措施）、非关税壁垒（未指定）、其他服务部门措施、配额（包括关税配额）、贸易融资23类。从实施情况来看，国际贸易保护主义将进一步恶化一国对外贸易的环境、削弱出口产品的国际竞争力、阻碍外向型企业的可持续发展、导致一国出口严重受损，从而影响一国对外贸易的健康发展，对一国的贸易安全构成了很大的威胁。

2. 外商直接投资

当前随着跨国公司一体化国际生产体系的形成，国际贸易与国际直接投资相互促进发展，国际直接投资的贸易效应成为国际贸易理论的研究重点之一。一方面，外商直接投资往往会产生巨大的"带动效应"和"溢出效应"，给东道国在技术、管理、人力等方面带来质的提升，从而对东道国产业结构及贸易结构的调整与优化带来积极的影响。另一方面，外商直接投资在给东道国带来贸易利益的同时，也可能会对东道国的贸易安全产生影响，这主要体现为当外商直接投资落户东道国后凭借其技术、规模、资本等方面的优势挤占东道国市场并形成垄断，达到控制某一进口行业或出口行业时，特别是控制新兴行业或高科技行业时，加大了东道国经济对外依赖程度，增强了外部经济风险向东道国的传递，从而威胁该国整体的贸易安全。

3. 国际政治

贸易安全也是当今国际政治关系中的重要内容。各国都想为自己谋得最有利的份额。这种"零和博弈"的结果必然导致"经济或贸易安全困境"的出现，即一国经济实力的增强，也意味着另一国实力的相对削弱。因而，围绕经济因素而起的国际冲突与协调问题已经成为国际政治关系中的重要内容，如同每年西方八国集团举行会议这一行动所显示出来的那样。因此，国际政治环境与国际贸易活动事实上是一个联动的机制，政治形势的需求与政治环境的改变会导致贸易供求状况的改变，催生出更多的贸易谈判、协商与交流、合作；而贸易安全则为各国利用政策工具对国际政治形势进行调整创造了条件。

3.1.5 几对重要概念的辨析

1. 贸易安全与经济安全、产业安全的关系

关于贸易安全、经济安全、产业安全等概念及其关系，有许多表述，但大多数人对这些概念都比较模糊，甚至混用。这里需要梳理一下。

关于经济安全的概念，大致可以有两种观点。一种是将经济安全视为抵御经济冲击的一种能力或在外部冲击下稳定状态的维持；另一种是将经济安全与某个国民经济基本概念相联系，定义为一国的基本经济制度与经济主权不受损害、经济危机可控的状态。《中华人民共和国国家安全法》第十九条指出："国家维护国家基本经济制度和社会主义市场经济秩序，健全预防和化解经济安全风险的制度机制，保障关系国民经济命脉的重要行业和关键领域、重点产业重大基础设施和重大建设项目以及其他重大经济利益安全"，此条款内容将为经济安全定义提供重要的参考和借鉴。本书认为，经济安全是一国通过完善经济体制建设，加强外来风险防御能力，维护国民经济的稳定健康发展。

贸易安全与经济安全之间的关系既是一种从属关系，又是一种互动关系。贸易安全是经济安全的重要组成部分，贸易安全必须服从经济安全的整体利益。同时，贸易安全一旦受到影响，经济安全必然受到冲击。

在全球经济一体化时代，资金、知识、商品、服务、人力资源、信息等均可通过国际市场完成交易，贸易将各个经济体紧密联系在一起，谁也离不开谁。经济全球化既推动了各个国家的经济开放，促进了世界经济发展，同时也增大了经济运行的风险系数，国家的经济安全更易受到世界经济波动的影响。作为发展中大国如何在国际市场激烈的竞争中防范各类风险，维护我国贸易利益，成为贸易安全的重要任务。

关于产业安全的概念，目前形成了几种具有代表性的观点。第一种观点认为，只要外资进入损害了东道国国民的权益均可视为危害了该国的产业安全。第二种观点认为，在面临外部冲击时如果一个实体具有可重塑性，那么这个实体就是安全的。第三种观点认为，一国在开放竞争的条件下，拥有或保持着对民族产业发展的控制，并且在动态的发展过程中，这一控制力具有一定的持续性。第四种观点较为普遍，认为产业安全主要在于开放经济条件下本国资本是否具有足够的竞争力，能否抵御潜在的外来威胁，能否控制产业的发展。第四种观点认为，即在开放经济条件下，一国产业能够体现出足够的竞争力，具备风险抗击能力，并对本国产业的良性发展具有控制权。本书倾向于第四种观点。

贸易安全与产业安全是一种前后连接的关系，具有联动性。产业安全为贸易安全提供前端支撑。贸易安全与一国产业竞争力直接相关，强大的产业实力将在国际市场的激烈争夺中起到决定性作用并对贸易产生正面推动力，贸易安全得以巩固。贸易安全又会反作用于产业安全，通过技术溢出效应、规模效应等途径带动产业发展和转型升级实现贸易安全，是促进产业安全的重要途径。在全球化背景下产业安全与贸易安全的联系更加紧密，以国际价值链为纽带的产业发展模式为产品内贸易奠定了基础，导致各个国家的产业结构关联性大幅提高，一个国家的产业结构必须在与其他国家产业结构的融合中实现动态化调整和升级。如果产业安全先受到影响，不仅直接影响贸易安全，而且会渗透到就业、社会稳定等方面，动摇经济发展的根基。如果贸易安全先受到影响，对国际贸易投资关系带来冲击，产业的价值链发展模式将可能被截断，从而使经济陷入困境。

在贸易安全与产业安全方面，有三个新特点值得重视。第一个特点是产业安全伴随着贸易发展，已经延伸到全球产业价值链。一方面，在制造业领域，我国部分产业出现产能过剩需要通过"一带一路"倡议的落实以及其他战略性举措，加大对外投资力度，争取将部分劳动密集型产业在全球重新布局。另一方面，需要扩大服务业开放，通过引入高端服务业提升制造业附加值，通过人力资本和技术溢出等途径带动服务业的整体发展。这两个方面齐头并进，将有助于提高产业安全和贸易安全的能级。第二个特点是跨国公司的地位越来越重要，拥有更多跨国公司成为实现产业安全的重要保障。以跨国公司为主构建的价值链中，公司内贸易迅速增加并成为国际贸易新动向。未来的国际贸易将是跨国公司之间的竞争。跨国公司对一国贸易活动的掌控能力逐渐增强，只有真正拥有具备全球资源调配能力的跨国公司，才能增加在国际贸易中的话语权，否则缺少跨国公司就等于缺少全球资源整合能力，就会在各国激烈的贸易竞争中陷入被动，产业安全和贸易安全也就无法充分实现。第三个特点是尖端技术和研发能力成为产业安全和贸易安全的制高点。当前我国在掌握核心技术方面较为薄弱。通过提升研发能力，实现尖端技术领域的创新，不仅将成为产业发展的核心竞争力，而且由知识产权保护带来的技术垄断优势将成为在国际贸易中获取高额回报的保证。加强研发能力建设，攻坚尖端技术领域，将是加强产业安全和贸易安全的必然选择。

2. 贸易安全与贸易便利化的关系

所谓贸易便利化，主要是指通过简化和协调各种程序，以减少贸易扭曲，加快贸易要素的跨境流动，促进国际贸易高效发展。贸易安全与贸易便利化两者之间的关系，是指在有效保障贸易安全的前提下实现贸易便利化。以往有一种误解，认为两者存在一定的对立关系，加强贸易安全就会对贸易便利化造成阻碍。其实贸易安全与贸易便利化并不矛盾，贸易安全的实现，将为贸易便利化措施带来更大的施展空间，而贸易便利化的实现，一方面，将在贸易安全方面提出更高要求，贸易监管措施将更加精炼和高效；另一方面，也要注意不能为了贸易便利化而弱化贸易安全等级。因此，贸易安全与贸易便利化是一种相互促进的关系。

从贸易安全与贸易便利化发展历程来看，在美国发生"9·11"事件以后，世界海关组织（WCO）在贸易便利化基础上，针对贸易安全提出了三个实现形式，加强风险管理能力、运用高科技管理工具和强化国际间合作。2004年12月，WCO政策委员会以此为基础初步制定了《全球贸易安全与便利标准框架》，并且于2005年6月在该组织年会上作为WCO成员必须实现的最低标准而通过了该文件。这是到目前为止国际社会关于贸易安全与便利的最具引领性和权威性的合作框架。

《全球贸易安全与便利化标准框架》包括六大目标和原则：一是制定全球范围供应链安全与便利的标准，促进稳定性和预见性；二是形成对所有运输方式适用的一体化供应链管理；三是增强海关应对21世纪挑战和机遇的作用和能力。这些挑战和机遇主要包括经济全球化和区域化的趋势、利用国际规则的能力、应对恐怖主义和分裂主义对贸易安全的威胁、世界各国在反腐和打击毒品走私等方面的合作；四是加强成员国海关之间的合作，提高甄别高风险货物的能力，要求加入《全球贸易安全与便利化标准框架》的国家都应针对安全威胁采取一致的风险管理手段；五是加强海关与商界的合作，要求成员国海关向满足供应链安全的最低标准并参照最佳做法的商界提供相应便利，并为经认证的经营者（Authorized Economic Operator，AEO）提供多种便利措施，赋予 AEO 更大的权力；六是通过保护国际贸易供应链安全，确保货物畅通无阻。

《全球贸易安全与便利化标准框架》提出了四个核心要素，包括：（1）协调对进口、出口和转运货物提前递交电子货物信息的要求；（2）加入《全球贸易安全与便利标准框架》的国家都应针对安全威胁采取一致的风险管理手段；（3）应进口国的合理要求，出口国海关基于可比的风险布控手段，应对出口的高风险集装箱和货物进行检验；（4）成员国海关应向满足供应链安全的最低标准并参照最佳做法的商界提供相应的便利。《全球贸易安全与便利化标准框架》还包括两大支柱，即各国海关与海关之间的合作安排及海关与商界之间的伙伴关系。只有确立了这种合作与伙伴关系，才能在安全的基础上完成便利化的承诺。

《全球贸易安全与便利化标准框架》通过加强海关与海关之间以及海关与商界之间的信息共享，规范贸易企业作业流程，进一步实现提高监管效率和防范监管风险的目的，加快了货物进出口的速度，将贸易安全与贸易便利化两大框架有机融合在一起。

中国海关作为世界海关组织的重要成员，积极参与了《全球贸易安全与便利化标准框架》的制定与磋商工作，并提交了实施意向书。随着我国成为世界货物贸易第一大国，很有必要推进各项措施加快实现贸易安全与贸易便利化的协同发展。过去，中国海关对贸易安全问题比较关注，建立了一整套保证贸易安全的监管体系。在中国经济进一步开放的条件下，贸易便利化问题已经提上了议事日程。中国海关通过提升技术水平，创新监管制度，建设了一套新的更为安全与便利的贸易管理体系。自 2013 年 9 月，中国（上海）自由贸易试验区（以下简称"上海自贸区"）正式设立以来，上海海关连同检验检疫等部门，推动贸易监管制度变革，已经在贸易便利化方面采取了多种创新举措，大大减少了货物入库时间，简化了监管手续，降低了企业物流成本，促进了货物的高效流动。两大监管部门联动实施的"一次申报、一次查验、一次放行"监管试点，提高了通关效率，催生出一批跨境电子商务、文化贸易等新型贸易业态，多项成功经验已经在全国推广。2014 年上海自贸区有 27 项试验经验成功推广，其中贸易便利化措施 10 项包括先进区后报关等；2015 年 2 月国务院印发《关于推广中国（上海）自由贸易试验区可复制改革试点经验的通知》，正式向全国推广包括贸易便利化在内的 28 项制度创新成果。另外，还有海关和检验检疫部门的 6 项措施。

3. 贸易安全与服务业开放的关系

随着国际分工体系从产品间分工向产品内分工转化，贸易模式由传统贸易模式向以价值链为纽带的贸易模式转化，服务业就成为这种转化过程中最为关键的产业。要在竞争激烈的贸易格局中占据有利地位，扩大服务业开放、发展服务贸易已经成为大势所趋。

上海自贸区作为肩负国家重大使命的改革开放试验区，扩大服务业开放是核心任务之一。根据总体方案的要求，上海自贸区将在金融服务、航运服务、商贸服务、专业服务、文化服务和社会服务 6 个领域扩大开放，涉及 18 个行业。2013 年共采取了 23 项开放措施，表现在暂停或取消投资者资质要求、股比限制、经营范围限制等准入限制措施（银行业机构、信息通信服务除外）。2014 年 7 月结合 2014 年版上海自贸区负面清单，进一步推出了扩大开放的新 31 条措施，其中涉及服务业领域 14 条。据上海市商务委数据显示，工程设计、旅行社、增值电信、游戏游艺设备生产销售、演出经纪、船舶管理等行业的扩大开放措施取得明显成效，并积极向上海全市推广。融资租赁、资信调查、游戏游艺设备生产和销售等领域的开放措施已在黄埔、徐汇等区落地。

随着服务业的开放，贸易安全的内涵也发生了新的变化。第一，贸易安全具有了外扩性特点。一方面，贸易安全的范围随着加大对外投资力度而向外延伸，加强对外投资，获取更多生产资源和要素将成为贸易安全的重要内容；另一方面，以服务业开放为核心的区域经济一体化正在兴起，包括美国倡导的 TPP、TTIP、TISA 等区域性贸易投资谈判，这些谈判已经成为各国在全球贸易格局中维护自身贸易安全的重要平台。第二，贸易安全具有了内延性特点。全球贸易规则开始由边境措施渗透到各国边境内层面，包括行政透明度、劳工标准、环境标准、竞争中立原则等，这些规则的正面影响是促使各国对阻碍服务业和服务贸易发展的制度进行改革，负面影响是对发展中国家来说实施难度较大，容易失控，形成贸易安全隐患。第三，贸易安全具有平衡性特点。在服务业全面开放下，贸易结构中的不平衡问题有望得到部分改善。一方面，贸易安全的目标将从出口导向转向进出口平衡；另一方面，通过进口服务贸易和高新技术，有助于国内的产业转型、产品升级，进而有利于在资源环境约束条件下开拓贸易安全新渠道。第四，贸易安全具有动态性特点。尤其值得关注的是制造业和服务业不断融合的动态趋势，这一趋势的结果是越来越多的制造业开始被服务业所整合，而这一过程，实际上改变了传统的贸易模式，从而增加了贸易安全的新内容。

在服务业不断开放条件下的贸易安全，应当包含以下四个方面的新内容。

第一，要敢于争夺国际贸易投资规则的话语权。一方面，要积极参与美国主导的区域性自由贸易与投资的协定谈判，通过谈判对规则制定施加影响，化解被动局面。谈判必定充斥着两国贸易利益的博弈，重点是在开放我国服务业的同时，要求对方实施对等开放，特别是我国急需的高新技术等方面，最终实现双方互惠共赢；另一方面，随着我国经济实力的增强，使我们在全球贸易治理及规则制定中的地位有所提升。应该发挥规则制定的主动性，完善我国自贸区谈判的战略布局，制定既符合国际贸易发展趋势，又顺应我国与贸易伙伴实际发展需要的贸易投资规则。在规则制定层面应在维护我国贸易安全的基础上，最大程度获取贸易利益。

第二，以开放促改革，勇于按国际规则改革国内贸易体制。首先，首要任务是改革并调整与服务业开放有关的法律法规体系，为服务贸易的大发展做好准备。对涉及服务行业的法律法规按照最新签署的双边或区域贸易协定（例如，中韩自由贸易协定等）进行系统整理，废除过时条款，修订妨碍贸易自由化的条款，增加预警和监管条款，为贸易安全建设一个透明公正的法律支持体系。其次，尽快建立一个保障贸易安全的管理体系。按照"权力清单""负面清单""责任清单"的相关要求，在国内探索形成与高标准规则相衔接的管理体系。促进外商投资和对外投资管理制度由审批制转为备案制，推动政府管理由事前审批向事中事后监管转变，创造一个最大限度保证贸易自由化措施公正运行的体系。最后，可以考虑建立针对性更强的服务贸易促进体系。货物贸易在促进体系建设方面已经积累了很多成功经验，完全可以为服务贸易促进体系提供借鉴。还可以通过在海外设立专门的服务贸易机构以及开展专项展销会等措施，促进服务贸易出口。

第三，制定产业体系优化措施，以建立贸易安全的产业基础。只有促进产业发展，培育产业竞争力，才能为贸易安全提供保障。（1）加快产业转型升级。在制造业领域，全面实施《中国制造 2025》行动纲要，争取在第三次工业革命来临之际占据一席之地。在服务业领域，可以引导更多资源流向现代服务业，通过知识溢出效应带动服务企业的发展，形成有利于整个国民经济的服务业结构。（2）推进产业转移。抓住"一带一路"倡议契机，加强与周边国家的互联互通，以优质的软硬件设施为中西部地区贸易快速发展创造有利条件。促进东部劳动密集型企业向中西部转移，优化国内产业布局，形成东部与西部区域之间的分工体系。（3）稳步实施服务业开放。在服务业开放上，必须按照行业特性及其对贸易安全造成的影响，采取有区别的开放策略。对于有利于激发市场经济活力的行业要优先开放，对于能提高制造业生产水平的生产性服务业要重点开放，对于涉及国家战略安全的领域要谨慎开放。

第四，大力推动跨国公司发展壮大。企业是实现贸易安全的实体。要推动中国的跨国公司在全球布局，而不仅仅是购买国外的资源，只要有了在全球配置资源的能力，就能进一步保障我国的贸易安全。（1）组建各类跨国公司，形成自己的国际分工体系，从参与价值链向主导价值链迈进，力求最大限度地吸收和利用全球生产要素，发展和延长国内价值链。（2）为民营企业提供平等发展机遇。在服务业全面开放的背景下，要给民营企业提供同等机会，提前尝试竞争中立原则，对内资外资都要采取统一的市场准入制度和标准，保证内资企业平等进入开放领域，避免以往外资享受超国民待遇的情况。只有内资企业通过和外资的竞争与合作逐渐成长起来，才能在企业层面为贸易安全构筑牢固基础。（3）激发中小企业的潜力。中小企业是国际贸易的重要力量，是一国"金字塔"形企业整体结构的基础部分。应该充分挖掘资本市场功能，发挥股权融资作用，支持中小型企业上市，培育一批具有创新能力的中坚力量，促进中小企业以"抱团出海"的形式抢占世界市场。

3.2 贸易安全评价及预警

改革开放 40 多年特别是加入世贸组织以来，我国实行对外开放的基本国策，积极参与经济全球化进程，不断深化外贸体制改革，逐步建立起统一、开放、符合多边贸易规则的对外贸易制度，贸易规模不断扩大，对外贸易已成为推动经济社会发展的最活跃力量。根据世界贸易组织发布的数据，2013 年我国货物进出口总额达 4.16 万亿美元，跃居世界第一货物贸易大国。在我国对外贸易取得令世人瞩目成就的同时，我们需要冷静清醒地认识到在经济全球化深入发展的新的国际环境下，贸易安全在一国中的战略地位。因此，研究贸易安全的性质与特点，树立正确的贸易安全观，探索维护贸易安全的战略，实现我国对外贸易的科学发展，是摆在我们面前的一项十分重大而紧迫的理论性战略性问题。这一研究将使我们在科学发展观的指导思想下，在开放型经济的背景下从更新的高度和更广阔的视野上更深入、更系统、更有针对性地分析贸易安全问题，提出系统、完整的贸易安全理论体系，从而使我国以更加积极开放的姿态深层次融入全球化，与世界各国实现互利共赢。

3.2.1 贸易安全的基本理论

1. 贸易安全问题形成

当今世界，以开放型经济为特征的经济全球化呈现出新的发展趋势。生产要素在全球范围内加速自由流动和优化配置，以信息技术为主导的高科技推动世界经济进入知识经济发展阶段，国际经济制度和国际组织在国际经济协调中起着越来越重要的作用。对于世界各国来说，经济全球化是一柄"双刃剑"，在给世界各国贸易发展带来前所未有的利益的同时，也增大了各国贸易运行的风险，使得各国所面临的世界经济变动、跨国贸易冲击和国际金融风险所造成的贸易不安全性增强，给各国贸易安全带来严峻的挑战甚至造成危害。因此，对世界各国特别是在全球贸易中处于弱势地位的发展中国家而言，在融入经济全球化的同时，如何积极化解参与国际市场竞争的国内外风险，为国民经济发展提供良好的国内外环境，通过提高竞争能力和加强国际合作保持国家贸易的可持续发展，扩大国际市场的竞争优势，提高国家经济地位和人民的生活水平，成为国际社会普遍关注的问题。

最早将贸易安全纳入国家安全战略的是美国克林顿政府。1993 年，克林顿刚担任美国总统，即对国家安全战略进行重大调整。当年 2 月他在美利坚大学演讲时明确提出："把贸易作为美国安全的首要因素的时机已经到来"，并要求他的政府"要像激光束一样地瞄准经济目标"，认为"在世界经济中的竞争力维系着美国未来的安全"[1]。1995 年 2 月，在题为"国家安全战略保证与扩大"（*A National Security Strategy of Engagement and Enlargement*）

---

[1] 贸易问题产生和发展背景有哪些［EB/OL］. 正点财经，2018 – 07 – 17.

的报告中，白宫再次强调通过对外经济贸易促进国内经济复苏是美国安全战略的三大目标之一。1999 年 12 月，美国白宫新闻总署发表的《新世纪的国家安全战略》中，更是直接把保障美国的经济繁荣列为国家安全战略的三个核心目标之一。至此美国正式形成了对内以自由市场原则为基础，对外实行经济扩张的经济安全观。进入 21 世纪，布什政府上台后不久，便遭遇了人类历史上规模空前的"9·11"恐怖袭击事件，美国为应对国际恐怖主义安全威胁，进一步将贸易安全的职能进行了强化。美国为了整合边境执法力量，确保美国领土的绝对安全，于 2003 年专门成立了国土安全部，收编了包括原隶属于财政部的海关署在内 23 个联邦机构的 23 万大军，原海关署被分为海关边境保护局（CBP）和移民海关执法局（ICE）两个机构。其中 CBP 由原海关署、海岸警卫队、移民规划局和农业部的边境巡逻、动植物卫生检验检疫机构等部门组成，统管边境执法，这是美国对边境执法和口岸管理体制的重要改革，首次实现了由一个机构统一管理进入美国口岸的人员与货物。实现了管理的"一口对外"。CBP 的组建旨在整合口岸执法部门的管理资源和管理技能，提高管理效能和效率，在利用一切可支配的资源保护和防御美国免遭侵害的同时，便利合法贸易与合法旅行。同时，美国海关为落实贸易安全的要求，实施了一系列具有代表性和影响力的措施，包括"集装箱安全倡议计划"（Container Security Initiative，CSI）、"海关商界反恐伙伴计划"（Customs – Trade Partnership Against Terrorism，CTPAT）以及"24 小时提前申报规则"（24 Hour Rules）。以上这些措施相互补充，构成了美国的反恐对策框架，保证了美国的贸易安全。

2001 年"9·11"恐怖袭击事件后，以美国为首的西方发达国家为了维护国家的安全利益，打着"反恐"和"安全"的旗号，将单边和双边实行的政策扩散到世界各国，并将世界海关组织（WCO）改革与研究的重心调整到贸易安全方向上来。WCO 于 2002 年通过了《国际贸易供应链安全与便利化决议》，两年之后又通过了《关于实施国际贸易供应链安全与便利措施的新决议》。2005 年 6 月，WCO 第 105/106 届年会通过了《全球贸易安全与便利化标准框架》一揽子文件。2010 年，WCO 将涉及贸易安全与便利的标准和工具整理成《标准框架工具包》，供成员海关和商界参考使用，使 WCO 原先一直所倡导的偏重于便利的价值主张扭转到以安全为重心的方向上。与此同时，APEC 部长级会议也发表了保护贸易安全的反恐宣言。世界贸易组织、世界经济合作组织、八国集团以及其他国际组织或区域组织都以各种形式、各种方法为维护国际贸易安全制定了一系列的措施和规则。至此，反对恐怖主义、维护国际贸易安全已成为当前各国瞩目的焦点，并引起了国际社会广泛关注和共同行动。

2. 贸易安全界定

虽然目前学术界对贸易安全的含义尚未形成一致的认识，但国内一些学者在研究中已谈到了自己的看法，尽管在具体的表述上略有差异，但归纳起来主要有两类代表性的观点：一类是强调能力的贸易安全；另一类是强调状态的贸易安全。

强调能力的贸易安全说认为贸易安全体现为一种能力，即在对外贸易发展面临风险或受到冲击时，一国的对外贸易具有足够的抵御和抗衡风险并实现自身健康发展的能力。夏兴园（2001）认为贸易安全是指一国的对外贸易在受到来自国内外不利因素的冲击时，依然能够保持较强的竞争力或具有足够的抗衡和抵抗能力。苗迎春（2002）认为贸易安全是指一个国家的对外贸易在面临来自国内外不利因素的冲击时，通过参与国际竞争和加强国际合作牢固地控制或占有国内外市场，使本国产品拥有较强的抵御或抗风险能力，从而为本国经济的发展提供良好的国内外生存环境。何传添（2002）认为贸易安全是指一个国家的国际贸易发展所面临的国内外环境、参与国际竞争促进本国经济发展和提高本国人民生活水平的能力及其为本国带来的相应的国际经济和政治地位。其后又进一步指出我国的贸易安全是指我国发展国际贸易能面临较为有利的国内外环境，通过新观念、新技术、新管理和其他技能等手段，推动外贸的发展，以提升我国的国际竞争力，带动生产效率的提高，促进经济又好又快发展，提高人民生活水平以及为我国带来相应的国际政治经济地位（何传添，2002）。

强调状态的贸易安全说认为贸易安全表现为一种状态，即在贸易自由化的条件下一国对外贸易的生存和发展不受国内外不利因素的破坏和威胁的状态。如郑通汉（1999）从经济安全的定义加以引申，认为贸易安全即一国的贸易利益不受侵犯，比较优势能充分体现，有能力抗御其他国家对本国对外贸易的侵犯和打击，本国在世界市场上占有份额不断增加，对外贸易体系正常运转、不受破坏和威胁的状态。邹时荣（2007）指出，贸易产业安全是指一国能够抵御内外冲击，保持市场秩序和贸易体系正常运行与发展的状态，以及维持这种状态所需的贸易制度、市场运行规制及竞争力。吴英娜（2008）认为贸易安全是在贸易自由化的条件下，一国的国际贸易交易得以顺利进行，国际贸易对本国经济的发展可起到积极的推动作用，国际经济波动的影响可得到有效控制的状态。

总之，贸易安全包括两个层面，一是生存安全层面，即一国对外贸易不受内部和外部不利因素的威胁和侵害，并获得良好的国内、国际环境，这是贸易安全的"对外"特性；二是发展安全层面，这是贸易安全的"对内"特性，即一国在国际分工中应不断提升自己的竞争能力，在国际交换中能获得和提高国家贸易利益，实现对外贸易的可持续发展，发展是最高境界的安全。因此"生存"是贸易安全追求的基本目标，"发展"才是贸易安全追求的最终目标。归纳起来，在经济全球化的条件下贸易安全是指一国抵御国内外风险、参与国际市场竞争并获得贸易利益，保持经济的可持续发展，从而维护和巩固其国际政治和经济地位的能力。该定义强调贸易安全主要体现为一种能力。

3. 贸易安全相关理论

（1）亚当·斯密关于贸易安全的理论。

现代经济学鼻祖英国经济学家亚当·斯密（Adam Smith）在其代表作《国民财富的性质和原因的研究》一书中对贸易安全进行了分析。斯密认为英国之所以在18~19世纪崛起于欧洲，就在于能够大规模生产具有强大的国际竞争力的工业品并出口到欧洲大陆的各国市场。斯密尽管反对以关税对贸易进行保护，但仍然注意到了廉价外国产品对民族工业的冲击，以及由此带来的政治、经济后果。如果国内制造业不具备国际竞争力，受到大量外国进口工业品的冲击，可能导致一国贸易不安全，这可能直接表现为人民的大量失业和生活资料的丧失，以致发生严重的社会混乱。因此，斯密主张必须"小心翼翼地恢复自由贸易"。此外，斯密还在其著作中提到了他对国防工业和贸易安全之间的关系的认识，表现出了他对贸易安全问题的远见卓识。他认为如果一个国家没有具备国际竞争力的国防工业及相关产业，就不会有稳固的大国地位，就不会有强大的军队这一维护国家安全的最重要手段。其经济利益的拓展与贸易安全的维护也就无法实现。为此，斯密断言"国防比国富重要得多"。

（2）弗里德里希·李斯特关于贸易安全的理论。

19 世纪有重大影响的德国经济学家弗里德里希·李斯特（Friedrich List）的学说集中反映了后起资本主义国家发展民族经济的要求，他的学说对贸易安全以及政府对产业发展的支持和保护给予了更多的注意。李斯特在其代表作《政治经济学的国民体系》一书中，站在后起资本主义国家资产阶级的立场，挑战以亚当·斯密为代表的古典经济学家提倡的自由放任的贸易政策。他通过对意大利、荷兰、英国、美国、西班牙、葡萄牙、法国、德国等国家近代经济发展史的考察得出结论，一个国家不能在工业尚未充分发达前，就采取自由贸易的政策，如果盲目执行自由贸易的政策，就会使国家的工业衰弱甚至消亡，最终导致这一国家政治、经济地位的衰落。李斯特以英国为例进行了说明。只有对本国的工业进行保护、扶持，待本国的幼稚产业具有一定的国际竞争力时再开放市场，才能真正提高一个国家的经济实力和确保国家的贸易安全，才能使一个国家最终富强起来。

（3）比较利益理论和要素禀赋理论。

大卫·李嘉图（David Ricardo）在他的《政治经济学与赋税原理》一书中提出了比较利益理论。李嘉图认为，决定国际分工和国际贸易的一般基础是比较利益而不是绝对利益。一个国家在国际贸易中提供或生产某种商品，比提供或生产其他商品相对来说更加便宜或合算，那就是比较优势。按照大卫·李嘉图的比较利益理论的国际分工原则，每个国家都可能在某些产品上具有比较优势，只要按照比较利益原则参与分工和贸易，贸易双方就能从分工和贸易中获得好处。

要素禀赋理论包括要素禀赋比率理论和要素价格均等化理论。要素禀赋比率理论的最早创立者是瑞典经济学家赫克歇尔（Eil Filip Heckscher）。他的学生俄林（Bertil Ohlin）师承其观点，于 1933 年出版了《区域贸易和国际贸易》一书，最终形成了完整的要素禀赋比率理论体系，故该理论体系又常被称为"赫—俄"理论或"H–O"理论。该理论的要点是，商品价格的国际绝对差异是国际贸易产生的直接原因；各国国内的商品价格比率差异是国际贸易产生的充分必要条件，即比较利益乃是贸易的基础；各国商品的价格比率差异是由各国的要素价格差异造成的；要素价格比率差异是由各国要素的禀赋比率差异造成的。

1948 年，美国著名经济学家萨缪尔森（Paul A Samuelson）针对"H–O"理论做了进一步推论，提出国际贸易将会导致不同国家间同质的生产要素的相对和绝对价格均等化。这种均等化不仅仅是一种趋势，而且是一种必然，这一定理被称为"要素价格均等化定理"。由于它是"H－O"理论的引申，也被称为"H－O－S"理论。

简单的李嘉图理论和要素禀赋理论建立在两个假设之上，存在固定收益和完全竞争机制。这些传统的贸易理论忽略了与外部因素、研究开发、经济规模、知识曲线和市场发育有关的问题。此外，比较优势理论是一种静态的理论，它没有考虑比较优势随时间推移而发生的变化，也没有考虑积极的贸易政策改变比较优势的可能性。

布鲁斯·斯科特（Bruce Scott）曾经直截了当地指出了一个问题："首先向传统理论提出挑战的是有些国家的确显著地改变了它们的比较优势这一事实。""事后人们才认识到，在原来的李嘉图模型中，生产布匹和生产酒的短期变化和长期发展前景截然不同。对于葡萄牙来说，短期优势来自酒的专业化生产，而长期优势则在于纺织业的成功。当时，纺织业是高增长、飞速发展的'高技术'产业。""总之，不管葡萄牙生产布匹的成本是否高于当时英国的成本，它都应该选择专业化地生产布匹而不是酒。"如果要素禀赋是固定不变的，而技术是外部因素，并假定收益固定，那么，古典理论就无法解释新的比较优势的创造这一问题。除了"最佳关税"之外，传统理论没有认识到贸易政策其实是维护国家利益的重要手段。

（4）战略贸易政策理论。

传统经济学的缺点促使人们重新评价现存的国际贸易理论。随之出现的战略贸易政策学，在价值转移的假设前提下，使重商主义者限制进口、鼓励出口的论点合理化了。这种新贸易理论强调，收益是不断增长的，竞争是不完的，战略贸易政策学派对传统李嘉图理论的比较优势能否解释当前的国际贸易提出了质疑。专业化生产和国际贸易将增加收益，这并不是一个新概念，但它是在最近才被引入市场结构模型中的。

公司的技术投资，即外部因素的来源，不符合完全竞争模型。古典贸易理论不能解释模型中外部因素如技术投资。这是因为半导体产业公司的大部分成本都是研究开发的前端投资。公司生产的商品越多，单位产品的成本就越低。由于直接技术投资必须通过更低的单位生产成本得到补偿，不断扩大的规模经济，也就是动态规模经济就必然会打破完全竞争的格局。最先将新产品推向市场的公司就能最先降低生产成本。于是，规模经济就可以使先进入的公司以较低的价格击败迟到的竞争对手，而传统的贸易理论并没有将这一"外部因素"考虑在内。

"创造外部经济效果的产业能受益于贸易保护"这一概念，是贸易政策的传统理论的一部分。但保守主义者认为，首先应该纠正国内市场的错误。因此，贸易保护不是首选政策，而新贸易理论却建议政府进行更多的干预，以促进外部利益的增长。这种新模型认为应该限制进口、促进出口，将利润转移给本国生产者。

这种新理论的主要结果引起了一种忧虑。有人担心，竞争对手的国家可以通过给每个产业以扶持而使其获得永久的优势。新模型对"不断增长的收益是贸易的动力"这一观点做出了更清晰准确的解释。此时国际贸易理论已经与产业组织的概念融合在一起了。

对于很多产业（如半导体、航空航天）来说，规模经济和不完全竞争不是例外现象而是一种必然。产业的外部性与研究开发投资有关。政府干预那些具有高度外部性的产业的行为不会损害外国竞争者的利益，这就是政府产业政策与传统的战略性贸易政策的区别之所在。

新贸易理论认为，与自由贸易相比，积极的政府干预更有利于一国的经济发展，政府政策可能会确保更高的利润，政府干预也会促进更多外部经济利益的积累。如果大规模生产和成本的大幅度下降能够形成优势，那么，即使原有公司正在获得高额利润，新进入产业的公司似乎也还是无利可图。所以，政府的补贴或保护的确有可能提高本国公司的利润，而减少外国竞争者的利润。

自由贸易和战略性贸易政策的倡导者都将国民利益的最大化作为首要目标。战略性贸易政策通过牺牲外国竞争者的利益来获取本国国家优势。实现这一目标的前提是，一国经济中存在战略部门，这些部门的资本和劳动力的收益率高于其他部门，而传统经济理论则认为不存在战略部门，竞争将消除可能形成的战略部门的一切因素，只有引导资源配置的市场价格才反映了真实价值。

3.2.2 贸易安全评价

由于贸易安全是一个比较新的概念，国内学者对贸易安全的理解有着不同的诠释。因此，为了更好地找到解决贸易安全问题的钥匙，我们试图将国际贸易学的分析框架和分析工具应用于对贸易安全的研究，以期能够对贸易安全进行多方位的理论探讨。

1. 贸易安全分类

（1）贸易结构安全。

贸易结构安全是指在开放型经济中，一国各贸易部门处于相互适应、协调发展、持续增长的状态。支柱出口产业由本国资本控制且具有较强的国际竞争力。同时，该国的贸易结构升级不依赖于外国产业的转移，能够通过自身升级抵御国内外不利因素的冲击。一个安全的贸易结构能够缓解开放型经济中这些因素对整个贸易部门健康运行的侵扰，从而实现一国贸易结构的高度化、合理化，实现趋利避害。贸易结构安全直接关系到一国对外贸易在国际市场上长期竞争的实力和潜力。

在安全的贸易结构中，国家的各项生产要素在各贸易部门中的配置合理，没有明显的短板或瓶颈存在，能够在各自的贸易结构演进路径中向高级化方向发展，而且具有一定的国际竞争力。相反，当一国生产要素在各贸易部门的配置比例失衡，我们认为，此时该国贸易结构处于非安全态势。贸易结构的非安全态势还表现为各贸易部门之间的协调能力差和关联程度低，或者低效率、低附加值的贸易部门不能向高效率、高附加值的贸易部门转移。

（2）贸易布局安全。

贸易布局安全是指一国各贸易对象在世界市场上的动态组合分布。在开放型经济中，世界市场极其敏感和易于波动，贸易布局安全是指有助于降低市场风险，并且有利于抵御外部经济侵袭的贸易对象空间分布。

（3）贸易政策安全。

贸易政策安全是指一国政府能够维持对本国对外贸易发展决策的独立性、及时性和正确性。也就是说，一国能够根据国际经济形势变化和本国外贸发展的实际情况，独立、及时和正确地进行决策，从而保证本国对外贸易健康、稳定、持续地发展。贸易政策的制定必须符合科学发展的需要，为实现外贸全面、协调、可持续发展提供导向。这主要包括三方面的内容：一是国家要有决策权的完整性。即一个国家对本国外贸发展的目标、计划、战略以及具体的宏观政策等拥有自主决策的权利，不受别国和国际组织的影响。二是国家的贸易政策决策要及时、灵活，能够根据本国经济及世界经济的发展动态及时出台相应的对策。尤其是进行宏观经济调控时，能够把握适当的时机和力度。三是要保证决策的正确性。即国家在制定贸易政策的过程中，能够克服各种不利因素的干扰，避免失误，这一点对于发展中国家尤其重要。因为一旦决策失误，不但会延缓贸易结构升级的进程，而且可能会使国家面临贸易安全的威胁。

2. 指标体系构建

对贸易安全问题的分析需要数量标准，而数量分析的基础是建立一套评价指标体系。关于贸易指数，前人已经有不少研究，但对贸易安全的评价，现在还少有数量标准和数量分析。因此，本书力图根据我们对贸易安全的理解，建立一套对贸易安全的评价指标体系，为今后开展对贸易安全的数量分析打下基础。

（1）基本原则。

我们在综合国内外学者有关论述的基础上，结合贸易安全自身的特点，提出以下构建贸易安全评价指标体系的基本原则。

一是科学性原则。贸易安全评价指标体系应建立在科学的基础上，能够客观真实地反映一国贸易安全的现状。以较少的综合性指标，规范、准确地反映一国贸易安全的程度。每个指标的选取及指标的分类都要有科学的依据。遵循科学的研究方法，每个指标都能从科学的角度准确、客观地反映所研究对象的实质。

二是系统性原则。贸易评价指标体系是一个有机的整体，而不是评价指标的简单堆积，其构建应遵循系统性原则。在筛选评价指标时应认真考虑每一个指标在整体中的地位和作用，注意各指标之间的相互作用，各指标还应具备足够大的涵盖面，并能从不同角度来充分反映一国贸易安全的程度。同时，指标体系还应能反映系统的动态变化及其发展趋势。

三是可操作原则。指标体系的构建还应体现可操作性，任何指标体系并不是越复杂越好，也不是越大越好。在构建过程中应充分考虑其可操作性。这首先要求各指标必须能用数量化统计参数或可操作化语言具体明确地表述出来。其次，在涉及指标体系时，尽可能多用可量化的指标，对于不能量化或数量化处理难度较大的指标尽量少要。此外，还要能够获得真实可靠的资料和数据。数据的选取尽可能从国家或国际权威的统计出版物获得。

四是可比原则。构建贸易安全评价指标体系中的每一个指标，必须能够反映贸易安全的共同属性，反映贸易安全属性中共同的东西，这就要求质的一致性。只有在质一致的前提下，才能客观、科学地进行比较。此外，在构建贸易安全评价指标体系时还应明确各指标的含义、统计口径等，以确保评价结果能够进行横向和纵向的比较。

五是层次性。贸易安全指标体系涉及贸易安全各方面，构建指标体系时应考虑指标的层次性。同时应遵循同层次指标相互独立的原则，即确保每一个指标代表一个独立方面，指标之间不重叠，不存在因果关系，也不存在包含与被包含关系，这是保证评价结果客观、准确与合理的前提。

（2）指标体系。

关于如何界定贸易安全，国际上尚无明确统一的标准。按照前文所述，将贸易安全定义为，在经济全球化的条件下，一国抵御国内外风险、参与国际市场竞争并获得贸易利益，保持经济的可持续发展，从而维护和巩固其国际政治和经济地位的能力。

贸易安全是一个内涵丰富、层次多样、类型多元的概念，其核心是国家的整体竞争力，其最基本的要求是国家的贸易发展和贸易利益不受外部和内部的威胁和侵害，避免国家利益因贸易要素而受到影响。在前人研究的基础上，笔者认为贸易安全的衡量指标包括以下几方面：

①贸易效益评价，具体包括市场竞争力指标（比如，RCA 指数或 TC 指数）、贸易条件，等等。

②贸易控制力评价，具体包括贸易结构、贸易品科技含量（比如，高技术产品占制造业出口总额的比重），等等。

③贸易依存度评价，具体包括进口依存度指标、出口依存度指标，等等。

④贸易地理方向评价，具体包括市场集中度指标，等等。

⑤贸易环境评价，具体包括与贸易伙伴之间的贸易关系，等等。

（3）中国贸易安全评价。

暂缺。

3.2.3 贸易安全预警

预警系统理论在宏观领域的应用最早可以追溯到 1888 年法国经济学家福里利在巴黎统计学会上发表的《社会和经济的气象研究》一文，文章提出运用气象预报方法来预报经济危机和风险。国外方面，提出构建预警机制的指标体系，建议运用 B－P 神经网络方法完善预警机制的信息和风险监测系统（Zenon Medina－Cetina，2008）。运用综合性的跨学科分析方法研究预警机制和风险管理，建议通过多学科、多部门的紧密合作来保障预警机制的运行（Walter Hurster，Thoma Wilbois & Fernando Chaves，2010）。

国内产业安全预警系统的研究多集中在关系国计民生或在国民经济中占有较高权重的

行业或产业，包括能源、农业和金融保险（蒋瑛和郭玉华，2007；王川和孔繁涛，2011）；贸易安全预警机制方面，通过对我国贸易摩擦的现状分析，提出应建立国际贸易摩擦预警机制（刘春梅，2006）；研究农产品出口预警机制的建立理论以及我国预警机制现状，建议形成一个由中央统一协调管理，地方分工合作的预警体系（王文海，2007）。目前，我国安全评价及预警机制的研究较少，对贸易的竞争力评价大多是基于竞争力的相关指数，评价的是整体竞争力状况，较少做到系统的定量测算。

本部分在贸易安全理论和贸易理论的基础上，选取输入输出指标，运用 DEA 模型从系统的投入产出角度对各单元与部门进行效率评价，评价时注重对每一决策单元的优化，得出的相对效率是其最大值，得出的权重也是最优的。其基本思想是相对效率越高则安全度越高，可避免评价的主观性，有效解决了我国贸易安全水平难以衡量的问题。

1. 预警模型

数据包络分析方法（DEA）是美国运筹学家查恩斯、库铂和罗兹（A. Charns，W. W. Cooper & E. Rhodes）教授在 1978 年提出来的，是以相对效率为基础对同类多指标输入和多指标输出的经济系统的相对有效性进行评价的一种非参数方法。

设有 n 个决策单元 DMU，$j = 1，2，3，\cdots，n$。其中，进一步假设 DMU_j 的输入为 $x_j = [x_{1j}，x_{2j}，x_{3j}，\cdots，x_{mj}]^T$，相应的输出为 $y_j = [y_{1j}，y_{2j}，y_{3j}，\cdots，y_{mj}]^T$。使用 CCR 方法解析该效率模型，可以得到：

$$\min\theta - \varepsilon\left[\sum_{r=1}^{m} s_r^+ + \sum_{i=1}^{t} s_r^-\right]$$

$$ST = \begin{cases} \sum_{j=1}^{m} \lambda_j x_{ij} + s_i^- = \theta x_{ij} \\ \sum_{j=1}^{t} \lambda_j y_{rj} - s_i^+ = y_{rj} \\ s_i^- \geq 0 \\ s_r^+ \geq 0 \\ \lambda_j \geq 0 \\ j = 1,2,3,\cdots,n \end{cases}$$

该模型的评价指标体系由 m 个输入指标和 t 个输出指标组成，分别表示"消耗的经济资源"和"经济产出"。设 x_{ij} 为决策单元 j 对 i 类投入的投入量，y_{rj} 为决策单元 j 的第 r 种产出的数量。s_r^+ 和 s_i^- 分别为剩余变量和松弛变量，即产出不足和投入冗余。ε 为一个非阿基米德无穷小量，可以取 $\varepsilon = 10^{-6}$。另外，λ_j、θ、s_r^+ 和 s_i^- 均为待估参数。CCR 模型的含义是找到 DMU 的某个线性组合，使其产出在不低于第 j_0 个 DMU 产出的前提下，投入尽可能小。具体的经济含义如下：

（1）当 $\theta = 1$ 和 s_r^+ 之中至少有一个大于 0 时，则 DMU 为 DEA 弱有效；

（2）当 $\theta = 1$ 且 $s_r^+ = 0$，$s_i^- = 0$，则 DMU 为 DEA 有效；

（3）当 $\theta < 1$，则 DMU 为 DEA 无效；

（4）当 $x^* = \theta x_0 - s_i^-$，$y^* = y_0 + s_r^+$，则 (x^*, y^*) 为 (x_0, y_0) 在生产有效前沿面上的投影，即相对于原来的 n 个 DMU 是有效的；

（5）若存在 $\lambda_j(j = 1, 2, 3, \cdots, n)$，有 $\sum_{j=1}^{n} \lambda_j = 1$，则 DMU 为规模效益不变；假如 $\sum_{j=1}^{n} \lambda_j < 1$，则 DMU 为规模效益递增；假如 $\sum_{j=1}^{n} \lambda_j > 1$，则 DMU 为规模效益递减。

2. 预警机制

使用贸易的 DEA 效率评价指数值来衡量各时期的贸易安全状态，从而预报不正常状态的时空范围和总体安全等级（一般划分为安全、基本安全、临界安全、不安全和危险），最后提出防范措施。得到旅游服务贸易 DEA 效率评价指数，判断总体安全等级，这属于一种等级回归技术，需结合经验方法、专家方法等提高预警的可靠性。

针对中国贸易安全系统，θ 值越大，表示贸易越能用较少的损失换得贸易较大的产出和较强的发展能力，因此 θ 值越大，中国的贸易安全度越高，反之，θ 值越小，贸易安全度越低。贸易安全预警指标体系综合评价结果的判定标准如表 3.1 所示。

表 3.1　　　　　　　　　贸易安全预警指标体系综合评价结果的判定标准

安全指数 θ	安全状态	指示灯	是否预警
[1，0.8]	安全	紫色	否
[0.8，0.6]	基本安全	蓝色	否
[0.6，0.4]	临界安全	绿色	否
[0.4，0.2]	不安全	黄色	是
[0.2，0]	危险	红色	是

3. 机制完善

通过借鉴国外预警机制的成功经验，结合贸易自身特点，对完善我国贸易安全预警机制提出以下具体对策。

（1）组织机构上，促进政府、行业协会和企业间的良性互动。预警机制的组织机构应由多个政府部门及各相关行业协会共同构成。要保证贸易预警机制的有效运行，需实现政府、行业协会和企业间的良性互动。政府应发挥其对我国旅游贸易预警机制的指导性作用，行业协会发挥其纽带作用以协助完善预警机制，企业应加强自身建设，强化责任意识，不断提升国际竞争力和抗风险能力，从而实现我国旅游服务贸易的健康持续发展。

（2）信息搜集上，建立全方位的信息渠道网。充分发挥我国政府部门（如国家商务部、国家统计局、国家旅游局等）的信息职能，通过相关行业协会（如中国旅行社协会、中国饭店协会等）提供行业信息，联合海外旅游企业掌握国际市场动态，建立全方位的信息渠道网，对我国旅游服务贸易进行实时监测，以获取最新信息。

（3）评估分析要科学合理。评估分析工作将主要由组织机构设置的专家团队完成，运用已搜集的数据，构建我国贸易预警指标体系，建立进出口贸易预警模型，结合经验方法和专家方法对我国进出口贸易的安全等级进行科学评估。

（4）预警发布要及时准确。一旦专家团队和组织机构获得预警信息，必须利用现代发达的信息网络将预警信号发布出去，保证预警发布的及时准确，以便相关部门迅速做出决策，维护我国贸易安全。

（5）决策实施上，构建科学有效的决策机制。首先要加强决策机构的咨询意识。在我国贸易安全状态的分析评估中，不能单纯依赖系统软件的模型分析，要有效结合专家意见，避免因数据和模型误差导致分析结果与现实严重不符而做出错误决策的情况。其次要加强合作，提高综合协调能力。在决策过程中，组织机构应在合理划分权限的基础上加强合作，反复协调，做到民主决策和科学决策。最后要坚持提升决策的科学性和可行性，不断加强决策执行人员的责任意识。

3.3 贸易安全制度与贸易监管

随着经济全球化的深入推进，国际贸易的迅猛发展，贸易安全与便利化的实现正日益成为全球关注的热点。然而，贸易安全是与贸易监管联系在一起的，同时，贸易监管也是平衡和协调贸易安全与贸易便利化的重要手段。近20多年来，国际政治、经济、贸易、金融和运输等领域发生的重大变化，也都直接或间接地影响着贸易监管制度和手段，传统的监管指导思想和模式已远远不能适应形势的发展。同时，贸易的高速发展和结构的快速升级也给贸易监管带来了新的任务和挑战。因此，构建和完善新型的贸易监管体系，建立起高效、便利、严密的监管机制，促进并引导贸易的转型升级，完善具有中国特色的贸易管理制度和对策，是我国贸易在发展过程中需要解决的重大课题。

3.3.1 贸易监管的基本范畴和发展阶段

贸易监管是一国政府对本国国内贸易和对外贸易活动进行监督和管理的规则。贸易监管既包括国家对重要商品和市场进行的监控，又包括国家授权机关依照法律法规，采取各种手段方式对市场的交易行为和贸易主体行为实行规范、监督和引导；既包括对国内贸易活动全过程和各环节的监督，又包括对外贸活动的规范和控制。

政府对贸易活动的监管历史悠久，如我国早在商周时期，官府对市场的管理、价格的规定、商税的征收以及对商业奴隶和外来商人的控制，已或多或少地反映了国家对贸易活动和交易过程的约束和规范，只不过不同的国家在不同的时期对贸易活动监管的内容和方式不同。在中世纪，政府对贸易的监管主要表现在，向贸易主体征收各种税费，制定各种交易规则，并监督其执行，若有违规，则给予处罚，以维护交易秩序。同时，为了维持国内生活必需品的供应，增强军事力量以及增加财政收入，一些国家实行了鼓励进口、限制出口的贸易政策，并采用一些经济手段来保证实施。

在资本主义生产方式准备时期，为了促进资本原始积累，西欧各国政府对贸易活动干预的程度加大，除了继续加强在国内贸易领域的监管外，还管制了对外贸易。政府通过法令规定外国商人必须将出售货物所得的全部金银用于购买当地商品；政府授予一些贸易公司特许权；垄断某些贸易，以发展并控制其海外殖民地的贸易；颁布航海法，实行国家对外贸易运输的垄断经营等；同时，对商品的进口征收高额关税，并采取各种措施鼓励商品出口。

在资本主义自由竞争时期，政府对贸易活动的干预程度下降，自由贸易取代了特许贸易，营业独占改为自由营业。如在外贸领域，取消了外贸公司的特权，对民营企业开放外贸经营领域、放开外贸商品的运输。同时，还逐步降低关税税率，减少纳税商品项目和简化税法，贸易活动的自由度大大提高。政府在贸易领域的职能主要是保护交易的自主性、自由性和公平性，并且还采用了与外国政府签订贸易条约的办法，来约束两国的贸易行为。受政府监管活动的影响，贸易活动的交易风险减少，交易费用也随之降低，贸易活动得以大规模的扩张。20 世纪 30 年代，面对世界性经济大危机和国内外多种矛盾，许多国家开始全面干预经济生活，实行国家垄断资本主义。国家对贸易活动干预与管理的范围和力度增加。对内采用各种措施，刺激私人投资，刺激工商业复苏，扩大市场需求；对外大幅度提高关税，并广泛采用外汇管制、数量限制等手段，限制外国商品进入，同时，还加大了鼓励商品出口的力度。

第二次世界大战以后，国内贸易和国际贸易的迅速发展，一方面推动了各国和世界经济的增长，另一方面也引起了更激烈的贸易竞争和更残酷的贸易战，贸易领域不确定因素增加，风险加大。同时，随着商品国际化、生产国际化和资本国际化的发展，各国经济相互依赖程度不断提高，一国经济发展受到其他国家和国际市场的影响，只有加强国际经贸关系的协调和监管，才能扩大和维护双边与多边国际合作，把国际经贸体制建立在长期和稳定的基础上。

第二次世界大战以后，贸易监管也出现了自由化倾向。绝大多数国家都选择了市场经济的道路。市场经济体制是具有效率和活力的体制，并具有较大的制度弹性、组织弹性、文化特性和地域弹性，尤其是实行计划经济体制的国家也开始转而实行市场经济体制，逐步取消了对贸易的统制，改变了国家对贸易的监管方法和内容，扩大了贸易监管的自由化范围。

第二次世界大战后初期，发达国家，尤其是西欧、日本等国为了经济重建，一度对对外贸易实行管制，严格限制商品的进口，以保护本国市场。这些国家的市场对内自由，对外实行保护。发展中国家为了保护国内的市场和工业发展，也基本对外关闭本国市场。随着经济的恢复和发展，发达国家在各个经济领域处于支配地位，在许多行业和产品上具有绝对优势，其他国家贸易壁垒的存在使他们的优势不能充分发挥，妨碍其向外扩张，为此，发达国家消除分歧，共同推行贸易自由化。同时发展中国家也逐步认识到，顺应贸易自由化趋势，参与制定贸易有关规则，才能维护发展中国家根本利益。总的来说，各国逐步改变了贸易管理方式，放宽管制，降低贸易壁垒，对外开放本国市场。目前，不仅商品市场的自由化程度大大提高，而且服务市场的自由化程度也在逐步上升。

当代国际分工日益朝着更广泛、更深刻的方向发展，国际经贸越来越成为一个紧密联系、不可分割的体系。各国经济发展也面临着如何更有效地促进国内经济与国际经贸的协调发展，保持国际收支的基本平衡问题，为了适应国际经贸关系的协调与监管，把各国经济活动联系为一个整体，从而促进共同发展，贸易监管也越来越国际化。例如相关国际条约的规范化、对外关税政策的趋同化等。一些区域性国际经贸监管组织的建立和运转，对区域内的经济和贸易的发展进程进行监管和协调，有效影响着各国经济的发展。

3.3.2　WTO 框架下的国际贸易安全

WTO 多边贸易体制的建立满足了经济全球化、贸易自由化、投资自由化的客观要求，并对成员方经济安全运行环境和运行模式以法律的形式提出要求和约束。具体表现为以下几方面：

（1）非歧视原则，具体体现为最惠国待遇原则和国民待遇原则，要求成员方对国际贸易中的基本元素——货物、资金、技术人员乃至运输工具给予非歧视待遇，以实现成员方之间的平等。

（2）市场经济原则。要求各成员方的经济建设必须在全球经济一体化开放性的大环境下展开，各成员方的经济必须在 WTO 的统一制度平台——市场经济制度上来运行，并要求各成员方的市场化改革的"国内时间表"必须遵守 WTO 统一的时间表。

（3）透明度原则。要求各成员方对于能够影响国际贸易或者会给他国经济安全带来影响的一切与贸易有关的制度，必须在发生法律效力前公布。

WTO 除宏观上对成员方经济安全的运行模式提出约束以外，WTO 还在具体的制度中规定了相应涉及主权国家经济安全的规则：

（1）基于对成员方的公共利益和安全利益的保护，《货物贸易协定》中规定了 GATT 第 20 条和第 21 条的例外；

（2）为保证国内的产业安全，使其免于受到国际不公平竞争环境的影响，WTO 制定了相应的贸易救济制度，包括《反倾销协议》《补贴与反补贴措施协议》和《保障措施协议》；

（3）对于关键产业或者影响国计民生的产品，如农产品、纺织品等都进行了相对应的谈判，并体现在一系列的协议中，如《纺织品协议》《农产品协议》和《与贸易有关的知识产权协议》等。

3.3.3 贸易监管体系的构成

1. 监管目标

贸易监管与贸易便利化息息相关，贸易监管的发展目标包含贸易便利的内容。不论是从 WTO、APEC、WCO 等国际或地区组织所倡导的贸易监管现代化的内涵，还是从世界各国在海关监管现代化的实践经验来看，实现和推动贸易便利化，促进国家之间经贸互利始终是贸易监管现代化的重要内容。

贸易监管的基本目标主要有五个：一是维护自由、公正、公平的交易秩序，保护贸易主体的合法权益；二是实现重要商品供求状况基本平衡，稳定社会经济秩序；三是提高本国经济竞争力，维护国家长远利益；四是营造良好的环境，保障市场机制的良好运作；五是改善国家的贸易环境，减少交易成本和复杂度，实现政府管理效率和效益的最优。同时也是防止贸易监管损害国家的经济安全甚至政治利益。例如，各国金融服务贸易，特别是商业存在方面的限制就是认识到金融安全对一国经济的重要性；同样对电信业的监管甚至考虑到其与国防安全紧密相连。

贸易监管不仅仅是简单的服从与被服从，它更强调基于有效管理之上的服务与便利，在目的论上与贸易便利是趋同的。贸易监管是为了保护本国经济安全，避免因境内外货物的交往给本国带来安全问题和威胁。而贸易便利化也绝非简单的、无条件的全面放开，它强调的是贸易安全前提下的便利。尤其在"9·11"恐怖袭击事件后，国际社会更加重视将贸易安全因素融入贸易便利化的发展之中。

2005 年 6 月，WCO 通过了《全球贸易安全与便利化标准框架》一揽子文件。该文件把贸易安全置于便利之前，强调在保证国际贸易供应链安全的前提下，通过海关与海关、海关与商界之间的合作以及采用数据交换预先申报、风险评估等方式，达到简化海关手续便利贸易的目的。贸易管制的目的之一是保护本国经济利益，发展本国经济。毋庸置疑，进行贸易监管实现贸易便利化，有助于促进本国经济发展、提高社会福利水平，通过简化和协调海关手续，能够减少我国企业（尤其是中小企业）的进出口成本，增强企业在国际市场的竞争力，从而扩大对外贸易。而对外贸易的发展可以促进整体经济增长，提高社会就业水平，改善人民生活条件。

贸易监管和贸易便利不但在上述总体的实现目标上达到了契合，也在具体的实施手段和方式上形成了统一。新形势下如何有效开展贸易监管工作，不仅需要改进管理理念和方法，更需要科学技术的应用以及相关能力建设的投入。

为了全面提升贸易监管的执法水平，新时期我国海关在贸易监管执法实践中引入了风险管理理念，将企业分类管理手段运用到贸易监管领域，并着力加强电子信息化建设和执法队伍培养。而管理理念的转变，管理方法的改进，科技手段的应用以及人力资源的开发也正是国际社会所推崇的实现贸易便利化的有效路径。

2. 监管主体

贸易监管的主体是政府及其他有关部门，具有政治性和技术性相统一的特征。在市场经济中，贸易监管是建立在相关法律、行政法规的基础之上的，或者说是法律约束和授权之下的监管。在法律的约束下，政府监管部门具有相对的独立性，其内容更具体或细化，还要监督法律的实施情况。

贸易管理涉及外经贸、海关、税务、工商、银行、外汇局等多个部门，各部门对其监管分工不同，外经贸是贸易合同的审批部门，海关是我国进出关境的监督管理机关，依照海关法及相关法律的规定监管进出境运输工具、货物、行李物品、邮递物品和其他物品，征收关税和其他税费，查缉走私，并编制海关统计和办理其他海关业务。税务、工商、银行、外汇局等监管涉及贸易的其他业务。

海关对贸易合同的执行情况进行前、中、后三期的实际监管工作。通过手册、合同对贸易保税货物进行跟踪核销，并实际下厂查验。总之，对贸易产业政策来讲，海关监管在整个贸易管制体系上处于执行层面，海关基本不属于直接的宏观的决策者。但海关的实际监管行为却在相当大的程度上左右着贸易发展状况，甚至反过来会影响到国家的宏观经济和贸易政策。

3. 监管范围

贸易监管的范围包括：（1）对市场准入退出的监管。在国内贸易领域，按照法律和相关政策的规定对进出市场从事商品交换活动的主体资格、经营范围、组织方式进行监管。如对某些贸易行业新企业的开业必须先申请领取许可证才能进行企业登记；某些贸易行业发生的企业兼并、重组、停业和倒闭要实行严格审查；对外国贸易企业进入本国市场实行股权比例、区域等限制；对贸易企业网点设置地域进行限制等。在对外贸易领域，依据有关协议或国内规定，对某些商品的进口实行配额管理、许可证管理或征收较高的关税等。（2）对重要商品经营的监管。对有关国计民生的重要商品如粮食、棉花、石油等的供求状况和经营状况实行监管，确保市场供应；基于健康、安全等方面的考虑，对某些特殊商品实行特许和专卖制度，并进行严格的监控。（3）对期货交易市场的监管。期货市场是高度契约化的市场，也是风险程度非常大的市场。只有界限分明的权利、责任和义务，才能维护正常的契约关系，防止违约现象的发生。有关的法律正是用于明确规定和保护经济主体的权利、义务与责任，同时政府有关部门根据有关法律对期货市场的交易活动进行监管，防止和处理投机大户操纵市场、散布假消息、内部交易等行为。（4）对贸易运行质量的监管。贸易企业信息公开和定期报告，建立贸易信息管理系统和重要商品运行预警系统等，监测贸易运行质量，并根据贸易运行质量采取应对措施，维护市场稳定。（5）对国际收支的监管。通过对进出口贸易和资本流动的监控，实现对国际收支的监管。（6）对价格的监管。规范重要商品价格的制定依据以及调整办法，对商品价格和服务收费实行监督管理，制止价格欺诈、垄断和暴利行为。

4. 监管过程

为了更快地与国际接轨，更好地发展我国的外贸事业，贸易监管程序的改善和贸易便利条件的提供就变得尤为重要。监管包括运用电子手段，执行现行的口岸货物通关流程，建立统一的口岸数据平台，规范、畅通口岸进出货物的信息流、单证流、货物流和资金流，实现"一次申报、一次查验、一次放行"。据商务部统计资料，我国正在加快公路、铁路港口和民航等基础设施建设。公路方面，2008 年中国国道主干线系统已全部建成，贯通和连接的城市总数超过 2000 个；铁路方面，已成为世界上完成铁路运输量最大的国家之一，也是运输量增长最快、运输设备利用效率最高的国家；港口方面，从 2010 年之后的 5 年间，新增港口吞吐能力 80% 以上，航空方面已拥有遍布世界各洲的航线。应用电子信息技术，建成跨部门、跨地区和跨行业的统一信息平台，实现海关与发改委、公安部、铁道部、商务部、税务总局、工商总局、质检总局、环保总局、外汇局、贸促局等 11 个部门以及香港工贸署和 13 家商业银行联网。同时在进口管理政策、商品检验检疫制度、人员出入境、外汇管理等方面也采取了一系列改进措施，促进贸易监管实现贸易便利化。

贸易监管程序包括在企业分类、风险管理机制以及多种形式的担保机制基础上，通过进一步明确企业的申报责任，加大海关实际监管力度，加强事后稽查，实现海关与诚信守法企业在加工贸易管理各个环节的相互信任和责任共担。

（1）贸易备案手续。

一是会同有关部门的贸易产业分类评估，明确并细化鼓励类、限制类、禁止类的产业目录，引入产业准入机制，并在备案环节根据风险大小采取不同措施。二是在五年时间内，分步取消海关对相关贸易合同的备案手续，建立贸易企业的经营范围和生产能力电子底账，在此基础上实现电子账册全面取代纸质登记手册。对于实现联网监管企业，允许料件在进口前、成品在出口前随时电子备案，彻底解决备案手续烦琐、纸质手册周转困难等问题。对于暂时没有实现联网监管的企业，通过多种形式的税收担保机制，逐步实现从纸质手册向电子账册的过渡。同时企业根据生产经营需要，向海关备案电子账册。三是按照行政审批制度改革的精神，对 A、B 类别的企业，由海关的备案审核制变为企业申报信任制，规范企业备案申报行为，明确企业的法律责任。企业如实申报，海关抽查核实。对其他企业，继续实行备案审核制度。

（2）确保中期核查的有效性。

建立贸易企业经营状况申报制度。企业在经营过程中，出现经济纠纷、被执法或司法部门查封，遭遇火灾、水灾等不可抗力灾害，海关监管货物被盗，企业合并转制、歇业、停产、破产，以及生产订单发生变化、保税货物转内销等情况，必须在规定时间向海关报告并办理有关手续。海关中期核查制度要明确中期核查的目的、内容、程序、方式等，既保证核查的规范性和实际效果，又保护行政相对人的合法权益。改革中期核查方式，以联网核查为主要手段，自动实现风险分析和预警，提高核查的命中率。建立巡查抽查、专项核查多种方式并存的中期核查制度。根据风险分析，视不同情况采取不同核查方式，核查不同的内容，既对企业保证一定核查面，又能集中力量对重点问题进行深入核查。进一步优化整合海关监管资源，建立机动小分队对相关贸易企业进行统一核查。

（3）进行内销补税管理。

根据我国加入世贸组织的实际以及综合运用国内外两种资源、两个市场的要求，同有关部门研究调整贸易进口料件以及加工成品原则上必须出口、不得内销的规定，强化贸易内销货物的审价管理，建立贸易内销补税的价格申报和审计制度，遏制企业通过价格瞒骗偷逃税款现象。简化企业内销补税的手续，降低海关繁重的单证作业压力。

（4）简化深加工结转手续，促进加工增值链条的延伸。

按照"网上备案、动态监控、分别报关、自动对碰、重点核查"的思路，对深加工结转作业模式进一步优化和完善，简化深加工结转手续，方便守法企业办理结转手续，降低企业通关费用，同时加强对深加工结转货物的实际监管，有效化解海关监管"见单不见货"带来的风险，减轻工作压力，达到海关与企业多赢的目的。

（5）事后稽查。

对企业的经营活动以及向海关申报的事项进行事后稽核，是规范加工贸易企业行为、拓展海关监管空间的重要手段。要完善与稽查部门的联系配合机制，有针对性地开展常规稽查和专项稽查，增强事后稽查的有效性，并且注重稽查结果的反馈工作，强化加工贸易保税业务监管的连续性与整体性。要通过事后稽查，督促企业进一步健全内控机制，促进企业守法自律。

5. 监管责任

（1）法律层面的职责。

国家的相关部门出台有关法律，在法律约束和授权之下对贸易进行监管。如国际规范的期货市场法律实践的过程表明，期货市场的监管均在法律约束之下进行。在法律授权下成立政府期货监管组织，以规范和监督市场交易行为，同时还要协调现有不同法律规范间的适用性，既要协调统一国家内部各监管部门之间的法律法规，又要协调国家或区域之间不同的国际条约之间的兼容性。作为WTO的成员，各成员针对WTO协定附件中规定的那些进口相关的规则，通常的做法就是在不与WTO框架协议精神冲突的前提下，由各国的立法机关通过制定一些对应的法律规范，来细化通关程序，进行贸易监管，而不会直接执行这些协议。

（2）行政层面的职责。

国家成立有关机构，配备必要的人员与设施。例如，国家设置工商行政管理部门、技术监督部门、公安部门、物价管理部门、食品卫生管理部门、防疫检验部门，等等。同时配备有必要的执法队伍和相应的设施，以履行贸易监管职责。具体要求是指：精简和统一、标准化通关手续；整合国内相关部门的申报监管；协调贸易活动涉及的相关国的海关活动。通过贸易监管实现便利化所应采取的措施将主要集中于解决申报模式不统一、管理部门不透明、部门设置不合理以及海关部门的歧视性待遇等问题。

（3）经济层面的职责。

主要是建立重要商品储备制度、风险基金制度和价格调节制度来稳定重要商品市场供求。另外还要制定和实施有关经济政策，如价格政策、商品政策、进出口政策、海关政策等。

（4）技术层面的职责。

为了更好地进行贸易监管，在技术层面上，各国政府要积极推动贸易信息的标准化与基础设施的建设。例如，"单一窗口系统"主要包括以下几种模式："单一机构"式，在这种模式中，所有国际贸易中与跨境相关的监管活动均由海关来协调并执行；"单一系统"式，国际贸易中与跨境相关的电子数据信息均通过这模式收集、整合、使用并散发；"单一自动系统"式，在此模式下，企业可以通过该系统向不同监管机构一次性提交电子贸易申请，待所有机构完成批复后，再由该系统以电子单据的方式确认并传输给对应企业。上述三种模式尽管具体的操练流程各异，但商品在国际贸易中的全部流程所需的手续和材料的提交更新操作都在同一个平台上，同时涉及的各个行政机关也在统一平台上进行相关审查操作，这样不仅加快了处理速度，节省了企业的时间和费用，同时还避免了烦琐的重复性劳动，增强了各个执法环节的透明度。该系统就是为了克服国际贸易流程中繁杂的资料申报传输等问题而设计的，为了达到这一目的，就必须要求该系统的实际运营者（通常是海关）按照统一的标准实现不同监管部门之间共享信息的统一化与标准化。在国际层面上，进行贸易信息标准化的必要性则更加凸显。此外，进行贸易监管实现便利化还需要高精准度的设备、快速可靠的网络和现代化的基础设施等坚实的物质平台的支撑，倘若没有这些物质平台的支撑，贸易便利化根本无法有效地被贯彻落实。

3.3.4 贸易监管的核心机制

1. 贸易监管的组织机制（协作机制）

贸易监管是一个复杂的集合，它的进行受到国内外各种措施的影响。这就要求我国加强与世贸组织、贸易伙伴国以及周边国家的合作，促进双方在海关监管、商品检验检疫、政策和市场信息交流等方面的沟通和协调，从而实现贸易双赢的目标。同时在国际合作中，还需注意学习借鉴外国的先进经验，不断提高我国贸易监管的水平和能力。

由于贸易便利化涉及的领域较广、部门较多，几乎包括了贸易过程的商务、海关、检验检疫、外汇管理、运输、电子数据传输、企业信息等所有环节，所以应建立一个快捷有效的协调机制，各部门合力营造贸易监管的良好环境，进一步推进相关机制的建设，实现加强我国贸易安全和便利化的目标。应在政府层面形成有效的信息沟通和决策协调机制。进行贸易监管需要政府部门、出口企业和行业协会加强联手，不懈努力，共同完善贸易安全和发展的支持体系。

第一，政府要提高维护贸易安全和贸易监管的效率，发挥民族合力为国家和企业在国际上获得竞争优势服务。同时，企业也必须加速培育竞争优势，企业是实现贸易安全的主体，要根据自己的优势，抢夺世界产业的高技术和高附加值的生产环节，选择具有国际国内先进水平的产品进行集中投入、重点开发，转换企业经营机制建立现代企业制度，积极开拓新兴的海外市场。同时，建立政府和企业的合作机制。政府部门应与企业建立咨询机制，及时了解贸易便利化对企业的影响，以及企业在贸易中需要解决的问题。贸易安全与便利化的实现是一个持续的过程，政府、企业及贸易商在改善贸易环境方面具有共同的利益，因此制定相关贸易便利化政策要注重加强二者的合作，依法管理对外贸易，持续清理和取消行政审批项目，简化审批程序和手续，提高贸易政策与措施的透明度，加大对相关贸易政策的公布评议及听证范围，听取行业、企业及个人的意见，改善对外贸易环境，提高服务和管理效率。

第二，充分发挥各专业商会的协作监管作用，要注重出口产品在国外市场的调研工作，了解并掌握同行对手的生产能力、市场销量和价格水平；要加速建立市场经济的行业价格运行机制，切实做到行业商品价格由市场决定，从而使某些国家在反倾销中对我国实行价格歧视失去依据。

第三，要加强对企业的宏观调控和协调监管，严禁出口企业低价竞销，防止一哄而上过量出口，以避免出口企业相互竞争而导致肥水外流。

第四，深化口岸管理体制改革。贸易便利化要求海关、商检等与贸易有关的部门简化程序和手续，减少繁文缛节，加快货物通关效率，减少货物通关时间。同时这些部门也要加强对贸易的监管。解决这一矛盾的有效方法是在强化以企业为单元的风险管理系统和执法评估监督系统的同时，加强动态管理和分类指导，确保在对重点领域和重点部位进行有效监管的同时，弱化微观事务管理，合并、精简和取消不必要的收费项目和检查次数。

具体来讲，一是充分利用海关数据实施监管。加强与海关的信息联网建设，全面掌握企业进出口和收付汇的真实情况，实现对货物流和资金流的统一监管。二是建立与工商部门的定期信息核对机制。工商部门掌握涉外企业注册登记、年检和营业执照注（吊）销等信息，通过与工商部门定期的信息核对，可以及时掌握企业经营状况的变化，从而加强对企业的监管。三是联合公安部门加大对外汇资金违规流入的检查力度。加强对外汇收支、兑换环节的真实性监管，严厉打击虚假交易、逃汇、套汇等违法犯罪活动以及各类非法外汇交易活动。通过部门联动形成信息共享、共同制约、监管到位的协同监管机制，营造安全、稳定的外汇资金流动环境。

2. 贸易监管的审查机制

建立贸易监管的信息平台，实现联网监管和联网审查，加强外经贸、海关，外汇管理、税务、工商等部门的协作，建立贸易监管的信息平台，从而实现贸易监管全过程的电子化，提高监管的效率。对于跨关区通关的实行一次验关放行。

全面推行贸易联网监管审查，外经贸部门取消合同审批转而加强企业经营行为的管理。具体包括：以企业为监管单元、利用风险管理方式、实施分级监管和以对账目的监管代替货物实物监管等。

一是强化备案审批工作。加强对小额备案合同的管理，确保规范申报，严格执行保税料件、边角料内销征税制度，防止企业有意混淆出口成品规格型号的"模糊备案"、提交虚假对口合同等不规范的行为，以及逃避保证金台账管理和三级审批等情况发生。注重中期核查，改变单个手册审查的方法，通过以企业为单元的专项审查，将贸易企业管理按行业划分，结合核销关员的业务特点分配管理行业，最大限度地提高贸易监管的有效性。二是改进工作方法，加强对贸易审查环节中合同的前期审查工作，在手册备案时，由负责核销的关员参与审批，对备案合同进行复审，手册报核及时率达到100%，使核销关员在第一环节就掌握企业的基本情况。同时，加大中期审查力度，弱化手册核销的风险，减少超期手册。采取一系列的措施加强审批和实地监管。例如，对进口敏感商品实行限量审批制度，从"双人作业"（初审、复审）转变为"三级审批"（经办人、科长、处长）作业机制；制定海关查验、核销量化标准，规定下厂核销比例、跨关区结转货物的核查率和贸易货物进出口查验比例，通过中期核查和下厂核销来加强实际的监管。

3. 贸易监管的预警机制

建立综合性贸易监管预警机制，及时发现贸易监管中的突发和异常情况，维护经济安全，不仅对于促进我国贸易的有序发展、维护我国外贸企业的合法权益有重要的作用，而且也将有利于我国产品贸易市场多元化格局的形成。

这一综合性的贸易预警机制有如下特点。（1）就产品而言，这一预警机制是在全国层面上监管我国出口比重较大的重点产品。（2）就目标市场而言，这一预警机制所针对的是流入我国主要贸易伙伴的出口产品。（3）就针对的贸易壁垒而言，这一预警机制所针对的是包括反倾销、反补贴、保障措施、过渡性保障机制、纺织品特保措施等在内的各种形式的贸易救济措施。

目前，在国际贸易摩擦日益严峻的情形下，政府、行业协会以及企业这三者之间已经成为一个新的利益联合体。因此，应该多方协同作战，才能有效地解决出口贸易摩擦，构建政府、行业协会、企业和预警机构"四位一体"的贸易预警机制。在所构建的"四位一体"贸易预警机制中，地方上的商业主管部门应该负责指导总体工作，主要包括以下几个方面：第一，编制贸易预警工作的总方案，并在随后进行组织并实施；第二，负责重点敏感产品贸易预警机制的建立，对于重点行业也应构建贸易预警机制，在必要的时候，给予一定的资金与技术支持；第三，指导专门的贸易预警机构开展工作，而商会或行业协会和贸易预警机构主要负责具体事宜的实施。具体来说，商会和行业协会主要负责预警工作人员的培训，并组织进行预警构建的经验交流工作；另外，还应收集并监测市场、产品、行业与贸易情况。对于贸易预警机构来说，其职责主要有以下几个方面，一是负责管理与控制预警系统的运行进程，二是评估预警信息的风险，从而使预警信息的风险能够被确认，一旦预警信息的程度达到了企业规定的高等级，那么还应该在规定的期限内以专题预警报告的形式报送给主管领导。开展信息的沟通与交流工作，并按照贸易预警指标体系的要求，及时提交企业相关信息及数据，在得到预警信号之后，应积极地调整策略，强化预控，避免发生贸易摩擦现象。

在贸易预警机制中，企业商品在出口之前，应该严格按照相关要求和规定，通过贸易预警信息网络平台，在专题数据库中根据预警指标的要求，录入相关数据。然后，行业协会则要帮助贸易预警机构来查阅这些数据，采用定量与定性分析方法，对贸易摩擦发生的概率进行计算，并同确定的信息做出比较，得到最后的预警信息，再告知企业。当企业得到了这些预警信息之后，应及时对出口战略作出相应的调整。另外，行业协会和贸易预警机构还应该把预警信息告知当地的政府和相关职能部门，让他们也能够及时了解实际情况。如果企业陷入了困境，则应该请求当地政府和相关职能部门给予帮助；如果是某个行业面临危机，那么，在收到预警信号之后，当地政府应该依职权牵头，来协调有关职能部门的具体工作，从而让整个行业对出口战略作出及时地调整。

对于出口企业来说，他们是贸易预警的一个主体，应该提高对相关信息的重视程度，积极会同贸易预警机构以及行业协会来设计开发海关外勤作业综合系统，实现前期和后续监管的良性互动。目前部分海关已开发设计出有助于加强加工贸易后续监管的工具和系统，值得推广和借鉴。如广州海关开发应用的"加工贸易企业稽查监控分析工具"，通过对加工贸易行业、企业月度进出口趋势进行分析，从而及时发现企业进出口的异常变化，有效强化了对加工贸易企业的后续管理。

4. 贸易监管的追溯机制

追溯机制是一种信息系统，通过正确识别、如实记录与有效传递产品信息来实现产品的可追溯性。欧盟委员会 2002 年 178 号法令中，"可追溯性"被定义为产品、饲料、畜产品和饲料原料，在生产、加工、流通的所有阶段具有的跟踪追寻其痕迹的能力。我国《质量管理和质量保证国家标准术语》中将"可追溯"定义为根据记载的标识追溯实体的历史、应用情况和所处场所的能力。一旦发现安全问题，可按照从产品的最终消费至原料购入过程中各个环节所记载的信息查找原因，追溯问题产品的流向，回收未被消费掉的产品，撤销上市许可，切断源头，消除危害，减少损失。

追溯体系产生于食品安全危机之后，消费者对食品安全保证的需求、企业间市场行为以及政府对食品安全的监管。追溯体系在食品国际贸易中的应用，提高了食品的安全竞争力、促进了食品供应链的联系和产业内贸易的发展，在影响食品贸易格局的同时也给发展中国家的食品出口带来巨大挑战。

近年来，我国陆续出台了一些政策法规，努力推广出口产品的追溯体系。然而我国的城乡二元化体制以及农产品的小农化生产给追溯体系带来挑战。首先，我国政府应充分意识到追溯体系存在的合理性和长期性，积极借鉴国外成功经验，尤其是发展中国家的成功经验，建立应对海外市场要求的政府协调机制，有效处理食品贸易中的食品追溯问题。同时，也可与其他利益相关方展开合作，最大限度地减少国外追溯标准对中国出口企业的不利影响。其次，建立以行业协会为主体的行业内追溯标准，利用行业协会来协调利益相关企业，提高供应链之间的垂直合作水平。在技术研发方面，可通过市场化机制吸引学校等科研机构提供技术服务，促进追溯体系的行业内的发展。最后，我国出口企业应正确认识产品的可追溯性并科学对待追溯体系的实施。追溯体系已成为贸易发展的新趋势，采用的也是日益更新的先进技术，企业应以开放的姿态来对待国际市场在产品追溯方面的要求，积极开发追溯技术，建立高效的追溯体系，争取在国际贸易中占据主动地位。

目前我国的贸易监管追溯机制处于起步阶段，我们应该充分借鉴发达国家的成功经验，认真分析我国国情，建立健全国家相应机构，对机构的设置、职能的划分、运行机制等进行明确的规定，进行跨系统、跨区域的合作，与企业联手加强相关产品源头控制，建立各产品的监管追溯官方监控体系，实施产品质量安全市场准入机制、质量安全认证机制、产品召回机制，并建立可供监管追溯的产品质量安全数据库。要确保产品贸易安全，关键是建立先进的安全标准体系、检测体系和完善的监管体系。生产企业作为产品质量和安全的第一责任者，要加强相关产品的源头管理工作，特别是食品、农产品等，要特别向相关部门通报备案产品情况，严格执行管理的相关规定，积极配合政府有关部门对生产的监督检查和管理工作。企业要与相关管理部门保持沟通、交流信息，寻求政府主管部门的支持和指导。国家必须加大投入，对企业技术人员开展技术培训和技术指导提供足够的物质保障，支持和鼓励企业规范管理，形成固定的工作制度，对相关的生产企业进行信誉等级和产品风险评估，按照评估结果和评估结论，实施分类监管。对于管理规范，诚信度高的企业给予优惠的政策，促进企业发展。

3.4 数字贸易安全

当前，数字技术几乎渗透到社会生活的各个领域，不仅带来了传统贸易结构的改变，也推动了全球价值链体系的重构。数字贸易的蓬勃发展，对世界各国经济社会发展产生了深远影响。构建符合多数经济体利益诉求的数字贸易规则、完善全球数字贸易规则治理体系，是数字经济时代贸易安全的核心议题。

3.4.1 数字贸易概念及特征

随着以新一代宽带移动通信网络、大数据、云计算、人工智能、区块链为代表的数字技术的迅猛发展及与传统产业的数字化融合，数字贸易正在以全新与基础性的方式重塑世界经济。根据世界贸易组织（2018）估算，2012～2016 年，全球电子商务交易年平均增长率为 11%，全球信息和数据流动的年均增长速度为 149%；而在此期间，全球货物和服务贸易的年平均增长率仅为 2.77%。由此看出，在全球信息与通信技术、电信、计算机及软件和互联网创新推动下，"全球信息高速公路"正在形成，数字贸易正在呈现出爆炸式增长，数据和信息流动的增长速度远远超过传统的货物和服务贸易。

1. 数字贸易概念

2013 年 7 月，美国最早对"数字贸易"（digital trade）做出正式概念界定。美国国际贸易委员会（The United States International Trade Commission，USITC）认为"数字贸易"

是指"通过互联网传输货物或服务的商业活动",主要包括数字内容、社交媒介、搜索引擎、其他产品和服务四大类。随后,USITC 于 2017 年 8 月对"数字贸易"的内涵进行更新,指出数字贸易是指"通过互联网及智能手机、网络连接传感器等相关设备交付的产品和服务",涉及互联网基础设施及网络、云计算服务、数字内容、电子商务、工业应用和通信服务共 6 种类型的数字产品和服务。此外,经济合作与发展组织(Organization for Economic Cooperation and Development,OECD)和世界贸易组织(World Trade Organization,WTO)从贸易的属性(如何交易)、交易的对象(交易什么)、涉及的参与者(谁来交易)和信息的来源四个维度对"广义"的数字贸易和"狭义"的数字贸易概念进行了区分。具体来看,狭义的数字贸易与美式数字贸易的内涵相同,强调数字贸易的交付模式应为"数字交付",这一概念剔除了大多数实物商品贸易,主要涵盖服务产品;而广义的数字贸易则还包括了通过信息和通信技术(ICT)与数字方式交易的实体货物或商品。OECD 和 IMF 根据订购方式、平台支持方式和交付方式的差异以及交易对象和参与者的不同,列举了 16 种不同的"广义"数字贸易的类型。其中,通过数字交付的 6 种跨境服务贸易属于"狭义"数字贸易范畴。

目前仍没有一个关于数字贸易公认的定义,但越来越多的共识是,它以数据为关键生产要素,以数字化平台为载体,通过大数据、云计算以及人工智能等数字技术的使用,将可以数字化或实物交付的产品和服务进行精准交换的新型贸易活动。实践中,数字贸易的概念通常和电子商务的概念混用。

2. 数字贸易的特征

(1)交易过程的虚拟化。

数字贸易交易过程的虚拟化表现在三个方面。首先,交易介质的非实物性,表现在无论是生产过程还是交易过程中,都使用数字化知识与信息作为传输介质,实现无纸化即介质要素的非实物化;其次,交易平台的非实物化,相对于传统贸易的面对面交易,数字交易是在虚拟化的互联网平台上进行,该平台负责交易的运作及保障交易的安全,即交易平台的非实物化;最后,交易方式的非实物化,不同于传统贸易中的纸币交易,数字贸易的交易通常使用电子支付的方式,即交易方式的非实物化。

(2)交易资源的集中化。

其一,交易资源的组织化。在数字贸易中,交易资源通过交易平台形成集聚,降低了信息的找寻成本。互联网企业常常采用平台化的运行模式,其中以淘宝为典型。不仅如此,传统企业也会借助平台吸收外部资源,提高自己的创新能力。其二,交易资源的集约化。数字贸易的便利性,使得生产要素比较容易集聚,从而实现要素节约型技术进步,带动要素的集约型投入。互联网平台有效地减少了交易中的信息不对称,使得交易效率不断提升。

(3)交易个体的广泛化。

其一,市场进入门槛降低。数字贸易使得传统贸易中的空间限制、准入门槛等不再成为阻碍贸易的因素。数字贸易可以转变贸易弱势群体的地位,使其广泛地参与贸易活动,并且从中获利。其二，市场标准化程度降低。数字贸易拉近了消费者与生产者之间的距离，使得个性化的需求得以在贸易中获得满足。单一标准的产品很难在市场中获利，而定制化产品与服务可能是新一轮数字贸易竞争的决定因素。之前的长尾产品（原来不受重视的销量小但种类多的产品或服务）可能成为数字贸易的重要标的。

（4）交易参与者的体系化。

在传统贸易的背景下，只有生产者与消费者之间才需要订立合同，完成契约。但是在数字贸易的背景下，因为中介方的加入，使得平台、交易双方都需要遵守一定的规章。在这一体系下，彼此之间的联系加强了，形成一个互利共赢的生态体系。例如，将产品链与资金链进行整合，为产品生产、融资与销售提供一站式服务，使得贸易能够融入电子商务数据服务合作体系。

（5）交易技术的前瞻化。

数字贸易以信息通信技术、数字交换技术以及互联网技术作为技术支撑。大数据、云技术与移动互联网不但扩大了数字贸易的范围，而且降低了成本。交易技术的进步，使得数字贸易得以产生，也使得数字化的传统贸易变得更加便捷。例如，交易技术的演进拓展了传统贸易的采购方式，使得原先的面对面采购逐渐被网上的企业采购所取代。原先需要手工操作的工序通过制造智能化实现劳动力的解放。同时，交易技术使得过往的交易数据得以保存，有利于企业依据过往的数据进行交易判断，大大降低了交易过程中的道德风险与逆向选择。随着数据基础设施的不断完善，数字服务提供商为数字贸易的诞生奠定现实基础，无论是电子捕获还是形成传送数据的中心，交易技术都使得消费者可以直接接触这些数据，并通过特定的数据分析比较不同产品之间的差异。此外，个人终端与数据基础设施的对接也大大降低了商业使用成本，扩大了贸易的范围。

（6）交易运用的普适化。

其一，数字贸易可以运用到传统制造行业。制造行业的智能化是数字贸易带来的重要历史变革。制造行业的智能化不仅是指诸如汽车行业、高端设备制造业等资本密集型行业从生产到销售的智能化，还应该包括诸如纺织行业等劳动密集型行业的智能化。在传统产业数字化转型的背景下，数字贸易不再仅仅是实现商品的交换，而且承担起智能制造的重任。数字贸易信息的传递可以为产品的研发提供更多的外部智力支持，为产品销售提供多样化的渠道，对生产工艺进行柔性化改造，最终实现全社会生产的智能化升级。其二，数字贸易拓展了供应链。传统的供应链是通过市场营销、产品开发、制造和分销，并最终落实到客户手中的一系列离散的、孤立的步骤。数字化打通了这些"墙壁"，形成一根链条，变成一个完全集成的生态系统，所有参与者，包括原材料和零部件供应商、供应品和成品的运输商以及最终的客户都得到满足。这个网络将取决于一些关键技术，如综合规划和执行系统、物流可视性、自主物流、智能采购和仓储、备件管理和高级分析等。结果将使公司能够对供应链中断做出反应，甚至可以预测它们，通过对网络进行全面建模，创建"假设"情景，并随着条件变化实时调整供应链。

3. 数字贸易与传统贸易的比较

（1）相同之处。

第一，需求本质相同。贸易的本质是货物交易，在古代自给自足的社会中，随着生产技术的提高，开始有了生产盈余，人们在满足了自身的生活需要后，会通过物物交换的方式满足其对另一物品的需求，逐渐达到分工的专业化和商品的多样化。即使在今天，贸易的物物交换本质仍然没有发生变化，对数字贸易而言，也存在数字化产品、数字化服务与数字化生产要素的时空转移。因而这并没有改变贸易作为交换活动的本质。

第二，理论基础相同。比较优势理论是贸易的理论基础。比较优势理论诠释了在"没有优势的"情况下，通过专业性分工，每个地区也能获利的经济现象。这一理论总结了贸易发生的动因，并将这一动因归结于各个地区的成本优势。因而，专业化的生产可以使得每个地区的社会福利水平提高，这也是数字贸易产生的动因。

第三，对资源的要求相同。一是促进资源流通。贸易通过价格机制，有效地配置了流动性的资源，并通过资源的流动平衡各个地区的供求关系。二是促进信息共享。确保信息获取与传递的过程中不存在不对称的现象，进而实现信息的有效传播与利用，并保证了信息的即时性与准确性。三是推动产业发展。一方面有利于产业的技术进步，使得交易群体较为便利地获取技术；另一方面，促进资源合理利用。产业的发展需要高密度的资源流，通过资源流动，产业可以及时获取外部知识，推动产业创新。

（2）不同之处。

第一，产生背景不同。重商主义的发展以及工业革命的前期孕育了传统贸易。交通运输方式的改变以及新的生产方式的出现大大促进了劳动分工，正是在这种情况下，传统贸易得以诞生。但是只有当信息技术普遍运用于我们的生活之中，数字技术引导第四次工业革命，并带来生产方式的进一步变革以及生产资料的进一步丰富，才会诞生数字贸易。

第二，经济影响不同。传统贸易促进了各国利用比较优势进行生产分工，同时利用规模效应与范围经济扩大生产，在一定程度上通过降低成本的方式推动了经济的发展。但是传统贸易容易产生价值链锁定效应，导致贸易主体地位的禁锢。而数字贸易将改变目前的全球分工体系。一方面，数字贸易中的劳动分工会打破原有的价值体系，使得各地区在新的贸易浪潮下重新定位，从而再次构建全球范围的贸易结构；另一方面，数字贸易要求更有效率的政府治理体系与法律体系，从而对数字贸易这一新兴领域进行监管。值得一提的是，数字贸易还会改变原先的供应链，提升供应效率。

第三，交易过程不同。其一，交易周期不同。传统贸易受价格的影响较为强烈，本身抵御汇率风险的能力有限，因而经济波动对其影响更大。但是数字贸易的不确定性被数字技术所吸收，使得原先的地理距离等空间限制不再成为制约贸易的重要因素。其二，行为主体不同。生产者与消费者构成了传统贸易的主要参与者，但是缺少面对面直接交易。数字贸易却融合了第三方交易平台，使得交易主体可以进行即时通话，保证了信息传递的有效性，并且数字贸易更加注重消费者的多样化需求。其三，交易标的不同。生产要素与实物商品是传统贸易的主要标的，而数字贸易不仅包含了数字化的传统贸易商品，还包含了通过互联网等数字化手段传输的数字产品与服务。其四，交易方式不同。传统贸易需要场所以及纸质凭证，但是数字贸易实现无纸化交易。传统贸易需要进行实物运输，例如，海运等，而数字贸易主要通过投递的方式寄送，部分跨境电子商务企业采取海外仓、保税仓模式；数字产品与服务的贸易则采取数字化的递送方式。

3.4.2　数字贸易规则及风险

数字贸易规制具有多元目标，规制措施需要协调贸易价值和非贸易价值。世界贸易组织有关数字贸易（亦称电子商务）规则谈判的僵局反映了目前的 WTO 架构是否非常适合对隐私、安全以及互联网治理等问题作出判断的不确定性。这种不确定性增加了各国采取保护主义措施的政策空间，因为在实践中是否需要这些措施来保护重要的非经济利益或是否存在对贸易限制更小的替代方案并不明晰。限制数字贸易的例子包括禁止在公共部门中使用某些数字产品、数据本地化措施、互联网屏蔽和过滤等，这些限制措施可能严重影响企业运营和向客户提供服务的能力。

数字贸易涉及贸易便利化、数据跨境流动和本地化、数据主权与安全、隐私保护、管辖权、源代码保护以及数字服务税等多个方面，各个国家和地区对数字贸易的治理存在重大分歧，这些分歧也体现在各个国家和地区对外推出的数字贸易规则上。作为全球数字贸易治理体系中最重要的利益相关者之一，中国近年来对外缔结的自由贸易协定（FTA）中开始包含数字贸易条款，也积极参与 WTO 电子商务诸边谈判，为全球数字贸易规则的构建贡献力量。当前尤其需要考虑的是，在数字贸易国际规则构建中，中国如何在纷繁复杂的诸多议题中选定各方密切关注且影响较大的议题，以及在何种场合寻求更多盟友的支持，进而推出数字贸易国际规则的中国方案。

我国在参与构建数字贸易国际规则的过程中，已经与一些国家在电子签名、电子合同和认证、无纸化贸易等贸易便利化问题和个人信息保护、在线消费者保护以及未经请求的商业信息等消费者权益保护等常规议题上达成共识，但在数据跨境流动和本地化、源代码保护以及电子传输关税和数字服务税等前沿议题上存在较大争议。

1. 数据跨境流动和本地化

美国通过 TPP 和《美墨加协定》（USMCA）等逐步确立了美国主导的美式数字贸易规则。以 USMCA 为例，美国在 USMCA 中主张参照亚太经合组织（APEC）《隐私保护框架》（CBPRs）建立以市场主导和行业自律为标准的低水平数据跨境保护体系，强调数据的自由流动并设置了合法公共政策目标例外；要求计算设施非本地化且未规定例外情形。美国的上述立场主要依托于美国所具备的以下优势：首先，美国占有绝对优势的互联网企业和先进的数字技术将全球数据汇聚于美国，并天然地形成了对全球数据的管辖权。其次，美国通过将数据本地化要求内化为国内法的方式来加强对涉及敏感信息领域的国家安全审查，以阻止该类数据被特定国家或实体获取。比如，美国在云计算服务问题上通过《联邦政府云计算战略》来决定数据的控制和存储地，美国国防部还要求云计算服务提供商对其处理的关涉国防信息的数据在本地存储，美国国家税务局也要求将税务信息储存在境内。

欧盟为个人数据流动提供了以下选择：首先，《通用数据保护条例》（GDPR）第 5 章规定个人数据可以向欧盟委员会认定的提供足够保护的非欧盟国家和地区提供，这一名单目前包括加拿大、以色列、新西兰、瑞士、日本等 13 个经济体。欧盟对进入名单的"第三国"的评估程序烦琐且低效，还加入了政治因素的考量，可能导致对"第三国"数据保护水平的歧视。其次，欧盟委员会通过标准格式合同条款（SCCs）将企业间的欧盟成员国公民个人数据出境后受保护的原则和受保护水平通过合同模板固定下来，明确境内数据控制者和处理者的法律责任以及境内监管机构的职责。最后，跨国公司或集团公司制定的约束性公司准则（BCRs）提供的数据保护水平获得欧盟认可后，即可在集团内部传输跨境数据。该标准有助于跨国公司在对数据没有达到充分保护水平的国家为数据提供高标准保护。欧盟也通过 GDPR 规定的"影响主义原则"，对欧盟境内不存在实体的数据控制者进行的个人数据处理行为进行长臂管辖。GDPR 对个人数据的高标准保护以及通过将欧盟的数据隐私保护法律域外适用的做法将深刻影响全球数据流动，并使其事实上成为一种全球性标准。此外，欧盟还于 2018 年 11 月 14 日通过《欧盟非个人数据自由流动框架条例》，以消除欧盟内部获取非个人数据的障碍。然而，这仅限于欧盟内部的自由流动。欧盟对数据本地化存储的立场较为温和，认为各国不能将数据本地化存储作为进入其市场的前提条件，但对各国维护数据主权与安全的考虑也应予以尊重。

我国的互联网企业在全球前十位中占据四席，但国内对数据流动的规制却存在不足，互联网企业在跨境传输数据时也缺乏对数据的保护，大量数据面临被泄露、滥用或篡改的威胁。为了保障我国的数据主权和安全，《中华人民共和国网络安全法》（以下简称《网络安全法》）第五十条要求国家网信部门和有关部门对数据进行监督管理，发现与我国法律、行政法规冲突的境内信息，网络运营者应停止传输；若信息来源于境外，则应通知有关机构阻断传播。国家互联网信息办公室发布《个人信息和重要数据出境安全评估办法（征求意见稿）》和《信息安全技术数据出境安全评估指南（草案）》，对重要数据以及数据出境安全评估的流程、要点、方法等进行了明确和细化。上述规定与美国主张的数据跨境自由流动存在冲突，但与欧盟对数据的高标准保护存在可协调的空间。《网络安全法》第三十七条规定了关键信息基础设施的运营者在我国境内收集和处理的个人信息和重要数据须境内存储的本地化措施。虽然该规定与美欧要求的禁止数据本地化措施不一致，但美欧也通过国内法在重要领域设置了数据本地存储要求。另外，《网络安全法》第四十二条还规定了非关键信息基础设施的运营者在征得被收集人同意及履行通知义务后可以跨境转移数据，平衡了数据企业的利益与个人数据保护中的个人意愿。我国目前对数据的保护主要停留在政府监管层面，实践中应加快制定数据分级分类的标准和强化数字企业对数据的保护责任。

2. 软件源代码保护

源代码是程序员开发程序时在文字处理程序中编写的人类可读指令的列表。源代码通过编译器运行,以将其转换为计算机可以理解和执行的机器代码(也称为"目标代码")。源代码是组成计算机软件的要素,一些发展中国家出于网络安全监管和促进软件开发利用的考虑,要求软件所有者进入该国市场时须披露源代码。美欧认为将披露软件源代码作为市场准入条件损害了数字企业的商业利益,主张禁止强制披露源代码和迫使企业使用特定加密技术。比如,美国认为其企业面临着中国实体通过网络窃取其商业机密的"日益增长和持续"的威胁。坚持禁止强制披露源代码条款是为了保护其数字知识产权,公开软件源代码将减少利用该软件核心技术的知识产权所获利益。欧盟虽未将披露源代码作为其市场准入条件,但欧盟委员会也出于其经济利益考虑要求微软开放部分软件源代码。欧盟还强调为了公共利益的监管,将因反不正当竞争调查、知识产权保护和执法、政府采购事项等排除在禁止强制披露范围之外。我国目前的法律法规对披露源代码没有提及,但《网络安全法》第二十三条、《信息安全技术移动应用网络安全评价规范》第七条都要求网络关键设备及网络安全专用产品须接受我国相关部门的安全审查。《中华人民共和国密码法》第十七条也规定对核心密码和普通密码进行安全分级评估,并对可能影响国家安全的密码产品和服务进行安全审查。因此,中国出于国家安全的担忧,在监管过程中难免会要求相关的外国在华企业披露源代码的情况,这与 USMCA 的规定相悖,可能遭到美国的反对,但这一考虑与欧盟的公共利益例外的立场一致。

3. 电子传输关税和数字服务税

关于电子传输关税和数字服务税(DSTs),目前国际上有三种做法:一是以美国为代表的免征电子传输关税和 DSTs;二是以欧盟为代表的免征电子传输关税但允许征收 DSTs;三是以印度、巴西为代表的征收电子传输关税和 DSTs。就电子传输免关税而言,各经济体的争议点主要在于:电子传输仅指传输媒介还是包括传输内容;若对被传输的数字产品或服务征税,在技术上是否可行;这种禁止仅适用于关税还是包括强加在数字产品上的费用或其他收费;这种暂停征收仅适用于进口还是包括出口。数字技术的广泛使用使得越来越多的商品可以数字化的形式呈现,一些原本须经过海关的有形货物转而通过线上传输,降低了政府从可数字化商品中获得的关税收入。据联合国贸易和发展会议(UNCTAD)统计,对电子传输免征关税,发展中国家受到的损失最大,美国则是最大的受益者。一些国家不愿将电子传输免关税或者对电子传输内容征收国内税。中国提出将免关税问题延至下届部长级会议解决。

全球经济的数字化转型给传统的国际税收框架带来难以识别纳税主体、难以确定收益归属以及难以划定税收征管职能等挑战,导致税基侵蚀和利润转移等问题。鉴于数字贸易在全球贸易中的比重与日俱增,各国出于增加财政收入的考虑,对数字产品和服务征税已是大势所趋。法国、英国、意大利等已在其国内通过数字税立法,以解决数字企业借助不同国家和地区的税率差异而引发的税基侵蚀问题。上述国家为了避免国际税收协定限制,将 DSTs 定性为临时措施,一旦国际社会就数字经济征税问题达成一致就放弃征收。为了应对数字经济对传统税收制度带来的挑战，经济合作与发展组织（OECD）出台"支柱一"和"支柱二"蓝图报告，通过"支柱一"设立新征税权以应对传统实体经营场所的相关规定对数字经济活动的税收分配和征管无力以及双重征税的问题，新征税权的六个结构性要素为适用范围、税收关联度、收入来源、利润分配、税基确定以及避免双重征税；通过"支柱二"设立相应的税率规则对包括数字企业在内的跨国企业征税，确保其至少按照最低水平纳税，以解决税基侵蚀与利润转移问题。这些税率规则主要包括所得纳入规则、税收过低支付规则、转换规则和应予课税规则。美国认为 OECD 在"支柱一"设定的征税门槛使得美国大型跨国科技公司成为主要征税对象，导致不公平的贸易壁垒；OECD在"支柱二"中将全球最低税率定为 13%，也将大大加重美国跨国公司的纳税负担。美国的数字贸易提案和《美日数字贸易协定》（UJDTA）都明确数字产品的非歧视待遇包括国内税，反对各国对数字产品和服务征税。美国贸易代表（USTR）还依据《1974 年美国贸易法》第 301 条，对英国、奥地利等 10 国的数字税政策发起调查，并采取相应的反制措施。美欧在数字税规则制定方面的分歧难以调和，本质上仍是双方对数字经济下国际税收规则制定的话语权之争。

中国作为数字经济大国和最大的发展中国家，在是否开征 DSTs 问题上面临两难选择。中国数字经济的飞速发展受益于国内巨大的数字消费市场和在电子商务、移动支付等方面占据优势的国内大型数字平台企业。不过，与 Google、Facebook 等跨国企业相比，中国国内数字平台的业务主要集中在中国市场，海外的营业收入占比较低，在"走出去"的过程中也面临诸多壁垒。比如，美国通过"清洁网络"行动禁止使用中国企业开发的 App，打压中国企业研发的网络支付工具。在 DSTs 已成趋势的形势下，中国的数字企业以及消费者会受到怎样的冲击，中国面临何种贸易摩擦风险，仍须进行深入研判。中国在电子商务提案中未提及DSTs，但基于国际社会对 DSTs 的高度关注以及我国数字贸易的发展特点，中国应结合实际影响慎重决定是否征收 DSTs，以免加重数字企业的税收负担并导致贸易转移效应的出现。

3.4.3　数字贸易规则中的安全例外

国家安全例外是 WTO 例外条款中最广泛的例外，但安全例外条款很少被 WTO 成员援引，成员也很少就国家安全措施提起争端诉讼，因为担心争端解决机构对国家安全例外的含义采取进一步的司法干预。安全例外条款兼具贸易属性和政治属性，安全例外条款的解释不得太精确，也不得太宽泛，而应当在 WTO 成员的国家主权和多边贸易体制之间寻求合理平衡。近年来，越来越多的国家在考虑如何在安全例外的情形下使贸易限制措施正当化。在援引安全例外条款问题上，美国无疑是"老手"。根据美国国内法，美国总统在监管威胁国家安全利益的贸易方面享有广泛的权力。美国以国家安全为由在出口管制、进口管理、外资审查等领域采取了一系列限制措施，国家安全甚至成为美国对华发动贸易战的"理由"之一。很多国家在其公开声明或国内法律法规中将国家安全作为限制数字贸易的理由，尽管目前尚不清楚这些限制措施在实践中是否有助于改善国家安全。

国家安全的范畴包括传统安全和非传统安全，传统安全以军事安全为核心，除军事安全以外对国家发展构成威胁的因素统称为非传统安全。非传统安全涉及政治、经济、文化等不同方面。非传统安全成为国家安全的新焦点，如未得到妥善解决，则可能向传统安全转化。WTO 国家安全例外条款解决的是成员的传统安全关切。数字贸易依托于互联网，国家在数字贸易规制中主张的国家安全关切是基于网络安全。根据"俄罗斯过境限制案"专家组的裁决，成员对于国家安全事项的判定虽然有一定自由裁量权，但 GATT1994 第 21（b）条列举的（i）至（iii）项限定了安全事项的范围，这三项规定并未明确涵盖互联网审查、对跨境数据流动的限制等措施。那么，网络安全是否可以构成 WTO 国家安全例外中的国家安全？一国采取的网络安全措施能否依据国家安全例外条款正当化？

网络安全涉及的关切非常广泛，而网络安全事故通常需要付出高昂的代价。数字服务或网络中的安全漏洞会对诸如隐私和消费者权利之类的各种公共利益产生不利影响，甚至影响各国的经济和政治福祉。2019 年 6 月 27 日生效的欧盟《网络安全法》的立法目的之一就是为信息通信技术产品、服务和流程建立统一的欧洲网络安全认证框架。但并非所有上述公共利益都可以称为国家安全利益。很多网络安全措施是为了防范商业或社会威胁，例如防止消费者和企业的数据被盗或要求私营企业定期更新其安全系统。在卫生或金融等敏感部门，很多国家还提出了更严格的安全合规要求，以降低对其经济和社会系统的风险。不过，某些网络安全风险很显然会威胁国家安全利益，它们可能破坏关键资源或关键基础设施，甚至对一国境内的国民造成人身伤害。最近几年，很多国家（如中国和越南）通过的网络安全法规都旨在避免对其关键基础设施（如电力、交通、公共卫生、银行和通信网络等）进行网络攻击。对这些部门的系统性网络攻击可能造成灾难性后果，其影响不亚于武力攻击。网络安全已经成为各国国家安全战略中特别关注的内容。美国 2010 年的《国家安全战略报告》指出，网络安全威胁是美国面临的最严重的国家安全、公共安全和经济挑战之一。

网络安全可以成为国家安全，通常被理解为是非传统安全之一，但它也可能发展成为传统安全。当然，并非所有的网络安全目标都可以解释为国家安全，网络安全不能和国家安全完全等同，只有当网络安全威胁达到一定程度才可能影响国家安全。在判定什么样的网络安全利益构成国家安全利益时应恪守善意原则。美国 2010 年的《国家安全战略报告》提到，美国面临的网络安全威胁涉及的领域包括政府网络、电力和电网、企业经济利益、个人隐私等，威胁的来源涵盖了从个人黑客到有组织犯罪集团，从恐怖分子网络到国家实体。其中，政府网络和电网面临的安全威胁可能危及一国的关键基础设施，可能构成国家安全威胁，但对个人隐私的威胁仅仅影响消费者权利，通常难以纳入国家安全范畴。对企业经济利益的威胁关涉经济安全，其是否影响国家安全需要具体分析。美国 2017 年的《国家安全战略报告》提出，经济安全就是国家安全。美国提出的这一主张值得商榷。虽然经济安全可以构成国家安全（非传统安全），但不能和国家安全简单等同。2018 年 3 月，美国以钢铁和铝的进口威胁美国国家安全为由，对钢铁和铝采取加征关税措施（"232 措施"）。美国 232 调查报告的分析逻辑可以概括为：国家安全需要国防建设→需要钢铁和铝→钢铁和铝的进口威胁国家安全。钢铁和铝的进口直接影响的是美国国内产业，至于如何对国家安全产生威胁，美国的调查报告并未提供有说服力的论证。美国这一做法也引起了 WTO 成员的广泛质疑，被相关成员诉至 WTO。

将网络安全中的非国家安全目标和国家安全目标混为一谈，将破坏国际贸易体制的稳定，形成贸易壁垒，威胁贸易安全。在某些情况下，网络安全措施可以成为变相的贸易保护主义工具。例如，执行本国的网络安全标准有可能是为了追求技术标准制定方面的主导地位，获得竞争优势。WTO 安全例外条款形成于前互联网时代，其规定的国家安全事项均只涉及传统的军事安全，其中的"基本安全利益"限于与军事设施、核设施以及在"战时"或"国际关系中的其他紧急情况"发生时所采取措施有关的情况。但自第二次世界大战以来，国家之间武装冲突的形式以及对国际和平与安全的威胁在不断变化。网络安全风险对国家安全以及国际和平与安全的威胁在不断加剧，网络战甚至可以成为国家之间战争的一种形式。在演化解释语境下，网络安全可以构成安全例外中的国家安全。

很多国家基于网络安全和国家安全的理由采取限制数字贸易的网络安全措施，如对跨境数据流动进行严格的安全评估，要求企业采取强制性的国内标准以及数据本地化措施。采取网络安全措施的国家通常主张安全例外条款使其措施正当化。安全例外条款对于区分合法的国家安全措施和保护主义措施非常重要。数字贸易中的数字产品和数字服务主要涉及服务贸易，因而与数字贸易规制相关的安全例外条款是 GATS 第 14 条之二。由于 GATS 第 14 条之二的措辞与 GATT1994 第 21 条几乎一致，因此后者的法理和实践适用于前者。根据 GATS 第 14 条之二第 1 款（b）项（i）目和（ii）目为网络安全措施抗辩的情形，仅限于与保护成员的军事设施或核设施免遭网络安全威胁有关的情况。"俄罗斯过境限制案"专家组指出，GATT1994 第 21（b）条的"与……有关"（relating to）要求证明措施的目的和手段之间存在真实而紧密的联系，并应受到客观审查。数字服务已经成为各国国防部门不可或缺的一部分，因此对这些系统的任何网络攻击或网络安全威胁都会引起严重的国家安全关切。例如，对发电厂或国防设备等核设施的网络攻击可能会对一个国家（或几个国家）造成破坏性影响。军事数字化现在也很普遍，这使得军事系统很容易受到网络攻击。因此，成员可以采取网络安全措施，以遏制此类核设施或军事设施所使用的数字服务中的网络安全威胁。这些措施可以根据（i）目和（ii）目正当化，（i）目可能涵盖与军事设施有关的数字服务的数据传输限制或网络安全标准，（ii）目可能涵盖与核设施有关的数据传输限制或网络安全标准。WTO 安全例外中的网络安全威胁主要体现为网络攻击，而与网络攻击最相关的例外条款是 GATS 第 14 条之二第 1 款（b）项（iii）目的"战时或国际关系中的其他紧急情况"。"俄罗斯过境限制案"专家组将 GATT1994 第 21（b）（iii）条中的"国际关系中的紧急情况"解释为，武装冲突，或潜在武装冲突，或高度的紧张局势或危机，或吞并或包围一个国家的总体失稳的情形。这些情形会影响有关成员特殊类型的利益，即国防或军事利益，或维护法律和公共秩序的利益。专家组并不考虑"国际关系中的紧急情况"产生的原因为何，而只审查这种客观状态。（iii）目可以适用于"战时"

或"国际关系中的紧急情况"下采取的网络安全措施，例如在武装冲突期间禁止外国的数字服务，以最大限度地降低网络攻击的风险。在这种情况下，专家组可以客观地审查是否存在战争或国际关系的紧急情况，以及实施的网络安全措施与成员的基本安全利益之间是否存在合理联系。网络攻击本身也可能导致"战时"或"国际关系的紧急情况"的情势。对一国关键基础设施的网络攻击将对该国带来灾难性后果，对一国军事网络系统的攻击可能导致该国的军事力量陷入全面瘫痪。网络战甚至可以达到战争的最高境界，即"不战而屈人之兵"。当网络战造成了（iii）目中的情势，则成员对数字服务施加限制以减少此类网络攻击或使用网络武器的措施可以依据（iii）目进行抗辩。在评估网络攻击是否导致战争状态或国际关系的紧急状态时，可以结合网络攻击的规模和后果来判定。如果网络行动的规模和后果相当于使用武力的非网络行动，则可能构成（iii）目中的情势。基于（iii）目采取的网络安全措施只适用于特定的一段时间，并非永久适用。当国际关系的紧急情况消除，网络安全措施就应当终止。根据 GATS 第 14 条之二第 1 款（b）项采取的措施及其终止，应尽可能充分地通知服务贸易理事会。很多国家都基于网络安全和国家安全的理由对网络产品和服务进行审查。网络安全审查强调保障重要基础设施发挥功能，并不以现实存在的"战争"或"国际关系的紧急情况"为前提，因此网络安全审查措施唯一可能援引的安全例外条款是 GATS 第 14 条之二第 1 款（a）项的拒绝披露特定信息。

　　一些国家基于维护国家安全的理由限制跨境数据流动，但各国政府并未就这些限制措施在实践中如何回应国家安全关切提供明确的论据。安全例外中的基本安全利益是与国家典型职能有关的利益，比普通安全利益有更高标准。国家安全措施与基本安全利益之间应存在合理联系。强制公司在本地存储或处理数据既不能确保网络在受到攻击时仍能正常运行，也不能确保通信系统在受到攻击时更容易复原。无论数据存储在何处，薄弱的安全系统仍然是薄弱的。此外，如果数据集中存储在某个明确的位置，则其受到网络攻击的可能性更高。限制跨境数据流动的措施与基本安全利益之间的合理联系难以满足。近年来，美国、澳大利亚、新西兰等国出于国家安全原因频繁地对华为采取贸易/投资限制措施，如禁止电信公司采购华为设备，禁止华为并购国内企业，禁止华为参与投标等。这些国家声称华为已经和中国政府分享了其所涉外国电信系统的广泛信息，华为可能在其安装的设备中植入了"后门"。这些国家的主张没有任何事实依据，况且一台电子设备可以包括来自世界各地的部件，在生产全球化时代，"外国制造"或"中国制造"的概念没有太大意义。这些国家采取的单边限制措施与其基本安全利益之间很难建立合理联系，华为只是和这些国家的相关国内产业存在商业竞争关系。2019 年以来，美国又对华为的 5G 网络发动制裁，认为一旦建设华为 5G 网络，将对本国的网络安全构成极大威胁。由于我国在信息技术产品、互联网基础设施等贸易与投资上已经初具比较优势，我国的数字产品和企业时常被西方国家视为重要的安全威胁，因此，我国在国际经贸协定谈判中可适时主张限制滥用安全例外条款。

部分网络安全措施可以依据 WTO 安全例外条款进行抗辩，但安全例外适用的范围非常有限。根据"俄罗斯过境限制案"专家组的裁决，WTO 成员对安全例外的自主裁判权是有限的，专家组对基本安全利益的狭义解释无法满足当前各国对基本安全利益日益扩大化的理解。一些国家以安全例外为幌子，行贸易保护之实。中国向 WTO 提交的《关于WTO 改革的建议》特别提到，要加严对滥用国家安全例外的措施的纪律。成员应秉承善意和克制原则援引安全例外条款，并应在 WTO 框架下对安全例外条款予以进一步澄清和规范。数字技术的飞速发展带来了技术上的不确定性，而国家安全问题又具有高度的政治敏感性，期待 WTO 争端解决机构对网络安全措施和国家基本安全利益的边界作出清晰的界定不太适宜。而期待 WTO 成员在短期内对安全例外条款进行修订以考虑网络安全问题，或者制定一个专门的网络安全例外条款也不太现实。不过，一些国家已经在 FTA 层面通过在其安全例外条款中纳入网络安全事项来解决网络安全风险对其国家安全可能构成的威胁。例如，《中国与东盟全面经济合作框架协议货物贸易协议》和《中国新加坡自由贸易协定》的安全例外条款都明确规定了保护重要通信基础设施免遭破坏。为了协调数字贸易自由化和国家安全，各国可以通过 WTO 争端解决机制之外的途径来消解在网络安全治理中的分歧，如外交对话、政府之间的非正式/正式谅解以及国际监管合作。这些措施更有可能在促进协调一致和有效的全球网络安全治理方面取得成果。新近 FTA 的数字贸易规则已经纳入了网络安全合作条款。WTO 在将来可能达成的电子商务诸边协定如果涵盖安全例外条款，则该条款应回应网络安全风险与国家安全之间的关系。巴西在 2019 年 4 月向WTO 提交的电子商务文本提案就包括了新的安全例外条款，其规定的国家安全事项包括了"直接或间接用于军事通信的信息的跨境传输"。

3.4.4 全球数字贸易治理困境

当前，国际数字贸易规则无法达成共识，主要有两个方面的原因：一方面，各国数字经济发展水平存在的巨大差异，使得各国对数字贸易规则框架及侧重点的理解和认知存在较大争议。多数发展中国家因数字贸易水平较低，对于参与谈判持保守立场。另一方面，建立国际统一的数字贸易规则本身在操作上存在较大的难度，毕竟数字贸易是新生事物，具体的内涵、外延等基本认知未能达成共识，且数字贸易发展涉及数据安全、数据主权等问题，多边化参与的现实可能性较小。

1. 数字贸易的概念未能达成共识

虽然数字贸易发展迅猛，在全球贸易总额中的比重不断上升，但是，各国在什么是数字贸易、数字贸易涵盖哪些类型等问题上尚未达成基本共识，在概念未定的情况下，数字贸易规则的主张自然存在较大的差异。2010 年以来，WTO、联合国、APEC 等组织相继使用了这一概念，但均没有对其内涵进行界定，各国对数字贸易的内涵界定也存在较大的差异。2020 年 3 月，OECD、WTO、国际货币基金组织共同发布的《关于衡量数字贸易的指南》指出，数字贸易规则及统计上的差异在于缺少内涵界定和共同的会计框架。毫无疑问，正是因数字贸易的内涵不确定，使得多边谈判的可操作性大大降低。如以跨境电商形式进行的数字产品贸易是属于货物贸易还是服务贸易存在统计上的差异；云计算服务是属于电信服务还是计算机服务，也存在较大的不确定性。美国认为，数字产品的范围宽泛，既包括有形的物品，也包括服务，以数字形式及电子传输进行的贸易均可归结为数字贸易。欧盟则认为，数字贸易是服务贸易的一种类型，以电子传输进行的有形物品贸易不属于数字贸易范畴。因此，GATS 的所有规则可以适用于数字贸易。欧美作为全球数字贸易规则的引领者，它们之间关于数字贸易内涵的分歧会在一定程度上延缓多边谈判进程的推动。

2. 多边框架下数字贸易规则谈判进展缓慢

尽管各国对于多边电子商务谈判的热情较高，但因立场及主张上的巨大差异，谈判并未取得实质性的进展。从理论上看，让 WTO 的 164 个成员方达成统一的数字贸易规则具有可行性，但操作起来极为困难。2019 年 1 月，包括美国、欧盟、中国在内的 76 个主要成员方共同发布《关于电子商务的联合声明》，一致同意重启多边电子商务谈判。然而，从 WTO 秘书处收到的提案看，因各国数字经济发展水平、技术创新能力的巨大差异，提案内容的分歧较大，部分经济体的提案并无实质性的内容或举措。未来，基于数字贸易规则的复杂性，特别是在数据存储本地化、数据跨境流动等核心规则上的巨大差异，按照过往的"一成员一票"的协商模式，几乎没有达成统一规则的可能性。近年来，G20 作为全球多边经济合作的倡导者，围绕数字贸易、数字经济等议题进行了大量的讨论，并在成员方协调方面取得积极的进展，但还没有形成系统性的数字贸易治理体系。OECD、APEC 等组织在数字贸易规则立场协调等方面也取得一定的进展，但同样未能形成常规化的治理机制。

3. 数字贸易的核心规则分歧过于严重

各国对于一些非关键性的议题或规则主张比较容易达成一致，但在核心主张方面，因各方的分歧过大，甚至完全是呈相反主张，达成共识较为困难。数据跨境流动及存储本地化是数字贸易的核心规则，也是各方分歧最大的地方。同时，数据跨境流动问题还会涉及数据安全、数据分类、数据权内容等基础性问题。美国因在全球数字贸易中占有优势地位，倾向于推动数据跨境自由流动，并严格禁止数据存储本地化，认为任何限制数据跨境流动的措施均是贸易壁垒。欧盟对于数据跨境流动及禁止存储本地化并不反对，但其要求数据跨境流动必须要遵守欧盟在 GDPR 中设定的规则，只有符合条件的数据才能够跨境流动，同时还要求数据接受地能够提供同等水平的保护。中国对于数据跨境流动及禁止存储本地化持反对立场，认为数据跨境流动必须要进行严格的限制，只有在进行风险评估后，发生风险极小的情况下，数据才能够实现跨境流动，而一些关键数据即便是流动风险较小，也不在跨境流动的行列中。

4. 数字贸易规则涉及非经贸问题也存在较大的分歧

在数字技术的推动下，数据呈几何级增长态势，渗透到经济社会的各个领域。在数字贸易规则谈判及磋商中，不仅体现的是贸易及商业利益，还会涉及大量的技术、伦理、隐私、安全等问题。正是如此，使得各国在数字治理体系建设中较为慎重。不论是国家安全、公共利益、军事领域，还是三次产业的数字化转型，均是数字治理的范畴。面对数据跨境流动这类争议较大的核心规则，其不仅涉及数字贸易的增值问题，还可能会关涉军事情报、金融安全等核心问题，还会涉及个人隐私保护、商业秘密、知识产权保护等与贸易密切相关的问题。这些问题在某种程度上带有一定的政治属性，会受到一国文化传统、社会制度等因素的影响，进而使得各国的立场分歧较大，注定难以在短期内达成一致共识。

3.4.5　数字贸易规则及监管的发展趋势

1. 数据和隐私安全问题凸显推动保护和监管制度完善

数字技术的应用和数字贸易的发展使得数据安全问题凸显，数据自由流动需求和监管之间的矛盾更加尖锐，这将推动信息保护和监管制度进一步完善。当前世界大多数以出台国内法的手段对互联网空间进行规划。在互联网国际准则上，针对非国家主体的行为准则世界各国基本达成共识。但由于国际组织难以直接约束国家行为，发展中国家与发达国家利益矛盾难以调和，使得针对国家主体的行为准则难以取得实质性进展。

随着数字贸易的发展，传统数字贸易规则约束力将更加不足，而与此同时，世界主要国家在网络内容审查和阻隔措施、数据存储强制本地化、源代码开放以及对加密技术的限制、知识产权的保护、电子支付许可、技术标准、政府采购的歧视性规定等方面的分歧逐渐变大。从长期来看，"数据自由流动"需求和"数据跨境流动"监管的冲突将持续并存；个人数据、非公开信息等数据保护要求和监管措施需要进一步增强；企业作为数据控制者、处理者的责任与日俱增，数据分级保护、匿名化、存储加密等保护措施要求日趋细化；数据出境概念从以数据存储国家地理边域为标准，向以数据主体国籍和数据处理者、所有者国籍为标准延伸；数据跨境流动规则在数据本地备份的基础上支持数据流动、有条件解除数据流动限制、禁止数据离境等不同规制模式。在此基础上，各国将加速推进建设本国数字贸易制度，不断完善数字网络法律框架，以期打造快捷稳定的制度体系和网络环境。通过国际合作的方式制定全球数字贸易新规则，突破贸易壁垒、建立更加开放包容的全球性多边贸易体制是未来数字贸易规则发展的主要趋势。

2. 政策和监管手段差异导致数字贸易壁垒上升

由于互联网的全球性和数字贸易标的虚拟性，各国政府在监管方法、监管领域、监管理念和监管模式上存在显著差异，这使得数字贸易保护主义出现、数字贸易壁垒上升。互联网作为全球性网络体系，任何国家数字化领域政策措施的影响幅度都可能超出本国国界。然而各国政府在数字贸易重要政策上却存在重大差异，跨领域的数字贸易治理需要兼顾市场准入和非歧视原则以及互联网问题的治理，随着数字技术进一步发展，各国在隐私统一标准上的缺失将导致数据保护、网络安全、信息安全、跨境业务准入等问题愈发突出，各国间的关税壁垒和非关税壁垒上升，进而阻碍数字贸易发展。由于数字贸易依托不同于传统贸易有形物体载体的数据流载体，现行海关评价体系中缺少对数字服务产品的规定，目前关税来源主要是针对少数纳税主体的大额税款，对此欧美发达国家主张数字产品免除关税，而发展中国家主张征收关税，这将在一定程度上导致关税壁垒的形成。而非关税壁垒的主要对象是无形数字产品，随着数字技术在贸易中的广泛应用，各国将采取本地储存和数据本地处理等保护措施。在此基础上，替代型本地化政策、外商直接投资限制、路径数据流、强制性的数据和 IT 设施本地化措施以及源代码加密要求等非关税壁垒和措施也将逐渐出现在数字贸易过程中。随着数字贸易发展，打破和消除数字贸易壁垒将成为未来全球数字贸易规则谈判的核心问题。

3. 数字技术进步促进贸易便利化程度加深

数字贸易充分利用互联网与数字技术优势，将有效减少数字贸易环节，打破贸易流程中的部门壁垒，降低贸易过程的成本支出，提高贸易效率。随着数字技术的发展以及区块链等新技术的应用，中间环节减少，货物贸易运输和存储成本降低，通关手续简化、线上平台的应用将有效降低信息和交易成本；在全球范围制作、复制和分发创意性产品的成本大幅降低。因此，数字贸易将呈现两头活跃、中间萎缩的发展态势。未来数字贸易将呈现普惠化、个性化的特征。一方面，数字市场门槛的降低有助于中小企业和发展中国家直接参与国际贸易，数字平台和区块链技术的应用将有效减少中间商对贸易参与主体资质审查所需的征信、审查、复核等环节，提高贸易效率；另一方面，强大的计算能力、大带宽、高网速的云计算和人工智能等数字技术将在消费者和生产者之间建立起高效的交流通道，从而减少数字贸易中批发商、代理商等中间环节成本，使得生产者可以直接满足消费者需求。

4. 新技术发展推动知识产权保护体系完善

数字知识产权的无形性使得客体侵权和保护的确认难度及复杂性大大提高，信息数字化处理和传播使得数字知识产权客体的无形性和不确定性明显增加，完善合理的知识产权保护体系尚待建立。当前对数字知识产权的保护制度不完善，普遍存在对数字内容产品版权保护力度不足、专利申请及"多级保护计划"等对外资存在歧视性做法、强制性要求开放源代码、不公平的强制性技术转让及技术改造许可制度、网络入侵窃取商业秘密和科技专利等一系列行为。从长期来看，世界各主要国家在数字知识产权方面的争议很可能围绕以下方面进行升级：一是将"开放源代码禁令"延伸至适用于除大众市场软件之外的基础设施软件；二是将"算法""密钥"和"商业秘密"新增至"开放禁令"列表；三是使"互联网服务提供商"在知识产权保护方面承担更多的责任。可以预见，随着数字贸易发展，未来数字知识产权方面的分歧和冲突必然会增加，全球贸易体系对数字知识产权保护制度的需求愈加迫切，构建完善的知识产权保护制度是大势所趋。

3.5 中国贸易安全现状

3.5.1 中国对外贸易依存度偏高

近年来，随着社会经济的不断发展，中国对外贸易不断深入，对外贸易依存度也大幅上升。外贸依存度过高使中国经济发展过于依赖国外市场。尤其是中国外贸出口主要建立在粗放型数量扩张基础上，顺差来源国家过于集中在美国、欧盟等国家和地区，这给中国经济发展带来了自身难以控制的不确定因素。世界范围内的经济波动、国际市场和国际贸易波动的风险以及中国主要贸易伙伴国经济情况变化等都对中国的贸易安全带来严重威胁。

从对外贸易依存度的变化趋势来看，中国对外贸易依存度呈现出与国际发展趋势基本保持一致、出口贸易依存度持续高于进口贸易依存度以及与世界经济增长同步的显著特征。自2001年加入世界贸易组织以来，中国国民经济发展对外贸的依赖程度不断提升，到2006年达到峰值64.48%。2007~2009年，在全球金融危机的影响下，中国外贸受挫，外需不足导致出口贸易持续下降，到2009年达到谷底45.18%（见图3.1）。其后，中国明确了将扩大内需作为宏观经济政策的核心目标，不断调整和完善对外贸易制度，重视进出口贸易平衡，转变对外贸易发展方式，外贸依存度先上升再下降。截至2020年，中国对外贸易依存度降至34.51%（见图3.1）。按照当前我国的产业结构和出口现状来看，初级产品出口占比越来越小，工业制品的出口份额越来越大，但结构失衡的情况还比较突出。出口依然是以基础制造产品为主，装备制造设备、高新技术产品进口额度依然较高，很多产品处于低端低质、高端高质的交手，关键技术和零部件被人"卡脖子"。同时，我国同质化竞争严重，产业内分工不足，服务贸易结构中存在着逆差大、附加值低、劳动密集型比重高，资本密集型、人才密集型的比重较低的问题。此外，能源资源部分粮食产品进口依赖度过高，总体成本居高不下，能源安全、粮食安全存在隐患。

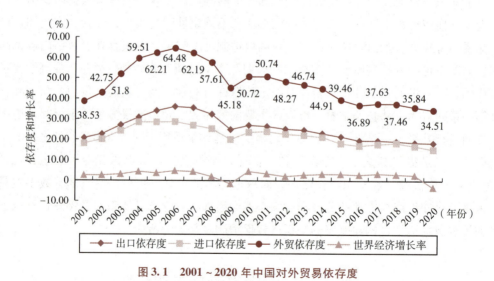

图3.1 2001~2020年中国对外贸易依存度

资料来源：WTO数据库，笔者自行计算得到。

欧盟、美国、日本、东盟一直是中国的贸易伙伴。从2020年中国海关统计数据来看，美国依然是中国最大的单一贸易伙伴国，中美双边贸易总额达5867.2亿美元，同比增长

8.3%，其中，中国出口 4518.12 亿美元，同比增长 7.9%，中国从美国进口 1349.1 亿美元，同比增长 9.8%。日本与韩国作为中国第二和第三大贸易伙伴国，中日、中韩 2020 年双边贸易额分别达 3175.37 亿美元和 2852.6 亿美元，同比分别增长 0.8% 和 0.3%。同时，中国对外贸易区域集中在亚洲和欧洲，区域不平衡加剧。亚洲作为中国对外贸易的主要地区，全年贸易额达 23865.6 亿美元，占中国对外贸易总额的 51.4%，同比增长 0.8%，其中对亚洲国家与地区出口 12310.6 亿美元，同比增长 0.9%；从亚洲国家与地区进口 11555.05 亿美元，同比增长 0.8%。中国 2020 年对欧洲贸易总额达 9075.57 亿美元，同比增长 3.5%，首次跃居欧盟第一大贸易伙伴。其中对欧洲出口达 5359 亿美元，同比增长 7.2%，从欧洲进口 3716.56 亿美元，同比下跌 1.4%。而非洲和拉丁美洲地区的贸易依然没有明显增长。2020 年中国主要贸易伙伴排名情况如图 3.2 所示。

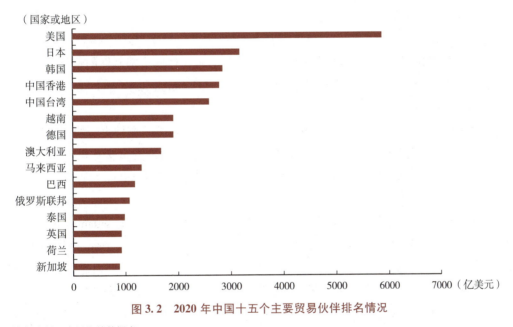

图 3.2　2020 年中国十五个主要贸易伙伴排名情况

资料来源：中国海关数据库。

　　偏高的对外贸易依存度、较为集中的贸易市场会使中国的经济发展容易受到国外经济波动的影响，影响对外贸易的安全，从而影响中国的产业安全和社会稳定。

3.5.2　全球贸易新规则的影响

　　目前全球区域经济一体化发展呈现了多元化发展态势，TPP 谈判、TTIP 谈判、TISA 谈判并驾齐驱，成为全球瞩目的焦点，这些谈判及其相互之间的互动必将成为塑造未来全球贸易新规则新版图和全球区域经济合作格局的重要力量。

　　《跨太平洋战略经济伙伴协定》（Trans‑Pacific Partnership Agreement，TPP）是由美国

主导的高标准的地区一体化安排，是美国实施战略重心向亚太地区转移，全面介入亚太地区经济整合过程，重获亚太经济主导权的重要工具。2011 年 11 月，时任美国国务卿希拉里发表题为"美国的太平洋世纪"的演讲，表示"在下一个 10 年，美国要锁定在外交、经济、战略和其他方面持续不断地增加在亚太地区的投入，并把它当作美国治国理政的最重要任务之一。"2009 年以来，在美国的积极推动下，TPP 谈判进展迅速，成员国不断扩大。APEC 现有的 21 个成员中除中国、中国香港、印度尼西亚、韩国、巴布亚新几内亚、菲律宾、俄罗斯、中国台北和泰国外，其余 12 个成员已全部加入了 TPP。作为美国高调重返亚太的重要战略工具，美国积极推动 TPP 发展的意图在于直接参与并主导亚太地区贸易合作机制，继续引领制定亚太地区乃至世界自由贸易的新标准。根据美国的设想，TPP是一项"面向 21 世纪、高标准、全面的"自由贸易协定。美国加入 TPP 后主导了 TPP 谈判并在不少章节提出了新的方案。一旦这样的高标准在亚太地区的影响力和地位不断扩大，美国自然而然也就成为了亚太区域贸易规则的主导者。2017 年 1 月 23 日，美国总统特朗普上任后签署行政令，正式宣布美国退出 TPP。同年 11 月 11 日，由启动 TPP 谈判的11 个亚太国家共同发布了一份联合声明，宣布就新的协议达成了基础性的重要共识，并决定协定改名为"跨太平洋伙伴关系全面进展协定"（Comprehensive and Progressive Agreement for Trans – Pacific Partnership，CPTPP）。

美国在加快推动 TPP 谈判进程的同时，也在启动跨大西洋的贸易投资协定谈判。2013年 2 月 13 日，美国总统奥巴马和欧洲理事会主席范龙佩、欧盟委员会主席巴罗佐发表联合声明，宣布启动《跨大西洋贸易与投资伙伴关系协定》（Transatlantic Trade and Investment Partnership，TTIP）的谈判。

TTIP 产生可以溯源到 20 世纪末的"新跨大西洋市场"（New Transatlantic Marketplace，NTM）。早在 1995 年欧美马德里峰会达成的"新大西洋议程"（New Transatlantic Agenda，NTA）中，双方首次提出建立"新跨大西洋市场"以强化欧美"跨大西洋关系"的经济维度，要求双方在政府及非政府层面展开磋商，克服主要贸易障碍，密切经济合作。

从 1995 年的"新跨大西洋市场"到 2013 年的 TTIP，历经八年的曲折，美欧终于启动了跨大西洋的贸易与投资伙伴关系协定，预示着以美国为主导的另一个全球贸易新规则的诞生。

根据目前美欧已经达成协议的 TTIP 协定情况，双方有如下约定：（1）双方要求尽可能取消跨大西洋贸易领域工业品和农产品全部关税；（2）进一步开放服务市场，加强在公共采购、政策制定领域的合作；（3）在竞争、贸易便利化、劳工、环境等领域制定最新规则；（4）加强知识产权保护力度，并推动其在第三国市场和国际组织的实施；（5）共同制定并实施联合策略，以解决中国、俄罗斯、日本、乌克兰等国家的市场准入及其他贸易事宜。

2022 年，欧盟和美国分别占世界 GDP 的 25.55% 和 16.71%，占世界贸易总额的21.7% 和 18.34%，这两大经济体联合起来组建世界上的最大自由贸易区，对世界经济的发展和全球贸易规则的制定必将带来重大影响①。美欧间的贸易与投资关系也是全球规模最大、最复杂的经济关系。这个协定因为拥有两个约占世界 GDP 的一半、世界贸易额的 1/3 的经济发达体的强强结合，如果最终达成，将成为史上最大的自由贸易协定。

由于 TTIP 涵盖巨大市场，其他欲和该区域打交道的第三国或区域一体化组织（如东盟、BRICS 等）也将被迫提高合作规则标准以保持竞争力。未来更多的国家可能会寻求成为美国主导的区域经济一体化组织的成员，这样，美国就可以迫使这些国家制定有利于深化市场改革的国际贸易和投资规则。许多国家一旦无法面对美欧建立的全球监管以及产品标准的压力，就会成为美欧规则的跟随者。因此，美欧在 TTIP 谈判中制定的任何条款、内容、技术和法规标准都将可能成为许多其他国家未来在双边、多边和区域贸易谈判上参考或借用的标准，美欧可借此进一步巩固它们在全球贸易规则制定方面的垄断地位和话语权，以维护它们在全球贸易和投资中的领导地位。

欧洲、美国、日本等发达国家希望通过 TPP、TTIP、CPTPP 等协议，将其贸易规则和市场制度向发展中国家以及在全世界范围内传递，引领制定新一代世界贸易规则体系。而这一切都直接将矛头指向中国，企图牵制中国的贸易发展。

3.5.3　中国贸易频遭反倾销

随着贸易保护主义抬头，全球贸易摩擦愈演愈烈，反倾销、反补贴、保障措施等贸易救济工具使用频率不断提高。大量数据显示，中国长期以来都是全球遭受反倾销最多的国家，是反倾销的最大受害国。从 1995 年开始，国外对中国企业发起的反倾销调查几乎涉及了中国的各类行业，例如，机电行业、化工行业、食品行业、医药行业、钢铁行业、建材行业、纺织行业、橡胶行业和轻工业行业等，被调查产品也是种类繁杂。中国已连续 20 多年成为全球遭遇反倾销调查最多的国家，连续 10 多年成为全球遭遇反补贴调查最多的国家。仅仅在 2021 年上半年，我国出口产品就遭遇了来自 17 个国家（地区）发起的 65 起贸易救济调查案件②。

中国出口产品遭受国外反倾销不仅带来了巨额的经济损失，还引发了与此相关的一系列问题，比如说相关企业员工下岗、引进外资困难、产品质量升级困难，等等。

赵金玲和王慧（2022）对全球反倾销案件与对华反倾销案件进行整理统计。研究发现，21 世纪初全球反倾销案件数量总体呈现下降之势，2008 年开始呈现出曲折上升的总体态势，2020 年上升到 315 起（见表 3.2）。在 2000～2020 年全球反倾销案总量的 4653 起中，对华反倾销的总量高达 1312 起，占比近三成，对华反倾销诉讼案件数量整体趋势变化与全球反倾销案件数量变化类似，但也呈现出一些特点。从整体上看，对华反倾销案件数量占全球反倾销案件的比例呈阶段性上升趋势：2000～2005 年呈每年爬坡式增长；

---

① 资料来源：《世界银行》网站。
② 中国连续 21 年成为全球遭遇反倾销调查最多国家 [EB/OL]. 腾讯网，2022 - 02 - 25.

2006～2009 年达到小高峰，均值高达 73 起，年均对华反倾销调查数居于高位且年度差距不大；2010 年在世界经济逐渐复苏的背景下，对华反倾销数量大幅回落，各年度间差异不大，但整体上明显高于 2000～2005 年的水平。

表 3.2　　　　　　　　　2000～2020 年全球反倾销案件与对华反倾销案件总量

年份	对华发起反倾销调查案件数量（起）	全球反倾销案件数量（起）	对华发起反倾销调查案件占全球反倾销调查案件的比重（%）
2000	44	262	16.79
2001	59	324	18.21
2002	49	255	19.22
2003	54	214	25.23
2004	52	199	26.13
2005	51	172	29.65
2006	75	181	41.44
2007	61	153	39.87
2008	77	200	38.50
2009	79	197	40.10
2010	44	158	27.85
2011	50	151	33.11
2012	61	202	30.20
2013	72	266	27.07
2014	61	218	27.98
2015	70	222	31.53
2016	92	290	31.72
2017	56	249	22.49
2018	60	204	29.41
2019	63	221	28.51
2020	82	315	26.03
合计	1312	4653	28.20

资料来源：赵金玲，王慧. 我国应对反倾销策略研究［J］. 对外经贸，2022（3）：6-10.

21 世纪以来对华反倾销诉讼总量排在前 10 的国家或地区，对华共发起 978 起反倾销诉讼，其中位列前三的分别为印度、美国和欧盟；对华发起反倾销调查占发起国反倾销调查总数比例较多的分别为土耳其、墨西哥和阿根廷。这 10 个国家或地区在全球发起 3533

起反倾销诉讼中作出肯定裁决的有 1194 起，占比为 33.80%。作出肯定裁决比例最高的为土耳其，比例为 63.59%；澳大利亚最低，比例为 24.52%。在对华发起的反倾销裁决中，这 10 个国家或地区共发起 978 起反倾销诉讼，其中 472 起作出肯定裁决，比例高达 48.26%，作出肯定裁决比例最高的前三个国家为土耳其、美国和墨西哥，比例分别为 66.25%、64.85% 和 59.65%[①]。如表 3.3 所示，2000~2020 年对华发起反倾销最多的前 10 个国家或地区反倾销诉讼情况。

表 3.3　　2000~2020 年对华发起反倾销最多的前 10 个国家或地区反倾销诉讼情况

国家或地区	反倾销诉讼发起情况			反倾销诉讼裁决情况			作出肯定或部分肯定裁决数量占发起诉讼的比例	
	对华发起诉讼（起）	全球发起诉讼（起）	对华诉讼的比重（%）	对华作出肯定或部分肯定裁决诉讼（起）	对全球作出肯定或部分肯定裁决诉讼（起）	对华作出肯定或部分肯定裁决占比（%）	对华作出肯定或部分肯定裁决数量占对华发起诉讼的比例（%）	对全球作出肯定或部分肯定裁决数量占对全球发起诉讼比例（%）
印度	234	916	25.55	77	233	33.05	32.91	25.44
美国	165	681	24.23	107	308	34.74	64.85	45.22
巴西	92	354	25.99	37	102	36.27	40.22	28.81
欧盟	116	341	34.02	58	91	63.74	50	26.69
阿根廷	105	304	34.54	51	92	55.43	48.57	30.26
澳大利亚	57	261	21.84	17	64	26.56	29.8	24.52
加拿大	41	210	19.52	22	72	30.56	53.66	34.29
土耳其	80	195	41.03	53	124	42.74	66.25	63.59
巴基斯坦	31	142	21.83	16	52	30.77	51.61	36.62
墨西哥	57	129	44.19	34	56	60.71	59.65	43.41
合计	978	3533	27.68	472	1194	39.53	48.26	33.8

国外对华反倾销调查的涉案行业分布统计结果表明，对华反倾销诉讼涉及的行业主要集中在化学原料和制品工业、金属制品工业、钢铁工业和非金属制品工业。这些行业属于劳动力密集型产业，一直以来是我国具有传统比较优势的中低端制造业。据中国贸易救济信息网统计，自 2013 年上半年起，对华发起反倾销调查的主要国家在发展中国家中不断扩大；电子产品新立案数同比大幅上升，闪存产品首次成为国外反倾销调查的对象；农产品首次成为国外反补贴调查的对象。同时，中国主要的贸易伙伴欧美对华贸易依旧争端不

① 赵金玲、王慧：《我国应对反倾销策略研究》，载《对外经贸》2022 年第 3 期，第 6~10 页。

断，并且手段不断升级。欧盟委员会一份贸易统计报告显示，2013 年 1 ~ 7 月，欧盟发起的反倾销和反补贴调查以及征收惩罚性关税措施多数是针对产自中国的产品。其中，欧盟针对相关进口产品发起的"双反"调查案有 4 起，全部是针对中国产品，涉及无缝钢管和太阳能电池板组件；欧盟确定调查结果后实施征收特定关税的案件有 7 起，其中 5 起针对中国产品，涉及钢铁产品和厨房用具；欧盟确定征收临时关税的案件有 4 起，一段时间来备受关注的中欧太阳能电池板争端就在其中。美国对华贸易保护措施已涉及不锈钢水槽、应用级风塔、钢丝产品、手机电子设备、冰冻温水虾等多类产品。其中一个值得关注的迹象是美国对华贸易保护的打击对象已从此前的劳动密集型产业扩展到新能源和高科技产业。另外，美国还以威胁"国家安全"为由，阻止中国产品进入美国市场或者中国企业赴美投资，试图利用知识产权和"国家安全"等非关税措施提高对华贸易壁垒。华为科技有限公司和中兴通讯股份有限公司在近年来已成为美国国际贸易委员会调查的重点，涉案产品包括带有可伸缩 USB 连接器的电子设备、电子成像设备及无线消费电子设备等。美国对华光伏电池双反案已于 2012 年 10 月作出肯定性终裁，反倾销税率为 18.32% ~ 249.96%，反补贴税率为 14.78% ~ 15.97%。中国在成长为世界贸易大国的过程中，已经成为全球受贸易救济措施打击面最广、打击最严重的国家[1]。

3.6 贸易安全的国际经验

3.6.1 美国对外贸易中的贸易安全实践

从北美殖民地时期至今，美国贸易政策的演变过程一直是贸易保护和自由贸易交替出现。本国经济发展繁荣时，自由贸易主义占据主流，本国经济发展情况较差时，贸易保护主义则登上政治舞台。而贸易政策转变的根本原因，是为了服务于国家经济和政治安全、参与国际竞争市场并获得利益和保持经济可持续发展的目标。因此，美国贸易安全实践集中体现在美国对外贸易政策演变中。本小节从出口管制、进口管制、经济制裁三个方面来分析美国贸易安全的发展。

1. 出口管制制度

（1）主要法律法规。

美国出口管制的主要法律法规包括《出口管理法》（Export Administration Act，EAA）、《武器出口管制法》（Arms Export Control Act，AECA）、《国际突发事件经济权利法》（International Emergency Economic Powers Act，IEEPA）、《出口管制改革法》（Export Control Reform Act，ECRA）、《出口管理条例》（Export Administration Regulations，EAR）、《国际武器贸易条例》（International Traffic in Arms Regulations，ITAR）《伊朗交易与制裁条例》

---

[1] 赵金玲、王慧：《我国应对反倾销策略研究》，载《对外经贸》2022 年第 3 期，第 6 ~ 10 页。

（Iranian Transactions and Sanctions Regulations，ITSR）等。其中，EAR 是美国出口管制制度的核心。

为明确具体的相关出口管制物品及实施细则，各相关政府主管部门又根据上述法律法规进一步制定相关规则及指引，这些文件主要规定受到管制的具体产品和技术以及限制或禁止出口的国家，如美国商务部制定的《商业管制清单》（Commerce Control List，CCL）；美国商务部制定的《商业国家列表》（Commerce Country Chart，CCC）；美国国务院制定的《美国防务目录》（United States Munitions Lists，USML）等。

（2）出口管理条例（EAR）。

EAR 是商务部工业和安全局（Bureau of Industry and Security，BIS）最早依据 EAA 针对出口、再出口、（境内）转让等贸易行为制定并实施的出口管理细则。但 EAA 并非一项永久性立法，几经修订和延期后于 2001 年失效，其后，EAR 通过总统依据 IEEPA 对其授权发布的总统令延续其效力，直到 2018 年 ECAR 颁布，替代原 EAA 成为 EAR 的上位法和依据。

第一，美国商务部工业和安全局（BIS）。BIS 负责实施和执行 EAR 规定。EAR 授权商务部与其他相关机构磋商，对两用物品和技术、个别军事物品和技术的出口和转出口进行许可和管理。商务部还出于某些外交政策原因对某些出口和转口出口贸易实行管制，特别是被国务卿指定为国际恐怖主义国家以及受美国或联合国制裁的国家、实体和个人。此外，商务部有权根据"与敌国贸易法"（Trading with the Enemy Act）和"国际紧急经济权力法"（International Emergency Economic Powers Act）禁止企业或其他主体与某些国家，实体和个人进行某些交易。

第二，《商业管制清单》（CCL）。CCL 中明确列举的原产于美国的产品或技术（America-origin items），也包含一部分虽未列入 CCL 但按其他法律法规被指定为由其管辖的产品及技术。

在该清单中，所有原产于美国的产品和技术共分为十大类别：①核材料、设施和设备以及杂项；②材料、化学品、微生物和毒素；③材料加工；④电子产品；⑤电脑；⑥电信和信息安全；⑦激光器和传感器；⑧导航和航空电子设备；⑨海洋；⑩推进系统、航天器和相关设备。五个功能组，A、B、C、D、E，如 A 组是系统、设备及零部件；B 组是测试、检验及生产设备。每一物品按其所在类别和功能组均有一个特定出口管制分类代码（ECCN）。每个代码都由五位数字及字母组成，每位数字或字母代表不同含义，其中包括产品类别、产品组别、一般管制理由、严格管制理由以及同类物品的序号。该出口管制分类代码（ECCN）最重要的功能是用于判别某一物品是否为管制物品以及该管制物品的出口是否需要获得许可证。另外，"管制物品"还包括运用"管制物品"生产或制造的产品、或包含"管制物品"的产品或技术。

第三，《商业国家列表》（Commerce Country Chart，CCC）与"实体清单"（Entity List）。CCC 与"实体清单"用于统称 BIS 对于特定对象的出口限制，凡是落入该清单的国家、地区或实体，均可成为 BIS 禁止出口的对象。

每个国家的禁运产品及许可标准均不相同，BIS 在 CCC 中会对不同国家实行特定商品禁运的原因进行阐释。确定一个国家禁运标准的基本方法是在《商业国家列表》的表格中（表格的纵坐标是所有国家的名称，横坐标是管制理由）查阅某一国是否具有相对应的管制理由。这些理由包括：①生化武器（Chemical & Biological Weapons）；②防核扩散（Nuclear Nonproliferation）；③国家安全（National Security）；④导弹技术（Missile Tech）；⑤区域稳定（Regional Stability）；⑥武器条约（Firearms Convention）；⑦治理犯罪（Crime Control）；⑧反恐（Anti – Terrorism）八项。而通常所称的"禁运国"则是指全面禁运且不会获得 BIS 出口许可的国家，包括伊朗、古巴、苏丹、朝鲜及叙利亚五大全面禁运国。

第四，许可证制度。由于多数产品不受出口目的地的管制，或交易可以免除许可证，因此绝大多数出口不需要获得许可证。对于其他少数出口，或者可能违反 EAR 的出口交易，出口方首先必须向 BIS 申请许可证，以获得对该交易的特别授权。出口方可以按照 BIS 的"简化网络申请程序"（Simplified Network Application Process）在网上提交出口许可证申请。许可证要求需要结合物项的 ECCN 或 EAR99、目的国/地、最终用途、最终用户进行研判。

第五，再出口控制和"微量"规则。对于原产于美国的产品和技术，即使已经离开美国境内，仍然受美国管辖。因此，如果某项产品从美国出口到中国需要获得许可证，那么该项产品从法国再出口到中国同样需要获得许可证，即使该产品最初出口到法国时并不需要获得许可证。另外，如果外国制造的产品含有"微量"级别以上原产于美国的零部件或者属于美国原产技术的直接产品，那么也必须获得许可证。只要受控制的原产于美国的零部件、软件或技术未达到"微量"规则监管的最低数量水平，则该外国制造的产品不适用上述规则。

"微量"的计算以相对价值为基础。只有那些直接出口到新目的国家或地区的零部件、软件和技术，才会作为受控制的美国原产的产品来计算是否超过了"微量"级别。

第六，BIS 出口合规计划（export compliance program）和视同出口。BIS 鼓励企业建立自身出口合规计划，以更好地遵守美国出口管制规定。该计划包含如下要素：管理层承诺、出口合规手册、风险评估（尽职调查与扫描）、出口许可、记录保存、培训、审计、处理与整改违规问题。

在视同出口规则下，商务部工业与安全局定义的"美国人"包括所有美国公民、美国永久居民、被授予庇护权的人和其他某些受保护类移民。

第七，处罚。违反美国 EAR 规定可能会面临行政和/或刑事责任。行政责任是严格责任，只要违反 EAR 出口管制规定，即可能受到惩罚，不需要证实相关主体有违法意图或认知。行政处罚包括最高 328121 美元（按通货膨胀调整）或违法获益/造成损失的金额两倍的罚款（取其较高者），且违规主体自身也可能会被禁止出口权限。刑事责任是过错责任判定，需要证实违反出口管制规定的主体有犯罪意图或认知。刑事处罚包括最高 1000000 美元的罚金，且犯罪的自然人或负责的高管可能会面临最长 20 年的监禁。

2. 进口管制制度

（1）管制机关。

美国订有各种的关于外国货物的进口管制法律，这些法律是由许多不同的政府机关来执行的，其中负有重要责任的是关税局、国际贸易委员会和海关与边境保护署。在这些政府机关中，美国财政部所属的关税局对进口管制是负有重要责任的。

美国关税局隶属美国财政部，主要职责是：监督外国各种海陆空运输工具在美国的卸货、货物的入关、货物的分类与估价；执行限额法律；禁止某些货物的进出口和禁止违禁品的走私，以及限制进出口货物对美国人民的健康与安全等方面的影响等。

美国商务部所属的国际贸易委员会（ITC）对进口管制也负有重要责任。它的主要职责是：决定外国进口货物是否倾销，是否接受补助金，以及这些外国倾销货物或接受补助金的外国货物是否对美国国内产品产生损害或可能产生损害，从而决定对该外国货物是否应适用美国的反倾销法或抵销关税法等法律。

美国海关与边境保护署（CBP）作为负责管理、控制与保护进出口口岸及美国与其他国家之间的边境的部门，主要职责是确定和征收进出口关税；办理人员、运输工具、货物和邮件进出美国的手续；执行出口管制；制止欺诈性进出口贸易行为等。

除上述 3 个重要的政府机关外，美国的农业部、国防部、能源部、劳工部以及一般的行政服务处等政府机构均对外国货物的入境，各负其有关方面的职责。

（2）进口限制。

美国对外国货物的进口限制，主要采取的方式是限额制，又称配额制。美国的限额有两种，一种是绝对限额，又称进口配额，是指规定在某一期间内某类外国货物能够输入美国的最大数量。另一种是关税率的限额，是指美国准许在一定时期内，得以优惠或减低的关税税率来进口一定限额的商品，但是，超过限额的进口商品，则须付较高税率的关税。这种限额制一般是针对某些特定国家向美国输入的特殊货物而设的。进口配额实施的限制主要分为：全球性限制（对来自全球所有国家的某种商品采取普遍限制），双边性限制（对来自某一个国家的某种商品采取特定限制），以及斟酌裁定限制。《斯穆特—霍利关税法》是美国采取全球性进口限制的典型法案，诞生背景为 1929 年经济危机，涉及 1125 种商品的进口关税，其中增加税收的就高达 890 种，并在施行后招致了其他国家的报复。双边性限制一般通过与某个国家签订双边条约或通过某一特定的国际性条约确定，如 1978 年美国与波兰签订的关于纺织品进口的协定。

此外，出于环保、国家安全、国际收支平衡等原因，国会通过《1972 年海洋哺乳动物保护法》（动物保护）、《1962 年贸易拓展法》第 232 条款（国家安全）、《1974 年贸易法》第 122 条（国际收支平衡）等诸多国内立法，授权商务部、农业部等行政部门采取配额管理、禁止进口、收取进口附加费等方式对进口实行限制。

（3）反倾销。

美国反倾销法是美国对外国货物进口进行管制和对抗外国竞争者的一种极其严厉的法律，它的目的在于防止外国货物以低于该外国国内价格输入美国。美国代表性的反倾销法律规章如下所示。

①1916 年的税收法案（Revenue Act of 1916），它也称收入法案。该法案禁止以破坏美国产业为目的，而将进口货物倾销于美国市场。法案规定，任何人违反该法案第 72 条规定时，即构成违法行为，将处以一定罚金或一年以下徒刑或两者同时并科。关于民事上的罚款，可向被告住所地或居住地或被告设有代理人之地区的联邦地方法院提起诉讼。如果原告胜诉，则该起诉人除承担诉讼费用及合理的律师费用外，还得支付三倍于其所受损害的赔偿金。由于该法案第 72 条规定必须证明对方当事人有破坏或损害美国市场的意图，而该项意图的证明又是颇为困难的，因此，寻求反倾销救济的一方当事人常不愿适用此法，而愿意适用 1930 年关税第 7 章的规定，因为在后者的规定中没有证明意图这一要件。

②《1930 年关税法》（Tariff Act of 1930）。该法规定，如果外国商品以低于其公平价格输入美国，且有害于美国国内产业时，则对此类商品应加征额外之关税，其税额等于外国市场价格与美国价格之差额。其中著名的"337 条款"调查的是一般不正当贸易和有关知识产权的不正当贸易。

③《2002 年贸易法》。2002 年美国国会通过该法案，在贸易政策内容方面，劳工标准和环保标准成为新的非关税壁垒。

④《2007 年 9.11 委员会建议实施法》。该法第 1701 条规定，在外国港口上装载的集装箱，无论是直接运入还是通过某一外国港口运入，除非在该外国港口接受了非侵入式扫描，否则将不允许进入美国卸货，从而确保美国贸易供应链的安全。

⑤《汇率改革促进公平贸易法案》。美国国会在 2010 年正式颁布该部法律，授予美国政府根据贸易伙伴国的计价货币对美元的汇率是否低估作出裁定的权利，最终可以采取反倾销和反补贴达到调节汇率的目的。

3. 经济制裁

经济制裁是一个或多个国际行为主体（包括联合国等国际组织）为实现一定的政策资源和交往空间实行禁运、联合抵制和其他经济制裁措施。经济制裁的对象包括对国家安全、外交政策存在威胁的个人和实体等。

美国基于国家安全、经济发展、外交政策等诸多因素的考量，针对特定国家、地区和对象采取禁止和限制相关经贸往来的经济制裁措施。目前，美国国务院经济制裁政策与实施办公室（Office of Economic Sanctions Policy and Implementation，SPI）专门负责对外经济制裁政策的制定和实施，财政部海外资产管理办公室（Office of Foreign Assets Control，OFAC）主要监管经济制裁的实施，而美国司法部（Department of Justice，DOJ）则会介入调查与经济制裁相关的刑事案件。美国经济制裁的主要措施包括：冻结财产和财产权益、限制出口、禁止交易、限制贷款、限制援助、干扰国际金融机构提供贷款、禁止交易政府债券或存放政府资金、禁止参与政府采购、禁止外汇交易、禁止银行交易、禁止投资、制裁高管、禁止高管入境等。

（1）经济制裁项目。

美国的经济制裁项目包括针对国家或地区的制裁以及对特定行为的制裁。近年来，受美国制裁的国家或地区包括巴尔干地区、白俄罗斯、缅甸、中非共和国、古巴、刚果民主共和国、埃塞俄比亚、中国香港、伊朗、伊拉克、黎巴嫩、利比亚、马里、尼加瓜拉、北朝鲜（朝鲜民主主义人民共和国）、俄罗斯、索马里、苏丹及达尔富尔地区、南苏丹、叙利亚、乌克兰、委内瑞拉、也门和津巴布韦。针对特定行为的制裁包括以下重点领域：扩散大规模杀伤性武器、恐怖主义、毒品与麻醉品交易、粗钻石贸易、跨国刑事犯罪、恶意网络活动、违反人权及贪腐的行为、Magnitsky 案件、外国势力影响美国选举活动、以制裁打击美国敌人法（CAATSA，针对伊朗、朝鲜和俄罗斯）、俄罗斯的"恶意行为"、中国"军工复合体企业"。

（2）制裁依据。

美国经济制裁的法律法规主要包括 1917 年《与敌国贸易法》（TWEA）、1945 年《联合国参与法》第 5 节（Section 5 of UNPA）、1976 年《国家紧急状态法》（NEA）、1977 年《国际紧急状态经济权力法》（IEEPA）、1985 年《国际安全与发展合作法》（ISDCA）、《2012 财年国防授权法》（2012 NDAA）、2017 年《通过制裁打击美国对手法》（CAATSA）等。

（3）OFAC 制裁清单。

特别指定国民清单（specially designated nationals and blocked persons，SDN）。SDN 列出了代表被美国制裁的国家或地区行事的主体，以及实施被制裁活动的主体（如恐怖分子和麻醉品贩运者）。首先，被列于"SDN 清单"的实体除非 OFAC 授权，否则任何美国人不得与"SDN 清单"上的人员进行任何交易；其次，"SDN 清单"实体的当前或今后在美国境内的或者由美国主体占有/控制的财产和财产权益均被自动冻结，不得被转让、支付、出口、支出或以其他方式处理。

行业制裁识别清单（sectoral sanctions identifications，SSI）。SSI 是 OFAC 针对在俄罗斯特定经济领域从事经营的主体的识别清单，旨在禁止美国人与俄罗斯特定行业的实体从事某些商业交易，主要包括某些"边境"能源项目的石油勘探和生产活动，以及某些俄罗斯金融、军事和能源公司的债权或股权交易。

海外逃避制裁者清单（foreign sanctions evaders，FSE）。FSE 列入了已经违反、试图违反、共谋违反或导致违反美国对伊朗制裁规定的外国主体，以及帮助或代表被制裁者开展欺骗性交易的外国主体。

巴勒斯坦立法委员会清单（palestinian legislative council list，NS – PLC）。NS – PLC 列明了作为哈马斯（Hamas）或任何其他外国恐怖组织、特别指定恐怖分子（specially designated terrorist）或特别指定全球恐怖分子（specially designated global terrorist）的成员而当选为巴勒斯坦立法委员会议员且未被列入"SDN 清单"的个人。美国金融机构可拒绝与此类主体开展交易。

非 SDN 涉伊朗制裁法清单（non – SDN iran sanctions act list，NS – ISA List）。2011 年 5 月 23 日，美国时任总统奥巴马签署了第 13574 号行政命令。该命令规定，当总统、国务卿或财政部长决定制裁相关主体时，财政部长应根据《国际紧急状态经济权力法》（IEE-PA）的授权采取行动，以实施经修订的《伊朗制裁法》（ISA）第 6 条中规定的制裁措施（包括冻结制裁与非冻结制裁）。为实施 ISA 第 6 节的非冻结制裁规定，OFAC 制定了"NS – ISA 清单"。但目前曾被列入"NS – ISA 清单"的所有实体均已被移出该清单，"NS – ISA 清单"已形同虚设。

代理行账户或通汇账户制裁清单（list of foreign financial institutions subject to correspondent account or payable-through account sanctions，CAPTA List）。该清单旨在涵盖所有被 OFAC 实施 CAPTA 制裁的外国金融机构。被列入 CAPTA 清单的外国金融机构将被禁止在美国开设或维持代理行账户（correspondent account）或清算账户（payable-through account），或相关交易被施加严格限制。

非 SDN 中国军工复合体企业清单（NS – CMIC）。2021 年 6 月 3 日，美国总统拜登签署第 14032 号行政令《应对为中国特定公司提供资金的证券投资所带来的威胁》，旨在修订、取代此前特朗普政府签发的两项关于禁止"中国涉军企业"证券交易的行政令并扩大此前行政令中公布的国家紧急状态的范围（新增在境外使用及用于"侵犯人权"的监控技术）。当前 NS – CMIC 清单共含有 68 家中国企业。

非 SDN 菜单式制裁清单（non-SDN menu-based sanctions list，MBS）。MBS 清单旨在作为识别特定被制裁主体的参考工具。具体制裁措施将在此清单上逐条列举，该清单效力低于全面冻结制裁（即 SDN 清单），制裁措施可能包括货物或服务禁令。

3.6.2　日本的贸易安全规制

日本是一个资源贫乏的国家，加之自然灾害频繁，国家的生存基础比较薄弱。1868 年明治维新后，日本国家的发展面临巨大的生存竞争压力。日本由此走向对外扩张的军国主义道路，相继发动或参与了甲午战争、日俄战争、第一次世界大战出兵中国山东、第一次世界大战后出兵苏联西伯利亚，发动侵华战争，大大扩张了其贸易圈，并用武力维护着其贸易安全。直到第二次世界大战战败投降，日本才与这条对外扩张的军国主义道路分道扬镳。日本战败后一直到 1952 年处于美国的军事占领下。由于日本有发动侵略战争前科，美国一开始对日本的经济贸易实行严格的限制，使得日本一度处于战后废墟中难以恢复，人民生活极度贫困，对外贸易也几乎陷于停顿之中，只有依靠美国的救济。但随着 1949 年中华人民共和国成立，以及 1950 年朝鲜战争的爆发，美国意识到其主要对手已经不是日本，而是苏联和中国等组成的社会主义阵营。而在东西方两大阵营的对抗中，日本处于西方阵营的远东最前线。于是，美国解除了冲绳之外的整个日本的军事占领，恢复了日本主权国家的地位，独立发展经济和贸易，允许日本加入到国际贸易体制。这样，日本复归国际社会，成为美国主导下的资本主义国家的一员，参与到西方市场经济国际体系中。

与美国的意识形态捆绑在一起，就必须要对于苏联等社会主义国家贸易实行严格管制。日本把贸易管制称为贸易规制，就是政府对于贸易实行各种限制、鼓励或禁止措施。它虽然起源于对社会主义国家贸易的管制，但同样可以用来实现国家的贸易政策，发展演化成对贸易的日常规制。不管是保护主义还是自由贸易政策，都可以通过贸易规制的各种措施得以体现。这一制度就是，为了保证对外贸易的正常发展，以维护日本和国际社会的和平与安全为目的，对于特定的货物以及特定国家的进口等实行进出口认可制度、出口许可制度、关税配额制度等。具体而言有 4 个方面。

1. 基于《外汇与外国贸易法》的规制

该法简称《外汇法》，是对外汇和对外贸易实行规制管理的法律依据。根据该法的规定，可以对于特定货物的进出口、向特定国家或地区的出口、特定国家或地区的原产地或装载地的进口实行经济产业大臣许可。

2. 出口管理

出口管理分为根据国际出口管理体系的出口管理和国家安全为目的的出口管理两类。

日本参与的国际出口管理体系主要有以下五个：①原子能供应集团（Nuclear Suppliers Group，NSG），包括日本、中国、美国等在内的共有 48 个国家。②桑戈委员会（Zangger Committee，ZC），也叫核出口国委员会，有 39 个成员国。③澳大利亚集团（Australia Group，AG），是管理化学武器、防止化学武器扩散的国际机构，参加国有 41 个。④导弹技术管理机制（Missile Technology Control Regime，MTCR），有 34 个成员参加。⑤瓦森纳安排（Wassenaar Arrangement，WA），也称为瓦森纳协定安排机制，对于常规武器和两用物品及技术出口进行控制的国际机制，有 41 个成员。在日本，这些条约、协定或国际合意都是由外务省管理但具体的出口许可和制度的管理是由经济产业省负责。这一制度的管理一共有四个方面的规制。

第一，正面清单管理。以国际出口管理体系中的合意为基础，对于有可能用于大规模杀伤武器以及其他常规武器开发的特定货物或技术，在出口或提供给对方之前，实行政府出口正面清单管理。正面清单分为货物清单和技术清单。列入清单的出口要经过经济产业大臣的许可。

第二，补充出口规制。只要出口没有被列入正面清单的货物和技术，只要其可能被利用来开发、制造、使用或储藏大规模杀伤武器，出口者明知这一点，或者接到经济产业大臣要求该项贸易必须向经济产业大臣申请许可的通知时，就必须得到经济产业大臣的许可的规制制度。它分为大规模杀伤武器补充规制和常规武器补充规制两种，分别有不同的表格和程序。前者包括核武器、军用化学制剂、军用细菌制剂、军用化学制剂或细菌制剂的散布装置、300 公里以上的运载火箭、300 公里以上航程的无人飞机，以及上述武器的零部件。这一类的出口目的国也列入规制。西方发达国家都被列入白色清单，阿富汗、中非、刚果、科特迪瓦、厄立特里亚、伊拉克、黎巴嫩、利比里亚、利比亚、朝鲜、索马里、苏丹等国家被列入联合国武器禁运国清单。

第三，转运规制。对于暂时登陆转运的货物，凡是被列入《出口贸易管理令》附录表一的第 1 项和第 2 项的货物，一般是可能被用于核武器等大规模杀伤武器开发等的货物，除了目的地为列入白色清单国家以外的，都属于本规制的对象，要经过许可。即使下一个目的地是白色清单国家，但最终目的地是白色清单以外的国家或地区，也要经过许可。

第四，中介贸易和技术交易规制。凡是日本的中介贸易和技术交易，只要伴随着《出口贸易管理令》附录表一的第 1 项和第 2 项的货物的外国之间的买卖、租借、赠与等，只要目的地是白色清单以外的国家或地区，也要经过许可。

基于国家安全实行的出口管理规定了一个清单，凡是被列入清单的货物出口必须要经过许可。清单里列举的货物有：钻石原石、血液制品（原则上禁止，特殊情况许可）、核燃料和核原料物质、放射性废弃物、放射性同位素、麻醉药、渔船、米糠麦麸、混合饲料、香菇菌种、原木、鳗鱼苗、若干种类的冷冻贝类、破坏臭氧层的物质、特定有害废弃物、《关于废弃物处理和扫除的法律》所规定的废弃物、有害化学物质、《华盛顿公约》规制对象的货物、珍稀野生动植物的个体及卵和器官、防鸟网、假币、煽动叛乱或有害风俗的书籍、毒品及大麻、国宝和重要文化文物、侵犯目的国知识产权的货物、《关税法》第 69 条第 12 款第 1 项规定需要认可手续的货物，以及委托加工贸易货物。

3. 进口规制

进口规制分为进口配额制度、特定地域进口规制、全部地域进口规制、事前确认制度、通关时确认制度五种。

第一，进口配额制度。有水产品等进口配额制度和破坏臭氧层物质等进口配额制度。水产品等的进口配额对象货物有一个列举清单。破坏臭氧层物质等也有一个清单，与出口的破坏臭氧层物质清单相同，即《蒙特利尔议定书》附件各表中列举的物质。

第二，特定地域进口规制，也叫作"2 号认可"。是对于特定原产地或装运地相关的进口必须要经认可的制度。这个表格中的第一部分是与水产品相关的货物，分别列举来自地域、HS 税号、物品名、认可窗口。第二部分是特定国际争端区域的特定货物的认可制度，包括伊拉克的文物，科特迪瓦的钻石，朝鲜的所有货物，伊朗、厄立特里亚、利比亚的若干货物，索马里的木炭，叙利亚的若干货物（特别是化学制剂相关货物），乌克兰和俄罗斯争端地域克里米亚共和国和塞巴斯托波尔特别市为原产地的所有货物。后者显然反映了日本的亲西方外交政策。

此外，《华盛顿条约》相关的动植物及其派生物，《蒙特利尔议定书》附件所规定的物资或物品，《禁止化学武器的特定物资规制法律》规定的第一种指定物资也是"2 号认可"规制的对象。

第三，全部地域进口规制，也叫"2 - 2 号认可"。这是部分货物来源地，只根据货物种类实行的认可制度。这类货物包括以下类别：

机械类，主要是武器、炮弹和子弹及其零部件；火药类，包括火药、炸药等；原子能关联货物；医药类，包括口蹄疫疫苗等；化学品等，包括第一种特定化学物资使用的物品；《禁止化学武器的特定物资规制法律》规定的第 2 条第 3 款指定物资；《巴塞尔公约》关联法律的规制货物，主要是产业废弃物的跨国移动的国际规制物资；废弃物进口相关物品；《华盛顿公约》相关货物。

这些货物包括铀及铀矿、原子能反应堆、核燃料及其原料、原子能反应堆零部件、军用飞机发动机及其零部件、坦克以及其他装甲车、军舰、电离放射线测定和检验机械及其零部件、手枪以及其他军用武器、手榴弹、炸弹、鱼雷、水雷、导弹等可发射武器及零部件、刀剑及其同类品，等等。

第四，事前确认制度。列入此类的物品有：微生物性质的疫苗、文物、第一种特定化学物资、部分金枪鱼类、鲸、《华盛顿公约》部分对象货物、破坏臭氧层物资、部分螃蟹类、2014 年 4 月 1 日规定属于《外汇法》对象外的部分货物。最后一类货物在这一天之前属于《外汇法》规定要许可的货物，但此后被列入事前确认清单，即规制程度大大减弱了。

第五，通关时确认制度。列入此类的物品有：罂粟果和大麻果、《华盛顿公约》部分对象货物、放射性同位素、部分金枪鱼类、钻石原石、有害化学物资（农药）、部分螃蟹类、2014 年 4 月 1 日规定属于《外汇法》对象外的部分货物。

为了在贸易环节保障日本的安全和维护世界和平，保护环境和自然资源，日本的与贸易规制相关的贸易安全制度还对于企业一方也提出了如下要求。

第一，贸易安全的企业自主管理。要求企业尽可能通过自我管理，预先避免成为违法出口的当事方。

第二，推进出口商家等要遵守的基本准则。这是针对那些经常从事货物出口以及提供技术出口的商家而规定的。

第三，推行出口管理内部规程。该内部规程规定了关于出口和提供技术的程序，要求严格遵守贸易安全相关法令，防止出现违规违法情况的出现。

4. 关于海外资源及贸易海路的贸易安全机制

日本是一个岛国，所有的国际贸易都必须要通过海路或空路才能完成。除了少数附加值高的货物采用空运之外，日本的贸易货物都是采取了海运的方式。由于海运要经过一些比较危险的地域，海路的贸易安全成为生死攸关的问题。另外，日本作为世界上最大的资源进口国之一，确保海外资源也是贸易安全的大问题。这些方面，日本除了职能部门经济产业省之外，外务省、防卫省、财务省等政府部门也参与到贸易安全体制内，成为不可缺少的组成部分。另外，日本贸易振兴机构也是一个半官方的机构，对于日本的贸易安全发挥着很重要的作用。

（1）外务省。

在海路的贸易安全保障上，外务省要负责国际条约下国际义务的履行。与贸易安全相关的国际条约有前述的《华盛顿公约》《蒙特利尔议定书》《巴塞尔公约》等。此外，根据《日美安全条约》，日本和美国成为同盟国，美国负责协同日本国防，同时美国还实际上对于日本的海路有着军事控制的能力。这样，日本海外航路贸易安全的日美条约协调问题就由外务省具体负责。这一点特别表现在中东波斯湾——阿拉伯海到斯里兰卡——安达曼海——马六甲海峡——巴士海峡——日本的所谓"生命线"的航路安全方面。

（2）防卫省。

作为美国的同盟国以及美国作为日本的海路贸易安全的维护者的事实，使得日本必须要在其石油和天然气资源主要供给地的中东等地的军事活动中有所作为。所以在美国发动的推翻萨达姆·侯赛因的战争中，日本海上自卫队要在阿拉伯海提供后方加油支援，并在战后派出陆上自卫队到伊拉克支援供水等。这间接把日本的军事力量扩大到中东到日本的石油天然气航路上，对日本的贸易安全起到一定作用。在索马里海盗比较猖獗的时候，日本海上自卫队也派出军舰，参与国际上针对索马里海盗的日本贸易商船的护航活动。

（3）财务省。

财务省是日本海关的主管部门，财务省关税局是"海关总署"，并部署有与关税局平级的9个关区海关，构成日本全国各个口岸的海关监管体制，其海关职能已经不限于传统的取缔走私、常规通关管理和关税征收等职能，还有着更多的非传统职能，其中很多非传统职能都属于贸易安全领域。

第一，维护日本国家安全和国际和平与安全的海关职能。这方面的职能主要是通过走私取缔和口岸海关通关监管，对于麻醉品、毒品以及枪支弹药等的取缔，以及对于国际恐怖主义活动和大规模杀伤武器的管理和取缔来实现。

第二，贸易便利化职能。在这方面，日本实施的进出口通关便利化制度包括通常的进出口通关手续、进出口手续通关便利化制度、AEO 制度的推行以及 AEO 制度的相互认可等各种制度，并通过现代风险管理对于贸易安全风险进行控制。

第三，国际合作。日本海关在贸易安全方面的国际合作主要有两个方向。其一是世界贸易组织（WTO），其二是世界海关组织（WCO）。前者在国际条约下的合作框架已经形成，即 2013 年在印度尼西亚巴厘举行的 WTO 第九届部长级会议达成的《WTO 贸易便利化协定》。该协定中有着大量的关于贸易安全的规定。后者即 2005 年《全球贸易安全与便利标准框架》在日本的实施。日本海关的 AEO 制度就是根据这个文件建立起来的。而日本人御厨邦雄担任世界海关组织秘书长也客观促使日本对于世界海关组织的措施和技术指导更加容易接受。

（4）日本贸易振兴机构。

日本贸易振兴机构（Japan External Trade Organization，JETRO）是日本促进出口贸易和投资的半官方机构。它成立于 1958 年，在东京和大阪设有总部，在海外设有 73 个办事处，共有 1660 名职员，形成一个全球性日本贸易安全情报和支援网络。它的职能主要有三个，日本企业海外发展的支持，对日本投资的促进，对日本贸易政策的贡献。其特别关注的行业，第一是机械以及机械零部件、电子产品、环境能源部门，第二是农林渔产品和食品部门，第三是广告产业，第四是基础设施建设部门。

3.6.3 俄罗斯的贸易监管法律、制度与政策

俄罗斯政府关于保障经济安全的措施集中体现在《俄罗斯联邦国家经济安全战略（基本原则)》《俄罗斯联邦国家安全构想》《2020 年前俄罗斯联邦国家安全战略》三部纲领性文件中。1994 年，俄罗斯提出了俄罗斯联邦安全构想，随后又几经修订，1996 年 5 月，俄罗斯出台了《俄联邦国家经济安全战略》，其中包括了有关贸易安全的相关观点。该构想认为，在经济领域保障俄罗斯的安全与利益，应是俄罗斯国家政策的优先发展方向。在对外贸易自由化和世界商品与服务市场竞争日益激烈的情况下，必须保护本国生产商的利益，拓宽俄罗斯产品的销售市场，创造俄罗斯经济与世界秩序接轨的条件，与友好国家建立经济区。俄罗斯 2009 年发表的《2020 年前俄罗斯联邦国家安全战略》指出，涉及经济安全战略的要素主要包括产业安全、贸易安全、财政金融安全、科学技术安全、粮食安全和地区安全。其中明确提出，原料出口型经济发展模式降低了俄罗斯的国家竞争力，增加了国家经济对外部市场行情的高度依赖，丧失了对国家资源的控制，恶化了能源等工业部门的原料基础。

从俄罗斯经济安全战略的变迁中，可以发现俄罗斯贸易安全战略的主要特点是根据国内外经济形势的变化、国家发展战略的变化，不断调整和修订贸易安全战略，重视对其进口商品尤其是战略资源来源国的外交关系，通过各种政策法律向其他国家推广本国在国际市场具有比较优势的行业。

1. 贸易安全指标清单

俄罗斯联邦安全会议于 1996 年 10 月根据俄罗斯的现实国情及历史发展水平，俄罗斯个人、社会、国家的实际消费需要，俄罗斯国家经济生存与发展的必要条件，及现代西方发达国家通常的做法和指标，确定了 22 个指标来衡量俄罗斯的经济安全状况，并对每一项指标都规定了明确的临界值参数。"指标清单"特别注明如果国家的某一项指标低于（或超过）指标清单中所列的该项指标的临界值，即表示经济安全在该领域正受到威胁，必须予以高度重视，尽快解决。其中，与贸易安全相关的指标有：进口在国内消费占30%，其中食品占 25%。

2000 年初，俄罗斯科学院金融中心提出由 150 项主要指标组成的经济安全《目录清单》。此后，阿·奥列尼柯娃提出 39 项经济安全指标。在众多的研究成果中，克·先恰科夫提出的"经济安全临界值"19 项指标占有重要的地位，其中与贸易安全相关的指标有：进口粮食占粮食总消耗量的 30% ~ 35%。

2. 与贸易监管相关的法律法规

从 2001 年起，俄罗斯政府就已开始着手制定符合 WTO 标准与准则的相关立法措施规划。据安永会计师事务所研究报告初步统计，从 2001 ~ 2011 年的 10 年之间，俄罗斯政府所颁布的与入世相关的各种法规、修改条例及总统令共计 33 项。

该领域的主要法律法规有《俄联邦海关法典》《海关税则法》《技术调节法》《对外贸易活动国家调节原则法》《对外贸易活动国家调节法》《关于针对进口商品的特殊保障、反倾销和反补贴措施联邦法》《外汇调节与监督法》《在对外贸易中保护国家经济利益措施法》等。其中，2003年通过了新的《海关法》，颁布了《关于调节对外贸易活动原则》新法规，对外贸活动中一些主要概念进行了新的界定。同年还对国家外汇调控管理进行了立法，使之进一步符合国际外汇交易规定的要求，并通过了《关于进口商品反倾销、补偿等相关特殊保护措施》。该法的宗旨是"在俄罗斯关税区内出现商品进口增加、进口商品倾销和受补贴商品进口时，保护俄罗斯商品生产者的经济利益"，并就采取和实施相关措施的具体程序作出了规定。同年11月，俄罗斯国家杜马通过了《外汇调节与监督法》，以确保国家统一外汇政策的落实，保障俄罗斯卢布和外汇市场的稳定。该法允许俄自然人在经济合作发展组织成员国或反洗钱金融措施工作组成员国境内的银行开设账户。随后的12月，俄罗斯修改并重新颁布了《联邦对外贸易国家调节法》，取代了《对外贸易活动国家调节法》。《联邦对外贸易国家调节法》旨在使货物贸易、服务贸易和知识产权贸易领域最大限度地接近WTO的各项原则与规则，规定除了针对货物贸易的关税和非关税调节措施，针对服务贸易和知识产权贸易的禁止与限制措施，以及新法所规定的促进外贸发展的经济措施和行政措施以外，不允许实行其他的对外经济活动国家调节措施。该法规定了俄罗斯发展对外贸易的基本原则、对外贸易的参加者、俄联邦调节对外贸易的措施（包括关税调节和数量限制、许可证等非关税调节）、装货前的检验、边境贸易等内容。该法不仅适用于货物贸易，而且还适用于服务贸易和知识产权贸易。

其他主要法规还有：《特许证法》《租赁法》《产品和服务验证法》《产品标识、服务标识和产品产地名称法》《出口监管法》《出口发展联邦纲要》《联邦税则与外贸商品名录》《联邦特许证法》《电子数字签名法》《关于对自俄罗斯联邦出口的两用商品和技术进行监督的办法条例》《调整肉类进口管理办法》等。

3. 关税制度

俄联邦海关关税作为俄联邦调整国内商品市场和与之相关的国际市场贸易政策的工具，是货物或物品通过海关时征收的。征收海关关税的主要目的是保持商品进出口的合理化关系和俄联邦境内的货币流通稳定，为俄联邦生产机构和商品消费的进步和改变创造条件，保护俄联邦经济，使它不受到国外商业竞争的影响。1993年6月18日，时任俄罗斯总统叶利钦颁布了《俄罗斯联邦海关法》。2003年5月28日，俄罗斯总统普京签署了新的《俄罗斯联邦海关法》（以下简称新《海关法》）。自2004年1月1日起，新《海关法》开始实施，对原先的进出口货物海关制度进行了修正。进入2006年以来，先后于1月1日、2月18日、11月14日三次修改海关法典。

俄罗斯通过关税制度来维护贸易安全主要体现在以下三方面。

第一，征收特殊关税。为保护俄联邦进口商品的利益而采取的特殊关税包括专项税、反倾销税和代卖税。专项税是当进口到俄联邦的商品对本国生产带来损失和危险时采取的措施。这是对其他国家及组织的歧视行为和限制俄联邦利益的行为采取的措施。反倾销税是当商品以比实际价格还低的价格进口到俄联邦时，如果这种进口商品给本国同类产品带来物质损失或出现妨碍俄联邦的生产机构，妨碍扩大生产同类产品的情况时采取的措施。代卖税是当进口俄联邦的商品在生产、出口或间接使用津贴时，如果这种进口对本国类似产品带来物质损失或出现妨碍俄联邦的生产机构，妨碍扩大生产同类产品的情况时的措施。

根据《海关税则》，俄罗斯海关对来自享受最惠国待遇国家的进口产品按基本税率计征关税，对来自其他国家的进口品按基本税率的两倍计征；对来自与俄罗斯签有自由贸易协定的独联体国家和最不发达国家的进口产品免征关税；对来自享受普惠制待遇国家的进口产品按基本税率的 75% 计关税，中国属此列。目前，俄罗斯进口关税的平均有效税率为 10% ~ 11%，绝大部分进口货物按从价税计征关税，小部分商品实行从量税和复合税[1]。近年来，实行复合税的货物种类渐趋增多。另外，俄罗斯对大宗进口商品实行较重的关税税率，例如农产品及食品、医疗用品、家电、汽车及其用品和酒类产品等。

《海关法典》规定，进出口产品除需缴纳进出口关税外，进口产品（有特殊规定的除外）还需缴纳增值税和消费税。根据《税法典》，对部分食品和儿童用品等进口产品征收 10% 的增值税，其他进口产品的增值税率为 18%。需缴纳消费税的产品包括原料酒精及制品、食用酒精及产品、烟草制品、轿车和发动机功率 112.5kW 的摩托车、汽油、柴油燃料、发动机油和直馏汽油。另外，部分进口产品需缴纳特种关税、反倾销税和补偿税，具体税率另行规定。

第二，拒绝放行商品。其条件有：①只要有足够证据认为商品产自根据俄罗斯参与签定的国际协议和俄法令不允许放行的国家，可以拒绝让商品通过俄边境。②不妥善的商品产地证明书或者商品产地信息都是拒绝放行商品的根据。③确实没有查明的商品可在按俄联邦海关最高税率征收关税后放行。

第三，设置进出口壁垒。①关税壁垒的设置。一是平均关税。二是反倾销和保障措施。三是海关估价。四是针对某国的某些进口商品规定高于正常进口关税的歧视性税率，并实行海关监控。②非关税措施。一是进出口配额。二是进出口许可证。③出口控制。1992 年 6 月，俄政府引进了对所谓"战略性原料"的出口额度及许可制度（包括原油、石油产品、天然气、有色金属、化肥、木材、黄金、钻石、电能等），这些产品在俄国内市场的价格明显低于国际市场价格。经济部与各专业部协作确定额度，对外经济关系部负责控制许可的颁发。④进口许可。对于一些不同种类产品的进口，包括格斗及体育用武器，军需以及密码仪器、放射性材料、废料如铀、剧毒及麻醉品、贵金属、合金以及宝石等，均须申请进口许可。

---

[1]　石良平：《经济大国的贸易安全和贸易监管》，上海交通大学出版社 2015 年版。

4. 进口管理制度

俄罗斯最主要是通过进口配额制和许可证制度、产品标识和认证制度、进口货物的外汇管制制度等方式对进口贸易进行监管。

（1）进口配额和许可证制度。《进出口产品许可证与配额法》规定，化学杀虫剂、工业废物、医药原料及制品、麻醉剂、毒药、食品原料、食用酒精、军备武器、核技术、放射性原料等涉及国家安全和国民健康的产品必须向经济发展贸易部申请进口许可证。

（2）产品标识和认证制度。根据俄联邦经济发展贸易部1997年5月签发的第21－154号公函，自1997年5月起，俄罗斯境内禁止销售无俄文说明的进口食品。另外，根据俄联邦国家关税委员会1997年10月签发的第NO1－15/18803号公函，自1998年7月起，禁止在其境内销售无俄文说明的进口商品。对于酒类制品、音像制品和计算机设备等产品，俄罗斯境内禁止销售无防伪标志及统计信息条的产品。

对化学生物制剂、放射性物质、生产废料以及部分初次进口到俄罗斯的产品尤其是食品需在进口前进行国家注册；工业、农业和民用建筑等用途的进口产品需具备卫生防疫鉴定。

俄罗斯联邦海关于2005年1月发布《需强制认证的进口产品名单》，对动植物及其产品、食品、酒精和非酒精饮料、纺织原料及其制品、机器设备和音像器材等部分进口产品实行强制性认证。

（3）进口货物的外汇管制制度。俄罗斯规定，进口商必须在指定银行内开户且只能向境外汇出与卢布等值的其他可自由流通货币；银行可以向进口商收取最高达合同价格0.15%的手续费。

5. 出口管理制度

俄罗斯对出口贸易进行监管的制度主要包括出口配额、出口许可证、出口合同登记制、统一验证制度等。

（1）出口配额和出口许可证制度。俄罗斯对以下三类产品实行出口配额和许可证管理：第一类是国际协议规定要求限制数量的产品，如纺织品、个别黑色金属制品、碳化硅等；第二类是某些特殊产品，包括野生动物、药物原料、密码破译设备、武器及军民两用产品、核材料及其装置、贵金属及宝石、矿物及古生物学的收藏资料、半宝石及其制品、麻醉剂、镇静剂、毒药、有关能源信息等；第三类是俄罗斯国内需求较大的产品，如1998年10月俄政府决定，自1998年11月起对未加工皮（牛皮、羊皮及其他皮）和油籽（葵花籽、油菜籽及大豆）的出口实行许可证管理（无数量限制）。出口配额的分配主要是通过招标和拍卖进行。配额如有剩余，亦可根据出口实际进行增发。出口许可证由经济发展贸易部驻地方特派员办事处负责发放。

（2）军民两用产品的出口监督制度。1996年10月，俄罗斯政府发布了《关于对自俄罗斯联邦出口的两用产品和技术进行监督的办法条例》，规定出口军民两用产品和技术需申领出口许可证，颁发依据为出口产品是否符合俄罗斯承担的有关国际义务。

（3）出口合同登记制度。自 1996 年 10 月起，俄罗斯要求对所有金额超过 5 万美元的进出口合同进行登记。合同登记工作由俄罗斯经济发展贸易部驻地方特派员办事处负责。

（4）统一验证制度。1996 年 1 月起，俄罗斯对出口商品的数量、质量和价格实行统一的强制性验证制度，规定出口商品，特别是重要的战略性原料商品，均须在起运地接受验证机构的检验，验证其数量、品质是否与报关单上填写的内容一致，其价格是否合理。验证完毕后，由验证机构向出口商出具"验讫证书"，对缺少该证书的出口商品，海关不予放行。自 1996 年 3 月起，这一制度不再具有强制性。目前，由于技术原因，"统一验证制度"尚不能全面实施，实践中只能对石油、成品油、天然气、煤、黑色及有色金属、木材、矿产等部分商品进行验证。

（5）加工贸易出口规制制度。俄罗斯将来料加工和本地购料加工均纳入加工贸易管理范围，加工贸易产品出口时可享受一定的税收优惠。

6. 其他相关贸易监管制度

除了关税、进口管理、出口管理等方面外，俄罗斯其他贸易监管制度还包括以下内容。

（1）海关监管制度。自 2004 年 1 月起，俄罗斯实施修改后的《海关法典》，进一步简化海关监管手续，提高通关效率，相关准法律文件数量从 3000 件减少到 1000 件。海关监管的方式主要包括：文本证件及其内容的检查，口头问询，获得书面解释，海关监察，对商品及运输工具的检查和查验，人身查验，特殊标识和识别码的检查，海关设施和关境地区的巡查等。

（2）税收制度。俄罗斯对进出口产品征收消费税和增值税。自 1993 年 2 月起，俄罗斯对部分进口产品征收消费税，征税不区分进口产品的来源地。目前，被征税的产品包括酒类、香烟、汽油、首饰、小轿车五大类。俄罗斯对部分出口产品征收消费税，包括石油和天然气，以及通过易货合同出口的产品，同时规定向非独联体国家出口的产品（石油和天然气除外）免征消费税；向爱沙尼亚、拉脱维亚和立陶宛三国出口的、以非自由兑换货币结算的产品，免征消费税。自 1993 年 2 月起，俄罗斯对来自非独联体国家的进口产品征收进口环节增值税。进口环节增值税的税基为产品海关申报价值、进口关税额、消费税额三项之和，税率为 20%（部分食品和儿童用品的税率为 10%）。2004年 1 月起，进口环节增值税税率降至 18%，同时，在俄罗斯境内加工和销售进口商品过程中的新增价值部分也需缴纳增值税。俄罗斯规定向独联体国家出口产品征收全额增值税，一般产品增值税税率为 20%，部分食品和儿童用品为 10%，向非独联体国家出口产品免征增值税。

（3）农业补贴制度。从 2000 年至今，俄罗斯一直维持着对本国农业及农产品的补贴，农业对于俄罗斯有深远的战略意义。因此，在同欧盟、美国关于农产品的谈判中，出于保护本国农业生产的需要，俄罗斯并没有过多地限制或削减本国的农业补贴。加入 WTO，俄罗斯的农业补贴水平不降反升，2011 年俄农业补贴水平为 30 多亿美元，而 2012 年和 2013 年俄罗斯保持每年 90 亿美元的农业补贴量，2018 年降至 44 亿美元，并按照 WTO 规则取消部分出口补贴。同时，俄罗斯还保留对部分农产品征收进口税的权力。由此可见，俄罗斯在农业问题上是从本国实际出发，设置较长的过渡期以维护本国农业企业以及农民的利益，农业补贴及法律完善还要随着俄罗斯农业状况的改善而逐渐调整。

第4章

产业安全

4.1 产业安全概述

4.1.1 产业安全的概念

产业安全是经济安全的重要内容，是产业发展壮大和转型升级的有效依托，更是国家制定产业政策、调控宏观经济的立足点。相比于经济安全的概念，产业安全是属于中观层次的，往往以某类产业为研究对象，研究结论更具有针对性和可操作性，但这不能否认从整个国民经济角度研究经济安全的必要性和重要性[1]。相反，经济安全与产业安全存在密切的关系。一个国家只有充分考虑各类产业的禀赋优势和不足，立足经济社会发展所处的阶段，才能因地制宜地提出有效的产业发展和升级路径。同时，一个国家只有对某些重要产业给予特别的扶植和保护，经济安全目标才有坚实依托，毕竟，经济安全战略能否有效落实，在很大程度上由产业安全状况决定[2]。

学术界针对产业安全概念内涵的讨论可谓源远流长。诸多文献强调产业安全是一国在对外经济活动中能够保持产业发展的自主性和竞争力，能有效应对外部经济风险。例如，杨公朴等认为，产业安全是指一国对国内重要产业的控制能力及该产业抵御外部威胁的能力（主要体现为产业的国际竞争力），强调产业安全问题是在跨国公司对发展中国家的直接投资和市场争夺规模不断扩大的背景下提出的，提出产业安全问题的分析可以从产业和企业两个层次展开[3]。张立认为，产业安全是指一国在对外开放的条件下，在国际竞争发展的进程中，具有保持民族产业持续生存和发展的能力，从而始终保持着本国资本对本国

---

① 朱钟棣等：《入世后中国的产业安全》，上海财经大学出版社 2006 年版。

② 许铭：《中国产业安全问题分析》，山西经济出版社 2006 年版。

③ 杨公朴、王玉、朱舟、王蕾、李太勇：《中国汽车产业安全性研究》，载《财经研究》2000 年第 1 期，第22～27 页。

产业主体的控制①。许铭将产业安全定义为：产业安全作为国家经济安全的重要组成部分，指的是在开放条件下，一国产业抵御外来干扰或威胁并不断获得持续发展的状态，很大程度上体现了本国产业的主导地位与竞争力，是一国产业综合素质在不同发展阶段的集中反映②。朱钟棣等对产业安全概念做出如下界定：在开放经济背景下，特别是在国际产业竞争中，一国重要的国民产业的生存与发展不受各种威胁，也即该国国民对这些产业拥有相应的自主权、控制权和发展权，从而在竞争中达成国民产业权益总量和其在国内份额的最佳组合，使本国国民现有的或潜在的产业权益免受危害的状态和能力③。李成强认为，产业安全是指主权国家在内在和外在因素的影响下，通过采取促进、调整、保护和管制等手段与措施，确保对国内各产业的创立、调整和发展拥有自主权，确保产业安全的国民主体和产业权益的国民属性，使产业处于一种长期安全运行的发展状态，进而维护国家经济安全并最终维护国家主权安全④。刘莉雪等在总结现行"产业安全"定义的基础上提出，产业安全是指一国自主产业的生存和发展，自身相对没有危险且不会使该国经济安全产生危险的状态，是产业具有应对各种危险因素的能力体现⑤。郭连成和王鑫指出，产业安全是主权国家通过产业政策的有效引导与保护、产业组织创新、产业合理布局和产业结构升级，逐步提升国家产业生存和发展能力的动态过程，以使产业的生存和发展不受威胁，使本国产业具有较强的国际竞争力，并能够排除和抵御外来因素的影响与冲击，保障本国产业权益在日益激烈的国际经济竞争中免受侵害⑥。

与此同时，大量文献从更加多维的视角理解产业安全的内涵。张海东认为，产业安全主要包含两个方面的内容：一是从产业的国际竞争力出发，强调在国际经济交往与竞争中，本国政府对事关国计民生的国内重要经济部门拥有较强控制力，本国资本有足够能力抵御和抗衡外部风险。二是从产业发展阶段出发，强调一国对特定产业的创始、调整和发展拥有相应的自主权和控制权⑦。周新苗认为，产业安全作为国家经济安全的重要组成部分，指的是在开放条件下，一国产业抵御外来干扰或威胁并不断获得持续发展的状态，很大程度上体现了本国产业的主导地位与竞争力，是一国产业综合素质在不同发展阶段、不同宏微观角度的集中反映，其主张从更加广泛的角度考察产业安全的内涵：一是企业抵御经济冲击的能力；二是产业发展过程中技术要素及进步更应受到重视；三是纳入家庭和社

① 张立：《维护我国产业安全的制度变迁模式初探》，载《天府新论》2002年第4期，第3~12页。
② 许铭：《中国产业安全问题分析》，山西经济出版社2006年版。
③ 朱钟棣等：《入世后中国的产业安全》，上海财经大学出版社2006年版。
④ 李成强：《我国产业安全形势分析与政策建议》，载《广西社会科学》2008年第8期，第87~91页。
⑤ 刘莉雪等：《对产业安全若干基本概念的探讨》，载《北京交通大学学报（社会科学版）》2015年第4期，第33~39页。
⑥ 郭连成、王鑫：《经济全球化背景下转轨国家产业发展和产业安全：以中国、俄罗斯为主要分析视角》，商务印书馆2016年版。
⑦ 张海东：《技术性贸易壁垒与中国产业安全》，上海财经大学出版社2006年版。

会福利[①]。李孟刚强调，产业安全是指特定行为体自主产业的生存和发展不受威胁的状态，可以从三个层面理解产业安全的内涵：第一，安全的主体是特定行为体的自主产业；第二，产业安全包含生存安全和发展安全两个方面；第三，产业安全度可以通过评价产业受威胁的程度加以反推[②]。何维达等从产业生存安全和产业发展安全两个方面论述了产业安全的内涵。其中，产业生存安全代表产业的市场或市场份额、利润水平以及产业资本循环中的任何一个循环都不受威胁的状态；而产业发展安全是指产业的发展不受威胁的状态[③]。李然从宏观和微观视角给出了产业安全的定义：一方面，从宏观角度看，产业安全是指政府能够采取一定的措施去规制某些产业的发展，国内的相关制度能够对市场结构和市场行为进行相应的引导。另一方面，从介于宏、微观之间的角度看，产业安全是指本国的支柱产业在开放的竞争环境中具有一定的竞争优势，大部分产业在开放的竞争环境中能够得到可持续发展[④]。曹萍等提出，产业安全的内涵应包含两个方面：抵御威胁和持续发展，即一个产业在一定时期内能够抵御外来各种因素的威胁，并且能够持续发展的状态。其中，"抵御威胁"指产业在运行过程中，能够对遭受到的现实损害及未来风险进行有效应对，保证本国产业的生存不受到威胁；而"持续发展"指产业在不断变化的环境中，能够快速适应环境变化，维持和提升产业竞争优势，保证产业的可持续发展[⑤]。

另外，李善民基于"金字塔模型"提出新的产业安全观，强调产业安全定义的两个重要转变：第一，从强调"外资威胁"转变为强调"修炼内功"；第二，从强调"绝对控制"转变为强调"发展能力"。这种观点强调，产业安全的实质就是本国产业生存与发展的问题。产业安全问题可以转化为两个可操作性很高的现实问题：本国产业的市场表现是否能够使其在开放竞争的环境中生存无虞；本国产业的技术创新是否能够保证其在开放竞争的环境中可持续发展[⑥]。

4.1.2　产业安全基本特征

张海东提出，产业安全的基本特征体现在如下几方面[⑦]。第一，全局性。这一特征强调，产业安全问题事关国民经济的全局，产业安全强调在国际经济交往与竞争中，对于关系国计民生的国内重要经济部门，一国对来自国内外的不利因素具有足够的抵御和抗衡能力，以保持国内各产业部门均衡协调发展。第二，战略性。这一特征强调，产业安全是关

---

① 周新苗：《对外经济开放与中国产业安全研究：福利视角》，上海交通大学出版社 2014 年版。

② 李孟刚：《产业安全评价》，北京交通大学出版社 2015 年版。

③ 何维达等：《全球化背景下国家产业安全与经济增长》，知识产权出版社 2016 年版。

④ 李然：《基于产业安全的京津冀产业转移研究》，社会科学文献出版社 2017 年版。

⑤ 曹萍、张剑、熊焰：《高技术产业安全影响因素的实证研究》，载《管理评论》2017 年第 12 期，第 50 ~ 61 页。

⑥ 李善民等：《外资并购与我国产业安全研究》，经济科学出版社 2017 年版。

⑦ 张海东：《技术性贸易壁垒与中国产业安全》，上海财经大学出版社 2006 年版。

系到国家经济利益的重要战略性问题，关系到国民经济的全局和一国经济的长远发展，一国重要支柱产业的国际竞争力以及本国资本对战略性产业的有效控制，是国家经济安全的重要前提。第三，关联性。这一特征强调，产业安全涉及国民经济的各行各业，产业之间相互关联，产业安全问题会在不同产业之间传递和扩散，研究产业安全问题离不开产业关联视角。第四，复杂性。这一特征强调，在经济全球化背景下，一国不可能封闭地发展国民经济的所有产业，也不能对跨国资本争夺本国市场采取完全放任的态度，需要在利用外资和推动战略性产业自主发展之间寻求平衡，同时，产业安全问题研究涉及政治、法律、经济、技术、文化等领域，具有高度复杂性。第五，前瞻性。这一特征强调，产业安全政策的制定需要对未来全球化进程和经济发展趋势有一定的预见和把握，以科学地预测未来经济发展趋势为前提，保证政策具有一定的前瞻性。第六，动态性。这一特征强调，在开放经济条件下，外商资本的投资行为与竞争策略以及国内经济条件会随着时间推移而不断变化，产业安全态势表现出一定的动态性，这要求产业安全政策能够应时而变，及时根据外部环境变化进行调整。

李孟刚也认为产业安全的基本特征包括战略性和动态性，这与张海东的上述观点类似。除此之外，李孟刚认为综合性、紧迫性、系统性、层次性及策略性等也是产业安全的基本特征[①]，具体要点包括：

第一，综合性。新兴技术的发展使得各产业之间的关联日益紧密，以往相关性较弱甚至完全不相关的产业开始相互交叠、相互融合、相互影响，因此，当某一产业的安全受到威胁时，可能产生连锁效应，影响到相关产业的正常发展，从而放大了对经济安全的影响。产业安全的综合性还表现为影响产业安全的因素的复杂性、全面性，历史因素、政治体制、经济体制、自然环境和地理条件等都会对产业安全产生重要影响。

第二，紧迫性。产业安全的这一特性源于其战略性和综合性。产业安全的战略性和综合性决定了产业政策的制定往往决定着一个国家在相当长的一段时期的发展态势。在全球经济一体化背景下，世界各国产业关联度大、依存度高，发展中国家由于其经济基础的脆弱性可能导致其应对外部冲击的能力较弱，因此，发展中国家在制定对外开放政策时尤其要注意产业安全政策的紧迫性。

第三，系统性。产业安全是由多种要素按照一定的方式组成的大系统，涉及各产业赖以生存和发展的宏观经济、政治和国际环境等诸多方面的问题。将某一产业置于整个国民经济系统之中，放在全球化的背景之下，综合考虑各方面的关系，才能制定出合理、有效的产业安全政策。同时，在执行产业政策、确保产业安全的时候，产业安全所涉及的各个方面，如中央政府、地方政府、行业协会和一线企业必须密切配合。

第四，层次性。产业安全既包括一国某一产业的安全问题，也包括一国产业群的安全问题，这两个层次是局部与整体的关系。在国际产业分工和发挥国际间比较优势的背景

[①] 李孟刚：《产业安全理论研究（第三版）》，经济科学出版社2012年版。

下，一国总会有一些产业的国际竞争力较强，安全度较高，而另一些产业的竞争力较弱，安全度较低。这要求一国政府在维护产业安全的过程中，妥善处理好不同层次的产业安全的关系。

第五，策略性。维护产业安全的策略，要根据本国产业与外国产业实力的对比和本国产业的发展需要而定。决定控制范围，始终不能放弃对控制权的争夺，在外资利用中不断创造条件壮大自己实力，尽力保持自己的发展条件。

4.1.3 产业安全主要分类

产业安全可以按照不同的标准来进行分类，现有论著常见的分类方式有如下几种[①]。

第一，产业生存安全和产业发展安全。从产业安全的要求标准来看，产业安全包括产业生存安全和产业发展安全两个方面。其中，产业生存安全是指产业的生存不受威胁的状态，而产业发展安全是指产业的发展不受威胁的状态。

第二，静态产业安全和动态产业安全。根据产业安全的发展态势，可以将其分为静态的产业安全和动态的产业安全。其中，静态的产业安全是指，特定时点或时期内一国产业安全的总体态势，而动态的产业安全则是指在经济运行变化中的产业安全变化态势，它强调不仅从当前的国家民族利益观点来看产业安全，还要从综合、前瞻的视角来看产业安全问题。

第三，封闭条件下的产业安全和开放条件下的产业安全。根据市场条件来看，产业安全可以分为封闭条件下的产业安全和开放条件下的产业安全。其中，前者是指封闭市场条件下的产业安全，而后者则是指开放市场条件下的产业安全。产业安全问题并非开放市场条件下的产物，封闭市场条件下同样存在威胁产业安全的因素。

第四，基于产业经济学理论框架的产业安全分类。产业经济学作为一门独立的经济学科，主要包括产业组织理论、产业结构理论、产业布局理论和产业政策等内容。对应于产业经济学的理论框架，产业安全可以分为产业组织安全、产业结构安全、产业布局安全和产业政策安全。

第五，基于产业分类的产业安全分类。按照经济活动的阶段，我们可以将产业安全划分为第一产业的产业安全、第二产业的产业安全和第三产业的产业安全；按照标准产业分类法，我们可以将产业安全分为农林牧渔业的产业安全、制造业的产业安全、金融保险业的产业安全、建筑业的产业安全等。

第六，基于产业地位的产业安全分类。根据产业在国民经济中的地位和作用，产业安全可以划分为基础产业的产业安全、瓶颈产业的产业安全、支柱产业的产业安全、主导产业的产业安全以及其他产业的产业安全。

第七，基于产业发展阶段的产业安全分类。按照产业所处的发展阶段，产业安全可以

---

① 李孟刚：《产业安全》，浙江大学出版社 2008 年版；朱涛等：《现代产业经济学》，河南大学出版社 2016 年版。

划分为幼稚产业的产业安全、新兴产业的产业安全、朝阳产业的产业安全以及其他产业的产业安全。

4.1.4 产业安全观的演变

理论界认为产业安全观的发展演变，总体上呈现出一种"中心—外围""开放—保护"和"竞争力—控制力"的基本范式。在资本主义早期，中心优势国家基于自己全面而绝对的工业发展优势，推行一种"自由开放—产业安全"的产业安全模式，而外围落后国家在面对中心优势国家激烈竞争的背景下，推行一种"政府保护—产业安全"的产业安全模式。这一时期，产业安全维护的核心在于以制造业为重点的产业竞争力优势的培育和提升。[①]

现有论著强调第二次世界大战之后，外围发展中国家仍然推行着"政府保护—产业安全"的模式，但受到全球跨国并购浪潮的影响，产业安全维护的重点不仅是本国产业竞争力的培育和提升，还包括对外资控制力的预防。以美国为代表的中心优势国家的产业安全观发生了三个方面的变化：第一，亚当·斯密时代"自由开放—产业安全"的旧模式被"开放+保护—产业安全"的新模式所替代；第二，产业竞争力和产业控制力成为产业安全维护的两大基本内容；第三，政府从原来的"守夜人"角色，转变为提高产业竞争力和保持产业控制力的主体角色。[②]

中国学者对产业安全问题的关注开始于 20 世纪 90 年代。世界不同时期发展出现过的不同类型产业安全观，都在中国有所映射体现。[③] 进入 21 世纪以来，特别是加入世界贸易组织以来，国内学者在对产业安全问题的研究中，逐步强调产业竞争力和产业控制力，而基于国民权益和自由开放视角的阐释逐渐式微。自 2010 年以来，国内学者对于产业安全内涵的阐释日趋丰富，评价维度更加多元，总体而言，中国产业安全观的发展演变，是世界产业安全观发展演变基本范式在当代中国的映射和综合[④]。

4.1.5 产业安全问题的研究意义

1. 理论意义

经典的产业经济学理论较多关注产业结构、产业组织、产业布局、产业政策等理论，对于产业安全理论的关注和阐述不够系统。在百年变局和世纪疫情相互交织、贸易保护主义抬头、逆全球化思潮上升的时代背景下，中国如何在构建新发展格局的过程实现产业安全和发展，是一项紧迫且重要的课题。本章之后内容包括产业安全基本理论回溯、产业安全具体领域分析、产业安全水平评价概述、新时代中国产业安全的实现路径等内容。这些研究内容能更好满足产业经济学理论创新和发展的需要，拓展产业经济学的分析框架，补充和完善现有产业经济学理论，从而为推动产业转型升级，保障国家经济安全，提供理论支撑。

---

①②③④ 马文军、卜伟、易倩：《产业安全研究——理论、方法与实证》，中国社会科学出版社 2018 年版；李善民等：《外资并购与我国产业安全研究》，经济安全出版社 2017 年版。

2. 实践意义

产业安全是国家制定产业政策、实行经济干预的出发点。强化国家经济安全保障，需要实现重要产业、基础设施、战略资源、重大科技等关键领域安全可控，而实现重要产业安全可控这一目标，离不开产业安全理论的支撑。如何实现产业链、供应链安全稳定，如何发展壮大战略性新兴产业、突破"卡脖子"技术难题，如何在促进国内国际双循环中培育产业竞争新优势……这些都是亟待产业安全领域学者研究的崭新命题。研究产业安全问题能够为产业政策制定提供参考和借鉴，推动实现产业布局和结构合理化，提升产业竞争力和安全性，为构建现代产业体系、保障国家经济安全奠定基础。

拓展阅读材料 4.1：

近日，美国商务部宣布将禁止美国公司向中国 IT 企业中兴通讯销售零部件、商品、软件和技术 7 年，理由是中兴违反美国限制向伊朗出售美国技术的制裁条款。在当前中美贸易摩擦加剧的情况下，这一事件引起广泛关注。

对此，中兴通讯发布声明称，已获悉美国商务部对公司激活拒绝令，正在全面评估此事件对公司可能产生的影响，与各方面积极沟通及应对。国家商务部回应称，正在密切关注事态进展，随时准备采取必要措施，维护中企合法权益。

在高科技产业基础的芯片半导体领域，国产芯片所占的市场份额较低，包括中兴在内的许多中国企业都应用了大量美国企业研发的计算机芯片。因此，此次事件也引发不少担心：被禁"芯"后，中国的高技术产业该怎么办？

2018 年 4 月 18 日晚，中国计算机学会青年计算机科技论坛（CCF YOCSEF）临时举办一场特别论坛，专门讨论这一话题。不少与会专家谈到，发生这类事件并不偶然，美国政府出台这一处罚措施并不是针对中兴通讯这一家企业，而是针对全部中国企业，这也给国产芯片的研发和使用敲响了警钟：在芯片这类核心、底层的科技领域，我国还存在着人才储备和培养少、技术基础较薄弱等问题，但要善于利用这次危机，加强国内通用芯片的技术研发和应用。

中国工程院院士、中国计算机学会名誉理事长李国杰表示，经过多年发展，中国企业在芯片领域已有不少经验积累，但相比国际先进水平仍存在不小差距，在很多具体工作中，国产芯片还不能完全替代国外企业所生产的芯片。

……

中国科学院计算技术研究所研究员、龙芯处理器负责人胡伟武也谈到，我国的芯片产业人才培养极不平衡，应用型人才很多，基础研究人才很少。他谈到一个具体的案例：绝大多数互联网公司都在用 Java 编程，相应的人才储备有数十万甚至上百万，但研究 Java 虚拟机的人才非常少，全国可能不超过 100 个。

在他看来，中国虽然培养了许多 IT 人才，但培养方法"有点像是在教大家怎么用计算机，而不是教大家怎么造计算机"，尤其是缺乏对工程师人才和工程师文化的深入培养。

虽然仍面临较多差距，但众多专家也强调，在面对美国对芯片领域的封锁时，我们既要正视自身存在的差距，也要有底气直面挑战。

李国杰表示，我们可以利用这次危机倒逼国产芯片加速研发和应用。

胡伟武也认为，这是一个国产芯片行业转危为机的机会。他建议，我国政府可以利用这次机会，推动"龙芯"等国产芯片的商业化应用，建设中国自己的生态体系。

……

（资料来源：《"芯病"还需"芯药"医》，载《中国青年报》2018年4月19日第1版，内容有所删减。）

思考题："中兴事件"给中国维护产业安全带来了哪些启示？

4.2 产业安全基本理论回溯

4.2.1 产业经济学基本理论

产业经济学的研究对象是产业，而产业的概念有广义和狭义之分。广义的产业概念是指国民经济中的各行各业，狭义的产业概念专门指工业或称为制造业内部的各种工业部门或行业。无论是广义的产业概念，还是狭义的产业概念，产业都是一些具有某些相同特征的企业的集合或群体，是介于单个经济主体和国民经济总体的中间层次。[1] 产业经济学的研究对象是产业，具体研究产业内部各企业之间相互关系的形成与演变规律；产业的产生、成长及兴衰的发展规律；产业与产业之间互动联系的规律；产业在空间上的分布及转移规律；产业发展中资源有效配置规律等[2]。产业经济学的发展使得自身理论体系日臻完善，现有论著通常认为产业经济学理论主要包含五个方面的内容[3]。

1. 产业组织理论

产业组织理论的研究对象就是产业组织，主要研究产业内企业与市场的关系结构，包括市场结构、市场行为、市场绩效以正确处理有效竞争和规模经济的关系。产业组织的研究主要是以竞争和垄断及规模经济的关系为基本线索，主要解决产业内企业之间竞争活力的冲突问题。传统的产业组织理论体系主要是著名的市场结构、市场行为和市场绩效理论范式（又称为"SCP范式"），该理论认为市场结构是决定市场行为和市场绩效的基础；市场行为取决于市场结构，而市场行为又决定了市场绩效。SCP范式奠定了产业组织理论体系的基础，以后各产业组织理论学派的发展都是建立在对SCP模式的继承或批判的基础

---

① 芮明杰：《产业经济学（第三版）》，上海财经大学出版社2016年版。
② 谢勇、柳华：《产业经济学》，华中科技大学出版社2008年版。
③ 张东梅、汪彤：《产业经济学》，社会科学文献出版社2013年版；芮明杰：《产业经济学（第三版）》，上海财经大学出版社2016年版；朱涛：《现代产业经济学》，河南大学出版社2016年版。

之上的。

2. 产业结构理论

产业结构理论是以产业之间的技术经济联系及其联系方式为理论依据，主要研究产业结构演变的规律、产业结构的运行与调控机制、产业结构的优化、主导产业的选择等。产业结构与经济增长关系密切，产业结构的演进将促进经济总量的增长，经济总量的增长也相应促进产业结构的加速演进，二者相互作用。只有正确把握产业结构变动规律，才能制定恰当的产业政策，更好地发挥产业结构对经济发展的促进作用。

3. 产业关联理论

产业关联是产业之间以各种投入品和产出品为连接纽带的技术经济联系，包括有形产品和无形产品，实物形态和价值形态的投入品或产出品，产业关联理论又称为产业联系理论，它较产业结构理论更广泛、细致、精确和量化地研究了产业之间的质和量的关系。主要理论方法是里昂惕夫的投入产出法，运用投入产出表和投入产出数学模型，把一个国家在一定时期内所进行的社会再生产过程中，各个产业部门间通过一定的经济技术关系所发生的投入产出关系加以量化，以此分析该国在这一段时期内的社会再生产过程中的各种产业比例关系及其特性。由此可见，产业关联理论主要研究产业关联的基本原理和方法、投入产出法的应用、产业的空间关联和时间关联等。

4. 产业布局理论

产业布局理论主要研究一国或地区的产业布局对整个国民经济的影响。一国或地区的产业布局发展最终要落实到一定经济区域来进行，这样就形成了产业在不同地区的布局结构。产业布局是一国或地区经济发展规划的基础，也是其经济发展战略的重要组成部分，更是其实现国民经济持续稳定发展的前提条件。产业布局从宏观层面上，涉及国际上国家间或国家内区域间的产业分工和产业发展的理论与实践；从中观层面上，涉及区域内产业优势的发挥和竞争力的培育以及产业集群形成的理论和实践；在微观层面上，涉及企业的厂址选择等理论和实践。

5. 产业发展理论

产业发展是产业经济学研究的主要任务，也是产业经济学研究的目的，产业发展是指产业的产生、成长和进化过程，既包括单个产业的进化过程，又包括作为产业总体的整个国民经济的进化过程。一个产业在各个发展阶段有不同的发展规律，通过对产业发展规律的研究，促进产业的发展，增强产业发展的竞争能力。产业发展理论主要研究经济增长与结构变动的关系，产业发展的周期波动，产业的均衡发展与非均衡发展，以及产业发展战略的选择等内容。

4.2.2 产业保护理论

对幼稚产业的保护政策是产业结构政策的一项重要内容。所谓幼稚产业，是指工业后发国家相对于工业先行国家成熟产业而言的，新建立起来的并仍处于"幼小稚嫩"阶段的产业[1]。在开放的产业结构系统中，一个新产业的建立和发展，势必会受到来自系统外部同行竞争的压力[2]。一国的幼稚产业在建立之初由于技术经验不足，劳动生产率低下，产品成本高于世界市场价格而无法与国外企业竞争，但通过保护一段时间，能够达到其他国家同一产业发展水平而自立[3]。

幼稚产业保护理论的形成有着深刻的现实背景。当产业革命在英国和法国两国深入发展时，欧美其他国家的工业尚处于萌芽状态或正处于生长期，这些国家要求保护本国产业的呼声日益高涨[4]。德国经济学家弗里德里希·李斯特是主张对本国幼稚产业进行保护扶植的代表人物，他深受汉密尔顿思想的影响，于1841年出版的《政治经济学的国民体系》一书，系统地提出了以生产力理论和社会发展理论为基础，以保护关税制度为核心的幼稚产业保护理论。李斯特认为，工业后发国家有可能通过产业政策的保护和培育，发展新的优势产业，只有以这种优势产业参与国际分工，才能打破旧有的国际分工秩序[5]。为了发展生产力必须实施保护关税制度，尽管保护关税政策可能会暂时使生产成本提高，商品价格上涨，但未来这些牺牲都会因生产力的提高而获得补偿。

李斯特的思想对当时的德国、美国以及以后的日本、韩国等工业后发国家的产业政策实践产生了深远影响。第二次世界大战之后一些工业后发国家的产业保护政策主要包括：关税和非关税壁垒的保护政策、财政和税收的倾斜政策、金融和信贷的优惠政策、技术的支持政策、直接规制等产业组织政策。

约翰·穆勒进一步完善了李斯特的幼稚产业保护理论，提出了"新产业保护理论"。他认为李斯特的幼稚产业保护理论是实施产业保护的理论依据，但产业保护应仅限于从国外引进的"新生产业"，一旦新生产业发展壮大就应取消保护[6]。新引进的产业应该适应本国的国情，由于企业不愿意承担产业学习期间的风险和损失，所以要依靠保护关税之类的手段来补偿企业，从而使企业有动力去学习和发展[7]。穆勒提出的新产业保护理论强调新生产业的正向外部性和动态规模经济，尽管短期内保护新生产业会导致静态资源配置低效率，但从长期而言，新生产业逐渐成熟后获得的收益将超过成长期内贸易保护所产生的损失。

4.2.3 产业损害理论

1. 产业损害的定义

产业损害理论也是产业安全理论的重要组成部分，该理论是研究进口商品对进口国的倾销中对产业造成损害的程度[8]。有关产业损害理论的研究将有助于一个国家科学准确地

① 芮明杰：《产业经济学（第三版）》，上海财经大学出版社2016年版。
② 龚仰军：《产业经济学教程（第四版）》，上海财经大学出版社2014年版。
③④ 芮明杰：《产业经济学》，上海财经大学出版社2016年版。
⑤ ［德］弗里德里希·李斯特：政治经济学的国民系》，商务印书馆2011年版。
⑥⑦ 李孟刚：《产业安全理论研究（第三版）》，经济科学出版社2012年版。
⑧ 李孟刚：《产业安全理论研究》，经济科学出版社2010年版。

判定和评估由倾销和反倾销措施带来的产业损害，理据充足地应对国际贸易中的反倾销裁定，最大限度地防范和减少其造成的损失①。在国际贸易中，进口商品在某进口国国内的大量销售，对该国国内相关产业的发展和建立造成威胁、阻滞，以至于毁灭的过程被称为产业损害。在国际反倾销认定方面，产业损害被公认为可以作为认定出口国对进口国有无倾销行为发生的基础和本质界限②。

世界贸易组织《反倾销守则》将产业损害界定为：进口商品给进口国生产相同或类似产品的产业造成实质损害、实质性损害威胁或实质性阻碍了该类产业建立。这一规则规定了确定产业损害应遵循的两类原则：一是要以肯定的证据为基础；二是要客观审查倾销进口数量及其对产品国内市场价格的影响，以及对生产相同产品国内生产商产生冲击的后果。

2. 产业损害的成因

现有论著认为倾销是导致产业损害的原因，深入分析和掌握倾销对相关产业的损害，对于产业损害调查、产业损害幅度评估和产业损害的维护具有一定的基础作用。倾销商品可以直接冲击甚至挤垮进口国生产与倾销商品相似或直接竞争的产品的企业。倾销商品在进口国的廉价销售，改变了进口国消费者的消费计划和开支倾向，进口国的同类产品可能失去销路和市场，造成进口国相关行业萎缩、利润下降、工人失业甚至部分企业倒闭退出市场③。

对于以倾销商品作为原材料或零部件的进口国产业，因受低价信息错误诱导而扩大了生产规模，但在出口国停止倾销后，消费倾销商品的进口国产业无法继续以扩大后规模进行生产，造成资源错配的损失④。即使进口国产业仍保持与倾销前相同的市场份额，但该产业可能已经失去了可持续增长的市场潜力。

3. 产业损害调查和损害幅度测算

李孟刚认为，产业损害调查是确认有无倾销行为发生的基础工作，对被控倾销的进口商品进行产业损害调查的内容包括三个方面：一是被控倾销进口商品对已经建立的生产同类产品的国内产业造成了实质性损害；二是被控倾销进口商品对已经建立的生产同类产品的国内产业造成实质性损害威胁；三是被控倾销进口商品对拟建立国内相关产业造成实质性阻碍⑤。

理论上，产业损害幅度是指国内相关产业所受损害的程度。产业损害幅度测算是在产业损害调查过程中，将被控倾销进口商品的价格与设定的国内产业不受损害的价格进行比较，是进行产业损害程度量化的一种方法。根据国际通例，按照倾销幅度征收反倾销税的做法，往往不能够完全客观地反映国内产业遭受损害的实际状况，对国内产业的补偿可能会大于实际损害，而以产业损害幅度来确定反倾销税的幅度，是更为科学的⑥。

---

① 李孟刚：《产业安全理论研究》，经济科学出版社 2010 年版。
②④⑤ 李孟刚：《产业安全理论研究（第三版）》，经济科学出版社 2012 年版。
③ 李孟刚：《产业安全理论研究（第二版）》，高等教育出版社 2012 年版。
⑥ 李孟刚：《产业安全理论研究（第三版）》，高等教育出版社 2023 年版。

李孟刚认为，产业损害幅度的测算方法可以归纳为两种模式：阶段法和假设法。阶段法包括简单推论法和趋势分析法，假设法包括差额分析法和比较分析法。差额分析法和比较分析法是比较有代表性的分析方法。其中，差额分析法是通过比较倾销品价格差的高低作为认定产业损害的依据，其具体步骤是：首先，倾销使得进口商品价格偏低；其次，低价的进口商品取代了国内产品的需求；最后，进口商品替代国内产品进而造成国内产业的损害。比较分析法是以经济理论为依据，建立一个若无倾向进口商品威胁时国内经济应有的"虚拟框架"，然后比较这个虚拟状况与现行国内经济的差异，以决定倾销进口商品的威胁对国内产业造成的价格与数量变化幅度。最后，再确定这种影响的严重程度，作为最终裁定的标准①。

4. 产业损害的救济

学者们认为，倾销对一国产业具有很强的破坏性，倾销是构成产业损害的原因。为了防止不公平竞争的发生，保证国内产业的生存条件，政府需要进行产业损害调查，并在调查的基础上，结合产业损害幅度的测算结果，以征收反倾销税的方式来维护因倾销所导致的产业损害。反倾销的征收额度应充分考虑对产业损害的补偿，平衡倾销对国内产业造成的损害。② 进口国政府为了进行产业损害维护，依法对给本国产业造成损害的倾销行为采取征收反倾销税等措施，以抵消损害后果的法律行为，就是所谓反倾销。确立反倾销的前提条件主要有三个：一是倾销行为的存在；二是损害的构成，即对国内产业产生重大损害或对国内新产业产生重大威胁；三是倾销与损害之间存在着因果关系。③

客观而言，反倾销作为一种手段，既可以被用于达到公平贸易和公平竞争的目标，也可以被用作贸易保护主义的工具。④ 在国际贸易实践中，一方面，实施发倾销措施可以消除或抵消外来产品不公平的价格竞争和进口冲击，能在一定程度上起到制止倾销、保护本国产业的作用；另一方面，当反倾销被不正确地使用或毫无节制地滥用时，它对各成员国的出口造成不合理的阻碍作用，损害出口贸易利益，从而对国家经济安全造成不确定性风险乃至威胁⑤。

4.2.4　产业控制理论

研究产业控制力的产业安全理论被称为产业控制理论，其主要研究的是外资通过技术、股权、品牌、决策权、经营权的掌控，从而对东道国的产业安全产生的影响和应对该问题的措施。在开放经济条件下，由于外资的大量进入，导致外资对东道国的产业控制力不断增强，会削弱东道国对本国产业的控制力，进而导致本国产业出现安全问题⑥。产业控制力的实质是外资产业控制力和东道国产业控制力这两种力量的博弈能力。一国的产业

---

①　李孟刚：《产业安全理论研究（第三版）》，经济科学出版社 2012 年版。

②③④⑤　李孟刚：《产业安全》，浙江大学出版社 2008 年版；李孟刚：《产业安全理论》，高等教育出版社 2010 年版。

⑥　郭连成、王鑫：《经济全球化背景下转轨国家产业发展和产业安全——以中国、俄罗斯为主要分析视角》，商务印书馆 2016 年版。

控制力包含两方面含义：一方面是本国资本对国内产业的控制力和对市场的占有程度；另一方面是本国政府对国内产业的影响力和产业政策效应。因此，东道国需要制定相应的外资政策，加强对外资的引导和管理，增强本国对重要产业的控制力①。

第二次世界大战以后，外商直接投资活动得到了前所未有的发展，在世界经济中发挥着愈加重要的作用，成为各国参与国际经济竞争的重要形式。学术界围绕外商直接投资实践展开了系统的理论研究，而处于主流地位的现代外商直接投资理论，主要从两个方向推进：一是以产业组织理论为基础，关注跨国公司对外直接投资的条件和决定因素，强调企业发展到一定阶段和具有某种垄断优势时必然要选择对外直接投资，这类理论的代表有海默－金德尔伯格的垄断优势论、巴克莱－卡森的内部化理论。二是以国际贸易理论为基础，重点关注投资产生与发展的决定因素，这类理论的代表是弗农的产品周期理论②。20世纪 70 年代以后，上述两类理论出现融合趋势，形成了"综合性学说"，产生了邓宁的生产折衷理论。本部分着重介绍海默－金德尔伯格的垄断优势论，而弗农的产品周期理论和邓宁的生产折衷理论安排在产业竞争力理论中进行介绍。

美国学者海默于 1960 年对外商直接投资理论进行了开创性的研究，之后他的导师金德尔伯格对其主要论点进行发展和完善，形成了经典的外商直接投资理论——垄断优势论。该理论强调，跨国公司对外直接投资的根本驱动力是市场的不完全竞争，该理论列举了四种市场不完全性的类型：产品和生产要素市场不完全、由规模经济导致的市场不完全、由政府干预经济导致的市场不完全以及由关税和税赋导致的市场不完全③。其中，由关税和税赋导致的市场不完全是企业利用自身的垄断优势对外投资，而其他的不完全仅仅是使得企业本身拥有垄断优势。同时，跨国企业的垄断优势是其获利的条件，主要包括：第一，技术优势。跨国公司最重要的垄断优势就是拥有先进技术。为了保持垄断地位，获得最大利润，跨国公司倾向于在公司内部使用先进技术。第二，规模经济优势。通过横向一体化取得内部规模经济的优势，通过纵向一体化取得外部规模经济的优势，利用各国生产要素的差异，使之转化为公司的利润。第三，资本和货币优势。跨国公司具有全球战略目标的资金管理战略、雄厚的经济实力，可以在全球各分支机构间调度资金，增强抵御市场风险的能力。第四，组织管理优势。跨国公司有一套严密的组织管理体系，其对分支机构实行集中性的统一管理，通过分布在全球各地的子公司及各事业部，及时获取市场信息，提高产品质量，加强技术服务，加速产品创新，增强广告宣传，提高销售能力④。

一些学者在海默－金德尔伯格研究的基础上，进一步发展和完善了垄断优势论，主要代表人物有凯夫斯、约翰逊和尼克博克。其中，凯夫斯强调产品差别是形成不完全竞争市场的基础，企业的经营特色和比较优势决定了企业对市场的控制能力。约翰逊强调技术本

---

① 李然：《基于产业安全的京津冀产业转移研究》，社会科学文献出版社 2017 年版。
②④ 欧阳彪：《开放经济下中国服务业产业安全的理论与实证研究》，湖南大学出版社 2018 年版。
③ 张增臣：《外商直接投资与产业结构优化升级问题研究》，河北人民出版社 2018 年版。

身的优势，强调跨国公司对外直接投资的垄断优势主要来自对知识资本的使用和占有。尼克博克从垄断企业战略竞争角度出发，提出了寡占反应理论，并将对外直接投资区分为进攻性投资与防御性投资①。

4.2.5　产业竞争力理论

1. 产业竞争力的定义

迈克尔·波特在《国家竞争优势》中提出，产业竞争力就是在一定贸易条件下产业所具有的开拓市场，占据市场并因此而获得比竞争对手更多利润的能力，因此，产业的竞争力与产业的最终利润潜力或产业利润率是相一致的。竞争力理论的市场结构学派认为，竞争力是产业在市场中不断扩大市场份额，并且取得良好市场绩效的能力。产业竞争力是该产业内的企业在市场中的生存和发展能力，除了自身因素之外，还受到市场中的竞争对手和其他环境因素的影响。社会经济系统学派认为竞争力是区域内经济和社会系统的综合体现，是一个复杂的系统工程，体现了一个区域或者一个国家的整体实力。

国内学者对于产业竞争力概念内涵的关注也由来已久。蔡昉等认为产业竞争力的来源包括产业结构与技术结构的选择遵循比较优势原则，而能否识别和遵循国家的比较优势，是产业获得并保持国际竞争力的关键②。金碚提出，产业竞争力是自由贸易条件下，一国的某一产业能够比其他国家的同类产业更有效地向市场提供产品或者服务的综合素质③。郭京福强调产业竞争力是某一产业或整体产业通过对生产要素及资源高效配置与转换，能稳定持续地生产出比竞争对手更多财富的能力④。卢福财认为，产业竞争力的实质也就是产业的生产力，这里的生产力并不仅仅是指生产能力，而是指能够生产出来既符合市场需求的产业或服务，又能够在与其他国家同类产品竞争中不断取胜的综合实力⑤。胡秀英和王美兔持有相类似的观点，他们进一步强调从三个方面对产业竞争力的内涵进行理解：第一，产业竞争力是相对于其他的竞争力而言的，和其他竞争不同的是，它没有产业竞争主体之间的相互较量和竞争。第二，产业竞争力和企业竞争力有很大的不同，企业竞争力的竞争主体是单个的企业，而产业竞争力则涉及整个产业链。第三，产业竞争力是在体现在大范围内的竞争，主要体现在它所提供的产品或服务在国际市场上所占有的份额⑥。朱涛强调，产业竞争力的实质就是产业的比较生产力，产业竞争力的定义为，在国际间自由贸易条件之下，一国产业依据其相对于其他国家来说所具有的更高的生产能力以及生产效

①　欧阳彪：《开放经济下中国服务业产业安全的理论与实证研究》，湖南大学出版社2018年版。

②　蔡昉、王德文、王美艳：《工业竞争力与比较优势——WTO框架下提高我国工业竞争力的方向》，载《管理世界》2003年第2期，第58~63，70页。

③　金碚：《竞争力经济学》，广东经济出版社2003年版。

④　郭京福：《产业竞争力研究》，载《经济论坛》2004年第14期，第32~33页。

⑤　卢福财、吴昌南：《产业经济学》，复旦大学出版社2013年版。

⑥　胡秀英、王美兔：《现代产业经济学理论研究》，吉林大学出版社2015年版。

率，并向国际市场提供满足需求的更多产品，可以得到持续获得盈利的能力[1]。

2. 产业竞争力的理论渊源

（1）比较优势理论。

比较优势理论是大卫·李嘉图在《政治经济学及赋税原理》一书中首次提出的，是用来解释国际贸易活动的经典理论之一。大卫·李嘉图认为，在国际贸易和国际分工中真正起到决定作用的是比较利益，而不是绝对利益。哪怕一个国家在两种商品的生产上都具有绝对优势，而另一个国家在两种产品的生产上都表现出绝对的劣势，两国之间仍可能通过国际分工和国际贸易而获得利益。该理论强调，不同商品需要不同的生产要素比例，而不同国家拥有的生产要素比例是不同的，因此，各国在生产那些能够比较密集地利用其较宽裕的生产要素的商品时，就必然会有比较利益的产生。只要各国之间存在着生产技术上的相对差别，就会出现生产成本和产品价格上的相对差别，从而使各国在不同的产品上具有比较优势[2]。

（2）产品生命周期理论。

雷蒙德·弗农于 1966 年发表《产品周期中的国际投资和国际贸易》一文[3]，提出了产品生命周期理论（product life cycle，PLC）。他提出在国际贸易中也存在着明显的产品生命周期，并将其划分为三个阶段，即产品的创新阶段、成熟阶段和标准化阶段。在某种新技术产品的创新阶段，技术创新国拥有明显的技术垄断优势，该国国内旺盛的市场需求会刺激着技术创新国扩大该种创新产品的生产规模。当进入新技术产品的成熟阶段，新技术产品的生产过程中所需的风险投资逐渐减小，而其他发达国家开始了对这种新技术产品的模仿，此时，技术创新国对这些国家的出口增至最高点。此后，原来进口这种新技术产品的发达国家完成了对这种产品的模仿过程，成功仿制出类似产品，在国内市场推出，并凭借更低的成本不断扩大市场占有率，原技术创新国的生产规模急剧缩减。产品生命周期理论说明，在研究产业竞争力时，既要考虑自然资源的因素，又要考虑供给和需求的交互作用、技术垄断、后发优势等因素。

（3）国际生产折衷理论。

约翰·邓宁 1977 年发表《贸易、经济活动的区位与多国企业：折衷理论探索》一文，提出了对国际直接投资和跨国公司的理论有重要影响的"国际生产折衷理论"[4]。该理论认为，从事跨国经营活动的企业必须同时具备三个优势：所有权优势、内部化优势和区位优势。如果企业无法同时具备这三个优势，就只能以出口贸易来满足国外市场的需求，以

---

[1] 朱涛等：《现代产业经济学》，河南大学出版社 2016 年版。

[2] ［英］大卫·李嘉图：《政治经济学及赋税原理》，商务印书馆 2021 年版。

[3] Vernon，R.，1966，"International Investment and International Trade in the Product Cycle"，Quarterly Journal of Economics，80（2），190-207.

[4] Dunning，J. H.，1977，"Trade，Location of Economic Activity and the MNE：A Search for an Eclectic Approach"，In：Ohlin，B.，Hesselborn，P. O.，Wijkman，P. M.（eds）The International Allocation of Economic Activity. Palgrave Macmillan，London.

国内生产来满足国内市场的需求。其中,所有权优势是指,一国企业拥有或能够获得的、国外企业所没有或无法获得的资产及其所有权。内部化优势是指,跨国公司将交易内部化、形成内部市场所产生的特有优势。区位优势是指跨国公司在投资区位选择上具有的优势。国际生产折衷理论促使企业领导层形成更全面的决策思想,用整体观念去考察与所有权优势、内部优势和区位优势相联系的各种因素,以及诸多因素之间的相互作用,从而可以减少企业决策上的失误。

3. 产业竞争力的分析方法

产业竞争力的分析方法主要根据产业竞争力的影响因素所建立的分析框架。迈克尔·波特提出的"钻石模型"是目前使用较为广泛的分析工具,学者们在这一分析框架的基础上进行了有益拓展[1]。钻石模型是迈克尔·波特1990年在《国家竞争优势》一书[2]中提出的,以解释国家在市场上取得竞争优势的途径,该模型从要素分解视角和要素层次分析的维度,通过对复杂数据和资料的提炼,总结出决定产业竞争力的六大因素,包括"要素条件","需求条件""相关产业与支持性产业""企业战略、企业结构和同业竞争""政府""机会"。其中,前四项是决定产业国际竞争力的决定性因素,后两个是辅助因素,它们之间彼此互动,共同决定着产业竞争力,这些因素具有双向作用,形成钻石体系[3]如图4.1所示。"钻石模型"理论认为,决定产业竞争力的六大因素具体如下。

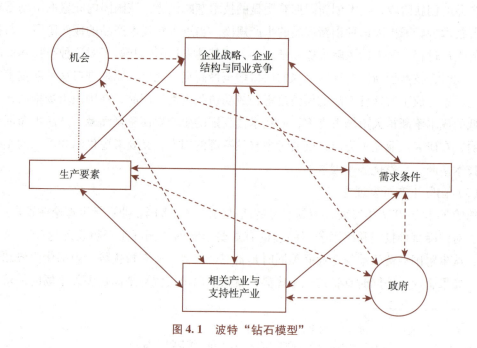

图 4.1 波特"钻石模型"

---

① 卢福财、吴昌南:《产业经济学》,复旦大学出版社2013年版。
② [美]迈克尔·波特:《国家竞争优势》,华夏出版社2002年版。
③ 胡秀英、王美兔:《现代产业经济学理论研究》,吉林大学出版社2015年版。

（1）生产要素。

生产要素是指一个国家在特定产业竞争中有关生产方面的表现，包括天然资源、人力资源、知识资源、资本资源、基础设施等，竞争力的强弱与生产要素和资源所发挥的效能相关。在经济全球化背景下，生产要素得以在国际间流动，产业活动逐渐趋于全球化，要素的多寡不是决定经济竞争力的主要因素，而通过要素重组提高其使用效率才是增进产业竞争力的关键因素。生产要素可分为基本要素和高等要素。其中，基本要素包括天然资源、气候、地理位置、非技术与半技术劳动力、资金等，而高等要素包括现代化通信基础设施、接受高等教育的人力资源等。随着基本要素在产业国际竞争力中的重要性不断下降，高级要素在产业国际竞争力创造过程中的重要性越来越高，特定产业或企业若要以独特的产品或生产技术形成竞争力，必须要借助高等要素。

（2）需求条件。

需求条件主要是针对一国的市场对某项产业所提供产品或服务的需求而言的。国内需求是提高产业国际竞争力的原动力，对任何一类产业而言，本国市场需求是一个行业或一种产品是否具有竞争力的重要影响因素。国内市场最大的贡献是，它为企业注入了源源不断的"新鲜血液"，为企业持续发展、投资与创新注入了动力。本国企业所建立的生产方式和营销模式是否适应国内和国际市场的需求，是否有利于国际竞争，是产业竞争力的重要影响因素。

（3）相关产业和支持性产业。

通常而言，一个优势产业不是单独存在的，它往往依赖于国内相关优势产业一同崛起。产业链中的上游企业能协助企业掌握新方法、新技术、新产品研发，使企业的产品在其他所有产品中突出。下游企业则有助于企业及时接受市场信息，提升和改变产品质量，增强整个供应链的竞争力。对于核心产业而言，相关产业和辅助产业往往对整个产业链起到不可忽视的作用。

（4）企业战略、企业结构和同业竞争。

不同国家和不同的行业在企业目标、策略、组织、管理和竞争状态上有很大的差异，这些差异源于特定产业中各个竞争优势能否将产业竞争力恰当地运用于相互匹配的企业中。竞争环境对人才流动、企业战略和结构的影响决定了该行业是否有竞争力，竞争迫使企业降低成本、提高质量和改善服务、开发新产品和新工艺，提升了企业竞争力。

（5）机会。

机会是一些偶然的事件的集合，那些超出企业预料和控制范围的突发事件，如技术上的重大突破、金融市场或汇率的重大变化、市场需求的剧增、政府的重大决策、战争等都会对一个国家的产业竞争优势产生影响。然而，特定产业能否利用偶然事件所提供的机遇获得竞争优势，还和其他要素密切相关。

（6）政府行为。

政府只有扮演好自己的角色，才能成为扩大钻石体系的力量。政府能够提供企业所需要的资源，创造产业发展的环境。从政府对四大要素的影响看，政府通过其在资本市场、外资、生产标准、竞争条例等方面的政策能直接影响企业的竞争力。在产业发展进程中，政府要尽力保证国内市场处于积极的竞争状态，规制相关行业的竞争环境。

20世纪90年代以后，世界经济格局发生了显著变化，国际资本活动和跨国公司活动日益频繁。在这一背景下，英国学者邓宁对波特的"钻石模型"进行了拓展，将跨国公司商务活动作为一个外生变量引入到波特的"钻石模型"之中，强调跨国公司会对国家来自资源和生产力的竞争力产生重要冲击，这一理论后来被学术界归纳为"波特—邓宁模型"①。该理论认为，变化的经济形势对波特"钻石模型"中的各个关键要素产生很大影响，甚至出现原本很重要的因素转变为次要因素的情形。

拓展阅读材料4.2：

中央强调保障初级产品供给和树立大食物观的新形势下，有必要重新审视大豆问题，破产业困局，开发展新局。大豆的供给保障能力强不强，影响我国农业的成色和经济的韧性，大豆关系粮食安全也关系食物结构。大豆发展开新局，关键是重塑行业竞争力，这需要强政策、强科技、强加工。

大豆正持续受到关注。2021年底，中央政治局常委会会议专题研究"三农"工作时强调，要实打实地调整结构，扩种大豆和油料。2022年的中央一号文件明确，大力实施大豆和油料产能提升工程。2022年的《政府工作报告》提出，促进大豆和油料增产。日前召开的扩种大豆油料工作推进电视电话会议提出，采取过硬措施，增加大豆种植面积。重要会议和文件如此密集地强调大豆，在历史上也不多见。

在我国统计口径中，大豆属于粮食范畴；在国际上，粮食单指谷物，大豆则是油料和饲料来源。在我国几大粮食作物中，水稻、小麦、玉米均实现了相当高的自给率，唯独大豆85%的消费量要靠进口，已成为我国进口量最大的农产品。近些年，大豆进口依存度过高的问题，时常成为社会关注的焦点。在中央强调保障初级产品供给和树立大食物观的新形势下，有必要重新审视大豆问题，破产业困局、开发展新局。

从初级产品供给的角度看，大豆的供给保障能力强不强，影响我国农业的成色和经济的韧性。作为典型的初级产品，无事的时候大豆可能不显山不露水，有事的时候其重要性非同一般。这些年，大豆困局的背后是需求量增加迅速，原因是居民膳食结构变化，人均食用油和肉类消费量均远超世界平均水平。食用油消费增长迅速，从动物油脂和菜籽油为主变为大豆油为主；肉类消费量增长迅速，20年间提高了3倍，导致对豆粕需求旺盛。大豆供给当然离不开国际市场，但我们也要保有一定的产量，这样面对国际市场才有底气，避免关键时候买不到、买不起。

从大食物观的角度看，大豆关系粮食安全也关系食物结构。大豆天然存在与谷物尤其

---

① 卢福财、吴昌南：《产业经济学》，复旦大学出版社2013年版。

是玉米争地的问题。此前，为优先保障口粮，政策向谷物倾斜，加之大豆比较效益低，农户种植意愿不强。"十三五"期间，国家调整种植结构，压减供给过剩的玉米，大豆面积从 2016 年的 1.08 亿亩增加到 2020 年的 1.48 亿亩，达到近 10 年最高值。2021 年春，玉米价格涨幅较大，农民对玉米预期更高，导致 2021 年大豆面积较上年减少 2200 万亩。全年 1.3 万亿斤的粮食产量当然要确保，但作为特殊品种，大豆关系豆制品、植物油、肉蛋奶消费，也很有必要单独强调、专门施策。

……

大豆发展开新局，关键是重塑行业竞争力。一是强政策。保产量的首要还是保面积。要完善大豆生产者补贴政策，充分考虑平衡玉米大豆种植收益，让农民种大豆不吃亏，自然愿意多种、套种、间种。二是强科技。这当然离不开培育高产大豆品种，但更重要的是，在推广已有优良品种上下功夫，在提高机械化率上做文章，从而提高单产、降低成本。三是强加工。加工上承种植、下启养殖，是吐纳产能的蓄水池。发展大豆加工业，要提高原料利用率，创新加工技术，针对食用大豆发力高档大豆蛋白产品，针对油用大豆提高压榨水平，从而提升价值链。

（资料来源：《重塑大豆产业竞争力》，载《经济日报》2022 年 3 月 22 日第 5 版。）

思考题：中国应该采取哪些措施重塑大豆产业竞争力？

4.3　产业安全具体领域分析

从领域划分来看，产业安全具体包括产业政策安全、产业组织安全、产业布局安全、产业结构安全和产业链安全等，下面分别就产业安全各领域的主要内容、影响因素、现状困境等展开简要分析。

4.3.1　产业政策安全分析

1. 产业政策安全主要内容

产业政策安全主要指一国政府能够根据本国产业发展实际和国际经济形势变化，独立、准确、及时地制定和调整本国产业政策，以确保本国产业健康、稳定、可持续发展。具体来看主要包括以下三方面内容：一是本国政府拥有产业政策决定权的独立性和完整性，也即是主权国家对本国产业规划的目标、战略及政策框架拥有完全自主决策的权利，不受其他国家以及国际组织的干预和影响；二是本国政府能够及时主动地调整本国产业政策，也即是主权国家在进行宏观产业调控时能够把握相应的时机和力度；三是本国政府能够确保产业政策的正确性，也即是主权国家能够有效克服产业信息不对称问题，确保本国产业安全存续。

2. 产业政策安全影响因素

从产业决策能力来看，一国政府在面对本国产业规划和产业发展过程中可能出现的诸多问题时，能否目标明确、措施得力、计划周详，将直接影响该国产业的安全存续与否[①]。一般而言，新兴市场国家的产业决策能力相对处于劣势，因缺乏产业发展经验，对国际产业发展形势的判断力不足，往往会照搬发达国家产业发展模式，而非因地制宜实现产业弯道超车或换道超车，其带来的后果往往是本国产业决策的失误乃至产业体系的崩溃。

从产业决策信息充分性和决策机制有效性来看，一方面，知识经济时代的产业发展规划必须要建立在信息获取及时充分的基础上，只有全面把握国内外产业发展势能，才能够确保本国产业政策的适度超前。另一方面，产业决策机制的有效性直接关乎产业政策制定的科学性和可行性，尤其是决策过程能否保持"中性"，决策结果能否及时传递并影响到企业及个人的经济行为，决策制定和实施能否对政策传导渠道和微观行为基础有事先预判，都变得至关重要。

从产业决策预警体系完善程度来看，产业政策实施成效的呈现和评估存在滞后性，如果待产业发展负面效应放大时再采取补救措施，往往会造成更大的决策失误成本，甚至导致产业发展问题恶化，这就要求一国政府必须超前谋划和构建产业决策预警体系。如果产业决策预警体系不完善，产业决策当局便不可能及时洞察和识别产业发展中的潜在风险源，贻误产业安全良机。

3. 产业政策安全现状

其一，我国产业结构政策与产业组织政策衔接不足，导致产业集中度和专业化水平较低。从世界各国产业发展的历史经验来看，如果没有产业市场化的组织政策，是难以促进产业结构合理化和分工高效的。改革开放以来，我国在产业结构政策的制定和调整方面积累了大量有益经验，但与之对应的产业组织政策却明显迟缓。由于缺乏有效产业组织政策，各地区、各企业争上价高利大的加工工业项目，几乎完全忽视规模经济、产品差别等产业组织问题，导致地区间出现严重的重复投资、重复建设现象，而且地区间经济或财政的联邦制也阻碍了产业在地区间的市场化组织，阻碍了产业专业化分工和协作。

其二，我国外资产业政策的制定和实施与预期政策效果之间存在较大偏差，造成利用外资产业政策安全性不足。一方面，产业政策设计和执行都存在一定偏差。由于地方政府的权限膨胀和利益驱动，不顾本地资源禀赋、经济基础、技术条件，过分追求技术先进性，限制具有适用技术的外资流入的积极性，使得外资流入产业指向与产业政策目标大相径庭；而且地方政府对外开放政绩指标与外资总额简单挂钩，导致不少地方在引进和利用外资方面重"面子"而轻"里子"。另一方面，产业政策工具的利益指向与投资者期望存在明显偏离。目前我国利用外资的产业政策工具主要是税收优惠，但这一政策工具的利益

---

① 张迎新、武兴华：《装备制造业产业安全政策作用机理研究——基于国家顶层设计视角》，载《科技管理研究》2017年第20期，第35～42页。

指向与不同投资者的期望存在明显差异。税收优惠政策对中小外商资本有较大吸引力，但这些外资企业规模小、技术含量低，主要以投资劳动密集型产业为主；而高技术产业投资者主要是大型跨国公司，由于基础设施和高技术产业是投资规模大、投资周期长、投资风险大的行业，其更看重投资环境和法律政策的稳定性和连续性。

其三，我国以开放市场换取先进技术的关键产业政策导向不仅难以为继，还可能推高产业升级成本。长期以来我国为更好地利用外资，采取"以市场换技术"的政策，为经济发展引进了大量的国外和境外资本，但关键产业发展结果不尽如人意。由于我国历来对消费品进口限制比较严，相反，对国内不能生产的重化工业品进口限制较松，外国资本对中国重化工业品市场可以通过国际贸易的方式来占领，而对于消费品市场则只能绕开贸易壁垒通过跨国直接投资的方式占领，因此国外直接投资对我国产业结构调整的贡献主要体现在轻工业的扩展和消费品的档次提高上。而且消费品工业多为装配型工业，跨国公司为防止技术流失，公司内部的跨国分工中往往把主要技术的研发和关键零部件的生产制造等中、高端环节留在投资国的母公司内部，而把加工组装等低端环节向我国扩散，导致我国在关键产业上的研发动力不足，长此以往产业升级的成本将大幅攀升。

4.3.2　产业组织安全分析

1. 产业组织安全主要内容

产业组织安全主要指某一国家或地区的制度安排能够形成较为合理的市场结构及其市场行为，使所在产业内的企业处于有效竞争状态，不仅能够带来企业活力和规模经济的双重效应，还能有效抵御国外经济侵袭和提升产业国际竞争力。一般而言，安全的产业组织必然会使生产要素不断由附加值低的劳动密集型产业向附加值高的资本、技术密集型产业流动。一方面，新的企业能源源不断地进入市场，使企业感到有很强的竞争压力，从而具备努力降低生产成本和交易费用、不断改进产品和工艺过程、开发新技术、提高产品竞争力的动力；另一方面，企业充分利用规模经济，使一国企业和产业在国际竞争力中具备规模竞争优势，在国际分工中处于优势地位[①]。

2. 产业组织安全影响因素

从市场集中度来看，对于那些经济结构完整、部门比较齐全的国家，尤其是技术水平与国外产品相当、具有一定国际竞争力的轻纺工业、部分重化工业、加工工业和家电工业等产业，跨国公司进入时一般会降低市场集中度；对于非贸易品行业如电信业、银行业和保险业等，由于其产品能就地生产和消费，无须进行转移，跨国公司进入时如果采取全新的投资方式，也会降低该国的市场集中度。因此，东道国企业的市场集中度越高，对本国市场的控制力越强，该国相关产业所在的企业组织经营就越安全。

从行业规模经济性来看，行业规模决定了产业进入壁垒，先入者会排斥其他跨国公司

---

① 李孟刚：《产业组织安全理论研究》，载《生产力研究》2018年第24期，第9~11页。

和本国同类企业进入，最终可能形成寡头外企垄断该产业的局面。就成本进入壁垒而言，跨国公司可凭借其庞大资本优势和广泛融资渠道在一国进行大规模投资，提高行业平均必要资本规模，而潜在进入者要想达到与在位企业相同的成本，其必要资本规模至少要达到在位者的规模，这无疑提高了国外企业进入该国市场的门槛。就产品差别化壁垒而言，潜在的进入者要想进入已由多种品牌占据的特定空间并找到获利空间，往往需要付出较高的渗透成本。就研发、广告进入壁垒而言，由于跨国公司研发成果可以低成本地复制，在跨国公司内部具有公共产品性质，因而在研发上具有规模经济特征，跨国公司的研发实力本就强于国内企业，在进入该国市场时还可以利用研发和广告上的规模经济在该国市场上构筑进入壁垒，使潜在进入者需要付出更高的研发和广告支出。

从跨国公司的策略性行为和东道国政府的行政性壁垒来看，一方面，为阻止新的跨国公司和国内企业进入，先行的跨国公司往往采取横向限制行为、纵向限制行为、优势企业滥用市场势力行为等策略，垄断稀缺要素资源和经营网络等，提高市场进入成本，增加新企业参与竞争的难度，通过市场垄断赚取更多的利润。另一方面，为了保护民族工业和国家经济安全，东道国政府会对外国资本进入设置审批政策、产业禁入政策、金融外汇管制政策及技术政策等政策壁垒，或制定反垄断法或反托斯拉法、采取价格管制、控制垄断程度等，不同时期的产业限制政策导向对本国产业组织安全的影响是不同的（李孟刚，2015）。

3. 产业组织安全现状

从行业控制来看，我国三次产业的外资利用行业结构在近些年发生明显变化，尤其是在外资比重较低的第一产业内部，外资也越来越多地投向现代农业等具有较高技术含量的领域；在制造业为代表的第二产业中，外资投资产业投向由"入世"之前的纺织服装、玩具、轻工、家具等比较典型的劳动密集型产业，逐步转向家用电器、电子信息、汽车制造、生物医药等资金、知识密集型产业，而且在新能源、新材料、节能环保等新兴产业外资也日益形成规模；在第三产业中，外资进入最多的是现代服务业领域，主要包括房地产业、租赁和商务服务业、批发零售业、物流业、IT服务业等。总体来看，外资利用自身的资金、技术、规模等优势，逐渐形成对我国部分行业的经济支配权，在一定程度上抑制了本土企业的发展，对我国相关产业安全构成威胁。

从技术控制来看，改革开放以来"以市场换技术"是我国外资引进的重要战略导向，但随着跨国公司进入中国市场越来越倾向于独资和控股，使得我国从外部获得技术及提高技术水平的难度日益加大，且对外资企业的技术依附性明显增强。一方面，跨国公司投入或转让的大多是针对国内市场的"适用技术"，高新技术、上游环节技术、产品开发技术鲜有扩散，在很大程度上减少了跨国公司先进技术的溢出效应。另一方面，外资企业独资化后，由于国内企业没有能力吸收、效仿其技术，导致最后技术外溢效应日渐式微。

从品牌控制来看，一些国际知名跨国公司凭借其资本和技术优势，在投资时明确要求使用国外品牌，挤出国产品牌市场份额；一些实力稍弱的外商在合资时要求中方将商标转让给合资企业，然后利用中方销售渠道推销标有外国商标的产品，待外资商标知名度提高后，逐步减少直至停止对中方商标的使用；跨国公司凭借其强大的销售网络和广告宣传，排挤和打压国产品牌在消费者心目中的地位，利用客户对其品牌的认同以及由此产生的对价格敏感性的降低使其得以避开竞争，进而解除替代产品威胁。这些对国内相关产业内的企业组织安全存续都将带来难以估量的负面影响。

从市场控制来看，入世之前外商对华投资的主要目的是利用自身的资金、技术优势结合我国的资源、劳动力等优势以降低生产经营成本，但近年来外商"成本型"投资比重下降，以占领我国广大市场为主要目的的"市场型"投资比重逐渐上升。一旦外资企业垄断了国内相关领域市场，跨国公司就会长期将其母国淘汰的产品投放到中国市场，价格依旧居高不下，转出国必定将相对过时的或绝对成本优势丧失的产业转移出去，而将刚刚成长起来的新兴产业或具有绝对成本优势的产业保留下来继续发展，由此产生了转出国和转入国之间的产业级差，对本土产业组织安全形成了潜在威胁（李孟刚，2015）。

4.3.3　产业布局安全分析

1. 产业布局安全主要内容

在开放经济体中，产业布局安全主要指有助于降低交易费用，促进知识技术创新扩散，实现产业产品更新换代，并能够抵御外部风险侵袭的产业空间分布。产业布局安全强调有限资源在地域空间内的合理分布。当资本、技术、人才等资源要素较之空间要素更为稀缺时，关键产业在优势区域的相对集中能够产生空间集聚效应，倾斜性的产业布局有利于产业安全；当经济发展到一定阶段，空间要素相对于资源要素更为稀缺时，应注重产业布局的均衡性。因此，安全的产业布局应实现产业适度集中和平衡布局的有机结合，以达到环境安全和生态有序。尤其是产业在局部地区的过分集聚较易带来人口过分集中，自然承载能力不足，生态资源提前透支，也不利于环境保护和生态修复。此外，涉及国防安全的关键产业布局，还对一国的自然灾害抵御能力和战争抗打击能力提出了更大挑战。

2. 产业布局安全影响因素

自然地理条件是产业布局安全的先决条件。从自然条件来看，自然因素所主导的产业布局不仅会在经济社会发展的不同阶段对产业安全产生影响，还会在一二三产业融合互动的不同段阶段对产业安全产生影响。从地理因素来看，地理位置的不同所带来的是经济区位、交通信息、社会环境的显著差异，对一国产业的安全存续具有先天性影响。

政府政策导向是产业布局安全的诱导因素。政府通过制定产业政策对国民经济运行施加影响，从而实现包括产业布局在内的产业发展目标。政府出台的产业政策具有导向作用，会直接影响企业利益，企业从自身利益出发会就企业经营区域变更、经营范围增减等做出选择，进而对本国产业布局安全产生潜在影响。因而，如果政府出台的产业政策具有盲目性，就容易造成企业的无序跟随，从而导致产业布局的不合理和弱竞争力，应对外部风险冲击的韧性明显不足。

市场竞争充分是产业布局安全的动力机制。市场竞争可以促进生产专业化协作和产业合理集聚，使产业布局流向更有利于商品流通的合理区位。有序的竞争能够推动产业布局朝着更加合理的方向发展，产业布局也更具安全性。当然，市场竞争对企业布局的影响较为复杂：对产品结构相似的产业，市场竞争使企业布局在空间上趋于分散，以缓解竞争压力和竞争冲突；对产品结构差异较大的产业，竞争使其布局在空间上趋于集中，以形成更好的互补性。

科学技术和人力资本是产业布局安全的要素保障。一方面，科学技术往往决定了企业的技术特性和规模特性。特别是新技术的出现通常伴随着一系列产业部门的诞生，这些产业部门都有不同的产业布局指向性。如果一个国家或地区的产业布局能够较为迅速地适应科学技术发展带来的产业结构调整，那么这样的产业布局将最大限度地减少变迁产生的动荡，最终形成更加合理安全的产业布局。另一方面，人力资本对产业布局安全的影响主要是通过人口数量和人口质量的变化来实现的，尤其是高质量的人口素质有助于推动各国发展高技术产业，某些产业布局的重新规划或迁徙更离不开高素质人才的支撑。

3. 产业布局安全现状

改革开放以来，我国产业规划从强调均衡布局转向强调倾斜发展，从侧重公平优先转向侧重效率优先，产业布局重点集中在东部沿海地区，无论是国家投资还是引进外资，都实行了向东部地区倾斜的非均衡产业布局政策，并呈现出产业布局由南向北依次展开、自西向东梯度分布的态势，由此带动了一批沿海城市和区域中心城市的快速发展，但这种产业布局政策也正日渐显现出一些弊端。

一方面，产业布局非区位化导致不同区域的产业结构趋同。从资源地区分布不均衡及工业化水平差异来看，我国各区域理应发展具有比较优势的产业，但地方政府利润动机趋势和保护主义思想抬头，纷纷上马投资少、见效快的加工工业，忽视基础资源产业自立自强。一些拥有先进技术和设备、有条件发展深加工和高新技术产业的发达地区未能较快改造传统产业，振兴新兴产业，产业迭代升级缓慢，一些设备、技术差的落后地区限制原材料流出，自搞加工，刻意追求高附加值，最终结果是加工产区和资源产区的产业结构起点不同但殊途同归。不仅导致区域分工利益联结机制断裂，也导致产业规模在低效率基础上趋于小型化，造成产业布局的分工效益和规模效益同步损失。

另一方面，外商直接投资的地区不均衡导致产业布局安全性不强。由于我国对外开放是由沿海地区向内陆地区梯度推进的，再加上经济地理区位和软硬投资环境的差距，我国实际利用外商投资绝大部分都集中在东部沿海地区，在 20 世纪 80 年代即形成了高度集中分布的格局。有研究基于锡尔熵指数所测量的外商直接投资集聚结果显示，衡量地理集中度的 H 指数和衡量实际分散程度相对于最大分散水平的集中指数的 R 值在 1983 年分别为 1.80 和 0.37，而到 1999 年已分别达到 3.55 和 0.72（李孟刚，2015）。外资分布的空间不均衡将极化地区间的产业结构差距，对我国整体产业安全也将带来极大不确定性。

4.3.4 产业结构安全分析

1. 产业结构安全主要内容

产业结构安全关系一国经济在国际舞台长期竞争的实力和潜力。在开放经济体中，一国产业结构安全主要指该国主要产业部门处在相互适应、协调发展的良性状态，国民经济支柱产业和战略性新兴产业由本国资本控制且具有较强的国际竞争力，能够在不依赖外国产业转移的前提下抵御各种风险冲击。一个安全的产业结构能够有效规避外部因素对本国产业健康运行的侵扰，使本国产业结构在趋利避害的基础上实现产业合理化和产业高级化。而产业结构的非安全态势则主要表现为产业与产业之间的协调能力差和关联程度低、第一产业占优势比重向第二、第三产业占优势比重演进缓慢、低技术、低效率产业向高技术、高效率产业转变缓慢等方面。

2. 产业结构安全影响因素

资源供给结构和社会需求结构的变动是一国产业结构优化的内在动力，若一国国民经济支柱产业发展的资源供给条件或社会需求条件不足，显然会影响到本国的产业结构安全。从资源供给结构看，一国的生产要素禀赋是决定各国国际分工和国际贸易发生、发展的最重要因素。根据"短边规则"，一国要素供给的结构性短缺，会导致生产只能保持低水平的均衡。发达国家在资本、技术和高素质劳动力资源方面具有相对优势，发展知识密集型产业有得天独厚的条件；而发展中国家虽然有劳动力供给的优势，但高素质人力资源短缺，其产业多数局限于劳动密集型产业，高附加值的知识密集型产业难以发展起来，这往往成为发展中国家产业结构升级的瓶颈。从社会需求结构看，需求总量和结构的变化会引起相应的产业收缩或扩张，也将导致旧产业衰落和新产业诞生，当市场规模尚不足以容纳一种产业最低规模经济产量时，这种新兴产业是难以生存的。然而，一国如果缺乏高技术含量的新兴产业，则其产业结构的安全程度很低。

国际产业转移对一国产业结构优化升级和产业结构安全而言是一把"双刃剑"。国际产业转移主要指世界各国或各地区之间的产业结构呈现的梯次转移和连锁变化的动态过程。国际直接投资造成生产要素在国际间流动，而国际贸易则促进新的、稳定的国际产业分工关系。从国际产业转移对产业结构演进的历程可以发现，国际产业转移主要是在产品创新生命周期内因的推动下，凭借垄断权，借助区位要素资源优势，通过转移某一产业或产业链上的某个环节来进行移出国产业结构调整；从外部通过产业的区域溢出效应、产业结构的协整、供需结构的动态提升等方式，影响流入国产业结构的优化升级。国际产业转移往往是从劳动密集型开始，进而到资本密集型和技术密集型产业的转移，是从相对发达的国家转移到发展中国家和地区。国际产业转移在推动发展中国家和地区实现经济跨越的同时也带来了新的矛盾和问题，主要表现为外国企业与国内产业联系不紧密，容易变成"出口飞地"或"候鸟经济"；在核心技术、关键部件、营销渠道等方面形成依赖，国内增值少，处于国际分工的低端；难以培育出动态比较优势，长期对外依赖可能影响本国的自主发展能力①。这些矛盾和问题最终将影响到发展中国家的经济自主性和其产业结构的安全。

国际贸易政策是影响产业结构安全的深层次制度因素。经济全球化背景下，一国产业结构深受国际分工、行业变动的影响，但只有在符合本国比较优势下的国际分工才会促进产业结构不断高级化。在违反比较优势下的国际贸易虽也会影响产业结构变动，但并不能促进产业结构优化，往往会造成产业结构畸形，影响产业结构安全。基于各国要素禀赋差异的国际分工格局，必然是发达国家主要发展尖端产业，中等发达国家主要发展现代产业，而发展中国家主要发展传统产业，那么作为发展中国家有必要提防国民经济由于国内产业结构"空心化"而过度地依赖于国外，造成产业结构不安全及国民经济内部机制失控。

3. 产业结构安全现状

一方面，我国产业结构调整优化步伐滞后于世界产业结构升级。尤其是国民经济主导产业和战略性新兴产业的国际优势尚未完全建立，资本、技术、知识密集型产业尚未成为主导产业，国际贸易产业发展与国内主导产业发展的关联度不高，不仅无法对国内主导产业形成带动效应，还可能对传统支柱产业造成冲击。经济全球化使发达国家通过产业调整实现产业升级，把一些技术相对落后的劳动密集型产业和污染较为严重的产业转移到我国，这虽然使我国劳动和资源密集型产业得到较大发展，但自然环境受到污染，生态平衡遭到破坏，不可再生资源浪费严重，这不仅无益于国内高新技术产业实现赶超发展和弯道超车，还可能引起产业结构失衡和对外依赖程度加深。

另一方面，外资流入不均衡加重了产业结构不均衡。在三大产业所占的比重中，第二产业无论是企业数、投资总额、注册资本还是外方认缴的资金，其比例都远远高于第三产业和第一产业，尤其是农、林、牧、渔第一产业利用外商投资额在全部投资额中所占比例一直很低，这与第一产业在我国国民经济中所处的重要地位不相适应。同时，外国资本是以最大限度占领我国市场、获取超额利益为目标制定其发展战略，很少兼顾东道国经济社会效益，其投资行为往往与我国产业结构政策主旨相悖。尤其是外商对我国产业投资也存在内部结构性倾斜，加剧了国内某些产业过剩和产业结构失衡，加大了产业结构调整和优化的难度。

4.3.5 产业链安全分析

1. 产业链安全主要内容

在市场环境较为稳定的背景下，因产业链上高度分工的各市场主体均以追求利润最大化为目标，利益导向会强化经济联系，通常不存在"断供"问题，然而一旦加入产业的国民属性和国别竞争后，企业间单纯的市场竞争就被附加了国家意志，产业链安全就演化为

---

① 周灏：《中国产业安全的逻辑和路径研究——基于反倾销与产业升级的协同演化》，载《社会科学》2018 年第 1 期，第 29～36 页。

保障国民为主体的产业权益在国际竞争中得到保护并不受损害。因此，产业链安全主要指一国在产业链的关键环节具有掌控能力和国际竞争力，能够有效保障本国重点产业的生存及可持续发展。从宏观层面看，产业链安全重点强调一国通过制度安排和政策措施有效防范化解产业链关键环节风险、保持并提升本国在重点产业链上的竞争力；从微观层面看，产业链安全应确保关键产业中的核心企业能够有效整合产业链上下游资源与要素，并对发展过程中的不确定性因素具有抵御能力[①]。

　　具体来看，产业链安全可以划分为产业链发展环境、产业链控制力、产业链竞争力三大维度。其中，产业链发展环境着眼于具体产业链的发展生态，涵盖了影响产业链发展的客观发展环境、主观政策措施和外部政策风险；产业链控制力强调本国资本或企业对产业链关键环节的掌控能力，是一种基于产业链风险视角的客观状态描述，可视为基础性产业链安全；产业链竞争力突出一国产业所提供产品或服务的技术先进性、在国际国内市场上的份额，强调经济可行性的效益安全，可视为更高等级的产业链安全状态和能力[②]。

2. 产业链安全影响因素

　　从产业政策与贸易政策来看，一方面，西方发达国家大都通过前瞻性的产业政策规划提升了本国关键产业链的竞争力和安全水平，如欧美、日韩等国家的集成电路产业崛起中都有政府产业政策引导的影子，在技术赶超成为国家竞争核心领域的大背景下，一国完善的产业政策很大程度上能够保证产业链安全和竞争优势，并且在产业转换和升级的时候妥善应对淘汰落后产业和产业周期衰退产生的社会冲击。另一方面，当今世界正进入百年未有之大变局，"逆全球化"贸易政策正成为影响一国产业链安全的焦点，美国将我国高科技产业链上的重点企业列入实体清单，并强化关键技术和产品的出口管制，提高关税削弱国内企业国际竞争力，还通过限制人才交流和留学生招生抑制高新技术扩散，补贴搬迁费用推动"再工业化"，与日本等发达国家推出的"中国＋1"战略等，这些贸易政策均对我国产业链安全构成了极大威胁。

　　从国际贸易发展水平来看，一国国际贸易发展水平会通过中间品进口对企业生存率和生产率的提升间接影响产业链安全，进口中间品带来的技术溢出能够促进企业进行研发和创新活动，在提升企业竞争力的同时降低生产成本。一国产业"走出去"虽可获得更大的市场空间和更丰富的技术、人才、资本要素，但一国产业（企业）产品出口对外依存度过高也会受到国际需求变化的冲击，正如中间品贸易是一把双刃剑，一国产业链安全同样会受制于中间品国际供应的威胁。

　　从外商直接投资来看，跨国公司往往是产业链中技术含量较高环节的核心供应商，虽然出于对核心技术和研发创新诀窍保护动机会实施战略隔绝，意图阻止东道国企业向全球

---

　　①　盛朝迅：《从产业政策到产业链政策："链时代"产业发展的战略选择》，载《改革》2022 年第 2 期，第 22 ～ 35 页。

　　②　张义博：《产业链安全内涵与评价体系》，载《中国经贸导刊》2021 年第 10 期，第 55 ～ 59 页。

价值链高端发展，但其在东道国的投资也会产生创新溢出效应，这也是东道国企业实现全球价值链升级的重要渠道。显然，外资对一国产业链安全的影响不仅取决于外资的战略意图，还受到东道国外资开放政策的极大制约。在一国产业处于技术追赶或学习模仿阶段，在恰当的对外开放政策保护下，外商投资对一国产业链的创新溢出效应或许很大；在一国产业技术水平接近甚至在某些环节超越外资时，外资的专利超前布局、技术封锁和市场打压也可能会阻滞一国产业向价值链更高环节升级[①]。

3. 产业链安全现状

一国产业链的完整性是确保本国产业链安全的基本前提。中国作为世界制造业第一大国，已成为全世界唯一拥有联合国产业分类中全部工业门类的国家，尤其是电子信息、互联网、新能源等产业规模均居世界前列。但近年随着人力资源、土地等要素市场价格的推高，我国劳动密集型产业加工组装和低端制造环节加快向外转移，一些基础性原材料、上游产品转移到境外生产，在一定程度上造成国内某些产业链"断链"。

一国价值链的高端化是实现本国产业链安全的核心目标。当前我国产业布局总体上还处于价值链的中低端位置，经济增长主要依靠大规模要素投入和投资驱动，单位产品的附加值比较低。传统增长模式下中国凭借劳动力要素禀赋优势，被动融入发达国家主导的价值链分工体系，能够获得的附加值十分有限。例如，一部苹果手机的总价值中，中国通过组装获得的增加值收益不到4%。然而，随着资源环境约束的加剧和社会主要矛盾的变化，单位产品可投入的生产要素越来越少，传统产业布局和经济增长方式难以持续，必须着力提升产业层级，尽快进入价值链的高附加值环节，争取获得更大的收益份额。

一国企业链的紧密度是推动本国产业链安全的重要途径。产业链发展的实质是国内外众多企业之间围绕特定产品实现上下游关联，上游企业主要对原材料进行加工和处理，并将改性后的原材料转化为生产和生活中的实际产品，下游企业则对上游企业产品进行深加工，并进入市场拓展环节。打造一个具有核心竞争力的产业，离不开产业中上下游关联企业的互相拉动、协同发展。多数制造业产业都是由核心企业与关联企业集聚而成的，而我国高技术产业、汽车制造业等领域的核心企业与关联企业之间的关联度还不高，核心企业带动国内技术和产业升级的联动效应存在不足，无法形成产业链优势。

一国供应链的稳定性是实现本国产业链安全的基本保障。当前我国产业高质量发展所必需的关键基础材料、核心元器件、先进基础工艺等依然受制于人，高技术产业供应链"断供"的可能性一直存在。我国制造业产业链60%安全可控，但"卡脖子"短板依然比较严重。比如在关键的工业元器件方面，我国高端芯片的自主研发、生产能力还较为薄弱，电信设备制造业、手机制造业、数码机床制造业等高科技产业随时可能面临因芯片"断供"而产品生产被迫中断的威胁；在新材料方面，应用在大飞机和航空航天领域的高温合金、碳纤维等涂料主要依赖进口，材料发展明显滞后于装备发展。2019年中国工程院

---

① 张义博：《产业链安全内涵与评价体系》，载《中国经贸导刊》2021年第10期，第55~59页。

对 26 类有代表性制造业产业进行国际比较分析，发现我国差距较大和差距巨大的产业共 15 类，充分暴露出我们在产业链的核心环节、核心技术及保供能力上存在重大缺陷[①]。

4.4　产业安全水平评价概述

产业安全作为一个复合性概念框架，需将其具体化为操作性的评价指标，并运用多维评价模型开展综合测量。本节在系统构建产业安全评价指标体系的基础上，梳理和介绍产业安全评价模型的发展阶段及其主流工具，并就产业安全的具体领域进行产业安全水平评价例证。

4.4.1　产业安全评价指标体系

遵循评价指标体系设计的系统性、相关性、可测性、可控性、阶段性、规范性等基本原则，结合评价指标体系的主要设计方法，围绕产业安全的多方面影响因素，重点从产业生存环境、产业控制力、产业对外依存度、产业国际竞争力和产业发展能力五个方面[②]，构建产业安全评价指标体系。

1. 产业生存环境评价指标体系

产业生存环境是产业安全的基础支撑。从狭义层面来看，产业生存环境主要指影响产业存续和可持续发展的生态资源环境、劳动要素环境和金融发展环境以及外部政策环境。在构建产业生存环境评价指标体系时，需将影响产业局部安全和全局安全、短期安全和长远安全的各要素统筹考虑进来，不仅要注重各环境子要素的靶向影响效应，还应注重各环境子要素之间的交织作用。

生态资源环境指标侧重反映影响产业安全的禀赋资源的丰裕与否和质量优劣，是影响产业安全的资源环境约束条件，可通过某一产业的单位能耗、单位污染物排放、废弃物综合利用率等具体指标予以测量。其中，单位能耗主要指产业发展对于资源要素的需求程度，能耗过大无疑将影响产业的长远发展，使用能源消耗总量与工业总产值之比进行度量。单位污染物排放主要指产业发展对于资源环境的破坏程度，污染过重势必影响产业的安全存续，使用污染物排放总量与工业总产值之比进行度量。废弃物综合利用率主要指产业发展对于生态循环的回馈程度，综合利用率高则意味着产业发展与生态环境能够实现共存共生，使用工业固体废物的回收、加工、循环、交换效率进行度量。

劳动要素环境侧重反映影响产业安全的劳动力素质和劳动力成本高低，是影响产业安全的人力资本约束条件，可通过某一产业所需要的劳动力素质和所使用的劳动力成本两个方面的指标予以测量。其中，劳动力素质可通过某一产业劳动生产率（产业增加值与产业

---

①　杜庆昊：《产业链安全的实现途径》，载《中国金融》2020 年第 17 期，第 29～30 页。
②　李孟刚：《产业安全评价》，北京交通大学出版社 2015 年版。

从业人员平均数的比值）的变动情况进行度量，劳动生产率主要指产业从业人员单位时间内的产品生产量，是产业生产技术水平、经营管理能力、劳动者技能偏向和劳动偏好的综合表征。若劳动生产率呈现稳步上升趋势，则意味着该产业的从业劳动力素质较高，能够为产业存续安全提供人力智力支撑。劳动力成本主要指企业雇用社会劳动力而需付出的工资福利支出，通常使用单位劳动力成本（劳动力总成本与产业从业人员平均数的比值）予以代理，劳动力成本的提升一方面有助于增强所在产业对于高素质劳动力的吸引力，另一方面也可能增加个别企业的经营成本。

金融发展环境侧重反映影响产业安全的金融资本存量及质量状况，是影响产业安全的资金约束条件，可通过金融资本可获得性和金融资本使用效率两个方面的指标予以测量。其中，金融资本可获得性主要指产业内企业资金融通的可及性和便利性，无论是通过银行体系获得间接融资，还是通过资本市场发行股票、债券，其最终将反映在企业的经营成本中，若企业金融资本可获得性不足，将直接影响该企业的发展韧性和市场竞争力，并对所在产业的存续安全带来潜在风险。金融资本使用效率主要指产业内企业将融得资金用于生产扩大化、技术改造、研发投入并获得收益回报的能力，将直接影响企业生命周期的可持续性。

外部政策环境侧重反映服务于产业发展的产业政策的安全性和稳定性程度。外部政策的不确定性将直接影响所在产业的发展信心和规划导向，因而一国政府能否根据本国产业发展实际和国际产业竞争情况，自主、正确、及时地进行产业规划和产业决策，对维护本国产业安全意义重大[①]。

2. 产业控制力评价指标体系

产业控制力决定产业安全的主导权。产业控制力着重反映东道国资本对于本国产业的控制能力，基于产业控制力的产业安全观虽不排斥东道国产业对于外国资本的引入，但同时强调避免跨国公司对本国产业命脉的主导和干预。当然需要明确的是，东道国对于本国产业的控制并非是实施贸易保护主义的"口实"，也非行政干预力量的强制资本控制，相反应通过提升本国产业的国际竞争力来提升产业控制力。

基于上述这一思路，产业控制力评价指标应重点突出外国资本对东道国产业的控制程度以及由此对本国产业安全存续带来的潜在影响，可从外国资本对于东道国产业所属的股权、市场、技术、品牌、经营决策权等的控制程度来进行度量。其中，外资股权控制率侧重从股权视角反映外国资本对东道国产业的控制程度，使用外资股权控制企业总产值与国内对应产业总产值的比值进行测度，外资股权控制率越高，对东道国产业安全所带来的潜在风险就越大。外资市场控制率侧重反映外资控股企业对东道国对应产业的控制程度，使用外资控股企业市场份额与本国对应产业市场总份额之间的比值进行测度，外资市场控制率越高，对东道国产业安全的威胁程度越大。外资技术控制率侧重从技术主导视角反映外

---

① 谭飞燕、张力、李孟刚：《低碳经济视角下我国产业安全指标体系构建》，载《统计与决策》2016 年第 16 期，第 57~60 页。

国资本对东道国产业的控制程度，一般而言，外国资本会通过产业分工、研发链布局、研发机构独资化、技术转移限制、技术逆向扩散等手段实现对东道国相关产业的技术控制，使用外资研发投入控制率、外资技术专利控制率、外资新产品产值控制率等进行测度。外资资产控制率侧重从资产视角反映外国资本对东道国产业的控制程度，使用所在产业外资资产对产业总资产的比值进行测度。

3. 产业对外依存度评价指标体系

产业对外依存度突出国际贸易因素对产业安全的影响，其主要指产业在进出口方面的对外依赖程度，产业受国际因素的影响越大，则产业存续安全的不确定性就越高。当然，在评价产业对外依存度时，需就不同产业的发展特征展开具体分析。例如，战略性、关键性资源消耗型产业适当增加原材料及初级产品进口规模，能够通过充分使用国际资源而减少国内资源耗损，反而有利于本国产业安全；纺织、电子等外向型产业的出口依存度如果出现明显下滑，则意味着相关产业参与国际分工和竞争的能力下降，反而不利于本国产业安全。因此，产业对外依存度评价指标的选取应聚焦于如何防范相关产业所面临的国际风险和冲击，而非单一降低相关产业的对外依存度。

具体来看，产业对外依存度评价指标可从产业进口依存度和产业出口依存度两方面来选取。其中，产业进口依存度侧重反映国内产业的存续发展对进口原材料、零部件等的需求和依赖程度，可用国内某一产业年度进口原材料、零部件金额与对应产业年度总产值的比值进行度量。若产业进口依赖度变大，则意味着相关产业受国际贸易因素的周期性影响加剧，对国内产业规划和宏观经济调控提出了更大的挑战。产业出口依存度侧重反映国内产业的存续发展对产品出口的依赖程度，可用国内某一产业年度出口金额与年度总产值的比值进行度量。若产业出口依赖度变大，同样意味着国内产业的出口规模受外国进口政策的敏感性变强，对国内产业的投资、出口和消费都将产生显著影响。

4. 产业国际竞争力评价指标体系

产业国际竞争力是产业安全的核心，一国产业的存续从根本上取决于产业国际竞争力的提升。对于本国不具备国际竞争力的产业而言，应从经济全球化背景下的国际分工与协作出发，由具有比较优势的国家重点发展，但事关国防安全、技术主导的战略性产业或国民经济支柱产业，也应高度重视本国产业体系布局的完整性并出台针对性产业扶持政策。对本国具备国际竞争力的产业而言，应具体判别该产业的国际竞争力是由国内企业主导还是外资企业主导：如果相关产业无论是股权结构还是核心技术均由国内企业主导，则该产业具备真正意义上的国际竞争力；如果相关产业的股权结构和核心技术主要由外资企业主导，则该产业不仅没有国际竞争力，还可能存在严重的风险和威胁。

具体来看，产业国际竞争力评价指标可从产业技术竞争力、产业结构竞争力、产业效能竞争力和产业市场竞争力等方面来选取。其中，产业技术竞争力包括研发投入占比、专业技术人员占比、新产品产值占比等指标，研发投入占比使用产业研发投入绝对值或相对值度量，专业技术人员占比使用某一产业专业技术人员数量与该产业从业人员总数的比值度量，新产品产值占比使用新产品产值与产业总产值的比值度量。产业结构竞争力可从相关产业的集中度这一视角予以反映，产业集中度主要指上下游产业和横向关联产业在组织架构和空间布局上的集中情况，某一产业集中度越高，意味着该产业的集聚效应和国际竞争力越强，使用产业内大中型企业产值与产业总产值的比值度量。产业效能竞争力包括产能利用率和产销率两方面指标，产能利用率反映了所在产业总产值与生产设备使用量之间的比率，如果国内某一产业出现产能过剩，势必导致国内相关产业竞争白热化，国内产业体系中的相关企业倾向于外拓国际市场，出口产品量增价跌的现象频发，不仅无益于出口创汇，还可能引发国际贸易摩擦；产销率主要指一定时期内已销售产品总量与可供销售产品总量之间的比率，无论是对出口导向型产业还是内销导向型产业而言，产销率提升都意味着该产业的相关产品在国内市场和国际市场的竞争力增强。产业市场竞争力可通过贸易竞争力指数予以反映，贸易竞争力指数一般使用本国某一产业净出口额与该产业进出口总额的比值来度量。

5. 产业发展能力评价指标体系

产业发展能力侧重反映本国产业在资本积累、市场开拓、盈利增长、就业吸纳等方面的综合发展能力。就某种意义而言，产业发展能力不仅是对所在产业历史业绩的全面评估，也是对该产业发展潜力和发展动能的前瞻性预测。产业发展能力评价指标具体包括资本积累能力、市场开拓能力、盈利增长能力、就业吸纳能力等细分指标。其中，资本积累能力指标使用所在产业固定资产净值增长率来度量，固定资产净值增长率越高，则意味着所在产业资本积累能力越强，产业发展动能和成长韧性更足。市场开拓能力指标使用所在产业产品销售收入增长率来度量，产品销售收入增长率越高，则意味着产业内企业进行研发投入和技术更新的动力更强，产业的安全存续越有保障。盈利增长能力指标包括总资产收益率、产值利润率、行业亏损面等，产业盈利增长能力越强，则意味着产业抵御内外部风险的灵活性更强。就业吸纳能力使用所在产业就业人数增长率来度量，反映了所在产业在充当就业蓄水池和社会稳定器方面的重要作用。

4.4.2 产业安全水平评价模型

在明确产业安全评价指标体系的基础上，需进一步构建产业安全水平评价模型。本节在对产业安全评价方法进行线索梳理的基础上，重点从产业控制力和产业竞争力两大产业安全基本导向出发，对产业安全评价模型进行系统评介。

1. 产业安全评价方法的线索梳理

国内产业安全评价研究大致起步于 21 世纪初期，从研究线索来看经历了定性评估、指标体系测量、DEA 模型测算等阶段。定性评估方法曾经在产业安全评价领域占据主导地位，时至今日产业安全的定量评价体系构建依然脱离不了定性评估框架（黄志勇和王玉宝，2004；杨国亮，2010；樊秀峰、苏玉珠，2013），然而单纯的产业安全定性评估研究成果已日渐式微。伴随着社会科学的定量化发展导向，指标体系测量和 DEA 模型测算已成为产业安全评价的主流方法。

从指标体系测量来看，国内学者先后构建了两种具有代表性的产业安全评价指标体系。一种是由经济安全论坛①主持构建的制造业安全评价指标体系，其认为完整的制造业安全评价指标体系应涵盖显性状态评价和诱发因素分析两个方面，显性问题可通过算法和规则进行量化分析，而隐形风险仍需结合经验和直觉来判别。另一种是由学者何维达②率先构建的产业安全评价指标体系，其包括产业国内环境、产业国际竞争力、产业对外依存度、产业控制力四个一级指标，这一指标体系具有维度分明、简洁直观的优点，成为国内后续产业安全评价研究的参照框架（景玉琴，2006；李孟刚，2006），并被逐渐应用于装备制造业、现代农业产业、矿产资源产业、零售业等不同产业的安全评价中（王腊芳等，2010；卜伟等，2011；李冬梅等，2012；仲伟周等，2014）。指标体系测量法的焦点与难点在于具体指标赋权和安全等级映射体系构建。在具体指标赋权方面，产业安全评价采用的方法包括主观赋权法、专家打分法、层次分析法、因子分析法、灰色关联度分析法等（荆竹翠等，2012；鲍韵和吴昌南，2013；朱建民等，2013）。在安全等级映射体系构建方面，产业安全等级大体被分为安全状态、相对安全状态、不安全状态、危机状态、完全危机状态等③，但分值区间与安全等级区间的对应映射基本都是主观给定的，因而在应用层面难以达成共识。更需关注的问题在于，指标体系测量法将产业安全的所有测量指标都视为投入属性的指标要素，没有对具体指标的投入属性和产出属性进行区分，也使产业安全指标体系测量的客观性和科学性受到很大质疑。产业安全评价的代表性研究成果如表 4.1 所示。

表 4.1　　　　　　　产业安全水平指标体系测量法的代表性研究成果

产业类型	指标构成	赋权方法	安全等级映射体系	代表性文献
铁矿石产业	包括产业国内生存环境、国际竞争力、产业对外依存度和产业控制力 4 个一级指标及 15 个二级指标	主观赋权法	安全 [0, 20]、一般安全 [20, 50]、不安全 [50, 80]、危机 [80, 100]，分值越大，安全程度越低	王腊芳等（2010）
粮食产业	立足国际比较视角，包括潜在威胁、产业竞争力、宏观保障力 3 个一级指标及 13 个二级指标	灰色关联分析	—	李冬梅等（2012）
大豆产业	包括生产、加工、贸易、品质 4 个一级指标及 11 个二级指标	专家打分法	大于 1 为安全，0.75~1 为相对安全，0.5~0.75 为不安全，0.25~0.5 为危机状态，0~0.25 为完全危机状态	鲍韵等（2013）

---

① 经济安全论坛：《中国国家经济安全态势——观察与研究报告（2001–2002）》，经济科学出版社 2002 年版。

② 何维达：《开放市场下的产业安全与政府规制》，江西人民出版社 2003 年版。

③ 何维达、杜鹏娇：《战略性新兴产业安全评价指标体系研究》，载《管理现代化》2013 年第 4 期，第 22~24 页。

产业类型	指标构成	赋权方法	安全等级映射体系	代表性文献
零售产业	立足区域差异视角，包括产业控制力、产业竞争力、产业发展力、产业权益 4 个一级指标及 10 个二级指标	因子分析法	基于测量所得的 F 值判定，F 值大于 0 小于全国平均水平为安全形势较为严峻，大于全国平均水平为安全形势严峻，小于 0 为安全	仲伟周等（2014）
战略性新兴产业	包括产业国内环境、产业国际竞争力、产业对外依存度、产业关联性 4 个一级指标及 18 个细化指标	层次分析法	—	何维达等（2013）
整体产业	包括产业竞争力、产业控制力、产业国际竞争力、产业生态环境、产业对外依存度 5 个一级指标 19 个二级指标	熵权法、层次分析法	很安全［80，100］、相对安全［60，80］、临界状态［40，60］、不安全［20，40］、危机［0，20］，分值越低，安全程度越低	朱建民等（2013）

资料来源：根据马文军等（2018）绘制而成。

从 DEA 模型测算来看，李孟刚（2006）基于产业经济学基本理论，构建了非线性的产业安全理论模型，为产业安全水平的投入产出评价奠定了思路框架。随后国内学者围绕具体产业的发展特征，对相关产业安全水平进行了 DEA 测算。例如，何维达等[1]从投入产出视角构建了我国纺织产业安全分析的 DEA 模型，选取外资市场控制率、进出口依存度为投入指标，国际竞争力指数和产业发展速度为产出指标，对中国加入 WTO 后的纺织产业安全水平进行了全面测算；段一群[2]从国内运行绩效、国际竞争力、对外依存度、受控制程度 4 个投入一级指标和综合效益指数 2 个产出指标，运用 DEA 模型对中国装备制造业安全水平进行测算。总体而言，基于 DEA 模型的产业安全水平测算是定量评价方法的重要创新，但其在方法适应性及严谨性上仍存在一定缺陷。其一是对于投入产出指标的选取依据有待厘清，尤其是如何形成具有广泛适用性的投入产出指标体系仍需深入考证。其二是指标数量与决策单元数量的匹配性需要明确，DEA 模型应用的前提在于决策单元数量应不低于投入产出数量之和的 5 倍，而前述应用示例都存在不满足前提条件的情形，产业安全水平测算的信效度难以保证。其三是 DEA 模型对产业安全水平判定效率优势标准的选用可能不完全合理，这种测算方法主要用于某一产业自身在不同时段的相对生产效率动态变化趋势预测，而未能考虑到与国外相同产业竞争所可能带来的安全威胁[3]，也未能就本国某一产业相对于国外同类产业乃至国民经济全部产业的相对效率优势进行判别。其四

---

① 何维达、贾立杰、吴玉萍：《基于 DEA 模型的中国纺织产业安全评价与分析》，载《统计与决策》2008 年第 13 期，第 77～79 页。

② 段一群：《国内装备制造业产业安全评价指标与实证测度》，载《科技管理研究》2012 年第 12 期，第 47～52 页。

③ 波特：《国家竞争优势》，中信出版社 2012 年版。

是 DEA 模型效率值标准与安全水平的映射缺乏科学性，对于产业安全水平的标准设定具有主观性[①]。

通过上述产业安全评价方法的线索梳理可以发现，产业安全水平的定性评估已不再是主流方法，指标体系测量和 DEA 模型测算也都存在自身的固有局限，如何构建具备广泛适用性的产业安全评价模型，还有待于对产业安全的基本逻辑和研究范式进行全面刻画。在产业安全观的演进过程中，始终存在着中心优势国家和外围落后国家两种基本国家类型，存在着强调自由开放和强调政府保护两种政策取向，由此也形成了产业竞争力和产业控制力两大基本范式。一般而言，产业竞争力是产业安全的前提要件与核心优势，产业控制力则是产业安全的外部保障和重要旨归，下面就从产业竞争力和产业控制力两大视角出发，对产业安全水平评价模型的新动向进行系统评介。

2. 产业竞争力视角下产业安全评价模型

产业竞争力视角下的产业安全评价模型构建，不仅是将产业安全水平视为生产效率概念，更应视为生产效率比较的竞争优势概念。这种产业安全的竞争优势主要包括三层含义：第一层含义是某一产业在某个时点相对于其他时点所表现出来的竞争优势，反映了该产业相对自身而言的安全水平变化趋势。第二层含义是某个区域的某一产业相比于其他区域同类产业所表现出来的竞争优势，反映了区域内该产业相对区域外同类产业的安全水平变化趋势。第三层含义是某一产业相对于国民经济全部产业所表现出来的竞争优势及其安全水平变化趋势，其不仅包括具体时点的横向静态比较，也包括不同时点的纵向动态刻画。与这三层含义相对应，产业竞争力视角下产业安全评价模型也包括相对于自身的评价模型、相对于同类产业的评价模型和相对于总体国民经济的评价模型（马文军等，2018）。

（1）相对于自身的产业安全水平评价模型构建。

这种评价模型构建的基本思路是，使用 DEA 模型中的 CCR 模型超效率分析可以得到产业的相对效率测算结果 TE_T，当 $TE_T = 1$ 且不存在松弛变量时，表明该产业相对具有效率，该产业处于竞争均势即安全水平临界点；当 $TE_T < 1$ 时，表明该产业相对缺乏效率，该产业处于竞争劣势即不安全水平区间；当 $TE_T > 1$ 时，表明该产业相对超有效率，该产业处于竞争优势即安全水平区间。最后，可设定当投入产出效率指标为 1 即产业处在安全水平临界点的得分为 100，从而构建基于生产效率的相对于自身的产业安全指数模型：

$$\alpha = TF_T \times 100 \tag{4.1}$$

式（4.1）中，α 和 TF_T 分别代表产业相对于自身的安全指数和生产效率测算值，也可据此构建该产业安全指数的分级对应体系（见表 4.2）。进一步将该产业在不同年份的相对效率转换为安全指数和对应等级，就可以观察该产业在不同时间区间的安全水平变动趋势。

---

① 马文军、卜伟、易倩：《产业安全研究：理论、方法与实证》，中国社会科学出版社 2018 年版。

表 4.2 某产业相对于自身的产业安全等级及指数区间

安全等级	指数区间	符号	分级细化	指数区间
很安全	$150 < \alpha$	A +	很安全偏正面	$200 < \alpha$
		A	很安全	$180 \leqslant \alpha \leqslant 200$
		A −	很安全偏负面	$150 < \alpha < 180$
比较安全	$110 < \alpha \leqslant 150$	B +	比较安全偏正面	$135 < \alpha \leqslant 150$
		B	比较安全	$125 \leqslant \alpha \leqslant 135$
		B −	比较安全偏负面	$110 < \alpha < 125$
基本安全	$90 \leqslant \alpha \leqslant 110$	C +	基本安全偏正面	$105 < \alpha \leqslant 110$
		C	基本安全	$95 \leqslant \alpha \leqslant 105$
		C −	基本安全偏负面	$90 < \alpha < 95$
不太安全	$70 \leqslant \alpha < 90$	D +	不太安全偏正面	$85 < \alpha \leqslant 90$
		D	不太安全	$75 \leqslant \alpha \leqslant 85$
		D −	不太安全偏负面	$70 < \alpha < 75$
不安全	$\alpha < 70$	E +	不安全偏正面	$60 < \alpha \leqslant 70$
		E	不安全	$50 \leqslant \alpha \leqslant 60$
		E −	不安全偏负面	$\alpha < 50$

资料来源：根据马文军等（2018）绘制而成。

（2）相对于区域外同类产业的产业安全水平评价模型构建。

这种评价模型构建的基本思路是，首先，收集区域外同类产业相同年份同类型指标的原始数据资料，并与区域内对应产业的相关数据合并构成数据集，使用 DEA 模型中的 CCR 模型超效率分析，并经权重汇总后得到区域内产业与区域外同类产业的投入产出效率值。然后，对区域内产业和区域外同类产业各年度的投入产出效率值进行比较，当区域内产业投入产出效率与区域外同类产业投入产出效率的比值为 1 时，表明区域内产业与区域外同类产业的竞争优势持平，处于安全水平临界点；当两者比值大于 1 时，表明区域内产业相较于区域外产业具备竞争优势，处于安全水平区间；当两者比值小于 1 时，表明区域内产业相较于区域外产业存在竞争劣势，处于不安全水平区间。最后，可设定区域内某一产业的投入产出效率与区域外同类产业相等时即处在安全水平临界点的得分为 100，从而构建基于生产效率的相对于区域外同类产业的安全指数模型：

$$\beta = \frac{TF_1}{TF_2} \times 100 \tag{4.2}$$

式（4.2）中，TF_1 和 TF_2 分别代表区域内某一产业和区域外同类产业的投入产出效率测算值，β 代表该产业相对于区域外同类产业的安全指数，也可据此构建该产业相对于区域外同类产业的产业安全区间分级对应体系。进一步对各年度该产业相较于区域外同类产业的竞争优势进行刻画，即可分析该产业在不同时间区间内相较于区域外同类产业的安全水平变化趋势。

（3）相对于总体国民经济的产业安全水平评价模型构建。

这种评价模型构建的基本思路是，首先，收集总体国民经济相同年份同类型指标的原始数据资料，并与对应产业的相关数据合并构成数据集，使用 DEA 模型中的 CCR 模型超效率分析，并经权重汇总后得到某一产业与国民经济各产业的投入产出效率值。然后，对某一产业和总体国民经济的投入产出效率值进行比较，当某一产业与国民经济各产业平均水平的投入产出效率值的比值为 1 时，表明该产业与国民经济各产业的竞争优势持平，处于安全水平临界点；当两者比值大于 1 时，表明该产业相较于国民经济各产业平均水平具备竞争优势，处于安全水平区间；当两者比值小于 1 时，表明该产业相较于国民经济各产业平均水平存在竞争劣势，处于不安全水平区间。显然这种评价模型的核心是某一产业相较于国民经济各产业平均水平的效率优势及其对应安全水平。最后，可设定某一产业的投入产出效率与国民经济各产业平均水平相等时即处在安全水平临界点的得分为 100，从而构建基于生产效率的相对于总体国民经济的产业安全指数模型：

$$\chi = \frac{\mathrm{TF_I}}{\mathrm{TF_T}} \times 100 \tag{4.3}$$

式（4.3）中，$\mathrm{TF_I}$ 和 $\mathrm{TF_T}$ 分别代表同一时期某一产业和国民经济各产业平均水平的投入产出效率测算值，χ 代表该产业相对于总体国民经济的安全指数，也可据此构建该产业相对于总体国民经济的产业安全区间分级对应体系。进一步对各年度该产业相较于国民经济各产业平均水平的竞争优势进行刻画，即可分析该产业在不同时间区间内相较于总体国民经济的安全水平变化趋势。

3. 产业控制力视角下产业安全评价模型

产业控制力同样是产业安全研究的核心范式，基于产业控制力的产业安全分析思路在于，如果外国资本对本国产业及相应市场的占有份额持续上升，那么本国产业安全就会受到严重威胁，因而可根据该产业对本国国民经济安全的重要程度和竞争优势，对不同类型产业设置差异化的外资并购控制门槛，判断产业安全与否的核心标准就是本国产业对外依存度的门槛水平及其变化趋势[①]。从发达国家产业安全实践来看，一般将产业根据外资并购控制门槛的差异划分为三大类别：第一类是禁止外资并购的产业，主要涉及国防、军事、石油、矿业等产业，外资控股安全下限为 100%；第二类是限制外资并购的产业，主要涉及航天、通信、金融、汽车制造等产业，外资控股安全下限为 50%；第三类是完全对外开放的产业，涵盖除上述限制产业外的所有产业，外资控股安全下限为 0%。

产业控制力视角下产业安全评价模型构建的流程是，首先对所有产业类型进行分类，分别设置对应的门槛标准；其次设置判断外国资本控制水平的具体指标及其对应权重，衡

---

① 卜伟：《我国产业外资控制与对策研究》，载《管理世界》2011 年第 5 期，第 180~181 页。

量相关产业外资控制水平；最后与相关产业外资控制的实际现状进行对比，从而判断该产业所处的安全水平区间。可以发现，这种评价模型是一种定性的判别分析法，而其中的关键就在于构建衡量外资控制力的指标体系并确定不同维度指标的权重。

从外资控制力的衡量指标来看，某一产业中外资企业的固定资产占比、总资产占比、营业利润占比和利润总额占比是具有典型代表性的具体指标。其中，产业中外资企业的固定资产占比和总资产占比两个指标能够较好地反映外资资产结构层面的控制态势，产业中外资企业的营业利润占比和利润总额占比能够较好地反映外资资产实际运营层面的控制态势。从不同维度指标权重的设置来看，可以使用 AHP 赋权分析法确定上述指标的权重。引入判断两两指标相对重要程度的评价规则，通过对不同外资控制力指标的两两比较得到判断值并形成判断矩阵，并由此构建产业控制力视角下的产业安全水平计量模型：

$$\delta = r_1\omega_1 + r_2\omega_2 + r_3\omega_3 + r_4\omega_4 \tag{4.4}$$

式（4.4）中，δ 代表某一产业的外资控制程度，r_1、r_2、r_3、r_4 分别代表外资企业的固定资产占比、总资产占比、营业利润占比和利润总额占比，ω_1、ω_2、ω_3、ω_4 分别代表上述指标的对应权重，可设定均为 0.25。基于产业控制力视角的产业安全水平评价技术路线如图 4.2 所示。

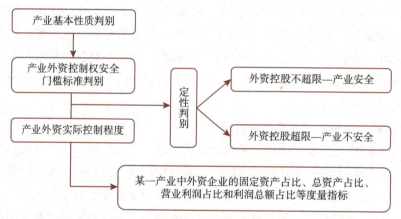

图 4.2 产业控制力视角下产业安全评价模型构建思路

■ 4.5 新时代中国产业安全实现路径

基于产业安全的理论回溯、领域分析和水平评价，新时代中国产业安全应从产业政策安全、产业组织安全、产业布局安全、产业结构安全、产业链安全统筹考虑，构建多维立体的新时代中国产业安全实现路径。

4.5.1 产业政策安全实现路径

其一，应加强产业技术政策制定和实施，增强产业整体国际竞争力。产业技术政策作为产业政策的核心内容，旨在引导和推动产业技术进步，增强经济高质量发展的创新动能。我国在相当长一段时期内的产业技术政策呈现重研发轻应用、重技术轻吸收、市场机制调节不足等倾向，难以为产业竞争和产业安全提供技术保障。因而未来产业技术政策取向应着重在基础产业尽快实现由初级技术、中间适用技术向颠覆性、前瞻性技术的转换，运用大数据、云计算、人工智能等数字技术赋能传统产业升级，以高新技术产业化带动产业安全水平提升。

其二，应灵活平衡利用外资方式，缓解产业安全外部压力。一方面，我国对外政策的"超国民待遇"对吸引外商投资起到了积极作用，但部分行业由于存在过度竞争，外资企业或跨国公司凭借"超国民待遇"可以低成本进入国内市场，对国内企业公平参与市场竞争极为不利。因此要结合产业特征，进一步完善外资"国民待遇"实施细则，为中外产业资本营造公平、有序、稳定的市场环境。另一方面，外商直接投资虽无须还本付息，但往往会对民族工业造成较大冲击，危害东道国产业安全；国外贷款、国外发债等间接投资虽然需还本付息，但投资使用方向和投资主导权掌握在东道国手中，东道国可根据本国需要购买关键技术和生产设备，投资后的生产经营过程可由本国企业自主控制。因此，要平衡利用各种外资利用形式，相机采用外商直接投资、国外贷款、国外发债等多种方式，缓解外商直接投资对本国产业安全的挤出效应[1]。

其三，要从维护本国产业安全和国际竞争力的角度，统筹规范外资引导政策及相关法律法规。尤其是要结合本国产业发展规划，适时调整外商投资产业指导目录，严格执行《中华人民共和国反垄断法》，健全和完善《中华人民共和国反不正当竞争法》《中华人民共和国反补贴法》《中华人民共和国反倾销法》等，对于事关国民经济支柱和国计民生的重要产业，需要细化产业发展引导细则及相关行业法规，确保本国关键产业的独立自主。

4.5.2　产业组织安全实现路径

构筑良性竞争的市场环境，遏制市场主体垄断行为。在市场经济条件下，规模经济一般是市场竞争的结果，而反垄断则是公共政策的价值取向，当然反垄断所反对和禁止的并不是企业规模的大小，而是其行为是否符合公平竞争的原则，是否有利于资源优化配置和国民经济的有效运行。应根据各产业和行业的发展特征，对产业内的企业尤其是中小企业给予针对性扶持。通过给缺乏资金的企业特别是在产业中处于弱势地位的中小企业提供资金的支持，可以有效地增加产业竞争力，为抵御外部组织侵入风险和提升本土产业组织安全提供有效保障。

实施核心企业战略，树立国内企业品牌。经济全球化的重要特征就是企业经营布局的全球化，应通过创造本国走向世界的品牌，提高本国市场的产品差别壁垒，并力争对国外

---

[1]　张福军、刘晔：《国外产业安全政策模式比较及对我国的启示》，载《当代经济研究》2015 年第 4 期，第 82～86 页。

品牌构筑起强大的进入壁垒。一方面，可通过对细分目标市场，采用品牌扩散和多品牌战略提高产品差别壁垒，从而阻止潜在的或新的跨国公司进入；另一方面，加大培养消费者对本国企业品牌的忠诚和偏好的力度，提高产品差别壁垒，增加潜在进入者的筹资风险和广告投入风险，使潜在的或新的跨国公司对进入目标产业市场抱有审慎决策。

以恰当产业政策实现外资引进，有效防止跨国公司行使市场势力。通过吸引不同国家、不同企业的投资，形成竞争或寡头竞争的格局，更容易促进跨国公司向东道国转让先进技术，从而减小东道国企业同跨国公司之间的技术差距，这又有利于降低行业的进入壁垒，促进国内竞争者的产生和市场竞争。此外，东道国政府应针对跨国公司的策略性行为出台惩罚标准：跨国公司就市场价格进行串谋或划分市场，以及维持转售价格等行为具有明显危害性，应以本身违法原则加以裁定；针对非价格纵向限制、高集中度行业的投资与购并、价格歧视等行为，由于可能具有相当的效率因素，应以合理原则加以裁定；针对跨国公司提高进入壁垒的技术创新、巨额广告投入、产品差别化行为，一般属于正当企业竞争战略，应以本身合法原则加以对待（李孟刚，2015）。

4.5.3　产业布局安全实现路径

其一，以产业集群发展为导向，科学规划产业布局。集群布局的目的是利用产业集群的空间集聚优势，从整体上提高集群内企业的核心竞争力。以产业集群化推动产业布局合理化，能够充分发挥区域各种资源要素的整合能力和协同效应，追求适合区域具体特征的发展路径。基于集群化的产业政策要求政府将政策的重心放在促进企业之间、企业与大学、研究机构、社会中介机构之间的合作之上，并且为这些合作创造良好的环境和必要的条件。政府应从完善区域经济发展所必需的硬环境和软环境入手完善产业集群发展政策。硬环境是指现代化的基础设施、便利的交通通信设备、配套的生产生活服务设施；软环境主要表现为区域内企业之间及企业与科研机构间长期合作基础上的稳定关系和网络系统。

其二，以地区分工协作为重点，强化产业空间关联。地理区位和地区分工的差异客观上要求各地区互相依赖、优劣互补、分工协作。改革开放后向东部倾斜的战略和市场机制的作用，使中西部资金、人才、资源流向东部，区域发展不平衡不充分问题日渐凸显。为此，国家应将加快中西部发展赶超作为重中之重，把西部某些地区培育成为原材料基地，并相应在资金、技术、人才、政策上给予支持，在东部地区要大力发展新兴产业和高附加值的加工业，从而将地区经济的外向循环和内向循环有机结合起来，在产业安全布局基础上实现区域均衡发展。

其三，以轴线扇面发展为依托，引导产业网络带状发展。我国中心城市具有较强的凝聚力和辐射力，以中心城市高质量发展带动产业轴线和扇面地带快速发展，是产业安全布局的重要举措。要推动产业发展基础良好、配套便利的大中型城市向综合经济中心转化，通过对周边腹地生产要素的聚集、扩散和转化，带动地区经济增长。根据不同城市能级、功能和辐射范围的差异，形成多层次产业布局结构，最终构造区域贯通的"产业链"和产业带。

4.5.4 产业结构安全实现路径

其一,将增量调整与存量调整适度结合,充分发挥市场机制在产业结构优化升级中的引导作用。国家应加大国民经济基础产业、高技术产业投资规模,引导社会各方资本投入国民经济发展和人民生活需要的且消费需求不断扩大、生产供给不足的产业,对生产能力已经过剩、市场需求增长乏力、明显正在衰退的产业在项目审批上严格把关。积极推进存量资源的流动与重组,发挥企业兼并在调整经济结构、促进资源优化配置中的作用。通过市场信息引导和政府产业政策诱导,促进资源向效率更高的领域流动,通过价格机制、竞争机制等淘汰落后产业和企业,使各地区、各部门的比较优势得到发挥,并由此形成合理的经济结构。

其二,充分利用后发优势,以新兴产业超前谋划带动产业结构跨越式成长。结构成长理论提出了不同历史条件下结构成长的两种模式:一种是结构梯度转换模式,即按第一、第二、第三产业序列依次渐进转换的结构成长模式,主要集中在那些率先开启现代经济增长进程的发达国家;另一种是结构跨梯度转换模式,其重要特征就是第三产业的跨越式发展。我国完全可以凭借后发优势,以新兴产业发展实现产业结构优化,选择具有强劲发展势头的重点行业和关键领域,加快突破制约其发展的关键技术、核心技术,充分利用全球创新资源,深化国际科技合作与交流,加大自主知识产权保护力度,以新兴产业发展带动我国产业结构整体优化升级,保障我国产业结构安全。

其三,完善外资利用政策,以高质量外资引入带动产业结构优化升级。外资引进政策要实现由激励导向型策略为主向规制导向型策略为主转变,坚持鼓励自由竞争与适度保护相结合的原则,把握好开放的领域、地域、方式、时机和进度,采取局部化、分散式、渐进型、有节奏的开放战略,有目的、有广度、有深度、有限度地开放不同产业。要根据当前国际国内形势,对具有高科技含量、国际竞争力较弱的新型产业进行适当保护,发挥自主创新优势。同时要充分发挥中西部地区的资源比较优势,实现地区间产业结构的均衡发展,促进先进技术的引进和扩散,最大限度地发挥外资的技术溢出效应,并对各地方政府出台的有悖于国家产业政策的引资政策和举措加以纠正,确保产业结构安全政策落地落实。

4.5.5 产业链安全实现路径

以产业链完整布局为前提,夯实产业链安全底层构架。一是完善全球产业链合作机制。一方面,坚持"引进来"与"走出去"相结合,不仅要积极吸引外资企业来华投资信息产业和先进制造业,还要鼓励制造业、服务业加大对外投资力度,深度融入全球产业链体系;另一方面,平衡好产业链内培与外迁关系,既要积极培育本土产业链组织网络,确保本土关键产业链自主完整,又要扩大中国企业资源获取及整合半径,为全球产业链合作提供机制保障。二是加快进口替代以避免"断链"风险。针对具备全球影响力的关键引领企业要尽快实现进口替代，加强高端制造业研发投入，形成完整产业链优势。三是建立境内产业承接转移机制。可超前谋划在中西部地区国家级新区、自由贸易试验区和国际贸易陆海新通道重要节点建设一批承接制造业转移示范区，重点吸引东部地区企业、产业链龙头企业、国有骨干企业向示范区转移相关产业，推动我国产业链布局适度分散。

以价值链高端跃升为重点，提升产业链核心竞争能力。一是注重从技术上提升制造业价值链层级。实施好新一轮制造业技术改造工程，引导和支持劳动密集型产业、传统制造业通过数字化、网络化、智能化技术加快改造提升，加快发展高端制造、智能制造、绿色制造，提高我国制造业的价值链层级。二是注重从成本上提升制造业产业链竞争力。进一步释放劳动力、土地、能源、数据等要素市场活力，降低各类要素市场价格，降低物流成本，激活制造业产业链活力，提升产业链核心竞争力。三是注重从制度上提升价值链层级。通过政策激励加大研发投入力度，提高产品在设计、生产和销售环节的附加值，推进产业链向微笑曲线两端发展；大力实施知识产权国家战略，鼓励企业围绕核心技术、核心产品申请发明专利，通过实施专利保护、专利布局提升产业价值链层级。

以创新链协同打造为纽带，确保关键产业链自主可控。一是围绕产业重大应用和关键技术突破，形成以企业为主、科研机构和院校等共同参与的技术联盟，聚焦专利申请、知识产权保护以及行业标准制定，加快建立以企业为主体的技术创新体系。二是聚焦"卡脖子"技术、核心元器件、高端原材料、基础工艺等制造业关键环节，充分发挥政府引导作用，整合国内一流科研力量，加强联合研究、联合攻关、联合生产测试，确保关键环节全流程可控①。三是注重创新技术转化，推动成熟技术早日转化成市场化产品并上市使用，在保障国家安全的前提下共享科研数据、设备和方法，加强科研攻关的国际合作。

以供应链稳定自主为保障，提升产业链配套发展能力。一是以重点企业为龙头，着眼于供应链管理优化。一方面，龙头企业要主动使用国产原材料和国产服务商，给予其技术指导，赋予其试错空间，依托龙头企业产品较高市场占有率和用户测试用例，倒逼上下游企业深钻技术研发、改进材料质量和提升服务水平；另一方面，对于供应链上的关键技术和核心设备，龙头企业要未雨绸缪，立足自主研发，确保企业发展不受制于人。二是以重点产业为核心，着眼于全产业供应链贯通。重点打通涉及门类多、关联面大的先进制造业供应链，通过联合攻关、定点采购、交叉持股等方式，既可发展包括原材料、机械设计、配套设备等在内的上游配套产业，还可发展维修保障等下游服务行业，努力形成重点产业带动上下游产业协同发展的良性机制。三是以重点区域为依托，着眼于供应链集聚发展。充分结合区域发展战略和产业发展战略，有计划、有重点地布局相应供应链网络，降低区域产业发展对外依存度②。

---

① 陈晓东、刘冰冰：《基础研究、政府支持方式与产业链安全》，载《经济纵横》2022 年第 5 期，第 59 ~ 72 页。
② 杜庆昊：《产业链安全的实现途径》，载《中国金融》2020 年第 17 期，第 29 ~ 30 页。

第 5 章

粮 食 安 全

■ 5.1 粮食及粮食安全的概念

5.1.1 粮食的概念

粮食概念的界定是一个基础理论问题，直接关系到不同的粮食政策体系。粮食的概念并非一成不变，而是随着社会的发展在不断变化，随着人们对大自然开发利用程度的提高，粮食概念的内涵和外延在不断拓展和深化。不同国家对粮食概念的理解也不同，甚至同一个国家在不同时期或者不同领域对粮食概念的理解也存在差异。

1. 中国的粮食概念

（1）传统的粮食概念。

《辞海》对粮食的解释是各种主要食料的总称，如小麦、高粱、玉米、薯类等。《现代汉语词典》对粮食的解释是供食用的谷物、豆类和薯类的统称。而谷物是指稻、麦、谷子、高粱、玉米等作物。传统的粮食概念有广义和狭义之分。狭义的粮食是指谷物类，即禾本科作物。包括稻谷、小麦、玉米、大麦、高粱、燕麦、黑麦等，习惯上还包括蓼科作物中的荞麦。广义的粮食是指谷物、豆类、薯类的集合，包括农业生产的各种粮食作物[1]，这与国家统计局每年公布粮食产量采用的粮食概念基本一致。根据国家统计局的统计口径，我国粮食品种包括谷物类、豆类和薯类，其中谷物主要包括稻谷、小麦、玉米、大麦、高粱、荞麦和燕麦等。豆类包括大豆、绿豆、红小豆等，薯类则包括马铃薯和甘薯等。需要特别关注的是大豆，中国将其归类为粮食，联合国粮食及农业组织将其归类为油料。

"粮食"其实是中国特有的概念，国际上并不存在与我国统计口径完全一致的粮食概

---

① 李长风：《粮食经济四百题》，中国商业出版社 1991 年版，第 39~50 页。

念，应用广泛的两个相关概念分别是谷物（grain）和食物（food），其中谷物的口径较我国粮食概念口径略窄，食物的口径则相对更宽。在联合国粮农组织（FAO）的统计目录里，食物分为八大类：谷物类，块根和块茎作物类，豆类，油籽、油果和油仁作物类，蔬菜和瓜类，糖类，水果和浆果类，畜产品类。长期以来，学术界对我国"粮食"的概念及统计口径一直有着不同的主张。有学者认为，我国粮食统计口径不具备与国际统计口径相对接的一致性，采用谷物更具有统计上的可比性[①]；有学者还特别指出，大豆夸大了我国粮食安全的严重性[②]，应调整统计口径，不再将大豆计入粮食范畴[③]；而许多学者则坚持认为，我国粮食概念中包含的豆类和薯类的用途与谷物类高度相近，都能既作饲料，又作主食，粮食概念比起谷物概念更接近粮食安全的本质意义[④]。

（2）粮食部门的粮食概念。

国有粮食部门对其所经营管理的商品粮食有单独的概念界定，但在计算全社会粮食生产、消费时，仍沿用传统的粮食概念。1950 年，国家确定统一使用的粮食商品目录是：小麦、大米、大豆、小米、玉米、高粱、杂粮七大品类。1952 年，粮食减为四大品种：小麦、大米、大豆、杂粮。新中国成立初期，我国人均谷物产量很低，为确保人人有饭吃的低标准的粮食安全，把能够有助于实现温饱水平的豆类、薯类也纳入谷物产量之中。因此，从 1953 年起，国家修改农业统计口径，每年公布的粮食产量均采用广义的粮食概念。1953 年，粮食改为五大品种：小麦、大米、大豆、杂粮、薯类。1994 年，又把杂粮改为玉米，粮食为新五大品种：小麦、大米、大豆、玉米、薯类。后来，粮食的五大品种又改为：小麦、大米、玉米、大豆、其他。此后，一起沿用至今[⑤]。

在粮食商品品种中，粮食部门根据其领域和作用对象的不同，将粮食分为：原粮、成品粮、混合粮和贸易粮四类。

①原粮，亦称自然粮，是指经过收打、脱粒而未经碾磨加工的谷物，如稻谷、小麦、大豆、高粱、谷子、玉米等，以及不需要加工能直接食用的豆类、薯类中的部分品种，如蚕豆、豌豆、马铃薯等，在统计和计算粮食产量，以及农村粮食消费时使用。在计算原粮总数时，对已加工为成品粮的粮食如大米，要按规定的折合率折合为原粮。

②成品粮是指收割和打场后原粮经过加工形成的产品，如面粉、大米、小米、玉米面等。但是，有些原粮不经过加工也可直接制作食物，既算原粮，也算成品粮，如薯干等。在统计成品粮时，对不是成品粮的品种，要按规定的折合率折算为成品粮品种。

③混合粮是指进入粮食商品流通过程的原粮和成品粮的总称。即粮食经营活动中实际

---

① 唐华俊：《新形势下中国粮食自给战略》，载《农业经济问题》2014 年第 2 期，第 4～10，110 页。

② 钱克明：《把中国人的饭碗牢牢端在自己手上》；参见王济民：《中国农业科学院农业经济与政策顾问团专家论文集》，中国农业出版社 2014 年版，第 6～16 页。

③ 柯炳生：《我国粮食自给率与粮食贸易问题》，载《农业展望》2007 年第 4 期，第 3～6 页。

④ 杨明智、裴源生、李旭东：《中国粮食自给率研究：粮食、谷物和口粮自给率分析》，载《自然资源学报》2019 年第 4 期，第 881～889 页。

⑤ 杨茂蟑、肖春阳：《中外粮食概念比较》，载《中国粮食经济》1997 年第 10 期，第 12～16 页。

存在的品种和数量。国家收购的小麦、稻谷、玉米属原粮，经过碾磨加工的面粉、大米、玉米面就是成品粮，形成国家库存中既有原粮，又有成品粮。在粮食加工、运输、库存管理和进出口贸易中一般以混合粮计算。

④贸易粮是指国有粮食部门在统计和计算粮食收购、销售、调拨、库存数量时，统一规定使用的粮食品种的统称。分小麦、大米、玉米、大豆和薯类 5 个品种。在计算时，要将原粮（如稻谷）或成品粮按规定的折合率，折合成对应粮食品种的贸易粮（如大米）。有一些粮食品种既是原粮，又是贸易粮，如小麦、玉米、豆类等。

（3）统计部门的粮食概念。

统计部门的粮食概念，除包括稻谷、小麦、玉米、高粱、谷子、其他杂粮外，还包括薯类和大豆。其产量计算方法；豆类按去荚后的干豆计算，薯类（包括甘薯和马铃薯，不包括芋头和木薯），1963 年以前按每 4 千克鲜薯折合 1 千克粮食计算，从 1964 年开始按 5 千克鲜薯折 1 千克粮食计算。其他粮食一律按脱粒后的原粮计算。

在我国，国家统计局每年公布的粮食产量，使用的粮食概念比国际通行的谷物口径要大，相当于谷物、豆类和薯类三者之和。谷物，包括稻谷、小麦、玉米、谷子、高粱和其他谷物，不包括豆类和薯类。谷物作物一律按脱粒后的原粮计算。豆类作物，是指以食用种子或其制成品的豆科植物，包括大豆和杂豆。大豆包括黄豆、黑豆、青豆三类。杂豆包括黑豆。产量按去荚后的干豆计算。薯类作物，包括甘薯和马铃薯，不包括芋头、木薯等。芋头一般应作为"蔬菜"计算，木薯作为其他作物计算。城市郊区以蔬菜种植为主，所产的马铃薯产量统计在蔬菜内。

（4）新型的粮食概念。

随着人们收入水平的提高以及食物消费结构升级，对粮食品种和质量提出了更高的要求，逐步形成了新型的粮食概念。新型粮食的概念主要以"大粮食观"为理念，在原有粮食概念的基础上进行了拓展和深化。"大粮食观"将凡是能够食用并能为人类提供所需营养的物质都看作粮食，因此粮食概念的外延不仅仅包括谷物、豆类和薯类，而且还包括其他一切能维持生命、保证肌肉发育、补充营养消耗的各种动植物产品、养料和滋补品。"大粮食观"的基础是粮食但不唯粮食，而是要求食物种类更丰富、膳食结构更优化。除主粮作为食物外，肉、蛋、禽、奶、鱼、菜、果、菌、茶等都可以作为食物，倡导食物供给由单一模式向多元供给转变。

（5）口粮和食物的概念。

与粮食概念容易混淆的两个概念是口粮和食物。口粮一般是指人们直接消费的粮食，用于口粮消费的粮食品种以稻谷和小麦为主，另有少量玉米、大豆和杂粮。东北和南方以大米消费为主，华北、西北地区以面粉消费为主。随着经济发展和人们生活水平的提高，人均口粮需求缓慢减少。因人口增长，口粮总需求量仍相对稳定。人民生活水平和粮食转化率提高，导致粮食品种之间的比例发生变化，如大米在口粮消费中的比重提高，玉米在口粮消费中的比例降低等。食物是指能够满足机体正常生理和生化能量需求，并能延续正常寿命的物质。对人体而言，能够满足人的正常生活活动需求并利于寿命延长的物质称为食物。食物通常是由碳水化合物、脂肪、蛋白质、水构成，能够为人类或者生物提供营养或愉悦的物质。食物的来源可以是植物、动物或者其他界的生物，例如，真菌，抑或发酵产品（如酒精）。人类通过采集、耕种、畜牧、狩猎、渔猎等多种不同的方式获得食物。

2. 国外的粮食概念

国外通用的食物、谷物概念与中国粮食概念大不一样。英文 Food 译为中文是食物，是指可吃的干物质。它和供饮用的含营养成分的液体"饮料"是一个相对的名词，英国1982 年出版的《简明牛津字典》对 Food 的解释是：维持肌体生长、代谢和生命过程以及供给能量所必需的物质，它基本上由蛋白质、碳水化合物和脂肪构成。此外，还含有一些肌体所必不可少的矿物质、维生素和辅助物质，它是固体形态的营养物质。

英文 Grain 译为中文是谷物，*Webster's New Twentieth Century Dictionary* 注释为特指谷物植物生产的，如小麦、稻谷、玉米、黑麦。联合国粮食及农业组织 1999 年出版的中文版《生产年鉴第 52 卷 1998》所列的详细谷物产品目录有 8 种，即小麦、稻谷、粗粮（包括大麦、玉米、黑麦、燕麦、小米、高粱）。

Food and Agriculture Organization of the United Nations 译成中文应为联合国食物及农业组织，但是，人们长期译成联合国粮食及农业组织。因此，把 Food、Grain 都译成粮食，也就约定俗成了。

需要指出的是：对于稻谷（rice），联合国粮食及农业组织在统计粮食生产总量时，一般采用原粮"稻谷"这一概念。在统计粮食贸易总量时，一般采用成品粮"大米"这一概念，其 1999 年出版的中文版《贸易年鉴第 52 卷 1998》所列的农产品贸易项目第 36 项为大米。有时，也采用成品粮"稻米"这一概念，其 2008 年 4 月出版的中文版第 1 期《作物前景与粮食形势》在公布世界谷物库存量时，使用的是稻米。之所以出现这样的情况，主要原因是各国报送统计报表时，有的理解为稻谷，有的理解为大米，有的理解为糙米。因此，稻米，实际是稻谷和大米的混合粮。

需要澄清一个非常重要的概念。联合国粮食及农业组织每年公布世界谷物总产量时，由于我国翻译上的习惯，常译成"世界粮食总产量"。其实，这个"世界粮食总产量"只是谷物，不包括豆类和薯类。显然，这和我国粮食产量统计口径有很大差别。我国在统计粮食产量时，除谷物外，还包括豆类和薯类。如果将我国粮食总产量与"世界粮食总产量"进行对比，一定要将豆类和薯类的产量从我国粮食总产量中剔除出去，这样统一口径后，才有可比性。

由于我国粮食概念与世界通行的粮食（谷物）概念不一样，使得联合国粮食及农业组织对中国谷物库存量的估算偏高。因此，有学者建议：一是我国公布"世界粮食总产量"时，改为"世界谷物总产量"这一概念。二是我国有关部门尽快研究公布中国每年的谷物库存量。三是联合国粮食及农业组织可将各国谷物统计时间统一采用日历年度，以避免各国谷物统计年度时间划分不一，导致统计量上的差异。这样，各国的谷物比较分析就更有意义。四是对于稻谷，统计原粮时，采用稻谷；统计成品粮时，采用大米；统计混合粮时，采用稻米①。

5.1.2 粮食安全的概念

粮食安全的概念是动态变化的，经历了多次修正和完善，逐步形成了现有的粮食安全观，理解粮食安全的概念需要从国际和国内双重视角去考察。

1. 国际视角下的粮食安全

粮食安全的概念，最初主要是集中在国家层面的粮食供给，后来逐步扩展到包括世界和个体等多个层面，粮食安全的维度也超越了简单的粮食供给。面对饥饿和生存问题，长期以来世界各国一直在探索确保国民粮食充分供给的方式，因此早期粮食安全的概念始终与民族、国界和广义上的国家安全概念紧密联系在一起。后来，随着粮食贸易的发展，具有国际视野的粮食安全概念被提出。

"粮食安全"（food security）的概念最早由联合国粮农组织（FAO）于 1974 年在世界粮食大会上提出，其定义为："粮食安全是指世界各地随时都有充足的基本粮食供给，以维持稳定的粮食消费并抵消粮食生产和价格波动带来的影响"。20 世纪 80~90 年代，人们对粮食安全的理解发生了变化，并不再局限于世界或国家的粮食安全水平。粮食安全的重点由生产转变为包括粮食的获取和个体情况。1983 年，联合国粮农组织对粮食安全的定义为，确保所有人在任何时候既能买得起又能买得到他们所需的基本粮食。该定义提出了两个要求：一是食物的供给必须十分充足，任何人都能随时买得到。二是食物的价格必须低廉使任何人都买得起。世界银行 1986 年的报告《饥饿与贫困》中，将粮食安全定义为，所有人随时都能取得足够的粮食，积极健康地生活，几乎沿用了 FAO 在 1983 年的定义。世界银行在该报告中强调，自给自足并非是粮食安全的必要条件。这表明对粮食安全的认识已经发生了转变，不再局限于粮食供应。经过不断的实践，在接下来的 10 年里，粮食安全的定义进一步完善。1996 年的世界粮食峰会，进一步扩展了粮食安全的定义，将营养和文化范畴扩充进来，将粮食安全定义为，只有当所有人在任何时候都能在物质上和经济上获得足够、安全、富有营养的粮食来满足其积极健康的膳食需要和食物喜好时，才实现了粮食安全。同时，出现了粮食主权的概念，将其定义为主权国家和人民有自行决定其自身粮食体系的权利。

2001 年，FAO 又对粮食安全定义作出了新的解释：粮食安全就是所有人在任何时候都能通过物质、社会、经济手段获得充足、安全和富有营养的粮食。满足其保持积极和健康生活所需的膳食和食物喜好。在这个解释中，获取食物的途径除了物质、经济手段（通过市场）以外，还增加了从社会来获取的渠道。所谓从"社会"获取食物，意思是政府和社会团体向那些没有足够经济能力的人提供食物。这一解释内容的增加，说明 FAO 已

---

① 杨茂蟑，肖春阳：《中外粮食概念比较》，载《中国粮食经济》1997 年第 10 期，第 12~16 页。

经意识到仅仅依靠市场机制不能实现全社会的粮食安全。

2006 年，FAO 对 2001 年的粮食安全定义进行了补充和澄清，提出了粮食安全的四大支柱：粮食供给能力、粮食获取能力、粮食利用能力和粮食获取能力的稳定性。在 20 世纪的大部分时期，人们对于营养失衡的理解主要集中在营养摄入不足，具体是指卡路里摄取不足。近几十年来，人们越来越多地开始重视"营养不良三重负担"的概念，即营养不良不仅仅包括长期的营养摄入不足，还包括微量元素摄取不足，以及表现为肥胖和超重的营养过剩。这三种形式的营养失衡都非常重要，均会给社会带来威胁。对营养失衡的复杂性更深入的认识反过来为粮食安全的概念提供了新的视角，因此将卡路里摄入过量和不足，以及微量元素摄取不足对公共卫生影响纳入粮食安全的范畴。

综上所述，国际上对粮食安全的认识经历了不断变化和完善的过程，粮食安全的内涵从国家层面拓展到全球层面再深入到个体层面，同时进一步拓展到饥饿和营养失调等多维内容。虽然粮食安全不断出现新的定义，但是这些观点并不能完全替代传统的粮食安全观，即粮食安全的根本是生产和自给自足。

2. 国内视角下的粮食安全

（1）国内学者对粮食安全概念的理解。

国内学者围绕粮食安全的概念进行了一系列研究，并取得了丰硕的成果。我国粮食安全问题的系统性研究最早开始于 20 世纪 80 年代初期，中国科学院植物研究所研究员侯学煜提出了"大粮食"的观点。他认为，我国需要改变粮食只限于水稻、小麦、玉米等几种以淀粉为主的禾本作物的概念。人体健康除了需要提供热量的淀粉外，还需要一定量的肉、蛋、奶、鱼等动物蛋白质和植物蛋白、植物油以及蔬菜、水果、食糖等食物，这些都应看成是"粮食"[①]。上述观点，在当时特定的社会背景下，具有重大的理论创新。2000年 10 月召开的党的十五届五中全会上，"确保国家粮食安全"首次写进全会公报。同年，"要高度重视保护和提高粮食生产能力，建设稳定的商品粮基地，建立符合我国国情和社会主义市场经济要求的粮食安全体系，确保粮食供求基本平衡"，成为"十五"计划建议中巩固和加强农业基础地位的重要内容。粮食安全的重要地位得到进一步加强。

梳理国内学者的研究成果，主流观点认为，以 FAO 为代表的关于粮食安全的概念比较系统且被广泛接受，但 FAO 提出的粮食安全的概念并不完全适合中国的具体实际。中国是人口大国，粮食安全问题至关重要，并且中国城乡居民目前尚未完全实现食物消费结构升级，特别是广大农村地区，因此分析中国的粮食安全问题不能简单套用 FAO 的概念。经过长期的研究和探索，目前国内对"粮食安全"的诠释形成了以下几种具有代表性的观点。

第一种表述。完整的粮食安全概念包括从宏观到微观的多个层次。宏观层次的粮食安全可通过全球及整个的国家食物获取能力来反映。其中，全球食物获取能力取决于全球的粮食生产总量，而一个国家在特定年份的粮食获取能力则主要取决于该国的粮食生产量、

---

① 侯学煜：《如何看待我国粮食增产问题》，载《农业现代化研究》1981 年第 1 期，第 11～13 页。

粮食储备量和食物净进口量（包括国际粮食援助）。微观层次的粮食安全反映在家庭和个人的粮食获取能力上。粮食安全的不同层次是互相联系的。一般地说，宏观层次的粮食安全在某种程度上决定着微观层次的粮食安全，但是，宏观粮食安全并不能保证全部居民家庭的粮食安全。微观层次的粮食安全问题日益成为关注的焦点。

第二种表述。我国的粮食安全是指"国家满足人们以合理价格对粮食的直接消费和间接消费，以及具备抵御各种粮食风险的能力"。国家粮食安全的概念有四个要件。①粮食及其衍生食品的价格合理及其与其他人们必需生活产品的比价合理，这是粮食安全的前提条件。②满足人们对粮食的直接消费。口粮及其粮食制成品的消费得到满足，如面粉及其制成品、大米及其制成品、油品及其制成品、小杂粮及其制成品等。③满足人们对粮食的间接消费。以粮食为饲料的肉类、蛋类和奶类生产得到满足；以粮食为原料的工业食品和工业产品的消费得到满足，或者有一定量的粮食出口。④具备抵御各种粮食风险的能力，包括自然灾害风险、粮食禁运风险、严重的粮食结构失衡风险和大范围内的战略决策失误引发的风险等。

第三种表述。我国粮食安全是指：①我国粮食安全不仅指实现总量增长目标，而且要考虑到粮食总量与质量并重、粮食品质结构合理的问题；②保障我国粮食安全的首要目标是保护和提高粮食生产能力；③占全国耕地总面积 2/3 的中低产田产量低且不稳定，加之建设用地日趋增加使耕地减少；④要在我国努力实现"确保所有需要粮食的人们都能获得粮食"这一目标。

第四种表述。反映粮食安全本质要求并比较实用的粮食安全概念是：一个国家或地区为保证任何人在任何时候都能得到与其生存与健康相适应的足够食品，而对粮食生产、流通与消费进行动态、有效平衡的政治经济活动。粮食安全的含义可以从以下几方面去理解：①粮食安全的主体通常是一个国家或地区，除非特指。②必须具有与人们的生存与健康相适应的充足食品。③必须保证所有人都得到相应的食品。④必须保证在任何时候和任何情况下都得到足够的食品。⑤粮食安全的基本工作是在粮食生产、流通与消费之间进行有效平衡。⑥现代粮食安全是以合理成本谋求粮食供给保障的政治经济科学与艺术①。

第五种表述。一个完善的粮食安全保障体系包括三个环节：一是生产，必须生产出足够多的粮食；二是流通，要有一个高效率的流通组织来供应；三是消费者，确保所有需要粮食的人们在任何时候都能获得粮食。

第六种表述。粮食安全的主要内容包括：安全合理的粮食储备，粮食生产按市场需求稳定发展，适量进口（出口）粮食，解决好贫困人口的温饱问题，让所有的人在任何时候都能享有充足的粮食。

第七种表述。粮食安全是一个贯穿于生产、储备、流通、进出口各环节的体系，这些

---

① 国家发改委宏观经济研究院"宏观经济政策动态跟踪"课题组张苏平：《粮食安全评估指标与方法研究综述》，载《经济研究参考》2007 年第 13 期，第 44～51 页。

环节相互联系，形成一个复杂的系统，即粮食安全体系。粮食安全保障体系主要由粮食生产保障体系、储备保障体系、流通保障体系、进出口保障体系和应急保障措施五个子系统构成。

第八种表述。将粮食安全定义为食物安全，主张树立"大食物观"，"大食物观"就是要从更好满足人民美好生活需要出发，掌握人民群众食物结构变化趋势，在确保粮食供给的同时，保障肉类、蔬菜、水果、水产品等各类食物有效供给，缺了哪样也不行。大食物观要放眼整个国土资源，立足人的全生命周期需求，依靠现代科技驱动，全方位开发耕地、森林、海洋资源，拓宽动物、植物、微生物等食物来源，保障各类食物有效供给。

粮食安全问题是一个相当复杂的问题，绝对不仅仅是一个经济问题，还涉及政治和社会问题。联合国粮农组织定义的粮食安全概念，具有一定的普遍意义，但是不能作为指导我国粮食安全的方针，必须要结合我国具体国情，进行有针对性的修正，特定的国情和粮情使得中国形成了具有特色的粮食安全思想。

（2）我国粮食安全战略的演变。

辛翔飞、王济民（2019）将我国的粮食安全方针的演变大致划分为三个阶段：①1949～1995年，自力更生解决温饱问题阶段。1949年以后，一直到20世纪90年代中期，党和国家致力于带领人民依靠自力更生解决人民吃饭问题。②1996～2012年坚持"确保自给率95%以上"的自给目标阶段。为回应1994年布朗提出的"谁来养活中国"的问题，我国政府于1996年发布《中国的粮食问题》白皮书，首次明确提出："立足国内资源，实现粮食基本自给，是中国解决粮食供需问题的基本方针"，"中国将努力促进国内粮食增产，在正常情况下，粮食自给率不低于95%，净进口量不超过国内消费量的5%"。国务院审议批准的《国家粮食安全中长期规划纲要（2008—2020年）》重申"粮食自给率稳定在95%以上"。农业农村部制定发布的《全国种植业发展第十二个五年规划（2011—2015年）》提出，"确保自给率95%以上"，"水稻、小麦、玉米三大粮食作物自给率达到100%"。可以说，"粮食自给率95%以上"是主导我国粮食生产政策乃至耕地保护政策近二十年的重大方针。③2013年至今确立了确保谷物基本自给、口粮绝对安全的国家粮食安全新目标阶段。2013年12月召开的中央农村工作会议，在综合考虑国内资源环境条件、粮食供求格局和国际贸易环境变化的基础上，确立了"以我为主、立足国内、确保产能、适度进口、科技支撑"的国家粮食安全新战略和"确保谷物基本自给、口粮绝对安全"的新目标。这一新的粮食安全战略也被写进了2014年中央一号文件[1]。

党的十八大以来，习近平总书记高度重视粮食问题，他强调："中国人的饭碗任何时候都要牢牢端在自己手上。我们的饭碗应该主要装中国粮。"[2] 他提醒我们："保障国家粮

---

[1] 叶兴庆：《准确把握国家粮食安全战略的四个新变化》，载《中国发展观察》2014年第1期，第6～7页。

[2] 《办好自己的事│牢牢端稳中国饭碗》，央视新闻，2022年9月10日。

食安全是一个永恒的课题，任何时候这根弦都不能松。"[1] 他还强调："我国是个人口众多的大国，解决好吃饭问题始终是治国理政的头等大事"。[2]

2022 年全国两会期间，习近平总书记在看望参加全国政协十三届五次会议的农业界、社会福利和社会保障界委员时，强调"要树立大食物观，从更好满足人民美好生活需要出发，掌握人民群众食物结构变化趋势，在确保粮食供给的同时，保障肉类、蔬菜、水果、水产品等各类食物有效供给，缺了哪样也不行"。[3] "树立大食物观"理念的提出，标志着新时期我国粮食安全战略的一次重要调整，从主要强调粮食安全，到全面保障食物安全。"大食物观"是一种新型的国家粮食安全观，是指能满足人们日益多元的食物消费需要，围绕人民群众全方位、全周期的健康需求，结合居民膳食结构的合理程度，确保人民群众在物质上和经济上都能够获得足够、健康、营养和安全的食物；确保从供给安全、营养安全、质量安全、生物安全和发展安全角度的全产业链安全；同时，倡导更加健康、更加生态、更可持续的食物消费观和生产观。

5.1.3 口粮安全和食物安全的概念

与粮食安全容易混淆的两个概念是口粮安全和食物安全。

1. 口粮安全的概念

口粮安全是指所有人在任何时候都能通过物质、社会、经济手段获得充足、安全的"米面"，满足其基本的生存需求。现阶段在我国口粮以稻谷和小麦为主（另有少量玉米、大豆、杂粮）。一般来说，东北和南方以大米消费为主，华北、西北地区以面粉消费为主，因此我国的口粮安全主要是指保障稻谷和小麦供给安全。

"确保谷物基本自给、口粮绝对安全"是我国粮食安全战略的新目标。目前我国小麦和稻谷在数量上都处于供大于求的状态，但在质量和结构上暂时还不能满足日益升级的消费需求，比如优质高筋小麦产量不足，部分优质上等的大米需从国外进口。改革开放之前，在很长一段时间玉米都是我国重要的口粮，随着我国粮食产量的提升以及城乡居民食品消费结构升级，玉米在我国不再是主要口粮，其更多地被用于工业用粮和养殖用途，饲料粮短缺（主要是玉米和大豆短缺）是目前我国粮食安全的重大问题。

从范畴来看，口粮安全和粮食安全是两个不同的概念。口粮安全的范畴小于粮食安全，口粮安全核心在于保障稻谷和小麦供给安全。粮食安全的范畴大于口粮安全，可以说粮食安全包含了口粮安全，除了保障稻谷和小麦供给安全之外，还需要保障城乡居民肉蛋奶等供给安全。

2. 食物安全的概念

从严格意义上讲，FAO 关于所有人在任何时候都能通过物质、社会、经济手段获得充

---

① 《全方位夯实粮食安全根基，确保中国人的饭碗牢牢端在自己手中》，光明网，2023 年 7 月 13 日。
② 《解决好吃饭问题始终是治国理政的头等大事》，载《人民日报》，2019 年 10 月 16 日。
③ 《总书记的人民情怀│"要树立大食物观"》，载《人民日报》，2024 年 4 月 21 日。

足、安全和富有营养的粮食，满足其保持积极和健康生活所需的膳食和食物喜好的粮食安全定义，与食物安全的定义、内涵以及口径更接近，即 Food Security。国内界定的粮食包括谷物类、薯类和豆类三大类。稻谷、小麦、玉米三大谷物一般占到粮食产量的90%以上（2021年稻谷、小麦、玉米占粮食总产量的91.13%）。食物的内涵更丰富，包括粮食、油料、蔬菜、水果、肉、蛋、奶、糖等所有可供食用的农产品和食品。因此，粮食安全的内涵小于食物安全。习近平总书记提出"要树立大食物观，从更好满足人民美好生活需要出发，掌握人民群众食物结构变化趋势，在确保粮食供给的同时，保障肉类、蔬菜、水果、水产品等各类食物有效供给，缺了哪样也不行"。[①] 食物安全的概念被学界、政界、实务界广泛接受，成为我国新型的粮食安全观。

5.2　粮食安全的主要内容

粮食安全的内容可以根据不同的视角进行划分。根据不同的层次，粮食安全可以分为世界粮食安全、国家粮食安全、家庭粮食安全和个人营养安全。基于数量和品质视角，粮食安全可以划分为粮食总量安全、粮食结构安全、粮食质量安全。根据粮食的不同用途，粮食安全可以分为种业安全、口粮安全、饲料粮安全和工业用粮安全。本章将基于产业链视角，从生产、流通、储备、进口、应急保障等环节论述我国粮食安全的主要内容。粮食安全不仅要依靠粮食生产能力，还要依靠粮食流通能力、储备能力、进口能力以及应急保障能力。

5.2.1　粮食生产安全

粮食生产是指一定时期的一定地区，在一定的经济技术条件下，由各生产要素综合投入所形成的，可以稳定地达到一定产量的粮食产出能力。包括耕地保护能力、生产技术水平、政策保障能力、科技服务能力和抵御自然灾害能力。粮食综合生产能力由投入和产出两个方面的因素构成，由耕地、资本、劳动、科学技术等要素的投入能力所决定，由年度的粮食总产量所表现。粮食生产能力要转变为实际产量，国家政策和供求关系等因素形成的粮食生产比较效益起决定性的作用。粮食安全的根本是生产和自给自足，粮食生产安全是粮食安全体系的核心基础。粮食生产保障体系是实现粮食生产安全的必要措施。我国人口众多，耕地资源和水资源不足，这些因素都制约着我国粮食的增产。对于世界第一人口大国，必须坚持立足国内实现粮食基本自给的方针，着力提高粮食综合生产能力，提高粮食生产保障水平。粮食生产安全指保持一个国家或地区稳定的重要条件。

5.2.2　粮食流通安全

粮食流通是指通过货币流通职能和支付职能，实现商品粮从生产领域到消费领域的转

---

① 《总书记的人民情怀│"要树立大食物观"》，载《人民日报》，2024年4月21日。

移过程。不仅包括单纯意义上的收购和营销式的流通，而且包括粮食的初加工、深加工、包装、运输、储藏、批发、零售等各个环节和领域的一系列活动。粮食流通是联系粮食生产和消费的桥梁和纽带。粮食流通是否顺畅不仅关系到粮食产需的顺利衔接，而且还关系到粮食商品资本向货币资本的转化。粮食流通涉及粮食的运输、销售网络以及相配套的原粮加工能力，是粮食供给保障体系的终端环节，也是保障粮食安全的关键环节。粮食流通实质上就是把粮食顺利送到消费者手中，具体包括区际的粮食流通（长距离的粮食流通）和小区域内的粮食流通（短距离的粮食流通）。区际的粮食流通主要是指粮食从主产区流向产销平衡区和销区；小区域的粮食流通主要是指粮食从国家粮库流入粮食加工企业，再从粮食加工企业流入消费者手中的整个过程。在突发情况下（如自然灾害、疫情暴发等），粮食如果不能及时从产区运送到销区，有可能造成局部地区出现临时性粮食供给紧张的局面，甚至引发粮食公共危机。历史经验说明，粮食安全突发性风险往往发生在流通环节。

5.2.3 粮食储备安全

粮食储备是为保证非农业人口的粮食消费需求，调节省内粮食供求平衡、稳定粮食市场价格、应对重大自然灾害或其他突发事件而建立的一项物资储备制度。一定规模的粮食储备是一个国家或地区粮食安全保障体系的重要组成部分。联合国粮农组织（FAO）在1974年将粮食储备分为周转储备和后备储备。周转储备是指在新的作物年度开始，可以从上一年度收获的作物中得到（包括进口）的粮食储备量。后备储备实际上是一种粮食风险准备，一般用于弥补因粮食歉收造成的意外的供给不足，或者用来平抑社会所无法承受的粮食市场价格波动。胡小平认为，我国粮食储备由专项储备、粮食企业储备和农民家庭储备三部分组成[1]。贾晋等认为我国粮食储备体系包括国家公共储备、粮食企业的商业性储备、农民家庭和城镇居民家庭储备三个层次，国家储备又分为中央和地方政府的专项储备[2]。

通常而言，粮食储备的目标具有多重性和优先级。在国际性的研究报告中，粮食储备（主要指政府储备）的基本目标被归纳为四个：粮食安全目标、稳定收入目标、稳定价格目标、提高效益目标。上述四个目标在具体的储备方案中一般都有所取舍，但是具有普遍的理论意义，它不仅是中国划分粮食储备不同阶段的依据，而且还可以成为构建未来中国粮食储备体系与系统模式的基础。对于不同国家和地区以及同一国家和地区的不同时期，粮食储备的目标具有优先级，但粮食安全的目标始终处于绝对优先的地位。基于粮食储备的主体的不同，粮食储备的目标呈现出较大的差异性。总体来看，农户粮食储备的目标是保障家庭粮食供给、消费安全以及增加收入。企业粮食储备的目标是实现利润最大化，减少市场波动带来的损失获取季节性存储收益。国家粮食储备的根本目标是实现公共利益和

---

① 胡小平：《粮食价格与粮食储备的宏观调控》，载《经济研究》1999 年第 2 期，第 49～55 页。

② 贾晋、董明璐：《中国粮食储备体系优化的理论研究和政策安排》，载《国家行政学院学报》2010 年第 6 期，第 99～102 页。

社会稳定。卢波根据中央储备粮作用对象的不同，将中央储备粮分为保险性中央储备粮（稳定市场价格）、救济性中央储备粮（救灾）、公平性中央储备粮（保障低收入群体的基本生活）、保护性中央储备粮（保护农民收益）、战略性中央储备粮（保障战时军队供给）。中国自然灾害频发、耕地资源稀缺、人口数量多，粮食储备的目标具有特殊性和复杂性[①]。根据《中央储备粮管理条例》的规定，我国现行的粮食储备目标是"调节全国粮食供求总量，稳定粮食市场，以及应对重大自然灾害或者其他突发事件等情况"[②]。纵观我国粮食储备的演变历史，结合国际社会对粮食储备目标的论述，以及综合我国粮食储备政策的变化，将我国粮食储备的目标归纳为保障粮食安全、稳定农民收入、稳定粮食市场价格、平衡利益与社会总福利、应对突发事件。

5.2.4 粮食进口安全

粮食进口安全是指一个国家或地区能够以正常价格通过国际贸易获得所需的粮食数量和品种，并将粮食顺利地、准时地从国外运输到国内的能力。一个国家或地区的粮食供给是由粮食生产、粮食储备和粮食进口三部分构成。粮食进口是调剂粮食短缺的重要手段。粮食进口量大，说明一国或地区粮食生产量不能满足需求量，要靠国际市场弥补国内粮食生产不足。在保障国内粮食基本自给的前提下，合理利用国际市场调剂粮食余缺是保障我国粮食安全的一项必然选择。

值得注意的是，粮食进口面临着多重风险。以我国进口量最大的品种大豆为例。大豆是我国重要的饲料粮，因总产量低、消费量高、供需缺口极大而高度依赖国际市场（总消费量的85%依靠进口）[③]。随着国际局势的变化，我国大豆可持续供给风险日益凸显。一是面临国际市场供给风险。对美国大豆加征关税导致的供给缺口难以找到等量的替代市场。二是面临粮食禁运风险。以美国为首的农业发达国家发起政治性和经济性粮食禁运而限制大豆出口至中国。三是面临进口价格风险。大豆主产国（巴西、阿根廷）提高大豆出口价格，影响我国大豆进口成本及进口量。四是面临进口来源地集中的风险。我国大豆进口总量的97%来自美国、巴西和阿根廷三国，大豆供给易受制于少数国家[④]。五是面临大豆进口运输风险。我国大豆进口运输线路集中且繁忙以及出口国港口吞吐量、装卸能力、管理效率制约着进口大豆的运输量。除大豆之外，我国每年还要进口大量的玉米、小麦、高粱、大麦等。

5.2.5 粮食安全应急系统

突发事件下的粮食供给保障是重大的粮食安全问题。国际上和中国历史上一系列的粮

---

① 卢波：《中央储备粮管理机制研究》，新疆农业大学学位论文，2006年。
② 《中央储备粮管理条例》，中国法制出版社2003年版。
③ 根据中国海关总署公布的2022年中国大豆进口量以及美国农业部公布的2022年中国大豆消费量数据计算得到。
④ 根据中国海关总署公布的2022年大豆进口量数据计算得到。

食抢购事件反复证明，即使在粮食供求形势较好的情况下，仍然可能由于突发事件出现局部区域的公共性粮食危机。突发事件主要包括自然灾害、事故灾难、公共卫生事件和社会安全事件。粮食储备的目标之一就是要满足突发事件情况下的粮食需求。当突发事件发生后，原有的保障粮食安全的渠道和机制受到冲击，导致需求和供给发生异常改变，需要粮食储备解决新出现的粮食需求。在地震、洪灾、极端气候灾害和大范围卫生疫情等突发事件冲击下，极易形成局部地区人群抢购粮食。如果处置不当、拖延时间就会积累、扩散成粮食公共危机，从而形成粮食供给甚至相关产品的连锁反应的公共危机，或者形成突发事件状态下的粮食安全危机甚至社会稳定危机[①]。

我国从 1990 年建立专项储备制度以来，经历了重重考验，例如，1991 年特大水灾、2003 年"非典"、2008 年南方冰雪灾害、"5.12"四川汶川特大地震。特别值得注意的是，在新冠疫情期间，中国粮食储备在保障粮食稳定供给，应对疫情冲击方面发挥着举足轻重的作用[②]。2020 年，新冠疫情蔓延全球，引发各国恐慌性囤积食品。为了保障粮食供应充足，不少国家启动国家库存计划，增加粮食储备。传统的粮食出口国纷纷限制粮食出口（例如，俄罗斯、哈萨克斯坦、塞尔维亚、埃及、越南等国），粮食进口国也纷纷扩大进口规模。程国强（2020）认为，疫情对全球粮食生产和需求造成全面冲击，加之部分国家蝗灾影响粮食生产，有可能会恶化全球粮食市场预期，形成各国抢购、限卖及物流不畅的恐慌叠加效应，导致国际粮价飙升。

新冠疫情引发了国际组织对粮食安全以及粮食储备的关注。联合国世界粮食计划署先后多次组织南南合作研讨会，主题聚焦于新冠疫情下国家粮食安全与粮食储备应对策略，强调粮食储备管理在保证粮食价格和社会稳定方面的重要作用，粮食储备、循环、仓储的系统是很多国家解决粮食短缺问题的重要手段。

5.3　粮食安全的评估指标及方法[③]

国际上以及国内理论界对粮食安全的评估指标以及粮食安全的评估方法进行了研究，不同的国家面临不同的国情和粮情，因此所采用的评估指标以及评估方法存在差异。

5.3.1　粮食安全的评估指标

联合国粮农组织、世界银行以及国内外学术界、实务界基于不同的视角，探索出一

---

① 胡小平：《我国粮食安全保障体系研究》，经济科学出版社 2013 年版，第 12～13 页。
② 在新冠疫情发生后，中储粮组织部署直属库企业提前复工复产，及时保障加工企业用粮需求，有序启动最低收购价收购，保障农民卖粮变现备春耕，在关键时刻发挥服务调控"主力军"和调节市场"稳定器"作用。在粮食保供稳市，确保粮食不断档、不脱销方面发挥着重要的作用。
③ 国家发改委宏观经济研究院"宏观经济政策动态跟踪"课题组张苏平：《粮食安全评估指标与方法研究综述》，载《经济研究参考》2007 年第 13 期，第 44～51 页。

系列粮食安全的评估指标，主要包括粮食自给率、粮食产量变动系数、粮食储备水平、低收入阶层粮食保障水平、人均粮食占有量等。上述指标的使用领域和评估方法存在较大差异，不同的国家可根据具体的国情使用不同的指标或者采用多个指标。

1. 国际上常用的粮食安全指标

粮食安全系数是在 1974 年世界粮食大会上被提出来的，该指标的计算主要涉及世界粮食结转库存和粮食消费量。为保证世界粮食安全，FAO 提出需保持一定量的粮食库存。世界粮食结转库存量（期末库存）至少应保持相当于当年粮食消费量的 17% ～18%（其中周转储备粮占 12%，后备储备粮占 5% ～6%），在 17% 以上为安全，低于 17% 为不安全，低于 14% 为粮食紧急状态①。世界粮食库存量至少应该保持两个月的消费需求，以实现与下一年度的粮食供应连接。FAO 提出的这一粮食安全临界点为世界普遍认同。从 2001 年起，FAO 对粮食结转库存的统计口径有所变化，不再区分周转库存和后备库存，也不以粮食库存安全系数作为衡量世界粮食安全的主要标准。2000 年，世界粮食安全委员会秘书处进一步把消费、健康和营养综合考虑，形成 7 个指标：（1）营养不足的人口发生率；（2）人均膳食热能供应；（3）谷物和根茎类食物热量占人均膳食热能供应的比例；（4）出生时预期寿命；（5）5 岁以下儿童死亡率；（6）5 岁以下体重不足儿童所占比例；（7）体重指数 <18.5 的成人所占比例。这一指标体系在 2000 年 9 月的第二十六届世界粮食安全委员会上得到批准。两个指标的转化意味着粮食安全理念的转变，从关注宏观层面的粮食供给量逐步转向关注微观层面的个体健康和营养。

2. 国内研究中提出的粮食安全指标

国内研究中对粮食安全指标大致提出以下几种意见。

第一种意见。一个国家的粮食安全应该是在"安全性"和"经济性"之间寻找一个平衡点，以合理的成本满足对粮食的需要。对粮食安全状况的评价，不能仅以一个简单的供求数量界限作为标准，而应该综合考察粮食体系中各种可能隐患，从粮食生产的能力、粮食生产的经济性和粮食生产能力储备来进行综合评价。主要包括三个方面：（1）粮食生产能力。我国常用劳动力数量、耕地面积、有效灌溉面积、化肥施用量及农机电气化水平等指标来综合评估粮食的生产能力，同时还应增加市场的完善程度评价。（2）粮食生产的经济性。对粮食生产的经济性可以从资源优化配置的角度进行考察。（3）粮食生产能力储备。将粮食储备的调剂能力适当地向生产领域转移，对粮食的生产能力进行储备，即国家在确保耕地面积前提下，对种植作物进行调控。

第二种意见。粮食安全由粮食自给率、粮食储备率、粮食劳动生产率、生态环境及食物安全 5 个方面的内容组成。（1）粮食自给率保持在 95% 左右，特别是在加入 WTO 以后，美国及其他粮食出口国必然会增加对中国出口粮食的数量，但这绝不能成为美国推行霸权主义的武器，威胁中国的经济安全。（2）储备率要适当，在现代市场经济条件下，不

---

① 肖春阳：《中外粮食、粮食安全概念比较》，载《黑龙江粮食》2009 年第 2 期，第 40 ～43 页。

能认为储粮越多越好。（3）提高农民收入要加速农村工业化和城镇化进程，从根本上提高粮食的劳动生产率。（4）保护生态环境，实现可持续发展，使粮食安全得到最可靠的保障。（5）高度重视食物安全，一方面提高居民营养水平，另一方面防止有害化学物质对食物的污染。

第三种意见。由粮食产量波动系数、粮食库存安全系数、粮食外贸依存系数、贫困人口温饱状况四项指标组成的粮食安全指标体系。（1）粮食产量波动系数。用于反映年度间粮食产量的波动的幅度。设粮食产量波动系数为 α，则：$\alpha = [(Y_1 - F_t)/F_t] \times 100\%$，式中，$Y_1$ 表示第一年的实际粮食产量，F_t 表示第 t 年的用时间序列资料计算的趋势产量。波动系数控制在 2% 左右比较理想。（2）粮食库存安全系数。一般以一个粮食年度结束时粮食结转库存占下年度预计粮食消费量的比例作为粮食库存安全系数。设粮食库存安全系数为 β，则：$\beta = (S_t/C_{t+1}) \times 100\%$。式中，$S_t$ 表示第 t 年粮食结转库存，C_{t+1} 表示 t + 1 年预计粮食消费量。其中要特别考虑粮食储存的数量、粮食储备的费用（一般相当于其商品原值的 20% ~ 25%）和粮食消费结构。（3）粮食外贸依存系数。指年度内一个国家粮食需求出现缺口时，假定缺口全部由净进口粮食弥补的数量。设粮食外贸依存度系数为 δ，则：$\delta = (G_t/C_t) \times 100\%$，式中 G_t 表示一国国内粮食需求出现缺口时，缺口粮食全部由净进口粮食弥补的数量，C_t 表示一国粮食总需求量。（4）贫困人口温饱状况。这是粮食安全的最低要求。综合考虑各种因素，国家粮食安全指标控制在：粮食产量波动系数稳定在 2% 左右，粮食常年生产能力稳定在 9600 亿斤左右，某些年份可以稳定在 9000 亿斤左右，以利消化目前过高的粮食库存。粮食库存安全系数稳定在 20% ~ 25%，粮食年末结转库存量保持在 2000 亿 ~ 2500 亿斤范围内。粮食（谷物，不包括大豆）外贸依存度系数在 5% 左右[①]。

第四种意见。由粮食总产量波动指数、粮食自给率、粮食储备率、按人口平均的粮食产量、低收入阶层的粮食保障水平五项指标组成的粮食安全指标体系。（1）粮食总产量波动指数。可以用简化了的斯韦德伯格波动系数来表示其波动程度。（2）粮食自给率。即粮食总产量占总消费量的比重。（3）粮食储备水平。（4）按人口平均的粮食产量。在满足人们基本生活需要的前提下，按人口平均的粮食生产数量越多，可由国家自由支配的粮食数量就越多，粮食安全程度就越高。（5）低收入阶层的粮食保障水平。

5.3.2 粮食安全的评估方法

1. FAO 对世界粮食安全状况的评估方法

FAO 对世界粮食安全评估标准是每个国家（或地区）总人口中营养不良人口所占的比重。按照 FAO 的标准，所谓营养不良是指人均每日摄入量少于 2100 卡路里的状况。如果一个国家或地区营养不良人口的比重达到或超过 15%，则该国属于粮食不安全国（或

---

① 程亨华、肖春阳：《中国粮食安全及其主要指标研究》，载《财贸经济》2002 年第 12 期，第 70 ~ 73 页。

地区）[1]。FAO 在测算时，主要依据的指标是食物生产量、进出口量、库存量；人口总量及其年龄和性别分布；消费分布。计算方法是：第一步，计算从当年生产和进口、库存中可获得的卡路里总量；第二步，根据人口的构成状况和不同性别、年龄的人口对卡路里的需要，计算出人均的最低卡路里需要量；第三步，根据总人口和卡路里总量，计算出一个国家或地区可获得的人均卡路里；第四步，考虑获得粮食的不平等状况，适当进行调整；第五步，计算一个国家或地区的食物摄入量低于最低需要量的百分比；第六步，根据这一百分比，乘以人口总量，求出营养不良的人口总数。这一方法比较宏观，易于操作和进行国际比较。

2. 美国农业部经济研究局对粮食安全的评估方法

美国政府采用问卷调查的方法进行粮食安全评估。问卷共 18 个问题，分三类。

第一类是住户项目，包括 3 个问题：（1）担心在有钱购买更多食品之前把食物消费完毕；（2）所购买的食品不能持久，没有钱购买更多食品；（3）消费不起营养均衡的食物。第二类是针对成年人的项目，包括 7 个问题：（1）成年人缩减进食或减少进餐顿数；（2）成年人所食用的饭量少于应该食用的数量；（3）成年人在三个月或以上都缩减饭食量或减少进食顿数；（4）成年人没有足够的支付能力购买食物而挨饿；（5）成年人体重下降；（6）一整天未进餐；（7）在三个月或以上一整天没进餐。第三类是针对儿童的项目，包括 8 个问题：（1）依赖少数几种低价食物喂养儿童；（2）不能为儿童提供营养均衡的食品；（3）儿童吃不饱；（4）缩减儿童饭食量；（5）儿童挨饿；（6）儿童减少进餐顿数；（7）在 3 个月或以上儿童减少进餐顿数；（8）儿童一整天未进餐。根据以"是"或"否"回答，就可以计算出粮食不安全的状况。

3. 我国学者对粮食安全的评估方法

改革开放以来，尤其是布朗博士对中国未来粮食供给表示深深的忧虑以来，我国学者采用不同的方法对中国粮食安全状况进行了评估。比较有代表性的方法大致有以下几种。

朱泽的四项指标简单平均法[2]。具体方法是：设国家粮食产量波动系数为 λ，在各国的 λ 值进行计算时，先进行以下定义：（1）一个国家的粮食安全系数可以由粮食产量波动率、粮食储备率、粮食自给率和人均粮食占有量这四项指标进行完全解释；（2）以上四项指标对 λ 的解释度或称贡献率是相等的，即它们的权重相同。据此假设，则 $\lambda_i = (\sum \lambda_{ij})/4$，其中 λ_{ij} 为第 i 个国家第 j 项指标取值。λ 越接近 1，表示粮食安全程度越高；λ 越接近 0，表示不安全程度越高。其采用这种评估方法，将中国与世界重要粮食生产与消费国在粮食总产量波动系数、粮食自给率、粮食库存水平、人均粮食占有量与低收入人口粮食供应水平等指标方面的差异性以及粮食安全系数进行了计算与比较，得出了我国粮食安全整体水平仅次于加拿大、法国、美国与澳大利亚四国，高于世界平均水平的结论。徐

---

① 杜为公、李艳芳、徐李：《我国粮食安全测度方法设计——基于 FAO 对粮食安全的定义》，载《武汉轻工大学学报》2014 年第 2 期，第 93～96 页。

② 朱泽：《中国粮食安全状况评估》，载《经济研究参考》1997 年第 67 期，第 12～23 页。

逢贤等人的五项指标简单平均法①。其假设条件和具体计算与朱泽的方法相同，并在四项指标的基础上加入"低收入阶层的粮食保障水平"指标。该方法计算的是粮食总产量波动系数、粮食自给率、粮食储备水平、人均占有粮食量和低收入阶层的粮食保障水平五项指标的简单平均值，即 $\lambda_i = (\sum \lambda_{ij})/5$。

吕耀等的食物保障可持续性评价指标体系②。这一指标体系着力于从农业生产及其资源生产效率、经济效益、资源利用率以及资源与环境质量等方面来构建我国食物安全指标体系，并依据我国自然资源区划的九大农业区内 102 个县（市）的有关资料进行了具体评价，并得出了我国区际食物保障可持续水平有较大差异、样本间的食物保障可持续指数差异很大与各区域影响食物保障可持续性的主要限制因子不同等重要结论。

马九杰等的五项指标加权平均法③。按照该方法，粮食安全综合指数是食物及膳食能量供求平衡指数、粮食生产波动指数、粮食储备—需求比率、粮食国际贸易依存度系数、粮食及食物市场价格稳定性各项指标得分值（各项指标对应的警级数值）的加权平均值，这几项指标的权重分别为：0.3、0.2、0.2、0.1、0.1。

胡守溢运用回归分析方法对全国粮食产量变化趋势进行估计，运用营养—能量当量推算全国粮食需求量，从而估计国家粮食安全形势，并在此基础上进行成本分析，提出由于近几年粮食产量均在基本安全线以下，国家必须在未来的几年里增加对农业的投入，保护农业生产能力，提高粮食科研水平，提高低营养粮食的转化效率，确保国家粮食安全④。

刘晓梅的四项指标加权平均安全系数法⑤。采用人均占有粮食量、粮食总产量波动系数、粮食储备率和粮食进口率（或粮食自给率），采用朱泽的取值标准，采用马九杰等的加权平均法，但根据各项指标对粮食安全状况的重要性赋予不同的权数分配：人均粮食占有量权重系数为 0.4；粮食进口率（粮食自给率）权数为 0.1；粮食总产量波动率权数为 0.3；粮食储备率权数为 0.2。设 A 为各项指标的取值，粮食人均占有量 α、粮食总产量波动率 β、粮食储备率 γ、粮食进口率 δ（或粮食自给率 δ），所对应的取值分别为 Aα、Aβ、Aγ、Aδ，则粮食安全系数 λ 的计算公式为：$\lambda = 0.4A\alpha + 0.3A\beta + 0.2A\gamma + 0.1A\delta$。

5.4 我国粮食安全的现状及问题

习近平总书记指出："粮食安全是'国之大者'。悠悠万事，吃饭为大。民以食为

① 徐逢贤等：《中国农业扶持与保护：实践·理论·对策》，首都经济贸易大学出版社 1999 年版，第 257 页。
② 吕耀、谷树忠、楼惠新等：《中国食物保障可持续性及其评价》，载《中国农村经济》1999 年第 8 期，第25 ~ 30 页。
③ 马九杰、张象枢、顾海兵：《粮食安全衡量及预警指标体系研究》，载《管理世界》2001 年第 1 期，第154 ~ 162 页。
④ 胡守溢：《国家粮食安全形势估计及成本分析》，载《安徽农业科学》2003 年第 5 期，第 793 ~ 795 页。
⑤ 刘晓梅：《关于我国粮食安全评价指标体系的探讨》，载《财贸经济》2004 年第 9 期，第 56 ~ 61，96 页。

天。"他强调："在粮食安全这个问题上不能有丝毫麻痹大意，不能认为进入工业化，吃饭问题就可有可无，也不要指望依靠国际市场来解决。"[①] 粮食安全是国家安全的重要基础。新中国成立后，中国始终把解决人民吃饭问题作为治国安邦的首要任务。70 多年来，在中国共产党领导下，经过艰苦和不懈努力，中国在农业基础十分薄弱、人民生活极端贫困的基础上，依靠自身的力量实现了粮食基本自给，不仅成功解决了 14 亿多人的吃饭问题，而且居民生活质量和营养水平显著提升，粮食安全取得了举世瞩目的成就。

5.4.1 我国粮食安全的现状

我国以占世界 9% 的耕地、6% 的淡水资源，养育了世界近 1/5 的人口，从当年 4 亿人吃不饱到今天 14 亿多人吃得好，有力回答了"谁来养活中国"的问题[②]。这一成绩来之不易，要继续巩固拓展。我国实现了粮食产量稳步增长、谷物供给基本自给、粮食储备能力显著提升、居民健康营养状况明显改善、贫困人口吃饭问题得到有效解决。

1. 粮食产量稳步增长

（1）我国粮食总产量连上新台阶。2007 年突破 5 亿吨，2010 年突破 5.5 亿吨，2012 年超过 6 亿吨，2015 年达到 6.6 亿吨，此后一直稳定在 6.5 亿吨以上水平，2021 年粮食产量再创新高，达到 6.8 亿吨，比 2007 年的 5 亿吨增产 36.13%，比 1978 年的 3 亿吨增产 124.05%，是 1949 年 1.1 亿吨的 6.03 倍。粮食产量波动幅度基本稳定在合理区间，除少数年份外，一般保持在 ±6% 的范围内（见图 5.1）。

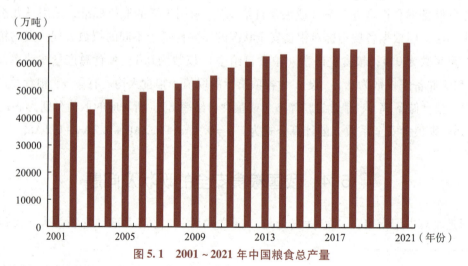

图 5.1 2001～2021 年中国粮食总产量

资料来源：国家统计局。

---

① 习近平：《论"三农工作"》，中央文献出版社 2022 年版，第 330～331 页。
② 2022 年 3 月，习近平总书记看望参加全国政协十三届五次会议的农业界、社会福利和社会保障界委员，并参加联组会，听取意见和建议。会上，习近平总书记列出一组数据：经过艰苦努力，我国以占世界 9% 的耕地、6% 的淡水资源，养育了世界近 1/5 的人口，从当年 4 亿人吃不饱到今天 14 亿多人吃得好，有力回答了"谁来养活中国"的问题。

（2）我国粮食单产显著提高。在我国，谷物产量占粮食总产量的比例超过 90%。2016 年平均每公顷谷物产量突破 5000 公斤。此后，逐年增长。2021 年达到 6316 公斤，比 2006 年的 5310 公斤增加了 1006 公斤，增长 18.95%。2021 年稻谷、小麦、玉米的每公顷产量分别为 7113 公斤、5811 公斤、6291 公斤，较 2005 年分别增长 13.62%、35.90%、18.98%（见图 5.2）。

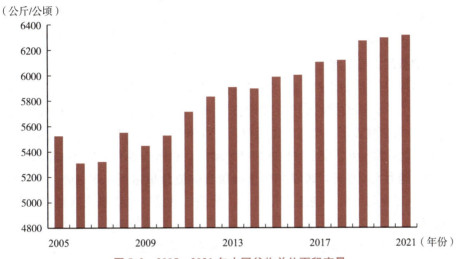

图 5.2　2005~2021 年中国谷物单位面积产量

资料来源：国家统计局。

（3）我国人均粮食占有量稳定在世界平均水平以上。2021 年，我国人均粮食占有量达到 483 公斤，比 2001 年 356 公斤增长了 35.67%，比 1949 年新中国成立时的 209 公斤增长了 131.10%。2001~2021 年人均粮食占有量如图 5.3 所示。

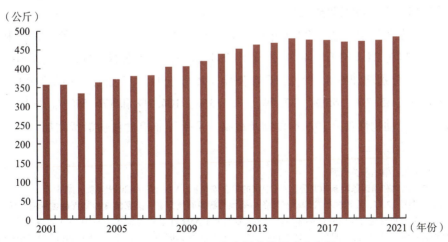

图 5.3　2001~2021 年中国人均粮食占有量

资料来源：国家统计局。

2. 谷物供应基本自给

（1）谷物基本自给。2021年，我国谷物产量6.3亿吨，占粮食总产量的90%以上，比1996年的4.5亿吨增加1.8亿吨。目前，我国谷物自给率超过95%，为保障国家粮食安全、促进经济社会发展和国家长治久安奠定了坚实的物质基础[①]。

（2）口粮绝对安全。近几年，我国口粮即稻谷和小麦的产量均大于消费量，完全能够自给，进出口主要是品种调剂，进口量仅占国内消费量的2%左右，口粮供应并不依赖国际市场。2001~2021年年均进口的粮食总量中，大豆约占75%，稻谷和小麦两大口粮品种合计占比不足6%[②]。

3. 粮食储备能力显著增强

（1）仓储现代化水平明显提高。2018年全国共有标准粮食仓房仓容6.7亿吨，简易仓容2.4亿吨，有效仓容总量比1996年增长31.9%。食用油罐总罐容2800万吨，比1996年增长7倍[③]。规划建设了一批现代化新粮仓，维修改造了一批老粮库，仓容规模进一步增加，设施功能不断完善，安全储粮能力持续增强，总体达到了世界较先进水平。

（2）物流能力大幅提升。2017年，全国粮食物流总量达到4.8亿吨，其中跨省物流量2.3亿吨[④]。粮食物流骨干通道全部打通，公路、铁路、水路多式联运格局基本形成，原粮散粮运输、成品粮集装化运输比重大幅提高，粮食物流效率稳步提升。

（3）粮食储备和应急体系逐步健全。政府粮食储备数量充足，质量良好，储存安全。在大中城市和价格易波动地区，建立了10~15天的应急成品粮储备。应急储备、加工和配送体系基本形成，应急供应网点遍布城乡街道社区，在应对地震、雨雪冰冻、台风等重大自然灾害和公共突发事件等方面发挥了重要作用。截至2021年初，全国共有粮食应急供应网点44601个，应急加工企业5388个，应急配送中心3170个，应急储运企业3454个，国家级粮食市场信息直报点1072个，地方粮食市场信息监测点9206个，已经初步建立起符合中国国情的粮食应急保障体系[⑤]。

4. 居民健康营养状况明显改善

（1）膳食品种丰富多样。2018年，油料、猪牛羊肉、水产品、牛奶、蔬菜和水果的人均占有量分别为24.7公斤、46.8公斤、46.4公斤、22.1公斤、505.1公斤和184.4公斤，比1996年分别增加6.5公斤、16.6公斤、19.5公斤、17公斤、257.7公斤和117.7公斤，分别增长35.7%、55%、72.5%、333.3%、104.2%和176.5%[⑥]。居民人均直接消费口粮减少，动物性食品、木本食物及蔬菜、瓜果等非粮食食物消费增加，食物更加多

---

①② 资料来源：中国海关总署。

③④ 中华人民共和国国务院新闻办公室：《中国的粮食安全》，人民出版社2019年版，第6页。

⑤ 2021年1月12日，在国家粮食和物资储备局举行的新闻通气会上，国家粮食和物资储备局有关负责人表示，截至目前，全国共有粮食应急供应网点44601个、应急加工企业5388个、应急配送中心3170个、应急储运企业3454个、国家级粮食市场信息直报点1072个、地方粮食市场信息监测点9206个，已经初步建立起符合我国国情的粮食应急保障体系，在应对各类突发应急事件中发挥了重要作用。

⑥ 中华人民共和国国务院新闻办公室：《中国的粮食安全》，人民出版社2019年版，第8页。

样，饮食更加健康。

（2）营养水平不断改善。据国家卫生健康委监测数据显示，中国居民平均每标准人日能量摄入量 2172 千卡，蛋白质 65 克，脂肪 80 克，碳水化合物 301 克[①]。城乡居民膳食能量得到充足供给，蛋白质、脂肪、碳水化合物三大营养素供能充足，碳水化合物供能比下降，脂肪供能比上升，优质蛋白质摄入增加。

5. 贫困人口吃饭问题有效解决

（1）中国农村贫困人口基本解决了"不愁吃"问题。中国高度重视消除饥饿和贫困问题，特别是党的十八大以来，探索出了一条发展农村经济、提高农民收入、消除饥饿和贫困的成功道路，精准扶贫、精准脱贫成效卓著。按现行农村贫困标准计算，2018 年末，中国农村贫困人口数量 1660 万人，较 2012 年末的 9899 万人减少了 8239 万人，贫困发生率由 10.2% 降至 1.7%；较 1978 年末的 7.7 亿人，累计减贫 7.5 亿人。按世界银行每人每天 1.9 美元的国际贫困标准，中国对全球减贫的贡献率超过 70%，是世界上减贫人口最多的国家，也是世界上率先完成联合国千年发展目标中减贫目标的国家，贫困人口"不愁吃"的问题已基本解决[②]。

（2）重点贫困群体健康营养状况明显改善。2018 年，贫困地区农村居民人均可支配收入达 10371 元人民币，实际增速高于全国农村 1.7 个百分点[③]。收入水平的提高，增强了贫困地区的粮食获取能力，贫困人口粮谷类食物摄入量稳定增加。贫困地区青少年学生营养改善计划广泛实施，婴幼儿营养改善及老年营养健康试点项目效果显著，儿童、孕妇和老年人等重点人群营养水平明显提高，健康状况显著改善。

5.4.2 我国粮食安全面临的挑战

虽然我国实现了粮食产量稳步增长、谷物供给基本自给、粮食储备能力显著提升、居民健康营养状况明显改善、贫困人口吃饭问题得到有效解决，但是由于人口、资源、环境等多重因素，使得我国粮食安全还面临一系列的问题。

1. 粮食生产面临的问题

自 2014 年以来，我们粮食产量已连续 7 年增产，现阶段我国粮食生产面临水资源紧张、耕地资源减少、农业科技服务能力不足、种粮效益低、种粮风险大等问题。

（1）水资源短缺约束日益增强。

我国粮食增产将面临水资源短缺的问题，主要体现在：一是水资源少、分布不均匀。我国是个水资源短缺、旱灾害频繁的国家，人均水资源占有量为 2220 立方米，仅为世界平均水平的 1/4，是世界上 13 个贫水国之一，而且时空分布极不均匀。全国 81% 的水资

---

① 中华人民共和国国务院新闻办公室：《中国的粮食安全》，人民出版社 2019 年版，第 9 页。
② 中华人民共和国国务院新闻办公室：《中国的粮食安全》，人民出版社 2019 年版，第 9～10 页。
③ 中华人民共和国国务院新闻办公室：《中国的粮食安全》，人民出版社 2019 年版，第 10 页。

源集中在仅占全国耕地36%的长江及其以南地区，而占总耕地面积64%的淮河及其以北地区只占有19%的水资源①。南涝北旱现象十分突出，水旱灾害频繁。二是水资源利用率低。三是水利等基础设施建设严重滞后，特别是偏远山区水库、渠、沟、井等农田水利设施建设严重滞后。

（2）耕地资源数量减少、质量下降以及耕地非粮化。

耕地是粮食生产的命根子，耕地红线是14亿中国人的粮食安全底线。2021年末，中共中央政治局常委会会议专题研究"三农"工作。习近平总书记再次对耕地保护提出明确要求：18亿亩耕地必须实至名归，农田就是农田，而且必须是良田②。据统计，1957~1996年，我国耕地年均净减少超过600万亩；1996~2008年，年均净减少超过1000万亩；2009~2019年，年均净减少超过1100万亩。这一趋势反映在人均耕地面积上，一调（第一次全国土地调查）为1.59亩、二调为1.52亩、三调为1.36亩。现有耕地19.18亿亩，如果以这样的速度减少，10年后可能会突破18亿亩红线③。耕地问题同时也表现在质量上。我国耕地质量可谓"先天不足"，优质耕地资源紧缺。我国一年一熟地区耕地占比48%，年降水量800毫米以下地区耕地占比65%。我国耕地由高到低依次划分为10个质量等级，平均等级仅为4.76等。其中，一等到三等耕地仅占31%，中低产田占比2/3以上④。近年来，我国粮食产需一直处于紧平衡状态，特别是突如其来的新冠疫情，导致粮食贸易链、供应链受到冲击，粮食供给不确定性增加。与此同时，由于受到种粮效益下降、粮食补贴政策不完善、工商资本下乡以及监管惩处不到位等综合因素影响，我国部分地区耕地出现"非粮化"倾向，直接影响粮食产量，威胁国家粮食安全。耕地"非粮化"是指在耕地上从事一切非粮化的种植行为以及无种植行为，主要包括在耕地上种植蔬菜、油料、茶叶、水果、花卉、林木等经济作物以及挖鱼塘、搞休闲观光等非农利用行为或者直接撂荒耕地。当前，防止耕地"非粮化"，稳定粮食播种面积和产量，已成为保障国家粮食安全的紧迫性任务。粮食主产区、主销区以及产销平衡区都有责任保面积、保产量，共担粮食安全重任。

（3）农业科技服务能力不强。

农业科技服务能力不强主要表现在：一是农业科技投入力度不足。中央财政支农支出总额度在增加，但是其占财政总支出的比重在降低。中央财政支农资金实际是指财政支出中直接用于支援农业生产或与农业生产联系较为密切的资金。主要有支援农村生产支出、农业综合开发支出、农林水利气象等部门事业费、支援不发达地区支出、农口基本建设支出、企业挖潜改造资金、农业科技三项费用、农业研究经费、社会福利救济费、政策性补贴支出等。二是农业科技推广体系薄弱。在基层农技推广人员中，专业技术人员较少。在

---

① 资料来源：《2020年中国水资源公报》。

② 2021年中央农村工作会议上，习近平总书记强调，耕地保护要求要非常明确，18亿亩耕地必须实至名归，农田就是农田，而且必须是良田。

③ 《耕地建房为何屡禁不止》，中国经济网，2022年6月2日。

④ 《耕地问题调查：数量正在减少，局部质量也在变差》，载《经济日报》，2022年2月14日。

多数地方，农技人员知识更新缓慢，推广技能和综合素质较低，抑制了农业技术推广。三是农民科技素质普遍不高，技术培训与指导不到位。

（4）种粮比较效益低。

从今后中长期来看，我国粮食增产仍有很大的资源和技术潜力。但是，这种潜力将在很大程度上取决于农民种粮和增加农业投入的积极性。农业的经营效益和比较利益对农民种粮和增加投入的积极性具有决定性的影响。自 20 世纪 90 年代以来，我国粮食生产成本呈现明显的增加态势，尤其是进入 21 世纪以来，生产成本和机会成本正在加快上升，人工成本、土地成本、能源成本成为推动粮食成本提高的三大主要因素。近年来粮食补贴规模虽不断增加，但总体上仍不能弥补成本上升所导致的利润损失。由此可见，随着工业化、城市化和现代化的加快推进，在中长期内，粮食生产成本仍将呈现不断增加的态势。在此背景下，如果粮食价格不能维持在合理的水平，农民的种粮积极性必将受到损害，并最终影响和妨碍粮食增产潜力向增产现实的转化。

2. 粮食流通面临的问题

现阶段，我国粮食流通已建立起以中央和地方储备粮为基础，以个体、民营、国有和混合的多种所有制共同参与的粮食流通市场体系。但在疫情初期，有些地方出现了恐慌性抢购现象，究其原因主要是粮食流通能力建设滞后，及时供应能力不足造成的。粮食流通能力是指粮食从产后到终端消费者整个过程的流通能力，包括粮食库存管理、粮食加工、粮食物流和配送等节点。其目标是建立库存充足平衡、加工能力与区域粮食消费相适应、物流配送及时高效、粮食流通信息统计及时准确、应急机制灵敏高效的粮食流通体系，确保消费者能及时、足额购买到所需的粮食。目前我国粮食流通领域还面临几方面问题。

（1）区域产销不平衡。

我国存在粮食区域产销不平衡问题。一是地区间的产销不平衡。目前我国共有 13 个粮食主产区、7 个主销区和 11 个产销平衡区。其中，粮食主产区的地理、土壤、气候等自然条件适宜种植粮食作物，粮食产量高、种植比例大，保证自给的同时还能大量调出商品粮，包括黑龙江、吉林、辽宁、内蒙古、河北、河南、山东、江苏、安徽、江西、湖北、湖南和四川。粮食主销区经济相对发达，但人多地少，粮食产量和需求缺口较大，包括北京、天津、上海、浙江、福建、广东和海南。产销平衡区对全国粮食产量贡献有限，但基本能保持自给自足，包括山西、宁夏、青海、甘肃、西藏、云南、贵州、重庆、广西、陕西和新疆。因此，粮食主销区是缺粮区域，粮食主产区是余粮区域。我国每年都需要从余粮区域调运大量的粮食进入缺粮区域。二是区域内粮食的品种产量也不平衡。例如全国的小麦、稻谷、玉米主产省比较集中，但粮食消费又是全国性的，这就导致了粮食的供给和需求匹配的不均衡，粮食供需平衡对物流的依赖性大。

（2）粮食加工能力布局不均衡。

当前我国粮食加工能力布局不均衡，缺乏统一的布局规划。我国粮食加工缺乏统一的产业发展规划，管理较为分散，造成我国粮食加工网点分布不均，根据国务院新闻办公室

2019 年发表的《中国的粮食安全》白皮书，我国粮食应急加工企业有 5704 家，每天加工能力 138 万吨[①]。但是，我们应该认识到我国粮食加工能力分布不均，如浙江省全省只有少数面粉加工企业，面粉大部分只能靠外省调入；而河南省面粉加工企业却非常多，大多数都销往外地。

（3）县域粮食物流不完善。

根据国务院新闻办公室 2019 年发表的《中国的粮食安全》白皮书，2017 年全国粮食物流总量达 4.8 亿吨，其中跨省物流量 2.3 亿吨，公路、铁路、水路多路式联运格局基本形成[②]。但是目前我国县域粮食物流体系还不够完善，有待进一步提高。

（4）居民储粮较少。

除了中央储备粮和地方储备粮以外，居民储粮是个重要的"蓄水池"。然而，由于我国长期以来粮食供应平衡，居民储粮意识较为淡薄，而一旦粮食市场波动，居民就会大幅增加采购量，导致短时间内市场供应紧张，对短期市场供应是个极大考验。

（5）粮食流通统计不全面。

目前，我国的粮食流通统计工作存在统计队伍不稳、统计数据不全、统计约束性不强等问题。一是随着机构改革深入，专门从事粮食流通统计的人员减少，全社会统计网络不健全。二是当前统计主要是国有粮食企业和重点粮食流通企业，未能做到全覆盖。三是粮食流通法制不健全，信息化程度不高，统计数据报送的及时性、准确性不够，使对全社会粮食流通信息掌握不全面[③]。

3. 粮食储备面临的问题

一般而言，粮食储备的目标可以归纳为六个方面，一是调节国内粮食总供给总需求关系，促进生产，保障消费，实现总量平衡；二是调节各方面的经济利益关系，既保护粮农收益，又要保证满足消费者的基本需求与其支付能力相适应；三是调节市场价格，通过储备粮收购或者抛售，调节市场商品粮的供求关系，从而保持市场粮价基本稳定；四是为了维护粮食市场秩序，保证市场正常交易，政府必须掌握一定的粮源；五是调节进出口，弥补总量缺口，调整品种结构；六是应付自然灾害等突发事件。因此。粮食储备体系的完善程度直接关系到国家粮食安全。目前，我国现有的中央和地方两级储备粮，规模已远远超过联合国粮食农业组织（FAO）提出的储备规模标准。储备粮充实对于调节国内粮食总供求平衡、调节市场价格，维护粮食市场秩序以及应付自然灾害等突发事件具有显著的作用。但是我国粮食储备仍然面临一些问题。

（1）区域布局不合理。

我国存在粮食储备区域布局不合理的情况。目前我国地方储备粮规模按照粮食产区 3

---

① 2019 年 10 月 14 日，国家粮食和物资储备局副局长黄炜在国务院新闻办举行的发布会上作出上述介绍。

② 中华人民共和国国务院新闻办公室：《中国的粮食安全》，人民出版社 2019 年版，第 6 页。

③ 严有堂：《提升粮食综合流通能力保障区域粮食安全》，载《粮食问题研究》2021 年第 1 期，第 14～17、28 页。

个月、销量区 6 个月，产销平衡区 4.5 个月的指标来进行储备建立。而中央储备库主要集中在产区，销区规模不足，在动用时需要大量的跨区域运输；我国中央储备粮主要布局在粮食主产区，究其原因主要是在中储粮公司成立之前，地方政府承担了粮食专项储备任务，粮食主产区因生产粮食产量大不得不修建更多的粮食仓库，粮食销区和产销平衡区则不需要修建太多的粮仓。中储粮公司成立之后，除了自建一部分粮仓外，主要是收购地方粮仓，产区因拥有更多粮仓，导致中储粮在产区则拥有更多的粮食储备直属库。此外，由于对中央储备粮管理实行"超支不补、节余自留"的包干补贴政策，为了节约粮食运输成本，中储粮公司也会在产区布局更多的储备粮[①]。

（2）品种结构不合理。

当前各级储备粮主要品种为原粮，成品粮仅按 10～15 天的供应量落实储备规模，而原粮需要通过加工后才可投放市场。除此之外，各省（区、市）地方粮库主要储备本地主产粮食品种，对于本地比较缺乏的粮食品种储备不足。

（3）缺乏联动机制。

因中央和地方储备粮属于不同的粮权主体，在储备规模建立、轮换管理等方面各自为政，缺乏联动，甚至有时出现逆向操作行为，储备粮的功能与作用得不到有效的发挥。

4. 粮食进口面临的问题

我国作为世界最大的粮食进口国，常年对大豆、小麦、玉米等农产品保持巨额进口量，海关总署发布的最新数据显示，2021 年我国累计进口粮食 16453.9 万吨，较去年同期增长 18%，其中大豆进口 9651.8 万吨，占进口总量的 58.6%[②]。新冠疫情暴发后，多国限制农产品出口导致国际粮食供应渠道减少，增加了粮食供给风险。以我国进口量最大的粮食品种大豆为例，阐述我国粮食进口面临的多种风险。

（1）粮食禁运风险。

粮食禁运是指基于政治、军事和经济诉求干预国际间粮食贸易量或中断粮食出口的国家行为。历史上，美国凭借强大的粮食生产能力和全球领先的粮食出口地位，对社会主义国家发起数次粮食禁运。苏联较大的粮食供给缺口为美国粮食武器化提供了便利。虽然和平与发展已成为时代的主流，但是粮食作为很重要的战略物资，具有极其重要的意义，所以中国在粮食安全领域应基于极限思维考虑粮食禁运的影响。

（2）粮食进口价格波动的风险。

粮食进口面临价格波动的风险。中国大豆进口具有"大国效应"，易引发国际市场粮价波动，产生进口风险。突发性冲击（如全球粮食危机、极端天气、贸易摩擦、疫情蔓延）会加剧国际市场粮价上涨，导致阶段性、局部性利用国际市场受阻。

---

① 高洪洋、胡小平：《我国政府粮食储备区域布局：现状、影响及优化路径》，载《华中农业大学学报（社会科学版）》2021 年第 6 期，第 27～34，187 页。

② 资料来源：中国海关总署。

（3）粮食进口来源风险。

我国粮食进口来源地相当集中，并且区域可替代性不强。我国大豆进口来源地集中在巴西、美国和阿根廷，目前国际局势动荡不安，化解大豆进口来源地集中风险迫在眉睫。2021 年我国大豆进口 9653 万吨，其中从巴西、美国、阿根廷分别进口 5815 万吨、3231 万吨、375 万吨，从巴西、美国、阿根廷三国进口的大豆占大豆总进口量的 97.59%[①]。我国大豆进口来源地过于集中，大豆供给易受制于少数国家。我国玉米进口主要来源于美国和乌克兰，小麦进口主要来源于美国、加拿大和澳大利亚。

（4）粮食进口运输风险。

中国每年都会从全球粮食市场上进口大量的粮食，尤其是大豆。全球粮食运输路线上有 14 个关键地点，这些点所在地区的政治波动、气象和气候灾害、战争或恐怖袭击，都可能阻塞或中断国际贸易中粮食的运输，后果是延误、违约、粮食腐坏、局部地区或全球粮食市场的价格波动、粮食危机或饥荒。地理区位决定巴拿马运河和马六甲海峡成为连接西方世界和亚洲国家的咽喉要道。在所有的海洋阻塞点中，它们是粮食吞吐量最大的两个。全球超过 1/4 的大豆出口取道马六甲海峡，以满足中国和东南亚国家对动物饲料的需求。而土耳其海峡对小麦国际贸易的影响非比寻常——全球 1/5 的小麦出口运输由此通过。除了政治局势、武装冲突带来的风险，气候变化也带来了不可忽视的风险。气候变化可能增加极端天气的发生频率，并可能恶化其严重程度，对港口、仓库、公路等基础设施造成破坏，还可能造成粮食歉收，从而对粮食市场产生复杂影响。

5. 粮食安全应急面临的问题

民为国基，谷为民命。保障粮食安全，不仅要保在平时，更要保在急时，有备才能无患。除了中央储备粮，我国还有一套完善的粮食应急保障机制。我国充足的原粮储备是粮食应急最为重要的物质基础，是应对粮食安全急需时的"压舱石"。从中央和地方政府粮食储备的结构来看，小麦和稻谷等口粮品种比例超过 70%，我国粮食储备实现了应有的功能，能够满足市场供应和应急需要。除了原粮储备，我国在人口集中的大中城市和价格易波动地区，还建立了能够满足 10~15 天消费需要的成品粮应急储备。一旦有情况，成品粮在 10~15 天是能够保障供应的[②]。成品粮储备制度是总结经验形成的，可以随时投放市场，保障口粮供应的需要。除了有充足的原粮储备和成品粮应急储备，国家粮食和物资储备系统还规划布局了包括应急加工企业、应急供应网点、应急配送中心、应急储运企业等粮食应急保障网络体系，可以有效应对地震、雨雪冰冻、台风等重大自然灾害和公共突发事件的需要。尽管如此，我国粮食安全应急仍然面临几方面问题。

（1）应急指挥调度信息协调机制有待进一步完善。

当前的信息系统难以在紧急事件中完成应急信息系统和实时应急保障系统两项之间的

---

① 资料来源：中国海关总署。
② 2019 年 10 月 14 日，国家粮食和物资储备局局长黄炜在国务院新闻办举行的发布会上作出上述介绍。

资源的即时传递，比如有关应急信息指挥调度相关联的系统的建设，以及对应急信息的及时处理和控制，这些方面都仍然需要进一步的加强和完善。应急指挥调度的具体实现情况及其科学性和可操作性还有待进一步进行验证。应急指挥系统当中的信息通信和资源调度系统的建设问题需要继续进行加强和完善。

（2）应急投放体系的不适应性。

当前情况下，部分应急设施对应急投递的需求逐渐表现出不适应性。部分配送中心不在所属服务城市，按区县划分配送功能意义不大。随着连锁体系的跨区域发展，一些配送中心的服务半径已经远远超出了所在区县的服务范围。与此同时，因为各个地区的实际交通状况、土地利用现状以及发展趋势各有区别，各配送中心所具有的配送能力参差不齐，与各个地区的实际人口数量和实际要求不相匹配。

（3）应急保障设施发展水平需进一步提升。

近年来，成品粮储存能力不断增强，但储存设施水平有待进一步提高，以确保成品粮在紧急情况下大规模、快速入库。首先，目前的存储平台实际构建情况和较快的发布调度需求之间的连接程度不能满足实际需求，人员存储平台的实际建设工作也缺少较为统一的建设标准以及规范；二是大部分仓储工作过程当中的温湿度控制系统，以及作业区域的实际建设问题。处理设备的状况直接影响应急处理能力，也对应急处理供应产生负面影响。

（4）应急储备品类与规格需进一步优化。

随着当前人口结构情况和消费、生产生活需求的不同，目前常用的储备类别与规范已经达不到高效率的应急安全问题的实际需要。随着城市的发展和人们生活习惯和消费结构的变化，居民主食和方便粮食的消费规模逐年增加。在紧急状态下，主食和方便粮食的紧急程度高于米粉等产品。进一步地扩大应急储备的规模状态，能够开展应急储备种类向多元化方向勘探。已有的应急储备其包装规范仍然需要进行改进，这样才能更加高效地符合应急交付的发展要求。市场消费主要包括政府机构和团体的大包装消费。大包装成品粮便于周转，然而，储备小包装的成品在紧急的情况下能够更加有利于发放应用。

5.5 保障我国粮食安全的策略

保障我国粮食安全的策略是一个系统性工程，涉及粮食生产、粮食流通、粮食储备、粮食进口以及粮食安全应急机制等。

5.5.1 粮食生产保障体系[①]

1. 稳步提升粮食生产能力

实施全国土地利用总体规划，从严管控各项建设占用耕地特别是优质耕地，健全建设

---

① 中华人民共和国国务院新闻办公厅：《中国粮食安全》，人民出版社 2019 年版，第 28 ~ 33 页。

用地"增存挂钩"机制，实行耕地占补平衡政策，严守12000万公顷耕地红线。提升耕地质量，保护生态环境。实施全国高标准农田建设总体规划，推进耕地数量、质量、生态"三位一体"保护，改造中低产田，建设集中连片、旱涝保收、稳产高产、生态友好的高标准农田。实行测土配方施肥，推广秸秆还田、绿肥种植、增施有机肥、地力培肥、土壤改良等综合配套技术，稳步提升耕地质量。实施耕地休养生息规划，开展耕地轮作休耕制度试点。持续控制化肥、农药施用量，逐步消除面源污染，保护生态环境。

建立粮食生产功能区和重要农产品生产保护区。以主体功能区规划和优势农产品布局规划为依托，以永久基本农田为基础，建立粮食生产功能区和重要农产品生产保护区。加强建设东北稻谷、玉米、大豆优势产业带，形成黄淮海平原小麦、专用玉米和高蛋白大豆规模生产优势区；打造长江经济带双季稻和优质专用小麦生产核心区；提高西北优质小麦、玉米和马铃薯生产规模和质量；重点发展西南稻谷、小麦、玉米和马铃薯种植；扩大东南和华南优质双季稻和马铃薯产量规模。优化区域布局和要素组合，促进农业结构调整，提升农产品质量效益和市场竞争力，保障重要农产品特别是粮食的有效供给。

提高水资源利用效率。规划建设一批节水供水重大水利工程，开发种类齐全、系列配套、性能可靠的节水灌溉技术和产品，大力普及管灌、喷灌、微灌等节水灌溉技术，加大水肥一体化等农艺节水推广力度。加快灌区续建配套与现代化高效节水改造，推进小型农田水利设施达标提质，实现农业生产水资源科学高效利用。

增强农业科技创新能力，提高粮食生产水平。强化农业基础研究，全面升级节水灌溉、农机装备、农药研制、肥料开发、加工储运、循环农业等应用技术。强化种业科技创新，突破种质创新、新品种选育、高效繁育和加工流通等核心技术。强化技术集成创新，攻克影响作物单产提高、品质提升、效益增加、环境改善的技术瓶颈。推进农业机械化和农机装备产业转型升级，依靠科技手段和农艺农技应用，增加粮食供给，提升粮食品质。

2. 防止耕地"非粮化"

我国人均耕地面积少，后备耕地资源不足，耕地质量总体不高，坡耕地较多，地块分散，叠加种粮收益低，农户的耕地"非粮化"动机更强。必须充分认识到防止耕地"非粮化"的紧迫性，采取有效措施防止耕地"非粮化"，牢牢守住粮食安全的生命线。（1）清晰界定耕地"非粮化"的概念及分类，这是认识和管控耕地"非粮化"的前提。采用广义的耕地"非粮化"概念，执行最严格和最全面的分类目录。将经济作物、经济林木对粮食的替代种植，耕地上不合理的非农利用行为、耕地撂荒行为以及将高标准农田调整为非耕地等行为纳入耕地"非粮化"范畴，建立细化名目进行分类指导和管控。（2）明确耕地种植优先序。永久基本农田优先用于种植水稻、小麦和玉米三大主粮作物。在满足口粮基本自给前提下，一般耕地用于种植蔬菜、油料、茶叶、水果、花卉、林木等经济作物以及饲草、饲料作物。（3）降低种粮成本、提高种粮效益。使用现代化的农机装备和技术降低种粮人力成本，建立与种粮收益相匹配的耕地租金指导价格。同时，提高种粮补贴标准，增加农民种粮积极性。（4）鼓励复耕撂荒地。建立撂荒耕地排查机制，鼓励农户复耕撂荒地，采用土地信托、代耕代种、联耕联种、土地托管、股份合作等形式合理利用撂荒地种植粮食。（5）建立耕地"非粮化"监测机制和惩处机制。通过高新技术装备，动态监测耕地种粮情况，不定期抽查各县区粮食和经济作物种植比例，重点监控工商资本下乡以及耕地非农利用行为，将耕地"非粮化"农业经营主体纳入黑名单管控。（6）加强防止耕地"非粮化"的宣传与教育。通过开展防止耕地"非粮化"专项宣传活动，打造典型、树立榜样、推广经验，形成保护耕地的良好社会风气。

3. 调动农民种粮积极性

保障种粮农民收益。粮食生产不仅是解决粮食需求问题，更是解决农民就业问题的重要途径和手段。中国农业人口规模巨大，通过城镇化减少农业人口将是一个渐进的过程，在这个过程中必须保障农民的就业和收入。逐步调整完善粮食价格形成机制和农业支持保护政策，通过实施耕地地力保护补贴和农机具购置补贴等措施，提高农民抵御自然风险和市场风险的能力，保障种粮基本收益，保护农民种粮积极性，确保农业可持续发展。

完善生产经营方式。巩固农村基本经营制度，坚持以家庭承包经营为基础、统分结合的双层经营体制，调动亿万农民粮食生产积极性。着力培育新型农业经营主体和社会化服务组织，促进适度规模经营，把小农户引入现代农业发展轨道，逐步形成以家庭经营为基础、合作与联合为纽带、社会化服务为支撑的立体式复合型农业经营体系。

5.5.2 加强粮食储备应急管理

加强粮食储备管理。以服务宏观调控、调节稳定市场、应对突发事件和提升国家安全能力为目标，科学确定粮食储备功能和规模，改革完善粮食储备管理体制，健全粮食储备运行机制，强化内控管理和外部监督，加快构建更高层次、更高质量、更有效率、更可持续的粮食安全保障体系。

健全粮食应急保供体系。优化粮食应急供应、配送、加工网点的布局，建成一批规范化粮油配送中心、粮油应急加工企业和应急供应网点，形成布局合理、设施完备、运转高效、保障有力的粮食应急供应保障体系，强化应急处置功能，提升应急供应保障水平。

完善粮情预警监测体系。强化粮油市场预警机制，加快建立健全涵盖国家、省、市、县四级的监测预警体系，依托信息技术准确把握国内外粮食形势，健全粮油市场监测网络，提供及时、准确、全面的市场信息服务，防范市场异常波动风险。

倡导节粮减损。大力开展宣传教育活动，增强爱粮节粮意识，抑制不合理消费需求，减少"餐桌上的浪费"，形成科学消费、健康消费、文明消费的良好风尚。普及推广经济、适用、防虫、防霉储粮新装具、新技术，帮助农民减少产后损失。示范推广绿色、环保、智能粮食储藏设施设备，鼓励适度加工，提高物流效率，减少粮食流通环节的损失损耗。

5.5.3 建设现代粮食流通体系

加快建设现代粮食市场体系。坚持市场化改革取向与保护农民利益并重，以确保口粮绝对安全、防止"谷贱伤农"为底线，适应世界贸易组织规则，积极稳妥推进粮食收储制度和价格形成机制改革，充分发挥市场配置粮食资源的决定性作用，更好发挥政府作用，使粮价更好地反映市场供求，激发市场活力，促进供需平衡，加快形成统一开放、竞争有序的现代粮食市场体系。

切实加强粮食仓储物流建设。围绕优化布局、调整结构、提升功能，鼓励合理改建、扩建和新建粮食仓储物流设施，持续推进粮库智能化升级，增强安全运行保障能力。优化大型粮食物流园区布局，构建一批粮食进出口物流通道和重要节点，提升粮食物流重点线路流通效率。

着力构建现代化粮食产业体系。坚持高质量发展要求，倡导推广粮食循环经济模式。发展粮食精深加工与转化，大力推进主食产业化，不断增加绿色优质和特色粮油产品供给。着力推动优粮优产、优粮优购、优粮优储、优粮优加、优粮优销，加快构建现代化粮食产业体系。

5.5.4　加强国际粮食合作

继续深入推进南南合作，为实现联合国2030年可持续发展目标中的"消除饥饿，实现粮食安全，改善营养状况和促进可持续农业"作出积极努力。

深化与共建"一带一路"国家的粮食经贸合作关系，共同打造国际粮食合作新平台，促进沿线国家的农业资源要素有序自由流动、市场深度融合。

积极支持粮食企业"走出去""引进来"，开展国际合作，合理利用国际国内两个市场、两种资源。优化粮食进口渠道，拓展多元化粮食来源市场，促进全球范围内粮食资源合理高效配置。

积极参与全球和区域粮食安全治理，积极探索国际粮食合作新模式，开展全方位、高水平粮食对外合作，维护世界贸易组织规则，促进形成更加安全、稳定、合理的国际粮食安全新局面，更好地维护世界粮食安全。

加强对进口粮食的管控，特别是对饲料粮的进口调节。目前，我国粮食安全集中表现在饲料粮短缺，特别是玉米和大豆，进口来源地集中问题比较突出，因此可以通过加强"金砖国家"的粮食合作以应对共同的粮食风险。粮食安全既是经济问题，也是民生问题，更是政治问题。金砖五国都是具有重要影响力的国家，深入开展在粮食安全上的技术交流、贸易合作和质量控制，是全世界新兴市场国家和发展中国家的共同心声，也是维护世界粮食安全的必要之举。

第6章

能 源 安 全

人们把能源、材料和信息看作是现代社会发展的三大支柱。其中能源可以说是最基本的物质基础。能源历来是人类文明的先决条件，人类社会的一切活动都离不开能源。社会越发展对能源的依赖越强烈。当今世界，能源资源的开发、利用及安全不仅直接影响人类文明和社会经济的发展，而且成为影响世界政治秩序的重要因素。因此，我们对能源安全进行研究有十分重要的现实意义。

6.1 能源安全概论

6.1.1 能源安全概念

根据《能源统计工作手册》，能源系指从自然界能够直接取得或通过加工、转换获得热、动力、光等有用能的各种资源，主要包括：原油、原煤、天然气、核能、水能、风能、太阳能、地热能、生物质能等一次能源；一次能源通过加工、转换产生的煤气、电力、热力等二次能源和同时产生的其他产品[①]。

能源安全问题在两次石油危机之后逐渐成为国际学术界研究的热点，国内外学者对于能源安全定义进行了大量的研究。能源安全不是一个一成不变的概念，不同历史时期不同国家的能源安全观也是不同的，能源安全的内涵也一直在不断地丰富和发展。

诸多国际研究机构和各界学者对该狭义能源安全概念做出充分解释：第一次石油危机之后，国际能源署（IEA，1985）将能源安全概念的重点放在平稳的原油供应和价格，即以可负担的价格取得足够的能源供给；波西和托曼（Bohi & Toman，1996）认定能源安全系指降低由价格变动或来源被切断导致的福利损失；英国能源和气候变化部（DECC，2009）则明确能源安全代表能源来源被切断的不确定性较低。事实上，供给与需求如同一

---

① 国家统计局能源司编：《能源统计工作手册》，中国统计出版社 2010 年版，第 2 页。

枚硬币的两面，对能源需求安全的考虑也是必不可少的。对此，威尔里奇（Willrich，1978）坚持区分能源进口国和能源出口国，进而定义相对应的能源安全——进口国关注能源供给安全，以取得充足不间断的能源供应为目标；而出口国关注能源需求安全，以吸引和扩大海外市场和投资为目标——能源安全就是彼此交互的效果。除了供需基本面，能源安全概念的内涵日益充实。随着能源活动导致的环境污染与生态破坏形势不容乐观，将生态环境纳入能源安全内涵得到广泛认同。莫尔（Maull，1984）区分能源安全为供给安全与生态安全。克雷蒂和法不拉（Creti and Fabra，2007）和科斯坦蒂尼等（Costantini et al.，2007）按照时间标准，分别定义短期和长期能源安全——短期能源安全与能源的可取得、供给迅速和经济可负担等属性相关；而长期能源安全与能源的可持续和生态友好等特征相关。维沃达（Vivoda，2010）从社会学视角支持将能源安全策略添入能源安全概念中。除了生态环境，地缘政治和战略意识在能源安全内涵中的分量同样逐渐加大。小泽（Ozawa，2019）鉴于供应中断、军事冲突、国有能源企业的地位，认识到政治与能源贸易的不稳定关系。肯普等（Kempe et al.，2021）提出供应链、重要矿产和网络安全正成为各国关心的能源安全关键要素。

中国作为世界能源消耗第一大国与人口第一大国，国内学者多立足于中国国情探究能源安全的概念与内涵。具有广泛代表性的研究成果是张雷（2001）区分能源安全为供应平稳性与使用安全性——前者系指覆盖经济体发展需求的能源供给的平稳程度，后者系指能源使用对生态环境无污染、零威胁。魏一鸣等（2012）定义的能源安全概念同样具有代表性，即覆盖经济体发展需求的、平稳的、可负担的、连续的能源供给，同时能源活动对生态环境不会造成任何危害。王礼茂和郎一环（2002）则从更加广泛的视角阐释包括能源安全在内的资源安全概念，以资源禀赋充裕、供给平稳和价格可负担为三大要义，具体内容是以可负担的价格连续、稳固地获取能够覆盖生产和生活需要的自然资源。张文木（2003）论证了中国能源安全问题的主要矛盾并非总供给与总需求的矛盾，而是因为对需求弹性较小的绿色能源需求提升但供给难以全部满足导致的结构性矛盾。管清友和何帆（2007）定义中国能源安全为可得性、降低价格变动率、输送安全和生态安全。宋杰鲲等（2008）定义能源安全系指经济体能够从海内外充足、可负担、平稳地取得能源，并实现能源使用的清洁化、高效化，确保经济体可以良好稳定发展，具体涵盖供给平稳、经济可负担、能源强度较低、生态友好、国际合作关系稳固以及响应灵活六项因素。赵宏图（2019）指出，近年能源安全概念的重心正由供应安全向使用安全与可持续发展移动，而能源资源战略属性的重要性下滑。能源安全的主要保障因子不再是军事实力和海外份额的占有程度等，更多是完善的市场、综合治理、迅速响应制度与可持续发展能力。杨宇和何则（2021）提出能源安全正在由供应安全向系统安全和相互依存的共同安全转换，在全局上考虑能源地缘政治格局，并强调在此过程中能源权利的产生和演化。

本章根据所研究的问题，借鉴被广泛认可的国内外能源安全内涵研究成果，将能源安全定义为：覆盖经济体发展需求的、平稳的、连续的能源供给，并实现能源使用的高效化，同时能源活动对生态环境友好无害、可承载。具体涵盖供给连续平稳、经济可负担、能源效率高、生态友好等多项因素。

6.1.2 能源安全的研究内容

本章根据研究定义并借鉴前人主要的划分标准，将能源安全研究内容分解为能源供应安全、能源价格安全、能源效率安全以及能源生态安全等几个部分。

1. 能源供应安全

能源供应安全是能源安全的核心，只有持续、充足、稳定的能源供给才有能源安全。2021 年，我国原油对外依存度为 72.2%，天然气对外依存度为 46%[①]。预计未来随着经济的发展，工业化和城市化的推进，我国能源需求仍将保持较快的增长速度，能源供需的缺口将会进一步拉大。如何保障能源供应安全，确保能源供需平衡，攸关我国整体经济的可持续发展。供求平衡包括供求总量平衡和结构性平衡。总量平衡须考虑国内的储备总量、开采的速度与方式以及能源生产传输的安全；结构性平衡需要考虑能源供应的区域空间平衡、能源品种结构平衡和能源供应时间上的平衡。

2. 能源价格安全

可承受的能源价格是能源安全的本质要求。进入 21 世纪，国际能源价格变动加剧，煤炭、石油等能源价格居高不下，给世界经济造成了严重的影响。据国际货币基金组织估算，国际油价每上涨 5 美元，将导致全球经济增速下降约 0.3 个百分点。油价波动对我国经济影响尤为明显，据测算，国际原油年均价格每上涨 10 美元/桶，则我国 GDP 增速将下降 0.5 个百分点。因此，在可承受的价格范围内足量获取能源是衡量能源安全的重要指标。

3. 能源效率安全

如何在能源供需矛盾的情况下利用各种经济、技术因素促进能源效率的提升以达到促进经济持续稳定增长的目的已经成为全球公共命题。能源是国民经济的基础要素，能源的有效利用关系到经济、环境、生活乃至军事的持续和安全发展。能源效率低下已经成为中国经济发展的桎梏，由此带来的资源稀缺、环境污染阻碍了中国经济社会的可持续发展。因此，充分考虑各种因素的作用力，尽量减少等量产出的能源依赖，将是中国能源经济获得协调发展的有效手段，是科技手段之外的有益补充，将直接影响到社会稳定和经济安全等问题。

长期以来，快速的经济增长和高投入、高消耗、低产出的粗放型经济增长模式使得我国能源效率水平整体偏低。2012 年，我国单位 GDP 能耗约为世界平均水平的 2.56 倍，OECD 国家的 4.6 倍，为了降低单位 GDP 能耗，降低我国经济增长对能源的依赖，"十四

---

① 《中国原油年产量时隔六年重返 2 亿吨，油气对外依存度双降》，澎湃新闻，2022 年 12 月 16 日。

五"规划纲要将"单位 GDP 能源消耗降低 13.5%"作为经济社会发展主要约束性指标之一[①]。因此，提高能源利用效率，降低能源依赖程度特别是化石能源的依赖程度是保证能源安全的重要一环。

4. 能源生态安全

能源的生态安全考察能源带来的环境污染和生态破坏问题。我国能源消费结构以煤炭为主，天然气、水电、风能等清洁能源所占比重较小。这种依赖化石燃料的能源结构为我国生态环境带来了巨大的压力。全国烟尘排放量的 70%、二氧化硫排放量的 90%、二氧化碳的 70% 都来自燃煤[②]。为了减少能源消耗导致的温室气体对环境的污染，2020 年 9 月我国明确提出 2030 年"碳达峰"与 2060 年"碳中和"双碳目标。要解决我国生态环境问题，其本质是要实现能源结构的清洁化。提高天然气、可再生能源比重，清洁煤炭发展利用是我国优化能源结构、实现能源生态安全的重要途径。

6.1.3 我国能源安全面临的主要风险

1. 能源消费总量居高不下，能源对外依存度不断提高

改革开放以来，在经济快速增长的驱动下，我国能源消费呈现持续快速增长的趋势。特别是进入 21 世纪后，在以工业为主，高投入、高排放、低产出的粗放式的经济增长模式下，我国能源消费出现更快增长。IEA 数据显示，2009 年中国的能源消费量达到 22.52 亿吨油当量，首次超越美国，成为全球最大的能源消费国。2021 年我国能源消费总量为 52.4 亿吨标准煤，比上年增长 5.2%，据有关专家估计，如果不采取有效措施，继续按照高峰期的开采速度进行下去的话，我国的石油资源和煤炭资源将在 2030 年消耗殆尽[③]。

由于能源需求的过快增长，我国能源供需缺口在不断拉大，对外依存度不断提高。2017 年中国石油进口量达到 4.2 亿吨，超越美国成为全球最大的石油进口国；2018 年中国又以 1200 亿立方米的天然气进口量，一举超越日本，成为全球最大的天然气进口国。至 2021 年，我国原油对外依存度已上涨为 72.2%，天然气对外依存度上升为 46%[④]。

2. 能源结构单一，生态环境压力巨大

我国除了能源总量和人均占有量低外，最大劣势就是能源结构相对单一，煤炭仍然占主导地位，占比 60% 左右；石油天然气次之，占比 30% 以上。国家近几年在可再生能源领域投入力度比以前大，但受限于起步较晚的局限，包括核能在内的新能源只占比 10% 左

---

① 《我国单位 GDP 能耗达世界均值 2.5 倍》，经济参考网，2013 年 11 月 30 日。
② 《论能源危机：能源与环境的关系》，金投网，2014 年 10 月 27 日。
③ 《中国成全球最大能源消费国》，新浪网，2010 年 7 月 21 日。
④ 《不到 10 年，中国能源消费量已超越美国！同时也成为能源生产第一国》，新浪财经，2019 年 10 月 2 日。

右，对国家整体能源结构影响不大①。这种情况如果得不到改善的话，随着煤炭、油气等化石能源的消耗殆尽，我国能源安全势必受到严重威胁。

化石能源在开采、运输以及利用的各个环节都会造成严重的环境透支，对生态环境造成负外部性的影响。近年来，能源利用带来的大气污染、水污染、地面坍陷等环境问题逐渐凸显。据统计，2016 年中国 338 个主要城市中，仅有 84 个城市空气质量合格，另外的254 个城市空气质量均不合格②。水污染、土地破坏情况同样不容乐观，环境问题已经成为影响我国人民健康和经济社会发展的重大问题。以传统化石能源为基础的不合理的能源消费结构是我国环境污染不断恶化的重要原因之一。

3. 能源储备有限，能源价格缺乏国际话语权

战略石油储备制度起源于 1973 年，以保障原油的不断供给为目的，同时具有平抑国内油价异常波动的功能。国际能源署（IEA）要求其成员石油储备至少要达到 90 天的进口量。目前，IEA 成员石油储备量已经超过 90 天，2008 年后，各国的石油储备量进一步增加，英国、韩国石油储备量超过 200 天，日本、美国也超过 150 天。我国战略石油储备建设起步较晚，发展相对缓慢。2016 年初，我国建成 8 个国家石油储备基地，分别为舟山、镇海、大连、黄岛、独山子、兰州、天津、黄岛国家石油储备洞库。利用这些储备库大约可以储备原油 3197 万吨，仅仅相当于我国 33～36 天的石油进口量，大大低于 IEA90 天储备的要求，与英国、美国、日本等国更是相去甚远③。

虽然我国已经成为世界上最大的油气进口国且在全球能源贸易中所占的份额逐渐增加，但是中国对于国际能源价格的影响力微乎其微。石油、天然气"亚洲溢价"的存在以及煤炭价格买方议价能力不强都在一定程度上印证了中国还需要进一步加强在国际能源市场的话语权。

4. 能源利用效率提升，但与发达国家相比仍有差距

进入 21 世纪以来，我国能源效率逐步提升，单位 GDP 能耗显著下降。2000 年，全国单位 GDP 能耗为 1.47 吨标准煤/万元，到 2010 年下降到了 1.03 吨标准煤/万元，下降了30%。随着国家重视与节能减排政策的进一步推广落实，我国单位 GDP 能耗进一步下降，2020 年全国单位 GDP 能耗为 0.51 吨标准煤/万元，较 2000 年下降了 65%，较 2010 年也下降了近 50%。虽然我国能源利用效率显著提升，但是与发达国家相比仍有差距，2020年我国单位 GDP 能耗是全球平均水平的 1.5 倍④。第二产业和高耗能产业占比过高、部分产业工艺落后、煤炭、钢铁等行业产能过剩、我国过低的能效标准以及能源综合利用率低等是造成我国能源利用效率偏低的主要原因。

---

① 资料来源：《中国统计年鉴（2022）》。
② 《环境保护部发 2016 年全国空气质量状况 全国空气质量总体向好 北方冬季形势严峻_中华人民共和国生态环境部》，中华人民共和国生态环境部网，2017 年 1 月 23 日。
③ 《国家石油储备建设取得重要进展》，载《光明日报》，2016 年 9 月 3 日。
④ 《中经评论：从减碳源头拧紧节能"阀门"》，经济日报，2021 年 12 月 9 日。

5. 国际形势复杂多变，能源安全面临巨大风险

能源安全是大国的生命线，既是国内事务，也是全球议题，关乎一国的安全，也关乎全球的稳定，这是单个国家无法闭门解决的难题。近年来国际油价一再"跳水"，全球石油等化石能源总体呈现供大于求的局面，使部分人员开始出现盲目乐观心态，认为能源安全不再是问题。但随着世界政治形势的变化，使得世界能源板块结构正在发生深刻变化，能源安全问题日益凸显。面对世界局势的变化，中国必须坚持深入研究推进依托"一带一路"的全球能源互联网建设。通过"一带一路"建设，增强亚欧大陆上的能源市场建设，这将会成为改变当前世界能源版图的重要力量。不仅如此，随着新能源技术的不断发展成熟，加上网络技术对世界的深刻改变，更加"智能、清洁、安全、高效"的新能源技术正在孕育着全球走向彻底的能源革命。

6.2　能源供应安全

虽然能源安全研究可分解为能源供应安全、能源价格安全、能源效率安全以及能源生态安全等几个部分，但是由于环境问题在本书中有专门的章节研究，而能源价格可以放在能源供应部分一起分析，所以在此主要分析能源供应安全与能源效率安全。

6.2.1　能源生产概况

能源生产是指能源资源的开采、加工和转换过程。按照联合国欧洲经济委员会的定义，煤炭、石油、天然气、铀矿等的开采，以及水能的开发，叫作开采；煤炭、石油、油页岩、天然气和铀矿的精选、处理和炼制，叫作加工；焦炭、型煤、煤气、合成液体和气体燃料、电力和热能的生产，叫作转换。中国拥有丰富多样的能源资源。2021 年底我国煤炭总储量为 2078.85 亿吨，石油总储量为 36.89 亿吨，天然气总储量为 63392.67 亿立方米[①]。目前已探明相当数量的天然铀储量，除军用外，可供我国发展核电所需。此外，太阳能、风能、地热能、生物质能、海洋能等能源也十分丰富。

2020 年，我国煤炭产量为 39 亿吨，占全球煤炭产量比例超过 50%；原油产量 1.95 亿吨，占全球产量 4.7%；天然气产量 1925 亿立方米，占全球总产量 5%[②]。这其中，不同能源产量比例仍在继续增加。

1. 中国一次能源生产总量及构成

我国一次能源生产总量，从 1980 年的 62046 万吨标准煤增至 2021 年的 433000 万吨标准煤，41 年来增长 6.98 倍，年均增长率为 4.85%。从能源构成看，我国原煤生产在能源总产量中占绝对多数，原煤从 1980 年到 2011 年产量占比逐年增加，2011 年达到最高峰为

---

①　资料来源：《2022 年中国统计年鉴》。

②　资料来源：《2022 年中国统计年鉴》；《世界能源统计年鉴 2021》。

77.8%，之后逐步回落，2021 年原煤产量占能源生产总量比重下降为 67%，表明我国能源结构正在逐步优化。原油产量占比从 1980 年到 2021 年呈现逐年下降趋势，到 2021 年降到最低水平 6.6%。天然气在总能源产量中所占比重虽然不大，但基本上保持了逐年递增的趋势，到 2021 年已达 6.1% 的占比，基本齐平原油产量。我国电力产量增长迅速，从 1980 年占比 1.2% 上升为 2021 年的 20.3%，41 年来增长了 16 倍。详细的能源生产总量情况及构成情况如表 6.1 所示。

表 6.1　　　　　　　　　　我国 1980~2021 年一次能源生产及构成情况

年份	一次能源生产量（万吨标准煤）	占能源生产总量的比重（%）			
		原煤	原油	天然气	电力及其他
1980	62046	71.4	24.4	3.0	1.2
1990	100487	76.8	19.7	2.0	1.5
2000	128743	76.8	18.1	2.8	2.3
2010	312125	76.2	9.3	4.1	10.4
2011	340178	77.8	8.5	4.1	9.6
2012	351041	76.2	8.5	4.1	11.2
2013	358784	75.4	8.4	4.4	11.8
2014	362212	73.5	8.3	4.7	13.5
2015	362193	72.2	8.5	4.8	14.5
2016	345954	69.8	8.3	5.2	16.7
2017	358867	69.6	7.6	5.4	17.4
2018	378859	69.2	7.2	5.4	18.2
2019	397317	68.5	6.9	5.6	19.0
2020	407295	67.6	6.8	6.0	19.6
2021	433000	67.0	6.6	6.1	20.3

资料来源：国家统计局。

2. 中国人均能源生产量

我国虽然拥有较为丰富的化石能源资源和可再生能源资源，但人均能源资源拥有量较低。其中，煤炭和水力资源人均拥有量相当于世界平均水平的 50%，石油、天然气人均资源量仅为世界平均水平的 1/15 左右。人均资源的不足严重制约了人均能源生产量。2012 年我国人均能源生产总量为 2599 千克标准煤，2012 年世界人均能源生产总量为 2686 千克标准煤，OECD 国家人均能源生产总量为 5986 千克标准煤，为我国的 2.3 倍。从表 6.2 可以看出，从 2012 年到 2019 年我国人均能源生产总量与人均电力生产量均有所提高，人均原煤生产与人均原油生产在逐步下降。

表 6.2 我国人均能源生产情况

年份	人均能源生产量 （千克标准煤）	人均原煤生产量 （千克）	人均原油生产量 （千克）	人均电力生产量 （千瓦小时）
2012	2599	2921	154	3693
2013	2643	2928	155	4002
2014	2655	2840	155	4247
2015	2641	2732	156	4240
2016	2509	2474	145	4449
2017	2588	2542	138	4764
2018	2720	2655	136	5145
2019	2843	2752	137	5368

资料来源：国家统计局。

6.2.2 能源消费概况

中国作为世界四大文明古国之一，其能源消费的历史是相当悠久的。早在远古时期中国就有燧人氏钻木取火的传说。据考证，大约在 50 万年以前，生活在周口店的北京猿人就开始使用火了。悠久的古代文明和落后的现代工业，庞大的人口数量和丰富的煤炭资源，这一切构成了现代中国能源消费的基础和特征。随着中国经济社会的发展和城市化进程的推进，中国已成为世界第一大能源消费国，近年来能源消费量更是屡创新高。

1. 中国能源消费总量及构成

随着经济的发展，我国能源需求量发生了巨大的变化。一次能源消费量从 1953 年的 5411 万吨标准煤，增至 2021 年的 52.4 亿吨标准煤，增长了 96.9 倍，年均增长率为 6.8%。20 世纪 50~60 年代我国能源消费量处于波动状态，有升有降，除极个别年份外，没有突破 3 亿吨标准煤。70 年代后期我国能源消费量快速上升，特别是改革开放后能源消费量出现剧增，1991 年我国能源消费总量突破 10 亿吨标准煤大关。进入 21 世纪后我国能源消费量增长更加迅速，2000~2021 年，21 年间能源消费量增长 3.76 倍，年均增长率为 6.5%。具体数据如表 6.3 所示。

表 6.3 　　　　　　　　　　　**历年中国一次能源消费总量** 　　　　　　　　　单位：万吨标准煤

年份	能源消费总量	年份	能源消费总量	年份	能源消费总量
1953	5411	1980	58587	2009	336126
1955	6968	1985	74112	2010	360648
1960	30188	1990	95384	2011	387043
1961	20390	1995	123471	2012	402138
1962	16540	1999	135132	2013	416913
1963	15567	2000	139445	2014	428334
1964	16637	2001	142972	2015	434113
1965	18901	2002	169577	2016	441492
1966	20269	2003	197083	2017	455827
1967	18328	2004	230281	2018	471925
1968	18405	2005	261369	2019	487488
1969	22730	2006	286467	2020	498314
1970	29291	2007	311442	2021	524000
1975	45425	2008	320611		

资料来源：1980 年前的资料来自吴德春，董继斌：《能源经济学》，中国工人出版社 1991 年版，第 237～238 页。1980～2001 的数据来源于 2012 年的《中国能源统计年鉴》，中国统计出版社 2013 年版，2002～2021 年数据来自国家统计局。

研究能源消费，结构十分重要。一国的能源消费结构和它的能源禀赋密切联系，同时也与该国的经济发展阶段紧密联系。我国由于煤多油气资源少，所以能源消费结构以煤炭为主。新中国成立初期我国的煤炭消费量占总能源消费量的 95% 以上，到 1970 年煤炭消费量依然占能源消费总量的 80% 以上，从 1971 年开始煤炭消费比例有所下降，其中经过不断的上下波动，直到 2011 年煤炭消费量仍然占到总能源消费的 70.2%。2011 年之后煤炭消费量持续下降，至 2021 年煤炭消费量占总能源消费量比重降至 56%，表明我国能源消费结构得到了一定的优化。石油是重要的能源资源，从总趋势看石油的消费是呈先上升后下降趋势，2000 年石油消费量占能源总消费量达到最高峰为 23.13%，之后波动下降，2021 年降到 18.5%。我国拥有比较丰富的天然气资源但是由于天然气开发和使用中的技术问题，一直以来天然气消费量在能源消费总量中所占的比重较低。进入 21 世纪，天然气消费量逐年上升，至 2021 年天然气消费量占能源消费总量达到历史最高水平为 8.9%。我国一次电力消费上涨明显，1953 年一次电力消费仅占能源消费总量的 1.84%，进入 21 世纪后电力消费上涨迅猛，从 2000 年的占比 1.98% 涨到 2021 年占比 16.6%，21 年间电力消费量占比增长 9.02 倍。表 6.4 是我国历年来能源消费构成，通过它可以更加详细地看到我国能源消费结构的变化。

表 6.4　　　　　　　　　　我国历年来能源消费结构　　　　　　　　　单位：%

年份	煤炭占比	石油占比	天然气占比	一次电力及其他占比
1953	94.33	3.81	0.02	1.84
1955	92.94	4.91	0.03	2.12
1960	93.9	4.11	0.45	1.54
1965	86.45	10.27	0.63	2.65
1970	80.89	14.67	0.92	3.52
1975	71.85	21.07	2.51	4.57
1980	74.2	21.4	3.2	1.2
1985	78.5	17.7	2.3	1.5
1990	79.0	17.2	2.1	1.7
1995	77.0	18.64	1.91	2.35
1999	73.75	22.32	2.12	1.81
2000	72.55	23.13	2.34	1.98
2001	72.09	22.95	2.55	2.41
2002	68.5	21.0	2.3	8.2
2003	70.2	20.1	2.3	7.4
2004	70.2	19.9	2.3	7.6
2005	72.4	17.8	2.4	7.4
2006	72.4	17.5	2.7	7.4
2007	72.5	17.0	3.0	7.5
2008	71.5	16.7	3.4	8.4
2009	71.6	16.4	3.5	8.5
2010	69.2	17.4	4.0	9.4
2011	70.2	16.8	4.6	8.4
2012	68.5	17.0	4.8	9.7
2013	67.4	17.1	5.3	10.2
2014	65.8	17.3	5.6	11.3
2015	63.8	18.4	5.8	12.0
2016	62.2	18.7	6.1	13.0
2017	60.6	18.9	6.9	13.6
2018	59.0	18.9	7.6	14.5
2019	57.7	19.0	8.0	15.3
2020	56.8	18.9	8.4	15.9
2021	56.0	18.5	8.9	16.6

资料来源：1980 年前的资料来自吴德春，董继斌：《能源经济学》，中国工人出版社 1991 年版，第 237～238 页。1980～2001 年的数据来源于 2012 年的《中国能源统计年鉴》，2002～2021 年数据来自国家统计局。

2. 中国人均能源消费

从总量看我国能源消费量是巨大的，我国目前已经成为了世界能源消费第一大国。但是从人均消费来看，我国的人均能源消费量 2012 年为世界人均能源消费量的 84%。美国人均能源消费量是中国的 4.2 倍，加拿大人均能源消费量是中国的 5.3 倍。我国人均能源消费量由 1980 年的 614 千克标准煤增长到 2019 年的 3488 千克标准煤，增长了 5.68 倍，年均增长率为 4.5%，低于能源消费总量增长率。我国人均电力消费增长十分迅猛，从 1980 年的人均 306 千瓦小时，上升到 2019 年的 5356 千瓦小时，增长了 17.6 倍，年平均增长率为 7.6%，是所有人均能源消费量中上涨最快的。近年来石油人均消费量增长速度较快，仅次于电力人均消费增长速度，1980～2019 年的 39 年里，年均增长率为 4.3%。由于我国近年来有意识地优化能源结构，所以煤炭人均消费量增长较慢。具体情况如表 6.5 所示。

表 6.5　　　　　　　　　　　　　我国历年来人均能源消费量

年份	人均能源消费量 （千克标准煤）	人均煤炭消费量 （千克）	人均石油消费量 （千克）	人均电力消费量 （千瓦小时）
1980	614	622	89	306
1985	730	776	87	392
1990	869	930	101	549
1991	902	960	108	591
1992	937	979	115	651
1993	984	1026	125	715
1994	1030	1078	125	777
1995	1089	1143	133	832
1996	1110	1150	145	884
1997	1105	1120	157	917
1998	1097	1087	160	934
1999	1122	1112	168	982
2000	1153	1117	178	1067
2001	1183	1136	180	1158
2002	1324	1200	194	1286
2003	1530	1426	214	1477
2004	1777	1637	241	1695
2005	2005	1867	250	1913
2006	2185	2064	266	2181

年份	人均能源消费量（千克标准煤）	人均煤炭消费量（千克）	人均石油消费量（千克）	人均电力消费量（千瓦小时）
2007	2363	2204	278	2482
2008	2420	2269	282	2608
2009	2525	2441	290	2782
2010	2696	2609	330	3135
2011	2880	2894	339	3497
2012	2977	3018	354	3684
2013	3071	3127	368	3993
2014	3140	3032	380	4239
2015	3166	2916	408	4231
2016	3202	2820	418	4439
2017	3288	2823	436	4754
2018	3388	2854	447	5134
2019	3488	2876	462	5356

资料来源：1980~2001 年的数据来源于 2012 年的《中国能源统计年鉴》，2002~2021 年数据来自国家统计局。

6.2.3 能源供需缺口

1. 我国能源总量供需缺口

面对不断增长的能源需求，国内供应出现不足。从表 6.6 可以看到，进入 21 世纪后，随着我国能源消费的上涨，能源供需缺口开始出现。2000 年我国能源供需缺口达到了 10702 万吨标准煤，之后几乎一路上升，到 2021 年能源供需缺口已经达到了 91000 万吨标准煤。同时我国能源对外依存度也持续上升，从 2000 年的 10.27%，上涨为 2020 年的 25.04%，上涨了 2.43 倍。

表 6.6　　　　　　　　　　　我国历年能源供需缺口　　　　　　　　　单位：万吨标准煤

年份	能源生产总量	能源消费总量	能源缺口	能源进口量	对外依存度（%）
2000	128743	139445	-10702	14327	10.27
2001	136223	142972	-6749	13471	9.42
2002	156277	169577	-13300	15769	9.29
2003	178299	197083	-18784	20048	10.17
2004	206108	230281	-24173	26593	11.54
2005	229037	261369	-32332	26823	10.26

续表

年份	能源生产总量	能源消费总量	能源缺口	能源进口量	对外依存度（%）
2006	244763	286467	−41704	31171	10.88
2007	264173	311442	−47269	35062	11.25
2008	277419	320611	−43192	36764	11.46
2009	286092	336126	−50034	47313	14.07
2010	312125	360648	−48523	57671	15.99
2011	340178	387043	−46865	65437	16.90
2012	351041	402138	−51097	68701	17.08
2013	358784	416913	−58129	73420	17.61
2014	362212	428334	−66122	78027	18.22
2015	362193	434113	−71920	77695	17.90
2016	345954	441492	−95538	90235	20.43
2017	358867	455827	−96960	100039	21.94
2018	378859	471925	−93066	110787	23.47
2019	397317	487488	−90171	119064	24.42
2020	407295	498314	−91019	124805	25.04
2021	433000	524000	−91000	/	/

资料来源：1980～2001 年的数据来源于 2012 年的《中国能源统计年鉴》，2002～2021 年数据来自国家统计局。

2. 我国主要一次能源供需缺口

与能源总供需缺口相比，石油、天然气等主要一次能源供需缺口更加触目惊心。石油供需缺口是所有一次能源中最大的，2000 年以来石油供需缺口持续扩大，至 2021 年石油缺口达到 68362 万亿吨标准煤，是当年石油产量的 2.39 倍。我国天然气供需形势也不容乐观，2006 年以前我国天然气产量是大于消费量的，但是随着能源消费量的上升与节能减排的推广，天然气的需求量越来越大，2007 年我国天然气供需出现缺口，到 2021 年天然气供需缺口达到 20223 万吨标准煤，相当于当年产量的 80%。我国虽然是产煤大国，但是煤炭的供需依然存在缺口，不过缺口与石油、天然气相比较小。可喜的是近年来我国电力供应量大增，已能在总量上充分满足用电需求（见表 6.7）。

表 6.7　　　　　　　　　　我国历年主要一次能源供需缺口　　　　　　单位：万吨标准煤

年份	煤炭缺口	石油缺口	天然气缺口	电力缺口
2000	−7313.70	−10624.80	84.30	7152.20
2001	−4170.61	−11152.61	32.23	8541.99

年份	煤炭缺口	石油缺口	天然气缺口	电力缺口
2002	− 1921.75	− 11700.78	475.48	− 152.93
2003	− 3379.92	− 15365.01	102.86	− 141.92
2004	− 3572.42	− 20680.74	268.45	− 188.28
2005	− 11956.51	− 20642.50	369.21	− 102.19
2006	− 17710.78	− 23697.32	97.80	− 393.70
2007	− 20268.85	− 26263.66	− 97.20	− 639.27
2008	− 16179.07	− 26354.97	− 81.43	− 576.51
2009	− 20947.56	− 28232.01	− 320.73	− 533.69
2010	− 11729.16	− 33725.12	− 1628.79	− 1439.91
2011	− 7045.70	− 36108.09	− 3856.68	145.47
2012	− 7971.28	− 38524.97	− 4909.94	309.20
2013	− 10476.22	− 41154.26	− 6309.89	− 188.61
2014	− 15617.95	− 44038.18	− 6962.74	496.87
2015	− 15460.74	− 49090.38	− 7793.29	424.42
2016	− 33132.13	− 53844.82	− 8941.40	380.35
2017	− 26459.73	− 58877.41	− 12073.28	450.38
2018	− 16265.32	− 61915.97	− 15407.91	523.21
2019	− 9118.43	− 65207.84	− 16749.28	904.56
2020	− 7710.93	− 66485.28	− 17420.67	597.89
2021	− 3330.00	− 68362.00	− 20223.00	915.00

资料来源：国家统计局。

　　为了满足国内能源消费需求，必须大量依靠进口，而全球能源分布极不均衡，大量的能源集中分布在少数国家和地区。能源进口来源地的集中性使得我国的能源供应容易受到进口来源国地缘政治变动以及能源运输安全的影响。海关数据显示，2021 年 1～10 月，我国原油进口量排名前三的来源国是沙特、俄罗斯、伊拉克，分别占进口总量的 17.29%、15.45%、10.74%。我国从 2006 年开始进口液化天然气。自此之后，除 2015 年外，历年液化天然气的进口都在增长。2021 年我国液化天然气进口量排名前三的来源国是澳大利亚、美国、卡塔尔，分别占进口总量的 39.29%、11.58%、11.36%[①]。如此集中的油气进口来源国构成，导致我国能源供应安全存在巨大风险，一旦这些国家和地区出现经济

---

　　① 《中国原油进口量排名前五的来源国是谁?》，中国商务新闻网，2021 年 12 月 2 日；《2021 年前 10 个月中国成为全球最大液化天然气进口国》，化工大数据，2022 年 1 月 17 日。

管控或者政治动荡的问题，中国油气供应就会被切断，经济发展将陷入"无油气可用"的局面。

6.3　能源效率安全

能源效率是指能源投入与产出之比，能源效率分为能源经济效率和能源技术效率。能源经济效率是把能源作为燃料和动力时，能源投入与最终生产成果之比；而把能源作为原材料，经过加工转换生产出另一种形式的能源，这种能源投入与能源产出之比叫作能源技术效率。我们主要研究能源的经济效率。能源经济效率也称能源强度，是指产出单位经济量（或实物量、服务量）所消耗的能源量。能源强度越低，能源经济效率越高。

自 1978 年以来，国务院就注重抓节能降耗工作，而且成绩显著，1979～1981 年，每年全国节约及少用标准煤都在 2000 万吨以上[①]。党的十二大把能源问题作为实现宏伟目标的战略重点之一，在工作报告中提出"要保证国民经济以一定的速度向前发展，必须加强能源开发，大力降低能源消耗"的口号[②]。进入 20 世纪 90 年代，国家更是在能源税、能源工业投资体制、原油和成品油流通体制等方面做了一系列的改革，希望通过市场来调节能源的消费，达到节能降耗的目的。但是，我国能源消费量依然是连年剧增，特别是"十五"期间，经济增长模式出现过度工业化和过度重工业化的逆转，工业产值占总产值的比例已由"六五"时期的 39.4% 达到 2003 年的 45.3%，重工业占工业总产值比重也达到 64.5%，工业发展又回到资源密集、能源密集、资本密集，以及污染密集的模式[③]。针对这种情况，2005 年 10 月党的十六届五中全会把节约资源纳入我国的基本国策，并提出了"'十一五'期间 GDP 能耗下降 20% 左右"的约束性指标，同时也在立法、经济激励政策、组织机构等方面加以配套。"十一五"期间，我国单位 GDP 能耗下降 19.06%，"十二五"期间，我国单位 GDP 能耗下降 18.2%，很好地完成了预定目标。2015 年 10 月党的十八届五中全会提出，"十三五"时期，我国实施能源消耗总量和强度"双控"行动，要求到 2020 年单位 GDP 能耗比 2015 年降低 15%，能源消费总量控制在 50 亿吨标准煤以内。"十四五"规划纲要将"单位 GDP 能源消耗降低 13.5%"作为经济社会发展主要约束性指标之一[④]。所有这一切无不表明降低能源消耗对我国经济发展的重要性。

---

① 《国务院批转国家经济委员会、国家计划委员会、国家能源委员会关于一九八一年节约能源的目标和要求的通知》，1981 年 4 月 6 日。
② 《胡耀邦在中国共产党第十二次全国代表大会上的报告》，中国共产党新闻网，2017 年 7 月 19 日。
③ 资料来源：《1985、2004 年中国统计年鉴》。
④ 《节能减排取得显著成效——"十一五"节能减排回顾之一》，国家发改委官网，2011 年 9 月 27 日；《"十二五"期间单位 GDP 能耗累计降 18.2%》，人民网，2015 年 12 月 30 日；《"十三五"节能减排综合工作方案》；《"十四五"规划纲要》。

6.3.1 能源效率研究综述

1. 节能与能源效率概念

最早世界能源委员会并没有提出能源效率一词而是提出了节能的概念。世界能源委员会 1979 年提出的节能定义是："采取技术上可行、经济上合理、环境和社会可接受的一切措施，来提高能源资源的利用效率。"该机构于 1995 年提出的能源效率定义为："减少提供同等能源服务的能源投入"。从世界能源委员会对两个概念的定义来看，这两个概念在本质上是一致的。节能的核心或实质是提高能源利用效率，而提高能源利用效率能够减少能源消耗量，达到节能降耗的目的（中国能源发展报告编委会，2007）。早期节能的目的是通过节约和缩减能源的投入量来应付能源危机，随着能源危机的解除，人们的观念发生了变化，更强调通过能源利用质的提高以增加效益，保护环境（朱成章，2006）。

博舍别叶夫等（1997）从经济和技术两方面定义了能源效率。经济上的能源效率指用相同或更少的能源获得更多产出或更好的生活质量。技术上的能源效率则指由于技术进步、生活方式的改变、管理的改善等，导致特定能源使用的减少。我国国家发展和改革委员会能源研究所（2003）认为能源效率是指，"在能源利用中，发挥作用的与实际消耗的能源量之比，提高能效是指用更少的能源投入提供同等能源服务。"

2. 能源效率衡量指标

要研究能源效率，对能源效率进行计量就必须有合适的能源效率衡量指标。帕特森（Patterson，1996）认为能源效率指标主要包括热力学指标、物理热力学指标、经济热力学指标和经济性指标四类，并分别对四类指标进行了说明。工业上，能源效率指标为单位能耗，它是工序的能源消耗与有用产出的比值。特波内（Kilponen，2003）提出环境能源效率指标，用来衡量能源消耗所产生的特殊排放物。我国学者按照能源效率的基本概念结合研究的需要从不同的角度定义了不同的衡量指标。王庆一（2005）定义了物理能源效率指标，认为能源效率是在使用能源（开采、加工转换、储运和终端利用）的活动中所得到的起作用的能源量与实际消耗的能源量之比，包括开采效率、加工转换率和终端利用率等（宣能啸，2004，蒋金荷，2004 等）。史丹（2006）使用能源经济效率指标认为它是把能源作为燃料和动力时，能源投入与最终生产成果之比，其具体的衡量指标包括能源强度和能源生产率（高振宇 2006，张瑞 2006 等）。魏楚和沈满洪（2007）则使用能源技术效率指标，认为能源技术效率指标是指，在稳定使用某一技术条件下，生产一定的产出所需要的最小能源投入和实际能源投入之间的比率或是固定能源投入下，实际产出与前沿产出水平之间的比率，他们使用全要素的 DEA 能效指标来具体计算衡量。

3. 能源效率的测算

能源效率的计算方法有两种，一是单要素能源效率，即只把能源要素与产出进行比较，不考虑其他生产要素。二是全要素能源效率，即考虑各种投入要素相互作用的能源效率（史丹，2006）。单位 GDP 能耗和单位产品能耗是单要素能源效率测算的主要指标。一些学者按汇率法计算我国的单位 GDP 能耗，发现我国的单位 GDP 能耗不仅高于发达国家，也远高于印度等发展中国家，是世界单位 GDP 能耗最高的国家之一；而另一些学者按照 PPP 法计算单位 GDP 能耗，发现我国与国外水平差距很小，2002 年中国仅比日本高 15%，比发达国家的平均值甚至低 8%（宣能啸，2004）。有学者指出我国用汇率法计算的单位 GDP 能耗存在严重的高估，而用 PPP 法计算的单位 GDP 能耗则有可能偏低，世界银行在进行中国单位产值能耗的国际比较时，是把中国与条件比较接近的其他发展中国家的平均值进行比较，而不是同日本等发达国家比较，这是比较恰当的（王庆一，2005）。我国单位产品能耗与国际先进水平相比明显偏高，2000 年 8 个行业（石化、电力、钢铁、有色金属、建材、化工、轻工、纺织）的产品能耗指标平均比国际先进水平高 47%，有的产品耗能水平甚至是世界先进国家的 1.8 倍。许多学者都指出一国的能源效率水平是由该国经济发展水平、资源禀赋、气候等多种因素决定的，很多因素是一国所特有的因而不具有可比性，因此在进行国际比较时要慎重（王庆一，2005；朱成章，2006；史丹，2006）。汪叶俊（2015）运用单要素能效指标和全要素能效指标，从三个方面测算了福建省的能效水平。结果表明，运用单要素能效指标得到的结果太过乐观，而运用全要素能效指标得到的结果则更加客观全面。李玉婷和刘祥艳（2016）运用 SFA 方法和三种收敛检验，分析了 1997～2012 年各省、各地区以及全国的工业领域的全要素能效指标及其收敛性，同时还对比了单要素能源效率的测算结果。

考虑到能源效率国际比较的困难与障碍，以及不同要素之间的替代关系，有学者提出了用全要素的相对能源效率对我国不同地区的能源效率进行测算。胡接力和王少辰（Hu & Wang，2006）选择 GDP 生产的四种投入要素，（包括劳动力、资本储量、能源以及各地区的生物质能使用量）使用 DEA 的方法对中国各地区在 1995～2002 年的全要素能源使用效率做了比较研究，发现人均 GDP 最高的东部地区能源效率最高，其次是人均 GDP 最低的西部地区，人均 GDP 在全国处在中间位置的中部地区能源效率最低；1995～2002 年，除西部地区，东部和中部地区的能源效率都有不同程度的提高。徐国泉和刘则渊（2007）采用全要素的 DEA 能效指标，对中国 1998～2005 年八大地区的能源效率进行了衡量，发现中国区域全要素能源效率呈现东南向西北逐步下降的趋势，并且与区域发展水平呈"U"型关系。吴琦和武春友（2009）把能源效率看成是能源环境效率、能源经济效率二者的综合，并依此建立了一套评价指标体系，进而构建了可以处理非期望产出的 DEA 能效评价模型，对我国 30 个省（自治区）、市的能源效率作出了评价。李国璋和霍宗杰（2010）采用 DEA 方法研究测算了从 1995～2006 年，我国各省份、三大地区及全国的全要素能效指标。结果显示我国的区域全要素能效由西到东逐渐增加，且全国及三大地区的能源效率总体呈上升趋势。陈龙等（2016）采用依据 Shephard 能源距离函数定义的能源效率，使用 SFA 方法测算了 2001～2013 年我国 245 个城市的全要素能源效率。结果表明四大区域、南北方的能源效率及其变化趋向呈现出显著的差别，但整体上的节能潜力都比较大。王志雄等（2018）使用 DEA 方法计算了我国各省、自治区、市及六大地区的能源效率，结果显示我国省区能源效率大体上呈现"东高西低、南高北低"的分布特征。

4. 节能潜力研究

中国把提高能源效率作为当前及未来经济发展的重要目标之一，然而，中国现实可能实现的节能潜力有多大尚需进一步的研究。

沈中元（2004）通过中国各部门产品单耗与日本相同指标的比较，对中国的节能潜力做了定量分析。分析结果表明，中国的能源转换部门有25%的节能潜力，终端消费部门有26%的节能潜力，综合能源转换部门和最终能源消费部门的节能潜力，得出一次能源消费的平均节能潜力是26%。史丹等（2007）以目标能源效率与实际效率的差距计算节能潜力。将中国所有省份按东、中、西部分组，分别计算了东、中、西部各省份总节能潜力和各产业节能潜力。发现东部地区综合能源效率和第二产业能源效率最高的是福建，第一产业能源效率最高的是河北，第三产业能源效率最高的是江苏；中部地区综合能源效率和第一产业能源效率最高的是江西，第二产业能源效率最高的是黑龙江，第三产业能源效率最高的是安徽；西部地区综合能源效率以及第二产业、第三产业能源效率最高的是云南，第一产业能源效率最高的是广西。中国可持续节能目标课题组（2008）立足于"十一五"20%节能目标，从结构变化、技术作用出发，立足建筑、交通等部门，研究了我国现实的节能潜力。

6.3.2 我国能源效率

1. 能源效率测算指标

世界能源委员会提出能源效率为"减少提供同等能源服务的能源投入"，我国国家发展和改革委员会能源研究所认为能源效率是指"在能源利用中，发挥作用的与实际消耗的能源量之比"。从权威机构对能源效率的定义看，能源效率本身是一个一般化的术语，可以用多种数量上的指标进行测算，一般来说，能源效率是指用较少的能源生产同样数量的服务或者有用的产出，问题是如何准确地定义有用的能源或产出与实际的能源投入。按照要素投入的多寡可以将能源效率衡量指标分为单要素能源效率指标和全（多）要素能源效率指标两种。能源生产率、单位GDP能耗指标等都是单要素能源效率指标，DEA能源技术效率指标则是一种典型的全要素指标。

如果我们使用单要素能效指标（用能源强度或单位GDP能耗指标作为代表），其表达式为：

$$EI = E/Y \tag{6.1}$$

式（6.1）中，EI表示能源强度，E为社会总能源消耗量，Y表示国内生产总值即GDP。这个指标非常直观，且计算方便，在实践应用中使用得最多。但是它存在一个最大的问题就是没有考虑不同要素之间的替代。因此有人提出采用全要素的能源相对效率指标。

用EE表示全要素能效指标，按照能源效率的定义有：

$$EE = E_D/E_A \tag{6.2}$$

其中，E_D 表示理想能源投入量即发挥作用的能源消耗量，E_A 表示实际能源投入量。当然式（6.2）的前提条件是产出水平是固定的，各要素投入比例是固定的，否则无法衡量 EE 值的大小。由于存在损失和浪费，理想能源投入量（发挥作用的能源量）总是小于或等于实际投入量的，所以全要素能源效率 EE 是一个介于 0 ~ 1 的值，其值越接近 1 效率越高，越接近 0 效率越低。

使用式（6.2）作为能效衡量的标准可以有效避免用资本和劳动替代能源投入的弊端，因为在产出一定的情况下，在现有技术水平下，理想能源投入量已经固定不变了，要使得 EE 更接近 1，只能使实际能源投入下降才能实现，同时又由于各要素投入比例是固定不变的，所以无法用其他要素替代能源投入。要计算全要素能源效率 EE，关键是要计算理想能源投入量，这就要借鉴前沿生产函数，构建效率前沿。而前沿生产函数最早是用来测量技术效率的，它的产生缘于技术效率的提出与发展。

技术效率是指按照既定的要素投入比例，生产一定量产品所需的最小成本与实际成本的百分比，或者说是实际产出水平与在相同的投入规模、投入比例及市场价格条件下所能达到的最大产出量的百分比。它用来衡量经济单元获得最大产出或最小投入成本的能力，表示经济单元的实际生产活动接近前沿面的程度，能够很好地反映经济单元的效率情况。从技术效率理论可以看出，实际上用全要素的方法测得的能源效率就是一种技术效率，只不过这种技术效率只考虑了能源这一种要素的实际投入量与理想投入量之间的比例关系（整体技术效率考虑了资本、劳动、能源三种要素的实际投入与理想投入之比），事实上，当前沿面不发生移动，要素投入比固定时，能源技术效率与技术效率基本上是一致的。

能源技术效率虽然考虑了各要素之间的配合，但是其计算复杂，难以理解，特别是用前沿生产函数构建的效率前沿是否能反映实际情况，其计算的理想投入或理想产出是否是正确的，还存在一定的疑问。

单要素能源效率与全要素能源效率（能源技术效率）各有优缺点，它们所计算的能源效率值只是对现实能源效率的一个简单近似衡量而绝不是能源效率本身。可以用图 6.1 来表示能源效率，能源效率指标之间的关系。

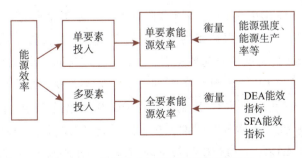

图 6.1　能源效率、能源效率指标关系

2. 我国能源效率状况

单位 GDP 能耗是目前实践中用得最多的衡量能源效率指标，因此本节对我国能源效率的分析也主要基于此。从表 6.8 的数据可以看出，2000～2004 年单位 GDP 能耗呈现波动上升趋势，表明粗放型增长方式没有得到遏制，节能减排措施落实不到位。2005 年党的十六届五中全会把节约资源纳入我国的基本国策，"十一五""十二五""十三五"期间单位 GDP 能耗持续下降，能源利用效率得到很大提升。

表 6.8　　　　　　　　　　　我国历年单位 GDP 能耗　　　　　　　　单位：吨标准煤/万元

年份	单位 GDP 能耗	年份	单位 GDP 能耗	年份	单位 GDP 能耗
2000	1.391	2008	1.004	2016	0.591
2001	1.290	2009	0.964	2017	0.548
2002	1.393	2010	0.875	2018	0.513
2003	1.434	2011	0.793	2019	0.494
2004	1.423	2012	0.747	2020	0.492
2005	1.395	2013	0.703	2021	0.458
2006	1.305	2014	0.666		
2007	1.153	2015	0.630		

资料来源：根据国家统计局官网数据计算而来。

我国幅员辽阔，地区差异比较大，因此对全国各地区的情况也有必要进行考察。2006 年 6 月国家统计局、国家发展和改革委员会、国家能源领导小组办公室联合发布《2005 年各省、自治区、直辖市单位 GDP 能耗等指标公报》（简称公报），并将发布的数据作为计算"十一五"时期各地区单位 GDP 能耗指标降低率的基数。之后每年都发布相同公报以此考察全国各地区节能降耗完成情况。2005～2015 年公报披露的数据为单位 GDP 能耗、单位工业增加值能耗与单位 GDP 电耗，且从 2010 年开始只公布相对上一年的增减变化幅度，不再公布具体指标值。"十三五"时期，我国实施能源消耗总量和强度"双控"行动，要求到 2020 年单位 GDP 能耗比 2015 年降低 15%，能源消费总量控制在 50 亿吨标准煤以内。所以从 2016 年开始公报披露的内容发生变化，不再公报单位工业增加值能耗而以能源消费总量增速替代。从公布的数据看，"十三五"时期，我国能源消费总量为 49.8 亿吨标准煤，我国单位 GDP 能源消耗降低 13.2%，基本完成了双控目标。由于产业结构偏重、投资占比偏高，我国单位 GDP 能耗约为 OECD 国家的 3 倍、世界平均水平的 1.5 倍，下降空间仍然较大。"十四五"时期，在非化石能源占能源消费总量比重达到 20% 左右的情况下，为使单位 GDP 二氧化碳排放下降 18%，要求单位 GDP 能源消耗降低 13%～14%。综合考虑经济增长和能源消费弹性变化趋势，国家将单位 GDP 能源消耗降低目标值设定为 13.5%。

为贯彻落实党中央、国务院关于强化能耗双控的决策部署，加强能耗双控形势分析预警，根据 2021 年上半年各地能源消费情况，国家发展改革委办公厅制定了《2021 年上半年各地区能耗双控目标完成情况晴雨表》，数据显示，能源强度降低方面，处于一级预警的有青海、宁夏等 9 个省份；二级预警的有浙江、河南等 10 个省份；三级预警的有上海、重庆等 11 个省份。能源消费总量控制方面，青海、宁夏等 8 个省份为一级预警；新疆、陕西等 5 个省份为二级预警；河南、甘肃等 17 个省份为三级预警。对能耗强度一级预警地区（地级市、州、盟），国家发改委特别强调，2021 年暂停"两高"项目节能审查。同时要求采取有力措施，确保完成全年能耗双控目标特别是能耗强度降低目标任务。

6.3.3　能源效率影响因素

能源效率的提升对国民经济的发展是否有重要的意义，如何明确不同因素对能源效率变动的影响，并在此基础上探索促进能源效率提升的路径，既是一个现实问题，也是关系到经济可持续增长的长远战略问题。影响能源效率变动的因素很多，能源价格、产业结构、能源消费结构、技术进步等因素都对能源效率变动产生的影响。

1. 产业结构对能源效率的影响

产业结构是一个国家或地区在一定时期内各产业之间的比例关系，具体来说，就是劳动力、资金、各种自然资源与物质资料在国民经济各部门的配置及其相互制约的方式。一个国家或地区的产业结构反映着该国或地区经济发展的水平、发达程度、内在活力与增长潜力，也决定着该国或地区的能源消费模式、环境质量以及国民经济的效率和效益。由于经济生产过程的性质及产品特点等原因，不同产业生产同等产值所需的能源消耗不同，相同产业内部不同行业生产同等产值所需的能源消耗也不尽相同，甚至差距极大。

产业结构通常会通过两个途径影响能源效率。一是通过一二三产业之间比例的调整，使高能耗产业比重下降而低能耗产业比重上升达到能源资源的节约从而提高能源效率。二是通过产业内结构的优化和升级使得能源利用技术上升，从而导致能源消费下降达到节能降耗的目的。

单位产值能耗即能源强度是衡量能源利用效率的重要指标，产业结构对单位产值能耗的影响机理可通过其计算公式看出：

$$e = E/Y \qquad (6.3)$$

式（6.3）中，e 为能源强度，E 代表能源消费量，Y 代表国内生产总值。

由于不同产业部门、不同行业生产同等产值所需的能源消耗不同，甚至差距极大，因此产业结构不同将导致能源消耗量的不同，进而影响能源强度。因此，根据产业结构对能源强度进一步分解，可得：

$$e = \sum E_i / \sum Y_i \qquad (6.4)$$

式（6.4）中，E_i 表示第 i 种产业的能源消费量，Y_i 表示第 i 种产业的国内生产总值。

$$y_i = Y_i / \sum Y_i \tag{6.5}$$

y_i 表示第 i 种产业产值占国内生产总值的比例，则总体能源效率可以分为：

$$e = \sum e_i \times Y_i / \sum Y_i = \sum e_i \times y_i \quad i = 1, 2, 3 \tag{6.6}$$

式（6.6）中，e_i 表示第 i 种产业的能源强度，y_i 表示第 i 种产业产值占国内生产总值的比例。

从式（6.6）可以看出总体能源强度由两部分组成：一部分是各产业的能源强度，反映了各产业能源利用效率的高低；另一部分是产业结构，反映了各产业在国民经济总量中所占的比重。因此，能源强度本身就包含产业结构的变动值，产业结构的变动对能源效率的影响是十分明显的。

2. 能源价格对能源效率的影响

价格的两个基本范畴就是绝对价格水平和相对价格体系，价格问题研究中重要的是后者。本节研究能源价格也是重点研究能源比价，即研究能源资源与非能源资源之间的相对价格。

图 6.2 中 E 表示能源资源投入量，KL 表示资本、劳动等非能源资源投入量，Q 为等产量线，C_1，C_2 分别为不同生产要素比价时的等成本曲线。如果令能源投入的价格为 P_E，非能源投入的价格为 P_{KL}，则等成本函数可以表示为：

$$C = P_E \times E + P_{KL} \times KL \tag{6.7}$$

式（6.7）可以变形为：

$$KL = (C/P_{KL}) - (P_E/P_{KL}) \times E \tag{6.8}$$

式（6.8）中，C/P_{KL} 为等成本曲线在纵轴上的截距；P_E/P_{KL} 为等成本曲线的斜率。

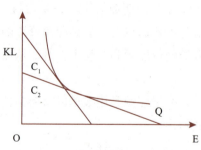

图 6.2 能源资源与非能源资源比价

可见等成本曲线实质上是能源投入与非能源投入的比价。也就是说，当预算总成本和产量一定时，投入要素的相对价格就决定了投入要素的组合数量。即能源价格一定程度上决定了总能源消费数量的多少。

要特别注意的是，能源是以生产要素的形态被人类运用到生产过程中的。根据最小成本法则，当要素的相对价格和边际产出发生变化时，要素的组合就要发生变化，以保持成本最小。然而，要素组合的变化受生产函数性质的影响，在图 6.2 中，当生产函数曲线形状凸向原点时（一般生产函数都是凸向原点的），要素之间的边际技术替代率是递减的。即在凸向原点的生产函数中，一种要素不能完全替代另一种要素，当非能源要素对能源的替代达到极限时，无论能源价格多么高，生产要素组合也不能缺少能源，此时，能源价格对能源消费的调节作用就会失效。事实上，这也是当今世界各国为何非常重视能源的原因之一。

能源价格能够影响能源消费总量和能源消费结构，能源价格是否能直接影响能源效率呢？本书试图通过以下分析来说明能源价格变动与能源效率之间的关系。

假设在其他条件不变的情况下，国民经济能源需求（消费）量是国民经济产出量、能源效率与价格的函数，它们之间的关系可以用下式表示：

$$E = Y^{\alpha}/T \times P^{\beta} \tag{6.9}$$

式（6.9）中，E 为能源消费量；Y 为国民经济产出量，P 为能源价格总水平，T 为能源效率；在正常情况下能源效率与能源价格和能源需求量是成反比关系的；α 为能源消费的国民经济产出弹性系数，表明在其他条件不变的情况下，国民经济增长 1% 会引起能源需求增长百分之几；β 为能源消费的价格弹性系数，表明能源价格上升 1% 会使能源需求下降百分之几。

为了说明的方便，将式（6.9）变形为：

$$G_E = \alpha G_Y - \beta G_P - e \tag{6.10}$$

式（6.10）中，G_E 表示能源消费增长率；e 表示能源效率提升率或节能率；G_Y 表示国民经济增长率；G_P 表示能源价格增长率。

要实现节能就是要求能源消费量减少，即要求能源消费增长率 $G_E < 0$。对能源效率而言，$G_E < 0$ 等价于：

$$e > \alpha G_Y - \beta G_P \tag{6.11}$$

式（6.11）说明要实现能源消费数量的减少，能源效率必须大于一定的数值。这个能源效率提升的数值大小与经济增长对能源增长的需求 αG_Y 成正比，而与能源消费的价格弹性 β 和能源价格增长率 G_P 成反比。也就是说要实现能源消费绝对数量的下降，能源效率必须得到一定数量的提升，而能源效率提升的压力受能源价格增长率的影响，如果能源价格增长越快能源效率提升的压力会越小，反之则越大。可见，能源价格与能源效率之间存在直接联系，在其他条件不变时，为实现节能和提高能源利用效率，能源价格应比其他生产要素价格上涨更快，或者应在其他生产要素价格基本不变时使能源价格有所提高。

3. 能源消费结构对能源效率的影响

能源消费结构是指能源消费总量中不同能源品种（煤、油、电、气）所占的比重，从理论上讲，如果不考虑经济成本和利用技术，不同能源品种之间是可以完全替代的，也就是说能源消费结构是可以充分变化的。不同能源品种之间的替代主要是取决于不同能源的价格变化，如果一种能源变得相对便宜，它就会逐步替代其他能源，这种能源的消费量就会上升，导致不同能源消费结构发生变化。

事实上不同能源之间发生替代（能源消费结构变化），除了价格因素影响外，还受资源储量以及能源供给结构的影响。我们现在使用的能源以耗竭性能源为主。耗竭性能源产品的价格随着时间的流逝而上涨，直到资源开采完毕为止。随着耗竭性能源价格的上涨，用其他能源替代耗竭能源的可能性会越来越高。能源储量是影响耗竭性能源价格的重要因素，也是影响能源生产量的重要因素，一种能源储量高则产量较大，价格较便宜，也较不容易被其他能源所替代，其在总能源消费中所占的比重就会相对较大。例如，我国煤炭资源丰富，因而现实中能源消费以煤炭为主，而且在短期内这一状况难以改变。

能源资源禀赋与供给结构可以影响能源消费结构进而影响能源效率，可以说我国能源效率低下一个重要的原因就是我国"多煤少油缺气"的资源禀赋造成，然而资源禀赋状况是不可改变的，如果没有新能源的出现，受资源禀赋所制约的能源生产状况在长期内也不可能改变，因而研究它们对改变能源效率的现实帮助不大。

在能源消费总量中，各种品种的能源投入量分别按一定的热当量折合成吨标准煤，再合计成能源消费总量。将各种能源按照其热当量折算成标准煤以后计算的能源效率，在计算方法上暗含了一个假设，就是相同热当量的不同能源所支持的经济产出是一样的。然而，在实际经济生活中，这种假设显然与事实不符。因为相同热当量的不同能源品种在投入生产时会产生不同的副产品，这些副产品对环境的影响程度是不一样的。有的能源品种产生的废气、废渣会对环境造成污染，为了减少污染就需要对这些副产品进行净化处理，这就会部分的抵消其实现的经济产出。由于不同品种的能源对经济产出的支持能力是不同的，因此，能源结构变化对能源效率会产生很大的影响。

能源消费结构对能源效率的影响主要是通过不同效率的能源品种来完成的，一般来说电力、天然气是高效而清洁的能源，能源消费如果以它们为主则会提高能源效率，反之若能源消费以煤炭为主则会降低能源效率。就电力内部而言有煤电、油电、水电和核电之分，不同的电力结构也会对能源效率造成影响。

可以通过能源效率的计算公式看出能源结构对能源效率本身的影响。

设能源投入包含原煤、原油、电力和其他能源等品种，不同能源品种的投入量分别为 $E_i(i=1, \cdots, n)$，第 i 种能源品种所带来的经济产出为 Y_i。

则第 i 种能源品种的能源效率为：

$$e_i = Y_i/E_i \tag{6.12}$$

总经济产出为：

$$Y = \sum Y_i = \sum e_i \times E_i \tag{6.13}$$

不同品种能源占能源消费总量的比重为：

$$P_i = E_i/\sum E_i \tag{6.14}$$

总体能源效率为：

$$e = \sum e_i \times E_i \bigg/ \sum E_i = \sum e_i \times p_i \quad i = 1, \cdots, n \tag{6.15}$$

从式 (6.15) 可以看出, 总体能源效率取决于各产业能源效率和不同能源品种的消费比重。也就是说, 能源消费结构的变动会直接带来能源效率的变动。

能源效率也会反过来影响能源消费结构。与能源效率提高伴随而来的是能源利用技术的提高和利用结构的合理。技术提高会使一些原来不能开采和加工的能源矿藏变为可开采、加工矿藏, 提高优质能源的生产加工能力, 而结构合理本身就包含能源消费结构的合理, 由此可见能源效率和能源消费结构是相互影响、互相促进的。

4. 技术进步对能源效率的影响

技术进步作为人类社会发展中的经常性因素, 它本身是一个系统, 同时又是一个发展过程。技术进步的实质是在创造和掌握新知识的基础上, 进一步在生产的各个阶段和非生产领域应用新知识的过程。技术进步对经济增长的作用表现为在创造、推广和应用科技成果的基础上, 生产社会产品过程中社会必要劳动时间的节约。技术进步的特点在于它的综合性, 这种综合性表现为: 第一, 各学科和各活动的一体化, 要解决某些生产面临的问题必须联合不同的学科和力量共同解决; 第二, 有关生产部门的联系加强, 某个生产环节达到更高的水平, 就要求与其相关的方面也随之改变; 第三, 必须使生产组织和职工的教育水平和熟练程度得到相应的保证, 否则新技术也不会取得应有的效益。

技术进步能够推动经济的发展已成为一个普遍的常识, 同时, 技术进步也对能源消费及能源效率产生影响。技术进步对能源效率的影响, 可以从能源要素的投入变化中反映出来。图 6.3 中横轴表示能源投入量, 纵轴表示其他要素投入量, A、B、C、D 每个点反映的是产量相同的各种要素的投入, 曲线 Q 表示等产量线。点 A 和点 B 是有效率的投入, 因为它们为了保持产量不能再减少投入。点 C 和点 D 是无效率的, 因为在产出相同的条件下, 使用了更多的能源和其他要素投入。技术进步可以使生产要素投入沿着射线向 A 点和 B 点移动, 其表现为包括能源要素在内的生产要素的全面节约, 另外也可能表现为 C 点和 D 点沿着水平或垂直方向向原点移动。在图 6.3 中, 沿着水平方向向原点移动, 技术进步的结果表现为能源投入的减少, 即能源效率的改进。

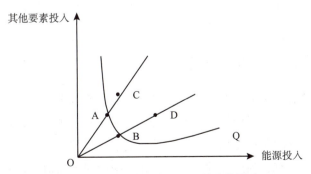

图 6.3　技术进步对能源利用效率的影响

技术进步也可以通过产业部门来促进能源效率的提高，通常有两种方式可以达到此目的：一方面，技术进步可以提高设备的工作效率，从而直接降低单位产品的能耗；另一方面，技术进步可以促进信息产业、电子商务、通信设备等产业的迅猛发展，缩短交易过程，降低中间环节的成本，使得能源消耗下降，从而提高能源效率。

事实上我们可以通过 6.2 章节关于能源相对价格与能源效率关系的推导模型来看技术进步对能源效率的作用。在现实经济中节能有两种类型：第一种是绝对意义上的节能，它表现为国民经济能源消费总量的下降（这一种情况前面已经分析过了）；第二种节能是相对意义上的节能，它表现为国民经济能源消费弹性系数的下降。根据式（6.10），对于第二种节能，降低国民经济能源消费弹性系数要求（$G_E - G_Y$）< 0，即能源消费增长率要低于经济增长率，对于能源效率而言则表现为：

$$e > (\alpha - 1)G_Y - \beta G_P \tag{6.16}$$

式（6.16）说明当其他因素不变时，能源效率上升率必须大于某一数值才能保证实现第二种节能。相比之下实现第二种节能对能源效率提升的压力要小于第一种压力。差别就体现在能源的产出弹性系数上，当产出弹性系数小于 1 时，（能源产出弹性系数小于 1 意味着技术进步导致国民经济对能源投入依赖的减弱）即使能源相对价格下降，也能够通过技术进步使得能源效率提高。可见技术进步对能源效率提升起到积极的作用。

技术进步的内涵丰富，还可以通过对整个能源系统的影响达到影响能源消费和能源效率的目的。例如，引进先进的设备可以减少生产过程中能源的损耗，促进管理制度的优化又可以高效配置资源从而以等量投入获得更多的产出或者以更少的要素投入获得等量产出。因此，技术进步对能源需求以及能源效率的影响是一种全过程的影响，而不仅仅限于某个或某些环节。

6.4 提升我国能源安全的应对措施

能源是支撑一个国家或地区经济社会持续健康发展的重要资源。能源安全属于国家经济安全的重要组成部分。能源安全问题的出现主要是由日益扩大的供需矛盾、不稳定的进口来源以及能源消费带来的环境恶化所造成。因此，要保障能源安全也需要从这些方面努力。

6.4.1 立足国内，构筑能源安全体系

1. 加快非常规煤油气资源开发利用，增加国内能源供应量

中国能源生产和消费均以传统化石能源为主，在化石能源中又以高碳的煤炭和石油为主。中国拥有较为丰富的化石能源储量，但是，由于开采技术，以及运输困难等原因使得偏远地区的能源资源没有得到充分的开发。因此，中国应加大对国内现有常规煤油气资源的勘探以及开发力度，推动勘探和开发技术的升级换代，大力探索深海资源，提高现有资

源的采收率。大力开发大型火电,优化火电生产结构,加快发展煤炭液化、气化,鼓励瓦斯抽采利用。

由于工业经济的迅速发展,我国煤油气资源消耗巨大而呈现日渐枯竭之势,在这种情况下以煤层气、油页岩和天然气水合物为代表的非常规油气资源的开发利用显得尤为重要。我国非常规油气资源储量丰富,具有巨大的开发潜力。据专家估计,页岩油的可采资源量为 55 亿~62 亿吨,分布在 27 个省份,其中以吉林、辽宁、新疆等省区居多。根据最新一轮的资源评估结果,我国埋深 2000 米的煤层气资源量达 35 万亿立方米,相当于 450 亿吨标准煤,主要分布在中部、西部和东部三大资源区,其中,中部地区占资源总量的 64%。有专家估计,我国的油砂资源量约有 1000 亿吨,可采资源量约达 100 亿吨,分布遍及各大含油盆地,并有望成为我国重要的接替资源。

虽然我国非常规油气资源丰富,但是在开发利用方面依然存在很多的问题。一是由于地质条件复杂且缺乏成熟有效的勘探开发技术,丰富的资源储量难以转化为实际的资源用于生产消费。二是我国尚未建立起非常规油气资源开发利用的价值评估与产能预测系统,使得无法准确掌握某些非常规能源(如页岩气)的储量、产能和经济价值,不利于实践开发利用。三是非常规油气资源的开发利用对环境保护与生态治理的要求更高,对其开发利用将面临来自技术和环保等若干方面的高成本约束。四是我国非常规油气资源开发利用的政策支持相对缺乏,使得非常规油气资源产业发展受到限制。为了解决这些问题,需要我们学习借鉴发达国家的实践经验,在勘探开发的技术创新、可开采资源的经济评估、环境保护以及相关法律法规政策的制定等方面不断完善,为我国非常规油气资源的规模化开发利用及非常规油气资源产业的大力发展铺平道路。

2. 积极发展可再生能源,优化我国能源结构

可再生能源是指可以永续利用的"取之不尽,用之不竭"的能源,包括太阳能、风能、水能、地热能、生物质能和海洋能等。近年来,我国在可再生能源领域地位日益凸显,风电、太阳能等可再生能源装机容量均列世界第一,成为"可再生能源第一大国"。

截至 2022 年 5 月底,我国可再生能源发电总装机达到 11 亿千瓦,同比增长 15.1%。其中,常规水电 3.6 亿千瓦,抽水蓄能 0.4 亿千瓦,风电、光伏发电、生物质发电等新能源发电装机突破 7 亿千瓦。预计到 2030 年,我国光伏和风电装机规模将超过 16 亿千瓦,非化石能源占一次能源消费比重将达到 25% 左右;到 2060 年,我国光伏和风电装机规模将超过 50 亿千瓦,非化石能源占一次能源消费比重将达到 80% 左右[①]。

虽然我国可再生资源发展取得了一定成绩,但也面临诸多问题。首先,可再生能源开发利用关键核心技术研发能力不足。特别是大容量储能技术尚存在技术瓶颈,安全经济的新型储能产品、电化学储能等有待突破;源网荷储双向互动技术、虚拟同步发电机技术等方面创新与研发力度尚且不足。其次,非技术成本占总成本比重不断增加,已成为制约可

---

① 《中国能源电力发展展望 2020》,中国电力出版社 2020 年版。

再生能源发展的主要影响因素。再次，可再生能源发电消纳矛盾凸显。我国大量可再生能源电力必须从资源丰富的西部、北部和东北部地区输送到高电力负荷的中部、东部和南部地区，但是我国大部分地区可再生能源发展规划与电网建设规划未能有效衔接，电网建设滞后于可再生能源发展，输电通道不足，导致可再生能源电力输出受阻，可再生能源消纳问题日益凸显，限电范围扩大的风险将难以消除。最后，对可再生能源的战略意义认识不足，部分地方政府更多只关注短期利益，导致可再生能源发展阻碍重重。为了解决以上问题，我们需要借鉴学习国内外先进经验，不断探索努力。必须加快推进大容量储能技术、源网荷储双向互动技术的研发；加快推进电源侧调节能力提升，推动电网数字化转型和智能化调控，优化调度运行，保障电网安全稳定运行，提高新能源并网质量和效率；进一步完善可再生能源发展相关配套政策，重点包括储能技术研发和应用的扶持政策、可再生能源与社会和自然生态环境保护的协调发展保障机制和政策、设立可再生能源专项发展基金等；加大教育宣传力度，提升对可再生能源战略意义的认识。

3. 促进产业结构优化升级，调整能源消费结构

目前，我国正处于工业化与城市化快速发展时期，某些高能耗产业仍然是国民经济发展的支撑与主导产业，同时由于受到资源禀赋的约束，我国的能源结构依然以化石能源为主。因此，我国需要调整和优化工业产业结构，降低能源消耗。中国产业结构将呈现服务化、轻型化和高端化的发展态势，未来服务型经济和高附加值行业将在经济活动中扮演更重要的角色。

产业结构优化升级能从直接和间接两个方面带来能源消费结构的变化。直接方面，随着产业结构的优化升级，将限制高耗能、高污染的第二产业发展，大力发展高附加值的第三产业和低能耗的高新技术产业，必将在不影响经济发展的前提下，转变现有的产业能源消费结构，降低能耗与污染排放。间接方面，随着产业结构的优化升级，全国各地的技术水平与创新水平将得到提升，能为可再生能源和新能源的开发与利用提供技术支持，可再生能源与新能源的普及将大大改善能源消费结构。同时，随着产业结构不断升级，地区增长模式会不断向着可持续发展与环境生态保护方向发展，经济的可持续发展与生态环境的改善，又会反过来倒逼能源消费结构的改善。

优化三次产业结构，促进能源结构变化，可以从以下三个方面入手：一是大力发展服务业，扩大服务业开放度，消除服务业发展障碍；二是加大技术创新的投入，推动企业主动进行技术升级；三是加大对垄断行业的改革，强化市场竞争，促使产业有序梯度转移。

4. 提高能源利用效率，全面推进节能减排

提升能源效率能有效地减少能源消费总量，降低二氧化碳排放，是保障能源安全的有效手段。提升能源效率需要全方位多角度进行，除产业结构调整、能源价格完善、能源结构优化、技术进步等常规手段外，其他任何有可能带来能源效率提升的经济活动，都可以考虑尝试。

从本质上说，提升能源效率最直接也是最根本的因素在于技术进步。实证分析发现，

技术效率、全要素生产率与科技进步都能促进能源效率的提升。要通过技术进步提高能源利用效率，可以从以下方面进行：一是重视科技进步对能源效率贡献，加大对节能技术研发投入，为节能技术的基础和应用研究提供长期支持；二是强调包括制度创新、管理创新在内的"软"技术进步，提高技术效率与全要素生产率对能源效率的促进作用；三是提高劳动者素质，加快技术应用与传播速度；四是制定实施严格的能效标识制度。

能源定价体制的不合理造成能源价格扭曲，也是造成能源利用效率不高的因素之一，要通过完善能源价格机制来发挥价格对能源效率的调节作用。一是完善"煤、电价格联动"机制，深入完善煤电价格市场化机制，扩大市场交易电价浮动范围；二是建立与供电成本相符的用户电价结构，调整用户分类及其差价，改进分时电价结构；三是改革成品油价格形成机制，真正实现成品油价格市场化。

6.4.2　放眼世界，提升能源安全保障

1. 实现能源进口来源多元化，保障石油运输通道安全

2020 年，我国能源对外依存度超过 25%，其中石油对外依存度高达 73%，天然气对外依存度达到 43%。与此同时我国石油、天然气进口来源地相对集中，由此带来了巨大的进口来源地集中风险与能源运输风险。2020 年，我国石油进口量最大的五个国家为：沙特阿拉伯、俄罗斯、伊拉克、阿曼、安哥拉，进口量占我国总石油进口量的 61%，五国中有三个国家属于中东地区，而中东地区政局长期以来动荡不稳，一旦出现战争，石油价格会上涨，石油来源可能中断[①]。因此，为了保障我国能源安全，必须分散能源进口来源地，实现多元化的能源来源渠道，尽快将能源对外依存的风险控制在合理的可掌控的范围之内。

要保证能源进口安全，能源输送安全十分重要。但是，我国能源运输安全形势也不容乐观。石油进口需要长距离的海上与陆上运输，但我国无论在海洋还是在陆地，政治军事参与控制能力都不强，对海外能源运输通道控制力偏弱。因此，必须采取有效措施提升海外能源运输安全：一是大力发展海权，增强海军实力，保障海上运输安全；二是加强在印度洋的影响力，积极参与到国际反海盗与反恐中，保障我国船队的安全；三是推进泰国克拉海峡的建设，缩短能源进口距离；四是多方努力缓解马六甲海峡对于我国能源供应渠道的掣肘，破解"马六甲困局"；五是加强与亚太地区石油出口国和消费国合作，推动多边能源安全合作机制建立。

2. 积极参与国外油气资源勘探与开发，建立海外能源供应基地

2008 年爆发的国际金融危机给我国企业参与国际油气市场带来了机遇。因为金融危机后国际油价迅速下降，不仅使得世界上一部分油气公司资金链断裂，经营出现问题，而且部分石油资源国由于经济不景气也不得不扩大油气开放程度以促进经济的发展。为了扩展

---

① 《中国原油进口量排名前五的来源国是谁？》，中国商务新闻网，2021 年 12 月 2 日。

海外业务，扩大海外能源供应量，提高能源保障程度，可以采取如下对策：一是树立全球战略意识，重视周边市场，加强海外开发；二是从国家战略发展的高度制定长远的海外投资战略规划；三是制定和完善支持能源企业"走出去"的法律法规政策，增强国内企业的国际竞争力；四是大力培育跨国能源企业，延长产业链，提升"走出去"的实力与能力；五是针对不同国家、不同项目采取区别对待，突出重点的方式，确保企业长期稳定地开拓海外市场。

3. 构建"全球能源互联网"，增强中国能源安全

全球能源互联网是以特高压电网为骨干网架、全球互联的坚强智能电网，是清洁能源在全球范围大规模开发、输送、使用的基础平台。它是由习近平主席在 2015 年 9 月 26 日联合国发展峰会上首次提出的[①]。依托"全球能源互联网"，中国的能源将得到最优程度的配置，中国将获得源源不断的清洁高效的能源供应，由此解决能源供应的有限性以及能源消费的污染性等问题，降低能源进口集中度，增强中国能源安全。

全球能源互联网的实质是"特高压电网 + 智能电网 + 清洁能源"，分为国内互联、洲内互联和洲际互联三个阶段。2025 年之前我国要力争建好国内互联，到 2035 年力争实现洲内互联，2050 年希望实现最终的全球互联。中国作为全球能源互联网的发起国应该充分认识到全球能源互联网带来的重要发展契机，坚定地推动全球能源互联网的构建。首先，应在国家层面建立合作联盟，实现各国政府的全方位参与合作；其次，以先内后外，先洲内后洲际的原则制定全球能源互联网发展的步骤与发展目标；最后，提前布局，细致谋划，多方面促进世界能源网络一体化，实现全球能源互联。

---

① 《能源互联网：全球总动员》，载《经济观察报》，2016 年 3 月 27 日。

第7章

环 境 安 全

7.1 引 言

总体国家安全已经突破了传统安全（即政治安全、国土安全和军事安全），将国家安全的概念扩展至其他重点领域，其中也包括环境安全。

冷战结束之后，全球进入了意识形态之争的一个相对平稳的时期。许多专家开始重新思考什么是国家安全、什么是对国家安全的威胁，国家安全的脆弱之处在哪里。与此同时，1987 年，世界环境与发展委员会（WCED）发布了《我们共同的未来》这一报告，论述了环境、能源、资源等问题对于人类社会发展的挑战，并提出了"可持续发展"的概念。1992 年在里约热内卢举办的联合国环境与发展大会再次唤起了学术界对于环境和发展之间关系的研究。在此之后，出现了大量的以环境与发展为主题的交叉学科的研究。这些研究提供了大量翔实的证据，表明全球的环境变化已经发展到威胁人类和许多物种生存的地步。因此，全球必须行动起来，以应对环境变化带来的威胁。这让人们不断去思考自然环境、人类、国家安全之间的关系。环境的变化是否会对战争或国家之间的冲突产生影响？如果有影响的话，这些影响是如何产生的？我们对于安全问题的思考是否应该不仅仅局限于国界范围之内，而是应该上升到整个人类的层面？

从柏拉图和修昔底德到马尔萨斯和麦金德都讨论了地理因素和对资源的竞争所导致的国家安全问题。在冷战之后，则最早是由霍默 – 迪克森（Homer – Dixon，1991；1994；1999）提出了环境与暴力冲突之间的直接关系。此后，联合国政府间气候变化专门委员会（IPCC）在 2007 年发布的报告也特别强调了气候变化与暴力冲突之间的潜在关系。但同时，也有很多学者质疑环境变化是否必然会导致国家之间的暴力冲突问题（Lomborg，2001；Benjaminsen el al.，2012；Slettebak，2012）。

在环境与国家安全方面的相关研究多是对一些国际组织倡议的回应。联合国发展计划署（UNDP）在 1994 年发布了一份以"人类安全"为主题的报告，这也带动了关于环境和气候变化如何影响人类安全的相关研究（Lonergan et al.，1999；Collier，2007）。

此外，对于战争期间与战后的环境问题的研究也不断丰富。但是，对这个主题的研究极具挑战。联合国环境规划署（UNEP）的冲突后期与自然灾害管理部门（Post - Conflict and Disaster Branch，PCDB）在这方面做出了探索性的贡献。PCDB 已经在 20 多个国家进行了冲突对于环境影响的评估。这些一线调查的资料显示，冲突期间，人们被迫放弃生计而躲避在森林当中，在躲避期间为了生存对森林资源造成了极大的破坏。资料还显示，如果暴力冲突导致经济发展停滞，则会导致自然资本的价值增加。尤其是如果战争是通过对自然资源的开发来获取资金，则会进一步导致对于自然资源的过度开发（Brown，2013）。

联合国在冷战后提出了"和平建设（peacebuilding）"的概念，部分研究开始关注环境和自然资源对于和平建设过程的影响（Conca & Dabelko，2002；Matthew et al.，2002）。联合国将"和平建设"定义为"能够强化一个国家各级政府管理冲突、促进和平和发展的可持续性的能力的一系列措施"，从而降低矛盾演化为冲突的风险。这些措施内嵌在一系列的项目当中，如提供基本的公共服务、恢复秩序、人口迁移、恢复生计、恢复政府职能等。然而，在冷战之后，和平建设行动的一系列项目却导致了环境的不可持续。比如，在卢旺达和塞拉利昂等国家，受到战争影响的人们被重新安置到一些容易发生洪水的平原地区，或者容易发生水土流失的山地。某些地区的矿产开发没有进行严格的社会和环境影响评估，导致了工人的呼吸道疾病。这些案例都使得人们越来越认识到，有必要在和平建设项目中融入对于环境影响的评估，并增强项目对于气候变迁的抵御能力。

自 2007 年开始，UNEP 在和平建设项目中开始重视对于冲突后国家的环境条件和发展路径的评估工作，促进自然资源的可持续性开发，在流民安置过程中也会考虑到不同决策所产生的环境影响，更加重视可持续的投资机会，并且制定了如何应对气候变迁和提高对气候变迁适应能力的规划。

影响战争与和平的因素很多。当今，世界上存在各式各样的不平等、普遍的贫困、泛滥的社交媒体、不断发生的经济危机，很难精确地指出到底是什么原因引起的战争，进而威胁国家安全。但是，可以确定的是，环境问题将会在未来的暴力冲突、人类安全以及和平建设中具有越来越显著的影响。有越来越多的研究表明，人类活动越来越多地影响到了基本的生态系统和生物化学循环（Hoffmann & Beierkuhnlein，2019）。人类所产生的温室气体排放已经使全球的气温与前工业化时代相比上升了 1 度，到 2030 年，上升的幅度可能会达到 1.5 度。IPCC 的研究认为，如果全球平均气温上升超过 1.5 度，则会导致更加频繁、更大规模的自然灾害，更加严重的缺水和水质下降，海平面上升，生物多样性的大量消失，这将会彻底改变生态系统和人类赖以生存的环境。气候变暖的影响与人口的增长交织在一起，必然导致对于资源竞争的加剧、更多的人流离失所，并有可能导致更多的暴力冲突（Black et al.，2011；Dalby，2020）。

在 2017 年 12 月中国共产党与世界政党高层对话会上，习近平提出了人类命运共同体的概念，"每个民族、每个国家的前途命运都紧紧联系在一起，应该风雨同舟，荣辱与共，努力把我们生于斯、长于斯的这个星球建成一个和睦的大家庭，把世界各国人民对美好生活的向往变成现实"。① 人类命运共同体的架构是建立在全人类集体安全的基础上，它关注的不是一个国家的安全，而是所有国家的共同安全。从这个意义上来说，一些全球性的环境安全问题不是一个或少数几个国家所面临的问题，而是所有国家共同面临的问题。因此，环境安全不仅是构成国家安全的重要内容，也是构建人类命运共同体的必然要求。

7.2 环境安全的定义和理论回顾

7.2.1 传统的安全理论

环境安全问题与传统的安全问题的区别在于，导致环境变化的因素是全球性的，或者说很难识别导致一些环境问题的具体根源，并且这些问题发生时的初衷也并非是要对某个国家的安全产生威胁。这就导致了环境安全问题的研究存在一个本质的矛盾，即虽然环境安全问题是全球性的，但是国家的主权仍然是分割的。以国家主权为中心，国家之间的价值、观念和实现安全的方法的差异进一步导致了国家之间的分化。然而，要应对气候变化带来的威胁和国际性的环境问题需要的是一个全球化的治理机制。当各国为自己的利益而战时，脆弱的国际间协议就很容易被打破。

如果环境的变化是导致暴力冲突的原因，或者环境变化对于人民的生命财产安全形成了威胁，那么在制定维护国家安全的政策时，就需要考虑到环境变化的潜在威胁。尽管环境问题带来的威胁在很早之前就已经被注意到，且在冷战结束之后引起了广泛的讨论，但如何建立起有效的机制在全球的范围内应对环境变化对国家安全的威胁却非常困难。因为不同的国家、不同的地区所面临的环境变化的威胁程度是不同的，影响的范围也有很大的差别。比如，美国在 2001 年遭受了 "9·11" 恐怖袭击之后，关于环境安全的讨论就被搁置，整个国家安全关注的焦点就全部汇聚到打击恐怖主义的行动当中。而后，随着气候变化议题在国际话语体系中变得越来越重要，更多的学者和资源也开始关注在气候变迁的背景下如何重新界定 "安全" 的内涵（Barnett & Adger，2007）。

在 1990 年之后，国际间的学术研究开始检讨应该如何重新界定 "安全"。传统的国家安全研究范式（现实主义范式）主要关注国家之间发起战争和维持和平的原因。如果整个系统缺乏秩序，根据主权国家追求自救的政策逻辑，国家的存在本身就是对其他国家的威胁。据此，国家安全就可以被定义为保护一个国家及其内部的公民免受其他追求自我利益的国家的威胁。这种保护主要是通过发展军队、扩充军备来实现的。外交则被视为实施战争的非军事方法。在这种情境下，国家既是实现安全的手段，也是安全所追求的目的。暴力手段既是维护国家安全的手段，也是国家安全建设的目的。西方谚语有云 "强大国家的

---

① 《习近平在中国共产党与世界政党高层对话会上的主旨讲话（全文）》，新华社，2017 年 12 月 1 日。

安全来自权力（a powerful state is made secure by the exercise of power）。"而权力，则主要源自军事威胁和军事行动（Morgenthau，1978）。获取权力和行使权力是国家之间关系的硬通货，但这种对权力的追求也导致了全球和区域性的安全困局。最终的结果可能是全球或者区域整体安全水平的倒退。因此，对于现实主义者（realist）来说，国家之间的平衡就依赖于权力的平衡，或者武力的平衡。

然而，建立在武力上的安全实质上形成了对每个人的威胁。因此，现实主义研究范式在 20 世纪七八十年代广受批评。一方面，自由制度主义（liberal institutioinalists）虽然根植于国家之间关系的基本框架，但并不认可国家只会追求单边的安全政策（Hurrell，1985；Ruggie，1998）。自由制度主义认为不仅应该扩充国家安全的概念（包括军事的、经济的、生态环境的），而且也应该建立多边的框架来解决全球性的安全问题。尽管大多数学者认为在分析国家安全、个人安全或者国际秩序体系的安全问题时应该考虑潜在威胁的多样性，但分析的方法总体上还是以国家为中心的。

结构主义在分析国家安全问题时则不一定必须建立在以国家为中心的基础之上。例如，依赖主义或世界系统论（dependency and world systems theorists）采用集权主义的话语体系，更加强调类似全球性的资本主义等结构性因素的影响。从而，可以将国家划分为中心、半外围和外围三个层级（Wallerstein，1974）。在全球化不断加剧的背景下，也可以将地区划分为中心区域、中间区域和外围区域等三个状态（Hettne，1997）。在全球化的中心区域，如北美、欧洲和东亚地区，在经济上不仅更加发达，实现了可持续的增长，并且拥有稳定的政权来防止发生国内的和国家之间的冲突。在中间区域，其经济发展和安全形势则受到了中心区域的干预和指引。而在外围区域，不仅政局不稳，而且经济增长停滞。战争、内乱、经济停滞形成恶性循环，使得这些外围地区变成实质上的战区和饥饿区，落入了全球化体系的底部。因此，对结构主义的理论家来说，国家安全形势的恶化主要是来自这个国家或地区融入全球资本主义体系的历史脉络（Swatuk，2001）。

通过关注其他的结构性因素，如种族、阶级、性别，结构主义的分析范式也可以用来研究个人或者群体受到的安全威胁（Sutton et al.，2008；Tickner，1995）。从这里就可以衍生出对于传统的安全定义的重新思考，即安全的内涵不再仅是军事上的，而是需要对安全的对象进行重新的思考。传统的安全观更强调国家的安全，但是国家只是一个制度框架，国家安全的本质目的还是为了维护国民的安全。如果传统的安全不能够解决由于全球性的社会、政治、经济的不平等所产生的个人或者群体的不安全问题，那么传统的安全观就存在漏洞。史蒂文·沃尔特（Steven Walt，1991）指出，"传统的安全研究致力于累积有关军事作用的知识。为此，这个研究领域必须遵循科学研究的基本范式：谨慎地、一致性地使用该学科的术语，不带偏见地测算核心概念，公开发表理论和实证研究成果。"但后结构主义（poststructuralist）和后现代主义（postmodernist）认为对于安全的研究并非是为了对绝对真理的追求，而是服务于少数的权力中心（Walker，1997）。因此，对于国家安全问题的研究所得到的结论就会变成服务于少数国家而损害大多数国家利益的工具。不过，虽然后现代主义和后结构主义的研究范围十分广泛，但却没有形成统一的体系，分散在诸如女性主义、环境政治学、政治生态学、发展研究、国际政治经济学等不同的门类之下。其中，有关环境问题的研究占据了主要的位置。

批判主义（criticaltheorists）认为，环境退化、资源枯竭、物种灭绝、大规模杀伤性武器、种族屠杀是当代社会危机的具体表现（Booth，2007）。数百年来，现代化理论追求的是增长，是发展，是进步，以此为理由，构成了人们改造自然、对他人进行支配的合理论据。因为现代化起源于西欧白人社会，因此在相当长的一段时间内，现代化支配的对象不仅包括自然环境，还包括动物、女性、其他的欧洲人和所有的有色人种（Pettman，1996）。当然，以国家安全为中心的制度结构将长期存在（Eckersley，2004）。但服务于少数国家和集体的国家安全研究范式却产生了对于环境的不可恢复的破坏，使穷者越穷，富者越富（Schnurr & Swatuk，2012）。从批判主义的观点来看，传统安全观对环境造成的威胁并非是源自科学上的无知，而是来自当代科学所推崇的经验研究范式（Peterson，2003；Booth，2007）。

当剧烈的变化发生时，如气候变迁、滥伐森林、渔业资源枯竭、苏联解体、"9·11"恐怖袭击等重大事件的发生，人们总想寻求答案来迅速地维持稳定或建立秩序。但不同的理论对危机产生的原因有不同的解释。例如，对于现实主义者来说，自然环境的破坏是现实存在的问题，就像是苏联解体、恐怖袭击，是一个游离于公民社会之外的问题，因此解决环境安全的思路就是控制或管控（containment）。对于批判主义者来说，这些现象形成的原因是复杂的，是后现代社会多元主义和多重悖论的具体表现，国家体系、产业资本主义、技术创新、消费主义、官僚化等均对环境安全问题产生了重要的影响（Hall et al.，1992；Berman，2006；Dalby，2009）。在这个背景下，稳定或者秩序意味着对于后现代社会体系的重构。

7.2.2　环境与安全

文献中已有诸多的学者将过度消费和环境退化联系起来（Rousseau，1953；Mumford，1934；Carson，1962；Sprouts，1965）。一个经典的例子是复活节岛的文明因过度开发资源而导致自我毁灭。冷战之后，以国家中心的安全观也开始关注环境问题，但提出的问题是发展中国家的环境退化会对发达国家的安全产生什么样的影响（Dalby，2002a；Gray，2002）。对于气候变迁及其对安全问题的影响也基本围绕这个主题展开（Bernauer et al.，2012）。

冷战结束之后，西方国家的军事力量存在的意义受到质疑。如果如福山所言，西方社会来到了"历史的终结"的节点，那么新的威胁会来自何处？自然而言，随着环境问题在国际话语体系中逐渐占据重要的位置，来自环境的威胁也逐渐被纳入西方社会主导的国家安全体系当中。

因此，自 1990 年开始，越来越多的研究开始关注环境退化、资源短缺和暴力冲突之间的关系，并将其定义为环境安全。一方面，相关的研究在以国家安全为中心的框架体系下，寻求解决问题的思路。研究的精力主要放在方法论的构建、数据的收集、界定研究范围、概念的定义，从而促进国家安全领域的知识积累，并对政策形成启示（Homer – Dixon，2003）。另一方面，相关的研究侧重于使用批判主义的理论范式，不仅研究的范围十分宽泛，研究方法也更加的多样化（Dinar，2011；Schnurr & Swatuk，2012）。他们的研究将全球社会视为一个自我界定的国家系统，其中一些国家比另一些国家具有更多的政治、军事、科技和经济力量。一个国家在这个全球体系中的位置则是由其自身的努力和政治秩序所决定的。

现实主义理论认为，国家的权力来自对其国境范围内资源的开发（Morgenthau，1978）。同时，也来自对其他国家资源的获取。在后现代的工业社会，国家的权力依赖于将再生和不可再生的资源转换为消费品的能力。然而，如果对可再生资源进行过度的开发，必然会导致可再生资源的退化，进而引起权力的失衡，导致冲突的发生。霍默－迪克森（1991；1994；1999）对可再生资源退化和地区冲突之间的关系进行了深入的探讨，尤其关注了土地、水资源、森林资源和渔业资源退化所导致的地区性冲突，虽然对气候变化造成的影响也有探讨，但其影响的显现还需要时间的累积。相关的研究问题可以归纳为两点：（1）环境的稀缺性是否导致了发展中国家的暴力冲突事件的发生？（2）影响的机制是什么？

为了回答这两个问题，对于环境变化与冲突之间的关系可以形成以下三个假说：

第一，可以被据为己有的可再生资源（如农用土地、水）供给的下降会导致"稀缺性"冲突（Scarcity Conflicts）。

第二，由环境破坏导致的大规模人口迁移会导致"族群身份"引起的冲突（Group Identify Conflicts）。

第三，严重的环境稀缺性也会导致更严重的经济剥夺和社会（国家）秩序的崩溃，从而形成"剥夺性"冲突（Deprivation Conflicts）。

因此，如何定义稀缺性，就成为回答这两个问题的关键。导致稀缺性的原因可以大致分为三类（Homer – Dixon，1998）：（1）由于需求的增长（可以称之为需求引致的稀缺）。例如，由于人口的增长或人均消费的增加。（2）由于供给的下降（可以称之为供给引致的稀缺）。例如，耕地的退化。（3）由于对关键资源分配的不平等，导致资源被集中在少数人手中，从而导致大多数人所面临的稀缺性。当稀缺发生时，资源或环境被有能力的人所捕捉，而其他的人则受到生态环境上的边缘化。

因此，要解决环境问题导致的冲突，关键的问题不在于如何确保资源的绝对供给数量，而是应该关注资源供给与资源需求的平衡，关注资源在整个社会中的分配（Schwarz et al.，2000）。对此，伯纳尔（Bernauer et al.，2012）将这类的研究称为"新马尔萨斯主义的环境冲突论"。

但环境稀缺性并不必然导致社会的不稳定和暴力冲突。环境退化对于社会暴力的影响既不是直接的，也不是线性的。一方面，环境稀缺实质上是对国家能力需求的增加，但却降低了国家应对这种需求的能力（Homer-Dixon，1998）；另一方面，环境稀缺性确实对于政权的稳定性产生了影响。因此，环境稀缺性并不是导致暴力冲突的充分条件。当环境稀缺性确实对暴力冲突产生影响时，也必然会伴随着其他的政治、经济、社会事件的发生。因此，将环境稀缺性的影响与其他的因素的影响分离开来并不容易。

巴什勒（Baechler，1998）的研究不仅讨论了环境变化对于安全问题的影响，而且进一步分析了导致环境变化的原因，并且认为导致发展中国家生态灾难的原因不仅有发展中国家自身的问题，也有来自发达国家的影响。通过对 40 个案例的分析，巴什勒（1998）认为环境问题是否能够导致暴力冲突主要是由政治因素所决定的，而不是环境问题本身。如果存在有效的政治协商机制和技术解决方案，有些情况下环境冲突然反而会促进国家之间的协作关系。

尽管如此，仍有众多学者认为环境变化确实会增加冲突发生的概率。气候变化会对可再生资源的使用带来很多的不确定性。美国国务院 2014 年发布的气候行动报告（*Climate Action Report*）指出了威胁和降低脆弱性的细微区别，因此有必要使美国对于潜在的气候变化影响做出准备。也就是说，国家必须能够应对环境变化带来的威胁。

谢夫兰等（Scheffran et al.，2012）分析了气候系统、自然资源、稀缺性和社会的稳定性之间存在的复杂关系。其中，作者认为脆弱性（vulnerability）有三个特征：（1）直接受到气候变化的影响；（2）对气候变化反应敏感；（3）缺少适应气候变化的能力。与其他地区相比，发展中国家适应气候变化的能力最弱，受到气候变化的影响更大。如果全球平均气温持续上升，则现有的气候变化适应能力建设是远远不够的，从而导致社会不稳定和暴力冲突更容易发生。

向等（Hsiang et al.，2013）认为冲突的形式至少有以下三类：（1）个人层面上的暴力和犯罪；（2）群体层面的暴力和政治不稳定；（3）制度崩溃。作者认为，如果气候变化导致了生产率的下降，那么有可能会使得发动冲突获得的相对收益有所提升，从而形成暴力冲突的经济起源。同时，经济生产率的下行削弱了政府制度的有效性，削弱了政府部门平息犯罪和叛乱的能力。如果环境的变化导致社会和经济不平等程度提高，那么为了实现资产的重新分配，冲突就会很容易发生。如果环境变化导致了大规模的人口迁移，迁移目的地的资源就会变得相对稀缺，从而引起冲突的发生。气候变化也会对冲突发生的现实环境产生影响，比如洪水冲垮了道路，导致战争双方的后勤补给中断，从而影响战争的走向。可以认为，即使气候变化不是引起战争或者局部冲突的唯一驱动因素，也是重要的推动力量。因此，考虑到全球气候变暖所导致的种种后果，整个人类社会必须对此做出反应，才能提升全体人类的安全水平。如果气候变暖是由人类的活动所引起的，如何让全人类行动起来共同阻止气候变暖就成为值得探讨的主题。即使不能阻止气候变暖，如何避免由于气候变暖导致的冲突也是值得重视的。

7.2.3　批判性环境安全研究

并非所有国家都容易受到环境变化的影响而产生暴力冲突。这其中，一个国家的制度起着非常重要的作用。如果一个国家的政府具有普遍的代表性，则其应对环境变化的能力就要比没有普遍代表性的政府更强。另外，经济上落后的国家缺少必要的物质和人力资本去应对重大的环境变化。如果还存在族群上的分裂或者社会阶层的严重分化，则会进一步降低一个国家应对环境变化的能力。

但是也需要注意到的是，现有的维护国家安全的手段和环境变化导致的潜在威胁之间是不相匹配的，从而产生了以维护环境安全为目的的对现有的国家安全理论的批判，可以将此类文献归纳为批判性环境安全研究（Deudney，1990；Conca & Dabelko，1998）。首先，现有的维护国家安全的各种制度框架和手段对于解决环境问题没有任何帮助，不论这种环境问题是地区性的还是全球性的。具体而言，国家安全是通过有组织的暴力来实现的。而要解决环境问题则需要跨国的协作。国家的安全是建立在保密的基础之上，而要解决环境问题则需要开放和共享更多的信息。其次，关于国家安全的论述将所有境外的个人、地区和国家都视为国家安全的潜在威胁，都视为不可信的"合作伙伴"。然而，对于解决全球性的环境变化问题则不能采取基于主权和领土的分割态度。最后，经济和贸易体系的全球化、产业链在全球范围内的布局使得国家之间的联系越发紧密，对于工业化国家尤为如此。因此，环境变化引起的危害就会沿着全球经济系统而扩散，很难按照国与国之间的边境线将环境变化的影响范围进行划分。环境变化不一定会导致国与国之间的冲突，但是要解决引起环境变化的问题并非易事。

批判性环境安全理论的核心是如何界定国家。是将国家视为汇集权利和行使权利的主体，还是分析的一个概念。批判性环境安全理论学者大多数并非传统的国际关系学者，而是有可能来自环境研究、人文地理、生态学、哲学、人类学、生物学、女性理论、性别研究等领域。这些领域的学者在研究之初就不是以国家为研究对象，研究重点也不是对传统的权力或者特权网络的分析，对于所研究的问题更加关注的是对象在空间和时间维度上的变化。因此，批判性环境安全理论学者在看待这个世界时与研究国际关系的学者有着显著的不同，并将现在的国际秩序所主导下的现代工业社会视为一切问题的根源。

以批判性环境安全理论学派中的生态学者为例，环境安全的目的是确保环境健康，包括特定生态系统的健康，也包括全球生物圈的健康。由于人类是全球生物圈的组成部分，因此人类的福祉也是环境安全保护的目标（Stoett，2012）。而要实现环境安全，需要建立的是一个全球性的环境治理机制，而不是以国家为单位的国家安全政策（Peluso & Watts，2003）。

批判性环境安全理论学派当然也承认实际权力在国际关系中的主导地位。权力虽然是维护国际秩序稳定的必要条件，但是以维护秩序和稳定为名义的权力滥用也会导致一些负面的环境后果。为了避免或者降低这种负面的影响，批判性环境安全理论学者也不得不与权力的代表——国家合作，以便尽可能多的施加正面的影响。一方是气候变迁的否定者及其所代表的政治和经济利益集团，另一方则主要是由学院派和科学家组成，认为人类活动确实导致了气候变化，并将导致灾难性的后果。不过要使双方达成共识并非易事。而且，需要意识到的是，如果没有国家权力的支持，所谓的环境安全仅仅是一句空谈。因此，如何与国家权力打交道，就成为批判性环境安全理论学派所需要解决的问题。

7.3 气候变化与国家安全

导致局部冲突的环境因素有多种，如资源的过度开发、农地的退化、水资源的枯竭等。但当今世界所面临的最紧迫的全球性的环境因素可能是气候变暖，并且全球气候变暖会使得水和土地等资源的退化变得更加严重。因此，本节着重讨论气候变暖对于国家安全的影响。

7.3.1 气候变化的直接影响

气候变化对国家安全的直接影响主要是通过影响资源的稀缺性而产生的。尤其是可再生的资源，如水、耕地、森林、渔业资源等。根据新马尔萨斯主义的观点，更高的温度、更干旱的气候与人口的增长导致对水资源需求量的增加，这会导致可再生资源存量的下降，进而使得国家之间对于资源需求的竞争加剧，从而有可能导致冲突的增加（Homer - Dixon，2001）。在一个国家内部，降雨量的下降会导致不同群体间对于水资源的争夺，引起局部地区的暴动或整个社会的冲突。这种情况在缺少应对能力和足够资源的发展中国家更容易发生。另外，跨国的水资源的稀缺也会导致国家之间的冲突（Gleditsch et al.，2006）。

但并非每个学者都持相同的观点。例如，新古典经济学认为，真正的稀缺性是很难出现的，因为有效的市场和健全的制度能够不断地推动要素替代、创新、投资和国际贸易，从而克服稀缺性的问题（Lomborg，2001）。另外，政治生态学认为治理能力不足、腐败、制度缺陷以及其他的地区性和结构性因素是研究资源稀缺和冲突的关系时的遗漏变量，从而影响资源稀缺效果的识别（Barnett & Adger，2007）。因此，如果忽略了暴力冲突所发生的社会和政治背景，就很容易得到与新马尔萨斯主义相同的结论。

7.3.2 气候变化的非直接影响

气候变化的非直接影响主要关注对于经济发展和人口迁移的影响。经济学的研究表明，当工资和就业下降时，犯罪率会上升。因为理性的经济人会考虑犯罪和就业的相对回报率、成本、风险，如果犯罪的期望收益超过了就业，那么就会选择犯罪。沙萨和佩德罗一世·米格尔（Chassang & Padro I Miquel，2009）认为反叛或暴动遵循相同的经济学逻辑，当个人或者家庭的收入或经济机会下降时，参与暴动的激励会提高。因此，如果气候变迁导致高温、干旱或者极端天气的出现频率增加，就会导致经济产出的下降（Burke et al., 2015；Dell et al., 2012），那么就会在气候变化导致的经济衰退和冲突之间建立联系（Miguel et al., 2004）。

不过，需要指出的是，气候变化和极端天气对于一个国家内不同群体的影响是不同的，对于主要依靠农业收入的家庭会产生更大的影响。根据机会成本理论，可以发现暴动和农业收入之间可能会存在的显著的负相关。也就是说，极端气候条件引起农业收入的下降，从而有可能形成冲突发生的诱因。气候变化对于整个国家收入的影响则取决于冲突持续的时间和烈度。在经济运行良好的和平时期，组织叛乱会面临难以克服的集体行动的问题，同时政府有更强的能力应对经济危机，并有能力阻止局部的经济困难演变为冲突。

此外，极端的气候条件会通过导致作物减产而引发急速的食品价格上涨。这会在一定程度上降低斗争的机会成本。并且，暂时的危机可能会解决集体行动的问题，使得个人更加容易被动员参与政治活动（Acemoglu & Robinson, 2001）。因此，由气候变迁引起的食品价格上涨有可能会导致一些烈度较低的政治冲突，如示威游行、抗议和骚乱。

极端天气引起的产出下滑也会降低政府的财政收入。当可用的财政资源变少时，不仅政府部门提供公共产品和服务的能力会下降，执政党压制反对党的能力也会下降，这使得叛乱更容易发生（Buenode Mesquita & Smith, 2017）。尤其是，如果政府不能在自然灾害发生后为受灾的群体提供必要的帮助，也很容易引发反政府的抗议。同时，自然灾害会导致财政收入下降、基础设施损毁，有可能会使冲突时间延长。

气候变迁所导致的经济下滑可能会加剧社会内部的不平等程度，而不平等程度的提升也可能是引发冲突的原因之一。根据相对剥夺理论，如果人们对于自己的预期超过了他们实际的地位，就会导致个人的挫败感，使个人的攻击性增加，从而促使个人参与叛乱进而寻求财富和政治力量的重新分配。不过总体上来说，由于气候变化导致的经济条件的改变即使会引起冲突，强度也是有限的（Cederman et al., 2013）。

气候变迁可能会使得大量的人口背井离乡（Koubi et al., 2016）。大量的生态移民会使接受地的资源和经济负担加重，从而加剧对于稀缺资源（如土地、工作机会、医疗服务、教育和其他社会服务）的争夺。同时，如果生态移民与接受地的居民属于不同的种族，这可能会打破接受地的种族平衡，进而可能会引发种族之间的矛盾（Brzoska & Frohlich, 2015；Gaikwad & Nellis, 2017）。

气候变迁对于冲突影响的大小取决于国家或地区的经济发展水平、政治制度，以及中央和地方政府解决气候变迁问题的行政能力。如果一个国家的贫困发生率较高，经济发展严重依赖于农业或对其他可再生资源的开发，其经济发展就更加容易受到气候变迁的影响，从而会有更高的冲突发生的概率。而对于行政能力较强、腐败程度较低的国家或地区来说，政府部门有激励为受到气候变迁影响的群体提供经济支持，通过加强基础设施建设和提供更多的公共产品和服务来帮助受影响的群体，从而换取更加广泛的支持（Buenode Mesquita & Smith, 2017）。

7.4 环境安全的案例分析

7.4.1 哥伦比亚

2016 年，持续了 52 年的哥伦比亚内战终于结束了。这场内战始于 20 世纪 60 年代，所带来的成本不仅仅是经济的，还有不可估量的物质、环境和政治成本。武装冲突导致受害者达 800 多万人，哥伦比亚社会成为一个分裂、脆弱的社会，未来的和平建设道路艰辛而漫长（莉娜·卢内，2017）。

哥伦比亚内战始于哥伦比亚革命武装力量（FARC）和民族解放军（ELN）之间的武装冲突。2017 年 2 月，FARC 和哥伦比亚政府开始了漫长而艰辛的国家和平谈判。在谈判中，核心的议题和最大的困难就是如何进行土地分配，而这也是遣散 FARC 的关键因素。

FARC 在武装斗争中一直高举土地革命的旗帜。然而，从 20 世纪 60 年代 FARC 发起武装暴动开始，哥伦比亚的土地所有权的分配并没有发生显著的变化。哥伦比亚仍是世界上土地分配最不平等的国家之一。和平谈判的目的就是要解决土地分配的问题，对哥伦比亚的农村地区进行改革，通过重新建立一个新的土地产权结构，消除孕育武装斗争的经济社会条件。

从 20 世纪 50 年代开始至今，尽管哥伦比亚也进行了多次的土地改革，但并没有解决土地过度集中的问题，广大的小农户和无地农民仍然生活在贫困中。FARC 和哥伦比亚政府达成一致，计划在未来的 10 ~ 15 年使农村地区的贫困发生率降低 50%。不过，这并不代表对私人产权的侵犯。协议并没有按照 FARC 的要求对土地进行重新的分配，但是哥伦比亚政府承诺将会采取一系列的措施帮助中小农户提高获取土地的能力，并促进农村地区的发展。

哥伦比亚农村地区的不平等有相当长的历史，是世界上土地分配不平等程度最严重的国家之一。根据 2000 年的统计数字显示，0.4% 的农民占据了 67.7% 的耕地。然而，这些土地并没有被完全耕种。2012 年，哥伦比亚农村地区仅有 22% 的耕地得到利用。1954 年，土地面积超过 500 公顷的地主占农民总数的 0.88%，所占有的土地面积达到了总耕地面积的 31.05%，55% 的农民拥有的土地面积在 10 公顷以下。到 1961 年，土地面积超过 1000 公顷的农场主占到了农民人数的 1.2%，土地面积占总面积的比重达到了 45%。而在同年，64.1% 的哥伦比亚农民生活在贫困当中，30.2% 的农民仅能够勉强维持生活。

导致哥伦比亚土地分配不平均的原因可以追溯到西班牙殖民南美洲的时期。西班牙王室在占领了南美洲大陆之后，开始了对于黄金和白银的掠夺。西班牙王室及其少数精英代理人占据了新政府的土地，而没有将其分配给更广泛的人民。虽然玻利瓦尔推翻了西班牙王室在南美洲的统治，但土地仍然集中在少数的精英手中。

FARC 的革命口号就是要重新分配土地。少地无地的农户对土地重新分配有很高的需求，但是哥伦比亚政府对此无视。这为 FARC 的存在提供了现实土壤。在 FARC 控制的地区，土地被重新分配给农民。不过农民虽然不需要给以前的土地领主支付租金，但仍需要给 FARC 缴纳贡品。同时这也产生了一个哥伦比亚长期难以解决的问题，即可卡因的种植。由此产生的暴力活动和人员伤亡不亚于武装革命暴动。

武装暴动的另一个长期后果是大量的人口流离失所。在冲突期间，约有 600 万人被迫背井离乡。导致约 680 万公顷的土地被遗弃或剥夺。受到影响的大多是美洲原住民和非裔哥伦比亚人。这也为内战之后和平的重建工作带来巨大的挑战。虽然哥伦比亚政府计划要将被迫迁移的人口送回原籍，但是他们的土地已经被他人占据。2011 年，哥伦比亚政府颁布了一项法律，即受害者补偿和土地归还法，旨在将被遗弃和被非法占据的土地归还给被迫迁移的群体。据估计仅有 200 万公顷的土地会受到这项法律的影响。其他的土地因为各种各样的原因不符合受害者补偿和土地归还法的要求。比如说，该项法律要求如果被迫迁移发生在 1991 年 1 月 1 日之前，则不适用该法律。

除了技术性问题之外，给被迫迁移人群恢复土地所有权也十分危险。在冲突期间，一些大的地主与准军事组织勾连，通过暴力和恫吓积累了大量的土地，其中就有被迫迁移的群体的土地。这些土地后来又被在土地市场上卖给不知情的农民。因此，对于哥伦比亚政府来说，如何清楚地界定这些土地的所有权归属就成为一个难题。

哥伦比亚是否能够实现和平取决于多方面的因素。虽然和平协议从 2017 年 6 月开始执行，但临时过渡区的建设和去武装化都进展缓慢，受害者权益是否可以得到保障也难以估量。过去几十年的武装冲突掩盖了哥伦比亚广泛存在的不平等和结构性问题。哥伦比亚仍然是一个深度分裂的社会。重建和平依赖于哥伦比亚人民是否能够原谅过去，着眼未来。结束武装冲突是一条漫长的路，重建和平则会更加漫长，但必须要坚持。

从哥伦比亚内战的案例中可以发现，导致冲突的原因并不在于可再生资源（土地）的稀缺性，而是其分配。但土地分配并非是引起冲突的唯一原因，关键还在于哥伦比亚独立之后没有对土地分配进行改革，仍然延续了殖民时期的土地分配政策。因此，在这场冲突中，环境因素只是造成冲突的表象，更深层次的原因在于制度和历史的路径依赖。

7.4.2　达尔富尔地区

达尔富尔地区位于苏丹西部，面积 50 多万平方公里，人口 600 多万人，约有 80 个部族。其中信奉伊斯兰教的阿拉伯人大多居住在北部，主要从事畜牧业；而信奉基督教的土著黑人则住在南部，主要从事种植业。达尔富尔是苏丹经济发展水平最落后的地区（Mazo，2009）。

数百年来，内部不同种族之间的通婚不断打破了达尔富尔人和达尔富尔逊尼派穆斯林之间的界限。不过生态和人口结构的变化加剧了部落之间紧张的关系，干旱和沙漠化经常会导致部落之间为了争夺资源而发生流血事件。在 20 世纪七八十年代，部落之间的冲突变得更加频繁和血腥，尤其是牧民为了寻求水源和牧场而与农民之间发生的冲突。

来自乍得、利比亚和其他国家的移民进一步加剧了地区形势的紧张。艰苦的生产条件和对外来移民忍耐度的下降导致了当地人和外来者之间的冲突加剧,并引发了国际局势的紧张。从南苏丹、乍得、利比亚、厄立特里亚等地区流入的武器使得部落之间的冲突不断升级。部分部落认为政府不能有效保护他们不受其他部族和武装犯罪分子的威胁,因此一些游牧部落纷纷建立了自己的防卫组织。这使得该地区成为一个公开的武器市场,各式各样的武器装备被走私到当地,甚至包括重型火炮和装甲车。

2003 年,苏丹解放军袭击了当地的警察局,导致了更大规模的冲突。到 2007 年,200万人被迫背井离乡,其中一些流亡到邻国乍得。联合国估计在此期间的伤亡人数为 20万 ~ 50 万人。2007 年 6 月,联合国秘书长潘基文发表演说,认为人类所导致的气候变化是导致达尔富尔冲突的重要因素之一。当地政府治理不善必然是导致冲突发生的原因之一,并且也是和平谈判无法取得有效成果和人道主义救援难以进行的重要原因。但是,考虑到冲突发生的起因和严重性,可以认为达尔富尔冲突是当代第一次气候变化引起的冲突(Mazo,2009)。

当然,气候变化对于达尔富尔地区的冲突到底起到了多大的作用仍然有很大的争议。干旱和冲突发生时间点的重叠使得很多人相信必然是气候变化导致了冲突的发生。然而,如果观察达尔富尔地区和萨赫勒地区历史上的降雨量和冲突之间的相关性,在 20 世纪 70年代前后并没有呈现明显的降雨量下降。在 38 个非洲国家之中,没有显著的证据表明降雨量的变化与冲突发生的频率之间是相关的。但对于 1980 ~ 2002 年撒哈拉以南非洲的研究发现,年平均气温和内战的发生率之间确实存在着很强的相关性。即使在更换了数据和模型,控制了更多的变量如降雨量、人均收入水平和治理水平之后,结论仍然是稳健的。

当然,气候变化既不是引起冲突的充分条件,也不是必要条件。否则就会落入环境决定论当中。不过,即使气候变化不是引起冲突的充要条件,但是很有可能气候变化放大了其他风险因素的影响。达尔富尔即是如此。2007 年,英国气候谈判代表约翰·阿什顿(John Ashton)认为,达尔富尔地区的冲突是非常复杂的,引起冲突的原因既有社会因素,也有政治因素和种族因素。但不可否认的是达尔富尔地区的冲突是很难解决的,因为在过去的 25 ~ 30 年,达尔富尔北部地区的降雨量下降了 40%,并且这个结果跟很多气候模型的预测是相吻合的。

20 世纪七八十年代的干旱还间接引发了萨勒赫地区的另一场冲突,即 1990 ~ 1995 年发生在马里北部的图阿雷格起义。当地的年轻人被迫流亡到阿尔及利亚和利比亚,其中许多人变成了极端分子。同时,由于国际社会发放的干旱救济资金被政府官员挪用,进一步引发了大众的不满。起义发生的原因并非是因为气候变化所导致的稀缺资源供给的下降,但气候变化会进一步加剧社会因素的影响。

在达尔富尔地区,虽然降雨量在 1971 年之后的变化趋势看起来较为平稳,但降雨量的变化仍然存在很大的年与年之间的波动。短期的降雨量波动仍有可能引发环境压力和冲突的发生。UNEP 的研究发现,在 1956 年之后,达尔富尔地区共发生了 29 次因为争夺草场和水源发生的冲突，其中有 15 次发生在 1980～1984 年和 1990～1991 年这两个时间段，而这两个时间段正好发生了干旱（UNEP，2007）。

关于达尔富尔地区的冲突，很少有人会同意气候因素没有起到作用，只是说在多大程度上气候变化导致了冲突的发生以及如何看待气候变化的影响。如果把原因视为事件发生的充要条件，那么气候变化并非如此。但在达尔富尔地区，气候变化显然是导致暴力冲突发生的潜在因素之一。即便政治和经济因素也发挥了非常重要的作用，但并不妨碍达尔富尔的冲突被列为一场气候变化导致的灾难。

7.5 结　语

将一个问题视为威胁意味着需要识别出所需要保护的对象、将维护安全的手段合法化以及制度化。环境变化、气候变迁所带来的威胁是不确定的、分散的、难以量化的，但有可能后果是灾难性的。本章分析了当环境危机和气候变化引发安全问题时，传统的维护国家安全的手段所面临的挑战。在应对这些环境因素的挑战时，需要强调的是预防性和非对抗的措施，并且国家不再是提供安全的主体。但是，从已有的经验分析和案例分析的结果来看，将环境因素与地区冲突相连接的因果关系还未充分建立，这也应该成为未来研究的方向。

导致冲突的原因是多元化的，仅仅强调环境因素的影响显然是不正确的，但是如果忽视环境的潜在影响也不利于对冲突的化解。要应对气候变化、环境破坏带来的安全挑战，除了国际社会的通力合作之外，还需要一个国家在执政能力、制度、基础设施建设等方面进行强化，更重要的是要发展经济，为应对环境和气候变化导致的灾难提供物质基础。

第8章

民 生 安 全

8.1 民生安全概述

民生问题通常包括吃、穿、住、行的问题,但是归根结底是收入问题。无论是吃、穿、住和行,都是消费问题,而消费决定于收入,因此解决民生安全问题的关键是收入。莫迪利安尼的生命周期消费理论认为,人在一生的过程中,收入将会有规律地波动,因此个人的储蓄行为或消费行为很大程度上取决于所处的生命周期阶段(Modigliani & Ando,1963)。具体而言,根据扩展了的生命周期理论,人一生分成三个阶段,包括儿童和少年时期、青年和中年期以及退休后的老年时期。在个人生命的早期阶段(儿童期),将主要依靠借贷支付生活的支出。在参加工作后的青年和中年期,从工作中获得的收入超过消费,超过部分将用于偿还儿童和少年时期的借贷,同时增加储蓄。在退休后的老年期,将主要依靠之前的储蓄消费。由此可见,人生的不同时期所承担的生命职能是不同的,其所面临的问题和风险也是不同的。

尤其值得注意的,消费和储蓄的生命周期模型成立条件是非常苛刻的。首先,必须存在完善的信贷市场。这可以保证个人在其生命早期方便借贷。这与现实不符合,尤其是不符合中国的现实。对于大多数发展中国家来说,也是不符合现实的。其次,个人有能力自主决定自己的消费水平。这对于儿童和少年来说,显然是不可能的。个人在不同成长发展阶段行为能力是不同的,因此其决策能力是不同的。

从个人成长角度看,为了获得合理的经济收入,不同的人生阶段职能不同。首先,在儿童阶段,其核心是积累人力资本,为将来参加工作做准备。其次,在青年和中年阶段,核心是工作,以此抚育后代,扶养老年人,同时增加储蓄为将来养老做准备。最后,在老年阶段,依靠养老金和储蓄生活。

决定民生安全的关键,是每一个人生阶段的职能都能得到发挥。在儿童和少年阶段,能够获得高质量的教育。在青年和中年阶段,能够获得稳定的工作,从而支持家庭,并为将来养老做准备。在老年阶段，能够获得稳定的养老支持。

从个人角度看，民生安全问题在不同时期重要性程度也有所差异。其中，儿童阶段是关键，决定了一个人成年后在劳动力市场的表现以及生活满意度，也决定了个人一生的成就所必须的技能。青年和中年时期是核心，决定了整个家庭财富的积累与家庭成员的生活满意度。中年也是社会中坚力量，决定了整个社会的福利水平。老年期则是重要组成部分。

一般而言，关于民生安全的讨论是置于家庭框架内的，因此，强调收入问题是民生安全的核心问题，其决定了家庭的福利水平。但是毋庸置疑的是，民生安全很多时候超越了家庭的范围，一些民生安全问题甚至根本就不是普通家庭能够解决的，这其中就包括了住房问题、学校教育问题以及医疗卫生等公共服务供给问题。

因此，民生安全由五部分构成：第一部分，人力资本部分形成，针对儿童期；第二部分，就业和失业，针对青年和中年期；第三部分，老年人的支持问题；第四部分，特殊群体，尤其是不具备行为能力人的民生安全问题；第五部分：其他民生安全问题。

■ 8.2 儿童的人力资本形成问题

儿童和少年时期的民生安全问题涉及的是是否及时获得高质量的教育。孩子高质量的教育不只是基于认知能力的学业表现，更重要的是非认知能力，包括人格、工作的积极性、领导能力、忠诚度、可靠性、毅力、团队合作精神等（Almlund et al.，2011）。研究表明，非认知能力在决定个人收入以及个人在社会上其他方面的成功都起着与教育以及认知能力一样重要的作用（Heckman et al.，2006），一些研究甚至认为，一定程度上个人的非认知能力比认知能力更重要（Heckman et al.，2006），对于低技能劳动者来说尤为如此（Lindqvist & Vestman，2011）。一般情况下，普遍使用人格特征来度量非认知能力，因为这方面有较为成熟的度量方法。实验经济学则倾向于使用公共品博弈实验和独裁者实验等方式度量亲社会行为（包括合作行为和利他行为）。

在这一时期主要是四大少年儿童弱势群体面临较大的民生安全风险。这四大少年儿童弱势群体包括家庭贫困少年儿童、留守儿童、流动少年儿童、生活在单亲家庭的少年儿童和孤儿。这些弱势群体面临的最大风险就是来自于家庭教养方式的挑战。家庭教养方式是来自心理学的术语。鲍姆林德（Baumrind，1991）最早将教养方式定义为权威型、独裁型以及放纵型三种，并发现相比独裁型教养方式，权威型教养方式更能够促进孩子认知能力和社会适应能力发展。德普克和孜利伯蒂（Deopke & Zilibotti，2017）将教养方式划分成两个维度，包括需求性和回应性。其中，需求性是对孩子的要求和限制。回应性则是对孩子需求的回应，既包括正面诉求的情感支持和回应，还包括对负面诉求的合理拒绝，同时还包括经常与孩子沟通孩子的生活与学习。因此，高质量孩子教育是与父母高质量的需求性和回应性相联系的。而弱势群体的最大挑战可能就是无法获得高质量的教养方式。

我们将先讨论决定儿童人力资本形成的决定因素，然后讨论弱势群体儿童面临的某些因素的缺失影响其人力资本形成的质量问题。

8.2.1 儿童人力资本生产函数

贝克尔最早在其《人力资本理论》中提出经典的家庭生产函数模型，并认为决定孩子教育质量的是父母的收入水平（决定可用于分配给孩子教育的物质资源）和时间。贝克尔的家庭生产函数模型是几乎绝大多数人力资本投资理论的基础，影响了后续的大量的研究。

2019 年柯布 – 克拉克（Cobb – Clark）、萨拉曼卡（Salamanca）和朱安娜（Anna Zhu）（简称 CSZ 模型）在综合经典的贝克尔家庭生产函数以及家庭教养方式理论的基础上提出了全新的家庭生产函数，全面考虑了影响家庭人力资本投资的各种因素。相比贝克尔的家庭生产函数模型，CSZ 模型的创新包括以下三个方面。

第一，CSZ 模型把家庭教养方式纳入模型并认为是重要的人力发展决定因素。家庭教养方式不仅决定了家庭的物质分配方式，还塑造了孩子的人格以及各方面的能力。因此，柯布 – 克拉克等认为家庭教养方式也是重要的家庭投资方式，甚至可以说是家庭人力资本投资的核心。

第二，CSZ 模型中，决定家庭投入的因素包括时间、商品以及父母认知资源（比如注意力）。父母采取何种教养方式取决于家庭禀赋，尤其是其注意力。

第三，CSZ 模型中，家庭的认知资源也是家庭禀赋的一部分，从而考虑了家庭社会经济地位的影响。柯布 – 克拉克等认为家庭的社会经济地位决定了父母的教育水平、职业以及工作劳累程度，进而影响父母可用于孩子教育投资的时间和认知资源。曼尼（Manni，2013）就发现贫困家庭的认知能力（注意力）会受到非常大限制。因此，家庭社会经济水平会影响父母的教养方式。

假设父母的效用函数由如下方程决定：

$$U(Z) = U(Q(Z_P), Z_{\sim P}) \tag{8.1}$$

其中，$Q(Z_P)$ 是孩子的教育质量，Z_P 是与父母相关的变量，$Z_{\sim P}$ 是与父母无关的变量。方程（1）表明，孩子的教育质量是父母效用的重要决定因素。

为了简化，我们假设孩子的教育投资只有一种，则孩子教育决定方程：

$$Q = q(Z_P) \tag{8.2}$$

父母的教育投资决定于家庭购买的商品（x）、时间（t）和认知资源（注意力 a），即：

$$Z_P = z(x, t, a) \tag{8.3}$$

接下来我们考虑家庭的禀赋：

$$时间约束：T^P = t_w + t \tag{8.4}$$

其中，t_w 是工作时间。

$$认知资源约束：A^P = a_w + a \tag{8.5}$$

其中，a_w 是工作所耗费的认知资源。

$$收入约束：I^P = wt_w a_w + V^P = px \tag{8.6}$$

其中，w 是前定的外生工资。V^P 是用于教育投资的非劳动力市场收入。p 是外生的商品价格。

假设家庭的认知资源由家庭社会经济地位（SES）决定，即：

$$A \cong A(SES) \tag{8.7}$$

这里假设，$A'(\cdot) > 0$，$A''(\cdot) > 0$。即提高家庭社会经济地位有助于提高家庭可用的投资于孩子认知资源（注意力）。但是，家庭社会经济地位的影响存在边际效应递减的效果。即随着家庭社会经济地位增加到一定程度后，家庭可用的注意力资源将会减少。

因此，我们得到如下的总的禀赋约束方程：

$$S^P = wT^P A^P + V^P = px + w(T^P a + A^P t - ta) \tag{8.8}$$

式（8.8）就是贝克尔的一般家庭收入禀赋约束的变体形式，可以称为"完全注意力扩展的用于家庭教养方式的收入"（full attention-augmented income devoted to parenting）。式（8.8）左侧是收入水平，它是将全部用于生产教养方式的时间和注意力用来获得收入时候的收入水平。右侧是家庭潜在的收入水平，包括家庭的商品和在劳动力市场上获得的收入（由工资乘以注意力和时间得到）。式（8.8）括号里的表达式可以理解为家庭教育的机会成本。即为了提高孩子的教育质量所以必须放弃的劳动力市场的收入。

家庭的最优化决策就是最大化如下的汉密尔顿最优控制方程：

$$L = q(Z_x, Z_t, Z_a) + \lambda[wT^P A^P - px - w(T^P a + A^P t - ta)] \tag{8.9}$$

这里 λ 是拉格朗日乘子。Z_x，Z_t，Z_a 分别是商品密集型、时间密集型以及注意力密集型的孩子教育投资。

通过对一阶求导结果进行求商，我们得到如下三个方程：

$$R_x^t = \frac{\partial Q/\partial Z_t}{\partial Q/\partial Z_x} = \frac{w}{p}(A^P - a)\frac{\frac{dt}{dZ_t}}{\frac{dx}{dZ_x}} = \frac{w}{p}(A^P - a)\psi_x^t \tag{8.10a}$$

$$R_x^a = \frac{\partial Q/\partial Z_a}{\partial Q/\partial Z_x} = \frac{w}{p}(T^P - t)\frac{\frac{da}{dZ_a}}{\frac{dx}{dZ_x}} = \frac{w}{p}(T^P - t)\psi_x^a \tag{8.10b}$$

$$R_t^a = \frac{\partial Q/\partial Z_t}{\partial Q/\partial Z_x} = \frac{w(T^P - t)}{w(A^P - a)}\frac{\frac{da}{dZ_a}}{\frac{dt}{dZ_t}} = \frac{(T^P - t)}{(A^P - a)}\psi_t^a \tag{8.10c}$$

这三个方程分别反映了相对于商品投资的时间边际产出、认知能力边际产出以及相对于时间投资的边际认知能力产出。进一步地分别对投资于孩子的认知能力、商品价格、工资水平和社会经济地位进行求导，我们可以分别获得认知能力投入、商品价格、工资水平以及父母社会经济地位变化对父母教养方式的影响，进而讨论其变化对孩子的教育质量的影响。

根据进一步的分析结果，CSZ 模型得到以下几点结论：首先，父母认知能力增加将增加对孩子的教养方式质量；其次，商品价格以及劳动力市场工资水平提高将会降低父母的教养方式质量；最后，家庭社会经济地位提高将会提高父母的教养方式质量。

因此，要提高孩子的教育质量，关键是提高父母的教养方式质量。而人力资本形成的最大风险可能就在于这几个方面的冲击：包括父母认知能力短缺问题、失业问题以及父母的教育问题。

8.2.2 人力资本形成中面临的风险冲击

儿童和青少年时期是个人能力形成的关键时期。科纳森（Knudsen，2004）认为能力发展存在一些敏感期，在敏感期内投资相关的能力可以事半功倍。而婴幼儿以及青少年时期就是认知能力发展的敏感期。赫克曼等的研究表明，父母对孩子认知能力以及非认知能力的早期投资能够显著提高孩子的相应技能。同时早期孩子认知能力以及心智技能的提高对孩子成长有持续的自我增殖（self-productivity）以及相互增殖（cross-productivity）的效果（Cunha & Heckman，2007，2008；Helmers & Patnam，2011；Coneus et al.，2012）。这意味着在自我增殖以及相互增殖的相互作用下，孩子早期的认知能力以及非认知能力差距可能会对孩子的能力差距有持久的影响，早期孩子能力的不平等也可能是持久的。

研究也表明，教养方式对孩子的认知能力和非认知能力形成都具有非常关键的作用。而家庭社会经济地位不平等导致的孩子在教养方式质量方面的不平等，可能会因此影响其教育质量的不平等。

不同的弱势群体所面临的风险冲击是不同的。因此对不同的弱势群体儿童，其所关注的民生安全重心也应该是不同的。

1. 贫困儿童面临的民生安全问题

贫困最大的问题是消耗认知资源。比如沙哈等（Shah et al.，2012）就发现贫困家庭个人会把注意力集中在某些事情上而忽略更重要的事情。通常的结果是父母无法对孩子的要求给出回应，也缺乏对孩子教育投资重要性的认识。贫困也会使父母变得更为偏向风险规避，更重视当下的消费，因此不重视对孩子的投资。这些因素的综合作用结果是孩子的教养方式质量受到影响，最终影响孩子的教育质量。

2. 留守儿童和离异家庭儿童面临的民生安全问题

留守儿童是中国最大的弱势群体。如果我们定义父母都不在身边的儿童为留守儿童，那么据统计，在 2018 年，中国留守儿童数量高达 1500 万人（教育部，2018）。留守儿童面临的最大问题是父母不在身边，因此无法获得父母直接的需求和回应。

离异家庭儿童和留守儿童相似，都是有一方以上父母不在身边导致无法获得父母足够的回应。

3. 流动儿童面临的民生安全问题

流动儿童面临的最大问题是父母的工作流动性高，工作也往往是比较劳累的工作，因此父母的认知能力资源可能被工作消耗了大部分，所以无法对孩子的需求进行有效且及时的回应，也不能与孩子进行充分和有效的沟通。

4. 孤儿面临的民生安全问题

孤儿面临的问题与留守儿童以及离异家庭儿童的类似，都是由于父母不在身边从而无法获得足够的父母回应引起。对于孤儿来说情况可能尤其严重。无论是留守儿童还是离异家庭儿童，虽然父母不在身边，但是他们往往都可以与父母进行经常性的网络联系。更重要的是，留守儿童和离异家庭儿童往往与爷爷奶奶或者外公外婆住在一起，仍然能够获得抚养人足够的回应和支持。但是孤儿往往就无法得到亲人的回应和支持，因此可能会面临更多的教育问题。

案例 8.1

教养方式对孩子的认知能力发展至关重要。然而中国农村家庭普遍缺乏现代意义上的教养方式。这可能与农村普遍教育水平较低有关，也可能与对教育的重视程度较低有关。这就导致农村存在普遍的认知能力发展迟滞的问题。

近期的一项研究收集了陕西省国家级贫困县的 1442 个婴儿的数据。该研究基于贝利儿童发展量表（bayley scales of infant development）对这些婴儿的认知能力发展水平进行测试，并定义如果测试分数低于 84 分即为智力发展迟滞。结果发现有 48% 的儿童存在智力迟滞问题。该研究还调查了他们父母的教养实践，包括与孩子一起阅读、唱歌以及玩耍。相关的结果归纳如表 8.1 所示。

表 8.1   父母参与儿童教养实践的比例

特征	参与教养实践的比例（%）			智力迟滞比例（%）
	阅读	唱歌	玩耍	
婴儿性别：				
男性	12	36	41	50
女性	13	40	37	46
是否独生子女：				
是	14	40	41	46
否	11	34	37	51

续表

特征	参与教养实践的比例（%）			智力迟滞比例（%）
	阅读	唱歌	玩耍	
母亲是否主要抚养人：				
是	14	41	42	48
否	11	32	34	47
母亲教育水平：				
初中及以下	11	34	37	51
高中及以上	19	53	48	53
是否获得政府补贴：				
是	12	34	31	53
否	13	39	39	46

资料来源：Yue，A.，Shi，Y.，Luo，R.，Chen，J.，Garth，J.，Zhang，J.，& Rozelle，S.（2017）．China's invisible crisis：Cognitive delays among rural toddlers and the absence of modern parenting．The China Journal，78（1），50－80．

从表 8.1 中可以看到，整体上农村婴儿智力迟滞问题比较严重。接近一半的婴儿存在智力迟滞问题。与此同时，父母参与儿童的教养实践的比例非常低。亲子阅读的比例仅有 15% 左右。唱歌和玩耍的比例略高，但是也不到 50%。如果母亲的教育水平在初中及以下，母亲参与孩子教养实践的比例就更低了。其中参与亲子阅读的仅有 11%，唱歌和玩耍的比例也不到 40%。如果孩子不是独生子女或者母亲不是主要的抚养人，母亲参与教养实践的比例也较低。

由此可见，家庭社会经济地位的确是影响母亲教养实践的重要因素。提高家庭社会经济地位，尤其是母亲的教育水平具有非常重要的现实意义。

8.3　中青年人劳动力市场表现

青年人和中年人的民生安全问题的核心是工作，即就业问题。个人在劳动力市场涉及四大问题，包括劳动力流动问题、劳动力市场歧视问题、失业保障问题和权利保障问题。

8.3.1　劳动力流动问题

劳动力流动涉及地区间的移民以及工作流转问题。无论是工作流转还是地区间的劳动力流动都是人力资本投资的一种重要方式。

1. 地区间劳动力的流动——移民

移民包括跨国移民和跨区移民。对中国来说，跨区移民是最普遍的现象，也是我国现代化过程中的特色之一。根据中国国家统计局数据，2021 年我国有农民工 2.9 亿人，其中有超过 1.7 亿人属于跨区域流动的农民工，接近总数的 60%（国家统计局，2022）。

与经济学其他决策一样，劳动力跨区流动的决策依据是成本和收益的比较。即净收入流的现值与成本的比较。净收入流的现值是目的地收入流现值与迁出地收入流现值的比较，因此净收益为

$$净收益现值 = \sum \frac{B_{Nt} - B_{Ot}}{(1 + r)^t} - C \qquad (8.11)$$

这里，B_{Nt} 为 t 年时从新工作（N）中所获得的效用。B_{Ot} 为在 t 年时从原来的工作（O）中所得的效用。t 为在工作 N 上的预期工作时间（用年限表示）。r 为贴现率。C 为在流动过程中所产生的效用损失（直接成本和心理成本）。$\sum$ 为加总符号。

根据式（8.11），迁移的决定因素包括以下两个方面：第一，目的地和迁出地经济机会的比较；第二，迁移的心理成本和直接成本。

除此之外，个人的特征是决定迁移的关键因素。通常认为年龄和教育是迁移决策的重要因素。理论上而言往往年龄越小，教育水平越高，越容易迁移。因为这些人更容易在一个具有较高工作机会的地区获得更多的机会和更高的收入。但是对于农村背景个人而言，目前教育水平的因素越发不重要，最主要的还是年龄因素。

需要注意的是农村工人的迁移问题。对于移民问题最大的担心是移民是否会冲击本地劳动力市场。近期的一项研究显示，移民对低技能本地工人存在挤出效应，对中等技能工人没有影响，对高技能工人则存在正的外部效应（赵西亮，2018）。

2. 本地劳动力流动问题——工作匹配

一般情况下，新聘年轻工人的工作流转率都非常高。2007 年对中国 12 个城市 2537 名在职青年的抽样调查资料发现：大约一半的城市在职青年曾经有过工作转换，他们总体上平均转换过 2 次工作[1]。对美国的一项调查也发现，新聘年轻工人在接下来两年内离职的概率高达 75% 以上[2]。与此相反，工龄越长的工人离职率越低。

新聘工人的离职可能与工作匹配有关，同时年轻工人离职的机会成本较低。年轻工人往往还没有结婚，因此离职并不会对家庭产生什么影响。

一些研究认为，离职可能性更与专项训练有关。专项训练能够提高特定公司的生产效率，但是对其他公司生产效率没有影响。因此，企业收益大于工人收益。

如图 8.1 所示，如果工人没有接受公司的特定培训，工资为 W_1。当工人接受了公司时长为 T^* 的特定培训后，个人的工资变为 $W_2 > W_1$。一旦工人离开该公司，其将获得市场

---

① 风笑天、王晓焘：《城市在职青年的工作转换：现状、特征及影响因素分析》，载《社会科学》2013 年第 1 期，第 81～91 页。

② Mincer, Jacob, and Boyan Jovanovic. "Labor mobility and wages." Studies in labor markets. University of Chicago Press, 1981. 21–64.

的工资 W_1。因此，专项训练将会降低工人的离职率。随着工人任职期限增加，工人将获得更多的专项训练，因此收入提高更多，离职率也进一步降低。

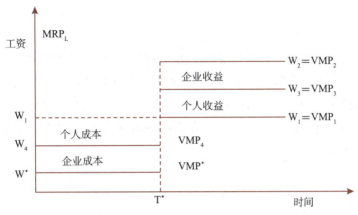

图 8.1 专项训练的成本与收益

实证研究表明，影响中国城市工人职业流转的主要因素包括婚姻状态、文化程度、从事行业的性质以及出生背景。工作流转的影响因素一方面是机会成本，另一方面是专项训练获得可能性。对于文化程度较低的农村出生背景工人来说，其从事的都是对技能需求较低，可替代性较高的工作，对专项训练的要求不高，因此转换工作对于公司来说没有什么损失，工人工作流转率也比较高。

3. 劳动力流动中的民生风险问题

通过前面讨论我们可以看出，劳动力流动中最大的风险是文化程度较低的农村背景工人的迁移与工作转换问题。由于文化程度较低，因此他们的工作可替代性较高，往往不需要什么特殊的针对特定工作的专项训练。这也使得他们由于自身或者公司的原因而转换工作的可能性较高，这可能不利于他们的长期发展，也可能对社会造成潜在的稳定性隐患。

8.3.2 劳动力市场歧视

1. 劳动力市场歧视问题概述

一般情况下，劳动力市场的歧视即在劳动力市场上存在的不同群体工人的收入差异。比如美国劳动力市场上普遍存在的黑人和白人之间的工资差异。中国综合社会调查分析表明，2006～2017 年，中国性别收入差异高达 30% 以上，并且这一差异有扩大趋势。

通常我们讨论的劳动力市场歧视主要针对的是性别以及种族。而性别工资差异是普遍的市场现象。当然，这种差异有可能是统计歧视。

当前中国还普遍存在着学历歧视问题。如在招聘中对非"985"或者"211"大学毕业生不考虑。或者对第一学历非"985"或者"211"大学毕业生不考虑。学历歧视一方面反映的是劳动力市场的供过于求的问题，但是更多的还是对个人的权利意识的漠视。

要保持市场充分的竞争力，我们必须立法禁止各种明确的公开的用工偏好，因为这种歧视性偏好不仅是对人的权利的漠视，更会干扰劳动力市场的有序、公平和公正。

案例 8.2

在中国的劳动力市场里，劳动力市场歧视包括性别歧视、学历歧视以及农民工身份歧视。在美国等国家，雇主对特定群体中的成员的歧视行为是非法的。但是在中国，厂商可以合法地在发布招聘广告中公开表明其偏好，比如对性别、身高、年龄、学历等某些特征的偏好。比如一项研究分析了智联招聘网在 2008～2010 年的超过 100 万份广告，对其偏好总结如表 8.2 所示。

表 8.2 招聘广告中的性别偏好

	招聘广告比例（%）		
	女性偏好	男性偏好	无性别偏好
全部招聘广告	5.0	5.5	89.5
学历要求			
高中及以下	11.3	12.0	76.6
大专	5.9	4.9	89.2
本科	2.1	4.2	93.8

资料来源：Perter K. & Kailing, S., （2013）. Gender Discrimination in Job Ads：Evidence from China. *Quarterly Journal of Economics*, 128, 287 –336.

从表 8.1 可以看到，在所有广告中，有超过 10% 明确表示了性别偏好，而对男性和女性的偏好比例基本是相当的。而分学历分析表明，在学历越低的劳动力市场上，越可能明确性别的偏好。与此同时，对不同性别的偏好比例也基本是一致的。但是在本科学历的劳动力市场上，虽然性别偏好比例较低，但是明示偏好的广告中，男性偏好比例是女性的2 倍。

2. 歧视的测度与分解

讨论是否存在歧视的前提是我们能够正确测度存在不同群体之间的工资差异。假设我们讨论是否存在对农民工的歧视问题。这种情况下通常给出两组工人：农民工和非农民工。农民工的平均工资为 $\bar{w}_F$。非农民工平均工资为 $\bar{w}_{NF}$。一种直观的测度就是两组人群的工资差异，即：

$$\Delta \bar{w} = \bar{w}_{NF} - \bar{w}_F \tag{8.12}$$

但是这种比较方法就相当于我们比较不同的一筐苹果和一筐梨子平均重量差异一样，式（8.12）可能仅仅是反映了两个群体的平均工资差异，并没有什么实质性意义。要真实反映两个群体的真实工资差异，我们应该在同等条件下进行比较。即我们要在控制了个人在年龄、教育、工作经验、非认知能力等方面的差异后，再比较工资差异，才能获得真实的两个群体的工资差异。

但是简单的比较工资差异仍没有意义，更重要的是要知道导致工资差异的因素。经济学家尤其关心在排除了可观测的特征后，不同群体之间是否获得平等的回报，即是否存在歧视。

我们并不关心具体的工资差异，而是关心是什么因素引起的差异。一般情况下，我们使用奥哈萨卡 – 布林德（Oaxaca – Blinder）分解方法研究工资差异的歧视问题。为简单起见，假设影响工资的唯一因素是教育水平，则工资方程可以写为：

$$w_i = \alpha_i + \beta_i Edu_i, \qquad i = F, NF \tag{8.13}$$

在这种情况下，两边取均值有：

$$\overline{w}_i = \alpha_i + \beta_i \overline{Edu_i}, \qquad i = F, NF \tag{8.14}$$

两个群体平均工资差异为：

$$\Delta \overline{w} = \underbrace{\beta_{NF} (\overline{Edu_{NF}} - \overline{Edu_F})}_{\text{由于技能差异产生的工资差异}} + \underbrace{(\alpha_{NF} - \alpha_F) + (\beta_{NF} - \beta_F) \overline{Edu_F}}_{\text{由于歧视引起的工资差异}} \tag{8.15}$$

式（8.15）将收入差异分成两个部分，包括由于技能（以教育水平衡量）差异引起的工资差异，以及无法观测的异质性引起的工资差异。通常把无法观测的异质性引起的工资差异称为由于歧视引起的工资差异。当然，这种把所有无法观测的异质性引起的差异笼统归结为由于歧视引起的差异的做法并不科学。因为无法观测的异质性可能包括了个人的能力、人格特征等影响工资的变量。因此，真正的由于歧视引起的工资差异应该是教育回报率的差异，即两个群体教育回归系数的差异，$\beta_{NF} - \beta_F$。如果存在歧视，那么同等条件下，个人获得的教育回报是不同的。歧视也可以是针对其他方面的特征变量，比如个人的认知能力、人格特征。所以我们在实际估计中，如果可以获得能力方面的具体信息，我们就可以进一步详细地了解哪些方面的歧视更重要。

值得注意的是，在实际中，即便同等条件下不同群体个人的工资是一样的，不同群体之间仍然可能遭受歧视，比如个人获得就业的机会是不均等的。这方面在中国非常普遍。比如企业招聘对个人性别、年龄（如不高于 35 岁）、第一学历等方面的明示的偏好。这种对不同群体有不同的偏好的情况叫"职业挤出"（occupational crowding）现象。通过职业挤出，劳动力市场就人为划成多元的劳动力市场。在中国最常见的就是城乡分割的二元劳动力市场，即农民工劳动力市场和非农民工劳动力市场。职业挤出是一种非常不公平不公正的社会现象，也是产生一系列社会问题的根源。其中一个方面的问题就是我们下面将会讨论的权利保障问题。

8.3.3　失业问题

失业是一个永恒的经济学的核心问题。失业不仅是宏观经济学关心的问题，也是微观经济学和劳动经济学的核心问题。在完全竞争市场中，当市场达到均衡时，工人的供给和需求相等，因此市场出清，不存在失业问题。但是现实中，劳动力市场中普遍存在失业。因此，供需模型无法理解大量工人失业以及失业长期持续的现象。

谁更容易失业呢？表8.3显示了国家统计局2022年5月的失业率统计情况。从表8.3可见，整体城镇失业率只有5.9%，但是年轻人失业率高达18.4%。这与美国的统计非常接近。这都说明在一个成熟的劳动力市场里面，年轻人更容易失业。另外，统计数据也显示，我国城镇外来农业户籍失业率也高于整体城镇失业率。这说明，城镇外来农业户籍人口也是一个容易失业的人口。虽然没有具体的数据，但是对表8.3进一步分析我们可以发现外来农业户籍的年轻人失业率会更高。

表8.3　　　　　　　　　　2022年5月不同年龄和户籍的人口失业率

类别	失业率（%）
年龄	
16~24岁	18.4
25~59岁	5.1
户籍	
整体城镇调查人口	5.9
外来农业户籍	6.2

资料来源：国家统计局。

工人失业的原因有很多，可以是自身的原因，即工作匹配问题，也可以是行业或者经济不景气的原因。因此根据工人失业的原因，可以把工人失业分成摩擦性失业、结构性失业和周期性失业。摩擦性失业通常是指由于工人的保留工资高于市场出清工资而导致的自愿失业。这种失业往往并不认为是失业，也不在官方统计的失业率里。结构性失业指的是供需总数基本一致，但是求职者的情况与空缺的职业要求不匹配。比如，下岗工人可能无法适应另外一个高速增长的行业的职位需求，就产生了结构性失业。周期性失业产生于经济衰退导致求职人数和空缺职位数不相匹配。

失业率的计算是政府工作的重点之一。官方的失业率统计的对象是劳动力中失业且正在寻找工作的人。这里的统计并没有包括由于气馁而放弃寻找工作的工人。往往官方统计的都只包括在官方登记的失业人口。由于失业保险只发放三个月，因此如果超过三个月没有找到工作，这些人就可能不会计算为失业人口。因此，官方失业率可能低估了实际失业率。

失业的影响主要包括两个方面。第一，失业导致了劳动力资源的浪费和损失。第二，失业对家庭和社会产生了不利冲击。失业的直接后果是导致家庭收入的大幅度下降，直接冲击了家庭的消费水平和家庭的幸福感，进而影响家庭和社会的稳定性。因此，由CSZ模型可知，失业导致父母收入下降，也将降低孩子教养质量、降低孩子人力资本积累。如何减少失业是政府工作的重中之重的问题。

8.3.4 权利保障问题

权利保障是劳动力市场平稳发展的关键，也是保证生产率的重要组成部分。

我国劳动力市场权利保障的重灾区是女性劳动力和农民工的权益问题。工会在这方面发挥的作用非常有限。因此，工人的权益主要依赖于法律制度建设以及个人的努力来保证。这一现象也说明，如何完善新时代工会建设，让其在维护工人权益方面发挥更加积极的作用是重要的课题。

8.4 老年人的养老支持与就业问题

老年人的养老支持涉及养老收入、居住安排以及就业问题。对于老年人来说，其主要的生活模式一般就是休息、为子女带小孩。对于部分身体还比较硬朗的老年人来说，可能还会继续工作。

8.4.1 老年人的收入不平等问题

老年人的收入是其养老质量的关键。当前中国老年人的收入主要来自养老保险提供的收入、自己工作收入、储蓄利息收入以及子女的转移收入。对于城镇老年人来说，基本都拥有通过养老保险提供的养老收入。对于农转非（包括征地或者其他形式的农转非）也有养老金收入，但是其数额一般都低于城镇普通老年人的收入，又远高于其他农村老年人的养老收入。

普通农村老年人养老金收入是一个月为 100~300 元。对于刚退休的老年人来说，月养老金一般为 100 元，往后每 10 年增加 100 元。这点收入的最大作用是在边际上增加了老年人的福利水平。但是对于生活在城镇地区的老年人来说，这点收入肯定是远远不够的。因此，普通农村老年人主要通过子女的转移收入获得收入来源。生活在城镇地区的农村户籍老年人则都会从事各种工作以增加收入。

8.4.2 老年人的就业问题

根据世界各国的横向比较发现，中国老年人参与工作的比例偏低。根据 OECD 统计数据发现，2000~2018 年 OECD 国家 65 岁以上老年人平均就业率为 15%，其中，65~69 岁老年人就业比例为 27.8%。相比之下，如果排除养老金月收入仅为 100~300 元的农村户籍老年人，只考虑城镇户籍老年人，中国退休人口的就业率仅为 4.2%，65 岁以上老年人就业率更是只有 1.8%[①]。这可能与中国的传统以及价值观有关。中国老年人往往需要帮

---

① 程杰、李冉：《中国退休人口劳动参与率为何如此之低？——兼论中老年人力资源开发的挑战与方向》，载《北京师范大学学报（社会科学版）》2022 年第 2 期，第 143~155 页。

助子女照顾他们的子女，料理家庭。这使得中国的老年人没有时间和机会参与就业。

根据老年人就业的形式，我们可以把参加就业的老年人分成三种类型。第一种是企事业员工退休后返聘或者兼职工作。这些老年人都是利用其专业技术继续服务于社会。第二种是有养老金老年人通过兼职工作增加的收入。第三种是无养老金或者养老金很低的老年人通过就业获得生活收入的来源。这些人的就业往往是收入较低、可替代性较强的行业，比如家政、清洁等。

8.5　特殊群体的民生安全问题

特殊群体的民生安全主要是孤儿、残疾人、乞丐、孤寡老年人（包括城镇孤寡老年人和农村孤寡老年人）的民生安全问题。政府可以通过以政府为主导，鼓励社会力量设立特殊群体援助基金，对这些群体在生活各方面给予支持。对于无法照顾自己的老年人，妥善安排他们到养老院和敬老院。

8.6　其他民生安全问题

其他民生安全主要包括住房问题、学校教育供给以及医疗卫生服务供给问题。

8.6.1　住房问题

俗话说，有恒产者有恒心。因此，拥有不动产，对稳定民心具有非常重要的作用。

引起我国住房问题的原因有很多。第一，住房本身不只是住房，还是投资的标的。至少在 2020 年之前，除了少数地方，比如河南鹤壁市，在大部分地区我国的住房除了居住外，更是一种投资品。只要是在 2015 年之前买房子的，基本都能够获得财富值的超过50% 以上的增长。有些人甚至实现了 3 倍以上的财富增长。正因为如此，房地产沉淀了中国人最多的财富。也正因为如此，使得大家对房子有非常高的期待，使得房价一直居高不下。第二，房地产是很多地方经济增长的主要支撑和动力之一，也是很多地方城市化的重要支撑。快速城市化的最大困难是短期内筹集巨额资本修建各种基础设施，包括城市道路、城市供水排水系统、医疗卫生设施以及学校等。短期内筹集如此巨额的资金对于发达地区来说都不容易，对于一些经济不够发达的省份或者县镇来说，基本是非常困难的。而通过发展房地产，通过低价征地并高价出售，然后征收建房过程中的各种税收，可以在短期内为当地基础设施建设提供支持。由于短期内完成人口集聚，也能够大力促进当地经济发展，从而非常有利于地区的长期持续发展。第三，房地产也是我国过去十几年经济增长的主要推力之一。在快速城市化过程中，房地产成为我国经济发展的绝对支柱，其关联了上下游一大批产业，从而造就了我国过去 20 年持续不断的经济增长。因此在这个背景下，房地产不仅是普通民众的希望所在，还是许多地方政府的希望所在。这也是为什么房价居高不下而不可能下降的关键原因。

但是对于普通群体来说，如果不能获得舒适的住房，对其生活质量会有非常大的冲击。因此，如何保障普通群体的住房问题是个至关重要的民生安全问题。尤其是普通群体又是我国保障生育率的关键。有大量的研究表明，社会经济地位越高，生育意愿越低，因为其养育的成本越高[①]。

解决普通群体尤其是弱势群体的住房问题的途径可以考虑如下两个。

第一，大力推进公租房。重庆市在这方面取得了比较成功的经验。重庆市这方面的不足之处是对租户的资质监督不够，出现了大批不符合资质的人申领了公租房，再转租牟利。这导致了真正符合资质的人没法获得相应的公租房。这不仅影响了公租房建设目标的实现，也影响了社会的公平公正的实现。

第二，大力建设经济适用房，并对真正的刚需在购房方面提供足够的支持。在当前房地产下行的背景下，建设经济适用房是非常有必要的。我国之前的经济适用房的问题是由于制度保障以及监督不够，出现了大量的腐败问题。因此，推进经济适用房建设，并加强监督是非常有必要的。当然，经济适用房第一是必须满足刚需，所以小户型是首选。为了给真正的刚需支持，可以在利率方面给予足够的补贴。

8.6.2 学校教育问题

关于学校教育的最大争议是，到底学校教育是否影响孩子的教育表现。美国科尔曼[②]（Coleman，1966）最早质疑了学校教育的必要性，认为学校教育对孩子的成长没有作用。此后一大批的研究从不同角度论证了学校教育的影响，仍然没有一个统一的结论。

但是与学术界的冷静相比，家长对"好"学校的追逐一直没有停止过。这就导致了高热的学区房现象。一些城区中心的老破小住房，一旦成为名校划片对口的房子，其房价就可以居高不下。一些新修的楼盘一旦与名校挂钩，就可以高溢价大卖。

但是名校是否必然对孩子教育起到更好的作用呢？这里面显然有自选择的结果。在市场经济条件下，选择名校对口楼盘的往往都是更重视孩子教育，自身也有能力为孩子提供良好条件的家庭。因此归根结底，名校的光环来自家庭本身，来自学生本身。极端地说，即便没有名校，这些学生还是一样可以有优异的表现，与学校本身关系不大，学区房的结果只会引起更多的社会不公于阶层分化。

我国家长追逐名校的理由很多。首先，重视教育是我国的传统，尤其是对学校环境的重视。我国自古即有"孟母三迁"的传统。其次，我国当前教育资源配置不均衡，过多的资源倾斜在名校里，导致家长不得不追逐名校。在经济较为落后的情况下，我国重点建设

---

① 张丽娜：《社会经济地位、主观流动感知与育龄女性的二孩生育意愿——基于 CGSS2013 数据的经验研究》，载《西华大学学报（哲学社会科学版）》2018 年第 3 期，第 40～48 页。

② Coleman，James S. Equality of educational opportunity. *Integrated education* 6. 5（1968）：19－28.

一批学校，使得这些学校各方面的条件都远优于普通学校，尤其是看得见的师资条件和学校硬件。但是在当前经济已取得较大发展情况下，重点建设名校不仅不合时宜，更不符合社会主义的公平和正义。

要解决家长片面追逐名校问题，关键是要提供均等化教育，促进教育资源的公平。可以通过如下措施。第一，集团化办学。让所有的学校划归几个名校集团，由名校主动为条件薄弱的学校提供优质的学校教育。第二，取消重点学校机制，对教师实施轮岗机制。优质教师由区统筹安排，随机分配在不同的学校里，而不是集中在部分名校里。

8.6.3　医疗卫生服务问题

卫生医疗条件是经济社会发展的必要条件，也是健康人力资本投资的必要部分。因此，卫生资源配置的公平性是社会公平的重要部分。

一直以来，我国的卫生资源配置都存在城市优先的策略。这就导致市镇地区尤其是农村市镇地区卫生资源配置严重不足。

近年来，我国加大了西部地区，尤其是农村地区卫生医疗基础建设。这大大促进了卫生资源配置的公平性问题。但是硬件建设并不是卫生资源配置的唯一，软件建设更重要。事实上在我国最大的卫生资源不公平问题就是在落后地区，尤其是落后的农村地区，高素质的卫生技术人才非常短缺。甚至一些普通的常见病慢性病在这些地区都没能得到有效的治疗，严重影响了落后地区人民的健康。可以通过仿照教育集团化办学模式，公立医院进行集团化经营，把落后地区以及医疗资源稀缺地区医院划入著名医院，由著名医院带动卫生力量薄弱地区医疗卫生服务建设，推动医疗卫生服务均等化，推动社会主义公正、公平的建设。

思考题：

　　1. 什么是教养方式？决定父母教育方式质量有哪些因素？

　　2. 人力资本形成过程中面临的风险有哪些？

　　3. 中青年面临的民生安全风险主要有哪些？

　　4. 老年人面临的主要民生安全风险是什么？

第 9 章

人 口 安 全

人口是社会发展的主体，也是影响经济可持续发展的关键变量，是一个国家社会经济和科技发展的基本条件，是国家实力的最初源泉①。人口问题始终是制约一个国家的社会经济全面协调可持续发展的全局性、长期性和战略性问题，无论是人口总量、人口结构和人口素质的变化都将关系到每个国家经济发展和社会长治久安。一个国家生存安全和发展安全都需要有基本的人口安全来保证。所以，人口安全问题是人口问题，更是非常突出的国家安全问题，当人口问题严重到威胁损害人的自身、国家和社会可持续发展时，人口安全问题也就出现了②。

进入 21 世纪后，中国持续推进对外开放，加强社会主义物质文明、精神文明和政治文明建设，有关涉及国家主权、国家长治久安、国家社会经济战略目标的实现等方面的安全问题则凸显出来，这些问题包括经济安全、国防安全、粮食安全、能源安全、公共卫生安全、水资源安全、社会安全等。在这一背景下，从国家安全的视野层面也开始审视我国社会经济发展过程中的重大人口问题，并相应提出了人口安全的概念③。

9.1 人口安全的内涵

9.1.1 人口安全的提出背景

人口安全（population security）是一个非传统的国家安全概念。"国家安全"一词最早出现在 1943 年美国作家沃尔特·李普曼所著的《美国对外政策》一书中。1947 年，美国通过了《国家安全法》，设立美国国家安全委员会来负责涉及国家安全的重大事宜。此

---

① 北京大学人口研究所课题组：《全球人口发展趋势及其对世界政治的影响》，载《当代世界与社会主义》2012 年第 4 期。
② 方向新等：《中国人口安全报告》，红旗出版社 2009 年版。
③ 陆杰华、傅崇辉：《关于我国人口安全问题的理论思考》，载《人口研究》2004 年第 3 期。

后，"国家安全"一词被各国政府、研究机构和学者广泛使用。由于国家安全首先关注的是确保国家主权独立和领土完整，免受外来的武力威胁和侵犯，所以国家安全最初主要是指政治和军事安全为核心的国家层面的安全。

然而随着冷战结束世界政治经济格局发生巨大改变，例如，1997 年亚洲金融危机、2001 年美国"9·11"事件、2003 年 SARS 传染病、2008 年世界金融危机等爆发，传统的国家安全观的内涵和外延不断丰富和发展，经济、科技、文化、生态、能源、人口等非政治和非军事因素对一个国家的综合国力和持续发展的影响越来越大，于是国际社会就提出了非传统安全的概念，这大大拓展了传统国家安全所关注的范围，人口安全也就成为非传统安全的一个范畴，成为国家安全体系的重要组成部分，在国家安全体系中处在基础性地位。

20 世纪 80 年代初，国际性研究机构——人口与安全研究中心（Center for Research on Population and Security，CRPS）的成立，首次将人口与安全两个概念联系起来，并从生物医学、资源环境、经济、政治、社会等方面开展人口要素变化对国家乃至全球安全的影响研究。在国际上，由于各个国家的人口状况、经济实力、资源条件、政治制度、开放程度不同，对人口安全关注的视角不一样，大部分发达国家由于出现低生育、老龄化趋势，侧重于如何应对研究劳动力人口增量如人口迁移、移民管理、生育鼓励和老龄化，而发展中国家由于经济发展水平低，人口生育率较高，人口处在正增长阶段，因而相对关注人口增长与资源环境承载力、经济发展之间的关系，政策倾向于抑制人口规模过快增长。还有部分国家由于人口总数在减少，提出了国家人口安全的中长期战略目标[①]。

在我国，人口安全的概念最早出现在 2003 年春天暴发"非典"疫情刚结束之后。这次重大的公共卫生安全事件暴发之突然、疫情传播之快速、受感染面之广泛，以及带来的后果之严重，提醒了社会各界应当增强人口安全意识。2003 年 6 月 12 日，中国人口学会和中国人民大学人口发展研究中心共同举办"人口、社会与 SARS"学术研讨会，时任国家人口计生委主任张维庆指出："不仅要关注国家经济安全、军事安全、信息安全，而且更要关注国家人口安全"[②]。

9.1.2 人口安全的定义

为对人口安全的内涵有清晰理解，首先要对人口的概念有所认识。人口（population）是指"生活在一定社会生产方式、一定时间、一定地域，实现其生命活动并构成社会生活主体，具有一定数量和质量的人所组成的社会群体"[③]，或者指"某一地区的全体居民

---

① 郭秀云：《人口安全研究述评及思考》，载《西北人口》2009 年第 1 期。
② 张维庆：《关注人口安全促进协调发展》，载《市场与人口分析》2003 年第 5 期。
③ 刘铮主编：《人口学辞典》，人民出版社 1986 年版。

（inhabitants）"（联合国国际人口学会，1992）。人口反映了个体形成群体的集合性，也反映了人与自然、社会的特殊关联性。从该概念的外延来说，人口是人口数量、质量、结构、分布等要素构成的有机整体，从内涵上说，人口是自然属性和社会属性的统一①，其中社会属性又是其本质属性，是区别于其他生物群体的根本标志。人口现象本质上是一种社会现象，只有把人口的社会属性看作是本质属性，才能从社会方面分析人口的运动、发展和变化规律。

当人口规模、人口结构、人口分布、人口流动等发展变化与人口所在国家或地区的资源、生态、经济、社会、政治等因素之间产生矛盾和冲突时，人口问题也就产生了，人口问题归根到底是一个国家或地区的发展问题。人口问题反映了人口发展的失衡或失范的状态，当这种状态上升到开始威胁到人口自身的生存与发展，威胁到经济可持续发展、社会稳定和国家安全时，人口问题就演化成了人口安全问题。所以说，人口安全问题是一种最高层次的人口问题（江大伟，2018）。

"人口安全"这一非传统安全领域的研究命题被提出后，受到社会各界普遍关注。研究者们基于不同视角，对包括人口安全的内涵、基本特征、人口安全的政策目标与干预手段、人口安全预警系统建立等在内的一系列问题展开了广泛讨论。归纳起来，这些讨论主要分三个方面：一是从"人口"的主体性出发，人口安全应该强调的是人口自身的延续和健康发展态势；二是人口安全应该关注人口发展对经济社会发展等其他因素的保障作用；三是人口安全既要重视人口自身的均衡发展，又要强调人口与社会经济、资源环境的协调发展。尽管在许多方面还存在一定的分歧，但就"人口安全是社会安全的重要组成部分，人口安全与可持续发展存在必然联系，人口安全是事关经济安全、政治安全和国家安全的重大问题"等基本论断已达成共识②。

总的来说，人口安全是指一个国家或地区合理的人口发展状态，即人口规模适度、人口结构稳定、人口分布合理和人口素质优良，与经济社会可持续发展、资源环境的承载能力和综合国力提升相适应、相协调，能实现人的全面发展。具体而言，"人口安全是指一个国家的综合国力和国家安全不因人口问题而受到损害，能够避免或化解人口方面可能出现的局部性或全局性危机。其主要内容包括一个国家在一定时期内人口数量、人口素质、人口结构、人口分布以及人口迁移等因素与经济社会的发展水平、发展要求相协调，与资源、环境的承载能力相适应，能够实现可持续发展以及人的全面发展"③。

---

① 人口的自然属性指的是人口的生物特性，同其他生物一样，人具有的出生、生长、衰老、死亡的自然发展过程，有自身的遗传、变异及全部生理机能。自然属性是人口存在和发展的自然基础。社会属性是人口作为社会生活的主体所具有的特性，是区别于其他生物的根本标志。人类从事生产活动，一方面要与自然发生关系，以获取物质资料；另一方面彼此结成复杂的生产关系、社会关系，包括经济关系、家庭关系、政治关系、文化关系等，彼此间形成密切的社会联系。要实现人的全面发展，必然要求人与自然关系、人与社会关系和谐。

② 郭秀云：《人口安全研究述评及思考》，载《西北人口》2009年第1期。

③ 张维庆：《关注人口安全促进协调发展》，载《市场与人口分析》2003年第5期。

9.1.3　人口安全在国家安全中的地位

人口安全是国家最基本、最重要的安全问题。人口安全管理就是对人口风险进行有效管理，而人口风险就是一种人造风险，是相对于自然风险等外部风险而存在的，是无法准确估计的、影响深远的风险。这是因为人口作为主体性因素，与社会、政治、经济、生态、资源有着密切的关系。人口安全对于一国的可持续发展和国家综合安全具有复杂多样的影响，与环境安全、粮食安全、经济安全、金融安全、能源安全、公共卫生安全、国防安全等一起构成国家安全的基础，人口安全管理如何，会直接或间接影响其他安全目标实现，最终影响综合国力的提升、国家的长治久安。

拓展阅读材料9.1：

例如，①当人口过快增长，资源环境难以承受过多人口时，土地会被过度开发，生态遭到破坏，粮食供应紧张。②当总人口大幅减少，总需求不足，劳动力短缺，经济增长会放缓。当人口高度老龄化，创新能力和生产力会下降，也会影响经济增长，社会福利负担加重，财政收支难以平衡。由于总人口减少、老年人比重增加，住房需求长期增长趋势也将逆转，房地产市场会面临冲击；居民储蓄率下降，进入退休阶段老年群体资产变现增多，资本市场抛售压力增大，导致金融市场波动增加。③当人口流动增加，向中心城市过于聚集，会增加传染病流行概率，加大公共卫生管理压力。④人口城镇化速度过快、水平过高，可耕种土地大量减少，会不利于粮食安全。此外，还可能会面临"拉美城市化陷阱"，如果城市管理效率低下，容易引发交通拥堵、环境污染、高能耗等城市病，特别是对经济危机时大批失业、贫富差距、社会治安、阶层矛盾、土地征用、房屋拆迁、公共服务提供等方面隐藏的不稳定因素不能有效管控，还可能造成城市系统混乱，群体性事件频发。⑤人口的地区分布严重失衡，与其他资源、产业经济一样过于集聚于经济发达地区、沿海地区或主要城市，人口经济和资源环境的空间失衡问题不能有效解决，将影响城乡、区域之间社会经济协调发展和共同富裕，经济持续增长的动力也不足。⑥人口素质不高、受教育水平低下，人口规模优势不能转换为效率优势时，产业升级和经济增长将缺乏有效劳动力参与和高素养人力资本支撑，高质量发展会面临障碍，将影响综合国力的实质性提升。

鉴于人口安全在国家安全中占据重要地位，有学者将国家安全系统分为生存安全系统、发展安全系统和人口安全系统，其中生存安全系统和发展安全系统受到人口安全系统的深刻影响，人口安全系统作为基础性因素，是其他两个安全系统得以良性循环的基础保障。但同时人口安全系统也受到其他两个系统的影响。这三个系统相互影响、相互作用、相互制约，共同构成开放的循环系统，如图9.1所示。

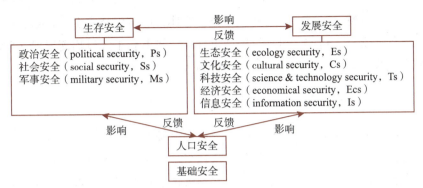

图 9.1 国家安全要素层次表及系统之间的相互关系

资料来源：刘家强、唐代盛：《关于人口安全的几点理论思考》，载《人口研究》2005 年第 3 期。

9.2 人口安全的主要特征与预警指标

9.2.1 人口安全的主要特征

9.2.1.1 人口安全反映了人口均衡发展关系

根据前面定义，人口安全体现了一个国家或地区合理的人口发展状态，这个合理的状态也可被称为"人口均衡"，人口安全问题实际上关注的是人口均衡发展问题。现实的人口状态距离人口均衡点越近就越安全，越远就越不安全[①]。人口均衡包括人口的内部均衡和外部均衡。

人口的内部均衡是指人口规模、人口质量与人口结构这三个方面相互联系，相互制约。例如，人口规模不断膨胀或缩减，其年龄结构类型必然会相应地成为少儿型或老年型结构，同时也很难想象一个极不合理的人口年龄结构可以稳定支撑一个适度的人口规模，如人口老龄化会导致社会负担加重，人口红利消失，经济和收入增长缓慢，会抑制生育意愿。同样，一个极不合理的人口性别结构，也不可能稳定支撑一个适度的人口规模，如女性减少，将导致新生儿数量减少。而人口规模过度扩张，超过社会的供养能力，当温饱都成问题时，必然影响人口质量。只有三者保持协调平衡时，人口自身才可平稳、安全、可持续发展。人口的内部均衡属于狭义的人口安全范畴。人口的内部均衡意义下的人口安全就包括人口规模安全、人口质量安全和人口结构安全。由人口内部均衡失调引起的人口安全问题，被称为内生性人口问题。

人口的外部平衡反映的是人口的数量、质量和结构分别与经济、社会、资源环境等人口发展外在条件的关系，要求人口内部各方面与外在条件保持协调均衡。因此，从人口与外在条件的关系来说，人口安全至少包括人口经济环境、人口社会政治环境、人口居住环

---

① 杨成钢：《人口安全浅议》，载《光明日报》，2011 年 4 月 19 日第 11 版。

境等安全，意味着自然、经济、社会和国家作为客体，应该保持安全、稳定、可持续。如果这些外在条件的安全、稳定、可持续被严重破坏，将不利于人口均衡发展，此时形成外生性人口安全问题。人口的外部均衡属于广义的人口安全范畴。

9.2.1.2　人口安全是动态变化的

现实生活中，人口安全是一个动态过程。世界上每天都在发生着人口出生、死亡的自然变动和迁移流动的机械变动。人口的均衡永远只是相对的、暂时的，而人口的不均衡则是绝对的、常态的。所以，人口安全与否，并不仅在于其静态上是否处于安全状态，而且在于从动态观察人口变动趋势是否在沿着安全的轨迹、朝着安全的方向变化和发展，是否在逐步趋近而非逐步远离人口均衡。

另外，人口再生产本身具有惯性作用，现在的人口状况是过去人口发展的结果，也是未来人口发展的基础。人口变动过程不可能像物质生产那样即停即行，随时可调整。人口发展一旦偏离安全的方向和轨道，往往需要一代甚至几代人的时间才能回归正途，其成本和风险无比巨大。因此，我们对人口的动态安全必须保有高度的敏感性，具备很强的前瞻能力，对其及早研究，以避免积重难返局面的形成。

9.2.2　人口安全的预警

人口安全预警是指对由于各种原因引起的重大人口不安全或人口危机进行预期性评价，以提前发现未来可能出现的人口不安全问题及其成因，为消除人口不安全、制定科学合理的人口安全战略、政策和措施提供依据。

9.2.2.1　人口安全预警系统的运作流程[①]

（1）收集预警信息。即根据人口运行规律，从众多的人口以及社会关系的信息中重点搜寻能灵敏、准确反映人口及其变化信息，并运用数学模型和方法测算指标和指标体系，反映人口变动的状态。

（2）设计预警指标体系。即按照一定原则，选择确能反映人口安全性的相关指标，这是人口安全预警关键的环节。

（3）构造预警模型。预警模型的方法有很多种，例如，层次分析、主成分分析、指数预警、统计回归预警，以及结合系统仿真模型对各个指标之间关系进行模拟输出，还有常见的专家评价法。

（4）进行综合评价。在界定警度警限后，分析警情警兆指标在各种警限的情况，对现状和未来的人口变动态势进行综合评价和动态监测。

（5）发布预警指示和警度预报。即判断各种指标和因素是否突破风险预警线，根据判

[①]　童玉芬：《人口安全预警系统的初步研究》，载《人口研究》2005 年第 3 期。

断结果决定是否发出警报,发出何等程度的警报,以及用何种形式发出警报。

(6)提出调控对策和建议。调控政策包括经常性对策、战略性对策和应急性对策,每一类对策有多种备选方案,以供选择。

9.2.2.2　人口安全预警指标的选择

从预警的角度,人口安全指标体系可以分为警情指标、警源指标、警兆指标 3 类。各类人口安全预警指标的选择过程如下。

(1)警情指标。最大的警情就是人口危机的出现并威胁到国家安全。警情一般可以用一系列可实测的警素指标来描述,因此警素指标构成人口安全预警中最基本的指标。

(2)警源指标。从人口危机警源产生的机制上看,人口危机主要来自人口本身运动状况出现不利于人口正常发展,以致与经济社会发展、资源环境产生重大矛盾。因此人口安全警源包括 4 个方面:①人口本身的不可持续发展;②人口与经济的严重不协调;③人口与社会严重不协调;④人口与环境资源的严重不协调。

(3)警兆指标。人口安全警兆指标是人口安全警情发生的前兆,有多种表现形态。按照警源的分类,对应着警素,可分别采用一些异常现象作为人口危机的警兆。

人口安全预警系统的主要指标如表 9.1 所示。

表 9.1　　　　　　　　　　人口安全预警系统的主要指标

警情	警源指标	警素指标	警兆指标
人口不安全或人口危机的出现	人口自身状况恶化	(1)人口总和生育率(TFR) (2)人口自然增长率 (3)人口死亡率 (4)人口老龄化指数 (5)育龄妇女人口比重 (6)人口出生性别比	人口总量萎缩或爆发式增长 老龄人口过多 性别失衡 买卖婚姻 贩卖妇女比重上升
	人口与经济发展失衡	(1)劳动力供需对比(失业率、就业率) (2)贫困人口比重 (3)城镇居民收入差距 (4)农村居民收入差距 (5)人均收入的增长率	乞讨人数增多 领取救济金人数增多 经济增长停滞不前 失业现象严重以及由此引起的上访、抗议等增多
	人口与资源环境关系的失调	(1)人口承载压力指数(实际人口与可承载人口的比重) (2)人均水资源 (3)人均耕地面积 (4)人均草场 (5)人均绿地	土地撂荒 土地退化 森林急剧减少 草场退化 环境污染
	人口与社会关系失衡	(1)文盲率 (2)离婚率 (3)患病率(各种疾病人数比重) (4)少数民族地区人口与汉族人口收入差距 (5)社会保障覆盖率	某些疾病的死亡率突然上升 社会文明程度下降 犯罪率提高 民族矛盾冲突

资料来源:童玉芬:《人口安全预警系统的初步研究》,载《人口研究》2005 年第 3 期。

表 9.1 中列出了人口安全预警系统的警情、警源、警兆和警素指标。这些指标只是初步的，在具体进行人口安全预警时，还可以根据区域人口特点进行完善。

9.3　人口安全的主要类型

人口安全话题所涉及的知识和学科非常广泛，例如，人口环境学、人口地理学、人口社会学、人口经济学、人口健康学、人口政治学、国防人口学等。限于篇幅，本章节仅从人口经济学介绍人口安全的主要类型，对人口因素与外在条件之间的关系做出一定解释。

9.3.1　人口规模安全

人口规模安全是人口安全的基础。社会经济可持续发展必须建立在一定的人口规模基础上，但是一方面，人口规模过快增长，造成人与环境资源的关系紧张，能源消耗、碳排放增加，粮食供给压力增加，如果超过资源环境和经济承受能力，就会引发经济不安全、环境资源不安全、社会福利恶化和人口普遍贫困等问题；另一方面，人口规模过小，劳动力短缺，潜在资源无法实现充分利用，社会总需求不足，国内市场规模缩小，也会影响经济增长、国家综合能力提升，甚至导致国家兵源不足，形成国防安全问题。总之，一个国家或地区的人口规模要适度，要与当时的社会经济发展条件、资源环境承载能力相适应。当人口规模在适度水平，"既不多也不少"，此时人均福利水平最大，社会发展可持续，人口规模处在安全状况。

如果人口规模安全无法实现，需供养的人口数量严重超出了资源环境和经济发展条件所能供养的人口数量，资源环境的可再生能力受到极大破坏，人类陷入"涸泽而渔"的资源困境，就会面临生存安全危机。另外，生存资源严重稀缺，极易造成社会关系的紧张，人与人对生存资源竞争的加剧，将会冲击基本伦理道德和社会公平秩序，使得社会凝聚力下降，甚至造成社会混乱、政局不稳。在这种情形下，人口素质安全、人口结构安全等也就无从谈起，因此我们认为，人口规模安全是人口安全的基础。

人类很早就具备了对适度人口规模的认知经验，如人口密度要适度。如果人口密度过高，每个人会因食物短缺吃不饱饭，而人口密度过低，因人手不够难以协作捕猎，同样会造成食物不足。随着社会文明进步，人们发现有更多因素都会影响人口规模，如资源环境、人口活动区域、生产力水平、分配制度、人们生活水平等，而且随着这些因素变化，适度的人口规模也会变化。

一般而言，当资源环境条件优越，食物供给丰富，人口规模增长较快。当人口活动区域不受限制时，人口可以从资源贫乏地流向资源富庶地，贸易活动可将各种资源在不同地区之间进行交换，由于资源互补增强并实现充分利用，整体人口应对生存风险的能力提高，由此可供养的人口规模会增加。随着生产力发展，社会从农业经济向工业经济转型，工业技术推动了劳动力要素与更大范围的非人力要素结合，大幅提升了人类生产效率，社会财富极大丰富使得可供养的人口数量增加，工业革命帮助了人类走出了工业革命之前人口不可能迅速增加的局限。

不同的收入和财富分配制度也会影响人口规模的发展，当社会资源更加注重公平分配时，贫富差距不大，社会互助功能强，人口规模更容易保持稳定增长，而在一个贫富差距巨大、少数人掌握社会绝大部分资源分配的社会里，普通家庭生存困难，生活缺乏应有保障，新生儿营养不良，预期寿命短，当然不利于社会人口繁衍和发展。另外，无论是社会还是家庭，当产出或收入一定时，不同的生活水平追求会对应有不同的人口生育需求，当人们越来越重视提高个体生活品质时，生育意愿会降低，从而影响人口规模增长，这是当前工业化国家普遍存在的人口现象。

随着社会发展，一个国家或地区的资源禀赋条件总是在变化，人口规模决定因素复杂，有时候较难判断人口规模具体在哪个区间或哪一水平才是安全的，要准确评价人口规模安全是一项复杂的工作。而且，人口因素与其他因素是相互作用的，在一定时期人口可能过多，存在人口规模不安全问题，由此形成的人口压力也有可能会成为社会发展的推动力，使得人口安全问题得到缓解。因此在对待人口安全和发展问题时，既要讲科学精神，也要有积极乐观的态度，尽量少采用极端的、缺乏人文关怀的人口政策，以避免损害社会安全。

9.3.2 人口素质安全

人口素质安全是人口安全的核心。人口素质安全是指国民不仅有健壮的体格、健康的心态、健全的人格，也要有良好的道德素质、文化素养和理想信念。对人口素质安全的评价，就是看不同人口素质指标是否在安全的界限内，即是否有利于个体发展，是否有利于社会发展，是否有利于未来人口健康持续发展[1]。人口素质安全体现了人的主体性和客体性的有机统一，是国家人口安全政策的最终落脚点，是"以人为本""以人民为中心"的科学发展理念的重要内涵的一部分。

9.3.2.1 人口身体健康安全

身体健康是对国民素质最基本的要求，是衡量国民生活质量的重要指标，也是个体和家庭最重要的财富，是其他财富得以依存的条件和前提。人口健康素质与文化素质共同构成人力资本的主要内容。人口健康素质改善，人口健康安全水平提高，不仅是发展的目的，也是发展的手段和影响发展进程的关键因素[2]。因此，人口身体健康安全是人口安全的核心之一。

对于人口个体而言，身体素质好坏，会影响到劳动参与和生产效率表现，影响生活质

---

[1] 蒋正华、米红：《人口安全》，浙江大学出版社 2008 年版，第 68 页。

[2] 蔡昉：《中国人口与可持续发展》，科学出版社 2007 年版。

量和幸福感受，影响到家庭经济状况。对于国家而言，国民身体健康，将会推动社会各项事业的繁荣，对国防安全也具有现实意义。相反，如果国民健康状况较差，将会增加医疗支出压力[1]，加重卫生系统负担，提高家庭因病致贫、因病返贫的概率[2]。

衡量人口健康安全有多个维度。（1）人口身体健康的安全，可用疾病发生率、死亡率、出生缺陷率、预期寿命等来表征；（2）人口传染病防疫系统的安全，传染病防疫系统是否完善，可对各种传染病暴发概率、死亡率、防疫工作完成质量、疫苗接种率、疫情信息掌握、防控服务体系建成情况等来评价；（3）人口医疗环境的安全，医疗环境齐备与否，将直接影响人口的就医率、就医资源可得性、疾病治疗和身体康复效果等；（4）人口心理稳定环境的安全[3]，心理稳定环境是指人口精神卫生健康所依赖的环境，即影响心理安全感的个体环境、家庭环境、社会环境等。职场压力、家庭矛盾、收入差距、暴力犯罪、社会不平等、公共卫生事件等，都会引发心理焦虑、抑郁等消极情绪，严重时会导致轻生心理[4]。根据2022年世界卫生组织的《世界精神卫生报告：向所有人享有精神卫生服务转型》，2019年全球近10亿人患有精神障碍，自杀占到所有死亡人数的1%，自杀成为年轻人死亡的主要原因[5]。在中国，精神障碍的终生患病率高达16.6%[6]。相对于其他疾病，针对精神疾病的服务各国都严重不足，用于精神卫生的预算不到其卫生保健预算的2%，全世界71%的精神病患者没有接受心理健康服务[7]。

值得注意的是，传染病仍然是威胁人口健康安全的重要病种。早在2003年突如其来的SARS病毒暴发给了我们重大警示：公共卫生问题已经不再仅仅是卫生问题，而是关乎国家安全和城市安全体系的重要组成部分。2020年新冠疫情开始在全球大流行，全球累计确诊人数近6亿人，死亡人数超过600万人[8]，更加说明人类对传染病仍不能掉以轻心。

第一次农业革命后，随着人口增加、聚居，天花、霍乱、鼠疫、伤寒、疟疾、西班牙

---

[1] 世界银行WDI数据显示，世界各国医疗支出占GDP的比重大多逐年增加，2000年为8.6%，2017年为9.9%。其中高收入国家增长最快，2000年为9.4%，2017年为12.5%，中等收入国家分别为5.1%、5.4%，低收入国家分别为4.2%、5.7%。中国分别为4.5%、5.2%。医疗支出近乎完全靠市场机制调节的美国，该比重最高，分别为12.5%、17.1%。虽然该比重高低由多种因素决定，如卫生健康事业发展水平、医疗资源和支出配置方式、人均国民收入等，但也反映了国民所负担的人口健康成本状况。一般地，社会经济发展水平越高，对健康安全越加重视，健康支出越多，国民预期寿命也越高。资料来源：《山东统计年鉴2021》。

[2] 有研究显示，2019年中国健康较差的群体贫困发生率为1.5%，是健康群体的3倍。资料来源：国家统计局住户调查办公室：《中国农村贫困监测报告》，中国统计出版社2020年版。

[3] 蒋正华、米红：《人口安全》，浙江大学出版社2008年版。

[4] 据世界卫生组织估计，2015年全球自杀率为10.7/10万人。这意味着全球每年约有接近80万人自杀，每40秒就有1人自杀。中国情况亦不容乐观，在20世纪八九十年代，中国自杀率达到了约18/10万的高峰，进入21世纪后得到很大改善，自杀率持续降低，据《中国卫生统计年鉴2020》统计，2019年中国城市自杀率为4.16/10万，农村自杀率为7.04/10万，在世界范围内已处于较低水平。

[5] 资料来源：世界卫生组织官网。

[6] 王路委员：《关于出台和完善精神卫生法相关实施办法的建议》，中国农工民主党官网，2021年3月10日。

[7] 《世界卫生组织提出向所有人享有精神卫生服务转型》，中国麻醉药品协会官网，2022年6月21日。

[8] 《数据统计显示全球新冠确诊破6亿 死亡超600万例》，大公报官网，2022年8月29日。

流感、黑死病等传染病成为造成人口死亡的主要病因。当人口向城市集中，城市往往成为传染病的主要暴发地。历次重要传染病给人类造成的伤害巨大。14 世纪中期的欧洲黑死病就导致 2500 万人死亡，欧洲人口减员 1/3[1]。最近 30 年来，一些早被征服的传染病又向人类发起新的挑战。登革热、军团热、埃博拉、SARS、流感等传染病接二连三地袭击人类。研究表明，传染病的暴发与野生动物、气温升高、生态环境破坏、经济全球化、人口流动、生物恐怖袭击等紧密关联[2]。随着人口跨境流动频繁，传染病毒蔓延不再局限于某一国或一个地区，而是世界性的，传染性病毒防控不是某个国家能够完成的，需要国际社会通力合作，全球公共卫生治理机制仍面临严峻挑战。

9.3.2.2 人口文化素质安全

人口文化素质安全是指国民具备良好的道德素养、法纪观念、理想信念、科学文化素质，具备认识世界和改造世界的能力。提高人口文化素质，是实现个体全面发展的重要内涵。人口文化素质安全是推动公序良俗形成、传统文化传承、责任意识提升、社会治理有序、国家长期发展的根本保证。"人民有信仰，民族有希望，国家有力量"[3]。当国民思想觉悟高，有共同价值观，有助于增强互信互助，消解很多矛盾，提高社会治理效率。当国民有理想信念、对国家认同感强烈，有助于自觉抵御外部干扰，集中力量谋发展，推动实现民族伟大复兴。国民文化素养是一个国家的重要软实力，是一个民族得以崛起并赢得世界尊重的根本因素。

在人口文化素质谱系中，科学文化素质安全是一国综合国力和国际竞争力的核心，决定了一个国家的创新能力和发展能力。一个拥有较高科学文化素质人口的国家，即使是人口小国，也会是世界强国；反之即使是人口大国，但也可能长期是弱国。马克思政治经济学揭示，在生产力三要素中劳动者是最为活跃和最富有创造性的要素，对生产资料和劳动对象发挥决定性影响。在经济全球化、信息技术革命时代，在经济领域，国际竞争的焦点不再是以自然资源为基础的各种产品，不再是由自然资源禀赋所决定的具有相对比较优势的劳动力密集型、资源密集型产业，而是建立在现代信息技术基础上的各种知识密集型产业，落脚点是整体人口的科学知识和创新能力竞争。只有推动科技创新，才能为提高社会生产力和综合国力提供战略支撑。

中国改革开放 40 多年，虽然经济发展取得举世瞩目的成就，成为世界第二大经济体、全球工业大国，拥有联合国产业分类中全部工业门类，但关键技术（如芯片制造）仍受制

---

① 陈叶亮：《黑死病：欧洲从中世纪迈进现代社会的起点》，载《世界文化》2022 年第 10 期。

② 贺丹：《人口安全视角下的公共卫生和疾病防控》，载《人口与健康》2020 年第 3 期。

③ 2015 年 2 月 28 日，中共中央总书记、国家主席、中央军委主席习近平在北京亲切会见第四届全国文明城市、文明村镇、文明单位和未成年人思想道德建设工作先进代表，并发表重要讲话。他强调，人民有信仰，民族有希望，国家有力量。实现中华民族伟大复兴的中国梦，物质财富要极大丰富，精神财富也要极大丰富。我们要继续锲而不舍、一以贯之抓好社会主义精神文明建设，为全国各族人民不断前进提供坚强的思想保证、强大的精神力量、丰润的道德滋养。资料来源：习近平：《人民有信仰民族有希望国家有力量》，环球网，2015 年 3 月 1 日。

于人。近年来，"中兴事件""华为事件"等爆发，说明中国的产业安全、国家安全正面临严重的外部威胁，要打破美国为首的西方国家在高科技领域"去中国化"式制裁，中国只能走科技自立自强道路，深入实施创新驱动发展战略，把科技的命脉牢牢掌握在自己手中。"科技自立自强是国家强盛之基、安全之要"[1]。在经济全球化遭遇逆流的当今世界，以"市场换技术"的传统国际贸易已经走不通，单靠人口规模优势所形成的市场优势，在国际产业链分工中是无法占据最有利地位的。要实现科技自立自强，就必须人才自强、教育自强，提高国民科技文化素养，由人力资源大国发展成为人才强国。

9.3.2.3　人口素质安全改善特征

人口素质安全与否，在很大程度上取决于社会经济发展水平、受教育程度和社会福利事业发展等。一方面，随着社会经济发展，人口营养结构改善，繁重体力劳动减少，公共卫生和医疗保健事业完善，重大疫情防控能力、重要疾病治愈能力提升，国民身体素质有更多安全保证，反映在人口预期寿命不断提高。此外，随着人口贫困和生存压力减少，国家会更有能力加大对教育投入，推行免费的义务教育，大力发展素质教育、大学教育和职业教育，推动科学技术进步。另一方面，随着社会发展，人们不会满足于解决温饱问题，而是向往更高质量、更有尊严的美好生活，人口素质提升既是实现美好生活向往的途径，也是美好生活本身的重要内涵。

人口素质安全改善可通过多个可量化指标来表征。例如，联合国开发计划署从1990年开始发布人类发展指数（human development index，HDI），用来衡量各国社会经济发展程度、各国人口素质水平，其衡量指标包括：出生时的预期寿命（用来表示健康长寿的生活）、成人识字率与小学、中学、大学的综合毛入学率（当前是"预期受教育年限""平均受教育年限"，用来表示人口的文化素质的最重要指标）、人均GDP（用来表示良好的生活水平）。根据联合国标准，如果人类发展指数高于0.80，则为高人类发展水平，超过0.90为超高人类发展水平；0.50～0.79则为中等人类发展水平；低于0.50则为低人类发展水平。根据《国际统计年鉴》，2019年世界平均HDI为0.737，中国为0.761，世界排第85位，这说明中国的人口素质安全程度并不高。2019年各国HDI情况如图9.2所示。

应该注意到，随着社会经济发展，人口健康素质安全与文化素质安全并不会同步改善，人口健康素质安全的改善相对要快，"大脑跟不上脚步"。例如，作为威胁人口健康素质安全的最重要因素即重大疾病、传染性疾病，只要对卫生事业的各种资源投入增加，在一定技术条件下是可以快速得到防控和治疗的。人口健康问题被及时干预，能显著降低死亡率，人口预期寿命在短期内可实现跳跃性提升，在长期内会持续提高。总的来说，人口健康素质安全与国民营养条件、健康生活习惯、卫生医学技术和健康资源投入能力之间容易形成稳定的正向关系。但是，人口文化素质安全的改善，则是一个缓慢的过程，国民思

---

① 资料来源：《代表之声》，人民网，2022年7月7日。

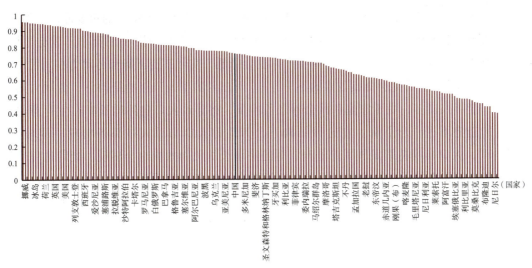

图 9.2 2019 年世界各国人类发展指数

资料来源：联合国开发计划署《人类发展报告 2019》。

想素质提高、知识积累和科技创新能力提升，是一个系统性工程，需要几代人努力。

9.3.3 人口结构安全

人口结构安全是社会经济发展政策所关注的主要方面，构成人口安全的主要内容。人口结构包括人口自然结构（如人口年龄结构、人口性别结构、人口民族结构等）和人口社会结构（如人口地理结构、人口城乡结构、人口产业结构等），无论哪方面的人口结构失衡，都将深刻影响国家安全的某些方面和整体。

9.3.3.1 人口年龄结构安全

人口年龄结构是指人口的年龄构成，不同年龄组人口在总人口中所占的比重。人口－年龄分布结构图中，年轻型人口年龄结构呈现"下宽上窄"的松树形或金字塔形，成年型人口年龄结构则是"中间宽上下窄"，老龄型人口年龄结构则是"下窄上宽"，为倒金字塔形。因人口出生率和寿命预期变化，不同类型的人口年龄结构随时间发生变化、转换。在社会经济处在较低发展阶段，人口出生率、死亡率（寿命短）都会偏高，人口结构属于年轻型。随着社会经济发展，人口出生率会上升、死亡率会下降，年轻型人口年龄结构就会向成年型结构过渡。当社会经济发展达到相当高的阶段，普遍的人口现象是人口出生率低、死亡率低，老龄人口占比突出，此时人口年龄结构倾向于老龄型。

不同的人口年龄结构，对社会经济发展影响是不同的，人口年龄结构严重失衡时会带来深刻的人口安全问题。根据生命周期理论的划分，年轻人口和壮年人口属于生产型人口，而老年人口属于消费型人口，在社会处在年轻型和成年型人口年龄结构下，劳动力人口资源相对丰富，人口扶养负担相对较轻，经济发展活力强劲，经济增长将得益于人口红利。这是第二次世界大战后资本主义经济处在高速增长"黄金二十年"的重要原因。但是，在人口结构非常年轻时，劳动力（相对于资本）供应增加，其价格（工资率）就会下降，此外劳动力供给大量增加，劳动的边际生产率也会降低，实际工资下降和劳动力在国民产出中所占份额减少，自然地会加剧收入的不平等①。而在老龄型人口年龄结构下，劳动力人口占比少、老年人口多，由于家庭和社会养老负担重，将导致人口自然增长率在生育意愿原本减弱的趋势下进一步下降。在这种结构下，劳动力人口与总人口都将出现"零增长""负增长"，人口自身持续发展风险上升，对经济增长的负向效应也会显现。老龄化程度加深，会造成储蓄率降低、社会消费不足，创新能力和生产效率低下，经济增长缓慢，政府债务率攀升，房地产、股票市场等将面临冲击②。人口老龄化对经济增长的影响如图 9.3 所示。

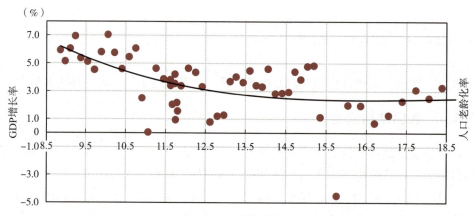

图 9.3　人口老龄化率与 GDP 增长率之间关系

注：根据世界银行数据针对 36 个高收入国家 1961～2019 年的平均值的计算结果绘制，不包括 2009 年、2020～2021 年全球经济受到金融危机、新冠疫情冲击期间的数据。这 36 个国家是：澳大利亚、奥地利、比利时、加拿大、瑞士、智利、捷克、德国、丹麦、西班牙、爱沙尼亚、芬兰、法国、英国、希腊、克罗地亚、匈牙利、爱尔兰、冰岛、以色列、意大利、日本、韩国、立陶宛、卢森堡、拉脱维亚、荷兰、挪威、新西兰、波兰、葡萄牙、罗马尼亚、斯洛伐克、斯洛文尼亚、瑞典和美国，这些国家几乎都是经济合作发展组织（OECD）成员。

资料来源：世界银行官网。

9.3.3.2　人口性别结构安全

人口性别结构是指人口的性别构成。在人口统计上，人口性别结构通过人口性别比来标识，即 100 个女性所对应的男性数量，它分为两类：一是出生人口性别比，二是总人口

---

① Charles Goodhart and Manoj Pradhan. Demographics will reverse three multi-decade global trends, BIS Working Papers No 656, 2017.

② 巴克希（Bakshi）在其提出的生命周期投资假说中认为，在 20～40 岁家庭组建期，住宅会成为投资重点，但随着年龄增长，住宅需求趋于稳定甚至下降，此时开始要为退休做投资准备，对金融资产需求会增加。因而，20～40 岁人口比例较高时，房价较高而股价相对较低；40 岁以上人口比例较高时，股价较高而房价相对较低。参见文献：Bakshi & Chen. Baby Boom，Population Aging，and Capital Markets［J］. The Journal of Business，1994（2）：165－202.

性别比。在有性别歧视时，男性出生率要高于女性，在经济发展落后的国家或地区，这种现象尤为严重。随着社会文明进步，女性权利增多，生育观念变化，出生人口性别比不断降低。总人口性别比是按不同年龄总人口进行统计，由于女性人均寿命一般高于男性 2～3 岁，因而总人口性别比会低于出生人口性别比，在不同时期，该指标变化相对平缓（见图 9.4）。

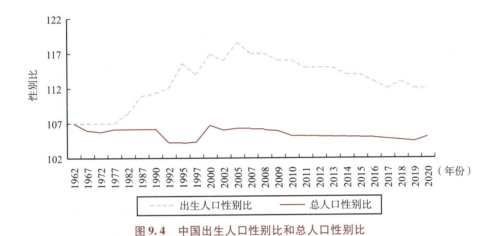

图 9.4　中国出生人口性别比和总人口性别比

资料来源：根据世界银行官网数据绘制。

人口性别比失衡，一方面，会影响人口自身安全，影响人口长期稳定发展。女性人数偏少，人口再生产所需的男女人数匹配性差，将会减少新生人口数量，拉低人口自然增长率；另一方面，也不利于社会和谐稳定，由于男性偏多，部分男性可能会永久性远离家庭婚姻生活，婚姻市场竞争压力大。单身人口会大量存在，特别是跨区域流动性人口中性别比严重失衡，也会加重社会焦虑，不利于人口心理健康发展，这给家庭稳定和社会和谐构成挑战。

9.3.3.3　人口地区结构安全

人口地区结构反映的是人口迁移、定居造成人口在不同地理空间的集聚状况，亦称人口地理结构。人口的空间分布与自然、经济、社会、政治等多种因素有关。由于各地资源环境、社会治理、区位优势、发展条件等有差异，导致经济发展水平和产业分布在地区间的不平衡，由此形成的地区收入差异必然引起人口流动，从而造成人口分布的地区不平衡。人口流动的本质是人们对美好生活的向往。一般来说，经济发达地区人口最为稠密，存在人口净流入，而经济落后地区人口稀少，人口流出严重。

拓展阅读材料 9.2：

例如，中国人口分布历来受地理影响很大，整体表现是，在胡焕庸线（即"瑷珲—腾线")①以西，国土面积占 57.1%，多以山地、高原、荒漠、草地为主，地形复杂，气候干燥，居住人口占 6%，而以东国土面积占 42.9%，多以平原、丘陵、江河湖泊为主，地形相对平坦，气候湿润，居住人口占 94%②。这种大致的人口格局上千年来发生变化不大，甚至近代以来"东密西疏"的分布格局更加显著。这种地理环境和人口分布特征，也造就了经济发展水平的地区差异很大。

注：①即从东北黑龙江省瑷珲县到西南云南省的腾冲县划的一直线，该直线由中国人口地理学家胡焕庸先生于 20 世纪 30 年代提出。

②《推动空间高质量发展》，经济 50 人论坛，2019 年 3 月 28 日。

人口地区分布失衡严重，会形成人口分布不安全问题。人口地区结构安全是指在一定的资源环境、经济社会发展等条件下，人口的空间分布状况既能保证人们安居乐业，拥有合意的生活水平，又能促进社会经济、环境资源可持续发展和国家综合实力提升。如果一个地区常年人口稀少，劳动力流出严重，这就会造成当地经济建设、产业发展和资源开发所需人力不足，经济发展缓慢，地方财政难以为继，又会刺激人口流出，人口流动与社会发展陷入恶性循环的关系，在边疆地区、少数民族聚居地区也不利于政治稳定、民族安定。如果一个地区人口过于密集，超过了合理人口容量，公共服务、基础设施供给不足，造成环境污染、交通拥挤，而人口过剩还会造成大量失业，人们生活质量难以改善。

需注意的是，人口地区结构安全是相对的，具有时代性、条件性。由于人口的地理分布由资源禀赋和经济发展水平的地区差异决定，随着这些差异的变化，人口的地区分布结构也会变化，由此人口地区结构不安全问题可能就不那么严重。而且，如果将观察问题的视角从地区层面上升到国家层面，会发现，一个地区的资源环境等禀赋劣势在新时期可能就成为优势，如荒漠戈壁常年缺水不适合发展农业，但适合发展太阳能、风能产业，与其他经济发达地区形成很强资源互补关系。要将这种资源环境劣势转化为资源环境优势，形成地区之间优势互补的发展格局，就需要依靠科技进步和国家区域协调发展战略实施来实现。"水往低处流，人随经济走"。人口地区结构安全的时代性、条件性，决定了人口地区分布结构是否合理、均衡，需要用发展眼光和全局视角来辩证看待。

拓展阅读材料 9.3：

例如，从 20 世纪末起，中国先后实施"西部大开发""中部崛起"战略，并大力推进"一带一路"倡议的落实。随着中西部经济发展、基础设施建设和收入水平提升，大量的农民工开始返乡回流，出现了"返乡潮"，在家门口实现就业、创业。近年来，各地也纷纷推出人才吸引政策，减缓中西部人口流出扩大势头。区域平衡发展战略，有利于平衡人口的地区分布，提升人口地理分布结构安全。

9.3.3.4 人口城乡结构安全

人口的城乡结构反映的是常居人口在城镇与农村的分布状况，人口城乡结构变化过程通常指人口城镇化（urbanization，或城市化）过程。第一次工业革命以来，全球出现三次城镇化或城市化浪潮，第一次是 18 世纪中期始于英国的欧洲城镇化，第二次是 19 世纪后期的美国城镇化，第三次是中国的城镇化，改革开放初期中国城镇化率不足 20%，当前已超过 60%，城镇化速度为人类历史上最快[1]。

人口城镇化历来是衡量经济社会发展水平的重要指标，经济社会越发达，城镇化水平越高。联合国人口数据显示，2018 年全球人口城镇化率为 55.3%，高收入国家为 81.5%，中上收入国家为 66.6%，中等收入国家为 52.6%，中低收入国家为 40.6%，低收入国家为 32.2%[2]。农村剩余人口向城市迁移，城市获得了大量廉价劳动力，由此实现快速发展，推动了工业化进程。随着城市人口的聚集，城市基础设施和公共服务不断完善，产业不断集聚，城市的规模经济、范围经济效应也日益显现，这进一步推动了信息、知识和技术的溢出、社会分工深化和资源配置效率提高。人口城镇化与经济发展关系密切，经济发展决定人口城镇化进程，而合理的人口城镇化又会推动经济增长。

但也要看到，不切实际的城镇化，或者过快过度的城镇化，也会产生一系列经济、社会、文化和政治等问题，即人口城乡结构不安全问题。

另外，过度人口城镇化还可能提高各种系统性风险发生概率，形成社会不安全问题。

拓展阅读材料 9.4：

尽管目前很多人对城镇化率不断提高持赞同意见，中国城镇化率是否如发达国家一样都达到 70% 甚至 80% 以上，这需要结合中国国情以及他国高度城镇化后的经验教训再来作出理性判断。无论如何，国外城镇化模式并不能构成中国城镇化的标准样本。应该看到，一些国家的城市充斥着街头犯罪、贫民窟、毒品交易、黑社会等，反映了城市人口聚集、人口情形复杂而治理困难，特别是当经济危机爆发形成大量失业者，一系列社会问题就会出现，使得城市治理不堪重负，造成社会危机。

中国是一个人口大国，也是一个农业文明延续几千年至今仍保持深厚传统文化的国家，乡土气息、乡村文明应该是中华民族继续保留的文化特质。相对于城市，乡村是保留传统文化功能相对稳定的载体。现代城镇化进程，在某种意义上正在削弱这种文化特质，因为城市化生活特别是超大城市、国际性城市的生活，更靠近于国际通行模式，本土文化要面临外来文化的入侵与同化。因此，从人口社会学角度，考虑到本土文化安全，中国城

---

① 仇保兴：《第三次城市化浪潮中的中国范例——中国快速城市化的特点、问题与对策》，载《城市规划》2007 年第 6 期。

② 资料来源：联合国官网。

镇化进程中必然要慎重考虑人口城乡分布的结构安全问题。

此外，考虑到经济安全和社会安全，这个命题同样值得关注。中国之所以在历次外部危机冲击下均能涉险而过，未引发像西方社会全面性危机，一个重要方面是中国城镇化并不是很高，人口城乡之间流动为应对外部冲击留下了缓冲空间。在中国城镇化过程中，大量农村人口在城乡之间是季节性流动的，"春运"就是生动写照。城镇成为农村剩余劳动力在农闲时的工作场地，农村发挥了城市经济周期性波动时劳动力"蓄水池"的作用，当城市有大量工作机会，就出农村；当城市经济不景气，就回农村。这造成中国户籍人口与常住人口的统计数字差异巨大，数字背后就是数以亿计的流动人口[①]，其中主要以2亿~3亿人的农民工群体为主。这使得中国城镇化具备明显的经济人口城镇化特征。农村劳动力进城，服务了城市经济发展，当回流农村时，减轻城市管理负担，这种务工潮汐现象客观上稳定了社会经济。1997年亚洲金融危机、2007年美国次贷危机先后爆发，两次输入型危机造成中国出口增速全面下降，外需不足暴露了中国经济产能过剩问题，造成几千万城市务工者失业，但两次外部危机期间中国都没有爆发严重的社会问题、政局不稳。一个重要原因是城市失业的几千万打工者、农民工又暂时回到了农村，使城市的失业问题不至于演变成社会危机[②]

再看2020年春季暴发的新冠疫情。由于大量城市务工人员在此期间返乡，大大舒缓了城市疫情防控和资源配给压力。而在广袤农村，人口相对分散，经济上能自给自足，不必依赖政府和社会配置食物，各地以村为单位采取隔离管控措施，达到"大疫止于村野"效果，农村尽管抗疫能力最弱，但发生的疫情程度最轻。

这些经验事实反向说明，城镇化尽管代表了现代工业文明进步，但不恰当的城镇化也会衍生新的问题，在特定情形下过高的城镇化会给社会经济发展带来不安全因素，甚至是系统性危机。如何推进城镇化、合适的城镇化率有多高，须考虑具体国情，进行科学决策。

注：①根据《中国人口和就业统计年鉴2021》数据，2010~2019年，中国人户分离人口为2.6亿~2.8亿人，流动人口为2.2亿~2.4亿人。2020年新冠疫情暴发后，由于实施了严厉的人口流动管控、隔离措施，人口流动几乎静止，在外常住人口难以回到户籍地，使得该年人户分离人口统计数达到4.93亿人，流动人口3.76亿人。

②温铁军等：《八次危机：中国的真实经验1949－2009》，东方出版社2013年版。

9.3.3.5 人口产业结构安全

1. 人口产业结构的内涵

一国的城镇化、工业化过程，往往会伴随着该国产业结构的转型升级。例如，对国民经济产出增加值贡献最多的产业，从第一产业（农业）转换到第二产业（工业）、第三产业（服务业），从劳动密集型、资源密集型产业转换到资本密集型、技术密集型产业，从低附加值的传统产业转换到高附加值的新兴产业。随着产业转型升级，一国的经济活动人口会在不同产业之间流动、集聚，这种动态变化的结果在特定经济发展阶段将形成典型的人口产业结构。

所谓的人口产业结构，亦称人口产业构成，是指经济活动人口分布于国民经济各个产业部门从事各种经济活动所构成的比例关系，这种比例关系是反映一个国家的社会生产力水平和科学技术发展水平的重要标志。评价一个国家或地区的产业结构升级，经济社会是否进入"高效益的综合发展阶段"，一般指标是"第三产业增加值占 GDP 的比重"，或者"第三产业就业人口占全部产业就业人口的比重"。经验表明，随着社会经济发展，第三产业增加值占 GDP 的比重会提高，引起第三产业从业人口所占比重也会提高。当前，发达经济体第三产业人口占比普遍在 70% 以上（见图 9.5）。而农业人口占比非常低，如美国为 1.0%，日本为 3.4%，韩国为 5.0%。中国农业人口占比 25.3%，第三产业占比 47.7%。

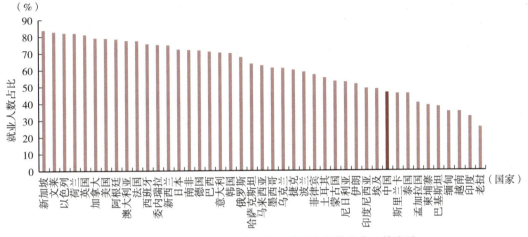

图 9.5 2019 年各国第三产业就业人数在总就业人口的比重

资料来源：World Bank Database，last updated date，2021.9.7.

产业结构与人口结构关系紧密，相互推动。"人随产业走，产业随人兴"。产业会引导人口流动，而合适的人口结构会助推产业的发展。中国改革开放后，东南沿海地区利用政策红利和区位优势，承接日本、欧美等发达国家的产业转移，发展了出口加工贸易，带动了劳动密集型产业蓬勃兴起，由此吸引了中西部年轻劳动力向东部流动、集聚。当东部经济飞速发展后，随着国内外市场竞争加剧，传统产业发展空间越来越有限，而土地价格攀升，劳动力成本不断上涨，使得东部地区面临产业结构调整和转型升级的巨大压力。近十多年来，特别是 2008 年全球金融危机爆发后，东部地区从开始的劳动密集型、资源密集型产业升级到资本密集型、技术密集型产业，发挥高端产业、技术人才、资本集聚的优势，而一大批劳动密集型产业就需要向外转移。由于中西部具有劳动力资源优势，也就成为东部产业转移的承接地，越来越多所承接的产业在中西部落户，中西部劳动力在家门口就可就业，造成了近些年跨地区流动人口增速放缓，在一定程度上扭转了人口地区分布结构的趋势性变化。

2. 人口产业结构安全问题的表现特征

第一，人口结构与产业结构的不匹配。根据新结构经济学理论，产业结构选择或产业布局应该与要素禀赋结构所决定的比较优势相适应。人口是最重要的要素资源，一个地区的产业结构应与当地人力资源禀赋结构相适应，或者人力资源禀赋结构应与当地的产业结构相匹配。如果产业结构选择未利用人力资源禀赋的比较优势，或者劳动力市场发展滞后于产业发展的要求，就会出现人口产业结构不安全问题。主要表现在：一是劳动力供需不匹配，无法实现充分就业，例如"有产业缺工人、有工人缺产业"，"高工资"与"高失业"并存，"用工难"与"用工荒"并存，劳动者找不到工作，企业又招不到合适员工。二是人力资本错配，即使实现了充分就业，但不是高质量就业，如高素质人才在低端产业就业，专业人才从事非专业工作，造成人力资源浪费。

当然，由于摩擦性失业、劳动者就业心理多样化、合适工作机会需要搜寻等因素存在，决定了这种"不匹配"是常见现象，但是如果这种现象非常严重，长期得不到扭转，那么就会冲击到人口产业结构安全，这种结构性矛盾将就反映了劳动力市场配置效率低下，人才培养质量不高，或者产业安排不合理，无法与劳动力资源禀赋吻合。

改革开放后，中国经济之所以取得巨大成就，一个很重要原因就是中国改变了过去重工业优先发展的战略，基于丰富的劳动力资源优势，充分利用了人口红利，大力发展了劳动密集型产业，使得中国快速融入全球经济，参与国际产业链分工，最终发展成为制造业大国。对于一个人口大国，只有人口结构与产业结构相适应才能推动经济发展。而随着中国经济进入新常态，人口红利消失，传统产业过剩，经济增速减缓，像过去依靠要素投入拉动经济增长的模式难以为继，只有通过持续创新和技术进步才能推动我国经济高质量发展。随着产业结构不断升级，人口素质需要不断提升，人口结构需要不断优化，人口规模优势才能转变为人才效率优势。

第二，产业结构变迁对人口就业安全的冲击。在信息技术革命浪潮下，数字经济、人工智能、机器人等新兴产业飞速发展，一方面成为经济增长的新动力，另一方面加强了"机器换人"的过程，简单的、重复性和机械性劳动、可标准化处理的繁重智力活动将逐渐被人工智能、机器所取代，诸多工种、岗位被淘汰，甚至原本有一定技能和经验的劳动者，也将面临失业，出现"就业极化"[①]。当然，技术进步也会不断创造新的工作出来：

---

① 就业极化是指高端的职业和低端的职业在不断增加，而中间的职业在减少。这是因为，随着技术进步和产业升级，创新日益受到重视，需要有大量知识密集型岗位研发新技术、新设备、新产品和新商业模式，由此吸引社会大量高端人力资本聚集。在这一过程中，生产方式的变革通过作业流程颠覆、应用软件升级、机器作业替代人的作业等将内嵌于传统作业环境的具有一定技能和经验要求的岗位给摒弃掉，由此造成一些工厂流水线工人、办公室文员、会计员、公路收费员、翻译员、司机等失业。历次的技术革命的共同特征恰恰就是将复杂的、繁重的劳动变得简单化、轻松化，它既解放了生产力，也解放了劳动者。技术革命在提高生产效率时，也让部分不需多少技能的劳动者继续就业。另外，技术革命推动下产业升级，总会不断创造新的产业和职业，人们在追求工作生活便利、安逸时，各种服务业会兴起。除了信息传输、计算机服务和软件业、金融业、科学研究、技术服务和地质勘查业、教育业、卫生、社会保障和社会福利业，以及文化娱乐业等是知识密集型产业外，其他如交通运输、仓储和邮政业、批发和零售业、住宿和餐饮业、租赁和商务服务业等大多属于劳动密集型产业。相对于第二产业，服务业难以大规模运用先进技术和设备来获得规模经济效应，由此难以形成对人的大规模替代，因而该行业的生产效率提升是相对缓慢的，以至于可大量吸纳从第一、第二产业转移过来的劳动力。在各国进入后工业化时代，第三产业就业人口占总就业人口绝大部分比例就是普遍的人口产业结构调整现象。

一是通过使用相对便宜的资本品来替代劳动，有助于降低生产成本，提高生产效率，继续扩大市场，促进经济发展，由此会形成新的消费和投资需求，自然会增加对劳动的需求；二是技术进步会创造新的、复杂的任务（如数字产业化、新产品、新操作技术的研发），也会创造就业门槛更低的商业模式（如平台经济），会吸纳哪怕是低技能的劳动者参与其中。技术进步和产业升级，一方面会带来就业冲击，另一方面也会带来就业机会。

应注意到，技术进步是人类追求可行自由空间的内生动力，产业升级是社会经济可持续发展的内在要求，二者都不会因为影响了一部分社会阶层的利益而停下前行脚步，整体人口素质应跟上技术进步、产业升级的步伐和节奏。而人口构成的多样性，受教育程度不一，学习能力差异，不同劳动者受到的就业冲击也将不一样。技术进步和产业升级在追求效率同时，应适度考虑就业安全问题，二者应有一定包容性。正如在"互联网＋"的新业态大发展趋势下，电商平台社区团购业务，不能挟资本的力量，搞市场垄断和不正当竞争，抢市场卖菜小贩的饭碗，因为一个小菜摊的背后可能是一个家庭全部的生计来源。就业是最大的民生问题，攸关每个家庭的经济安全。

第三，产业结构不能适应人口结构变化所引起社会需求变化。前面是从人口作为生产要素分析了人口产业结构安全的表现特征。此外，由于人口还具有消费性，人口结构变化还会影响产业结构发展，如果二者不相适应，同样会有人口产业结构不安全。例如，年轻人与老年人的消费是不一样的，人到老年，吃穿社交娱乐等开支会减少，而医疗康复保健等开支会上升。当老年人比例不断上升时，社会的消费需求结构将会变化，与此相适应产业结构应有调整，适老化经济、银色经济、夕阳产业需要蓬勃发展，这些产业包括医疗保障、老年家政服务、居家养老服务、老年康养、老年娱乐、老年旅游、老年教育、老年金融、老年科技、老年智能穿戴及其衍生品等。另外，老年产业发展需要社会有一定比例的劳动力人口投入其中，人口就业结构也应适应老年产业发展而改变。总之，需求侧变化应带动供给侧变化，二者相互促进。如果老年产业和人口就业跟不上老年社会之所需，老年人口无法获得有尊严的生活保障，就会形成老年人口不安全问题，这既影响经济增长，也不利于社会和谐稳定。

9.3.3.6　人口社会结构安全

人口社会结构亦称人口社会构成，是根据人口社会标识而划分的人口结构。它由一系列具有社会标识的人口结构所组成。如人口阶级结构、民族结构、宗教结构、语言结构和婚姻家庭结构等。本节的人口社会结构主要是根据人口收入来标识，是指人口在不同收入阶层的分布状况。基尼系数就对人口收入分布特征进行了生动刻画，反映了收入分配不平均的社会问题。当收入（财富）分配不均衡严重时，公共政策对此不加以干预和矫正，将导致人口社会结构不安全问题，将威胁经济社会可持续发展。

一方面，基尼系数偏高（国际警戒线为 0.4），社会收入日益向少数人集中，因富人阶层的边际消费倾向较低，而穷人阶层的边际消费倾向虽高但可支配收入不多，这样导致全社会边际消费倾向降低、投资乘数效应萎缩，最终拖累经济增长。另一方面，收入或财富分布不平等，反映了个体之间存在的初始禀赋不平等、机会不平等，也反映了劳动相对于资本的地位不平等。随着不平等加剧，贫困问题恶化，治安犯罪、社会骚乱等社会不稳定因素增加。当社会秩序紊乱，产权安全受到威胁时，全社会投资减少，已有的经济建设成果被破坏，社会经济发展出现倒退。

人口社会结构安全是社会经济安全的重要条件。要减少贫富差距，形成社会经济发展的安全人口条件，需要在发挥市场经济自由公平竞争的同时，运用好公共政策，完善公共服务和社保体系：①发展普惠性国民基础教育，提高优质教育均等化，推动起点公平；②对初次收入分配进行适当干预，如提高工人谈判地位、实行最低工资制、改善劳动条件、加强职业培训、提供就业服务；反垄断、反欺诈；实施普惠金融，推动机会公平；③通过再分配，如完善税制、健全社保、加强转移支付、资助民生经济等，推动结果公平。让人口社会结构从收入的"金字塔型"转换到"橄榄型"，最终实现共同富裕。

所谓的"金字塔型"人口社会结构，是指低收入群体占据社会绝大多数，而中等收入、高收入群体人口规模依次减少。高收入群体虽然人数少，但占有社会大部分财富，形成过大的贫富差距，这种结构容易导致社会不稳定。而"橄榄型"人口社会结构特征是"两头小，中间大"，中等收入群体人数最多。这样的人口社会结构有利于社会稳定和经济增长，有利于形成和壮大所谓的"中产阶层"[①]。中产阶段是维系社会稳定的基础性力量，是沟通精英阶层和社会最底层的桥梁和纽带。有研究总结了中产阶层的四个特点：①受过良好的教育，促进人力资本积累；②创造稳定的商品和服务需求；③培育下一代企业家；④支持包容性政治和经济体制[②]。有庞大的中产阶层存在，是社会经济可持续发展的重要基础。

9.4 人类不同发展阶段的主要人口安全问题

9.4.1 原始社会

人口安全作为一种普遍存在的社会意识，有其自身形成和发展的过程。在人类漫长的历史长河中，人口安全问题意识很早就已经形成了，最早的人口安全思想可以追溯到人类起源和原始社会的生命安全意识和对提高生育质量的关注。

在原始社会，自然环境恶劣，生产资源匮乏，生产力水平低下，生存安全是主要问

[①] 值得注意的是，中等收入群体不一定等同于中产群体。中产群体是伴随长期经济增长而出现的一个相对稳定、富足以及安全感较强的群体，与一定的收入、财产、职业、受教育程度、消费结构和社会地位相对应，本质上是收入水平达到了相对富裕的中等收入群体（中金研究院，2022）。详见文献：李培林、朱迪：《努力形成橄榄型分配格局：基于2006~2013年中国社会状况调查数据的分析》，载《中国社会科学》2015年第36期。

[②] Boushey and Hersh，The American Middle Class，Income Inequality，and the Strength of Our Economy，New Evidence in Economics，2012.

题。人类依靠简单粗糙的工具狩猎、捕捞和采集，食物获取很不稳定，时常面临饥饿、严寒、疾病的威胁。为保持人口数量与食物获取之间的平衡，人类曾采取戒绝性交、溺婴、弃老、杀老等方式来控制人口数量。同时为应对大自然的威胁和部落战争，又必须保持一定的人口数量。当然，人类为能获得足够的食物，让族群、部落能够繁衍，不得不迁徙，来扩大生存空间，这也是在地球上几乎所有大陆、岛屿都有人类栖居的重要原因[①]。为了提高生育质量、保证种族繁衍，人类在早期就有了人口政策的"启蒙"[②]。例如，从原始的群婚制的杂乱性交发展到禁止近血亲结婚，从族内婚发展到族外婚（如《左传》记载了"同姓结婚、其生不蕃"），这是人口安全思想重要的进步，对现代社会婚约政策的形成提供了参考，如我国民法典就规定直系血亲和三代以内的旁系血亲禁止结婚。

9.4.2　农业社会

随着生产力的进步，人类走出丛林过上定居生活，种植业、养殖业出现，人类有了剩余产品，社会分工和产品交换随之发展，农业文明逐渐繁荣起来。定居农业的出现保证了食物供给日趋稳定，人类的养育能力发生了革命性变化。从人类定居开始到工业革命前的一万年间，死亡率的下降和预期寿命的提高使人口增长逐渐加速[③]。

国家产生后，统治者认识到人口数量对国家的经济和军事地位具有直接、重要的影响，人口兴旺是社会经济繁荣的必需条件，有了人口增长，税收就会增加，兵源也有保证，国防才更安全，由此产生了人口安全思想。如"人口滋多，则赋税自广""民多则田垦而税增，役众而兵强"（《资治通鉴》），"人者，邦之本也"（唐代陆贽《陆宣公奏议》），"天下盛衰在庶民。庶民多则国势盛，庶民寡则国势衰"（明代邱浚《水心别集·民事中》）。这些人口思想反映了人口数量在国运兴衰中的作用[④]。为能促使人们长期持守"人口多而国家富强"的人口安全观，统治者以法律和政令的形式鼓励生育，将生育提升至道德甚至有"罪"与否的高度上来："女子十七未嫁，其父母有罪；丈夫二十不娶，其父母有罪"。有的还对到法定结婚年龄而不结婚的青年男女实施一定的惩罚措施，例如汉

---

① 美国演化生物学家贾雷德·戴蒙德（Diamond J.）在他的畅销著作《枪炮、病菌与钢铁》中，就对产生于东非大裂谷的最早人类在 9 万年前开始走出非洲向全球大迁徙的轨迹做了精彩的描述。戴蒙德认为，人类的历史与动物的历史分道扬镳，大约在 700 万年前开始于非洲。首先走出非洲的人类祖先是直立人，公元前 100 万年越过地中海与红海的接口地带，一部分人类从西亚迁徙至南亚大陆，再经东南亚半岛，在至少公元前 4 万年进入澳大利亚、新几内亚群岛等，从公元前 3.3 万年后继续越过大海屏障，将足迹继续延伸至遥远的太平洋诸岛，到公元 500 年地处太平洋中心的夏威夷岛就有人类居住。进入亚洲大陆的人类除了向南迁徙外，后有一部分人类分支进入中国大陆，在至少公元前 2 万年又进入广袤的西伯利亚，在冰川时期徒步或划船过白令海峡进入阿拉斯加，至少在公元前 1.2 万年前整个北美大陆都有人类居住，而后人类继续南下过中美洲，至少在公元前 1 万年到达南美洲最南端。而地处北极圈格陵兰岛的人类在公元前 2000 年出现了。上述的是早期人类一部分走出非洲的一个大迁徙过程。另外，至少在公元前 50 万年，人类渡过地中海与红海的接口处迁徙至欧洲，开始了欧洲的人类历史。参见文献：贾雷德·戴蒙德：《枪炮、病菌与钢铁——人类社会的命运》，译文出版社 2000 年版。

② 邬沧萍：《人口安全研究的理论意义和方法论问题》，载《人口研究》2005 年第 5 期。

③ 德怀特·H.波金斯，斯蒂芬·拉德勒，戴维·L.林道尔：《发展经济学》，中国人民大学出版社 2013 年版。

④ 姚远：《人口安全论：从历史到当代的考察》，载《人口研究》2005 年第 2 期。

惠帝时十五岁以上的女子如果不结婚就要缴纳五倍的重税①。

同时早期思想家也关注到合理人口结构安全的重要性，认为在各行各业中农业生产性人口要有足够比例的保证，当"生之者众、食之者寡"（《大学》），国家财富才会丰盈。另外，在农业社会出现了以家庭为单位的生产形式，婚姻关系相对稳定起来，人类社会在经历了大约 300 万年的原始群婚制后，由于私有制发展，在大约 5000 ~ 6000 年前出现了一夫一妻制，使得人类生育行为出现质的飞跃，提高了新生人口素质。在农业社会，生产方式主要表现为劳动力与土地的结合，非常重视体力劳动，男性劳动力是最重要的生产要素，形成了"男耕女织""男主外女主内"的较为稳定的家庭分工，而国防力量也全是由男性构成。由此，也就导致社会"重男轻女"生育观念盛行。

然而，在漫长的农业社会里，尽管生产工具经历了从石器到铁器的飞跃，人们掌握了一定的灌溉、耕种、选种、育种技术，也积累了对气候变化对农业生产影响的认知经验，但直到工业革命前，农业生产力进化缓慢，土地单产水平难以稳步提高，农业主要是靠经验，"靠天吃饭"。由于土地所提供的粮食增长速度（算术级增长）远低于人口增长速度（几何级增长），在前工业社会里的人口规模增长存在明显的周期性、波动性。随着农业生产力得到一定发展，使得人口经济活动范围扩大，大量土地被开发，粮食增产会刺激人口不断增长。而当人口密度大，粮食不够支撑人口规模时，饥荒、瘟疫、社会动荡和战争爆发，又会造成人口减少，最终下降到与生存资源、生产力水平相适应的水平。当不断膨胀的人口规模与相对有限的生存资源之间矛盾日趋显现时，就很容易掉进 18 世纪马尔萨斯所提出的"人口陷阱"里。所以在几千年的农业社会里，人口规模兴衰起落，增长速度远不及后来的工业社会。例如，公元 1 世纪时世界人口约为 2.3 亿人，在 1804 年才达到 10 亿人，而 200 多年后的今天全世界人口接近 80 亿人。

9.4.3 工业社会

18 世纪中后期英国爆发的第一次工业革命，以大规模工厂化生产取代个体手工业生产，财富创造不再像农业那样完全受制于土地规模，劳动除了与土地结合，还与其他更为广泛的生产要素结合，大大提高了生产力，开启了近代经济发展的"潘多拉魔盒"。同时，也极大地提升了对人口规模的承受能力，在一定程度上打破了马尔萨斯"人口陷阱"魔咒，人口规模得到快速扩张，并持续长期增长，不再陷入在低水平的"死循环"。在 1750 年，包括法国、德国、英国等西欧国家和瑞典等北欧国家在内的"欧洲"人口为 6000 万 ~ 6400 万人，而到了 1850 年，欧洲人口增加到 1 亿 1600 万人，即 100 年增加了一倍，这一时期欧洲人口年均增长率为 0.7%，被称为"人口大爆炸"。这期间，各国死亡率持续下降，部分国家如英国、法国人口出生率曾达到 4%，北欧国家人口出生率变化不大，但死

---

① 米红、李骅:《重议人口安全:安全化的视角》,载《浙江大学学报（人文社会科学版）》2016 年第 2 期。

亡率下降带来了人口增加[①]。

工业革命也推动了农业技术革命和农村土地变革。农业生产普遍使用机械、化肥和农药，单位土地的农作物产量大幅度提高，也为带有原罪的 18 ~ 19 世纪达到高潮的"圈地运动"（所谓的"羊吃人"运动）和人类历史上第一次大规模城镇化创造了一定条件。因为，农业生产效率提高，使得一部分农业人口可转移出来，留下的农业人口仍可以供养不断增加的城市人口。被转移出来的农业人口为城市工业发展提供了廉价劳动力，客观上推动了资本主义经济发展。

第一次工业革命的生产力革命表现在蒸汽机作业出现，化石能源逐步替代了生物能，极大推动交通和国际贸易发展。随着交通道路的改善，横贯大陆的铁路和海洋运输线的开辟，不同地方或市场之间开始有粮食贸易，过去发生饥荒人口大幅减员的现象在逐渐减少。再者，欧洲大陆从美洲引进了马铃薯等高产作物，适合欧洲大陆潮湿阴冷气候，粮食产量大幅提升，导致了欧洲人口激增。此外现代医学、公共卫生和医药生产也得到发展，降低了人口死亡率。

在资本主义社会发展初期，人口政策以鼓励多育为主，为资本家工厂提供了大量廉价劳动力。各资本主义国家都制定了旨在提高生育数量的人口政策，如采取减免税、增加津贴等手段鼓励结婚和多育（郭秀云，2009）。由于人口增长推动了资本主义经济发展，所以当时标准的人口安全观点是，人口众多是社会富裕的象征，是创造财富的主要原因，反之则是社会贫困的表现。英国经济学家、"经济学之父"亚当·斯密在其经典著作《国富论》（1776）中曾这样写道："在任何国家，衡量其繁荣程度的最明确的尺度都是人口的增加数量"（第八章"论劳动工资"）。甚至当时还有观点认为，人口本身就是财富，是一个国家能拥有的最大资产（熊彼特，《经济分析史》第五章）。

人类进入工业社会，享受到了生产力进步带来的发展红利，但工业社会与农业社会在生产关系、社会结构形式和运行方式上都有很大差异，也因此带来一系列社会问题。家庭不再将生产功能与生活功能融为一体，生产空间与生活空间是隔离的，人成年后就会外出工作，向城镇迁移，大家庭在解体，被原子型家庭替代，使得家庭的代际照看、情感慰藉功能退化，老幼家庭成员照看压力上升，精神抑郁现象也普遍起来。工业化社会离不开社会成员之间协作，劳动力被需要在城镇聚集形成一个个生产单位，传染性疾病、群体性伤害等系统性风险也由此增加。在流水线车间，劳动强度提高，也提高了职业伤害风险。在社会关系上，与农业社会不同的是，工业社会离不开与陌生人之间的频繁交流，由于信息不对称，欺诈、不诚信等道德风险增多，易产生信息不安全。

此外，工业社会所形成的环境污染、生态破坏、有悖伦理的技术应用等影响人类生存和发展安全的问题，已经不再陌生。20 世纪 70 年代初，罗马俱乐部提出"增长极限"论，认为如果维持现有的人口增长率和资源消耗率不变的话，将可能出现全球性非常突然

---

① ［日］吉川洋：《人口与日本经济》，九州出版社 2020 年版。

的无法控制的崩溃。

要解决这些问题，需要依赖科技进步、人口素质提高，需要建构人类命运共同体理念，完善社会治理体系，提升社会治理能力，需要各个国家之间、每个社会成员通力协作，共同努力。在工业社会里，人口安全观也逐渐由从生存的安全拓展到发展的安全，从人口规模安全拓展到人口质量、人口结构、人口迁移和分布安全，从人口变量内部拓展到人口与经济、社会、资源、环境协调和适应带来的人口安全问题，从人口主体的安全更多涉及影响客体的安全（邬沧萍，2005）。

拓展阅读材料9.5：

人类进入工业社会后，人口发展是前所未有的，但人类在享受经济高速增长、高质量生活时，对自然资源的开发、攫取和对生态环境的破坏也是前所未有的。大片森林消失、生物多样性锐减、河流污染严重、空气充斥有毒气体，城市严重雾霾，人与自然关系十分紧张，经济发展偏离了社会福利最大化目标。这是每个进入工业化发展阶段初期所面临的普遍问题，无论老牌工业化国家还是工业化后来者都是如此。先期迈入工业化强国序列的国家，几乎都经历过"先污染后治理"的痛楚。1765年英国人瓦特改良蒸汽机，拉开第一次工业革命帷幕后，到19世纪中期才陆续通过《公共卫生法》《碱业法》《河流污染法》等法律，这中间的环境保护觉醒之路足足走了一百多年。但遗憾的是，后来进入工业化发展阶段的国家没有充分吸取教训，走了同样的"先污染后治理"道路。而且，在20世纪后半叶，在经济全球化浪潮中，为实现本国产业结构转型升级，很多发达国家将重污染、高能耗产业纷纷向发展中国家转移，这些发展中国家在追求经济增长、渴求成为工业化强国时，忽略了对资源环境保护性开发和利用，在今天一些国家仍面临严重的环境安全问题。

1972年，联合国在斯德哥尔摩召开人类环境会议，会议强调，人既是环境的产物，也是环境的塑造者，人类在计划行动时必须审视可能造成的环境影响。自20世纪80年代后，可持续发展的观念开始被越来越多的国家和组织所接受。1987年，联合国世界环境与发展委员会在《我们共同的未来》报告中对可持续发展下了定义，"既满足当代人的需求，又不对后代人满足其需求的能力造成危害"。1992年，联合国在里约热内卢召开环境与发展大会，通过了《里约宣言》和《21世纪议程》，确定了全球可持续发展战略，否定了工业革命以来高投入、高生产、高消费、高污染的传统发展模式。1994年，开罗国际人发大会通过的《关于国际人口与发展的行动纲领》提出"可持续发展问题的中心是人"的观点，对《里约宣言》《21世纪议程》做了重要补充。

中国在推进工业化道路上也曾经走过一段经济发展牺牲环境资源安全的弯路，引起社会对环境污染、生态破坏、食品安全等问题的广泛关注和深切担忧。为解决经济发展与生态环境保护二者之间的矛盾，2003年中国政府提出了"科学发展观"。可持续发展，就是要促进人与自然的和谐，实现经济发展和人口、资源、环境相协调，坚持走生产发展、生活富裕、生态良好的文明发展道路。2012年11月，党的十八大做出"大力推进生态文明建设"的战略决策，绘出了生态文明建设的宏伟蓝图。2017 年习近平总书记在党的十九大报告中指出，我们要建设的现代化是人与自然和谐共生的现代化，既要创造更多物质财富和精神财富以满足人民日益增长的美好生活需要，也要提供更多优质生态产品以满足人民日益增长的优美生态环境需要。必须坚持节约优先、保护优先、自然恢复为主的方针，形成节约资源和保护环境的空间格局、产业结构、生产方式、生活方式，还自然以宁静、和谐、美丽①。并提出"生态兴则文明兴，生态衰则文明衰""绿水青山就是金山银山""山水林田湖草沙冰是生命共同体"重要发展理念，提出用最严格制度最严密法治保护生态环境，共谋全球生态文明建设，深度参与全球环境治理。

当前，中国政府正在将"碳达峰""碳中和"纳入生态文明整体布局，倒逼生产方式和发展方式转型，推动经济发展质量变革、效率变革、动力变革，加快构建现代绿色产业体系、生产体系，建设人与自然和谐共生现代化经济体系，使我国逐渐走出一条不以牺牲环境为代价的绿色现代化新道路。

9.5　世界人口发展的基本态势与人口经济安全

9.5.1　工业革命后工业化国家人口增速放缓

实际上，在欧洲经历 17～18 世纪"人口大爆炸"后，尽管人口规模持续增长，但人口增长率出现了逆转向下的趋势，这一现象几乎在所有工业化国家都上演，被称为工业化国家"人口陷阱""人口悖论"——经济社会发展不仅没有稳定人口增长，相反还形成了低生育率趋势，这一点就超出了马尔萨斯的理论预期。工业化程度高的国家，人口低生育率趋势尤其突出，人口增长受到抑制②。

英国学者 B. R. 米切尔（Mitchell）所编著的《帕尔格雷夫世界历史统计》数据显示，工业革命的先驱英国在进入 19 世纪时人口增长率就开始下降，这个过程一直持续到现在。1821 年人口年增长率约为 1.7%，而到上个世纪末仅为 0.1% 左右。而处在大西洋彼岸的美国，在 19 世纪中期开启了第二次工业革命后，人口增长率也在持续下降，从年均增长 3% 下降到 20 世纪末不到 1%。瑞典、挪威等北欧国家，人口出生率一直不高，两百多年里大部分时间人口年均增长率都不到 1%，甚至还出现负增长，19 世纪 20 年代后也开启了人口缓慢增长的趋势。作为曾经的英国殖民地澳大利亚（新西兰类似）从 19 世纪中期后至今，人口增

---

① 《建设人与自然和谐共生的现代化》，载《经济日报》，2017 年 10 月 22 日。
② 实际上，人口增长放缓，对经济不利影响很早就受到经济学家的重视。瑞典经济学家、经济学诺贝尔奖得主缪尔达尔夫妇在 20 世纪 30 年代就曾疾呼，放任人口减少是错误的，限制生育尽管可以提高人均收入，但给个人带来的利益并不等于整个社会的利益，认为生育应尊重个人的自由选择，限制生育的权利应该交给个人，主张推行"育儿援助政策"，国家实施增设托儿所数量、提升卫生及教育水平等措施。

长率明显呈现"L"型分布特点，在整个 20 世纪徘徊在 1% 左右（见图 9-6）。

再看欧洲大陆型国家。整体上看，德国在 19 世纪 60 年代后人口增长开始放缓，持续到 20 世纪末，年增长率几乎为零。而法国的人口年增长率几乎是"躺平"在 0.5% 的水平。作为近代工业化的后来者日本在 20 世纪 30 年代前人口持续增长，由于第二次世界大战期间大量人口减少，而战争结束后短暂性出现了人口增长大幅提高，自 50 年代起人口增长速度明显缓慢，到 90 年代中期劳动力人口出现负增长，到 2009 年总人口出现负增长，以致日本成为老龄化最为严重的国家之一。

而那些在 20 世纪跌入"中等收入陷阱"的拉美国家，如墨西哥、智利、巴西等国家从 19 世纪中期到整个 20 世纪中期，总人口大都在稳定增长，只是到 70 年代后，同几乎所有高收入的工业化国家一样，都出现了人口增长明显放缓的迹象。这种人口现象被称为战后"婴儿潮"——一代人口滞后效应，因为第二次世界大战结束后，为恢复经济发展，需要增加人口，各国都在鼓励生育，在 50 年代前后形成人口出生高峰，但高峰过后是人口出生率的迅速低落，导致七八十年代后进入生育年龄的人口减少，迅速拉低了人口增长率。总的来说，这种滞后效应只是工业革命后资本主义国家人口增长缓慢大序曲中的一个小插曲，而后来的国家在工业化进程中也陆续加入了这个大序曲中（见图 9.6）。

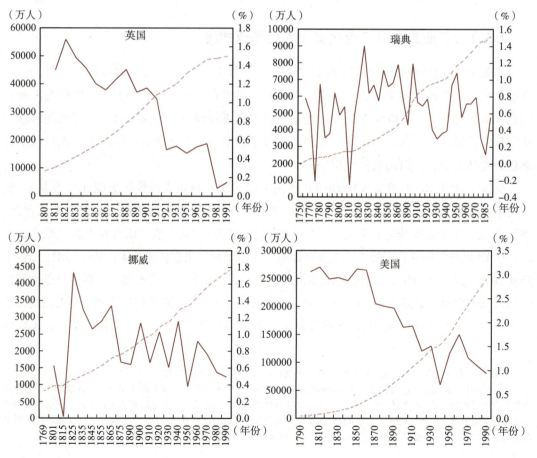

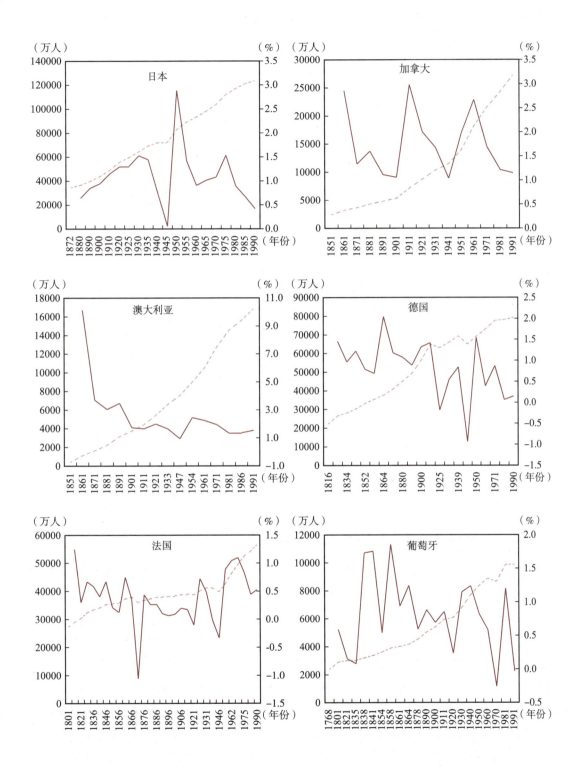

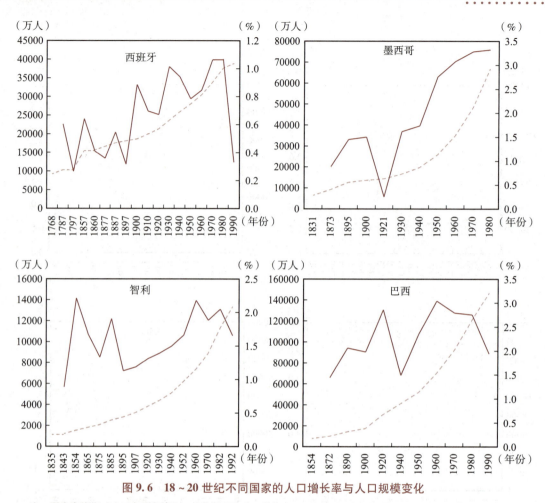

图 9.6　18～20 世纪不同国家的人口增长率与人口规模变化

注：图中实线指"人口年增长率"，虚线指"总人口数"。
资料来源：B. R. 米切尔：《帕尔格雷夫世界历史统计》，经济科学出版社 2002 年版。作者根据此书中数据绘制。

9.5.2　全球人口/GDP 的地区分布不平衡

在整个 20 世纪，世界人口稳定增长，处在人口大爆炸阶段。20 世纪初世界人口为 16 亿人，到 1950 年达到 25 亿人，到 2000 年达到 61 亿人，目前为 78 亿人，根据联合国预测，到 2050 年达到 97 亿人。虽然每个 50 年，增长规模不断加大，但一个趋势性变化，是自 20 世纪 70 年代以来，全球人口增长速度也明显缓慢下来，人口年增长率几乎是逐年下降的，这部分归功于工业化进程中"人口陷阱"效应。另外还是要看到，全球人口规模增长仍然是强劲的，目前仍保持了 5% 的年增长率，这主要是全球人口分布的不平衡所致，人口占绝大多数的欠发达地区为全球人口增长作出了贡献。这个不平衡的背后，也反映了全球经济南北差距问题。如果落后国家或地区的人口贫困问题不解决，人口增长与经济落后将继续相互推动，陷入恶性循环，全球"人口大爆炸"威力仍将巨大（见图 9.7）。

图 9.7　世界人口增长规模和人口增长率[1]

资料来源：联合国官网。

拓展阅读材料 9.6：

人口增长与经济落后之间的恶性循环会加深人类贫困。1958 年，美国人口学家寇尔和胡佛（Coale A. J；Edgar M. Hoover）对印度人口与经济发展关系进行仿真试验，在《低收入国家的人口增长与经济发展》一文中指出，发展中国家由于人口激增阻碍了经济发展所需的资本积累，陷入"人多 - 贫穷"的陷阱，要想摆脱这种困境，必须降低生育水平。该观点被称为"新马尔萨斯主义"。

世界银行数据显示，2021 年，全球人口 78.36 亿人、GDP 总量 86.65 万亿美元。高收入国家的人口总量约 12.4 亿人，占全球人口的比重 15.8%，而 GDP 总量高达 52.6 万亿美元，占全球 GDP 总量的 60.7%。中低收入、低收入国家人口总量 40.65 亿人，在全球占比 51.9%，GDP 总量仅为 8.6 万亿美元，占全球 GDP 总量的 9.9%[2]（见表 9.2）。全球最贫穷的地区，撒哈拉以南的非洲地区[3]，2021 年 GDP 增量占全球约 2.2%，而人口占全球人口总量超过 1/10，是全球人口自然增长最快的地区。这些数据表明，全球存在很大贫富差距。

---

[1]　有研究人员梳理了 1960 年以来统计数据较完整的 171 个国家（地区）人口与经济发展情况，各国人口总和生育率、出生率和增长率均随着经济发展水平提高呈明显的倒"U"形发展态势。低收入国家和中等偏下收入国家分别在 1993 年和 1983 年达到人口增长率倒"U"形发展的峰值，目前处于较高出生率、低死亡率、较快人口增长状态。中等偏上收入国家人口增长率在 1963 年即达到峰值，1991 年后进入低出生率、低死亡率和低增长率状态。高收入国家在 1974 年后就进入增长率低于 1% 的低出生率、低死亡率和低增长率状态。资料来源：李建伟：《促进我国人口长期均衡发展》，载《经济日报》，2022 年 1 月 18 日。

[2]　按照世界银行 2015 年的标准，人均 GDP 低于 1045 美元为低收入国家，在 1045～4125 美元为中等偏下收入国家，在 4126～12735 美元为中等偏上收入国家，高于 12736 美元为高收入国家。

[3]　根据世界银行的官方数据，2020 年撒哈拉以南非洲地区的人均国民收入（人均 GNI）仅为 1549 美元，远低于世界平均水平 11023 美元。

表 9.2   **2021 年不同类型国家人口数与 GDP 在全球的比例**   单位：%

	人口比重	GDP 比重
高收入国家	15.8	60.7
中高等收入国家	31.9	29.0
中低等收入国家	42.9	9.3
低收入国家	9.0	0.6
最不发达国家（联合国分类）	13.8	1.3

资料来源：联合国官网。

如果对这些指标进行纵向考察，发现一个积极变化是，高收入国家的 GDP 在全球的比重与人口数在全球的比重之比（即人均 GDP 相对全球平均水平的倍数，为表述方便，以下简称"人均 GDP 全球倍数"）在近 20 年出现下降趋势，人均 GDP 全球倍数从 2001 年的 4.3 降至 2021 年的 3.8。而中高收入国家的人均 GDP 全球倍数从 20 世纪 90 年代初（时值第三次全球化浪潮正兴起时）就开始提升，特别是进入新千年后提升明显，在过去 20 多年里从 0.4 提升到 0.9。其次是中低收入国家，人均 GDP 全球倍数略有提高，但仅在 0.2 水平［见图 9.8（a）］。糟糕的是，低收入国家经济发展与其他国家的差距还在拉大，人均 GDP 全球倍数相当的低，不仅在 0.1 之下，且有下降趋势。为更为直接地显示了不同收入类型国家之间的发展不平衡。可将高收入国家人均 GDP 与其他类型国家进行比较［见图 9.9（b）］，2021 年，高收入国家的人均 GDP 是中高收入国家的 4 倍、中低收入国家的 18 倍、最不发达国家的 39 倍，是低收入国家的 54 倍，倍数关系在 2010 年后明显扩大，说明低收入国家的经济发展状况令人担忧，涉及 7 亿人口经济不安全问题突出。

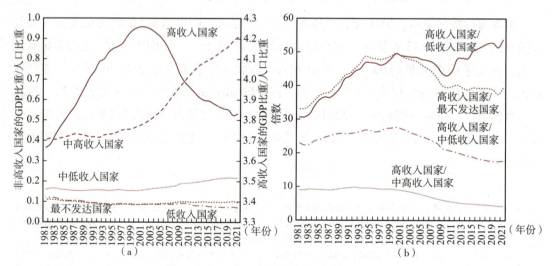

图 9.8 不同收入类型国家人均 GDP 的比较

资料来源：世界银行官网。

9.5.3 不同收入类型国家人口生育率普遍下降

自第二次世界大战以来，全球人口在持续增长。而近十年来发生的一个重要变化是，全球劳动年龄人口年增长率开始逆转而下，这一现象被一些学者称为"人口大逆转"[①]。这反映了人口生育率走低已经是全球性问题。目前全球人口规模仍处在上升阶段，预计到 2050 年可能接近 100 亿人，但包括中国在内，很多国家人口在未来几年、几十年必定会迎来人口峰值，而后出现趋势性负增长。

20 世纪 60 年代后，无论是高收入国家还是低收入国家，总和生育率（TFR）都在下降[②]，而且随着人均 GDP 或人均收入提高，生育率会持续性下降，这已经成为一个普遍观察到的特征化事实[③]。

拓展阅读材料9.7：

· 高收入国家。1960 年，人均 GDP 为 11518 美元时，TFR 为 3.03。1975 年，人均 GDP 为 19006 美元时，TFR 下降到人口世代更替水平 2.1 以下。2019 年人均 GDP 为 43001 美元时，TFR 降到 1.57。

· 中等偏上收入国家。1965 年，人均 GDP 为 1326 美元时，TFR 为 5.53，而后开始降低，到 1994 年人均 GDP 达到 2990 美元时，TFR 降到更替水平之下，2019 年人均 GDP 为 9527 美元时，TFR 降到 1.83。

· 中等偏下收入国家。1962 年人均 GDP 仅为 626 美元时，TFR 为 5.98，到 2019 年人均 GDP 为 2365 美元时，TFR 为 2.69。

· 低收入国家。1972 年 TFR 为 6.75，此后开始下降，到 2019 年人均 GDP 为 745 美元，此时 TFR 降至 4.57。

（资料来源：本专栏的数据根据世界银行官网资料整理。）

根据图 9.9，高收入国家总和生育率开始下降，要远远早于其他类型国家，部分国家甚至可以追溯到工业革命时期。而后依次是中等收入国家、中低收入国家，这些国家从 20 世纪 60 年代中期开始，TFR 就走上了下坡路。低收入国家在 80 年代中期后 TFR 开始明显下降。中国由于在 70 年代开始实施计划生育政策，政策执行严厉，短短 20 年时间就将 TFR 降到了比高收入国家更低的水平，这种政策对人口自身发展带来了强烈的外部冲击，以至于在 21 世纪第一个十年后，中国走上了老龄化加速道路。虽然中等收入、中低收入和低收入国家的生育行为可能未受到像中国那样强烈的政策限制，总和生育率下降也比高收入国家来得晚，但是在半个世纪以来下降速度还是比较快的，这将深刻影响未来的人口

---

① 查尔斯·古德哈特（Charles Goodhart）、马诺吉·普拉丹（Manoj Pradhan）：《人口大逆转》，中信出版社 2021 年版。

② 总和生育率（total fertility rate，TFR）是指育龄期间女性平均生育子女数。国际上通常以 2.1 作为人口世代更替水平，也就是说，考虑到死亡风险后，平均每对夫妇大约需要生育 2.1 个孩子才能使上下两代人之间人数相等。通常把低于 1.5 的生育率称为"很低生育率"。

③ 蔡昉：《打破"生育率"悖论》，载《经济学动态》2022 年第 1 期。

结构发展。当全世界生育率普遍下降，最终结果必定是全球人口的老龄化（蔡昉，2022）。

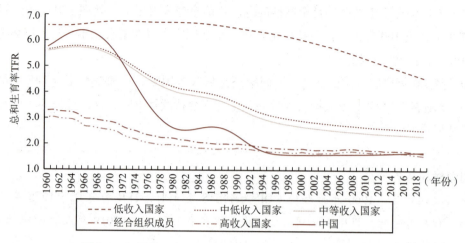

图 9.9 不同收入类型国家的总和生育率（TFR）变化轨迹

资料来源：联合国官网。

生育率为何随着收入提高而下降，这一直以来是人口学热点话题。微观原因有很多，例如，随着经济社会发展，合理避孕意识也在提高；随着人口素质不断提升，育儿成本提高，家庭会选择少生优育；由于女性地位提高，受教育水平和参与社会能力提升，为追求个人事业成功，女性会减少多生育动机；在工业社会，生活和工作节奏加快，家庭时间与工作时间冲突增加，家庭代际照看功能式微，都会影响婚龄和育龄。此外，不良生活作息、大龄受孕、奉行独身丁克观念等，也会影响生育率。

生育率降低直接影响新生儿数量，减少劳动力人口供给，推高老龄化严峻程度。在高收入国家，这是一个很棘手的人口安全问题，因生育率低，人口自然增长非常缓慢或呈负增长。

根据马尔萨斯的人口理论，人口过快增长会导致生活水平降低，产出不能满足生存需要，最后只能通过贫困、饥馑、灾荒、战争等抑制人口增长，在这种经济不发达的状态下，人口相对于其他生产要素的过剩，造成社会生产效率和产出极为低下，不能形成足够的储蓄和资本积累，会导致"贫困恶性循环"。但是，凯恩斯（Keyens，1937）认为，人口增长的停滞也会给经济增长带来灾难性后果，实际上在一些典型发达国家如日本，已经出现因人口停滞造成的经济长期停滞（Secular Stagnation）[①]，其表现为低增长、低通胀、

[①] 早在 1939 年，美国凯恩斯主义经济学家汉森（Hansen）就提出了关于经济面临"长期停滞"风险挑战的担忧。汉森（1939）认为，美国经济正在发生人口增长放缓、新开辟的国土空间匮乏以及技术进步停滞三大结构性变化，严重制约投资增长空间，进而导致经济增长将陷入长期性低迷。然而，第二次世界大战随即爆发并带动军事开支猛增，客观上使世界经济幸免于长期停滞的黯淡前景。2008 年国际金融危机爆发后，世界经济长期疲弱态势使得"长期停滞"担忧卷土重来，美国经济学家、前财政部长萨默斯（Lawrence H. Summers）2013 年重提"长期停滞假说"。他认为，经济增长面临的关键问题是通货膨胀水平低迷和名义利率零下限约束，导致实际利率无法灵活调整至自然利率水平之下，由此对投资构成持续性抑制，造成经济增长长期低迷。参见文献：原倩：《政府债务扩张与经济长期停滞》，载《金融理论探索》2022 年第 3 期。

低利率。至少在 2008~2009 年全球金融危机爆发之后，由美国主导的世界经济就陷入长期停滞（Summers，2016；2018）。这是因为人口增长停滞时，一方面，劳动力短缺、技能供不应求、劳动者平均资本量提高形成资本报酬递减等，将构成对发展的制约，导致潜在增长率下降。另一方面，总量人口减少意味着消费性人口也在减少，对总需求有不利影响，生产性资源长期得不到充分利用，特别是资本需求不足，导致储蓄不能有效转化为投资需求，也导致经济增长率下降。

而与总量人口减少相伴随的往往是人口老龄化，老龄人消费倾向较低，而劳动人口养老负担重，不仅要供养当前老年人，也要为未来退休做储蓄准备，总量下的人口结构变化会导致消费需求不足，结果是导致市场主体投资意愿低，不能保证国民经济在潜在能力上实现增长。进入人口负增长阶段的国家的经济增长和政府负债率等方面都表现不佳。

9.5.4　人口老龄化是全人类面临的共同挑战

在现代社会，人口转变的核心内涵是总和生育率的下降，其归宿则是人口老龄化[1]。人口老龄化既是一个人口现象，也是社会文明进步的一个标识。人口老龄化背后，既有人口出生率下降，也有人口长寿趋势，这是公共卫生、医疗进步以及经济社会发展战胜疾病、伤害和早逝的一个结果。这些疾病、伤害以及早逝在历史上限制了人类的寿命。人口老龄化已被公认为四大全球人口"大趋势"之一，即人口增长、人口老龄化、国际移徙和城市化，对可持续发展产生了深远的影响[2]。实际上，人口老龄化问题由来已久，早在1830 年法国就进入了老年型国家。随后的一个多世纪里，一些西欧和北欧国家的 60 岁及以上老年人口比例超过 10%。而后北美国家、日本、澳大利亚等也陆续进入老龄化国家。20 世纪七八十年代，由于人口老龄化问题严重起来，许多发达国家开始提高法定退休年龄，进行社保制度改革。

衡量一个国家是否进入老龄化社会（aging society），一般评价指标是，60 岁以上人口所占比重达到或超过总人口数的 10%，或者 65 岁及以上人口达到或超过总人口数的 7%。如果 65 岁及以上人口占总人口之比超过 14%，就称为"老龄社会"（aged society），超过21% 称为"极度老龄社会"（super-aged society）[3]。

拓展阅读材料9.8：

根据联合国经社部《2019 年世界人口展望》，2020 年，全球 65 岁及以上人口占比（即老龄化率）为 9%，其中高收入、中高等收入国家分别为 18% 和 11%。到 2050 年，全世界将有 1/6 的人超过 65 岁，老龄化率 16%，其中：高收入、中高等收入国家达到 27%

---

[1]　蔡昉、王美艳：《如何解除人口老龄化对消费需求的束缚》，载《财贸经济》2021 年第 5 期。
[2]　资料来源：联合国发布的《世界人口老龄化报告 2019》（World Population Ageing 2019）。
[3]　蔡昉：《打破"生育率悖论"》，载《经济学动态》2022 年第 1 期。

和23%；中等收入、中低收入和低收入国家分别达到16%、12%和5%。发展中国家也迎来"人口老龄化震动"，在21世纪上半叶将迅速迈向老龄化社会，老年人口将占全球的3/4。人口老龄化速度最快的地区是东亚和东南亚。未来30年，全球老年人比例增幅最大的10个国家或地区中有9个将位于东亚和东南亚（其余是西班牙），增幅最大的是韩国（23%），其次是新加坡（20.9%）、中国台湾（19.9%）。2020年，中国老年人已达到2.5亿人，2050年将达到4亿人，其中80岁以上老年人以年均5.4%的速度增长，该年龄段老人数将占全球约1/5。此外，北非和西亚、中亚和南亚、拉丁美洲和加勒比四个地区的老年人比例将至少翻一番。

资料来源：联合国官网。

人口老龄化给社会带来的直接影响是老年扶养比上升[1]。根据联合国最新数据，如果按照60岁和65岁为退休年龄（不分男女）、20岁为参加工作年龄计算：①在高收入国家，2020年老年抚养比分别为46%、31%；到2050年达到70%、51%；②在中高收入国家，2020年老年抚养比分别为28%、17%；到2050年达到62%、40%；③在中等收入国家，2020年老年抚养比分别为22%、14%；到2050年达到43%、28%；④在中低收入国家，2020年老年抚养比分别为17%、11%；到2050年达到31%、20%；⑤在低收入国家，2020年老年抚养比分别为12%、7%；到2050年达到16%、10%。图9.10显示，自2010年后，无论是高收入还是低收入国家，人口老龄化都处在加速阶段，除了低收入国家，其他国家在未来几十年里都将面临严重的养老问题。

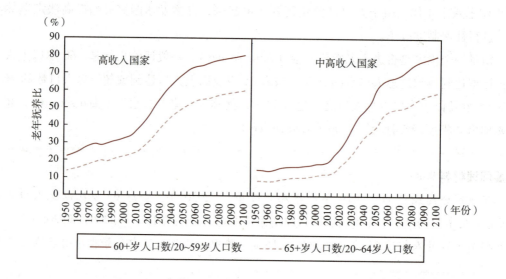

① 这个概念的含义可以通过简单例子进行说明。在2020年中国的老年抚养比为29%、少儿抚养比为40%，意味着一名劳动力人口除了要养活自己，还要养活0.3个老人、0.4个小孩。实际上，一个人工作，要养活2.8个人。

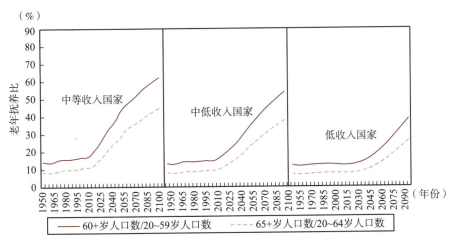

（％）

老年抚养比

中等收入国家

中低收入国家

低收入国家

—— 60+岁人口数/20~59岁人口数　　---- 65+岁人口数/20~64岁人口数

图 9.10　不同收入类型国家老年抚养比的发展趋势

资料来源：联合国人口司官网。

从影响的深度和广度来说，人口老龄化对现代经济社会带来革命性的变化，这种人口革命将大大超出人口学的范畴，给经济发展、公共财政、文化观念、社会政治都会带来重大影响。如在经济发展和公共财政方面，在老龄化社会，劳动力供给会相对不足，社会养老负担加重，公共储蓄率降低，造成资本积累不足和全要素生产率低下，经济竞争能力变弱，经济增长缓慢[①]。老龄化使得医疗保险、养老保险、长期照料保险以及健康服务等社会保障的财政可持续性受到严重挑战，公共转移支付系统的财政压力增加，一般政府债务率被不断推高。国际经验表明，在老年化严重的国家，一般都伴随着居高不下的政府债务率（即一般政府债务累计余额/当年GDP）。老龄化程度居世界前列国家，如日本的 2011 年政府债务率高达 250%，其次是希腊 222%、意大利 185%，葡萄牙、法国、西班牙、英国皆超过 140%，其他老龄化严重的国家如芬兰、德国，以及斯洛伐克、匈牙利等东欧国家，政府债务率也接近或超过 80%（见图 9.11）[②]。

---

① 例如，欧洲人口老龄化使得欧洲人均 GDP 年均下降 0.4 个百分点。参考文献：杨伟国：《人口老龄化挑战欧洲就业》，载《求是》2005 年第 13 期。

② 这里需说明的是，人口老龄化程度与政府债务率的关联性有多强，不是简单的一元函数关系，还取决于其他多个因素，如一般财政收支、社保体系类型、政治、经济等。例如，美国政府债务率很高，2021 年超过了 150%，而美国的老龄化率（16.8%）在 OECD 国家中靠后，为何也有如此高的债务率？其实美国每年的巨额财力并非全是用在处理老龄化问题上。2000 年美国前总统克林顿卸任时联邦政府财政是盈余的，2001 年"9·11"爆发后，美国相继在阿富汗、伊拉克、利比亚、叙利亚等发动战争，加上 2008 年爆发次贷危机，2020 年新冠疫情蔓延，以及近些年来的经济衰退，导致了美国政府债务率不断上升。人口老龄化如何推高政府债务压力，主要是通过社会保障这一公共转移支付系统来传导的。例如，政府的社会养老保险有两种制度类型：一类是政府发挥托底作用、提供最基本保障功能，政府公共转移支付压力相对较小，养老保障主要由家庭和市场投资来支持，这主要是指盎格鲁-萨克逊模式，覆盖了北欧和英语系国家，例如，英国、澳大利亚、新西兰、芬兰、瑞典、挪威、丹麦、瑞士、荷兰、加拿大，还有美国。墨西哥、智利（采用基金积累制）、东欧转型国家（采用名义账户制）也倾向于此类模式。尽管美国采用如德国的社会保险模式，但美国社会养老保险基金与一般财政收支严格分离，且美国联邦社保基金暂时仍有结余。整体上这些国家的私人养老金非常发达，分散了政府养老负担，因此这些国家因社保造成的政府负债率相对不高。另一类是政府的一般财政资助较多的社会保险模式，主要被欧洲大陆型国家采用，是国民主要养老保障形式，公共转移占主导地位。由于采用现收现付的财务制度，当前老年人养老资金来自当前劳动者收入，因此养老金制度受人口老龄化冲击很大，公共养老金出现支付能力不足，就需要政府一般财政补贴，所以政府公共转移的压力相对很大。这类国家有德国、法国、奥地利、卢森堡、意大利、希腊、西班牙、比利时、日本、韩国，以及部分拉丁美洲国家等，这些国家政府债务率一般较高。

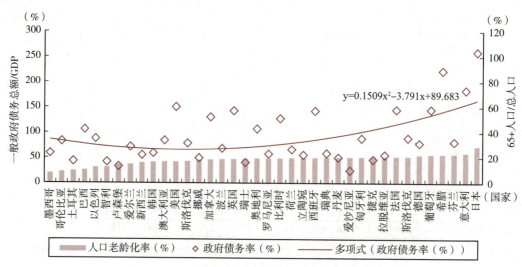

图 9.11　当前各国人口老龄化率与政府债务率比较

资料来源：根据经济合作与发展组织（OECD）2020 年、2021 年数据整理。

　　人口老龄化除了影响社会经济发展外，还将推动劳动力市场发生重要变化，未来庞大的老年产业需要有大批年轻人口投入其中。随着孤寡老人、阿尔茨海默病患者（即老年痴呆症患者）人数增多，家庭、社会面临的护理照看和医疗支出压力不断加大。无论在高收入国家还是在中低收入国家，近年来老年痴呆患者人数明显上升，预计将从 2015 年的 5000 万人上升至 2030 年的 8200 万人，到 2050 年上升至 1.52 亿人，当前全球因老年痴呆发生的直接成本和间接成本，相当于全球 GDP 的 1%[①]。日本是老年照看事业发展最好的国家之一，2021 年 65 岁以上的老人高达 3640 万人，占总人口的 29.1%，其中仍在工作的老年人有 906 万人，而需要看护的有 669.9 万人，相当于 5 个老人中有一人需要照看。日本老龄化严重程度全球第一，正面临养老服务从业人员人手短缺问题。根据日本厚生劳动省预测，到 2025 年，日本养老护理人口的缺口将高达 30 多万人，而一些行业协会甚至预测缺口将达到 100 多万人。

拓展阅读材料 9.9：

　　照顾老人是典型的服务性劳动，服务性劳动和产出的重要特点是"即时消耗"，不能像工业产出那样可积累，并形成耐用消费品。而且，这种劳动必须与特定时空条件、社会关系相联系，也无法像在工业领域大规模实现流水作业，不存在集中生产、分批库存和发售，生产与消费不能分离。服务业是劳动密集型产业，尽管有大量先进仪器设备、人工智能、机器人被广泛运用到医疗护理领域，提高了工作效率，改善了医疗护理效果，减轻了

---

　　①　查尔斯·古德哈特（Charles Goodhart）、马诺吉·普拉丹（Manoj Pradhan）：《人口大逆转》，中信出版社 2021 年版。

劳动强度，但劳动力被机器替代的现象远不如在工业领域那么广泛。服务业领域的生产效率提升并没有工业领域那么明显，这就是为什么随着社会发展，服务品价格上涨速度要高于工业品价格的重要原因。所以，在老龄化社会里，老年产业发展将需要大量劳动力投入其中，老年护理领域所缺乏的劳动力，需要从其他产业中转移过来，需要在其他产业领域，大力推动技术进步，提高生产效率，以释放出更多的劳动力人口。

如何应对人口老龄化问题，已经成为国际社会高度重视的经济社会发展政策。当前国际社会主流意见是，在人口老龄化社会，宏观经济衰退并非不可避免，而是恰恰相反。联合国《世界人口老龄化报告 2019》指出，为了最大限度地提高人口老龄化带来的效益、管理与人口老龄化有关的风险，各国政府应支持所有人的持续和终身教育和保健；在整个生命过程中鼓励储蓄行为和健康的生活方式；促进妇女、老年人和传统上被排除在劳动力之外的其他人的就业，包括逐步提高正式退休年龄、消除就业年龄歧视；支持有利于家庭的政策，以促进工作与生活的平衡，增进公共和私人生活中的性别平等，消除年龄歧视。

9.5.5　全球人口流动：移民增速减缓与难民危机严峻

移民和难民，是国际人口流动的不同形式。国际人口流动的基本趋势是，人口由经济发展水平落后、地区局势动荡的国家（地区）向社会经济发达、科技文化先进的国家（地区）流动，人口流动形式有合法和非法两类：合法流动主要表现为移民以及留学、经商等；非法流动主要表现为偷渡、非法越境、人口贩卖等。

从人口地区分布来看，经济发展水平落后的国家往往是人口增长型、劳动力丰富的国家，而社会经济和科技文化发达国家一般又是人口老龄化水平比较高的国家，在经济全球化时代，正常的人口流动有利于加强国与国之间的科技文化交流，也缓解了老龄化的地区分布不均。但从人口规模上看，移民相较于难民人数很少，整体上对一个国家或地区人口变化的影响很小，只是对部分国家和地区的人口规模的影响还是巨大的，这包括有计划移出或接受大量经济移民或受难民潮影响的国家。2010～2020 年，全球有 14 个国家或地区的移民净接受人数都超过 100 万人，而有 10 个国家的净移出人数也达到类似规模。世界主要的移民净流入地主要分布在北美、欧盟国家和大洋洲国家。

拓展阅读材料9.10：

根据世界银行的统计，2017 年经济合作与发展组织（OECD）净移民 1643 万人。净移民人数最多的国家是美国（477 万人）、德国（272 万人）、土耳其（142 万人）、英国（130 万人）、加拿大（121 万人）、哥伦比亚（102 万人）、俄罗斯（91 万人）、澳大利亚（74 万人）。而中低收入国家移民净流出 1259 万人，中等收入国家净流出 877 万人。移民净流出最多的国家是印度（266 万人）、叙利亚（214 万人）、孟加拉国（185 万人）、中国

（174 万人）、巴基斯坦（117 万人）、南苏丹（87 万人）、缅甸（82 万人）。

资料来源：世界银行官网。

近年来，欧美发达国家经济增速放慢，对劳动力需求下降，普通移民政策陆续开始收紧，但对技术移民保留了较为宽松的政策，以吸引发展中国家的各类优秀人才。这导致近20 年来欧美国家的移民净流入规模没有显著增长，欧盟与北美、澳大利亚不同的是，因地缘政治不稳定导致近十年移民净流入在增加（见图 9.12）。一旦正常移民政策收紧，非法移民就会增加，人口贩卖、偷渡和非法移民等问题严重影响了移出国、中转国及目的国的安全、社会秩序，并滋生犯罪，影响有关国家间的正常交往。

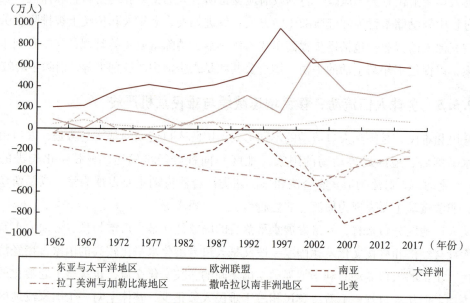

图 9.12　全球各地区净移民人数（万人）的变化
资料来源：根据世界银行官网数据绘制。

国际人口非正常或非法流动往往由特定原因引起，如战乱造成的国际"难民"①。根据联合国难民署报告，截至 2021 年末，全球被迫逃离家园流离失所者达到 8930 万人，其中 2710 万人是难民，超过 2/3 的难民来自叙利亚、委内瑞拉、阿富汗、南苏丹和缅甸。2022 年 6 月，联合国难民署发布数据称，全球因冲突或迫害而逃离本国的难民、难民申请者和"流离失所者"等总人数首次突破 1 亿人，相当于世界总人口的 1% 以上，创下世界迄今难民数量之新高②。

---

①　难民分为经济难民、自然灾害难民、战争和政治难民。经济难民指为了改善自己的生活而"自愿"流离失所的人，也称非法移民。自然灾害难民指因地震、严重水旱灾害等原因而被迫离开家园的人，他们往往通过临时救济后返回来源国。战争难民指为躲避战乱而背井离乡的人，他们中包括无政治倾向的"流民"和政治难民。

②　资料来源：联合国官网。

图 9.13 反映了 20 年来全球难民人数持续增长的情形，特别是 2011 年叙利亚内战和 2013 年南苏丹内战爆发，加大了难民人数增长态势。造成全球难民人数不断增长的主要原因是地区矛盾升级、种族暴力冲突、国内政局混乱，其次是国内粮食短缺、通货膨胀严重、气候危机等，驱使了成千上万人逃离家园。

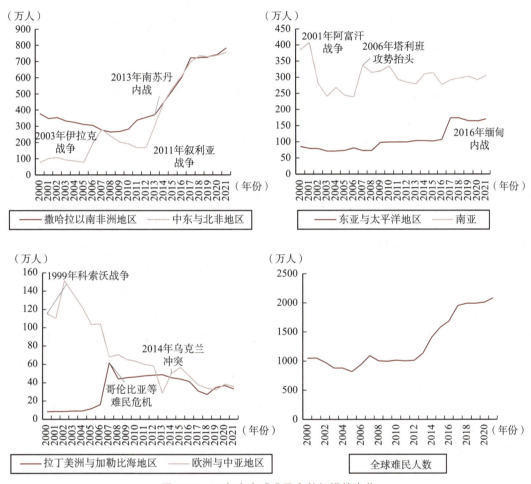

图 9.13　20 年来全球难民人数规模的变化

注：图中数据单位为万人，反映的是按难民来源国家或地区难民人数的统计结果。
资料来源：根据世界银行官网数据整理绘制。

以美国为首的一些西方国家长期在世界多国输出战争和动乱、干涉他国内政、制造人道主义灾难，导致全球难民问题日益严峻。美国在"9·11"恐怖袭击事件之后发动战争制造的难民数量为 4900 万人至 6000 万人，其中仅阿富汗就有 1100 万人沦为难民①。2023 年 6 月联合国难民署发布的年度报告《全球流离失所趋势报告》显示，全球流离失所人数

---

① 《今天是世界难民日，汪文斌：美西方一些国家是世界难民问题的始作俑者》，载《中国青年报》，2022 年 6 月 20 日。

升至 1.1 亿，2022 年新增人数创下历史新高。其中，因 2022 年春季爆发俄乌冲突，来自乌克兰的难民人数从 2021 年底的 2.73 万人剧增至 2022 年底的 570 万人 ①。

大量难民输入国社会压力增大，也会产生新的人道主义灾难。据法新社报道，欧洲已有多个犯罪团伙瞄准了从乌克兰入境的妇女和儿童，利用其急需帮助的特点，试图通过提供住宿等方式将其引诱至德国等欧洲国家进行性交易。据欧盟执行委员会 2020 年发布的一份人口贩卖报告估计，这一犯罪产业在全球范围内一年的利润是 294 亿欧元。性剥削是欧盟成员国中最常见的人口贩卖形式，这其中近 3/4 的受害者是女性，近 1/4 的受害者是儿童②。

9.6 中国所面临的主要人口安全问题

9.6.1 新中国人口政策的历史变迁

新中国成立以来，中国共产党以马克思主义人口理论为指导，在应对人口数量、质量、结构、分布等人口安全问题时，形成了系统的人口安全思想。其中，人口数量问题又是所有问题中首要的、最为核心的和关键的问题③。70 多年来，我国的人口发展走过了一条不平坦的道路。人口和计划生育工作基本控制了人口规模过快增长，用了不到 30 年时间，人口少生 4 亿人，缓解了与资源环境、经济发展之间的矛盾。人口身体素质、受教育水平也得到极大改善。人口发展由"高出生、低死亡、高增长"向"低出生、低死亡、低增长"的历史性转变。

要认清现实、把握未来，首先须理解好过去。中国人口发展既遵循了工业社会一般人口发展逻辑，也受到了阶段性人口政策的强烈影响。只有理解好中国人口政策及其形成背景，才能掌握中国人口安全问题本质。我国自 20 世纪 60 年代就开始鼓励少生少育，1970 年开始全面实施计划生育，到 1978 年，计划生育被首次写入国家宪法，到 1982 年党的十二大被明确定性为一项基本国策，开始进入严厉实施的阶段。新中国成立后 30 年的计划生育政策形成、发展过程，总体上分三个阶段——鼓励生育阶段、限制生育工作反复推进阶段和限制生育政策正式实施阶段。本节主要是对这段历史进行回顾④。

---

① 联合国难民署：《全球流离失所者近 1.1 亿人 2022 年新增人数创新高》，载《光明网》，2023 年 6 月 15 日。

② 《全球"流离失所者"首次破亿》，载《华商网》，2022 年 6 月 20 日。

③ 江大伟：《新中国成立以来人口安全思想研究》，人民出版社 2018 年版。

④ 这里的回顾有助于厘清一些模糊或错误认识，这些认识至少有两个方面，一是认为计划生育政策是始于 20 世纪七八十年代，而没有意识到计划生育的思想很早就有了；二是认为中国计划生育政策是不正确的，认为独生子几代人产生，既对家庭人口安全又对国家人口安全产生了巨大的负面影响，从独生子女家庭问题、社会人口老龄化、经济发展人口红利消失等现实角度，来批判过去形成的人口计划生育政策。这些认识形成，说明对新中国历史不甚了解，犯了历史虚无主义错误。新中国的计划生育思想，是对当时中国"人口多、底子薄"、养不起那么多人口的贫困现状强烈关注形成的，是实事求是的、科学的人口安全观。任何一项政策是基于历史条件形成的。但是，当现实条件发展到一定阶段时，再继续执行原政策将带来更大的人口安全问题时，就应考虑如何调整它，甚至结束它。因此，从方法论上还应避免这样的认识倾向——以政策调整或结束过晚所引发的新的人口不安全问题，来否定该政策最初被提出、实施的合理性和科学性。改革开放后，中国人口形势发生很大变化，计划生育政策的确后来应该考虑及早调整，因为中国 20 世纪 90 年代末已成为人口老龄化国家，中国总人口负增长也可预期，独生子女家庭问题成为影响国家和民族长远发展的重要社会问题。

9.6.1.1 从限制节育向计划生育的人口安全思想转变

新中国成立之初，中国共产党在人民生育问题的认识上，经历了一个由限制节育到提倡生育的变化发展过程（江大伟，2018）。

在"中国人口众多是一件极大的好事""世间一切事物中，人是第一个可宝贵的。在共产党领导下，只要有了人，什么人间奇迹也可以造出来""人多力量大"等毛泽东人口思想的影响下，加之苏联也一直实行鼓励人口增长的政策，当时对人口问题的认识，并未采取限制增长的政策。新中国刚刚成立，百废待兴，客观上也无暇过多关注人口问题。1949～1953 年的人口政策是放任的，而且严格限制节育，禁止非法打胎。1949 年全国人口 5.4 亿人，到 1953 年全国第一次人口普查时，全国人口突破 6 亿人，人口出生率维持在 37% 左右的高水平，人口再生产实现了从"高出生率、高死亡率、低增长率"到"高出生率、低死亡率、高增长率"的转变。人口高增长远远超过之前的预期，国家领导人深受震动。人口增长过快的态势，对于当时还在恢复发展的经济和有限的资源条件来说，已经形成了巨大的人口压力，"吃饭"成为首要难题。例如，1952 年全国的粮食总产量为 3200 多亿斤，人均年口粮不足 600 斤。于是，为解决这种人多粮少的矛盾，在耕地不足、农业技术条件受限的情形下，必须要改变以前放任人口增长的政策，提倡节育、避孕。

1956 年 9 月在中国共产党第八次全国代表大会上，周恩来总理提出"在第二个五年计划期间，必须继续发展卫生医疗事业，进一步开展体育运动，并且适当地提倡节制生育"。在党的提倡节育思想的指导下，全国各地开展了控制人口和进行避孕节育方面的宣传教育活动，同时加强对避孕节育的技术指导和药具的生产，并取得了一定成效。1955 年和 1956 年的人口自然增长率分别比 1954 年下降了 4.47 个、4.29 个千分点。这一时期党关于提倡节育的政策思想，为我国制定人口政策和后来确定计划生育基本国策，提供了正确的指导思想和政策基础。

1956 年 4 月，周恩来总理在国务院常务会议首次提出"计划生育"概念，毛泽东主席对计划生育进行了深入的理论阐述，他认为，计划生育应该同国家的五年计划配合起来，当社会的生产都计划化了，人类本身不应处在一种无政府、无计划的状态中，否则人类将要提前毁掉。"人类要自己控制自己"。在 1957 年 10 月召开的党的八届三中全会上，毛泽东设想通过三年试点、三年推广，四年普遍实行的十年计划以逐步达到普遍的计划生育。同时也强调，少数民族地区、人少的地方不要去推广，就是在人口多的地方进行试点，逐步推广。计划生育使家庭避免过重的生活负担，使子女受到较好教育，并且得到充分就业的机会。1957 年 7 月，人口学家马寅初在《人民日报》发表了《新人口论》，对新中国成立后我国人口增长迅速的原因、人口现状与国民经济发展之间的矛盾进行了详细阐述，同时提出了一系列控制人口的建议。他指出，从提高农民的文化和物质生活出发，"一定要实行计划生育，非计划生育不可"（江大伟，2018）。

9.6.1.2 计划生育工作的反复与推进

计划生育思想的提出，是党应对人口规模安全问题认识上的一次重大飞跃，是对节制生育思想认识的进一步深化，也是马克思主义人口理论的丰富和发展。然而，党的最高领导人对人口问题认识是"我国人多，是好事，当然也有困难"，认为人多的好处还是排在第一位的。这种人口安全认识，导致计划生育工作在后来出现了波折和反复。

随着1957年反右派斗争的开展及其严重扩大化，对人口问题的学术批判变成了政治批判，党对控制人口数量增长的认识也发生了改变。1958年"大跃进"运动在全国轰轰烈烈开展，更加片面强调人多力量大，在这种思想指导下，要求控制人口增长的政策主张必然会遭到巨大的冲击。在这种形势下，也就不再强调控制人口增长和实行计划生育了。

由于"大跃进"和"农村人民公社化运动"开展，社会生产力受到极大破坏，加上1959～1961年全国性自然灾害，粮食等各种物资供应极度匮乏，国民经济出现严重困难的局面，人口再生产也遭遇了重大影响。当基本口粮都无法保证时，人口出生率迅速下降，死亡率急剧攀升，出现人口自然增长率骤然下降的不正常人口现象。1959年全国总人口6.7207亿人，到1961年下降至6.5859亿人，减少1342万人。这种情形下，计划生育工作也就自然停顿下来。

三年困难时期过后，随着经济恢复和人民生活改善，从1962年开始，人口出现了补偿性的急剧增长，我国迎来第二次人口增长的高峰。1963年人口攀升至6.9172亿人，达到新中国成立以来的最高水平。人口急剧增长，再次引起党和国家领导人的重视。1962年12月18日中共中央、国务院下发《关于认真提倡计划生育的指示》，明确提出实行节制生育、控制人口增长的要求，这个文件成为指导这一时期我国人口工作的纲领性文件。此外，晚婚、晚育，人口发展要与生产、教育、就业等其他方面的发展相结合等重要思想也在逐步形成。在计划生育思想的指导下，首先以城市为重点的计划生育工作全面开展起来。1963年10月，中共中央、国务院批准《第二次城市工作会议纪要》，明确规定了开展计划生育的任务、目标、措施等。1964年1月，国务院成立计划生育委员会，各地也相继成立计划生育委员会或技术指导委员会。以城市为重点的计划生育工作开展起来了，并取得比较明显的效果，1963年后城市出生率和自然增长率开始低于农村，且差距不断扩大。即使在1966～1976年"文化大革命"十年期间，实施计划生育的政治环境艰难，经济发展倒退，人口增长与经济落后之间的矛盾更加尖锐，计划生育仍是主要政策基调，且人口增长的计划性越来越浓厚，明确提出和强调人口增长率的具体控制目标。例如，1973年，国家计委《关于国贸经济计划问题的报告》中就提出"争取到1975年，把城市人口净增长率降到10‰左右，农村人口净增率降到15‰以下"的目标。人口增长指标成为国民经济计划的一项重要内容。

为了能够完成国家提出的计划生育指标，全国各地也在积极探索相应的计划生育政策。例如，北京、湖北先后提出"一个不少，两个为好，三个多了"的生育控制指标。1973年12月，国务院正式提出"晚、稀、少"的生育政策，即"男25周岁以后、女23

周岁以后结婚、女 24 周岁以后生育""生育间隔为 3 年以上""一对夫妇生育子女数不超过 2 个"，计划生育开始有了指标管理，生育计划落实到人，但不搞强迫命令。由于计划生育工作的全面展开，在 70 年代，全国出生人口数量有明显下降趋势。总和生育率从 1970 年的 5.648，下降至 1978 年的 2.938，人口出生率从 1970 年 33.43‰，下降至 1978 年的 18.25‰；人口自然增长率也从 25.83‰下降至 12‰。

计划生育政策实施的成效，标志着中国人口增长结束了有史以来自发、自流状态，变成了从全社会和整个国家着眼的有目标、有计划的发展过程[1]。持续 20 多年的人口高生育率、高增长的局面得到根本扭转。

9.6.1.3 计划生育基本国策的正式形成

虽然 20 世纪 70 年代以来我国人口增长率保持了下降趋势，但我国人口基数大，社会经济发展水平低下，人口规模持续增长带来的压力越来越大，到 1979 年中国人口达到 9.8 亿人，人口过快增长与社会经济发展水平不相适应的矛盾必须加以解决。

1978 年 3 月，计划生育首次被写入《中华人民共和国宪法》，"夫妻双方有实行计划生育的义务"，明确了实行计划生育的法律地位。1980 年 9 月，党中央发表《关于控制我国人口增长问题致全体共产党员、共青团员的公开信》指出"如果不从现在起用三四十特别是最近二三十年的时间普遍提倡一对夫妇只生育一个孩子，控制人口的增长，按目前一对夫妇平均生 2.2 个孩子计算，我国人口总数在二十年后将达到十三亿，在四十年后将超过十五亿。这将会大大增加实现四个现代化的困难，造成人民的生活很难有多少改善的严重局面"（江大伟，2018）。解决这一问题的最有效的办法，就是"每对夫妇只生育一个孩子"。1982 年 2 月 9 日中共中央、国务院联合下发《关于进一步做好计划生育工作的指示》，对计划生育政策提出明确要求："国家干部和职工、城镇居民，除特殊情况经过批准者外，一对夫妇只生育一个孩子。农村普遍提倡一对夫妇只生育一个孩子，某些群众确有实际困难要求生二孩的，经过审批可以有计划地安排。不论哪一种情况都不能生三孩。对于少数民族，也要提倡计划生育，在要求上，可适当放宽一些""控制人口增长的问题，是我国社会主义现代化建设中面临的一个重大战略问题"。

1982 年 9 月，党的十二大明确提出"实行计划生育，是我国的一项基本国策。到 20 世纪末，必须力争把我国人口控制在十二亿人以内。我国人口现在正值生育高峰，人口增长过快，不但将影响人均收入的提高，而且粮食和住宅的供应、教育和劳动就业需要的满足，都将成为严重的问题，甚至可能影响社会的安定"。

为了实现人口与经济、社会、资源、环境的协调发展，推行计划生育，维护公民的合法权益，促进家庭幸福、民族繁荣与社会进步，2001 年我国颁布《中国人口与计划生育条例》，提出"我国是人口众多的国家，实行计划生育是国家的基本国策。国家采取综合

---

[1] 路遇、翟振武：《新中国人口六十年》，中国人口出版社 2009 年版，第 72 页。

措施，控制人口数量，提高人口素质。国家依靠宣传教育、科学技术进步、综合服务、建立健全奖励和社会保障制度，开展人口与计划生育工作"。

从20世纪80年代初起，我国正式实施全面计划生育的基本国策，人口控制的政策效果日益显露出来。总和生育率从1980年的2.63下降至1990年的2.35，到1992年就跌至人口替代水平2.1以下，到2000年下降至1.497。根据国内学者的研究，我国计划生育政策实施40余年，少生人口2亿~4亿多人[1]，人口增长得到有效控制。加上改革开放后社会经济突飞猛进的发展，民生保障日益完善，我国用一代人的时间实现了发达国家上百年完成的人口再生产类型转变，中国人口结构也从"高出生、低死亡、高增长"的传统型转向了"低出生、低死亡、低增长"的现代型，人口规模控制有效地缓解了当时人口增长对环境和就业市场的压力。如果当初不实行计划生育政策，现在我国人口恐怕要达到17亿~18亿人，人均耕地、粮食、森林、淡水资源、能源等将比目前降低20%以上，不仅资源环境难以承载发展的需要，而且经济社会发展也不可能达到现在这个水平[2]。

9.6.1.4 生育政策的大突破：从生育限制到生育鼓励

中国计划生育政策有效控制了人口过快增长，缓解了人口与资源环境之间的矛盾，促进了经济持续发展和社会进步，但也带来诸多社会问题。

一是进一步加快了人口生育率下滑。中国自20世纪90年代后与多数发达国家一样，成为低生育率严重国家，人口出生率由1970年的33.4‰下降到2012年的12.1‰。随着三年困难时期（1958~1961年）后补偿性生育的人口陆续步入退休阶段，在20世纪末使得中国老龄化进程加快，1999年进入人口老龄化社会，60周岁以上老年人口超过了总人口的10%。与人口老龄化趋势相对应的是，2010年后，劳动年龄人口规模由以往的持续增长出现逆转直下（见图9.14），社会经济长期增长所依赖的丰富的劳动力资源供给开始紧张起来，劳动力要素价格上升，沿海城市出现招工难现象，人口经济学家所说的"人口红利"效应正在消退。

二是失独家庭大量出现。由于计划生育政策实施，独生子女家庭成为主要家庭组织形式，一旦夫妻年龄较大时失独、无法再生育时，失独家庭就会产生，失独痛苦陪伴终生，而且可能陷入老无所依的境地。这种遭遇对于一个家庭来说是不公平的，执行计划生育政策的代价太大。有研究表明，我国失独家庭已超过100万户，且每年新增7.6万户，此外还有数量较大的"残独家庭"。失独老人中有50%患有慢性疾病，15%患有重大疾病，因病致贫的占50%。失独家庭在承担精神打击的同时遭遇经济困难，成为社会新的弱势群体[3]。

三是家庭越来越小型化，托幼、养老功能严重被削弱。在人口长寿趋势下，一对都属于独生子女的夫妻家庭将要照看多个老年人，实际上多数老年人会过自居生活，传统大家

---

[1] 《中国计划生育40余年少生4亿多人》，载《新华网》，2013年11月11日。
[2] 翟振武：《我国计划生育政策实施40余年 累计少生4亿多人》，载《人民日报》，2013年11月12日。
[3] 陆敬平：《失独家庭急需社会关爱》，载《人民网》，2015年2月3日。

庭的消失，使得家庭内部的代际照料功能式微，这种托幼、养老负担无法由家庭完成时，就只能转由社会共同分担，因此独生子女政策也加重了社会福利负担。

由于低生育率成为影响我国人口均衡发展的最主要风险，对人口安全问题关注不再是人口总量控制问题，而是低生育率趋势下人口均衡发展问题。2011 年 11 月，中国宣布决定全面实施"双独二孩"政策。2013 年中央政府发布文件，决定实施"单独二孩"政策。但新政策实施效果并不是十分显著，适龄妇女的累积生育意愿不如预期好。2015 年 12 月 27 日，全国人大常委会通过人口与计划生育法修正案，从 2016 年 1 月 1 日起正式实施"全面二孩"政策。生育限制放开，生育状况有了一定改善，但中国低生育趋势仍有可能无法从根本上得到扭转。人口出生率不断创造新低，年增长率明显下降（见图 9.15），引起社会各界忧虑，甚至有人认为中国正面临"低生育陷阱"，呼吁将生育政策从限制改为鼓励。

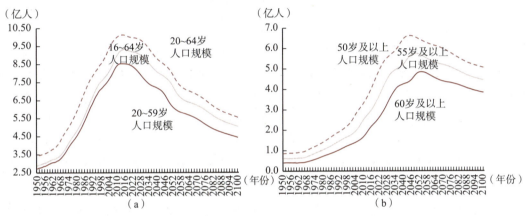

图 9.14 中国劳动年龄人口和老年人口规模

资料来源：联合国人口司官网。

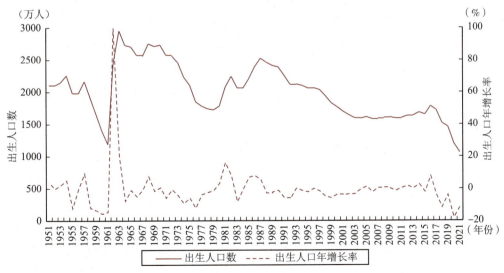

图 9.15 新中国成立以来常住人口年出生人数及其年增长率

资料来源：中经数据。

拓展阅读材料 9.11：

2016 年、2017 年全国新出生人口分别为 1786 万人、1723 万人，并未像之前人口专家所预期的那样，在人口新政策执行的头几年，全国新生儿人数将会达到 3000～4000 万人。在新政策实施头两年里累积生育意愿释放后，新生儿人数开始明显下降，2018～2020 年分别为 1523 万人、1465 万人、1201 万人，2021 年进一步降至 1062 万人。虽然新生儿人数下跌，受到了 2020 年以来新冠疫情的短期冲击，也与 2017 年育龄女性（即 1987 年出生高峰一代人进入婚育年龄）人数减少有关，但更重要的因素还是存在所谓的"工业化－生育率悖论"，这是工业化国家普遍存在的规律性现象——工业化发展水平越高，晚婚晚育越普遍，家庭生育意愿越低。生育政策调整，不太可能对生育率提高和人口增长产生实质性的促进作用，生育率下降和人口老龄化的趋势不可扭转。

总的来看，人口增速放缓是我国经济发展，特别是工业化、城镇化到一定阶段的客观结果。1971 年开始实施的计划生育政策遏制人口过快增长的作用也逐步显现。此外，"养儿防老""多子发家"的传统生育理念已发生重大转变，追求个人高品质生活的不婚、晚婚、离婚等现象日益增多，住房、教育、医疗等高成本也成为抑制生育意愿的原因。受多方面因素共同影响，我国总和生育率、出生率、增长率等指标明显低于同一发展水平下其他国家的发展水平①。

为进一步释放生育潜能，2021 年 4 月，经过两次修订后的国家《人口与计划生育法》明确提出"国家采取综合措施，调控人口数量，提高人口素质，推动实现适度生育水平，优化人口结构，促进人口长期均衡发展"，此时该法用"调控人口数量"替代了 2002 年版、2015 年版的"控制人口数量"。同年 6 月 26 日，中共中央、国务院颁布《关于优化生育政策促进人口长期均衡发展的决定》就对实施一对夫妻可以生育三个子女政策，并取消社会抚养费等制约措施、清理和废止相关处罚规定，配套实施积极生育支持措施等作出了 20 多项具体规定，标志着中国进入"三孩生育政策"实施阶段，这将有利于中国"改善人口结构，落实积极应对人口老龄化国家战略；有利于保持人口资源禀赋优势，应对世界百年未有之大变局；有利于平缓总和生育率下降趋势，推动实现适度生育水平；有利于巩固全面建成小康社会成果，促进人与自然和谐共生"。

9.6.2 当前中国的主要人口安全问题

9.6.2.1 人口规模

在人口规模安全方面，虽然我国人口规模正接近峰值，并即将逆转，总人口增长将出现负值，但是今后一个时期，我国人口众多的基本国情不会改变，人口与资源环境承载力仍然

---

① 李建伟：《促进我国人口长期均衡发展》，载《经济日报》，2022 年 1 月 18 日。

处于紧平衡状态，脱贫地区以及一些生态脆弱、资源匮乏地区人口与发展矛盾仍然比较突出。

1. 中国人口规模安全问题不可忽视

1950～2020 年，中国人口从 5.5 亿人增加到 14.1 亿人，增长了 1.5 倍，但同期世界人口从 25.4 亿人增加到约 76 亿人，增长了近 2 倍，世界人口的增长速度要快于中国。人口规模大是我国的基本国情。有学者认为，相对于资源条件，我国最优人口规模在 7 亿～10 亿人，最大人口容量为 15 亿～16 亿人（可视为安全警戒线），如果超过 18 亿人，经济社会系统将面临灾难[①]，显然当前 14 亿人口已经接近了安全警戒线，超出了环境资源和社会经济条件可承受的合理水平。

中国人口占世界人口近 20%，但中国的耕地只占世界 7%，而且中国地理复杂，在著名的地理分割线"胡焕庸线"以西的山地、荒漠等不宜人口居住、社会经济发展条件艰苦的国土面积就占了 2/3。2018 年世界人口密度为 60 人/平方公里，中国人口密度 146 人/平方公里，2018 年位居世界第 16 名，人口密度偏高。这决定了在诸多自然资源人均占有量上，中国在世界排名靠后。例如，世界人均耕地面积约 0.202 公顷，而中国仅为 0.076 公顷，为世界平均水平的 2/5。尽管中国水资源丰富，但淡水资源总量占全球水资源的 6%。人均自然资源禀赋相对不足，决定了 14 亿中国人生存和发展条件仍面临较大挑战。

而且，中国已是全球第二大经济体，步入中等偏上收入国家行列，随着人们生活质量不断提升，对粮食和能源、铁矿石等大宗商品需求量在扩大，由于部分大宗商品国内供给有限、资源禀赋面临约束，不得不通过扩大进口来满足，对国际市场依赖度在上升。而在复杂的国际政治经济环境下，外部的不确定性因素的干扰，会给中国经济安全（如能源安全、粮食安全等）带来不利影响。如当前中国的人均能源使用量已经超过了中等收入国家（见图 9.16），以石油当量衡量的能源净进口占能源总使用量的比重在近 20 年来不断上升（见图 9.17），此外对粮食或食品的进口量占总进口量的比重也相对于高收入国家、中高收入国家以更快速度的上升。

这些数据表明，从长远来看，为改变经济增长所面临的资源约束，避免在复杂的国际环境下经济安全受制于人，实行经济结构调整，产业优化升级，提高经济增长内生能力，推动农业技术革命和能源科技革命，走高质量发展道路是必然的选择。另一方面，图 9.17、9.18 数据表明，在 21 世纪初中国加入 WTO、融入全球市场后，发挥了自身的比较经济优势，逐步减少了资源类、初级产品的出口比重，而扩大了劳动密集型、技术密集型、资本密集型产品出口，反映了贸易结构的优化，这种贸易结构将会继续深化。但同时也应注意，在逆全球化越来越严峻时，主要依靠进口来实现 14 亿人口的能源安全、粮食安全，将面临很大风险。在中短期内，中国既要及时利用有利的国际市场条件，适当扩大能源、粮食进口，同时也要做好长期打算，要稳步推进供给侧改革，避免形成对外部市场的过多依赖。

2. 用发展的、辩证的眼光看待中国人口规模安全问题

中国所面临的人口规模安全问题固然需要引起重视，但也需辩证地、客观地看待。人

---

① 郝福庆：《五大人口安全隐患》，载《瞭望》，2004 年第 29 期。

口规模大、人口密度高，不能简单地被认为人口过多。例如，韩国、日本、英国、德国等国家人口密度远高于中国①，但这些国家仍在鼓励生育，试图扩大本国人口规模。从经济

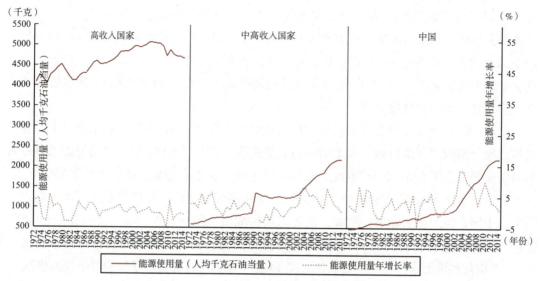

图 9.16　中国与其他国家能源使用量的比较

资料来源：根据世界银行官网数据绘制。能源使用指标为人均千克石油当量。

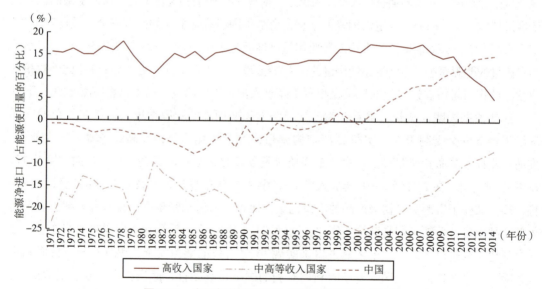

图 9.17　中国与其他国家的能源进口依赖度的比较

资料来源：根据世界银行官网数据绘制。图中数据反映的是"以石油当量衡量的能源净进口占能源总使用量的比重"，数据为负表示净出口。

---

① 《中国统计年鉴 2019》数据显示，2018 年高收入国家的人口密度（人/平方公里），新加坡 7953 人、荷兰 511 人、韩国 530 人、日本 347 人、英国 275 人、德国 237 人、意大利 205 人。

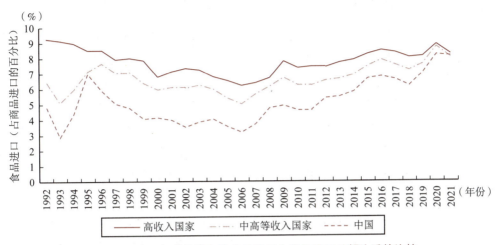

图 9.18　中国与其他国家的食品进口占商品进口总额比重的比较

资料来源：根据世界银行官网数据绘制。食品包括国际贸易标准分类（SITC）第 0 类（食品和活动物）、第 1 类（饮料和烟草）和第 4 类（动植物油和脂），及 SITC 第 22 章（含油籽仁和含油果实）的商品。

学角度来看，人口规模大也会形成一个国家潜在的经济优势，会为经济发展提供强大的内需支撑、人力资源支撑。中国 14 亿人口构成了全球最大的单一市场，由于内需潜力巨大，为不同新兴产业发展和技术产品运用提供了强大的市场条件，当中国面临外部威胁和来自全球化逆流冲击时，仍有很大空间实施"以国内大循环为主，推动国内国际双循环相互促进"的发展战略，为经济可持续发展提供了坚实保障。

要纾解庞大人口规模与资源环境承载能力之间的紧张关系，根本出路就是推动科技进步和产业升级，提高经济社会的综合治理能力，实现区域经济协调发展。近年来，中国正在贯彻落实绿色发展理念，坚定不移推进生态文明建设，以清洁能源、可再生能源来替代化石能源、不可再生能源。中国在"三北地区"（即我的东北、华北北部和西北地区）的沙漠、戈壁、荒滩推进绿色治理，对大片不宜居住的国土面积进行有效利用，建立大型光伏、风电基地，将"不毛之地"变"绿电"热土。这不仅有助于减少碳排放，实现碳达峰、碳中和目标，有助于遏制住中国土地荒漠化，也形成了大批相关产业，改善了当地生态环境和人居环境，实现了新能源与生态融合发展、友好发展[①]。另外，利用科学技术发展现代农业，合理调节农业经济结构，坚守 18 亿亩耕地红线不放松，推动沙地沙漠生态修复治理，将沙漠变成绿洲、沙丘披绿衣、沙土变良田，人多地少的矛盾必定得

---

① 例如，中国最大沙漠——塔克拉玛干沙漠，面积约为 33 万平方公里，如果在该地全部装设太阳能组件，约可安装 9900 吉瓦，全年发电量可达到 13.86 万亿度。据了解，2020 年中国全社会总用电量约为 7.5 万亿度。如果在塔克拉玛干沙漠建设光伏电站，其一年的发电量可以承包 1.8 个中国全社会的用电量，减少二氧化碳排放 79.97 万亿吨。荒漠光伏电站在拥有巨大发电潜力的同时，还具有多重生态功能，甚至成为继造林治沙、沙障压沙之后的第三条防沙治沙新途径。2022 年 2 月 10 日国家发改委消息，国家发改委、国家能源局发布的《关于完善能源绿色低碳转型体制机制和政策措施的意见》提出，推动构建以清洁低碳能源为主体的能源供应体系。以沙漠、戈壁、荒漠地区为重点，加快推进大型风电、光伏发电基地建设。

到缓解[①]。

当然，一个地区人口密度大、城市拥挤不堪，存在上学难、就医难、就业难、治安管理难等问题。从表面上看，这些社会问题是人多引起的，尤其是在人口的突然增加时，这些问题更显严重。但是，人多也为解决这些问题提供了人口条件，即使在人口密度小的地方，也会存在这些问题。实际上，这些问题更多是由于经济发展不足和资源配置效率不充分引起的。只要经济发展，失业才会减少，社会产出增加后，才更有能力供给学校、医院、治安设施等公共产品和相应的公共服务，去解决这些问题。因此，人口规模安全问题通常折射了经济发展失衡的关系，由人口规模、人口密度变动所形成的社会供需矛盾，最终要通过发展来解决。

中国总人口正迈入负增长阶段，对人口总量安全问题关注将会发生重要转变，由过去重点关注人多对资源环境带来的压力，转变到人少对经济可持续发展带来的负面冲击。2021 年，中国人口自然增长率仅为 0.34‰[②]，远远低于世界平均水平，总人口在 2022 年出现负增长（见图 9.19），在不久的将来会被印度超越。总人口减少，将降低投资意愿和消费倾向，导致宏观经济有效需求不足[③]。由于人口老龄化在同期也在加重，社会整体消费能力和消费倾向进一步减弱，经济增长可能面临双重冲击。

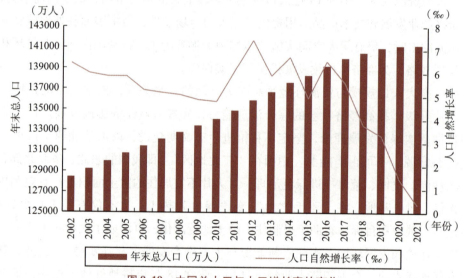

图 9.19 中国总人口与人口增长率的变化

资料来源：国家统计局官网。

---

① "十三五"以来，全国累计完成防沙治沙任务 880 万公顷，昔日的"沙进人退"变成了如今的"绿进沙退"。资料来源：《我国沙地沙漠生态修复治理取得显著生效从"沙进人退"到"绿进沙退"》，载《人民日报》，2020 年 9 月 27 日。

② 人口自然增长率指在一定时期内（通常为一年）人口自然增加数（出生人数减死亡人数）与该时期内平均人数（或期中人数）之比，用千分率表示。计算公式为：人口自然增长率 =（年出生人口 – 年死亡人口）/年平均人口 × 1000‰ = 人口出生率 – 人口死亡率。资料来源：国家统计局网站。

③ 蔡昉：《从日本经济表现看"长期停滞"的典型特征》，载《日本学刊》2021 年第 4 期。

9.6.2.2 人口性别比

在人口性别结构安全方面，中国的总人口性别结构失衡正在缓解，但出生人口性别比仍较高。当前，中国总人口性别比约为 104.5（以女性为 100），处在 101～109 的国际安全线之内。近 20 多年来，我国社会保障不断完善，性别平等的生育观念正在形成，加上生育限制放开、生育机会增加，使得人口出生性别比在持续下降，从 2005 年最高峰的 118 下降至 2020 年的 111.8（见图 9.20），逐步趋于正常水平。但中国现有的出生人口性别比，仍在国际通常理论值 102～107 之上，高于世界平均水平的 106.5、高收入国家的 105.1、中高收入国家的 108。

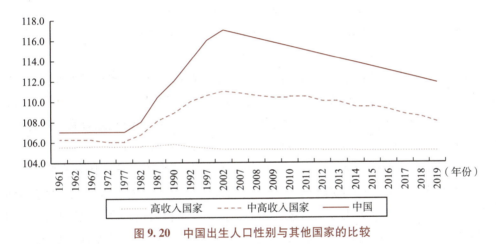

图 9.20　中国出生人口性别与其他国家的比较

资料来源：根据世界银行官网数据绘制。

性别比失衡问题不容忽视，将会影响婚姻匹配、人口增长、两性发展和社会安定。社会经济发展需要有人口稳定发展来保障，男性比例过高将不利于人口自身的安全发展。全国人口"七普"数据显示，2020 年男性要比女性多出 3500 万人，其中在 20～39 岁年龄组，男性要多出女性 1719 万人（根据联合国人口数据统计，见图 9.21），这个年龄组是婚约主要分布区域，过了这个年龄段未婚的男性极有可能终身不婚，因此可大致获得单生群体的规模（未考虑女性终身未婚）。可见，这个规模是比较庞大的。人口性别比较高，女性人口偏少，将影响人口生育。2013 年国家放开生育限制后新增的出生人数不及社会预期，一个重要原因是中国育龄女性人数持续减少，2021 年 15～49 岁育龄妇女比 2020 年减少约 500 万人，其中 21～35 岁生育旺盛期妇女人数减少约 300 万人[1]。

---

[1]《国家统计局回应出生人口减少：育龄妇女减少 500 万，疫情推迟年轻人婚育》，界面新闻，2022 年 1 月 17 日。

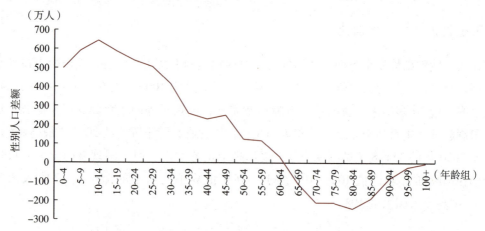

图9.21 中国分年龄男性与女性人口数差异

资料来源：根据联合国官网数据绘制，性别人口差额＝男性人口数－女性人口数。

中国古代的男尊女卑思想，特别是在农村和偏远地区，女性受教育权利被剥夺，不仅造成女性文化素质低下，也造成整个民族文化素质低下。新中国成立后，男女平等被载入宪法，女性权利受到前所未有的保护。但由于受到根深蒂固的传统观念影响，随着经济社会发展水平提高，不合理的出生人口性别差异仍需要一段时期来消除。

我们可以用性别发展指数（GDI）来反映男女能力发展的差异，其分值越接近于1，说明人类基本能力发展中的性别差异越小，男女能力平等发展的程度越高。国际数据表明，经济社会发展水平（人类发展指数）越高，性别发展指数也越高（见图9.22）。欧美发达国家的GDI整体排在世界前列，而落后经济体排名在后，反映女性发展能力不足。2000年中国GDI为0.700，低于世界平均水平的0.706，2005年中国GDI为0.765，居世界64位。20年过后，中国的这种性别差异有明显改善，2019年中国GDI为0.957，但在世界排名靠后至93位。这与中国人口性别比变化趋势存在一致性，但与其他国家进行横向比较，中国出生人口的性别歧视、女性发展能力相对不足的问题，仍值得重视。

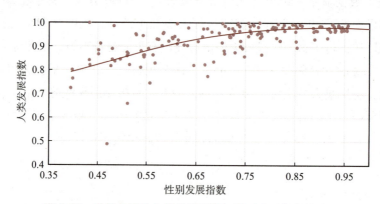

图9.22 世界各国的人类发展指数与性别发展指数的关系

资料来源：根据联合国官网数据整理后绘制。

9.6.2.3 人口年龄结构

人口年龄结构安全方面，主要是中国正面临越来越严峻的老龄化加速带来的挑战。2000 年中国进入老龄化社会后，到 2010 年前这十年间中国老龄化速度相对平缓，仍然享受了一段时间的人口红利，但从 2010 年起劳动年龄人口达到峰值后，老龄化水平加速上升，预计"十四五"期间我国人口将进入中度老龄化阶段，2035 年前后进入重度老龄化阶段。人口老龄化不断加深，将对社会经济产生深远影响。

1. 中国老龄化正处在加速阶段

人口老龄化是两个人口因素转变的结果，一是生育率下降，二是人口预期寿命延长，随着经济社会发展，这两个因素将持续变化，使得人口老龄化有加深的趋势。中国的总和生育率在 1974 年以来就大幅低于世界平均水平，自 1992 年以来始终低于 2.1 的人口更替水平。另外，中国人口寿命增长迅速，自 20 世纪 70 年代以来，中国人均预期寿命显著高于世界平均水平，也高于中等偏上收入国家平均水平，接近高收入国家平均水平。根据国家卫健委披露，2022 年我国居民人均预期寿命将达到 77.93 岁[①]。

中国人口老龄化有"后发先至"的特点，人口的老龄化速度最快、老年人口规模最大和"未富先老"。中国人口老龄化进程始于 20 世纪 60 年代中期。70 年代以来，政府推行的计划生育政策有效地控制了人口数量，但也明显冲击人口结构稳定变化态势，导致后来几十年人口老龄化率迅速提高。1990~2000 年世界老龄化人口的平均增速为 2.5%，同期我国是 3.3%，2000 年中国进入老龄化社会，60＋岁人口比重超过 10%，65＋岁人口比重约 7%（预计到 2025 年达到 14%）。有数据显示，65＋岁人口比重从 7% 到 14% 所需时间，法国 115 年，瑞典 85 年，美国 66 年，英国 45 年，日本 30 年，而中国大约只需 25 年。今后一段时期，中国人口老龄化的速度将仅次于日本和韩国，而明显高于欧美国家（见图 9.23）。

2. 中国在步入老龄化社会的特征

尤其应该注意到，与发达国家相比，中国"未富先老"特征，解决人口老龄化困难程度相对要大。21 世纪初时中国进入老龄化社会时经济底子薄，社会养老保障还不充分、完善。而相反，发达国家进入人口老龄化社会时国家已经变得很富裕。

在第二次世界大战前，部分欧美发达国家就达到了老龄化国家标准，但这些国家很早就走上工业化强国的道路，在进入老龄化社会时社会经济发展水平很高，而且在战后的 20 多年里仍维持了高速的经济增长，在 20 世纪 70 年代欧美发达国家的人均 GDP 就突破了 1 万美元，为应对人口老龄化奠定了一定经济基础。而在 20 世纪末，中国进入老龄化社会时我国人均 GDP 仅为 900 多美元，当时世界的人均 GDP 已达到约 5500 美元，到 2020 年

[①] 《2022 年 7 月 5 日，国家卫健委新闻发布会上，国家卫健委规划司司长毛群安的发言》，载《潇湘晨报》，2022 年 7 月 6 日。

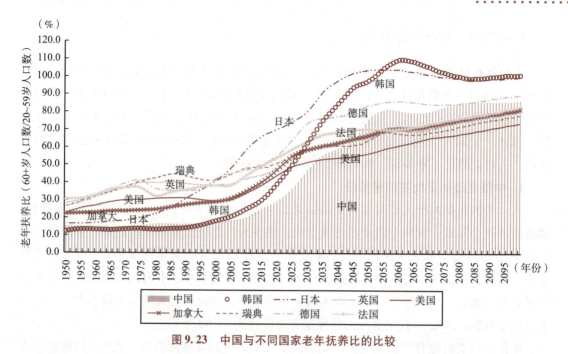

图 9.23　中国与不同国家老年抚养比的比较

资料来源：联合国人口司官网，老年扶养比按照"60＋岁人口数/20～59岁人口数"统计。

中国的人均 GDP 才跨过 1 万美元大关，达到世界平均水平，而人均 GDP 相当于欧美发达国家水平的 1/4～1/7，这构成中国未富先老的显著特征。

此外，大部分发达国家在进入老龄化社会时，就建立了社会养老保障体系①。从 20 世纪 70 年代以来，很多工业化国家就着手了社会养老保险制度改革，包括提高法定退休年龄、建立多支柱养老金体系、发展养老储蓄计划等。而由于中国长期在计划经济体制下，直到 20 世纪 90 年代才开始针对城镇职工建立与市场经济体制相适应的社会养老保险制度，此时中国正在进入老龄化社会，迄今为止多支柱养老保障体系还未建立，基本养老保险制度正面临很大的养老给付压力。

3. 中国人口年龄结构安全问题的突出表现

人口年龄结构失衡对经济安全影响突出表现在社会养老负担加重，经济增速放缓。

（1）公共养老金收支失衡日益严峻。

在人口老龄化社会，生产性人口（劳动年龄人口）占比越来越低，而消费性人口（退休老年人口）占比越来越高，必然要求社会将更多资源配置到消费性人口上，一方面会导致社会资源供给形式和产业结构发生相应变化，另一方面造成社会给付养老金的压力

---

① 德国在 1889 年就建立现代社会养老保险制度，美国在 1935 年通过《社会保障法》建立了与德国类似的社会养老保险，此时法国、意大利等欧洲大陆国家也建立了类似的养老保险制度。英国在 1942 年发布《贝弗里奇报告》后就建立福利国家模式，曾属于英国殖民地国家澳大利亚、加拿大，以及瑞典、芬兰、挪威等北欧国家也逐步形成了一套从"摇篮到坟墓"的全面社会保障体系。

加大。2019 年，OECD 国家的养老金支出占 GDP 的比例平均达到 7.7%，部分老龄化严重的国家更高，如意大利为 15.6%，希腊为 15.5%，葡萄牙为 12.7%，日本为 9.4%。虽然中国目前不高，为 5.3%，但老龄化速度加快，养老金给付增速必定会快起来①。

当前，20 世纪 60 年代中国第二次出生高峰所形成的更大规模人口队列会相继跨入老年期，2022 年迈入 60 岁人口超 2000 万人，而 2020 年还不到 1200 万人，退休人口显著在增加。尽管 2021 年我国城镇职工基本养老金结余 5.1 万亿元，实际上从 2014 年起基金当年缴费收入开始不足当年给付，结余很大部分来自过去 20 年来的一般财政向养老基金每年转移支付的补贴。根据中国社会科学院《中国养老金精算报告 2019～2050》，如果维持企业缴费率（多为 18%），养老金结余在 2031 年达到顶峰，2040 年将被耗尽。不考虑财政继续补贴，养老金可维持问题就很严峻了。有研究显示，基于基本养老金缴费率与养老金替代率 3 种组合情况②，从 2018 年起如果不再考虑财政补贴时，养老金缺口开始时间会更早，缺口以后形成的赤字规模将越来越庞大（见图 9.24）。

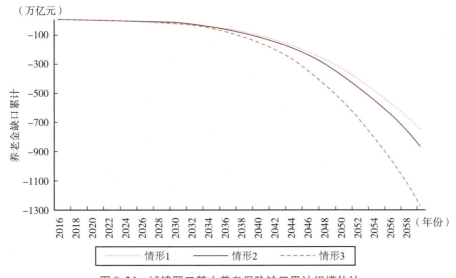

图 9.24　城镇职工基本养老保险缺口累计规模估计

资料来源：刘万：《中国渐进式延迟退休年龄政策研究》，经济科学出版社 2020 年版。

（2）经济增长降速成为趋势。

根据权威人口预测数据，中国劳动力人口减少趋势不可逆转。这一趋势从 2010 年就开始了，而对劳动力市场的影响更早就已经出现，2004 年沿海地区就出现了"民工荒"浪潮，并向全国蔓延，在近些年中国各地人才争夺新闻也频现网络热搜。老龄化不断加深

---

①　资料来源：OECD 官网。

②　即情形 1（缴费率 14%、替代率 35%）、情形 2（缴费率 20%、替代率 45%）、情形 3（缴费率 28%、替代率 65%）。

趋势下，中国经济发展所面临的风险表现在以下四方面。

一是企业利润与收入风险增加。一方面，由于中国人口结构变化，"人口红利"终结，客观上推动了劳动力市场就业条件向有利于劳动者方向发展，推动了各地社会保障制度的完善，劳动者工资能以高于 GDP 增速稳定上涨，劳动者报酬在 GDP 收入中的占比上升［见图 9.25（a）］。另一方面，劳动力要素价格上升，对原材料价格，甚至农产品和大宗商品价格都会产生冲击，也挤压了制造业企业的利润空间，企业收入风险增加[1]。2017年，中国企业调查数据中心联合武汉大学质量发展战略研究院发布的《2015–2016 年中国企业—劳动力匹配调查（CEES）报告》显示，2015 年中国企业的利润率均值为 3.3%，资产收益率均值为 4.6%，19.8% 的企业利润率为负。其中，在妨碍企业发展的因素中，劳动力成本成为关键因素[2]。

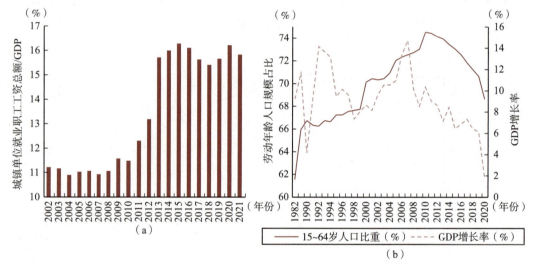

图 9.25　中国劳动力人口占比、职工工资总额占比与 GDP 增长率

资料来源：国家统计局官网、《中国统计年鉴 2021》。

二是低利率、低通胀率阶段可能结束。"人口红利"时代往往伴随着高储蓄率、低利率、低通胀率与高投资率，然而随着"人口红利"向"人口负债"的转变，这种局面可能就会逆转。①利率方面。一方面劳动性人口减少，消费性老年人口增加，国民储蓄会减少；另一方面由于劳动力减少、劳动力成本上升会促使企业大量开发和运用人工智能、机器人等，来替代劳动力，由此需投入大量资本来推动技术进步和新兴产业发展。中国基础设施整体水平仍落后于西方国家，正处于新型工业化、信息化、城镇化、农业现代化快速发展阶段，老基建与新基建仍需大量投资建设，虽然经济增长动能主要是发挥内需潜力，

---

① 袁志刚、余静文：《中国人口结构变动趋势倒逼金融模式转型》，载《学术月刊》2014 年第 10 期。
② 资料来源：《国内 20% 企业利润亏损　劳动力成本成关键因素》，载《证券时报》，2017 年 6 月 20 日。

但精准有效的投资仍然是应对经济下行、优化供给结构、实现经济高质量发展的重要手段①。因此，当储蓄增长率低于投资增长需求时，低利率的格局也将逐步发生改变，实际利率会上升。②通货膨胀方面。同样，作为消费人口的被扶养老年人口增加，生产性劳动人口减少，当技术进步、经济效率提高跟不上老龄化速度时，"生之者寡，食之者众"矛盾出现，加之老龄社会形成巨大的长期护理服务需求，会推高服务价格。这正如有学者认为的那样，自 20 世纪 80 年代以来的全球性通缩趋势随着人口老龄化发展②，很可能会结束，"通货膨胀将不可避免"③。

三是经济低速增长成为新常态。人口老龄化作为中国人口结构的重要特征，将长期影响社会经济增长速度。诸多研究表明，由于人口快速老龄化，会降低全要素生产效率，抑制内需，未来中国经济增长速度平均每年将会降低 1.07 个④或 1.23 个百分点⑤。虽然中国已迈入中高等收入国家行列，仍还是拥有世界人口最多的发展中国家，人口老龄化给经济增长带来的挑战不能忽视。中国区域发展不平衡，社会贫富差距较大，8 亿~9 亿人劳动力人口需要就业，巩固脱贫攻坚战果，完善社会福利，实现共同富裕，需要保持一定速度的经济增长，这也是实现高质量发展的前提。

四是部分产业开始向境外转移。由于人工少、人工贵，中国劳动密集型产业的成本优势不再，近些年纺织服装、家居建材、消费电子等行业的部分订单转移至劳动力更有比较优势的东南亚等国家⑥，一些产业链也随之外移。产业资本跨境流动是市场正常现象，资本总会流向价值洼地。对于资本流出国家来说，一方面，这种变化有助于倒逼本国产业转型、优化贸易结构，转换经济增长动能，但另一方面，低端产业外移，也带走相应就业机会，增加了低技能者的摩擦性失业风险，而对于一个人口最多的发展中国家，就业安全不容忽视。

---

① 中国人民银行研究局课题组：《促进消费投资增长 实现经济平稳高质量运行》，载《央行政策研究报告》2022 年。

② 在 20 世纪 80 年代以来全球化兴起时，新兴经济体的开放政策吸引了从发达经济体转移出来的大量资本，发展了本国劳动密集型产业，新兴经济体的经济增长享受了巨大的"人口红利"时——刘易斯拐点还未到来之前，发达经济体也分享到了新兴经济体的人口红利，它们通过优越的国际贸易条件，从新兴经济体进口了大量物美价廉的产品，改善了本国福利，也告别了 70 年代滞胀危机以来的高通胀阴霾。这样新兴经济体的廉价土地、劳动力要素价格和巨大的生产能力，成就了 80 年代以来的全球性通货紧缩。世界银行数据显示，在 20 世纪 80 年代，世界的消费者物价指数（CPI）平均水平为 12.5，到 2015 年为 1.4，中间有两次小高峰：从 1987~1994 年，从 5.8 提高到 10.3，而后下降；2003~2008 年，从 3.8 提高到 9，而后下降。这两次小高峰都与金融经济危机有关。总体上从 20 世纪 80 年代到现在全球处在通货紧缩的通道。耐用品的价格大部分时间是负增长，而服务品的价格在 20 世纪 90 年代中后期起至今保持在 2% 左右的水平增长。资料来源：世界银行官网。

③ 查尔斯·古德哈特（Charles Goodhart）、马诺吉·普拉丹（Manoj Pradhan）：《人口大逆转》，中信出版社 2021 年版。

④ 都阳、封永刚：《人口快速老龄化对经济增长的冲击》，载《经济研究》2021 年第 2 期。

⑤ 郑伟、林山君、陈凯：《中国人口老龄化的特征趋势及对经济增长的潜在影响》，载《数量经济技术经济研究》2014 年第 8 期。

⑥ 《"越南制造"如何影响中国？越来越多中资企业把产能转移过去》，载《证券时报》，2022 年 5 月 9 日。

9.6.2.4 人口产业分布

人口产业结构安全方面，主要面临传统制造业就业人口流失，威胁到了产业可持续发展。工业经济是强国之本，制造业是国民经济的基础。发展制造业是中国经济成功的重要经验。当前中国产业经验正被越南等东南亚国家及其他新兴经济体所借鉴，它们积极承接来自中国的劳动力密集型产业链转移，发展出口加工贸易，与中国既有产业竞争，也有产业互补。

但应注意到，尽管中国已是老龄化国家，但是低技能劳动者队伍仍很庞大，相当比例就业者仍集中在制造业领域，就业队伍比较年轻，文化程度整体不高（以初中生为主）。当前，从制造业流出的务工者比例偏高于其他行业，特别是占制造业总就业人口 1/3 的 45~59 岁的务工者——这些高龄劳动者技能丰富，可能因个人体力变差、劳动力素质改善偏慢，以及工作环境不友好、权益保护缺乏等诸多因素，而不得不离开工厂，他们要实现再就业比较困难。对于一个制造业大国来说，制造业难留人、招工难，企业长期处于工人短缺状态，将威胁到产业的生存和发展，也导致了部分企业不得不外迁、订单流出，在长期内会推动智能设备替代人工劳动进程，制造业人口流出将更严重。当前制造业困境，反映了一种人口产业结构的不安全，产业发展与劳动力市场变化不相适应。

拓展阅读材料 9.12：

根据《中国人口和就业统计年鉴 2021》统计，2020 年全国城镇单位总就业人口中，制造业人口就占了 25.3%[1]，其中 98.2% 分布在非国有和非集体单位，排名靠前是广东 44%、江苏 37%、浙江 33%、福建和天津 29%、山东 28%（图 9.26）。其中，广东和江苏的制造业人口分别占了全国的 22%、12%，再次是浙江 8%、山东 7%、河南 6%。在文化程度方面，城镇单位制造业从业人员平均受教育仅为 9.1 年，在各行业中排名靠后，制造业就业人员学历结构是，小学占了 7.4%，初中生占 43.4%，高中生占 24.8%，大学专科占 14.3%，大学本科占 8.7%[2]。在年龄结构方面，相对其他行业，制造业人口年龄结构较为年轻，45 岁以下人口占比达到 66.1%，仅低于信息传输、软件和信息技术服务业（89.3%）、科学研究和技术服务业（77.1%）、文化、体育和娱乐业（73.8%）、卫生和社会工作（72.6%）、教育（69.6%）和批发和零售业（66.7%）。

---

[1] 根据国家统计网站，2021 年城镇单位就业人口为 46773 万人，按照这个比例，可以计算出城镇单位制造业就业人口达到 1.1 亿人。

[2] 从不同学历劳动者分布也可看出，制造业就业者整体学历不高。初中生流向制造业最多，占 22%；高中生流向制造业占 20%，排在批发和零售业（22.2%）之后；大专生流向制造业占 15.3%，排在批发和零售业（15.7%）后；而本科生主要流向教育部门（17.4%），其次是公共管理、社会保障和社会组织部门（16.5%），最后是制造业（10.4%）。小学文化者除了第一产业（占 32.3%），其次是制造业，占 16.8%。

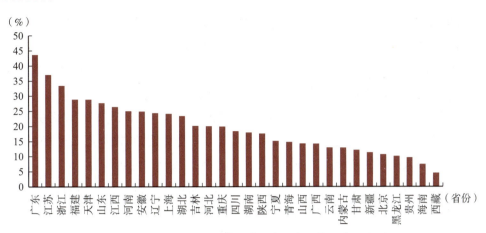

图 9.26 2020 年各地城镇制造业人口占总就业人口比重

资料来源：根据《中国人口和就业统计年鉴 2021》数据整理后绘制。

近些年，我国制造业对新生代劳动者吸引力在降低，一些企业出现了招工难，近十年城镇制造业就业人员在减少。国家统计局数据显示，2013 年制造业城镇单位就业人员 5259 万人，到 2020 年降至 3806 万人。2020 年城镇失业人员失业前所处的行业，制造业就占了 21.1%，排在批发和零售业 22.3% 之后（见图 7.27）。制造业留不住人背后有诸多因素。国家统计局发布的《2020 年规模以上企业分岗位就业人员年平均工资情况》显示，2020 年制造业工人的月平均工资为 5110 元，这一工资水平包含了技术类工种，而需求量更大的普工，其月平均工资水平不足 5000 元[①]，这种工资水平与制造业高强度的劳动

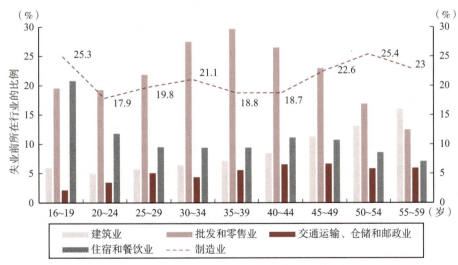

图 9.27 城镇失业人员失业前所在行业的比例

资料来源：根据《中国人口和就业统计年鉴 2021》数据整理后绘制，其他行业因比例太小，没有呈现在图中。

---

① 《制造业"招工难"怎么破?》，载《工人日报》，2021 年 10 月 19 日。

支出以及在城市高水平生活开支是不相适应的。但是当前劳动力密集型制造业市场已经成熟或饱和，企业利润空间很窄，当人口红利不再、土地要素成本高、社保等税负较重、原材料价格上涨时很难维持较高水平（如全国纺织品服装业全行业营业利润率不到5%），这决定了国内制造业工资难以上涨。此外，枯燥的流水线作业、紧张的工作节奏、较差的工作条件、不足的劳动权益保障、不乐观的职业前景等，以及当代年轻劳动者更加在意自由的工作方式和自我价值的实现，都导致很多年轻人不愿意留在制造业，而宁愿投入到工作相对自主、收入尚可的新业态产业，比如外卖送餐、快递、主播等①。

中国制造业需要转型升级，大力发展工业4.0，从中国制造走向中国智造，依靠技术进步和产业创新，提高产品附加值和科技含量，不能再走过去的主要利用廉价劳动力的发展模式。中国人口条件已经发生很大变化，相较于东南亚等人口结构年轻化的国家和地区，劳动密集型产业发展所依赖的人口红利已经不具备，从这个角度而言，将一部分缺乏比较优势的产业转移出去也符合产业发展的规律。

但是，产业布局和结构调整也要有底线思维，要考虑到民生安全、经济安全和国家安全。中国是人口大国，人口结构复杂，保留部分劳动密集型产业有利于保障民生安全，通过降低土地、能源等生产要素成本、税负成本，创造更良好的营商环境，降低交易成本，采用先进管理系统和生产工艺提高效率，减少经营成本，为制造业企业留出更多利润空间，来提高企业改善劳保环境、薪酬待遇的能力，这样招工难问题会得到缓解，推动传统制造业稳步发展。

从产业安全和国家安全来说，中国仍需要发展基础的传统制造业。制造业是国民经济的基础，如果没有基础的传统制造业，很多所谓的高端产业根本发展不起来，中国经济无法实现独立自主②。这是新中国成立70多年工业化发展道路上所积累的宝贵经验，也是2020年新冠疫情暴发以来，从全球产业链中断引起全球经济衰退的现实教训，以及从中国能在极短时间内取得防控疫情伟大胜利的事实中获得的深刻认识。如果中国没有形成门类齐全的工业体系，拥有全球最为完整的产业链，也就不会在抗疫期间表现出强大的工业生产能力和资源配置能力，不会在短短10天就分别修建了能够容纳1000多张床位的火神山医院和雷神山医院。在防控疫情最紧张的初期，中国迅速恢复了各种防疫物资的生产，除了实现自给，还能出口支援全球抗疫。近些年，冷战思维死灰复燃，美国掀起了去全球化和去中国化逆流，无论在高端产业（对科技企业制裁）还是在所谓的低端产业（高关税贸易制裁），全方位打压中国，严重威胁中国产业安全、经济安全。因此，从产业安全和经济安全出发，中国仍要发展完整的工业体系。

---

① 2022年1月17日国家统计局局长披露，2021年我国灵活就业人员已经达到了2亿人左右，一些平台外卖骑手达到400多万人，在平台上从事主播及相关从业人员160多万人，比2020年增加了近3倍。资料来源：《国家统计局：目前我国灵活就业人员已经达到2亿人左右》，载《新浪网》，2022年1月17日。

② 曹德旺：《没有传统制造业 中国经济无法实现独立自主》，载《新京报》，2020年4月13日。

9.6.2.5 人口城乡结构

随着城镇化推进，对于高度城镇化后带来的社会治理、系统性风险等问题，应有所警惕。改革开放以来，经济社会发展区域间非均衡性，城市工业经济快速发展，推动各种要素资源涌向城市、发达地区，形成了中国前所未有的人口大流动、大迁移。在过去 40 多年里，中国人口城镇化飞速发展，这种人口结构性变迁是中国经济高速增长的重要推动因素，也深刻改变了传统的城乡二元社会，推动了户籍管理放松，经济性人口跨区域流动成为常态。

改革开放后的前 20 年东部地区率先发展，形成了长三角、珠三角等高度发达的城市群和经济增长极。在 20 世纪末 21 世纪初，中国政府为实现区域间经济协调发展，先后实施西部大开发战略（1999 年）、中部崛起和东北振兴战略（2004 年）。在城市工业经济发展后，进入新世纪开始逐步加大对农村的反哺力度。为彻底解决"三农"问题，缩小城乡发展差距，2005 年党的十六届五中全会提出了建设社会主义新农村，2017 年党的十九大提出了乡村振兴战略。这一系列的发展战略，就是从根本上消除城乡二元社会结构，实现城乡协调发展，走向共同富裕。

城镇化是国家现代化的必由之路。改革开放以来，我国的城镇化经历了不同阶段的演变，从初期偏重小城镇发展的城市化，到后来的新型城镇化，再到现在的"以人为核心的新型城镇化"。改革开放后的前 20 年是中国人口城镇化进程最快时期。1980 年我国城镇人口占比 19.4%，到 1995 年 29.0%。从 1996 年中国人口城镇化开始提速，从 30.5% 增加到 2015 年的 57.3%，2016 年之后城镇率增速有所放缓，到 2020 年全国人口城镇化率达到 63.9%，2021 年为 64.72%（见图 9.28）。我国城镇化率高于发展中国家的平均水平，但距离发达国家的水平还有差距，发达国家城镇化率一般都在 75% 以上。在城镇化结构上，我国城镇化水平还存在明显的地区差异，东部地区要明显高于中西部地区。由于户籍迁移涉及各种条件限制和利益考虑，人户分离现象明显[①]，从 2000 年起，东部地区明显成为中部地区、西南地区人口的流入地，而东北三省人口从 2010 年起开始明显流出，西北地区人口数在全国人口占比整体上微弱上升，1990 年为 7.01%，2020 年为 7.34%（见图 9.29）。

---

① 所谓的人户分离是指居住地和户口登记地不在同一个乡镇街道且离开户口登记地半年以上的人口。2021 年我国人户分离人口为 50429 万人，比上年增加 1153 万人；其中流动人口为 38467 万人，比上年增加 885 万人。人户分离反映了城镇化的一个特征，应该客观看待这种现象，其产生有多种原因。一是落户要看条件，各个城市有不同的落户条件，大城市比小城市就难得多，而大城市机会多，人户分离现象也更为普遍。二是落户要看意愿，由于农村户口与农村集体经济组织中的各种权益挂钩，很多农民工虽然到城市工作生活，但不愿将户口迁出。近些年乡村振兴战略加速推进，农村经济发展条件越来越好，返乡创业现象越来越多，农村户籍"含金量"水涨船高，甚至出现了部分人口将城镇户籍落户农村的现象。

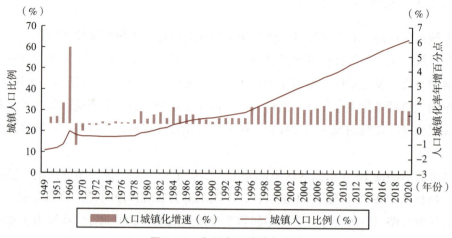

图 9.28 全国人口城镇化进程

资料来源：根据历年《中国人口与就业统计年鉴》绘制。

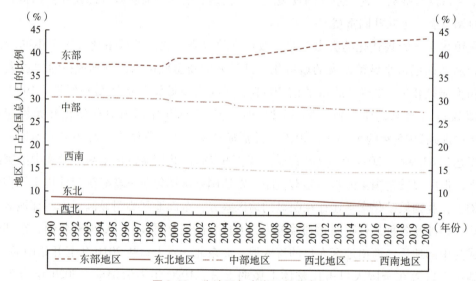

图 9.29 分地区年末人口数分布*

注：* 东部地区包括北京、天津、河北、上海、江苏、浙江、福建、山东、广东、海南、广西；中部地区包括山西、内蒙古、安徽、江西、河南、湖北、湖南；西南地区包括重庆、四川、贵州、云南、西藏；西北地区包括陕西、甘肃、青海、宁夏、新疆。

资料来源：根据历年《中国人口与就业统计年鉴》绘制。

　　而近年来，中国人口的地区分布正在发生新变化，主要表现为两个方面。

　　一是从 2012 年开始，东部地区人口占比的增速下降，西南、西北地区人口占比逐渐回升，中部地区人口占比降低也在减速，只是东北地区由于社会经济发展动力不足，人口外流较多，人口占比降低在 2010 年后明显扩大。造成人口分布不均衡现象的最直接原因是人口流动和迁移。总体来说，经济发展状况好的地区会吸引人口流入，导致该地区人口分布集中，尤其是高素质劳动力和高端人才的涌入。近年来，由于中国人口的结构变化较快，人才和劳动力资源与以往相比变得相对稀缺，中西部地区省份纷纷上演了争抢人才大战，以提供就业创业扶持、住房购买、安家补贴、薪酬待遇等方面优惠政策吸引优秀人力资源流入，造成部分东部人口回流中西部。

拓展阅读材料9.13：

在经济学上，人口流动和迁移是劳动力为追求福利最大化而进行的人力资源跨空间配置的过程。"水往低处流，人往高处走"。合理人口流动有利于形成一个超大的劳动力市场，提高资源配置效率，是经济增长中人口红利效应产生的重要条件。农民工进城，外来人口打工谋生，对流入地提供源源不断的低廉劳动力，参与当地城市基础设施建设和经济价值创造，推动了城镇化水平升级，也使得中国在参与经济全球化中充分发挥了中国经济的比较优势。只要是合理人口人才流动，就不应受到阻碍或加以歧视，相反外来人口与当地居民一样都应享受同等国民待遇。

二是虽然未来城镇化仍会推进，整体人口城镇化率还有至少10%的提升空间，但不同地区的城镇化率增速都在下降。目前，东部地区整体人口城镇化率超过71%，年增速最小。2020年，东部、东北、中部、西北和西南地区城镇化率同比增加0.84、0.98、1.25、1.31和1.37个百分点（见图9.30）。城镇化率是衡量一国现代社会发展水平的重要指标。西方工业化国家城镇化率已经达到很高水平，例如，2020年日本为82%、韩国为81%，北欧和北美国家普遍在80%以上，法国为81%、德国为77%，澳大利亚和新西兰

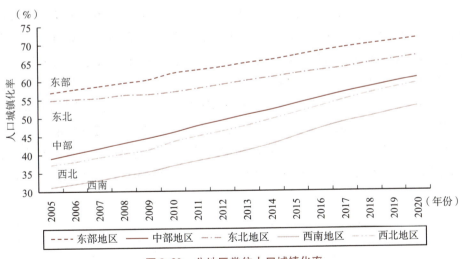

图9.30 分地区常住人口城镇化率

资料来源：《中国统计年鉴2021》。

为 86%①。由于中国各地区城镇化发展阶段不一样。目前东部地区城镇化水平最高，已经进入城镇化减速发展时期，而中西部城镇化起点较低，发展空间还比较大，提升速度还比较快。我国城镇化推进的重心正向中、西部转移，中西部成为我国加快城镇化的主战场，成为吸纳新增城镇人口的主要载体。城镇化正由数量型转向高质量型，由区域间非均衡型转向相对均衡型。加快中、西部地区的城镇化，有助于减少中、西部地区劳动力继续向东部地区集聚，减轻东部地区城市群人口、产业高度集中的压力，也有利于缩小中西部与东部地区之间的发展差距，促进国土空间均衡开发和区域协调发展②。

在城镇化推进过程中，相应的问题和风险也会产生，户籍、教育、社会保障等社会制度改革迟缓，影响了人口合理流动，也造成因身份差异不同劳动者群体在公共服务和社会福利方面不能获得同等对待。当前户口以及依附于户口的各项社会服务，存在地域分割性，形成了很高的迁移成本，妨碍了家庭成员随迁；在社会公共服务领域，如教育、医疗保险、养老保险、就业保障、失业救济等，流动人口仍不能与当地户口居民享受同等权利。因社会制度改革滞后，在影响了人口流动时，也造成大量的留守儿童、留守老人、夫妻分居现象，严重影响了家庭的稳定性，妨碍了家庭在育儿、养老方面发挥正常的作用，对未来社会稳定发展构成隐患（赵耀辉等，2021）。此外，不合理城镇化过程中形成的各种矛盾问题和高度城镇化带来的风险也应该警惕。

9.6.2.6　人口社会结构

人口社会结构安全方面，本节主要讨论人口收入结构安全方面。中国人口减贫工作取得非凡成就，但人口收入结构须转向"橄榄型"。改革开放以来，中国完成了 7.7 亿人农村人口摆脱贫困，占全球同期减贫的七成以上，为世界减贫事业作出了巨大贡献。尽管如此，中国的低收入群体人数众多，中等收入群体人数规模还并不庞大，人口收入结构更接近"金字塔型"。根据 2019 年"世界收入不平等数据库（WIID）"数据，如果以人均可支配收入的倍数划分为 11 个组别，并计算每个组的人数，结果显示，我国收入小于 0.5 倍人均可支配收入的群体占全国人口比例约为 33%，收入在 1～1.5 倍、1.5～2 倍区间的比例分别为 17%、9%，收入在 0.5～1 倍区间的中等收入群体为 31%，与印度类似（为 30%），两国都为"金字塔型"结构。根据国家统计局定义，年收入在 10 万～50 万元就是中等收入家庭，那么中国的中等收入者就有 4 亿人。而发达经济体更接近"橄榄型"（见表 9.3），尤其是北欧国家和日本，中产阶层占总人口比重要高于美国和英国。

---

① 资料来源：OECD 官网。
② 魏后凯：《未来城镇化的主战场在中西部地区》，载《光明网－理论频道》，2014 年 5 月 23 日。

表 9.3　　　　　　　　　　　各国不同收入的人群占比　　　　　　　　　　单位: %

人均可支配收入的倍数	中国 2019（14.3 亿人）	美国 2019（3.3 亿人）	英国 2019（0.7 亿人）	印度 2012（12.7 亿人）	日本 2014（1.3 亿人）	丹麦 2019（600 万人）
>5.0	1	1	<1	2	1	<1
4.5~5.0	<1	<1	1	1	<1	<1
4.0~4.5	1	1	<1	<1	<1	<1
3.5~4.0	<1	1	<1	1	1	1
3.0~3.5	2	1	1	1	1	<1
2.5~3.0	2	1	2	2	1	1
2.0~2.5	4	4	3	4	3	3
1.5~2.0	9	8	8	6	7	8
1.0~1.5	17	18	22	12	20	27
0.5~1.0	31	36	43	30	50	50
<0.5	33	29	20	41	16	10

资料来源: 中金研究院、中金公司研究部:《迈向橄榄型社会》, 中信出版社 2022 年版。

　　虽然我国在 2020 年已经实现全面脱贫, 但低收入者规模仍很庞大, 约有 5 亿~6 亿人, 防止返贫压力依然很大。根据国家统计局住户抽样调查数据, 2019 年收入最低的 20% 家庭的年人均可支配收入为 7380 元, 月人均可支配收入仅为 615 元; 收入最低的 40% 家庭的年人均可支配收入为 11579 元, 月人均可支配收入仅为 965 元, 这表明我国有 40% 以上的人群, 其平均月可支配收入在 1000 元左右。2021 年中国人均可支配收入 35128 元, 可支配收入中位数只有 29975 元, 每月可支配收入不足 1600 元的人口近 5.6 亿。实际上, 这些中等收入者经济脆弱性大, 医疗负担、房贷负担和失业风险都有可能打破家庭收入上升趋势。

　　在城市化、工业化进程中, 为推动社会转型和现代经济发展做出重要贡献和重大牺牲的农民工群体的经济状况, 也值得关注。据国家统计局公布的《2021 年农民工检测调查报告》, 当前全国农民工总量 2.93 亿人, 其中外出农民工 1.72 亿人, 本地农民工 1.21 亿人。农民工月均收入 4432 元, 虽然这种收入水平在农村人口中属于高收入, 但农民工外出工作居住条件差, 社会保障弱, 职业不稳定, 工作非常艰苦, 又难以兼顾照看家庭, 子女教育受限, 农民工的艰难状况是我国中等收入群体脆弱性的集中而独特的表现, 其中不少困难源于城乡二元体制的遗留问题。如何从经济环境上解决农民工进城发展的后顾之忧, 是壮大我国中等收入群体的关键 (中金研究院、中金公司研究部, 2022)。

9.6.2.7　人口健康

　　由于经济社会发展、医疗水平提高, 我国人口健康状态在不断改善, 寿命在不断延长。1981 年，我国出生人口平均预期男性 66.28 岁，女性 69.27 岁，到 2000 年分别增至 69.63 岁、73.33 岁，2020 年又增至 75.37、80.88 岁，改革开放后的第二个 20 年的寿命增长速度要快于第一个 20 年，当前中国人口平均寿命已经超过世界平均水平（男 71 岁、女 75 岁），寿命改善状况也强于中高等收入国家，与高等收入国家寿命差距在不断缩小（见图 9.31）。

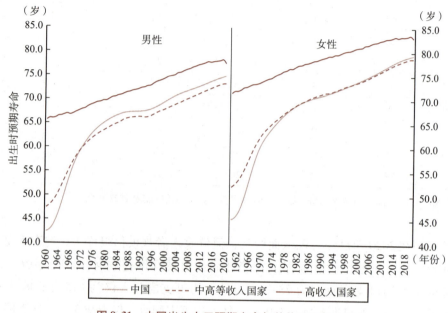

图 9.31　中国出生人口预期寿命与其他国家的比较

资料来源：根据世界银行官网数据绘制。

公共财政对卫生事业投入增长较快，但目前仍滞后于经济社会发展需求，看病难、看病贵问题还未从根本上得到解决。2000~2018 年政府卫生支出占 GDP 的比重从 1% 提高到 3%，在世界各国中增幅最快，但该比重在世界排名 60 多位；每万人医师人数 19.8 人，世界排名接近 90 位；护士和助产士 26.6 人，世界排名接近 110 位。虽然我国人口健康事业发展成绩巨大，但一些重大疾病对生命健康的威胁、传染病突发引起的灾难性影响仍不可忽视，在经济社会急速转型期，不同年龄阶段的心理疾病已经构成了潜在危害，进入老龄化社会后老年慢性病患者规模将越来越庞大，长期护理负担压力将越来越大。

1. 新生儿缺陷发生率

目前，孕产妇死亡率降至 16.1/10 万，婴儿死亡率和 5 岁以下儿童死亡率分别降至 5.0‰和 7.1‰，居全球中高收入国家前列。我国出生缺陷总发生率约为 5.6%[①]，根据我

[①]　出生缺陷是指婴儿出生前发生的身体结构、功能或代谢异常，是导致早期流产、死胎、婴幼儿死亡和先天残疾的主要原因，出生缺陷严重影响儿童的生存和生活质量，给患儿及其家庭带来巨大痛苦和经济负担。

国 2015 年出生人口数为 1613 万估算，2015 年我国新增出生缺陷总数约 90 万例。中国政府历来高度重视出生缺陷防治工作，先后颁布《母婴保健法》《人口与计划生育法》《中国妇女发展纲要（2011 – 2020 年)》《中国儿童发展纲要（2011 – 2020 年)》，将预防出生缺陷、提高出生人口素质作为中国经济社会发展的重大战略。2019 年深化医改以来，国家启动实施了免费孕前优生健康检查、增补叶酸预防神经管缺陷、地中海贫血防控、贫困地区新生儿疾病筛查等重大公共卫生项目，广泛开展出生缺陷防治社会宣传和健康教育，逐步将儿童先天性心脏病等出生缺陷治疗纳入大病保障，着力推进出生缺陷综合防治，神经管缺陷、重型地中海贫血等出生缺陷的发生率明显下降。但从整体来看，先天性心脏病、唐氏综合征、耳聋等严重出生缺陷尚未得到有效控制，出生缺陷防治工作任重道远[①]。

2. 慢性病与精神病发病率

我国慢性病发病率上升且呈年轻化趋势，患有常见精神障碍和心理行为问题人数逐年增多。《中国卫生健康统计年鉴》数据显示，2008 年、2013 年和 2018 年调查地区居民两周患病率分别是 18.9‰、24.1‰和 32.2‰，居民患病率上升，老年城市居民显著高于农村居民。慢性病患病率也在上升，分别是 157.4‰、245.2‰和 342‰。十年间患病率增长最快的主要慢性病种为：糖尿病提高了 396%（10.7‰→35.1‰→53.1‰），精神病提高了 195%（2.1‰→3‰→6.2‰），循环系统疾病（含心脏病、高血压和脑血管等）提高了 194%（85.5‰→180.3‰→251‰），消化系统疾病（含急性胃炎、肝硬化、胆囊疾病等）提高了 79%（24.5‰→24.9‰→43.8‰），呼吸系统疾病提高了 78%（14.7‰→15.6‰→26.1‰），泌尿生殖系统提高了 75%（9.3‰→10.3‰→16.3‰）。患病率的提高，反映了环境卫生、食品安全、职业健康等问题仍比较突出，此外不合理的饮食结构、不健康的生活习惯等也是重要因素[②]。有些疾病如糖尿病、脑溢血，已经越来越年轻化。

拓展阅读材料 9.14：

在中国，精神障碍的终生患病率高达 16.6%。换言之，每六个人里就有一人可能在其人生的某个阶段罹患精神障碍，而新冠疫情的到来则进一步加重了这一趋势，人们的精神健康问题（包括焦虑、抑郁等常见精神障碍）都出现了明显的上升趋势。在世界上的许多国家（尤其是中低收入国家），精神卫生领域的人力资源仍旧存在较大缺口。在中国，精神科医生的总数只有 4 万名，相当于每 10 万人口只有不到 3 名精神科医生，而其他精神

---

① 资料来源：国家卫健委官网。

② 根据世界银行数据，中国人吸烟问题非常严重，在过去 20 年男性吸烟率（吸烟男性人数/男性人数）一直高居 50%，而世界各国的男性平均吸烟率是稳步下降的，2000 年为 43%，2020 年为 31%。而女性吸烟率在减少，从 2000 年的 3.2% 降到了 2020 年的 1.7%，同期世界女性平均吸烟率也从 17% 降至 10%。男性吸烟率远远高于女性，是造成男性寿命比女性短的重要原因。烟草中包含 4000 余种化学物质，其中 60 种具有已知的或可疑的致癌物。

卫生专业从业者（包括精神科护士、心理治疗师、心理咨询师、精神健康社工、康复治疗师等）的缺口则更为巨大①。

目前，威胁我国城市居民生命安全的主要疾病是恶性肿瘤，在死亡病患者中占比25.4%，其次是心脏病（24.6%）、脑血管疾病（21.3%）、呼吸系统疾病（8.7%）等。此外，心脏病死亡率与脑血管疾病死亡率呈现上升趋势（见表9.4和图9.32）。

表9.4　　　　　　　　　　　　中国城市居民主要疾病死亡率　　　　　　　单位：1/10万

主要疾病	2005 年	2010 年	2015 年	2020 年
恶性肿瘤	124.86	162.87	164.35	161.40
心脏病	98.22	129.19	136.61	155.86
脑血管病	111.02	125.15	128.23	135.18
呼吸系统疾病	69.00	68.32	73.36	55.36
损伤和中毒等外部原因	45.28	38.09	37.63	35.87
内分泌、营养和代谢疾病	13.75	18.13	19.25	22.79
消化系统疾病	18.10	16.96	14.27	15.82
神经系统疾病	4.60	5.84	6.90	9.06
泌尿生殖系统疾病	8.58	7.20	6.52	6.64
传染病（含呼吸道结核）	6.45	6.76	6.78	5.49
精神障碍	5.19	2.90	2.79	3.15
肌肉骨骼和结缔组织疾病	1.16	1.61	1.79	2.18
血液、造血器官及免疫系统疾病	0.93	1.50	1.22	1.36
围生期疾病	3.50	2.03	1.70	1.01
先天畸形、变形和染色体异常	1.85	2.02	1.73	0.99
寄生虫病	0.06	0.13	0.04	0.06
妊娠、分娩和产褥期并发症	0.28	0.11	0.07	0.05
诊断不明	4.09	4.12	2.26	3.22
其他疾病	11.98	9.58	6.15	6.43

资料来源：《中国卫生健康统计年鉴2021》。

---

① 资料来源：中国精神残疾人及亲友协会官网。

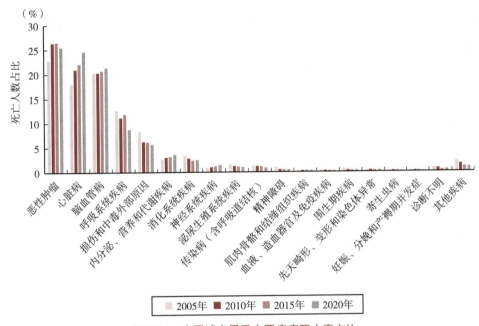

图 9.32 中国城市居民主要疾病死亡率占比

资料来源:《中国卫生健康统计年鉴 2021》数据绘制。

3. 传染病

传统传染病得到有效根治,而新型突发性传染病对人口安全构成巨大威胁。新中国成立后,党中央一直领导人民群众开展与传染性疾病的战争,建立了强大高效的公共卫生体系,从根本上解决了天花、鼠疫、霍乱、血吸虫、黑热病、脑脊髓膜炎等传染病大流行问题,但是人感染禽流感、埃博拉出血热、肺炎病毒等新发突发传染病是公共卫生工作要面临的新挑战。2003 年严重急性呼吸综合征(SARS)在中国和多个国家暴发,疫情期近半年,造成内地感染人数 5000 多例,死亡 300 多例。2020 年初新冠传染病在全球范围内大暴发,疫情持续达 3 年时间。

在新冠疫情暴发前,近几十年来对人类安全威胁最大的传染疾病就是艾滋病,即"获得性免疫缺陷综合症"(AIDS),其病毒为"人体免疫缺陷病毒"(HIV)。自 1981 年美国报道首例艾滋病以来,全球已有 3500 多万人死于艾滋病。1985 年中国出现首例艾滋病患者,2021 年底中国共有 110 多万人感染艾滋病病毒,异性传播占到了 71%,同性性传播占到了 26%,青年人通过性传播途径感染艾滋病现象在不断上升。在各类传染病死亡人数排序中,艾滋病居首位(见表 9.5)。中国政府重视"防艾"工作,总体上艾滋病疫情继续控制在低流行水平。

表 9.5 **2020 年甲乙类法定报告传染病发病数及死亡数排序**

顺位	发病		死亡	
	疾病名称	发病人数（人）	疾病名称	死亡人数（人）
1	病毒性肝炎	1138781	艾滋病	18819
2	肺结核	670538	新型冠状病毒肺炎	4634
3	梅毒	464435	肺结核	1919
4	淋病	105160	病毒性肝炎	588
5	新型冠状病毒肺炎	87071	狂犬病	188
6	艾滋病	62167	梅毒	54
7	细菌性和阿米巴性痢疾	57820	流行性出血热	48
8	布鲁氏菌病	47245	流行性乙型脑炎	9
9	猩红热	16564	钩端螺旋体病	8
10	流行性出血热	8121	疟疾	6
11	伤寒和副伤寒	7011	伤寒和副伤寒	5
12	百日咳	4475	流行性脑脊髓膜炎	3
13	疟疾	1023	鼠疫	3
14	麻疹	856	细菌性和阿米巴性痢疾	2
15	登革热	778	猩红热	1
16	钩端螺旋体病	297	百日咳	1
17	流行性乙型脑炎	288	新生儿破伤风	1
18	炭疽	224	传染性非典型肺炎	－
19	狂犬病	202	脊髓灰质炎	－
20	流行性脑脊髓膜炎	50	人感染高致病性禽流感	－
21	血吸虫病	43	人感染 H7N9 禽流感	－
22	新生儿破伤风	34	淋病	－
23	霍乱	11	布鲁氏菌病	－
24	鼠疫	4	麻疹	－
25	白喉	2	登革热	－
26	传染性非典型肺炎	－	炭疽	－
27	脊髓灰质炎	－	血吸虫病	－
28	人感染高致病性禽流感	－	霍乱	－
29	人感染 H7N9 禽流感	－	白喉	－

资料来源：《中国卫生健康统计年鉴 2021》。

4. 抑郁症

抑郁症已经成为我国一个重大的公共卫生问题。中国处于社会转型时期，家庭结构、留守人口、社会竞争环境、工作学习压力等因素，使得抑郁症发生率呈现逐年上升趋势，抑郁症对个人、家庭和社会的危害性也越来越显见。而长期以来，社会公众对抑郁症缺乏科学认识，缺乏防治知识和主动就医意识。部分群体甚至抱有偏见、歧视态度，部分患者也有病耻感，使抑郁症患者更加边缘化。根据《2022 国民抑郁症蓝皮书》显示，我国成人抑郁障碍终生患病率为 6.8%，其中抑郁症为 3.4%，目前我国抑郁症患者人数 9500 万人，每年大约 28 万人自杀者之中，有 40% 患有抑郁症。抑郁症患者出现年轻化，18 岁以下抑郁症患者占总人数的 30.28%，50% 的抑郁症患者为在校学生，41% 的患者曾因抑郁休学。抑郁症患者中，女性占比高达 68%，远高于男性。抑郁症容易多次复发，需要长期的治疗服药和心理干预。

5. 阿尔茨海默病与老年孤独

老龄化社会将会面临越来越多老年病的威胁，长期护理压力会很大。当前中国 60 岁及以上人口达到 2.6 亿人，65 岁及以上人口约为 1.9 亿人。到 21 世纪中期，中国老年人将增长至 5 亿人，其中 65 岁及以上、75 岁及以上、85 岁及以上人口分别达到 3.65 亿人、1.98 亿人、0.5 亿人。随着人口预期寿命提高，老年人口出现痴呆以及诸如帕金森病和关节炎等造成依赖性病症的概率会更高。

有研究指出，英国 2015 年超过一半（54%）的 65 岁及以上人口有两种以上的疾病。多症并发率将随年龄增长而上升：2015 年，该比率对 65~74 岁群体、85 岁以上群体分别是 45.7%、68.7%；对于 65 岁及以上群体，该比率在 2025 年、2035 年将分别上升至 64.4%、67.8%[①]。

阿尔茨海默病（AD，即老年痴呆）发病率随年龄增长（如在 65 岁后）呈指数上升，在我国，65 岁以上人群发病率为 5.6%，而 85 岁以上人群高达 40%[②]。阿尔茨海默病是一种最为常见的神经系统退行性疾病，也是痴呆症中最常见的类型，表现为记忆逐渐消失，直到完全失去认知能力，对患者及其看护者的影响通常是长期的。中国患该疾病患者居世界第一，由于认知不足，使得该病就诊率、治疗率很低。

上海瑞金医院等机构发布的《中国阿尔茨海默病报告 2021》指出，中国现有 AD 病患者及其他痴呆患病人数约为 1324.4 万人，患病率、死亡率略高于全球平均水平，且中国女性患病率（1188.9/10 万）、死亡率（30.8/10 万）分别高于男性的患病率（669.3/10 万）、死亡率（14.6/10 万）。AD 已成为严重危害中国人健康、带来沉重社会负担的一种疾病。未来人口因长寿而呈高龄化趋势，AD 病患者人数将很庞大，长期护理服务需要大

---

① Kingston, A., Comas-Herrera, A., & Jagger, C. (2018). Forecasting the Care Needs of the Older Population in England Over the Next 20 Years: Estimates from the Population Ageing and Care Simulation (PACSim) Modelling Study, *The Lancet Public Health*, 3 (9), e 447-e455.

② 资料来源：中研网。

力发展。

老年人健康安全问题，除了涉及上述老年神经性疾病外，还有老年人心理健康疾病，如老年孤独。独生子女政策实施后少生、独生的子女，其父母进入老年阶段后，孤居独处的现象普遍。特别是农村老人，有浓厚的乡土情结，或为减轻子女负担，多选择留在农村，他们年龄越大，越难以适应城市生活，成为留守老人。随着人口城镇化，农村人口越来越少，居住越来越分散，农村社会组织发育又不充分，农村老人少有人陪伴，加上子女常年外出工作，家庭情感联系有限，往往遭遇精神空虚、生活孤独困境，特别是深山区的农村独居老年人，极易陷入自我封闭的心理状态，甚至有的老人因绝望而自杀[①]。有研究发现，在春节期间，中国老年人的自杀率显著下降[②]，因为此时是子女陪伴最多的时候。2016 年民政部的摸底排查结果显示，中国农村留守老人有 1600 万人之多。社会变迁背景下农村老年人遭遇如此晚景人生，令人扼腕叹息[③]。老年人心理健康安全和生活物质保障同等重要，安享晚年是每个人所希望的最后归宿，也是福利社会建设的重要目标。

9.6.2.8 人口文化素质

国民受教育程度是反映一国人口质量安全的主要指标。国民教育素质是一个国家综合竞争力的核心，是决定一个国家整体创新能力、经济活力和生产能力的重要因素。在中国，廉价劳动力可无穷利用的人口红利时代已经走向尾声，经济增长更加依赖创新能力和生产效率的提升，只要中国大幅度提升国民受教育水平和科学文化素质，依然可以获得第二次人口红利。

随着技术进步加快，经济全球化扩张，教育回报率在很多国家呈现上涨的趋势，造成收入差距的扩大。一个人如果文化教育水平很低，将很可能永远属于低技能劳动力，很难随社会技术进步获得新的技能，技能差距就会转变成收入差距，在劳动力市场竞争中会永远处于劣势，长期处在收入分配的低端，很容易陷入低收入陷阱，并有可能成为社会不稳定因素[④]。反过来说，一个人如果文化教育水平很高，将具有很强的学习能力，随着科技

---

① 老年人因孤独自杀已经不是新闻，百度输入"孤独老人自杀"关键词，就有 2260 万条消息链接。新闻链接：http：//hunan. ifeng. com/news/fghx/detail_2013_12/13/1587255_0. shtml。

② Chen Y，Fand H. The long-term consequences of China's "Later，Longer，Fewer" campaign in old age ［J］. Journal of Development Economics，2021，151：102664.

③ 中国的大批农民（20 世纪 40～60 年代出生）为中国经济社会发展作出了巨大贡献，他们在年轻时务农，发展农村经济，向国家贡献农业税负，在"剪刀差"政策下对城市输送利益，为城市工业经济发展提供了重要的资本支持，当城市工业经济发展起来后，才有了后来的"城市反哺农村""工业反哺农业"城乡协调发展政策实施。从 20 世纪 90 年代起，中国出现大规模民工潮，他们在壮年时进城务工，或让子女进城务工，自己留守农村耕种土地、照看孙辈，既稳定了家庭经济基础，也稳定了中国农业生产、保证了最基本的粮食安全，使得农村在中国经济发展中继续发挥了"压舱石"作用，也为中国经济增长提供了人口红利条件。没有这几代农民作出的牺牲，就很难想象城镇化会发展得那么快——中国城镇化率能在过去 40 年里提高 40% 以上。而且几代农民节衣缩食，送子女读大学走出农村，为国家输送了数以千万计的人才。

④ 赵耀辉等：《人口结构变化与社会经济发展》，载《管理科学学报》2021 年第 8 期。

发展保持持续的学习动力，能不断适应经济社会发展需求，使得人力资本价值随年龄而稳定增长。

1. 教育事业发展成就巨大

中国改革开放四十多年来，社会教育事业获得长足发展，国民文化素质稳步提高。新中国成立之初，我国人均受教育年限仅为 1.6 年，到 2018 年上升至 10.6 年。2020 年"七普"数据显示，我国具有大学文化程度的人口为 21836 万人，与 2010 年相比，每 10 万人中具有大学文化程度的由 8930 人上升为 15467 人，15 岁及以上人口的平均受教育年限由 9.08 年提高至 9.91 年，文盲率由 4.08% 下降为 2.67%。各学历人口在 3 岁及以上人口占比分别是：未上过学和学前教育 8%，小学 26%，初中 36%，高中 16%，大专及以上 16%。中国教育事业发展，明显改善中国人力资本状况，根据世界银行统计，2020 年中国人力资本指数为 0.65[1]，全球排名第 45（见图 9.33），位居高收入国家之后。

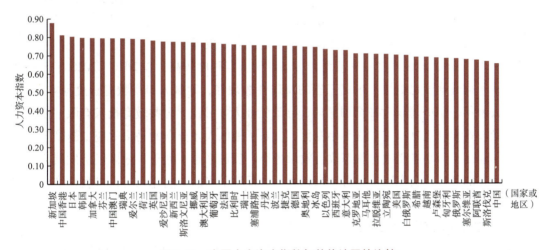

图 9.33　中国人力资本指数与其他地区的比较

资料来源：根据世界银行官网数据绘制。

2. 国民受教育水平与其他国家相比仍有差距

应注意到，相较于中高等收入国家，我国人口受教育水平仍然不高，我国劳动力年龄人口现有 9 亿人，中国从人口大国向人力资源强国的转变，仍需一段过程。2020 年《联合国人类发展报告》显示[2]，按 25 岁及以上人口平均受教育年限排名的 188 个国家中，德国最高为 14.2 年，其次是瑞士、加拿大和美国（13.4 年）、英国（13.2 年）等，中国排名第 113 位，为 8.1 年。中国人口教育具有明显的年龄结构特征，年轻人与老年人受教育

---

① 人力资本指数衡量的是健康和教育对劳动者生产力的贡献。指数最后得分范围为从 0～1，测量是当前出生的孩子将来作为工人所具备的生产力，相对于全面健康和完整教育所具备的生产力的水平。

② 资料来源：联合国官网。

程度相差较大。在 OECD 成员中，55~64 岁、45~54 岁、35~44 岁、25~34 岁的"初中及以下学历者"人数占比分别为 32%、25%、19%、16%，而中国分别高达 88%、76%、77%、64%[①]。

国民受教育程度与国家对教育发展支持有很大关系，尽管我国公共财政的教育经费投入持续增加，2012 年，我国财政性教育经费总投入首次超过了 GDP 的 4%，进入"4%后"时代[②]。目前，达到世界平均水平，但与高收入国家相比仍存在明显差距[③]。

3. 就业人员受教育程度的地区差异在拉大

全国人口"七普"数据显示，2020 年东部就业人员中，高中及以上文化程度的比重为 50.24%，其次是中部 37.38%、东北 35.80%、西部 33.57%。在过去十年间，全国各个地区就业人员受教育程度都在提高，但是东部地区就业人员受教育程度进一步拉开了与其他地区的差距，与 2010 年相比，高中及以上文化程度的比重提高了 17.22 个百分点，其次中部为 15.23 个百分点，西部为 14.20 个百分点，东北提高最慢，仅提高了 9.47 个百分点[④]。这种变化反映了地区间人才分布的不均衡问题进一步严重，而其背后的原因是，地区经济活力和发展水平影响了人才流动和本地区教育发展。

图 9.34 显示，地区经济发展活跃，劳动者受教育程度较高，在 2010~2020 年十年间受教育水平提升速度也更快。东北三省的特殊性表现在，地区人口受教育程度原本较高，但在过去十年，GDP 增长率在全国靠后，导致就业人才外流，公共教育投入有限，使得地区人口受教育程度提升最慢。这十年变化，反映了地区人才分布的马太效应，越是经济发展落后的地区，劳动者受教育状态改善效果越小，反过来越不利于本地区经济发展，那么与其他地区的经济社会发展差异将越来越大。这反映了当前中国存在的人口教育结构不安全问题，它影响到地区经济社会的协调发展和走向共同富裕。

4. 留守儿童教育需要社会关爱

中国经济社会快速转型、国家城镇化快速推进过程中，因户籍、教育等城镇化配套制度改革滞后，农村大量青壮年劳动力向城镇转移时，由于不能户随人走、孩子随父母走，以致出现了新的人口群体，即留守儿童。根据 2010 年第六次人口普查数据推算，全国的农村留守儿童有 6102.6 万人。《中国统计年鉴 2021》显示，2020 年进城务工人员随迁子女在校学生数有 1429.7 万人，其中小学生 1034.85 万人，初中生 394.88 万人，而未随进城父母随迁的留守儿童仍有 1289.7 万人，其中在校小学生 854.1 万人，初中生 435.5 万人。

① OECD. Education at a Glance 2016：OECD Indicators，OECD Publishing. OECD Publishing，2016.
② 2012 年为 4.28%，2013 年为 4.30%，2014 年为 4.15%，2015 年为 4.26%，2016 年为 4.22%，2017 年为 4.14%，2018 年为 4.11%，2019 年为 4.04%，2020 年为 4.22%。资料来源：中国教育部官网。
③ 2015 年，我国财政性教育经费占国内生产总值的比例为 4.26%。同期，这一比例的世界平均水平为 4.57%，低收入国家为 3.54%，中等偏下收入国家为 3.63%，中等偏上收入国家为 4.41%，高收入国家为 5.17%。参见：陈纯槿、郅庭瑾：《世界主要国家教育经费投入规模与配置结构》，载《中国高教研究》2017 年第 11 期。
④ 笔者根据《中国人口和就业统计年鉴 2011》《中国人口和就业统计年鉴 2021》数据计算而得。

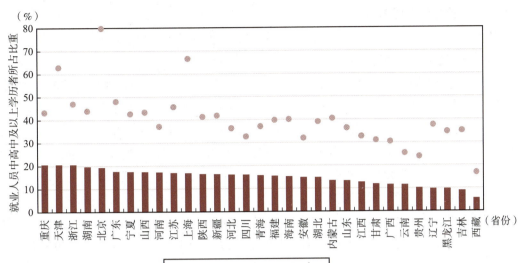

图 9.34　各地区就业人员中高中及以上学历者人数占比

资料来源：根据《中国统计年鉴》（2011 年、2021 年）数据绘制。

虽然中国农村留守儿童存量规模在持续下降，但历年形成的绝对规模仍在增长，其所造成的社会问题伴随着以前留守儿童的长大，在整个社会层面扩散。家庭成员长期异地分隔，不利于留守儿童身心健康发展。中国优质基础教育资源在城乡分布不均，城乡二元经济体制和流入地教育资源紧张，农民工子女在流入地难以入学，导致留守儿童无法实现足够的人力资本积累，会加剧贫困问题代际传递，社会阶层差异扩大。留守儿童问题是社会转型时期的产物，而中国特殊的城乡二元结构，使得该问题更加复杂，农民工融入城市难，难以兼顾家庭与工作，造成家庭成员地区间常年分离，这种现象世界罕见[1]，不利于国家人口均衡发展。

9.7　新时代实现人口安全的主要途径

9.7.1　优化生育政策，积极促进人口长期均衡发展

中国社会正从"人口红利"向"人口负债"转型。在新的历史时期，人口安全的总的目标是促进人口长期均衡发展，推动实现适度生育水平，维持适度人口规模，促进人口全面发展、家庭和谐幸福和经济社会可持续发展。当务之急要处理好人口规模与结构的关系，通过优化生育政策，增强生育政策包容性，提高优生优育服务水平，提升人口生育率，为实现人口长期均衡发展创造积极的人口条件，以更好应对人口老龄化问题。

---

[1]　中金研究院、中金公司研究部：《迈向橄榄型社会》，中信出版社 2022 年版，第 25 页。

1. 提高优生优育服务水平

保障孕产妇和儿童健康，综合防治出生缺陷，规范人类辅助生殖技术应用①。

2. 发展普惠托育服务体系

将婴幼儿照护服务纳入经济社会发展规划、基本公共服务范围。加大学前教育投入，增加公立幼儿园和托育服务供给，明确政府在公共托幼服务中的主体责任。强化政策引导，通过完善土地、住房、财政、金融、人才等支持政策，支持用人单位和社会力量兴办婴幼儿托育服务机构，大力发展各种形式的普惠托育服务，同时加强综合监管，避免托育服务误入产业化、市场化的歧途。

3. 降低生育、养育、教育成本

一是完善生育休假与生育保险制度，构建与国家人口战略相适应的生育保障体系，适度扩大生育津贴、育儿补贴，延长产假、配偶陪产假、父母育儿假，完善假期用工成本的多方分担机制。继续做好生育保险对参保女职工生育医疗费用、生育津贴待遇等的保障，做好城乡居民医保参保人生育医疗费用保障，减轻生育医疗费用负担。二是加强税收、住房等支持政策。修改个人所得税法，将养育3岁以下婴幼儿纳入个税专项附加扣除范围，完善公租房等住房保障政策，向符合条件的多子女家庭倾斜。三是推进教育公平与优质教育资源供给。推进城镇小区配套幼儿园治理，持续提升普惠性幼儿园覆盖率，适当延长在园时长或提供托管服务。推进义务教育优质均衡发展和城乡一体化，开展教育"双减"，有效解决"择校热"、教育内卷化难题，平衡家庭和学校教育负担，严格规范校外培训。

4. 保障女性就业合法权益

建立健全家庭友好政策体系，改变不平衡的家庭分工，促进家庭内部性别平等。依法保障女性平等就业权利，消除对孕妇产妇的就业歧视。推进生育主体的休假权利，探索有利于照顾婴幼儿的灵活休假和弹性工作方式，实现生育与职业发展、家庭和工作关系的平衡。

9.7.2　全面推进健康中国建设，保障人民健康优先

全面推进健康中国建设，就是要把保障人民健康放在优先发展的战略位置，坚持预防为主的方针，深入实施健康中国行动，完善国民健康促进政策，织牢国家公共卫生防护网，为人民提供全方位全生命期健康服务。

1. 构建起强大的公共卫生体系

改革疾病预防控制体系，强化监测预警、风险评估、流行病学调查、检验检测、应急处置等职能。建立稳定的公共卫生事业投入机制，加强人才队伍建设，改善疾控基础条件，完善公共卫生服务项目，强化基层公共卫生体系。落实医疗机构公共卫生责任，创新医防协同机制。完善突发公共卫生事件监测预警处置机制，健全医疗救治、科技支撑、物

---

① 资料来源：《中共中央 国务院关于优化生育政策促进人口长期均衡发展的决定》，2021年6月26日。

资保障体系，提高应对突发公共卫生事件能力。完善公共卫生服务项目，扩大国家免疫规划，强化慢性病预防、早期筛查和综合干预。完善心理健康和精神卫生服务体系。

2. 深化医药卫生体制改革

坚持基本医疗卫生事业公益属性，深化医药卫生体制改革，加快优质医疗资源扩容和区域均衡布局，加快建设分级诊疗体系，加强公立医院建设和管理考核，推进国家组织药品和耗材集中采购使用改革，发展高端医疗设备。支持社会办医，推广远程医疗。推动中医药传承创新。坚持中西医并重，大力发展中医药事业。

3. 加强疾病防治管理，倡导健康生活方式

提升健康教育、慢病管理和残疾康复服务质量，重视精神卫生和心理健康。深入开展爱国卫生运动，促进全民养成文明健康生活方式。完善全民健身公共服务体系，加快发展健康产业。

9.7.3 建构积极的老龄化社会，为经济社会高质量发展提供必要保障

人口老龄化是今后较长一段时期我国的基本国情。随着人口年龄结构老化，社会与家庭负担加重，社会保障支出压力加大，养老和健康服务供需矛盾更加突出。人口老龄化过程，伴随着劳动年龄人口数量持续下降，对潜在经济增长率造成不利影响。建构积极的老龄化社会，就是要有效防范和化解人口老龄化带来的社保财政风险、经济增长风险、社会稳定风险和国家安全风险，为经济社会高质量发展提供必要保障。

1. 夯实应对老龄化的社会财富储备

保持经济持续稳定增长，通过扩大经济总量、优化经济结构，提高经济发展效益，实现经济发展与人口老龄化进程相适应。积极应对老龄化，根本出路在于稳定的可持续的经济发展。

2. 完善社会保障制度

加快建立覆盖全民、城乡统筹、权责清晰、保障适度、可持续的多层次养老保险制度，实现城镇职工基本养老保险全国统筹，便于劳动力跨区域流动；适度城乡居民养老保障待遇，增强城乡居民养老获得感；通过税收优惠或财政补贴政策，壮大企业年金、职业年金（第二支柱）；鼓励家庭、个人建立养老财富储备，发展个人养老金（第三支柱）；适当延长基本养老金缴费年限，缓解养老金收支失衡压力；不断充实全国社会保障基金，做好财政对基本养老金转移支付，为应对人口老龄化高峰做好充分准备。

3. 改善人口老龄化背景下的劳动力有效供给

一是渐进式提高法定退休年龄，合理采用弹性退休制度，鼓励老有所为、老有所学，消除社会对老年人的偏见，减少就业年龄歧视，建成积极性老龄化社会。二是提高我国人口整体素质，加快积累人力资本，提高全要素生产率，加快建设创新型国家。三是充分挖掘、利用和释放人力资源潜力和优势，形成"人脑红利""人才红利""健康红利"，为经济社会高质量发展提供不竭动力。四是建设高效率劳动力市场，做好人才服务工作，优化

就业结构,实现高质量、充分就业,避免人才错配和人力资源浪费,确保积极应对人口老龄化的人力资源总量足、素质高。

4. 全力推动养老服务高质量发展,实现老年人需求结构从生存型向发展型转变

积极开发老龄人力资源,发展银发经济,推动养老事业和养老产业协同发展。打造高质量的养老服务和产品供给体系,积极推进健康中国建设,建立和完善包括健康教育、预防保健、疾病诊治、康复护理、长期照护、安宁疗护的综合、连续的老年健康服务体系,健全以居家为基础、社区为依托、机构充分发展、医养有机结合的多层次养老服务体系,多渠道、多领域扩大适老产品和服务供给,提升产品和服务质量。完善基本医疗保险制度,发展长期护理保险。加快培育老年护理专业人才,不断壮大老龄产业从业队伍。

5. 强化应对人口老龄化的科技创新能力

深入实施创新驱动发展战略,把技术创新作为积极应对人口老龄化的第一动力和战略支撑,全面提升国民经济产业体系智能化水平。提高老年服务科技化、信息化水平,加大老年健康科技支撑力度,加强老年辅助技术研发和应用。

6. 构建养老、孝老、敬老的社会环境

强化应对人口老龄化的法治环境,保障老年人合法权益。构建家庭支持体系,建设老年友好型社会,形成老年人、家庭、社会、政府共同参与的良好氛围。

9.7.4 推进以人为核心的新型城镇化战略,提高农业转移人口市民化质量

中国城镇化发展面临的问题挑战和机遇动力并存。一方面,我国仍处在城镇化快速发展期,城镇化动力依然较强。但另一方面,我国城镇化质量有待进一步提升,户籍制度改革及其配套政策尚未全面落实,城镇基本公共服务尚未覆盖全部常住人口,城市群一体化发展体制机制尚不健全,大中小城市发展协调性不足,超大城市规模扩张过快,部分中小城市及小城镇面临经济和人口规模减小,城市发展韧性和抗风险能力不强,城市治理能力亟待增强,城乡融合发展任重道远。

在"十四五"期间,全国常住人口城镇化率将要稳步提高,户籍人口城镇化率将要明显提高,户籍人口城镇化率与常住人口城镇化率差距将要明显缩小。农业转移人口市民化质量将要显著提升,城镇基本公共服务将要覆盖全部未落户常住人口[①]。新型城镇化是以人为核心的城镇化,是以人的需要和人的全面发展为核心意涵的城镇化,不再是粗放式、以牺牲农民工利益为代价的城镇化,让农业转移人口与市民享受同等权利,共享发展成果。

1. 深化户籍制度改革

放开放宽除个别超大城市外的落户限制,试行以经常居住地登记户口制度。全面取消

---

① 2022 年 6 月 21 日国家发展改革委《"十四五"新型城镇化实施方案》。

城区常住人口 300 万人以下的城市落户限制，确保外地与本地农业转移人口进城落户标准一视同仁。全面放宽城区常住人口 300 万人至 500 万人的Ⅰ型大城市落户条件。完善城区常住人口 500 万人以上的超大特大城市积分落户政策，精简积分项目，确保社会保险缴纳年限和居住年限分数占主要比例，鼓励取消年度落户名额限制。各城市要促进在城镇稳定就业和生活的农业转移人口举家进城落户，并与城镇居民享有同等权利、履行同等义务。依法保障进城落户农民的农村土地承包权、宅基地使用权、集体收益分配权，健全农户"三权"市场化退出机制和配套政策。

2. 完善城镇基本公共服务提供机制，放开常住人口社保参与限制

建立基本公共服务同常住人口挂钩、由常住地供给的机制，稳步提高非户籍常住人口在流入地享有的基本公共服务项目数量和水平，推动城镇基本公共服务常住人口全覆盖。逐步放开放宽居民在常住地或就业地参加社会保险的户籍限制，加强社会保险、基本医疗保险关系转移接续，支持有条件的地区有序推进居住证持有人在常住地申办最低生活保障。

3. 提高农业转移人口劳动技能素质

聚焦智能制造、信息技术、医疗照护、家政、养老托育等用工矛盾突出的行业和网约配送、直播销售等新业态，持续大规模开展面向新生代农民工等的职业技能培训。推动公共实训基地共建共享，扩大职业院校面向农业转移人口的招生规模。

4. 强化随迁子女基本公共教育保障

保障随迁子女在流入地受教育权利，以公办学校为主将随迁子女纳入流入地义务教育保障范围。逐步将农业转移人口纳入流入地中等职业教育、普通高中教育、普惠性学前教育保障范围。

5. 强化农民工劳动权益保障

建立劳动者平等参与市场竞争的就业机制，逐步消除性别、户籍、身份等各类影响平等就业的不合理限制或就业歧视，增强劳动力市场包容性。

9.7.5 推动绿色发展，实现人与自然和谐共生现代化

我国已转向高质量发展阶段，但发展不平衡不充分问题仍然突出，人口与资源环境关系依然紧张，生态环保任重道远。习近平总书记指出："我们要建设的现代化是人与自然和谐共生的现代化，既要创造更多物质财富和精神财富以满足人民日益增长的美好生活需要，也要提供更多优质生态产品以满足人民日益增长的优美生态环境需要"。建设人与自然和谐共生的现代化，就是基于人与自然是生命共同体的马克思主义生态哲学理念，强调人类必须下决心抛弃工业文明以来形成的轻视自然、支配自然、破坏自然的观念，转向尊重自然、顺应自然、保护自然[1]，守住自然生态安全边界，深入实施可持续发展战略，完

---

[1] 郇庆治：《建设人与自然和谐共生的现代化》，载《人民日报》，2021 年 1 月 11 日（09）。

善生态文明领域统筹协调机制,构建生态文明体系,促进经济社会发展全面绿色转型。

2020 年《中共中央关于制定国民经济和社会发展第十四个五年规划和二〇三五年远景目标的建议》(以下简称《建议》)明确提出,"十四五"期间,生态文明建设实现新进步。国土空间开发保护格局得到优化,生产生活方式绿色转型成效显著,能源资源配置更加合理、利用效率大幅提高,主要污染物排放总量持续减少,生态环境持续改善,生态安全屏障更加牢固,城乡人居环境明显改善。

1. 加快推动绿色低碳发展

强化国土空间规划和用途管控,落实生态保护、基本农田、城镇开发等空间管控边界,减少人类活动对自然空间的占用。强化绿色发展的法律和政策保障,发展绿色金融,支持绿色技术创新,推进清洁生产,发展环保产业,推进重点行业和重要领域绿色化改造。推动能源清洁低碳安全高效利用。发展绿色建筑。开展绿色生活创建活动。降低碳排放强度,支持有条件的地方率先达到碳排放峰值,制定 2030 年前碳排放达峰行动方案。

2. 持续改善环境质量

增强全社会生态环保意识,深入打好污染防治攻坚战。继续开展污染防治行动,建立地上地下、陆海统筹的生态环境治理制度。强化多污染物协同控制和区域协同治理,加强细颗粒物和臭氧协同控制,基本消除重污染天气。治理城乡生活环境,推进城镇污水管网全覆盖,基本消除城市黑臭水体。推进化肥农药减量化和土壤污染治理,加强白色污染治理。加强危险废物医疗废物收集处理。完成重点地区危险化学品生产企业搬迁改造。重视新污染物治理。全面实行排污许可制,推进排污权、用能权、用水权、碳排放权市场化交易。完善环境保护、节能减排约束性指标管理。完善中央生态环境保护督查制度。积极参与和引领应对气候变化等生态环保国际合作。这些制度举措必将推动我国环境质量持续改善,有力促进高质量发展。

3. 提升生态系统质量和稳定性

坚持山水林田湖草系统治理,构建以国家公园为主体的自然保护地体系。实施生物多样性保护重大工程。加强外来物种管控。强化河湖长制,加强大江大河和重要湖泊湿地生态保护治理,实施好长江十年禁渔。科学推进荒漠化、石漠化、水土流失综合治理,开展大规模国土绿化行动,推行林长制。推行草原森林河流湖泊休养生息,加强黑土地保护,健全耕地休耕轮作制度。加强全球气候变暖对我国承受力脆弱地区影响的观测,完善自然保护地、生态保护红线监管制度,开展生态系统保护成效监测评估。贯彻落实这些重要决策部署,必将为全社会提供更多优质生态产品,不断增强人民群众的生态环境获得感、幸福感、安全感。

4. 全面提高资源利用效率

健全自然资源资产产权制度和法律法规,加强自然资源调查评价监测和确权登记,建立生态产品价值实现机制,完善市场化、多元化生态补偿,推进资源总量管理、科学配置、全面节约、循环利用。实施国家节水行动,建立水资源刚性约束制度。提高海洋资源、矿产资源开发保护水平。完善资源价格形成机制。推行垃圾分类和减量化、资源化。加快构建废旧物资循环利用体系，实现经济社会发展和生态环境保护协调统一、相互促进。

9.7.6　强化民生公平保障，实现人的全面发展

当前，我国城乡区域发展和收入分配差距较大，民生保障存在短板，影响到了人口个体发展的起点公平，引起了社会关注，不利于实现共同富裕。根据《建议》要求，在"十四五"期间，我国人均国内生产总值达到中等发达国家水平，中等收入群体显著扩大，分配结构明显改善，城乡区域发展差距和居民生活水平差距显著缩小，基本公共服务均等化水平明显提高，民生福祉达到新水平，不断增强人民群众获得感、幸福感、安全感，促进人的全面发展和社会全面进步。

1. 完善收入分配机制，缩小收入差距

坚持按劳分配为主体、多种分配方式并存，提高劳动报酬在初次分配中的比重，完善工资制度，健全工资合理增长机制，着力提高低收入群体收入，扩大中等收入群体。完善按要素分配政策制度，健全各类生产要素由市场决定报酬的机制，探索通过土地、资本等要素使用权、收益权增加中低收入群体要素收入。多渠道增加城乡居民财产性收入。完善再分配机制，加大税收、社保、转移支付等调节力度和精准性，合理调节过高收入，取缔非法收入。发挥第三次分配作用，发展慈善事业，改善收入和财富分配格局。

2. 强化就业优先政策，托住最大民生

就业优先是"最大民生"，应千方百计稳定和扩大就业，坚持经济发展就业导向，扩大就业容量，提升就业质量，促进充分就业，保障劳动者待遇和权益。健全就业公共服务体系、劳动关系协调机制、终身职业技能培训制度。更加注重缓解结构性就业矛盾，加快提升劳动者技能素质，完善重点群体就业支持体系，统筹城乡就业政策体系。产业结构调整和产业布局，应适度考虑就业民生问题，在劳动力富集的欠发达地区，应发挥劳动力密集型产业的就业优势。发挥扩大公益性岗位安置，帮扶残疾人、零就业家庭成员就业。完善促进创业带动就业、多渠道灵活就业的保障制度，支持和规范发展新就业形态，健全就业需求调查和失业监测预警机制。

3. 健全社会保险和福利救助体系，扎牢民生保障"安全网"

健全覆盖全民、统筹城乡、公平统一、可持续的多层次社会保障体系。健全基本养老、基本医疗保险筹资和待遇调整机制，健全重大疾病医疗保险和救助制度，发挥收入再分配功能，避免因病致贫、因老致贫。发展多层次、多支柱养老保险体系，夯实退休收入保障。扩大失业保险、工伤保险覆盖面，让劳动者普遍获得基本权益保障。健全灵活就业人员社保制度，提升社保制度普惠性、公平性。健全分层分类的社会救助体系，避免特殊群体陷入绝对贫困。健全老年人、残疾人关爱服务体系和设施，完善帮扶残疾人、孤儿等社会福利制度，建立留守儿童特殊关照机制，增强弱势群体的生存和发展能力。

4. 建设高质量公平教育体系，维护教育起点公平、培养个体长远发展能力

"教育是民生之首"，保证个体发展的起点公平，教育公平是核心。坚持教育公益性原则，深化教育改革，促进教育公平，推动义务教育均衡发展和城乡一体化，避免教育经费过于集中于大城市、发达地区，推动优质教育资源供给和公平分配，防止"高质量教育成为富人的特权区"。明确政府是教育工作的责任主体，避免教育过度产业化。整肃教育乱收费，整治校园攀比风气，净化教育环境，让校园阳光雨露干净纯粹。

深入推进教育培养体制改革，提升人口素质和发展潜力。完善普惠性学前教育和特殊教育、专门教育保障机制，鼓励高中阶段学校多样化发展。扩大中等职业学校、技工院校招生规模，提高劳动力供需匹配质量。推动教育高质量发展，加大人力资本投入，增强职业技术教育适应性，深化职普融通、产教融合、校企合作，探索中国特色学徒制，大力培养技术技能人才。提高高等教育质量，分类建设一流大学和一流学科，加快培养理工农医类专业紧缺人才，为中国智造、工业 4.0 提供强大的人才储备。

参 考 文 献

［1］［美］爱德华·S·肖：《经济发展中的金融深化》，牛津大学出版社 1973 年版。

［2］［美］奥布斯特费尔德·M：《货币危机的逻辑》，载《经济纪要》1994 年第 34 期。

［3］［美］奥布斯特费尔德·M：《具有自我实现特征的货币危机模型》，载《欧洲经济评论》1994 年第 4 期。

［4］鲍韵、吴昌南：《我国大豆产业安全预警系统构建》，载《江西社会科学》2013 年第 4 期。

［5］波特：《国家竞争优势》，中信出版社 2012 年版。

［6］卜伟：《我国产业外资控制与对策研究》，载《管理世界》2011 年第 5 期。

［7］卜伟、谢敏华、蔡慧芬：《基于产业控制力分析的我国装备制造业产业安全问题研究》，载《中央财经大学学报》2011 年第 3 期。

［8］蔡昉、王德文、王美艳：《工业竞争力与比较优势——WTO 框架下提高我国工业竞争力的方向》，载《管理世界》2003 年第 2 期。

［9］曹萍、张剑、熊焰：《高技术产业安全影响因素的实证研究》，载《管理评论》2017 年第 12 期。

［10］曹荣湘：《经济安全——发展中国家的开放与风险》，社会科学文献出版社 2006 年版，第 44～59 页。

［11］陈必达、许月梅：《国际政治关系的经济学论纲》，载《世界经济与政治》1996 年第 6 期。

［12］陈红娜：《数字贸易与跨境数据流动规则——基于交易成本视角的分析》，载《武汉理工大学学报（社会科学版）》2020 年第 2 期。

［13］陈叔红：《经济全球化趋势下的国家经济安全研究》，湖南人民出版社 2005 年版，第 83 页。

［14］陈苏明：《全球供应链管理与贸易安全》，上海人民出版社 2016 年版。

［15］陈晓东、刘冰冰：《基础研究、政府支持方式与产业链安全》，载《经济纵横》2022 年第 5 期。

［16］成思危：《虚拟经济不可膨胀》，载《资本市场》2015 年第 1 期。

［17］程杰、李冉：《中国退休人口劳动参与率为何如此之低？——兼论中老年人力资源开发的挑战与方向》，载《北京师范大学学报（社会科学版）》2022年第2期，第143～155页。

［18］［英］大卫·李嘉图：《政治经济学及赋税原理》，商务印书馆2021年版。

［19］戴龙：《论数字贸易背景下的个人隐私权保护》，载《当代法学》2020年第1期。

［20］丁志刚：《地缘经济安全：一种新型的国家安全观》，载《西北师大学报（社会科学版）》2001年第3期。

［21］东艳、郭若楠、曹景怡：《国际经贸规则与国家安全——基于区域贸易协定透明度规则的测度》，载《国际经贸探索》2022年第10期。

［22］杜庆昊：《产业链安全的实现途径》，载《中国金融》2020年第17期。

［23］杜为公、李艳芳、徐李：《我国粮食安全测度方法设计——基于FAO对粮食安全的定义》，载《武汉轻工大学学报》2014年第2期。

［24］段文、景光正、綦建红：《贸易便利化与企业供应链安全——基于多元化和本土化视角》，载《国际贸易问题》2023年第4期。

［25］段一群：《国内装备制造业产业安全评价指标与实证测度》，载《科技管理研究》2012年第12期。

［26］樊秀峰、苏玉珠：《产业安全视角：中西零售业政策比较》，载《西北大学学报（哲学社会科学版）》2013年第5期。

［27］方慧芬、陈江龙、袁丰、高金龙：《中国城市房价对生育率的影响——基于长三角地区41个城市的计量分析》，载《地理研究》2021年第9期，第2426～2441页。

［28］方淳、郑珂、张津菲、郑茹翔、黄若愚：《国内金融科技平台运作模式特点、风险及监管探讨——基于案例法》，载《中国商论》2021年第22期。

［29］方小玉：《国家经济安全创新比较研究》，中国言实出版社2000年版，第169～174页。

［30］风笑天、王晓焘：《城市在职青年的工作转换：现状、特征及影响因素分析》，载《社会科学》2013年第1期，第81～91页。

［31］［德］弗里德里希·李斯特：政治经济学的国民系》，商务印书馆2011年版。

［32］［美］弗里德曼.M、（美）施瓦茨.A.J：《美国货币史：1867-1960》，普林斯顿大学出版社2000年版。

［33］傅志华：《国家财政安全论》，人民出版社2002年版。

［34］高洪洋、胡小平：《我国政府粮食储备区域布局：现状、影响及优化路径》，载《华中农业大学学报（社会科学版）》2021年第6期。

［35］高亚凡、孔庆宇：《AEO认证：供应链安全与贸易便利化》，载《企业研究》2019年第4期。

［36］龚仰军：《产业经济学教程（第4版）》，上海财经大学出版社2014年版。

［37］郭京福：《产业竞争力研究》，载《经济论坛》2004年第14期。

［38］郭晶晶：《马克思政治经济学视角下当前我国产能过剩现象分析》，载《北京印刷学院学报》2021年第2期。

［39］郭连成、王鑫：《经济全球化背景下转轨国家产业发展和产业安全：以中国、俄罗斯为主要分析视角》，商务印书馆2016年版。

［40］国家发改委宏观经济研究院"宏观经济政策动态跟踪"课题组张苏平：《粮食安全评估指标与方法研究综述》，载《经济研究参考》2007年第13期。

［41］何代欣：《中国式现代化进程中的财政治理与调控功能——基于国家治理中的支撑、稳定与安全需求》，载《经济社会体制比较》2023年第6期。

［42］何剑、徐元：《贸易安全问题研究综述》，载《财经问题研究》2009年第11期，第19~23页。

［43］何力：《日本贸易安全制度的发展及其机制》，载《海关与经贸研究》2015年第1期。

［44］何维达等：《全球化背景下国家产业安全与经济增长》，知识产权出版社2016年版。

［45］何维达、杜鹏娇：《战略性新兴产业安全评价指标体系研究》，载《管理现代化》2013年第4期。

［46］何维达、贾立杰、吴玉萍：《基于DEA模型的中国纺织产业安全评价与分析》，载《统计与决策》2008年第13期。

［47］何维达：《开放市场下的产业安全与政府规制》，江西人民出版社2003年版。

［48］何文龙：《经济法的安全论》，载《法商研究（中南政法学院学报)》1998年第6期。

［49］贺艳：《化解产能过剩困局——基于供给侧结构性改革的视角》，载《理论与现代化》2017年第4期。

［50］洪源、万里、秦玉奇、单昱：《政府债务预算硬约束与地方财政可持续性提升》，载《中国软科学》2024年第1期。

［51］侯学煜：《如何看待我国粮食增产问题》，载《农业现代化研究》1981年第1期。

［52］胡锦涛：《高举中国特色社会主义伟大旗帜 为夺取全面建设小康社会新胜利而奋斗——在中国共产党第十七次全国代表大会上的报告》，2007年10月15日。

［53］胡守溢：《国家粮食安全形势估计及成本分析》，载《安徽农业科学》2003年第5期。

［54］胡小平：《粮食价格与粮食储备的宏观调控》，载《经济研究》1999年第2期。

［55］胡小平：《我国粮食安全保障体系研究》，经济科学出版社2013年版。

［56］胡晓红：《中国对外贸易国家安全制度重构》，载《南大法学》2021 年第 2 期。

［57］胡秀英、王美兔：《现代产业经济学理论研究》，吉林大学出版社 2015 年版。

［58］黄丙志：《贸易安全与便利：海关管理目标及阶段性推进的逻辑思辨》，载《上海经济研究》2015 年第 11 期。

［59］黄家星：《国际数字贸易中强制披露源代码措施研究》，载《新经济》2021 年第 7 期。

［60］黄俊军：《国家经济安全评估方法探析》，载《浙江统计》2000 年第 8 期。

［61］黄志勇、王玉宝：《FDI 与我国产业安全的辨证分析》，载《世界经济研究》2004 年第 6 期。

［62］贾晋、董明璐：《中国粮食储备体系优化的理论研究和政策安排》，载《国家行政学院学报》2010 年第 6 期。

［63］江勇、章奇、郭守润：《经济安全及其评估》，载《统计研究》1999 年第 9 期。

［64］江泽民：《高举邓小平理论伟大旗帜，把建设有中国特色社会主义事业全面推向二十一世纪——在中国共产党第十五次全国代表大会上的报告》，1997 年 9 月 12 日。

［65］江泽民：《全面建设小康社会，开创中国特色社会主义事业新局面——在中国共产党第十六次全国代表大会上的报告》，2002 年 11 月 8 日。

［66］姜凌、龚星宇：《全球贸易网络与金融安全研究文献综述》，载《金融文坛》2023 年第 3 期。

［67］焦朝霞：《全球数字贸易规则立场分歧、治理困境及中国因应》，载《价格理论与实践》2021 年第 10 期。

［68］金碚：《竞争力经济学》，广东经济出版社 2003 年版。

［69］经济安全论坛：《中国国家经济安全态势——观察与研究报告（2001－2002）》，经济科学出版社 2002 年版。

［70］荆竹翠、李孟刚、王冲：《我国钢铁产业安全状况的评估与应对策略》，载《经济纵横》2012 年第 12 期。

［71］景玉琴：《产业安全评价指标体系研究》，载《经济学家》2006 年第 2 期。

［72］柯炳生：《我国粮食自给率与粮食贸易问题》，载《农业展望》2007 年第 4 期。

［73］［美］克鲁格曼·P：《国际收支危机模型》，载《货币信贷与银行学报》1998 年第 11 期。

［74］［美］克鲁格曼、［美］罗滕伯格：《储备有限的目标区域》，美国国家经济研究局研究论文 1990 年 8 月。

［75］匡增杰、孙浩：《贸易安全的理论框架：内涵、特点与影响因素分析》，载《海关与经贸研究》2016 年第 4 期。

［76］匡增杰、孙浩：《贸易安全与便利视角下加快实施我国 AEO 制度的路径探析》，载《上海对外经贸大学学报》2017 年第 2 期。

［77］拉德勒特．S、［美］萨克斯．J：《东南亚金融危机的诊断、补救、展望》，载《哈佛大学肯尼迪学院研究论文》1998年。

［78］雷家骕：《关于国家经济安全问题的思考》，载《红旗文稿》1997年第17期。

［79］雷家骕：《国家经济安全理论与方法》，经济科学出版社2000年版，第25页。

［80］莉娜·卢内：《哥伦比亚和平进程：历史背景、发展和展望》，载《拉丁美洲研究》2017年第6期。

［81］黎伟、刘海军：《全球数字贸易规则制定：主要内容、风险挑战与中国应对》，载《贵州省党校学报》2023年第5期。

［82］李宝礼、邵帅：《不安居，则不乐育：住房状况与青年人口生育意愿研究》，载《中国青年研究》2022年第3期，第53~62，104页。

［83］李长风：《粮食经济四百题》，中国商业出版社1991年版。

［84］李成强：《我国产业安全形势分析与政策建议》，载《广西社会科学》2008年第8期。

［85］李冬冬：《从安全例外到规制合作——数字贸易中网络安全问题治理范式之转型》，载《国际经贸探索》2023年第10期。

［86］李冬梅、刘春泓、王竹玲：《基于灰色关联分析的粮食产业安全评价与比较》，载《科技管理研究》2012年第12期。

［87］李佳倩、叶前林、刘雨辰，等：《DEPA关键数字贸易规则对中国的挑战与应对——基于RCEP、CPTPP的差异比较》，载《国际贸易》2022年第12期。

［88］李俊、李西林、王拓：《数字贸易概念内涵、发展态势与应对建议》，载《国际贸易》2021年第5期。

［89］李孟刚：《产业安全理论研究（第二版）》，高等教育出版社2012年版。

［90］李孟刚：《产业安全理论研究（第三版）》，高等教育出版社2023年版。

［91］李孟刚：《产业安全理论研究（第三版）》，经济科学出版社2012年版。

［92］李孟刚：《产业安全理论研究》，经济科学出版社2010年版。

［93］李孟刚：《产业安全理论研究》，载《管理现代化》2006年第3期。

［94］李孟刚：《产业安全评价》，北京交通大学出版社2015年版。

［95］李孟刚：《产业安全》，浙江大学出版社2008年版。

［96］李孟刚：《产业组织安全理论研究》，载《生产力研究》2018年第24期。

［97］李然：《基于产业安全的京津冀产业转移研究》，社会科学文献出版社2017年版。

［98］李善民等：《外资并购与我国产业安全研究》，经济科学出版社2017年版。

［99］李少军：《国际安全警示录》，金城出版社1997年版，第27页。

［100］李少军：《论经济安全》，载《世界经济与政治》1998年第11期。

［101］李婷：《我国金融安全状态及预警研究》，北京交通大学博士论文2021年。

［102］李杨、陈寰琦、周念利：《数字贸易规则"美式模板"对中国的挑战及应对》，载《国际贸易》2016 年第 10 期。

［103］李永友、邓龙真：《财政安全的测度方法与现实考量》，载《北京社会科学》2023 年第 6 期。

［104］林桂军，Tatiana Prazere：《国家安全问题对国际贸易政策的影响及改革方向》，载《国际贸易问题》2021 年第 1 期。

［105］林江、周少君、魏万青：《城市房价、住房产权与主观幸福感》，载《财贸经济》2012 年第 5 期，第 114～120 页。

［106］刘恩惠：《数字贸易自由化与数据安全的协调机制研究》，载《中阿科技论坛（中英文）》2022 年第 10 期。

［107］刘莉雪、郑凯、刘灵凤：《对产业安全若干基本概念的探讨》，载《北京交通大学学报（社会科学版）》2015 年第 4 期。

［108］刘晓梅：《关于我国粮食安全评价指标体系的探讨》，载《财贸经济》2004 年第 9 期。

［109］楼惠新等：《中国食物保障可持续性及其评价》，载《中国农村经济》1998 年第 8 期。

［110］卢福财、吴昌南：《产业经济学》，复旦大学出版社 2013 年版。

［111］吕冰洋、曾傅雯、涂海洋、李戎：《中国财政可持续性分析：研究框架与综合判断》，载《社会科学文摘》2024 年第 3 期。

［112］吕有志：《经济安全问题的由来及其战略地位》，载《当代世界与社会主义》1997 年第 4 期。

［113］罗宾·科恩、保罗·肯尼迪：《全球社会学》，社会科学文献出版社 2001 年版，第 49～50 页。

［114］［美］罗纳德·I·麦金农：《经济发展中的货币和资本》，布鲁金斯学会 1973 年版。

［115］罗斯丹：《中国金融安全问题研究》，吉林大学博士论文 2009 年。

［116］马九杰、张象枢、顾海兵：《粮食安全衡量及预警指标体系研究》，载《管理世界》2001 年第 1 期。

［117］马文军、卜伟、易倩：《产业安全研究：理论、方法与实证》，中国社会科学出版社 2018 年版。

［118］马永飞：《基于 AEO 制度贸易便利与安全保障的研究》，载《上海海关学院学报》2012 年第 5 期。

［119］［美］迈克尔·波特：《国家竞争优势》，华夏出版社 2002 年版。

［120］梅傲、李淮俊：《数字贸易中数据跨境流动规则的新发展——基于〈数据出境安全评估办法〉与 DEPA 的比较》，载《企业经济》2023 年第 4 期。

［121］穆学英、任建兰、刘凯：《中国外贸依存度演变趋势与影响因素研究》，载《工业经济论坛》2016年第4期。

［122］聂富强：《中国国家经济安全预警系统研究》，中国统计出版社2005年版，第4~5页。

［123］聂卓、刘松瑞、玄威：《从"主动负债"到"被动负债"：中央监管转变下的隐性债务扩张变化》，载《经济学（季刊）》2023年第6期。

［124］牛向东、于一贫、刘朝：《财政风险与控制》，中国财政经济出版社2010年版。

［125］欧阳彪：《开放经济下中国服务业产业安全的理论与实证研究》，湖南大学出版社2018年版。

［126］彭岳：《数字贸易治理及其规制路径》。载《比较法研究》2021年第4期。

［127］濮方清、马述忠：《数字贸易中的消费者：角色、行为与权益》，载《上海商学院学报》2022年第1期。

［128］钱克明：《把中国人的饭碗牢牢端在自己手上》；见：王济民：《中国农业科学院农业经济与政策顾问团专家论文集》，中国农业出版社2014年版。

［129］全毅：《区域贸易协定发展及其对WTO改革的影响》，载《国际贸易》2019年第11期。

［130］芮明杰：《产业经济学》，上海财经大学出版社2016年版。

［131］［美］萨克斯.J：《新兴市场金融危机：1995年的教训》，载《布鲁金斯学会经济活动论文》1996年第1期。

［132］上海海关学院课题组，朱秋沅：《有关贸易便利化的海关监管制度国际国别研究综述》，载《上海海关学院学报》2010年第2期。

［133］沈涵：《供应链安全与贸易便利化视角下的AEO制度研究》，载《产业创新研究》2022年第17期。

［134］盛斌、高疆：《超越传统贸易：数字贸易的内涵、特征与影响》，载《国外社会科学》2020年第4期。

［135］盛斌、高疆：《数字贸易：一个分析框架》，载《国际贸易问题》2021年第8期。

［136］盛朝迅：《从产业政策到产业链政策："链时代"产业发展的战略选择》，载《改革》2022年第2期。

［137］石良平：《经济大国的贸易安全与贸易监管》，上海交通大学出版社2015年版。

［138］［美］斯塔夫里亚诺斯：《全球分裂：第三世界的历史进程》，商务印书馆1993年版，第9页。

［139］孙杰：《从数字经济到数字贸易：内涵、特征、规则与影响》，载《国际经贸

探索》2020 年第 5 期。

[140] 孙昭：《在安全竞争背景中回归权力导向的国际贸易秩序——美国贸易政策转向对国际贸易规则的影响》，载《武大国际法评论》2020 年第 4 期。

[141] 谭飞燕、张力、李孟刚：《低碳经济视角下我国产业安全指标体系构建》，载《统计与决策》2016 年第 16 期。

[142] 汤霞：《数据安全与开放之间：数字贸易国际规则构建的中国方案》，载《政治与法律》2021 年第 12 期。

[143] 唐华俊：《新形势下中国粮食自给战略》，载《农业经济问题》2014 年第 2 期。

[144] 万君康、肖文韬、冯艳飞：《国家经济安全理论述评》，载《学术研究》2001 年第 9 期。

[145] 王恒进、王秀梅：《经济全球化与国家经济安全》，载《南通工学院学报》2000 年第 3 期。

[146] 王晶晶、李建民：《工作转换的回报差异及其对性别收入差距的影响》，载《人口学刊》2021 年第 4 期，第 98～112 页。

[147] 王腊芳、文雯、赖明勇：《中国铁矿石产业面临的安全威胁及其产业安全度的测算》，载《财经理论与实践》2010 年第 5 期。

[148] 王岚：《数字贸易壁垒的内涵、测度与国际治理》，载《国际经贸探索》2021 年第 11 期。

[149] 王恕立、赵富强：《跨国公司对华直接投资与国内经济安全》，载《对外经济贸易大学学报》2001 年第 1 期。

[150] 王文春、宫汝凯、荣昭、杨汝岱：《房地产扩张对中国制造业工资的影响研究——基于劳动力再配置的视角》，载《经济学（季刊）》2021 年第 3 期，第 951～978 页。

[151] 王孝松、张瑜：《美国贸易保护政策对全球化的影响探究》，载《经济学家》2022 年第 5 期。

[152] 王逸舟：《关于经济安全的若干观点综述》，载《红旗文稿》1998 年第 23 期。

[153] 王瑛：《经济安全——中国面临的挑战》，山西经济出版社 2004 年版，第 4～6 页。

[154] 王正毅：《世界体系论与中国》，商务印书馆 2000 年版，第 72 页。

[155] 王自立：《中国贸易安全报告：预警与风险化解》，红旗出版社 2008 年版。

[156] 文军：《论国家经济安全及其对中国的启示》，载《中国软科学》1999 年第 7 期。

[157] 吴其胜：《安全战略与美国对华贸易政策的演变》，载《美国问题研究》2019 年第 2 期。

[158] 习近平：《论"三农工作"》，中央文献出版社 2022 年版。

［159］习近平：《2017 年中央经济工作会议上讲话》，2017 年 12 月 18 – 20 日。

［160］习近平：《中国共产党第十九届中央委员会第五次全体会议公报》，2020 年 10 月 29 日。

［161］习近平：《中央国家安全委员会第一次会议上讲话》，2014 年 4 月 15 日。

［162］肖春阳：《中外粮食、粮食安全概念比较》，载《黑龙江粮食》2009 年第 2 期。

［163］谢勇、柳华：《产业经济学》，华中科技大学出版社 2008 年版。

［164］徐逢贤等：《中国农业扶持与保护：实践·理论·对策》，首都经济贸易大学出版社 1999 年版。

［165］徐会琦：《论国家经济安全的表现形式及其特征》，载《石家庄经济学院学报》2000 年第 4 期。

［166］徐开金、严岭：《国内经济安全理论研究综述》，载《经济学动态》2002 年第 11 期。

［167］许铭：《中国产业安全问题分析》，山西经济出版社 2006 年版。

［168］薛亚君：《数字贸易规则中的数据本地化问题探究》，载《对外经贸实务》2019 年第 8 期。

［169］严有堂：《提升粮食综合流通能力保障区域粮食安全》，载《粮食问题研究》2021 年第 1 期。

［170］杨春飞、徐彦哲：《地方政府债务、政府公开透明与经济增速》，载《制度经济学研究》2023 年第 4 期。

［171］杨公朴、王玉、朱舟、王蔷、李太勇：《中国汽车产业安全性研究》，载《财经研究》2000 年第 1 期。

［172］杨国亮：《新时期产业安全评价指标体系构建研究》，载《马克思主义研究》2010 年第 6 期。

［173］杨茂蟑、肖春阳：《中外粮食概念比较》，载《中国粮食经济》1997 年第 10 期。

［174］杨明智、裴源生、李旭东：《中国粮食自给率研究：粮食、谷物和口粮自给率分析》，载《自然资源学报》2019 年第 4 期。

［175］叶卫平：《国家经济安全的三个重要特性及其对我国的启示》，载《马克思主义研究》2008 年第 11 期。

［176］叶兴庆：《准确把握国家粮食安全战略的四个新变化》，载《中国发展观察》2014 年第 1 期。

［177］尹建丽、于得水：《贸易便利化背景下进出口商品安全监管及通关模式研究》，载《对外经贸》2017 年第 2 期。

［178］尹正萍：《经济全球化背景下的中国经济安全问题》，载《当代财经》2002 年第 4 期。

［179］余淼杰、郑纯如、黄淏铨：《美国贸易政策的历史演变及启示》，载《长安大学学报（社会科学版）》2019 年第 5 期。

［180］［美］查理斯·P·金德尔伯格：《经济过热、经济恐慌及经济崩溃、金融危机史》，北京大学出版社 2000 年版。

［181］张冬梅：《产业经济学》，社会科学文献出版社 2013 年版。

［182］张福军、刘晔：《国外产业安全政策模式比较及对我国的启示》，载《当代经济研究》2015 年第 4 期。

［183］张海东：《技术性贸易壁垒与中国产业安全》，上海财经大学出版社 2006 年版。

［184］张立：《维护我国产业安全的制度变迁模式初探》，载《天府新论》2002 年第 4 期。

［185］张丽娜：《社会经济地位、主观流动感知与育龄女性的二孩生育意愿——基于 CGSS2013 数据的经验研究》，载《西华大学学报（哲学社会科学版）》2018 年第 3 期，第 40 ~ 48 页。

［186］张小波：《我国金融"脱实向虚"的综合判断与分析》，载《经济理论与经济管理》2021 年第 7 期。

［187］张小波：《新兴市场国家的金融开放与金融危机：基于国内产业发展战略选择的视角》，载《国际经贸探索》2016 年第 7 期。

［188］张小玲：《关于国家经济安全的探究》，载《统计与决策》2002 年第 5 期。

［189］张义博：《产业链安全内涵与评价体系》，载《中国经贸导刊》2021 年第 10 期。

［190］张迎新、武兴华：《装备制造业产业安全政策作用机理研究——基于国家顶层设计视角》，载《科技管理研究》2017 年第 20 期。

［191］张幼文：《国家经济安全问题的性质与研究要点》，载《世界经济研究》1999 年第 3 期。

［192］张增臣：《外商直接投资与产业结构优化升级问题研究》，河北人民出版社 2018 年版。

［193］张正荣、杨金东、顾国达：《数字贸易的概念维度、国际规则与商业模式》，载《经济学家》2021 年第 4 期。

［194］赵金玲、王慧：《我国应对反倾销策略研究》，载《对外经贸》2022 年第 3 期。

［195］赵西亮：《农民工与城市工资——来自中国内部移民的证据》，载《经济学（季刊）》2022 年第 17 期第 3 版，第 969 ~ 994 页。

［196］赵英、胥和平、邢国仁：《中国经济面临的危险——国家经济安全论》，云南人民出版社 1994 年版，第 2 ~ 18 页。

［197］郑通汉：《经济全球化与国家经济安全》，载《东亚经贸新闻》1998 年 12 月 28 日。

［198］郑通汉：《经济全球化中的国家经济安全问题》，国防大学出版社 1999 年版，

第 57 ~ 59 页。

[199] 中华人民共和国国务院新闻办公室：《中国的粮食安全》，人民出版社 2019 年版。

[200] 中华人民共和国中央人民政府：《中华人民共和国国民经济和社会发展第十三个五年规划纲要》，2016 年 3 月 17 日。

[201] 仲伟周、刘聪粉、郭彬：《我国零售产业安全的区域差异性研究——基于外资冲击的视角》，载《北京工商大学学报（社会科学版）》2014 年第 1 期。

[202] 周灏：《中国产业安全的逻辑和路径研究——基于反倾销与产业升级的协同演化》，载《社会科学》2018 年第 1 期。

[203] 周新苗：《对外经济开放与中国产业安全研究：福利视角》，上海交通大学出版社 2014 年版。

[204] 周肇光：《谁来捍卫国家经济安全》，安徽大学出版社 2005 年版，第 230 页。

[205] 朱建民、魏大鹏：《我国产业安全评价指标体系的再构建与实证研究》，载《科研管理》2013 年第 7 期。

[206] 朱明婷：《数字贸易中有关网络安全的主要挑战、治理进路及对策》，载《中国科技论坛》2023 年第 7 期。

[207] 朱涛：《现代产业经济学》，河南大学出版社 2016 年版。

[208] 朱雅妮：《数字贸易时代跨境数据流动的国际规则》，载《时代法学》2021 年第 3 期。

[209] 朱钰：《国际贸易供应链安全保障制度的实施及对中国企业的影响》，载《对外经贸实务》2016 年第 1 期。

[210] 朱泽：《中国粮食安全状况评估》，载《经济研究参考》1997 年第 67 期。

[211] 朱钟棣等：《入世后中国的产业安全》，上海财经大学出版社 2006 年版。

[212] Almlund, M., Duckworth, A. L., Heckman, J., & Kautz, T. (2011). Personality psychology and economics. In *Handbook of the Economics of Education* (Vol. 4, pp. 1 – 181). Elsevier.

[213] Baechler G. (1998). Why environmental transformation causes violence: a synthesis. Environmental Change and Security Project Report. Spring; (4): 24 – 44.

[214] Barnett, J., and W. N. Adger: Climate Change, Human Security and Violent Conflict. *Political Geography*, 2007, 26.

[215] BarryBuzan: People, States and Fear: An Agenda for International Security Studies in the Post – Cold War Era. Boulder, Co. 1999: 19 – 20, 124.

[216] Baumrind, D. (1971). Current patterns of parental authority. *Developmental psychology*, 4, 1 – 103.

[217] Benjaminsen, T. A., K. Alinon, H. Buhaug, and J. T. Buseth: Does Climate

Change Drive Land – Use Conflicts in the Sahel? . *Journal of Peace Research*, 2012, 49.

［218］ Bernauer, T. , T. Bohmelt, and V. Koubi (2012). Environmental Changes and Violent Conflict. Environmental Research Letters, 7, 015601.

［219］ Black, R. , W. N. Adger, N. W. Arnell, S. Dercon, A. Geddes, and D. Thomas: The Effect of Environmental Change on Human Migration. *Global Environmental Change*, 2011, 21.

［220］ Blinder, A. S. (1973). Wage discrimination: reduced form and structural estimates. *Journal of human resources*, 8 (4): 436 – 455.

［221］ Brown, O. *Encouraging Peace – Building through Better Environmental and Natural Resource Management.* Chatham House for the Royal Institute of International Affairs, 2013.

［222］ Cobb – Clark, D. A. , Salamanca, N. , & Zhu, A. (2019). Parenting style as an investment in human development. *Journal of Population Economics*, 32, 1315 – 1352.

［223］ Coleman, James S. Equality of educational opportunity. *Integrated education* 6. 5 (1968): 19 – 28.

［224］ Collier, Paul. The Bottom Billion: Why the Poorest Countries Are Failing and What Can Be Done About It. Oxford University Press, 2007.

［225］ Conca, K. , and G. D. Dabelko. *Environmental Peacemaking.* Woodrow Wilson Center Press, 2002.

［226］ Cunha, F. , Heckman, J. J. , Lochner, L. , & Masterov, D. V. (2006). Interpreting the evidence on life cycle skill formation. *Handbook of the Economics of Education*, 1, 697 – 812.

［227］ Dalby, S. *Anthropocene Geopolitics: Globalization, Security, Sustainability.* University of Ottawa Press, 2020.

［228］ Doepke, M. , & Zilibotti, F. Parenting with style: Altruism and paternalism in intergenerational preference transmission. Econometrica, 2017, 85 (5): 1331 – 1371.

［229］ Dunning, J. H. , 1977, "Trade, Location of Economic Activity and the MNE: A Search for an Eclectic Approach", In: Ohlin, B. , Hesselborn, P. O. , Wijkman, P. M. (eds). The International Allocation of Economic Activity. Palgrave Macmillan, London.

［230］ Eric Marshall Green. Economic Security and High Technology Competition in an Age of Transition: The Case of the Semiconductor Industry, Westport, conn; London: Preager, 1996: 22 – 25.

［231］ Ernest May Intellegence: Backing into the Future. Foreign Affairs. 1972, (3): 72.

［232］ Ethan Barnaby Kapstein: The Political Economy of National Security: A Global Perspective. New York. 1992: 188.

［233］ G. Garret: Globalization and Government Spending around the World. Studies in

Comparative International Development. 2001, 35（4）：3-29.

［234］GiacomoLuciani：The Economic Content of Security. Journal of Public Policy, Vol. 8, No. 2（Apr. - Jun., 1988）：151-173.

［235］Han, Z., Zhang, G., & Zhang, H.（2017）. School bullying in urban China：Prevalence and correlation with school climate. *International journal of environmental research and public health*, 14（10）：1116.

［236］Heckman, J. J., Stixrud, J., and Urzua, S.（2006）. The Effects of Cognitive and Noncognitive Abilities on Labor Market Outcomes and Social Behavior. *Journal of Labor Economics*, 24（3）：411-482.

［237］HelenE. S. Nesadurai：Globalisation and Economic Security in East Asia. Fist Published Routledge, 2006：3-12.

［238］Hoffmann, S., S. D. H. Irl, and C. Beierkuhnlein："Predicted Climate Shifts within Terrestrial Protected Areas Worldwide", *Nature Communications*, 2019, 10.

［239］Homer - Dixon, T. F.："Environmental Scarcities and Violent Conflict：Evidence from Cases", *International Security*, 1994, 19.

［240］Homer - Dixon, T. F.："*Environment, Scarcity, and Violence*", Princeton University Press, 1999.

［241］Homer - Dixon, T. F.："On the Threshold：Environmental Changes as Causes of Acute Conflict", *International security*, 1991, 16.

［242］Hsiang, S. M., M. Burke, and E. Miguel（2013）. Quantifying the Influence of Climate on Human Conflict. Science, 341, 1235367.

［243］Hu J L, Wang S C：Total-factor energy efficiency of regions in China, Energy policy, 2006（34）.

［244］J. Holsen, J. Waelboeck：The Less Developed Countries and International Monetary Mechanism. Proceedings of the American Economic Association. 1972, 66（5）：21~30.

［245］Jiang Yong：China's Economic Security at Stake, Contemporary International Relations, 2007（3）：27-42.

［246］K. Lawrence, J. Nye：Reflections on the Economic and Politics of International Economic Organization. World Politics International Economics. Brookings Institution, 1975.

［247］Lindqvist, E., and Vestman, R.（2011）. The Labor Market Returns to Cognitive and Noncognitive Ability：Evidence from the Swedish Enlistment. *American Economic Journal*：*Applied Economics*, 3（1）：101-128.

［248］Lomborg, B. The Truth About the Environment. *The Economist*, 2001, 360.

［249］Lonergan, S., K. Gustavson, and M. Harrower. Mapping Human Insecurity. in *Environmental Change, Adaptation, and Security*, Springer, 1999.

［250］Mark Neocleous：From Social to National Security：On the Fabrication of Economic Order. Security Dialogue vol. 37, no. 3, September 2006.

［251］Matthew, R. A. , M. Halle, and J. Switzer. *Conserving the Peace：Resources, Livelihoods and Security.* International Institute for Sustainable Development Winnipeg, 2002.

［252］Mazo, J (2009). Chapter Three：Darfur：The First Modern Climate – Change Conflict, The Adelphi Papers, 49：409, 73 – 86.

［253］McDougall, P. , & Vaillancourt, T. (2015). Long-term adult outcomes of peer victimization in childhood and adolescence：Pathways to adjustment and maladjustment. *American Psychologist*, 70 (4)：300.

［254］McNamara. The essence of Security. New York Harper and Row, 1968：149 – 151.

［255］Michael Klare. Redefining Security：The New Global Schisms, in Contending Perspectives in International Political Economy, Edited by Nilolaos Zahariadis, Peking University Press 2004：150 – 152.

［256］Mincer, Jacob, Boyan Jovanovic. Labor mobility and wages. Studies in labor markets. University of Chicago Press, 1981：21 – 64.

［257］Nguyen Xuan Thang：Development Gap and Economic Security in ASEAN. Secial Sciences Publishing House, 2006：23 – 25.

［258］Oaxaca, R. (1973). Male-female wage differentials in urban labor markets. *International economic review*, 14 (3)：693 – 709.

［259］Perter K. & Kailing, S. , (2013). Gender Discrimination in Job Ads：Evidence from China. *Quarterly Journal of Economics*, 128, 287 – 336.

［260］Rodriguez, S. M. (2019). Climate Change, Inequality and Security in Colombia：Some Reflections on The Subject. In A. E. Abdenur, G. Kuele, & A. Amorim (Eds.), Climate and Security in Latin America and The Caribbean (pp. 27 – 38). Igarape Institute.

［261］Sameul Huntington：Why International Primacy Matters Security. International Security. 1993, 17 (4)：72 – 76.

［262］Scheffran J, Brzoska M, Kominek J, Link PM, Schilling J. 2012. Climate change and violent conflict. Science. 336 (6083)：869 – 71.

［263］Slettebak, R. T. Don't Blame the Weather！Climate – Related Natural Disasters and Civil Conflict. *Journal of Peace Research*, 2012, 49.

［264］Swain, A. , & Öjendal, J. (Eds.). (2018). Routledge Handbook of Environmental Conflict and Peacebuilding (1st ed.). Routledge.

［265］Sylvain Chassang, S and Padró i Miquel, G (2009), Economic Shocks and Civil War, Quarterly Journal of Political Science：Vol. 4：No. 3, pp. 211 – 228.

［266］Theodore H. Moran. American Economic Policy and National Security. New York.

1993: 41 – 70.

［267］ UNEP（2007）. Sudan Post – Conflict Environmental Assessment. https：//www. unep. org/resources/assessment/sudan – post – conflict – environmental – assessment.

［268］ Vernon, R. (1966). International Investment and International Trade in the Product Cycle. Quarterly Journal of Economics, 80（2）: 190 – 207.

［269］ Vincent Cable. What is International Economic Security?, International Affairs. 1995, 71（2）: 305 – 324.

［270］ Walt, S. M. （1991）. The Renaissance of Security Studies. International Studies Quarterly, 35（2）: 211 – 239.

［271］ Wang, H., Tang, J., Dill, S. E., Xiao, J., Boswell, M., Cousineau, C., & Rozelle, S. （2022）. Bullying victims in rural primary schools: prevalence, correlates, and consequences. *International journal of environmental research and public health*, 19（2）: 765.

［272］ Wolke, D., Copeland, W. E., Angold, A., & Costello, E. J. （2013）. Impact of bullying in childhood on adult health, wealth, crime, and social outcomes. *Psychological science*, 24（10）: 1958 – 1970.

［273］ Yue, A., Shi, Y., Luo, R., Chen, J., Garth, J., Zhang, J., & Rozelle, S. （2017）. China's invisible crisis: Cognitive delays among rural toddlers and the absence of modern parenting. *The China Journal*, 78（1）: 50 – 80.